トマス・アクィナス　人と著作

トマス・アクィナス
人と著作

J.-P.トレル著

保井亮人訳

知泉学術叢書 4

Initiation à saint Thomas d'Aquin.
Sa personne et son œuvre
by
J.-P. TORRELL

Les Éditions du Cerf, ©2015
All rights reserved
Japanese translation rights arranged with
Les Éditions du Cerf, Paris
Through Japan UNI Agency, Inc., Tokyo

凡　例

一，翻訳の底本として，Jean-Pierre Torrell O.P., Initiation à saint Thomas d' Aquin. Sa personne et son œuvre, «Pensée antique et médiévale. Vestigia 13», Troisième édition, Academic Press Fribourg, Édition du Cerf Paris, 2008 を使用した。

一，英語訳として，Jean-Pierre Torrell O.P., Saint Thomas Aquinas, volume 1, The Person and His Work, translated by Robert Royal, The Catholic University of America Press, Washington, D.C., 1996 を参照した。

一，翻訳の基本方針として，逐語訳を心がけたが，不都合が生じる場合は意訳した。自然な日本語訳を実現するために，時として文法的正確さよりも文意の的確さを気遣い，著者の意図を表現するよう工夫した。

一，人名について，ラテン語名が人口に膾炙しているものはそれを採用し，それ以外のものまたは不明なものはフランス語の読み方を維持した。

一，読者の理解を助けるため，訳者の判断によって，原文にはない補足，ラテン語の翻訳を〔　〕で行った。

一，翻訳の底本は第三版だが，それは第二版で行われた改訂を反映しており，著者による更新情報を維持している。本書はその更新情報を［　］で示した。

一，底本では，改訂版以前の古い略年表と新しい略年表が両方挙がっているが，本書では新しいもののみを記載した。

一，註や文献表の略号について，頻繁に引用される著作に関しては「引用著作の略号」で，その他については「略号について」で指示した。

略号について

　以下に註と文献表でよく使用されている略号を掲載した。頻繁に引用される著作の略号は「引用著作の略号」で指示した。略号で引用した書物や論文の表題の完全な表記は文献表参照。

AFH	Archivum franciscanum historicum, Quaracchi et Grottaferrata (Rome).
AFP	Archivum fratrum praedicatorum, Rome.
AHDLMA	Archives d'histoire doctrinale et littéraire du moyen âge, Paris.
ALMA	Archivum Latinitatis medii aevi, Bruxelles.
BA	Bibliothèque augustinienne (Oeuvres de saint Augustin), Paris.
BFSMAe	Bibliotheca franciscana scholastica Medii Aevi, Quaracchi et Grottaferrata (Rome).
BGPTMA	Beiträge zur Geschichte der Philosophie und Theologie des Mittelalters, Münster.
BLE	Bulletin de littérature ecclésiastique, Toulouse.
BTAM	Bulletin de théologie ancienne et médiévale, Louvain.
BT	Bulletin thomiste, Le Saulchoir, Kain et Etiolles.
Cahiers IPC	Cahiers de l'Institut de philosophie comrarée, Paris.
CCSL	Corpus Christianorum-Series Latina, Turnhout.
CIVICIMA	Comité international du vocabulaire des institutions et de la communication intellectuelles au moyen âge, Turnhout.

略号について

DHGE	Dictionnaire d'histoire et de géographie ecclésiastique, Paris.
DS	Dictionnaire de spiritualité, Paris.
DTC	Dictionnaire de théologie catholique, Paris.
DTP	Divus Thomas, Plaisance.
DT (Fr.)	Divus Thomas, Fribourg (Suisse).
ETL	Ephemerides theologicae lovanienses, Louvain.
FZPT	Freiburger Zeitschrift für Philosophie und Theologie, Fribourg (Suisse).
MM	Miscellanea mediaevalia, Berlin.
MOPH	Monumenta Ordinis Fratrum Praedicatorum historica, Rome.
MS	Mediaeval Studies, Toronto.
MSR	Mélanges de science religieuse, Lille.
MThZ	Münchener theologische Zeitschrift, Munich.
NRT	Nouvelle revue théologique, Louvain.
NS	New Scholasticism, Washington.
NV	Nova et vetera, Genève.
PL	Patrologia latina (J. P. MIGNE), Paris.
RFNS	Rivista di filosofia neoscolastica, Milan.
RLT	Rassegna di letteratura tomistica (nouvelle série du "Bulletin thomiste"), Naples.
RPL	Revue philosophique de Louvain, Louvain.
RSPT	Revue des sciences philosophiques et théologiques, Paris.
RSR	Recherches de science religieuse, Paris.
RT	Revue thomiste, Toulouse.
SIEPM	Société internationale pour l'étude de la philosophie médiévale, Louvain.
RTAM	Recherches de théologie ancienne et médiévale, Louvain.
STGMA	Studien und Texte zur Geistesgeschichte des Mittelalters, Leiden.
VS	Vie spirituelle, Paris.

ZKT   Zeitschrift für katholische Theologie, Vienne.

目　次

凡　例 ……………………………………………………… v
略号について ……………………………………………… vii
序　文 ……………………………………………………… 3
　引用著作の略号 ………………………………………… 15
第1章　波乱に富んだ青年時代（1224/25-45年）…… 18
　アクィノ家 ……………………………………………… 19
　カッシーノの献身者およびナポリでの勉学 ………… 23
　ドミニコ会入会とその結果 …………………………… 30
　人物描写に関する最初のスケッチ …………………… 38
第2章　アルベルトゥス・マグヌスの弟子（1245-
　　　　52年）…………………………………………… 47
　パリ（1245-48年）……………………………………… 48
　ケルン（1248-52年）…………………………………… 57
　聖書と霊性 ── 『イザヤ書註解』…………………… 62
第3章　パリで教えた最初の年月（1252-56年）…… 76
　命題集講師 ……………………………………………… 81
　修道士トマスによる他の講解 ………………………… 91
　二冊の小著 ……………………………………………… 95
　就任演説 ………………………………………………… 99
第4章　聖書の教師（1256-59年）……………………… 106
　講解 ── 聖書の註解 ………………………………… 107
　討論 ── 『真理論』…………………………………… 115
　説教 ── 神学と司牧 ………………………………… 130

xii　　　　　　　　　目　　次

第5章　托鉢修道会の弁護者 …………………… 138
不和の歴史 ………………………………………… 139
『攻撃する者どもに対して』……………………… 144
『完全性について』と『引き離す者どもに対して』… 153
論戦家 ……………………………………………… 164

第6章　イタリアへの帰還 ──『対異教徒大全』…… 173
研究の推進 ………………………………………… 174
1259-61 年の不確実性 …………………………… 177
『対異教徒大全』の執筆年代 …………………… 181
『対異教徒大全』の目的 ………………………… 187
『対異教徒大全』の方法と構想 ………………… 191
『対異教徒大全』の内容 ………………………… 199

第7章　オルヴィエト滞在（1261-65 年）…… 208
オルヴィエトの修道院講師 ……………………… 209
『ヨブ記註解』…………………………………… 213
引く手あまたの神学者 …………………………… 216
『神名論』………………………………………… 224
聖体の聖務日課 …………………………………… 229
『カテナ・アウレア』…………………………… 241

第8章　ローマでの年月（1265-68 年）──『神学大全』への着手 ………………………… 250
ローマの教育施設 ………………………………… 250
『神学大全』……………………………………… 254
『神学大全』の内容 ……………………………… 259
『神学大全』の構想 ……………………………… 263
受肉の神秘の位置 ………………………………… 268
神学，生，祈り …………………………………… 273

第9章　ローマ時代の他の著作 ……………… 278
『能力論』………………………………………… 279
『神学提要』……………………………………… 285
同時代の問題に関する専門家としての意見 …… 289

目　次　　xiii

　『統治について ── キプロス王に宛てて』 ……………………293
　『霊魂論註解』……………………………………………………296
　メルベケのギョーム ……………………………………………301
第10章　新たなパリ滞在 ── 教義上の対決 …………………308
　パリ出発の日付と場所 …………………………………………308
　トマスがパリに戻ってきた動機 ………………………………313
　『世界の永遠性について』………………………………………316
　実体的形相の単一性 ……………………………………………322
　『知性の単一性について』………………………………………328
第11章　第二回パリ大学教授時代（1268-72年）………338
　1　聖書註解と定期討論集 …………………………………338
　『ヨハネ福音書講解』……………………………………………339
　定期討論集 ──『悪について』とその他 ……………………344
　『自由討論集』……………………………………………………354
　『自由討論集』の日付 ……………………………………………357
　2　意見書と様々な著作 ……………………………………363
　『諸元素の混合について』,『心臓の運動について』…………363
　『自然の隠れた働きについて』…………………………………366
　『星占いについて』………………………………………………367
　『くじについて』…………………………………………………368
　『秘密について』…………………………………………………370
　『フランドル伯爵夫人への手紙』………………………………372
　『離存的実体について』…………………………………………376
　『原因論註解』……………………………………………………379
第12章　アリストテレスの註解者 ……………………………383
　『命題論註解』……………………………………………………383
　『分析論後書註解』………………………………………………386
　『ニコマコス倫理学註解』………………………………………388
　『ニコマコス倫理学梗概』………………………………………391
　『自然学註解』と『形而上学註解』……………………………394
　未完成の著作 ……………………………………………………397

目　次

　トマスとアリストテレス …………………………………403
　トマスと秘書たち …………………………………………408
第 13 章　ナポリでの最後の教育活動 …………………420
　『パウロ書簡』の講義 ……………………………………424
　『詩編』の講義 ……………………………………………437
　「イエスの生涯」……………………………………………444
第 14 章　最期の数か月と死 ……………………………454
　トマスと交際した人々 ……………………………………454
　ピペルノのレギナルドゥス ………………………………463
　トマスと家族 ………………………………………………468
　人物描写の概要 ……………………………………………471
　偉大な観想家 ………………………………………………480
　最期の病気と死 ……………………………………………490
第 15 章　過酷な結果 ── 崇拝，訴訟，論争 …………500
　崇拝の始まり ………………………………………………500
　1277 年 3 月のパリでの出来事 …………………………503
　ドミニコ会士とフランシスコ会士 ………………………513
　ドミニコ会によるトマスの弁護 …………………………522
　弟子と同僚 …………………………………………………524
第 16 章　エピローグ ── アヴィニョンにおける列聖
　　…………………………………………………………………536
　うまく導かれた過程 ………………………………………536
　列聖とその結果 ……………………………………………543
　教会博士 ……………………………………………………548
聖トマスの著作に関する短い目録 ………………………552
　聖トマスの著作に関する主要な版 ………………………553
　体系的神学著作 ……………………………………………555
　定期討論集 …………………………………………………563
　聖書註解 ……………………………………………………575
　アリストテレス註解 ………………………………………585
　その他の註解 ………………………………………………594

目　次　　xv

　論争的著作……………………………………599
　論　考…………………………………………603
　書簡ならびに専門家としての意見 …………609
　典礼的著作，説教，祈り……………………623
　真正ではない著作……………………………630

著者紹介…………………………………………637
訳者あとがき……………………………………649
文　献　表………………………………………651
略　年　表………………………………………705
索　　　引………………………………………711

トマス・アクィナス　人と著作

序　文

　聖トマスの生涯についての主要な情報源は,『聖トマス・アクィナスの生涯に関する源泉』(Fontes vitae S. Thomae Aquinatis) のうちに都合よく集められたが, ドミニク・プリュマー (Dominique Prümmer) とマリー・ヤッサント・ローラン (Marie-Hyacinthe Laurent) という二人のドミニコ会士の配慮によっている。プリュマーは 20 世紀の初めに企てを始めたが, ギョーム・ド・トッコ (Guillaume de Tocco), ベルナール・ギー (Bernard Gui), ピエール・カロ (Pierre Calo) が執筆した最も古い三冊の伝記の出版は彼に負っている。ローランは第二次世界大戦の直前に仕事を完成したが, ナポリとフォッサノーヴァでの列聖裁判の証言, また同様に, トマスと家族に関する古い年代記や文書の抜粋を集めた一群の資料を出版したことは彼の功績である。

　これらすべてのテキストは, 今日理解されているような批判的校訂の要求に必ずしもかなっているわけではないとしても, 総体としてきわめて有益なテキストの選集を構成している。とりわけほぼ入手不可能な原典の場合にそうである。より最近になって, アンジェロ・フェルーア (Angelo Ferrua) は, これらのテキストの一部——本質的にはトッコ, ギー, ナポリ文書——を再検討した。また, ギョーム・ド・トッコによる伝記とナポリ裁判の証言のフ

ランス語訳も出版されている[1]。

これらの主要な文書に加えて、カンタンプレのトマス (Thomas de Cantimpré)、ジェラール・ド・フラッシェ (Gérard de Frachet)、ルッカのトロメオ (Ptolémée de Lucques) の名でいっそう知られているトロメオ・デグリ・フィアドーニ (Tolomeo degli Fiadoni) に帰せられるいくつかの「二次的な物語」も自由に利用できる。カンタンプレとフラッシェはトマスの同時代人だが、前者はほとんど信用できず、後者はトマスの伝記よりもむしろ思想に関心がある。ルッカのトロメオに関して言えば、彼は1272-74年の間ナポリでトマスの生徒だったが、本職の歴史家として、トマスの列聖の前に『教会の歴史』(Historia ecclesiastica) を完成した。彼の主張は検証が必要だが、それでもやはり原初的な情報源である[2]。

すでにボランディストたち (les Bollandistes) は、いつもの批判的確実性とともに、トマスの伝記の首位をギョーム・ド・トッコに与えていた。ベルナール・ギーやピエール・カロに首位を与えようとする20世紀初頭の試みにもかかわらず[3]、特別視すべきはまさにトッコだった。しかし、この問題の研究方法は、ユーグ・ヴァンサン・シュ

---

1) 必要な書誌的指示はすべて、「引用著作の略号」を参照。

2) これらの著述家と先行者たちのより詳細な紹介について、さらに次の研究が役に立つ。E. JANSSENS, "Les premiers historiens de la vie de Saint Thomas d'Aquin", *Revue néoscol. de Phil. de Louvain* 26 (1924) 201-214; 325-352; 452-476.

3) J. A. ENDRES, "Studien zur Biographie des hl. Thomas v. Aquin", *Historisches Jahrbuch* 29 (1908) 537-558, 774-789. *RT* 20 (1912) 508-516, 517-523における、P. MANDONNET, "Pierre Calo et la légende de S. Thomas" と D. PRÜMMER, "Quelques observations à propos de la légende de S. Thomas, par Pierre Calo" との間の論争も参照。Endres の諸命題は、F. PERSTER, "Die älteren Biographen des hl. Thomas von Aquino. Eine kritische Studie", *ZKT* 44 (1920) 242-274; 366-397 が完全に論駁した。同じ方向性で上記註2の E. Janssens も参照。

ナー (Hugues-Vincent Shooner) の指導でギョームの『聖トマスの歴史』(Ystoria sancti Thome) の新しい批判的校訂版を出版したクレール・ル・ブラン・グアンヴィキ (Claire Le Brun-Gouanvic) によって刷新された[4]。この著者が到達した最も興味深い結果の一つは、遅い時代のものではあるが信頼できる写本をもとにして、ギョームが最期の時まで、すなわちトマスの列聖（1323年7月18日）の後まで——というのも、「ギョームは少なくとも1323年8月まで生きた」から——手直ししたこのテキストの継起的な四つの版を明らかにしたことである。第三版はボランディストたちとプリュマーが出版したものだが、「第四版は現在まで未刊のままにとどまっている数多くの付加を含んでいる」。それゆえ、この新しい版はテキストが著しく拡大されており、「列聖裁判の展開についての貴重な情報」を与えてくれる。さらに、この新しい版は、それまで歴史家たちから特別に尊重されていたベルナール・ギー独自の諸特徴は、実際のところトッコのこの第四版——これを最初に使用したのはギーだった——に由来していることを教えてくれる。ギーの初版は1324年に遡り、第二版は1325-26年のものである。カロに関して言えば、彼はなお何年か後の人物である[5]。

---

4) C. LE BRUN-GOUANVIC, *Edition critique de l'"Ystoria sancti Thome de Aquino" de Guillaume de Tocco*, Diss. dactyl., Université de Montréal, 2 t., 1987 [現在、この学位論文は以下の表題で出版されている。C. LE BRUN-GOUANVIC, *Ystoria sancti Thome de Aquino de Guillaume de Tocco* (1323), Édition critique, introduction et notes, "Studies and Textes 127", Toronto, P.I.M.S., 1996——翻訳が用意されている]。今後引用するのは彼のテキストだが、読者の便宜のために、『源泉』におけるトッコの版も参照しよう。

5) 聖トマスに関するカロの伝記は、1330年より後になってようやく完成した伝説物のうちに挿入されている。Cf. A. PONCELET, "Le légendier de Pierre Calo", *Anal. Boll.* 29 (1910) 5-116. [今後は以

このことはトッコの著作に欠陥がないという意味ではない。彼が現代的意味での伝記を執筆しようとしたのではないことを強調するだけでは十分でない。このことは自明である。彼は非常に意識的に聖人の生涯を書こうとした。もし望むのなら文字通り，それは聖人伝と呼べるが，そこでは英雄の出生，生涯，死が偉大さを証明する超自然的なしるしで飾られる。その結果，事実的で年代順のデータはしばしば無視され，うまく行っても主に教化を目的とする曖昧な逸話に薄められている。古代および中世の伝記のこの三つの伝統的な要素に，トッコはこの聖人が博士でもあったことを示そうとして，より独創的な第四の要素を付け加えた。しかし，彼はここで資料収集の乏しさを露わなものにしている。というのも，彼は〔トマスの〕パリとケルン滞在についてほとんど何も知らないからである。加えて，この主題を適切に論じるための知的な用意もなかった。ここでもまた，トマスの偉大さをなすものは，彼の学説に属するものというよりもむしろ聖書の最も上級の人々，すなわち旧約聖書ではヤコブ，ヨセフ，モーセ，新約聖書ではキリスト自身や使徒トマスとの比較だった。したがって，他の聖人たちの数多くの生涯に見出される多様な挿話についてくどく述べなくても，現代の批評家たちは容易にトッコの不十分さを指摘できる[6]。

下の重要な諸業績も参照。S. TUGWELL, "Petrus Calo's Legendae on Saint Dominic", dans *Littera, Sensus, Sententia, Studi in Onore del Prof. Clemente J. Vansteenkiste O.P.*, A. LOBATO, éd., Milan, Massimo, 1991, p. 593-643; *Miracula Sancti Dominici mandato magistri Berengarii collecta. Petri Calo, Legendae Sancti Dominici*, ed. S. TUGWELL, O.P., "Monumenta Ordinis Fratrum Praedicatorum Historica 26", Roma, 1997; *Bernardi Guidonis, Scripta de Santo Dominico*, ed. S. TUGWELL, O.P., "Monumenta Ordinis Fratrum Predicatorum Historica 27", Roma, 1998.]

6) Cf. par exemple, W. P. ECKERT, "Stilisierung und Umdeutung der Persönlichkeit des hl. Thomas von Aquino durch die frühen

しかしそれでもやはり，トッコは選ぶべき証人としてとどまる。彼はナポリの修道院いたときのトマスを知っており，トマスはそこで1272年から1274年まで過ごした。トッコはそのとき30歳であり，すでに司祭だったが，そこでトマスが修道院のすべての兄弟たちのために行っていた聖書の講義を受けたに違いない。トッコは自然の流れで自分と同じようにトマスの近くにいた多くのドミニコ会士たちと知り合いになり，証言を集めた。彼らのうちには，おそらくトマスのパリデビューから死に至るまでトマスに同行した，「長きにわたる盟友」ピペルノのレギナルドゥス（Raynard de Piperno）がいた。時として直接的に，時として他の証人を通じて，トッコが私的な事柄の詳細を得たのは，このレギナルドゥスからだった。また，トッコはアクィナスの家族に対しても取材を行い，トマスの甥，すなわちトマスの二番目の姉テオドラの息子サン・セヴェリーノのトマス（Thomas de San Severino）の証言，またトマスの姪，すなわちトマスの三番目の姉マリアの娘モッラのカテリーヌ（Catherine de Morra）の証言を集めることができた。トッコが特にトマスの幼少期に関する挿話を得たのは，列聖裁判のときにはすでに非常に高齢だったこのカテリーヌからであり，彼女自身はそれを祖母，すなわち〔トマスの母である〕テオドラ婦人（Théodora）の口から聞いたと言っていた。

もしこのことに，トッコが裁判の主唱者として，証言の前であれ後であれ，列聖裁判のすべての証人——そのうちにはトマスの最期の時に居合わせたフォッサノーヴァの修道士たちもいた——に会えたことを付け加えるならば，その欠落にもかかわらず，彼がこの伝記を書くのに最もふさ

Biographen", *FZPT* 18 (1971) 7-28; E. COLLEDGE, "The Legend of St. Thomas Aquinas", dans *Commemorative Studies* I, 13-28.

わしい人物だったことを認めなければならない。しかし、この伝記を取りまく聖人伝の装飾に責任のある人物はおそらく彼のみではない。十中八九、情報提供者たちは加工されていない情報ではなく、すでに解釈されたものを彼に伝えただろう。それゆえ、文献解釈の仕事を成し遂げることが今日の歴史家たちに要求されている。歴史家たちは少なくともすでに、同時代人がトマスをどのように見ていたか、その聖性についていかなる考えを作り出していたかを知っている。

ヴァルツ（A. Walz）とノヴァリーナ（P. Novarina）の著作を除いて[7]、これまでフランス語圏には聖トマスの伝記がなかった。否定しえない学問的質にもかかわらず、1962年に出版されたヴァルツとノヴァリーナの書物は、それ自体1953年に出版されたドイツ語原本をフランスの読者のために更新した翻訳であり、本格的に日付を推定した始めての業績である。人はこのことをジェームス・ワイスハイプル（James A. Weisheipl）のより最近の著作『修道士トマス・アクィナス』（Friar Thomas d'Aquino）を読むときにも理解する——その初版がすでに20年前のものであり、数多くの修正を経た第二版もさらにたくさんの誤りを含んでいるにもかかわらず——[8]。サイモン・タグウェ

---

[7] A. WALZ, *Saint Thomas d'Aquin*, Adaptation française par P. NOVARINA, "Philosophes médiévaux 5", Louvain-Paris, 1962. 文献史に関するこの言及を故意に最新の著作に限定しよう。もっと過去に遡るならば、とりわけ、大きな価値を持つ著作 Père Antoine TOURON, *La vie de S. Thomas d'Aquin, de l'Ordre des Frères prêcheurs, docteur de l'Eglise, avec un exposé de sa doctrine et de ses ouvrages*, Paris, 1740 と、何よりも根本的な研究 J.QUETIF et J. ECHARD, *Scriptores ordinis praedicatorum*, t. I, Paris, 1719, fol. 271-347 を指摘しなければならないが、後者は参照しづらいという問題を抱えている。

[8] J. A. WEISHEIPL, *Friar Thomas d'Aquino. His Life, Thought*

ル (Simon Tugwell) の「選文集」の序文は, より簡潔ではあるが, 知識と洞察の点で傑出しており, この類の著作としてはるかに満足の得られるものである[9]。だが, オットー・ヘルマン・ペッシュ (Otto Hermann Pesch) の『トマス・アクィナス』(Thomas von Aquin) という著作について同じように言うことはまったくできない。歴史的な証拠固めは更新が必要であり, サブタイトルにあるにもかかわらず, 厳密に言えば導入ではない。というのも, 論争神学 (Kontroverstheologie) という観点がペッシュが知らせようとしたトマスの本来的な視野をいくらか曇らせているからである[10]。

最後に挙げた二冊の書物は, 英語とドイツ語で書かれているので, 誰しもが入手可能なものではない。レオニーナ版の様々な巻の序文に集められているきわめて貴重なデータも同様である。『霊性史事典』(Dictionnaire de Spiritualité) にわたしが執筆した項目についてもほぼ同様

---

and Works, with Corrigenda and Addenda, Washington, 1974, 1983; この著作のフランス語訳は第二版の修正を反映したが, 文献表は更新しなかった。*Frère Thomas d'Aquin, Sa vie, sa pensée, ses œuvres*, Paris, 1993. この最後の点について, イタリア語訳はより好ましい。*Tommaso d'Aquino. Vita, Pensiero, Opere*, a cura di I. BIFFI e C. MARABELLI, Milano, 1988. わたしの知るかぎり, ドイツ語訳は初版に基づいて為されており, これらの改訂から利益を得なかった。

9) *Albert & Thomas. Selected Writings*, translated, edited, and introduced by S. TUGWELL, New York, 1988.

10) O. H. PESCH, *Thomas von Aquin. Grenze und Grösse mittelalterlicher Theologie. Eine Einführung*, Mayence, 1988. *FZPT* 36 (1989) 493-498 の書評を参照。[現在, この書物のフランス語訳がある。O.H. PESCH, *Thomas d'Aquin. Limites et grandeur de la théologie médiévale. Une introduction*, "Cogitatio fidei 177", Paris, Cerf, 1994. 当然の成功を収めたこの書物はドイツ語で第三版を数えている——Grünewald, 1995。453-456 ページの, 著者が初版に関するわたしの書評への好意的要請として付け加えている補足を参照。]

である[11]。というのも、これはほぼ専門図書館でのみ入手可能であり、加えて出版に関する事情から過度に圧縮せざるをえなかったからである。それゆえ、この領域の研究の最新状況をフランス語圏の人々が自由に利用できるようにする時が来ている。

しかし、われわれの望みは時と場所を厳密に規定する新しい伝記を書くことだけにあるのではない。トマスのような重要人物が問題となっている場合、生涯は著作なくして理解できない。このことはおそらく他の人物よりもいっそうトマスに当てはまる。仮に言うならば、『神学大全』なくして聖トマスは理解できない。これは真実だが、もし『神学大全』に注がれたトマスの精力に気づかなかったり、また彼の著作を広く知られた主著に還元できる——還元できるわけがない——ことが分からないなら、この言明は不十分で平凡なものである。

しかし、トマスの著作に招待するにあたり、ぜひともマリー・ドミニク・シュニュー（Marie-Dominique Chenu）神父の『聖トマス・アクィナス研究への導入』（l'Introduction à l'étude de saint Thomas d'Aquin）に言及しなければならない。「比類がない」と言われたこの書物は、多くの言語に翻訳され、何世代にもわたって歴史家であれ哲学者であれ神学者であれ中世研究家たちに影響を与え、聖トマスに関する研究方法を刷新した[12]。シュニューが常によく読まれてきたかどうか問うこともできる。しかし、われわれの知るかぎりこの書物は前例のない努力であり、シュニュー

---

11) J. P. TORRELL, art. "Thomas d'Aquin, (saint)", *DS* 15 (1991) 718-773.

12) *Penser au Moyen Age*, Paris, 1991, p. 42-45 の、アラン・ド・リベラ（Alain de LIBERA）がシュニューに送った実感のこもった賛辞を参照。*Hommage au Père M. D. CHENU, RSPT* 75 (1991) 351-504 (n° spécial juillet) も参照。

はトマスをきわめて具体的な生の只中——それは単に歴史的，神学的な場所にとどまらず，「福音に従った神との交わりの」場所だった——に再び位置づけ，トマスの根ざした「霊性」と彼が追究した観想を示し，それらを熱意を込めて人々と共有することを目指している[13]。

しかし，ここからシュニューだけが刷新の先導者だと結論しないよう注意すべきである。もしこの本の各所でその名を言及することになる，マンドネ（Mandonnet），グラープマン（Grabmann），グロリユー（Glorieux），ロッタン（Lottin），その他の多くの人々を無視するならば，それは不当である。しかし，シュニューのこの著作は，現代における中世の再発見を特に示すものとして長く支持されるだろう。本書で提示することは，シュニューなくして考えられなかっただろうし，喜んでその貢献を認めよう。しかし，彼の本が出版されたのは50年前のことであり，敢えて次のように言わなければならない。たとえ「『導入』が真剣にトマス・アクィナスを読むための手ほどきとして最良の導きであり続けるとしても，……にもかかわらずこの本はシュニュー神父の著作のうちで最も時代遅れになったものである」[14]。このことは大部分，彼の弟子たちと彼の業績のおかげである——それについて一番喜んでいたのは彼自身だっただろう——と付け加えることは正しい。しかし，問題となっているのが，比較を絶して貢献したおよそ20巻のレオニーナ版であれ，『ラテン語版アリストテレス全

---

13) この計画をよりよく理解するために，『導入』に加えてシュニューの他の主要著作も付け加えなければならない。*La théologie comme science au XIIIe siècle*, "Bibl. thom. 33", Paris, ³1957. また，より一般向けのものとして，*St. Thomas d'Aquin et la théologie*, "Maîtres spirituels 17", Paris, 1959がある。この著作の重要性をその薄さに釣り合わせてはならない。

14) L.-J. BATAILLON, "Le Père M.-D. Chenu et la théologie du Moyen Age", *RSPT* 75 (1991) 449-456 (cf. p. 454).

集』(Aristoteles latinus)であれ，未刊のテキストに関する，ないし13世紀ならびにトマスの敵対者とその思想についての歴史的研究に関する他の多くの出版物であれ，あらゆる種類にわたる数多くの研究成果が，この時代についての，またより正確に言えば人間トマス——逆説的ではあるが，これは『導入』では明らかになっていなかった——についての知識を著しく豊かにし，修正したのである。

　だから，シュニューが望んでいたように，もしトマスの著作を真の文脈の中で読み，彼の相貌に関する何らかのものを発見しようと思うならば，新しく出発すること，最新の学識豊かな研究をできるだけ利用しようとしなければならない。非常にしばしば非世俗的思想家として知られてきたトマスが，実は明確な歴史的偶発性の下で，特定の時間と空間のうちに生きていたことは確かである。トマスは修道的従順からヨーロッパ各地を旅して回った。すなわち，ナポリを出てパリを経てケルンへ，ケルンを出て新たなパリ滞在とオルヴィエト滞在を経てローマへ，そしてナポリに——そこで亡くなった——戻って来る前に三度目となるパリを訪れる必要があった。だから，彼は急いで仕事をしなければならず，無数の異なった仕事に引き裂かれ，未完成の著作を非常に多く残した。永遠の真理に関する探究は，彼の時代に知られていたほとんどすべての哲学者と神学者の学派——トマスは倦むことなく彼らの著作をよく調べ注釈した——との交わりの中で，緊迫さと不安定さの中で成し遂げられた。

　トマスの伝記に関するこの新しい研究方法により，波乱に富んだ生活の一部が明らかになるだけではない。この研究方法のおかげで彼の著作の背景が浮かび上がってくるが，この背景は彼の多くの著作の正確な理解に不可欠なものである。このことは彼の著作を紹介するにつれてはっきり分かってくるだろう。本書では，トマスの各著作に対し

て少なくとも内容についての簡潔な情報——主要な著作に対しては比較的より詳細な情報——を、また事柄が許すかぎり執筆年代に関する詳しい説明を与えたい。今日の歴史的研究により、これまで最新の研究書にすら流布していた〔年代決定に関する〕概算を修正できる。本書の末尾に付した目録では、より総合的にすべての情報が収集されるだろう。

同時に、本書ではトマスの相貌の別の側面が初めて明らかになる。このことに関していささか驚くべきは、教化のための文献や賛辞についてこの面を明らかにしているはずの忠実なトマス主義者たちの多くが、それを断固として無視していることである。そう言ってもよければおそらくトッコのように、しかしトッコにはなかった適当な距離とともに、われわれが示したいのは、この聖人が哲学者ないし神学者であるだけでなく、「霊性の大家」でもあったということである。トマスにとっては信仰に基づく信心深い考察が浄福への道だったのであり、このことは彼の著作から浮かび上がってくる。ここにこそトマスの学説の全局面があり、それはおそらく長い時間をかけて入念に彼に親しむ人々には馴染みのものだが、一般的に彼について二次的な知識しか持たない人々には見落とされているものである。これはひどくもったいないことであり、この類の読書を役立てるためにはこのことを知っておくだけで十分である。この理由からここかしこで少々長い文章を引用するつもりだが、それはこの神学が霊的な生へ、あるいはそう言ってもよければ神秘主義へと到達する仕方を示すためである。このことについてもし暇があれば、あまりにも簡潔なこれらの情報は次の書物で再検討されるだろう。[この数行を書いた後、実際に約束していた書物を書くことができた。ここで問題となっているのは、*Saint Thomas d'Aquin, maître spirituel. Initiation 2* である。]

このようにして，聖トマスという人間に少しばかり新しい光を投げかけたいと思う。いわゆる著作の背後に隠れているトマスの人間性に到達することは，不可能ではないにせよ難しいことだと長い間考えられてきた。常々そのように言われることはそれほど真実ではないし，もし企てが困難なら，試みることには価値がある。

わたしにとって快い義務だが，ここでレオニーナ委員会の友人たちに心から感謝したい。すなわち，ルイ・ジャック・バタイヨン（Louis-Jacques Bataillon）神父と，とりわけルネ・アントワーヌ・ゴーティエ（René-Antoine Gauthier）神父だが，彼らはわたしのテキストを一章ずつ再検討することを引き受け，数多くの修正と改良を提案し，このようにして読者は彼らの該博な知識の恩恵に浴することになった。また，助手であるジル・エメリー（Gilles Emery）神父にも深く感謝したい。彼は文献表を集め，巻末の目録と索引を仕上げてくれただけでなく，この書物の執筆の間に他の多くの仕方で助けてくれた。

引用著作の略号

Calo: *Vita S. Thomae Aquinatis auctore Petro Calo*, dans *Fontes*, fasc. 1 (p. 17-55).

Cantimpré: *Thomae Cantipratani, …Miraculorum et exemplorum memorabilium sui temporis Libri duo(=Bonum universale de apibus)*, Douai, 1597.

Chartul. : *Chartularium Universitatis Parisiensis*, éd. H. DENIFLE et E. CHATELAIN, t. I, Paris, 1889（巻の番号が明言されていない場合，第 1 巻が問題となっている。第 2 巻への参照は稀だが，それは明示されるだろう）。

Chenu, *Introduction*: M.-D. CHENU, *Introduction à l'étude de saint Thomas d'Aquin*, "Publications de l'Institut d'études médiévales 11", Montréal-Paris, ²1954.

Commemotative Studies: *St. Thomas Aquinas 1274-1974 Commemorative Studies*, éd. A. MAURER, 2 t., Toronto, 1974.

Documenta: *Fontes vitae S. Thomae Aquinatis. Documenta*, éd. M.-H. Laurent, dans *Fontes*, fasc. 6 (p. 531-677).

Ferrua: *S. Thomae Aquinatis vitae fontes praecipuae* (lire: *praecipui*), éd. A. FERRUA, Alba, 1968（彼はトッコとギーの伝記，ナポリ裁判を再録している。トロメオ，フラッシェ，カンタンプレの断片も同様である）。

Fontes: *Fontes Vitae S. Thomae Aquinatis notis historicis et criticis illustrati*, éd. D. PRÜMMER et M.-H. LAURENT, Toulouse, s.d. (6 fasc., これはもともと *Revue thomiste* において，1911 年から 1937 年まで公刊されたものである。指示された略号と内部の番号づけと 6 分冊にわたって連続している

ページづけにしたがってこれらの情報源を引用する)。

Fossanova: *Processus canonizationis S. Thomae, Fossae Novae*, éd. M.-H. LAURENT, dans Fontes, fasc. 5 (p. 409-532).

Frachet: *Fratris Gerardi de Fracheto O.P., Vitae Fratrum Ordinis Praedicatorum*…, éd. B. M. REICHERT (*MOPH*, t. 1), Louvain, 1896.

Grabmann, *Werke*: M. GRABMANN, *Die Werke des hl. Thomas von Aquin. Eine literarhistorische Untersuchung und Einfürung* "BGPTMA 22, 1-2", Münster Westf., ³1949.

Gui: *Vita S. Thomae Aquinatis auctore Bernardo Guidonis*, dans *Fontes*, fasc. 3 (p. 161-263).

Käppeli: Thomas KÄPPELI, *Scriptores Ordinis Praedicatorum Medii Aevi*, 3 vol. parus (lettre S incluse), Rome, 1970-1980.

Léon. : *Sancti Thomae de Aquino Opera omnia iussu Leonis XIII P. M. edita*, Rome, 1882ss.

Mittelalterliches Geistesleben: M. GRABMANN, *Mittelalterliches Geistesleben. Abhandlungen zur Geschichte der Scholastik und Mystik*, 3 vol., Munich, 1926, 1936, 1956.

MOPH: *Monumenta Ordinis Fratrum Praedicatorum Historica*, t. 3-4: *Acta Capitulorum Generalium Ordinis Praedicatorum*, vol. I (1220-1303); vol. II (1304-1378), éd. B. M. REICHERT, Rome, 1898 et 1899; t. 20: *Acta Capitulorum Provincialium Provinciae Romanae* (1243-1344), éd. T. KÄPPELI et A. DONDAINE, Rome, 1941.

Naples: *Processus canonizationis S. Thomae, Neapoli*, éd. M.-H. LAURENT, dans *Fontes*, fasc. 4 (p. 265-407).

Ptolémée: *Ptolemaei Lucensis Historia ecclesiastica nova*, Lib. XXII 17-XXIII 16, dans L. A. MURATORI, *Rerum italicarum scriptores*, t. 11, Milan, 1724 (éd. critique partielle par A. DONDAINE, "Les *Opuscula fratris Thomae* chez Ptolémee de Lucques", *AFP* 31 (1961) 142-203).

Scandone: F. SCANDONE, "La vita la famiglia e la patria di S. Tommaso de Aquino", dans *San Tommaso d'Aquino, Miscellanea storico-artistica*, Rome, 1924, p. 1-110.

Tocco: *Vita S. Thomae Aquinatis auctore Guillelmo de Tocco*, dans *Fontes*, fasc. 2 (p. 59-160).

Tugwell: *Albert & Thomas Selected Writings* Translated, Edited, and Intoroduced by Simon TUGWELL, O.P., Preface by Leonard E. BOYLE, O.P., New York-Mahwah, 1988.

WN: A. WALZ, *Saint Thomas d'Aquin*, adaptation française par P. NOVARINA, "Philosophes médiévaux 5", Louvain-Paris, 1962.

Weisheipl: J. A. WEISHEIPL, *Frère Thomas d'Aquin. Sa vie, sa pensée, ses œuvres*, Traduit···par C. LOTTE et J. HOFFMANN, Paris, 1993.

Xenia thomistica: *Xenia thomistica a plurimis···praeparata···*, éd. S. SZABO, 3 vol., Rome, 1925.

Ystoria: C. LE BRUN-GOUANVIC, *Edition critique de l'Ystoria sancti Thome de Aquino de Guillaume de Tocco*, Diss. dactyl., Université de Montréal, 2 t., 1987.

第 1 章

波乱に富んだ青年時代（1224/25-45 年）

　トマスの出生の日付は死の日付に基づいておおよその計算で出されたものである。彼の最初の伝記作者であるトッコは，49 年目の，1274 年 3 月 7 日の午前中に亡くなったとしている[1]。このことはトマスが 48 歳を超えていたが，まだ 49 歳に達してはいなかったことを意味しているかもしれない。しかし，トッコはすぐに次のように付け加えている。「トマスは生涯の 49 年目を終えて，50 年目に永遠の栄光を祝い始めていた」。それゆえ，〔トッコによればトマスは 49 歳の時に亡くなったので，〕出生は 1225 年にすべきである。何年か遅れて伝記を書いたベルナール・ギーは，同じように，トマスが 49 年間を終えて，50 年目を始めていたことを確言している[2]。時代的に少し前のテキストの中で，ルッカのトロメオは曖昧に次のように述べている。「トマスは 50 歳の時に亡くなったが，48 歳と言う人もいる」[3]。今日では 1224/25 年で見解は一致しているよう

---

1) *Ystoria* 65, p. 395 (Tocco 65, p. 138).

2) Gui 39, p. 205. しかし，トマスが七つの安息年の後に（7 × 7 = 49），50 年目にしてようやく永遠の休息に入ったというトッコの神秘的な考察をギーが真に受けていたかどうかについては疑問がある。

3) Ptolémée XXIII 10: "Obiit autem L vitae suae; alii vero dicunt XLVIII".

だが，他の二次的な情報源は完全に 1226 年もしくは 1227 年の可能性を排除していない[4]。

アクィノ家

　トマスの出生地に関して，たとえいくつかの問題——多くの町がこの栄誉を奪い合った——がかつて生じたとしても，今日の歴史家たちは南イタリアのロッカセッカの一家の城とすることで意見が一致している[5]。当時，両シチリア王国のアクィノ伯爵領のうちに存在したロッカセッカは，ラティウムとカンパニアの境界地域にあり，ローマとナポリのほぼ中間に位置していた。また，北はフロジノーネ，南はカッシーノから同じだけ離れており，ローマからナポリに通じる内陸の街道——昔のラティーナ街道——のやや東に位置している。この地理的な位置は取るに足らないものではない。ここはまさに現実の政治的問題の発端となった場所である。こうして，アクィノ家の領土は，とりわけそこからほど近いモンテ・カッシーノ大修道院に対する権力を奪い合った教皇と皇帝の領土の境界に位置づけら

---

　4) Tugwell も同様に，p. 201 で 1226 年の説を取り上げているが，C. VANSTEENKISTE は，*RLT* 24, 1991, p. 11 でこの見解が難しいことを強調している。Scandone, p. 8-9 には，異なる情報がある。さらに，WN, p. 16，また詳細のすべてではないとしても，結論においては常に妥当な研究である P. MANDONNET, "Date de naissance de S. Thomas d'Aquin", *RT* 22 (1914) 652-664 を参照。

　5) このことに手間取る必要はない。Scandone, p. 88-103 で，第一にナポリを支持する試みの詳細，次いでアクィノのそれが示された後，p. 103-110 では最後にロッカセッカが明示されている。また，WN, p. 9 の補足的な情報，さらにより最近のより完全な W. POCINO, *Roccasecca patria di San Tommaso d'Aquino*. Documentazione storico-bibliografica, Roma, 1974 を参照。

れていた。それゆえ、この場所的な位置のためにトマスの家族は教皇と皇帝の間で揺れ動くことになり、ここから大きな余波を蒙ることになった。

ロンバルディア地方から来た一家は 887 年以来歴史に登場し、ロッカセッカ城は 10 世紀の終わりから彼らのものである[6]。一家の最初の分枝は 1137 年までアクィノ伯爵領を所有している。トマスがその姓を獲得したのはこの分枝からであり、彼の出生地ではなかったアクィノの町からではない。第二の分枝はよりいっそう遅くにアチェッラ伯爵領を相続したが、1221 年にその資格保有者はトマス・アクィナス 1 世であり、イタリア半島南部の総督の権限を有していた。トマスの父であるランドルフ（Landolphe）は、一家の最も勢力のある分枝には属しておらず、単に miles という称号を有していただけである[7]。しかし、彼は 1210 年以来皇帝フリードリヒ 2 世（Frédéric II）の信奉者だったので、1220 年に皇帝に皇帝の地域である「耕作地の裁き手」と名づけられ[8]、この肩書でアチェッラ伯爵の従属下に置かれることになった。

碩学たちの諸業績にもかかわらず、トマスの父とその家族について完全に明らかになっているとは言い難い。ランドルフは 1160/70 年頃に生まれ、二回結婚しているという

---

6) Cf. ici Scandone, p. 42-46; WN, p. 10-12.

7) *Documenta* 9, p. 541 (cf. T. LECCISOTTI, *San Tommaso e Montecassino*, Montecassino, 1965, Table VIII); cf. *Documenta* 4, p. 535: *vir nobilis*.

8) *Documenta* 1, p. 532; フリードリヒ 2 世とのこの関係を明確にすべきである。Kantorowicz (*Ergänzungsband*, p. 45) によると、アクィノ家は皇帝の主要な支持者だったが、このことからトマスは皇帝と血縁関係にあったと結論することはできない。できるのは、せいぜい協力関係による——ただし十分な距離のある——家族的関係を確証することだけである——*ibid*., p. 282, n° 35。さらに、Weisheipl, p. 17 も参照。

人々もいれば，同じ名前の二人の異なる人物が存在するという人々もいる。情報は一義的ではなく，様々な解釈を受け入れるものであり，とりわけトマスの兄弟の人数が問題となっている場合にそうである。ワイスハイプルは，マンドネの仮説を受け入れ，ランドルフが二回結婚し，最初の妻——もっとも彼女については何も知られていない——から，ヤコブス（Jacques），フィリップス（Philippe），アデヌルフ（Adénolphe）の三人の息子をもうけたと確言している[9]。ヴァルツとノヴァリーナは，この同じ見解をスキャンドーネ（Scandone）に帰しているが，後者はこのことについて何も述べておらず，この三人の名をトマスの異父兄弟と見なしている[10]。ペルスター（Pelster）は，むしろこの三人の名をアチェッラ伯爵トマス1世の息子たちと見なすことを提案している。それゆえ，彼らは多かれ少なかれトマスの遠い従兄弟であることになる[11]。はっきりと結論を下すことはできないが，この最後の見解が真実らしく思われる。

しかし，いつの日か定かではないが，ランドルフがナポリのカラッチョロ家のロッシ分家に属していたテオドラ婦人と結婚したこと[12]，また少なくとも四人の息子と五人の娘の九人の子をもうけたことは確実である。最年長の息子は，おそらく祖父への敬意をこめてアイモン（Aimon）と

---

9) Weisheipl, p. 17.

10) Scandone, p. 46-51 et 76ss.

11) F. PELSTER, *I parenti*, p. 305. Kantorowicz は, *Ergänzungsband*, p. 276, n° 14, et p. 282, n° 35 で，似たような見解を主張している。

12) *Ystoria* 37, p. 317: "nomine Theodora, de prosapia Carculorum dictorum Rubeorum Neapolis", cf. *ibid.*, p. 160. このデータは *Ystoria* の批判的校訂版が公刊されるまで歴史家たちに知られていなかったが，このデータによってテオドラ婦人の出自に関する Scandone (p. 51-55) と彼に従う他の人々の推測は疑わしいものになった。

22　第 1 章　波乱に富んだ青年時代（1224/25-45 年）

名づけられた。彼はフリードリヒ 2 世のために聖地への遠征に参加したが，キプロス王ユーグ 1 世の家臣に捕虜にされた。1233 年にグレゴリウス 9 世の介入で買い戻されたアイモンは，全生涯を通じて教皇の側に忠実だった[13]。二番目の息子であるルノー（Renaud）は，初めフリードリヒ 2 世の信奉者だったが，1245 年，インノケンティウス 4 世が皇帝を廃位したときに教皇側に移った。しかし，皇帝は自分に対し陰謀を企てたという理由で，1246 年にルノーを殺害した[14]。それゆえ，一家はルノーを教会のための殉教者と見なしていた。トマスも同じように考えていたようである。というのも，トマスは夢の中でほどなく死んだ姉のマロッタ（Marotta）の啓示を得，彼女がトマスに二人の兄弟の死後の運命を知らせたからである。すなわち，ルノーは天国にいたが，ランドルフは煉獄にいた。もっともこのことはランドルフについて知られている唯一のことだが[15]。

反対に，トマスの五人の姉については比較的よく知られている。一番上のマロッタは，カプアのサンタ・マリア修道院の女子修道院長になり，1259 年頃亡くなった[16]。二番目のテオドラ（Théodora）は，〔マルシコ伯爵だった〕サン・セヴェリーノ家のロジェールの妻となった[17]。トマス

---

13) *Documenta* 5, p. 536-537; 10, p. 541 et 543; Scandone, p. 76-77.

14) Ptolémée XXII 20; Tocco 44, p. 118; Pelster, *I parenti*, p. 300-305; Mandonnet, *Novice*, p. 528-531; Kantorowicz は，*Ergänzungsband*, p. 279, n° 25 で，彼に関する情報を集めている。

15) *Ystoria* 44, p. 339 (Tocco 44, p. 118); cf. *Naples* 78, p. 375, ここでカプアのバルトロメウス（Barthélemy de Capoue）は，トマスが兄弟の死刑執行は不正だと確信していた事実を示唆している。

16) *Ystoria* 10, p. 217 (Tocco 9, p. 74).

17) *Ystoria* 47, p. 347 (Tocco 47, p. 120); cf. *Naples* 20 et 46, p. 291 et 326: とりわけ身元が明らかであるテオドラは，フォッサノー

が最期に病気になったときにしばらくの間休養しに行ったのは彼女のところである。彼女の息子トマスは，遅くなってから叔父の列聖のために働き，ドミニコ会士として亡くなった[18]。三番目の娘マリア（Marie）は，サン・セヴェリーノ家の長男ギョームと結婚した。トッコがトマスの家族に関する数多くの詳細を得たのは，彼らの娘モッラのカテリーヌからであり，カテリーヌ自身は祖母テオドラから聞いていた[19]。四番目のアデラシア（Adélasie）は，アクィラのロジェール（Roger d'Aquila）と結婚したが，1272年にトマスは彼の遺言執行人だった[20]。五番目の娘に関して言えば，その名は知られていない。彼女は小さい頃，雷に打たれて亡くなった。一方，乳母に抱かれて眠っていた幼いトマスは難を逃れた[21]。

カッシーノの献身者およびナポリでの勉学

トマスは息子たちのうちで最も若かったので，時代の慣例にしたがって教会に入ることを運命づけられていた。モンテ・カッシーノが近くにあったので，選択の余地はほとんどなかった。それゆえ，ランドルフは息子を隣接した修道院に献身者として差し出したが，おそらくその背後には

ヴァの大修道院長から亡くなったトマスの手を聖遺物として手に入れている——cf. *Ystoria* 68, p. 402; Tocco 69, p. 142。このことはトッコが彼女を非常に敬虔な人物として描いたこととかなりうまく一致する——*Ystoria* 37, p. 317; Tocco 37, p. 111。; cf. Scandone, p. 57-61.

18) *Ystoria* 37, p. 318; cf. p. 160-161.

19) *Naples* 62, p. 350; cf. Scandone, p. 61-67.

20) Scandone, p. 67-69; WN, p. 15-16. ランドルフが二回結婚したことを認める Walz と Novarina は，アデラシアはトマスの異母姉妹にすぎないとしているが，もはやこの仮説を支持する理由はない。

21) *Ystoria* 3, p. 197 (Tocco 2, p. 67).

24　第 1 章　波乱に富んだ青年時代（1224/25-45 年）

トマスがいつかそこの修道院長になってほしいという考えがあった[22]。当時，修道院は衰退の時期にあり，教皇と皇帝による奪い合いの餌食となっていた。しかし，1230年7月23日に彼らの間で締結されたサン・ジェルマーノ条約のおかげで，修道院は比較的平和に恵まれ，トマスが修道院長ランドルフ・シニバルディ（Landolphe Sinibaldi）の下で修道院に入ったのは，そのころ，すなわち上の日付と1231年5月3日の間だと推定できる。

この最後の日付は，トマスの父ランドルフが，「トマスの罪の赦しのために」金20オンスを気前よく修道院に寄付した際の証書の日付である[23]。この寄付が，聖ベネディクトゥス（Benoît）が『規則』第59章で語っている，貴族の子供の献身に伴う施しだったことは，確実ではないが，少なくともありそうなことである。当時，五歳から六歳だったに違いないトマスは，ベネディクトゥス自身のように，乳母に付き添われて修道院に来た。トマスがそこで読み書きの初歩と，彼の著作の中に痕跡が見出されるベネディクト会の修道生活への手ほどきを受けとったことは明らかである。しかし，1236年以降，修道院が享受していた平安は新たに混乱し，ランドルフは新しい修道院長エティエンヌ・ド・コルバリオ（Etienne de Corbario）の助

---

22) *Ystoria* 2 et 5, p. 194-195 et 201 (Tocco 1 et 4 p. 66-67 et 69-70); *Naples* 76, p. 371. もし Scandone, p. 77-79 に従って，アクィノのヤコブスがトマスの兄弟だったことを認めるとすれば，このことは息子の一人を教会の豊かな恩恵のうちに置こうとするランドルフの二回目の試みだったことになる。というのも，実際このヤコブスがカネットのサン・ピエトロ参議会管理教会の責任者に選ばれていたことが知られているからである。ただし，後にこの選抜は不正のために取り消された。このことについて，*Documenta* 2 et 3, p. 532-535 では，1217年2月11日の日付が提示されていることを参照してほしい。

23) *Documenta* 4, p. 535-536; cf. T. Leccisotti, *S. Tommaso*, Table II.

言に基づいて，容易に予想できる動乱から息子を守らなければならなかった。それゆえ，このことについて相談した結果，両親は青年トマスをより高度な勉学のためにナポリへ送った[24]。

おそらくトマスは1239年の春に修道院を離れた。当時，14歳か15歳だったため，修道会で誓願を立てることができたが，いかなる資料もこのような動きについて言及していない。このことはトマスが決して修道士ではなかったことを意味しない。レチゾッティ（Leccisotti）の含みのある説明によれば[25]，時代の法的な不明瞭さがいかなるものであれ，献身には真なる誓願の価値があった。ただし，それは条件的で一時的なものであり，今日の単なる態度表明に似たものだった。このように誓願が非個人的なものだという理由で，誓願はふさわしい年齢に達した当事者自身の承認を必要とした。両親によって為された約束を引き受けるか，他の選択をするかはトマスの自由だった。

同時に，トマスが置かれていたこの特異性からして，カッシーノの死亡者名簿がトマスについて「最初カッシーノの修道士になった〔トマス〕」という言葉で言及したこと，この関係がいかなる他の裁判上の手続きもなくトマスがドミニコ会に入った日に終わったことは十分理解できる。さらに，修道院長がランドルフに対して息子を勉学のためにナポリに送るように「忠告した」という事実より，

---

24) *Ystoria* 6, p. 204 (Tocco 5, p. 70): "Abbas…prouide ei (patri) *consuluit* ut puer mitteretur Neapolim ad studendum…Vnde puer *de utriusque parentis consilio* Neapolim mittitur." この文章の中に両親への言及がある。この言及はテオドラの将来の役割について何事かをあらかじめ説明しているものである。先行する出来事についての短い話に関しては，Leccisotti, *S. Tommaso*, p. 48ss.; cf. ID., "Il Dottore angelico a Montecassino", *RFNS* 32 (1940) 519-547, cf. p. 540 を参照。

25) Leccisotti, *S. Tommaso*, p. 34-47 et p. 18-25; cf. id., *Il Dottore*, p. 533-540 et 523-528.

26　第 1 章　波乱に富んだ青年時代（1224/25-45 年）

修道院長がトマスをそこへ送ることができなかったことはすぐに分かる。もしトマスがすでに誓願を立てていたなら，修道院長は当然ナポリへ送ることができただろう。とはいえ，トマスがナポリに到着したとき，少なくともしばらくの間は，この町のカッシーノの修道士たちの仮の住まいだったサン・デメトリオ修道院に住んでいたことは非常にありそうなことである。このことは，トマスの両親が彼に関する計画を断念していなかったに違いないことを考えれば，いっそう確実である[26]。

それゆえ，トマスは 1239 年の秋に，できて間もないナポリ大学（studium generale de Naples）に登録できた。この大学は 1224 年にフリードリヒ 2 世が皇帝に仕える人材を養成する目的で設立したので，ボローニャ大学に対抗するように運命づけられており，皇帝の注目する人物となった人々が他の場所で勉強することは認められていなかった[27]。到着したトマスは，神学に取り組む前の義務的な教

---

26)　Leccisotti, *S. Tommaso*, p. 53 (*Il Dottore*, p. 543). Table VIII において，モンテ・カッシーノの修道士という最初の肩書——これはトマスのものである——に言及している死亡者名簿の再現を確認できる。

27)　オリジナルの資料については，J.-L.-A. HUILLARD-BREHOLLES, *Historia diplomatica Friderici secundi*, Paris, 1854-1859, t. II, 1, p. 450-453; IV, 1, p. 497-499; V, 1, p. 493-496 を参照。Cf. H. DENIFLE, *Die Entstehung der Universitäten des Mittelalters bis 1400*, Berlin, 1885, p. 11-14——ナポリ大学の創設については，p. 452-461 を参照 ; E. KANTOROWICZ, *Kaiser Friedrich der Zweite*, Berlin, 1928², p. 124-126; ID., *Ergänzungsband*, Berlin, 1931, p. 51-52. Weisheipl, p. 25-26; WN, p. 33-34 も参照。[先行業績については，*Federico I e le nuove culture*, Atti del XXXI Convegno storico internazionale, Todi, 9-12 ottobre, 1994, Spoleto, 1995 や *Le scienze alla corte di Federico I*, *Micrologus* 2, Turnhout, 1994 に集められている最近の研究で更新可能。また，E. KANTOROWICZ, *Œuvres, L'Empereur Frédéric I. Les Deux corps du roi*, Postface par A. BOUREAU, "Quarto", Paris, Gallimard, 2000 も参照。]

育過程として，自由学芸と哲学の勉強から始めたに違いない。

フリードリヒ2世の影響がいささか過大評価されていたとはいえ，彼が歴史家を魅了したことは，トマスが置かれていた知的環境が比較的よく知られている理由の一つである。ミカエル・スコトゥス（Michel Scot）は，翻訳をする上で皇帝の配慮を待つことはなかったが——今日ではミカエル・スコトゥスが1215年以来トレドで仕事をしていたことが判明している——[28]，1220年9月以来彼は皇帝に仕えるようになり，1235年に亡くなるまでパレルモにとどまったに違いない。部分的にではあるが，当時シチリアと南イタリアが高度な文化的生活を享受したのは，ミカエル・スコトゥスとその学派がアラビア語とギリシャ語を翻訳したおかげである。アリストテレス（Aristote）の学問，アラビアの天文学，ギリシャの医学は，パレルモ，サレルノ，ナポリで盛んだった[29]。

しかし最近まで普通にそう思われていたように，このことからヨーロッパ北部がこの運動とは無関係だったと結論づけることは誤っているだろう。実際，1225年以来，アヴェロエス（Averroès）の知識が〔北部〕普及していた

---

28) Cf. R.-A. GAUTHIER, "Note sur les débuts (1225-1240) du 'premier averroïsme'", *RSPT* 66 (1982) 321-374, cf. p. 332-334.

29) 前註で Gauthier が提供した詳しい説明を考慮に入れながら，さらに J.-L.-A. Huillard-Bréholles, *ibid.*, Préface et introduction, p. DXIX- DLV: "De l'influence de Frédéric II sur le mouvement scientifique et littéraire – Beaux arts" も参照のこと。Cf. H. HASKINS, *Studies in the History of Medieval Science*, Cambridge, 1927², p. 272-298: "Michael Scot"; ID., *Studies in Medieval Culture*, Oxford, 1929, p. 124-147: "Latin Literature under Frederick II"; cf. M. GRABMANN, "Kaiser Friedrich II und sein Verhältnis zur aristotelischen und arabischen Philosophie" dans *Mittelalterliches Geistesleben* II, 1936, p. 103-137.

ことは，教養学部の匿名の教授が[30]，ほどなくオーセールのギョーム（Guillaume d'Auxerre）が，あるいは自分の学問的著作の中でアヴェロエスを何度も引用しているロバート・グロステスト（Robert Grosseteste）が証明している[31]。いずれにせよ，トマスは非常に早くからアリストテレスの自然哲学と形而上学に親しむことができたのであり，それはまだパリでそれらの研究が公に禁止されていた時代だった。それらの研究はただ公にのみ禁止されていた。というのも，禁令が繰り返し出されていることから分かるように，禁令はほとんど尊重されていなかったからである。アヴェロエスの研究とまったく同様に，アリストテレスの研究はすでに1230年頃のパリで盛んだった。

トッコはトマスの教師だったと思われる二人の名を伝えている。すなわち，トマスに文法学と論理学を教えたであろうマルティヌス（Martin）教授と，トマスに自然哲学を教えたであろうアイルランドのペトルス（Pierre d'Irlande）教授である[32]。長い間，これらの人物は，トッコによるまったくのでっちあげだと信じられるほどに，名前しか知られ

---

30) R.-A. GAUTHIER, "Le traité *De anima et potenciis eius* d'un maître ès arts (vers 1225). Introduction et texte critique", *RSPT* 66 (1982) 3-55. Aueroist (ou Aueneroist) という名の明確な言及について，lignes 41 et 49, p. 29, ならびに註とともに l. 56-57, p. 30 を参照。

31) ロバートについては R.-A. Gauthier, *Note sur les débuts*, p. 337-340, ギョームについては p. 340-344 を参照。また，Gauthier はこの時代の他の多くの著者についても言及している。

32) *Ystoria* 6, p. 204 (Tocco 5, p. 70); Calo 4, p. 20. むしろ論理学はペトルスも教えていたらしい——次註の Crowe を参照。M. Grabmann, *Mittelalterliches Geistesleben* II, p. 124 は，教師マルティヌスをダキアのマルティヌス（Martin de Dacie）と同一視するように提案しているが，後者について現在知られているところによれば，彼は13世紀末期の非常に遅い時期に位置づけられる。Cf. J. PINBORG, *Die Entwicklung der Sprachtheorie im Mittelalter*, "BGPTMA 42/2", Münster, 1967, p. 67-68; Gathier, Léon., t. I*1, p. 72*-73*.

ていなかったが，後に〔すなわち 20 世紀に〕後者の著作がいくつか確認され，少し遅れて歴史上でも見出されるようになった。すなわち，ペトルスは 1250 年頃，マイモニデス（Maïmonide）の研究に没頭していたユダヤ教徒およびキリスト教徒の学者のグループに属していた。また，1258 年から 1266 年の間に，マンフレッド（Manfred）王の面前で議論されていた問題に結論を与えている[33]。

アイルランドのペトルスは著作の中でアヴェロエスをしきりに賞賛しており，トマスがアリストテレスの文字的註解を好んだのもペトルスの影響だとしばしば言われてきた。しかし実際のところ，ペトルスの文字的註解の貢献度は少なく，アヴェロエスに対する最初の肯定はまったく根拠のないものだった。ところが，『命題論』に関するペトルスの註解の最初の数行以降，ペトルスは完全にアヴェロエスの誤りに精通している者として現れ，明確な言葉でそれを詭弁的なものとして告発している。アヴェロエスに対

---

33) Cf. C. BAEUMKER, *Petrus von Hibernia der Jugendlehrer des Thomas von Aquin und seine Disputation vor König Manfred*, Sitzungsberichte d. Bayer. Akademie der Wissenschaften, Philos. u. hist. Klasse, Munich, 1920. さらに，このことに関する M. Grabmann, *Mittelalterliches Geistesleben* I, p. 249-265 の陳述を参照。Cf. A. PELZER, "Le cours inédit d'Albert le Grand sur la morale à Nicomaque recueilli et rédigé par S. Thomas d'Aquin", *Rev. néoscol. de Phil.* 14 (1922) 333-361, 478-520――アイルランドのペトルスについては，p. 355-357 を参照。さらに，より最近の次の業績を参照。M. B. CROWE, "Peter of Ireland: Aquinas'Teacher of the Artes Liberales" dans *Arts libéraux et Philosophie au Moyen Age*, Montréal-Paris, p. 617-626; "Peter of Ireland's Approach to Metaphysics", *MM* 2 (1963) 154-160. これらの業績はすでに古くなっているので，R.-A. GAUTHIER, Léon., I*1 (1989), p. 67*-68* で補完，更新できる。[J. Mc EVOY, "Maître Pierre d'Irlande, Professeur *in naturalibus* à Université de Naples", dans J. FOLLON et J. Mc EVOY, éd., *Actualité de la pensée médiévale*, "Philosophes médiévaux 31", Louvain-Paris, Peeters, 1994, p. 147-158 も参照。]

するこうした評価は、〔聖ボナヴェントゥラがアヴェロエスの誤りを告発した〕1252 年より後になってようやく広まったので、ペトルスの註解の中に、若いトマスが 1240 年から 1244 年の間に受けたペトルスの講義の痕跡を探すことはほとんど不可能である。しかし、トマスのテキストとペトルスのそれとの間に[34]、「複数の一致——そのうちのいくつかはかなり注目すべきものである」が指摘されるので、トマスがペトルスの講義録をいくつか持っていた可能性を問うことができる。あるいは、アヴェロエスの誤りが告発される前に行われたペトルスの講義に関する自分自身のノートをトマスは利用したかもしれない。いずれにせよ、ここからはナポリでの勉学の歳月について正確なところは何も分からないと結論しなければならない。

ドミニコ会入会とその結果

　トマスがドミニコ会の人々と知り合いになったのもこのナポリである。1231 年に修道院がそこに建てられ、1236 年には聖ドミニク (Dominique) の後継者であるザクセンのヨルダヌス (Jourdain de Saxe) がそこで生徒たちを前に説教を行った[35]。1239 年には修道士は二人しかいなかった。というのも、フリードリヒ 2 世は自分の国から托鉢修道士たちを追い出したにもかかわらず、彼らのみ教会

---

34)　Gauthier, Léon., I*1, p. 68*b. ここにはアヴェロエスの誤りを告発するペトルスのテキストもある。

35)　建立については、一方で大司教とナポリの教会参事会に、他方で町の人々に宛てられた、1231 年 10 月 20 日付のグレゴリウス 9 世の二通の手紙を参照——*Bullarium O.P.* I, p. 36-37. しかし、地方の伝承によれば、レンティーニのトマス・アグニ (Thomas Agni de Lentini) と修道士たちが最初に到着したのは 1227 年に遡る。Tugwell, p. 295, n. 39 で、このテーマに関する情報を参照のこと。

の奉仕のためにとどまることを認めたからである。彼らのうちの一人はサン・ジュリアーノのヨハネス（Jean de San Giuliano）である。彼はトマスの召命の原因となった人物であり，拘留されているトマスを訪れて支えたが，カプアのバルトロメウスは実感のこもった賛辞をヨハネスに贈っている[36]。もう一人は小修道院長レンティーニのトマスだが，もっとも彼は非常によく知られた人物である。というのも，彼はベツレヘムの司教，教皇特使，エルサレムの総大司教となったからだが，何よりトマスをドミニコ会に入会させた人物である[37]。この情報はベルナール・ギーしか証明していないと考えられていたが，実際はトッコの第四版を繰り返したものである。また，この情報のために，トマスはドミニコ会総長ドイツ人ヨハネス（Jean le Teutonique）によってドミニコ会に入会したというマンドネの仮説は支持できない[38]。この出来事はおそらく1244年4月か，同じ年の少し前に起こったが，一連の出来事からもこのことを確認できる[39]。

　トマスがドミニコ会に入会したことで，彼を将来モン

---

36) *Ystoria* 7, p. 207; 12, p. 224 (Tocco 6, p. 71; 11, p. 76); Barthélemy: "Frater Iohannes de sancto Iuliano, antiquus frater valde, homo magne vite et humilitatis, qui dicebatur notorie dictum fratrem Thomam de Aquino recepisse in ordine Predicatorum"〔「サン・ジュリアーノのヨハネスは非常に古い修道士だが，偉大な生と謙遜の持ち主であり，有名な兄弟トマス・アクィナスを説教者修道会に招き入れたと言われていた」〕(*Naples* 76, p. 371).

37) Cf. A. REDIGONDA, art. "Agni, Tommaso", *Dizionario biografico degli Italiani* 1 (1960) 445-447.

38) *Ystoria* 7, p. 208; Gui 5, p. 171; cf. Mandonnet, *Novice*, p. 372-375.

39) Tugwell, p. 204 は，むしろ1242年か1243年を好んでいるが，そうなるとトマスの入会は16歳か17歳ということになる。このことはそれ自体としては不可能ではないが，他の資料とことごとく一致しない。

32　　第 1 章　波乱に富んだ青年時代（1224/25-45 年）

テ・カッシーノの修道院長にするという両親の計画は決定的に危うくなった。もし既成事実を前にすれば両親は容易に屈するとトマスが考えていたならば，それは両親の頑固さ，とりわけ母親のそれを考慮に入れていない態度だった[40]。ナポリの修道士たちは，厄介な前例――彼らの修道院は，若い貴族が家族の反対にもかかわらず修道会に入った後，1235 年に略奪された[41]――から学んだ結果，もはやこのように無邪気には考えず，急いでトマスを町から離

---

40)　『霊性史事典』のわたしの項目の中で ――col. 721, Mandonnet, Leccisotti, WN, Weisheipl などに従って，アクィノのランドルフの死の日付を 1243 年 12 月 24 日とした。ところが，これに関して写本の情報源にはいかなる根拠もなく，遅い印刷版にのみ詳しい説明がある――Venise, 1588. トッコがなぜこのことを省略したのか理解できない。続く出来事においてテオドラ婦人が突如として最重要な位置に移行していることから見て――Ystoria 8-9, p. 210-214; Tocco 7-8, p. 71-73, Mandonnet はそこから論理的にランドルフがもはやこの世にいなかったと推論した――Novice, p. 387-390。しかし，カプアのバルトロメウスの証言によれば――Naples 76, p. 372, トマスの父はトマスがドミニコ会に入会した時期にはまだ生きており，ナポリのドミニコ会士たちがトマスを遠ざけるときに恐れていたのは彼だった。トマスがロッカセッカに居住を強いられていた頃，息子に僧服を変更させようとしたのも父である。最後に，妻に嘆願されてトマスを解放したのも彼だった。トッコは列聖裁判の証言で暗黙的にこのことを認めている。"tandem victi parentes et fratres sui ejus (Thomae) constantia restituerunt ipsum ordini"〔ついにトマスの両親と兄弟たちは彼の決意に打ち負かされて，彼を修道会に復位させた〕(Naples 62, p. 351). それゆえ，ここでは Laurent（Documenta 9, p. 541）と Tugwell（p. 297, n. 54）が支持している Scandone（p. 50-51）の再構成に従い，12 月 24 日のランドルフの死がむしろ 1245 年かそれ以後だったことを認める方がより好ましい。どうしてランドルフ自身がトマスを捕える指導的位置を占めなかったのか。時代の混乱した状況のために彼が城から離れられなかったと推測できる。しかし，テオドラが全責任を負えた事実も想起できる――上記註 24 参照。

41)　Bull. O.P. I, p. 74-75 には，1235 年 5 月 15 日という日付がある。他の前例は Vitae Fratrum のうちに見出せる。Cf. Tugwell, p. 297, n. 53.

れさせた。このようにして，テオドラはトマスを思いとどまらせようと期待しつつナポリに行ったが，あまりにも到着が遅く〔間に合わず〕，ローマまで追跡した。しかし，それもまた手遅れだった。トマスはすでにローマからドイツ人の総長ヨハネスに従って再び出発していた[42]。ヨハネスは 1244 年 5 月 22 日の聖霊降臨祭に予定していたドミニコ会総会のためにボローニャに向かっていた。テオドラはトマスを途中で捕まえて自分のところへ連れ戻すようにと急ぎ息子たちに手紙を送ったが，息子たちはオルヴィエトのやや北西——ローマの北，ただし教皇領の外部——のアックアペンデンテ付近でフリードリヒ 2 世とともに戦闘に従事していた[43]。アックアペンデンテに関する事柄はすべて情報源と一致しており，加えてそのときフリードリヒ 2 世が部隊とともにこの地域にいたことが分かっている。それゆえ，この事実は 5 月の最初の二週間の間と考えられるが，これを根拠に，トマスがドミニコ会入会した時期を何週間か前の 4 月とすることができる[44]。

トマスを捕まえた小さな部隊には，二人の人物の名が挙

---

42) ヴィルデスハウゼンのヨハネス（Jean de Wildeshausen）は，ハンガリー，ロンバルディアの管区長を経て，1241 年から 1252 年まで〔ドミニコ会〕総長だったが，1252 年 11 月 3 日か 4 日にストラスブールで亡くなった——cf. Th. Käppeli, *Scriptores* III, p. 47-48。

43) *Ystoria* 8-9, p. 210-214; Tocco 7-8, p. 71-73. ここでアクィノ家の伝承を紹介しているトッコは，テオドラ婦人が純粋な意図から，ただ息子を抱きしめ，彼の目的を応援しようとしていたことについて説得を試みているが，追跡の結末はこのことをほとんど信じられないものにしている。

44) フリードリヒ 2 世がこの時期にアックアペンデンテ地方にいたことについて，Scandone, p. 14; Mandonnet, *Novice*, 1924, p. 535-547; 1925, p. 3-24 を参照。Tugwell, p. 297, n. 55 とは反対に，家族がトマスのドミニコ会入会に反対するのに一年かおそらくそれ以上待ったということはほとんどありえないと考える。

げられている[45]。すなわち，当時まだフリードリヒ2世の信奉者だったトマスの兄弟ルノーと，絶対的権力を持つ皇帝の助言者ピエール・ド・ラ・ヴィーニュ（Pierre de la Vigne）である[46]。〔部隊に〕ピエールがいたことで，フリードリヒ2世がこの作戦に同意していたと推測できるが，情報源も同じことを述べている。兄弟たちは小さな部隊を伴っていたので，若い修道士を捕まえることは容易だった——ただし入会を断念させることはできなかったが。彼らはトマスを馬に乗せて，モンテ・サン・ジョヴァンニまで導いたが，そこはロッカセッカの北に位置し，家族の城があった——ここは非常によく語られてきた挿話，トマスを誘惑するために彼のところへ送りこまれた娼婦の挿話の舞台となったかもしれない場所である[47]。しかし，ここは一宿泊地に過ぎず，トマスはすぐにロッカセッカに連れ戻された[48]。トッコはドミニコ会士たちがこの武力行使についてインノケンティウス4世に訴えたことを付け加えている。教皇は皇帝に介入し，皇帝はこのことから武力行使を行った者たちを罰するように命じたと思われる。ドミニコ会士たちは醜聞を恐れて，敢えてアクィナスの家族を訴えることはなかった。というのも，他方で，拘留されてい

---

45) Ptolémée XXII 20; cf. A. HUILLARD-BREHOLLES, *Vie et correspondance de Pierre de la Vigne, ministre de l'empereur Frédric I*, Paris, 1865, p. 39-40.

46) 前註で挙げた Huillard-Bréholles の著作に加えて，このテーマについて，CH. H. HASKINS, *Studies in Medieval Culture*, p. 133-134 も参照。

47) これは Mandonnet, *Novice*, 1925, p. 222-236 の仮説であり，Weisheipl, p. 43-44 もこれに従っている。Le Brun-Gouanvic, p. 215 はこの仮説を検討しているが，彼もまたロッカセッカではなくモンテ・サン・ジョヴァンニがトマス拘留の最終的な場所であっただろうとしている。しかし，一連の出来事について分かっていることを考慮すれば，このことを主張するのは難しいと思われる。

48) *Ystoria* 9, p. 213 (Tocco 8, p. 73).

そこでは家族全員がトマスの意志を変えることに躍起になったが、虐待され、独房のようなものに追いやられたと想像することは誤りだろう[50]。これは監禁というよりもむしろ軟禁状態であった。トマスは行き来すること、訪問者を受け入れること——とりわけサン・ジュリアーノのヨハネスは繰り返し訪れ、トマスの破れた僧服を取り換えるために新しい僧服を持ってきた[51]——、姉妹とおしゃべりすること——トマスがマロッタを修道女になるように説得したのもこのときであった——ができた。また、トッコによれば、トマスはこの時間を、祈ること、全ての聖書を読むこと (perlegit)、『命題集』を学び始めること (didicit) に活用し、姉妹もトマスの新しい知識に与ることになったが、これらのことは将来のトマスに見られる自制心についての明白なしるしである[52]。

同様に、この時期にトマスは初心者向けの論理学概論の集成『虚偽について』を執筆したとされているが、これはそれほど確かではない。実際、『虚偽について』(De fallaciis) と『様相命題について』(De propositionibus modalibus) という二点の小論は、20世紀の初めまでトマスの青年時代に書かれた著作と見なされていた。しかし、今日ではこれらは真正のものではないことが分かってい

---

49) Cantimpré I 20, p. 67-68 によれば、ドイツ人ヨハネスが直接フリードリヒ2世に訴えた。

50) これは Cantimpré I 20 における小説のような記述が示唆しているものとは反対である。

51) *Ystoria* 12, p. 224 (Tocco 11, p. 76).

52) *Ystoria* 10, p. 217 (Tocco 9, p. 74). 使用されている言葉は文字通りに理解すべきであり、カロは次のように書くときほとんど注釈をつけていない。"*totam* bibliam legit…et textum sentenciarum *memorie commendavit*" (*Vita* n° 6, p. 23, variante n. 1).

る。これらの著作のレオニーナ版を編纂したヤッサント・ドンデーヌ（H.-F. Dondaine）神父は，あまりはっきりと意見を述べることを控えながら，「聖トマスの著作的遺産の中で二つの小著が占める不確かな位置」[53]を示すのに，これらの著作を小さな文字で印刷した。この問題を何年か後に再び取り上げたゴーティエ神父は，多くの詳しい説明とともに，二冊の小著がトマスの著作でないことは明らかだとしている。すなわち，複数の著者，とりわけペトルス・ヒスパヌス（Pierre d'Espagne）の『第七論考』に依存しているこれらの小論は当然この時代より後の時代のものであり，これらがトマスの真正の著作だとするには様々な根拠が不利に働いている。1310年から1320年頃のアヴィニョンで作成されたトマスの小品集のうちに『虚偽について』が含まれていることから，ゴーティエは13世紀末頃の南フランスの教養学部の教授たちの中にこれらの著作の著者を探すことを提案している[54]。

ある情報源によると[55]，しばらくした後トマスは，母親の助力もあって，聖パウロのように（使9：25），縄を使って城壁づたいに下り逃亡に成功した。しかし，真実はおそらくもっと平凡だっただろう。トマスの決意が揺るがないのを見て，家族は一年余り後に彼をナポリの修道院に戻した[56]。考えうるように，もしリヨン公会議でインノケンティウス4世がフリードリヒ2世を廃位したこと——1245年7月17日——を政治的状況が変化し始めたしるしとして

---

53) Léon. t. 43 (1976), p. 388.
54) Léon., t. I*1 (1989), p. 56*-64*.
55) Ptolémée XXII 21; *Ystoria* 12, p. 224 (Tocco 11, p. 77). しかし，トッコはここで列聖裁判での自分の証言に反対している——*Naples* 62, p. 351: "parentes et fratres…restituerunt ipsum ordini". Tugwell, p. 207 は，この物語の信憑性を高めているように見える。
56) Tocco（上記註47）に加えて，Frachet IV 17, 3: *dimiserunt eum*; Cantimpré I 20: *fratres fratrem solverunt* を参照。

理解するならば、トマスの解放はほんの少し後のことだったかもしれない[57]。

本章を終える前に、逆説的に思えるかもしれない次のことを指摘し忘れてはならない。これらの波乱にもかかわらず、トマスと家族の結びつきは強く深いものだった。彼の伝記の細かい点からそのことが分かる。非常に急速に政治的な状況は変化し、家族は皇帝という大義を失った結果、苦境に立たされたので、トマスは家族を助けるために教皇クレメンス4世の許可を得て教会の資金を手に入れることができた[58]。その後も、トマスは移動の間、定期的に自分の家族の城に泊めてもらっている。ある時はマルシコ伯爵夫人となった姉のテオドラが住んでいたサン・セヴェリーノであり[59]、ある時はチェッカーノ伯爵夫人となった姪のフランソワーズが住んでいたマエンツァである[60]。トマスは頻繁にフランソワーズのところへ行っており、最期の病気のときにもそこにとどまり、そこからフォッサノーヴァに移動したが、そのときトマスは「もし主がわたしを訪れるならば、世俗の家より修道院がよい」と言っていた[61]。さらに、トマスは姉アデラシアの夫トライエクト伯爵アクィラのロジェールの遺言執行人に選ばれたが、申し

---

57) このようにして、トマスは約15か月間拘留されていたことになるが、伝記作者たちに従うならば、拘留期間はおそらくもっと長くなる。*fere per duos annos* (*Ystoria* 12, p. 224; Tocco 11, p. 76); *plus quam per annum* (Barthélemy: *Naples* 76, p. 372); *annis duobus vel tribus* (Cantimpré I 20).

58) *Ystoria* 42, p. 232-233 (Tocco 42, p. 115-116). *Ystoria* の方がここではよりいっそう完成されている。また、Le Brun Gouanvic によれば、教皇がアクィノ家をアンジュー家と密接に結びつけることを期待して、トマスにナポリの大司教の座を贈ったのはこの文脈においてである。

59) *Ystoria* 37, p. 317 (Tocco 37, p.111); *Naples* 79, p. 376-378.

60) *Ystoria* 56, p. 371 (Tocco 56, p. 129-130).

61) *Naples* 15 et 8, p. 286 et 276.

分なく任務を果たした[62]。トマスがこうした事柄すべてに疎かったと考えてはならない。トマスは場所と時間に密接に結びついた封建領主であり続けたのであり，このことは彼の言葉からときに思いもかけない仕方で伝わってくる。ちょうど騎士制度や軍隊に関する用語や比喩を借用してくる場合に見られるように[63]。

人物描写に関する最初のスケッチ

トマスの伝記の最初の区切りである本章の終わりになって，トマスの精神面を描写するいくつかの特徴が見えてくる。昔の伝記作者たちは，アヴェ・マリアの祈りが書かれた羊皮紙の断片をいつでも放そうとしなかった幼いトマスのマリア崇拝を好んで強調した。同様に，トマスがベネディクト会の若き献身者として神の探究に専心したことや，ナポリ大学の学生として勉学に没頭したことを強調してきた[64]。彼らの言い分を信じることはできるが，多くの聖人たちの生は似たような話に満ちている。おそらく，トマスがなった神学者の考察そのものから，想起したばかりのいくつかの挿話を解明することで，歴史的真実によりいっそう近づくことができるかもしれない。

アクィノ家で繰り広げられた宗教的人物と政治的人物との錯綜，また教皇あるいは皇帝に対する同盟関係の逆転か

---

62) *Documenta* 25-27, p. 575-579. ユーモアに富みながらも洞察力のある仕方で，トマスと家族の結びつきを強調したものとして，E. A. SYNAN, "Aquinas and his Age", dans A. PAREL, ed., *Calgary Aquinas Studies*, Toronto, 1978, p. 1-25, cf. p. 10-14 を参照。

63) 学問的でありながら非常に面白い論文 E. A. SYNAN, "St. Thomas Aquinas and the Profession of Arms", *MS* 50 (1988) 404-437 を参照。

64) *Ystoria* 4-6, p. 198-205 (Tocco 3-5, p. 68-70).

ら，どの程度トマスは影響を受け，霊的なものと時間的なものとの関係について考えを深めていったのか。実際，トマスはロッカセッカに拘留された頃にはほぼ20歳になっており，こうした事柄を考えるのに十分暇があった。それゆえ，10年後に書かれ，時間的力の領域と霊的力の領域が非常に明確に区別されている有名なテキストで，彼の経験がどの程度反映しているか見てみよう。

> 霊的な力と世俗的な力は両方とも神の力に由来している。だから，世俗的な力が霊的な力に従属していないこともある。ただし，それは魂の救済に属する事柄について神が前者を後者に従属させているかぎりのことである。この領域では世俗的な力よりも霊的な力に従う方が善い。しかし，政治的な善に関わる事柄では，「皇帝のものは皇帝に返しなさい」（マタ22：21）と言われていることにしたがって，霊的な力よりも世俗的な力に従う方が善い。ただし，世俗的な力そのものが霊的な力に結びついている場合は別である。というのも，このことは霊的な力と世俗的な力の両方を卓越した仕方で所有している教皇の場合に起こるからである。これはちょうど祭司であり王である者が両方の力を自由に使うのと同様である。すなわち，メルキゼデクの系譜にしたがって永遠に祭司であり，王の中の王，主の中の主である神について，世々にわたってその力は決して奪われることなく，王国は決して破壊されないだろう[65]。

---

65) *Sent.* II d. 44, expositio textus, ad 4. この教えの情報源と比較について，I. T. ESCHMANN, "St. Thomas Aquinas on the Two Powers", *MS* 20 (1958) 177-205 を参照．すなわち，この教えの遠い起源はゲラシウス1世（Gélase I）の勅令（*Duo quippe sunt*）だが，直接的な情報源は『グラティアヌス教令集』（le Décret de Gratien）c. 6, D. 96 に

聖ボナヴェントゥラ（Bonaventure）や聖アルベルトゥス（Albert le Grand）や同時代人たちは，聖職者による支配に常に誘惑され，それどころかその誘惑が引き起こす皇帝教皇主義とともに[66]，古い中世から受けとった教会とキリスト教国家の同等性になおも縛られていた。それとは反対に，トマスは教会と社会の関係について明らかに二元論的な考えを持っており，この主題に関して一度も意見を変えなかった[67]。

『命題集註解』のこのテキストを想起しているワイスハイプル（p. 19）は，教皇の時間的な力が霊的な任務に比して付帯的なものにすぎないという主張もここに見ようとしている。しかし，これは先に進み過ぎている。というのも，トマスはそこまで進んでいないからである。たとえトマスが二つの力を区別し，それぞれの領域が相互に従属し

対するウグッチオ（Huguccio）の注釈だろう——cf. p. 184。しかし，Eschmann の本質的な主張に従ってはならない。その主張とは，このテキストが聖トマスの教えの中で孤立しており，『統治について』（De Regno）の教えはこのテキストに対立しているというものである——このため，著者は『統治について』の真正性を疑っている。むしろ L. E. BOYLE, "The *De Regno* and the Two Powers", dans *Pastoral Care*, étude XIII の適切な批判に賛成すべきである。彼によると，反対に『統治について』は上で引用した『命題集註解』のテキストと同じ二元論的な立場を守っている。

66) Eschmann が引用している諸テキストを参照——p. 192-193。

67) Eschmann と Boyle（cf. n. 57）に加えて，ここで L. P. FITZGERALD, "St. Thomas Aquinas and the Two Powers", *Angelicum* 56 (1979) 515-556 を参照。Fitzgerald もこの点に関するトマスの思想が長い経歴を通じて一貫していたこと，また『統治について』の真正性を強く確信していた。この最後の点に関して，レオニーナ版の編纂者が書いた『導入』（t. 42, p. 421-424）を参照。これを読めば，小著に関する批判的校訂が果たした決定的な寄与が分かるだろう。B. MONTAGNES, "Les activités séculières et le mépris du monde chez S. Thomas d'Aquin. Les emplois du qualificatif 'saecularis'", *RSPT* 55 (1971) 231-249 も参照。

ていることを青年時代に直観して，それに常に忠実であったとしても，教皇においてそれらの力が事実上結びついていることと，政治的社会の目的が教会の究極目的に従属していることも同様に認めていることに異論の余地はない[68]。解釈は常に容易ではないが，トマスの政治思想は一貫性を欠くものではなく，『統治について』を偽作と見なす——エッシュマン（I. T. Eschmann）は慎重にこのことを提案した——ことなく説明できる。また，ワイスハイプルには次のように適切な主張もある。すなわち，トマスの見解の決定は個人的な態度を伴っており，それでトマスは常に頑強に教会の名誉職を拒んでいた。というのも，教会の名誉職は必然的に時間的な面倒に関わるものだったからであり，モンテ・カッシーノの修道院長[69]，ナポリの大司教[70]，枢機卿の地位がこれに当たる[71]。トッコはトマスがこれらの事柄を免れるように祈りさえしたことを確言している[72]。

トマスの精神的な相貌を明らかにする第二の挿話は，彼がドミニコ会を選択したことである。トマスの選択の理由について推測することしかできないが，理由を示すことは容易である。この時代のカッシーノでのベネディクト会の生活は，絶対的なものに魅せられた若者の多くを引き寄せるものではなかったが，トマスは生涯を通じてベネディクト会の理想に対して深い尊敬の念を抱き続けることになった。トマスの最後の書き物として知られている，1274年にカッシーノの修道院長ベルナール・エグリエ（Bernard Ayglier）に宛てた手紙の中で，トマスは自発的に若い修

---

[68] *De Regno* II 3（古くは I 14），Léon. t. 42, p. 465-467 も参照。

[69] Cantimpré I 20; Ptolémée XXIII 21; WN, p. 72-73.

[70] *Ystoria* 42, p. 332 (Tocco 42, p. 116).

[71] *Ystoria* 63, p. 391 (Tocco 63, p. 137); *Naples* 78, p. 375.

[72] *Ystoria* 32, p. 306 (Tocco 32, p. 107).

道士の言葉を取り戻し，そこで自分自身を「速やかに従うよう常に準備している信心深い息子」と言っている[73]。トマスは聖大グレゴリウス（Grégoire le Grand）について，『対話』（Dialogues）の真正性を疑うことなくこの著作を特別視していたが[74]，このような知識はおそらくこのカッシーノ時代に始まったものである[75]。トマスが一生涯続けた，カッシアヌス（Cassien）のコラチオを定期的に読む

---

73) "Reuerrendo in Christo patri Domino Bernardo…frater Thomas de Aquino *suus deuotus filius* se fatetur ubique *ad obedientiam promtum*" (!). このテキストは，A. DONDAINE の校訂によって，Léon., t. 42, p. 413-415 においてであれ，彼が 700 年祭のために発表した準備段階の仕事である "La lettre de saint Thomas à l'abbé du Montcassin" dans *Commemorative Studies* I, p. 87-108 においてであれ，読むことができる。たとえ今日この断片にトマスの自筆文章を見出せるとは思えないとしても，真正性についてはもはやいかなる疑いもない。この翻訳については，P. RENAUDIN, "Saint Thomas d'Aquin et saint Benoît", *RT* 17 (1909) 513-537, cf. p. 533-535 を参照。[モンテ・カッシーノの修道院長に宛てた手紙のより最近の翻訳がある。下記，584 ページ参照。]

74) グレゴリウスの『対話』の真正性についての異議は，ルネッサンス以来ほとんどやんでいない。この異議は，F. CLARK, *The Pseudo-Gregorian Dialogues*, "Studies in the History of Christian Thought 37", 2 t., Leiden, 1987 の出版以来，強制力を伴って再浮上した。反対の方向性については，P. MEYVAERT, "The Enigma of Gregory the Great's 'Dialogues'. A Response to Francis Clark", *Journal of Ecclesiastical History* 30 (1988) 335-381 を参照。

75) E. PORTALUPI, "Gregorio Magno nell'Index Thomisticus", *Bull. de la SIEPM* 31 (1989) 112-146 を参照。著者は結論を引き出すことを拒んではいるが，トマスの著作においてグレゴリウスが 2470 回登場していることから見て，グレゴリウスは「トマスの著作における教父に関する特権的な典拠の一つ」(p. 127) だとしている。さらに，著者は重要な他の指摘もしている。すなわち，「グレゴリウスは修道生活を弁護するトマスの著作の中でいくらかの重要性を持っている」(*ibid.*)。また，*Studi sulla presenza di Gregorio Magno in Tommaso d'Aquino*, "Dokimion 10", Fribourg, 1991 も参照してほしいが，そこで Portalupi はトマスが定期討論集『真理論』および『悪について』でグレゴリウスをどのように使用しているかより詳しく検討している。

習慣についても同じことが言える[76]。この点について，この書を「読み愛していた」という聖ドミニクをトマスが模範にしたことは本当である。この書についてザクセンのヨルダヌスが確言するところによると，聖ドミニクはこの書を読むことで「完成の頂点」に到達した[77]。

しかし，勉学の愛好は新しい修道会ではよりよく満たされること，また後にトマスが発展させる理論にしたがって，もし神的な事柄を観想することが善いことなら，それらを観想し広めることはもっと善いという事実にトマスは非常に早くから気づいていた[78]。このことに，トマスがドミニコ会を選んだ理由のうちにめったに見出されない点，すなわちトマスが貧しい生に憧れていた点を付け加えなければならない。このことについて強い印象を与える決まり文句がある。「トマス・アクィナスがモンテ・カッシーノの修道士になるのを拒否したことは，アッシジのフランチェスコの態度を正確に再現したものである」[79]。後にトマスはサンタムールのギョーム (Guillaume de Saint-Amour) に対して托鉢による貧しさの理想を守ることになるが，こ

---

76) *Ystoria* 22, p. 274 (Tocco 21, p. 95). この二つの特別な点に加えて，おそらくトマスはモンテ・カッシーノで全く真面目な基礎教育を受けただろう――cf. Leccisotti, *S. Tommaso*, p. 26-33. Ptolémée XXII 20 は, "in logicalibus et naturalibus optime profecit" と確言している。また，そこでトマスが修道士エラスムス (Erasme)――1240 年にはナポリ大学にいた――の教育の恩恵に浴したことも不可能ではない――cf. T. LECCISOTTI, "Magister Erasmus", *BISIAM* 47 (1932) 209-216。C. Brun-Gouanvic (*Ystoria*, p. 205) の提案によると，トマスが勉学のためにナポリに出発したこととエラスムスがナポリ大学にいたこととの間に関係すらあったかもしれない。

77) *Libellus* 13, trad. M.-H VICAIRE, *Saint Dominique et ses frères*, Paris, 1967, p. 55.

78) IIa IIae q. 188 a. 6; cf. IIIa q. 40 a. 1 ad 2; a. 2.

79) M. D. CHENU, *St. Thomas d'Aquin et la théologie*, "Maîtres spirituels 17", Paris, 1959, p. 11.

のような福音にもとづく活気と深さは、せいぜい 12 年前のまさにこの時代に始まったものだろう。

> キリストが死すべき生の中で為し蒙ったすべてのことの中で、敬うべき十字架は模倣すべき主要な範例だと思われる。……しかるに、十字架が教えるすべてのことのうちで、第一には完全な貧しさ（omnimoda paupertas）がある。キリストはこの世で身体が裸にされるまで外的な善をことごとく奪われていた。……自発的な貧しさを選ぶ人々、とりわけすべての収入を断念する人々が従いたいのは、十字架におけるこの裸である。それゆえ明らかなことに、貧しさに反対する人々はキリストの十字架に対する敵でもある。貧しさに反対する人々は世の知恵にしたがって、地上的なものを所有することはキリスト教的な完全性に属し、所有を拒絶することによっては大きな完全性を実現できないと考える[80]。

最後に、トマスが家族からの圧力に対し頑強に抵抗したことから第三の特徴を明らかにできる。常にトマスの天才に結びつけられる平静さと穏健さは、多かれ少なかれ伝説的な特徴であり、検討が必要である。それらが実際の特徴だったとしても、ともかくトマスの過激さを隠せなかったに違いない。ここでもまた、成熟したトマスが青年時代の

---

80) *Contra Retrahentes* 15, Léon. 41, p. C 69. この主題について少し後で再検討するが、サンタムールのギョームが聖職者のための富を真に弁護したことは一見すると奇妙に思われる。Cf. M. M. DUFEIL, *Saint Thomas et l'histoire*, "Senefiance 29", Aix-en-Provence, 1991, p. 445-456: "Un universitaire réactionnaire vers 1250: Guillaume de Saint-Amour". 一時的にこれらの数ページを参照し、その後より詳しい多くの業績に立ち返ろう。

直観を理論化している。

> 両親が深刻に子供の助けを必要としていないなら，子供は両親に対する奉仕を放棄し，両親が禁止しても修道会に入ることができる。思春期を過ぎて自由な身分にある者は誰でも，職業選択の際に思い通りにする権利があり，とりわけ神に対する奉仕が問題となっている場合にそうである。すなわち，肉親よりも「霊の父」（ヘブ 12：9）に従う方が善い[81]。

この戦慄すべき誇り高い宣言は，家族に拘留されていた修練者の態度を思い出させるものだ。また，青年が修道会に入る権利について語るときに，「両親の意に反してまでも」[82]行うことができると確言しているのは，修練者トマスである。トマスは他の箇所で，「この領域では，近親者は友というよりむしろ敵である」[83]と付加している。

---

81) IIa IIae q. 189 a. 6.
82) *Quodlibet* IV q. 12 a. 1 [23]: *etiam invitis parentibus*.
83) *Contra Retrahentes* 9, Léon. 41, p. C 57: *propinqui autem carnis in hoc proposito amici non sunt, sed potius inimici*. このような個人的な覚え書は他の箇所にも見られるので，この指摘だけで十分である。最近 J. P. RENARD が校訂した『マタイ福音書講解』の断片にも ——*RTAM* 50, 1983, p. 179, lignes 754-756, *si aliquis propter introitum religionis sustinet plura dampna a parentibus, consilium est ut non pretermittat quod melius est*.〔「修道会に入るために両親から多くの害を受ける場合，より善きものを無視しないことが分別である」〕と書かれている。H. D. SAFFREY, "Un panégyrique inédit de S. Thomas d'Aquin par Josse Clichtove", dans *Ordo sapientiae et amoris*, p. 539-553 (cf. p. 540) は，個人的な確信の態度をはっきりと示している，かなり好奇心をそそる文章を詳しく指摘している。すなわち，聖ヒエロニムスが必要ならば父を足で踏みつける（*per calcatum perge patrem*）ことを勧めている引用を再現しながら，トマスは信念について母を足で踏みつける（*per calcatum perge matrem*）と付け加えている——IIa IIae q. 101 a. 4。

一般的にトマスについて知られているのが最も抽象的な哲学的ないし神学的著作のみであることは，トマスにとって大きな損害だが，われわれにとってはさらに大きな損害である。また，トマスが意図したよりもはるかに論理学を重視する注釈者のために，さらにトマスが知られざる著者になることもしばしばであった。トマスの人となりを著作を通じて探究し始めれば，それは〔予想とは〕著しく異なったものだということがすぐに分かるだろう。

第 2 章
アルベルトゥス・マグヌスの弟子
（1245-52 年）

　それゆえ，1245 年の夏の間にトマスは家族によってドミニコ会に戻された。ありそうなことだが，もしインノケンティウス 4 世によるフリードリヒ 2 世の廃位がこの〔トマスをドミニコ会に戻す〕決定に何らかの役割を果たしたとすれば，むしろ 1245 年 7 月 17 日よりも後のことだろう。ある程度皇帝から疎遠になったアクィナスの家族は，教会に対する善意を証明するためにトマスを解放したと考えられる[1]。

　この好都合な解決策にもかかわらず，ほとんど安心することのなかったナポリのドミニコ会士たちは，新入会員を自分たちのところで世話することは安全ではないと考え，トマスを「総会のために」（ad capitulum generale）ローマへ送った。そこでトマスを勉学のためにどこかの大学へ通わせて，将来のために必要なことをしたと思われる[2]。実際には，この年にはローマではいかなる会合も開催されて

---

1) この日付については，歴史家たちの間で合意がなされている——cf. Scandone, p. 15; WN, p. 56; Weisheipl, p. 48; *Ystoria*, p. 225, n. 18。Tugwell, p. 207 だけが例外であり，彼は先行する自説に基づいて 1246 年の最初の数か月を提案している。

2) *Ystoria* 13, p. 226 は，ここで Tocco 12, p. 77 を修正して，ad capitulum generale の代わりに ad magistrum ordinis と書いている。

いなかったので、トマスはドイツ人ドミニコ会総長ヨハネス——彼自身は1246年の総会が開催されることになっていたパリに出発するところだった——がいたこの都市に送られたと理解すべきである。事実、トッコは次のように明言している。ヨハネスは「トマスをキリストにおける非常に大切な息子として迎え、まずパリへ、それからケルンへ送ったが、ケルンでは神学教師であり知のあらゆる領域で有名な学者だった兄弟アルベルトゥスの指導の下に、ストゥディウム・ゲネラーレが栄えていた」[3]。

パリ（1245-48年）

最近まで歴史家たちは、トマスが家族の手で修道会に戻された後にパリに滞在していたという事実について態度を決めかねていた。しかしながら、最も古い情報源であるフラッシェとカンタンプレによればそれは非常に明白であり、トマスはドミニコ会総長によってパリに送られた[4]。トッコはきちんと二つの段階を区別して、「ヨハネスはトマスをパリに、次いでケルンに導いた」[5]と言っている。トッコにしたがって、ベルナール・ギーとピエール・カロも同様に、パリに移動し、続いてケルンに移動したことに言及している。しかし、ルッカのトロメオはただ一人、ト

---

3) *Ystoria* 13, p. 226 (Tocco 12, p. 77): "Quem (Thomam) cum frater Johannes Theutonicus, magister ordinis, in carissimum in Christo filium suscepisset *duxit ipsum Parisius et deinde Coloniam*: ubi sub fratre Alberto magistro in theologia eiusdem ordinis florebat studium generale, qui reputabatur in omni scientia singularis."

4) Frachet IV 17, 3: *missus est Parisius*; Cantimpré I 20: *transmissus est Parisios a magistro ordinis*.

5) 上記註3参照。

マスはイタリアからケルンに赴いたと言っている[6]。ヴァルツとノヴァリーナは情報源を綿密に調査した後に、ドイツ人ヨハネスを伴ってパリに移動したことは「確実ではないが蓋然的だと見なせる」と結論づけた。しかし、彼らはパリでの勉学の問題についてはさらに慎重だった。「歴史的な情報源にはトマスがパリで学んでいた証拠はない」[7]。

デニフレ（Denifle），ド・グルー（De Groot），ペルスター，エッシュマンといった偉大な碩学たちはこの見解に与しているが、マンドネ，グラープマン，シュニュー，グロリユーといった他の多くの学者は、もしトマスがパリで勉学を行わなかったとすれば、パリに移動したことにはいかな意味もなかっただろうと指摘している。後者のグループはとりわけ、ケルンのストゥディウム・ゲネラーレはこの都市に戻ってきたアルベルトゥスが開始した1248年より以前には機能していなかったことに注意を促している[8]。この日まで新人ドミニコ会士はそこで時間を無駄にしなければならなかっただろう。実際、仮説にすぎなかったこのパリ滞在を、この問題に取り組んだ最近の歴史家た

---

6) Gui 9, p. 176: "Quem (Thomam)…Johannes theutonicus…*duxit parisius. Deinde mittitur in Coloniam*…". Prümmer の註とともに、P. Calo 8, p. 25 を参照。Ptolémée XXII 21 は、信じがたい解放——トマスが内密に逃亡するとき、城壁の下には馬が用意してあった——の後すぐに、トマスはローマに出発したとしている——"Inde vadit Coloniam ad Fratrem Albertum ubi multo tempore fuit."。

7) WN, p. 62 et 64.

8) ドミニコ会の教育機関は、ストゥディウム・ソレムネ（studium solemne）とストゥディウム・ゲネラーレ（studium generale）を区別していた。前者は通常の学生の哲学的・神学的育成のために地方のレベルで機能していた。後者は地方間を結ぶ、大学と同水準の上層機関であり、最も有能な学生だけがそこに送られていた。長い間、サン・ジャック修道院のみが1229年以降この地位に恵まれた——cf. C. Douais, *Essai sur l'organisation des études*…, p. 15-140; Glorieux, *Répertoire* I, p. 34-38。

50 第2章　アルベルトゥス・マグヌスの弟子（1245-52年）

ちは確実なものと見なしている[9]。というのも，最近の業績が決定的な論拠をもたらしたからである。異なる研究者が独立的に進めていたこれらの証明は二種類のものに集約できる。

内的批判の次元において，ゴーティエは[10]，トマスの著作，とりわけアリストテレスの『ニコマコス倫理学』に対する註解が1240年から1250年の間にパリで広まっていた見解の深い痕跡を留めていることを指摘した。このことには異なる三つの証拠がある。1）トマスは最も古い翻訳であり，当時唯一使用されていた古いラテン語訳（Ethica uetus）のテキストをしばしば記憶を頼りに引用している——トマスは自分の著作において新しいラテン語訳（Ethica noua）の記憶を活用していないように思われる。2）トマスの註解は，アリストテレスの古い「翻訳に対してパリの教養学部の教授たちがした解釈を正確に反映している」。トマスは「非常に深く彼らの影響を受けていた」ので，アルベルトゥスが適切な説明を与えた後にも，誤った解釈を再現し続けていた[11]。3）トマスがこれらの知識を得られたのはナポリ——1239-43年——ではない。というのも，ナポリで『ニコマコス倫理学』が教えられていたことはまだ証明されていないからである。しかし，それは1240年から1250年の間にパリで盛んだった。また，トマスがすでにアルベルトゥスから〔ロバート・グロステストによる〕新しい翻訳（translatio lincolniensis）の手ほどき

---

9)　Weisheipl, p. 49-52. Weisheipl, *Life and Works of St. Albert*, p. 25-26 も参照。Tugwell, p. 208 もこの見解に賛成している。

10)　Cf. "S. Thomas et l'Ethique à Nicomaque", Léon., t. 48, p. XV-XVII. これを要約し，この時代の『ニコマコス倫理学』のラテン語訳に関する短い概観のために参照しよう。Cf. déja *Praef.*, Léon., t. 47/1, p. 236-237.

11)　例えば，*Eth.* I 5, 44-47 et I 12, 188-92 を参照。

を受けていたにもかかわらず，後に古いラテン語訳に対する註解〔の参照〕へと戻ったとはほとんど考えられない。実際，1250年より後には古いラテン語訳に対する註解は時代遅れなものとなり，普及しなくなった。

これらすべての論拠を見れば，トマスがパリで学んだ可能性はきわめて高いことが分かるが，ゴーティエはさらに一歩進めて，トマスがこの時期にアルベルトゥスとともに学んだのはまだ神学ではないと確言している。トマスは神学部よりもむしろ教養学部に頻繁に通っており，14歳から18歳の間にナポリで学んだ入門的知識を完成している。ゴーティエは思い切ってトマスが学んだかもしれない二人の教授の名を示すことまでしている。すなわち，1338年の目録の中で言及されている『ニコマコス倫理学註解』(Sentencia super nouam et ueterem ethicam) を作成したアレクサンデル (Alexandre) と[12]，プロヴァンスのアルヌー (Arnoul de Provence)——彼が書いた『哲学入門』からアルヌーが道徳的問題に関心があったことが分かる——である。トマスと教養学部の教授たちとの関係が後に何度も出てくるのはこの仮説による。おそらくこのときの交際がずっと続いたのだろう。

外的批判による集約的な論拠は，アルベルトゥス・マグヌス『神名論註解』(Super Dionysium De divinis nominibus) の批判的校訂版の序文 (Prolegomena) の中で，ポール・ジーモン (Paul Simon) が提出したものである[13]。このテキストは，アルベルトゥスのディオニシウス

---

12) Cf. R.-A. GAUTHIER, "Le cours sur l'*Ethica nova* d'un maître ès arts de Paris (1235-1240)", *AHDLMA* 42 (1975) 71-141. Gauthier がこの人物についていくつか推測している p. 93 を参照。

13) P. SIMON, *Prolegomena*, dans *S. Alberti Magni Opera omnia*, ed. Coloniensis, t. 37/1: *Super Dyonisium de divinis nominibus*, Bonn, 1972, p. VI-VII.

(Denys)に対する他の註解と一緒に,ナポリの写本——Bibl. Naz. I. B. 54——において伝えられているが[14],この写本の特異性の一つは,何年間か無報酬で聖アルベルトゥスの秘書を務めたトマス自身が書いたという点にある。しかし,この書物の最初の註解,すなわち『天上階層論』(De caelesti hierarchia)の註解のテキストは,それのみが,今度は「部分」(peciae)に分割されているという特性を示している。

印刷術発見以前の大学での書物の製造技術を知らない者は,「部分」とは写本から分離された分冊であることを知る必要がある。書物全体ではなく部分だけを様々な写字生に別々に委ねていたのである。このことには書物の複製を著しく加速するという貴重な利点があった。もし同じ書物の 20 の部分のそれぞれについて 20 人の写字生が同時に写すならば,たった一つの部分を書き写す時間で書物は複製されるだろう[15]。

この慣例は 1250 年以前にパリ——そこでは学生がこぞって書物を求めていた——ではすでに行われていたが,

---

14) Cf. G. THERY, "L'autographe de S. Thomas conservé à la Biblioteca Nazionale de Naples", *AFP* 1 (1931) 15-86; P.-M. GILS, "Le MS. *Napoli, Biblioteca Nazionale I. B. 54* est-il de la main de S. Thomas ?", *RSPT* 49 (1965) 37-59; H. F. DONDAINE et H. V. SHOONER, *Codices Manuscripti Operum Thomae de Aquino* I, Roma, 1967, p. 8.

15) J. DESTREZ の業績 *Etudes critiques sur les œuvres de saint Thomas d'Aquin d'après la tradition manuscrite*, "Bibl. thomiste 18", Paris, 1933, p. 5-31 以降,書物の普及に関するこのシステムの研究と知識は著しく進歩した。また,研究者たちは批判的校訂の際にこのシステムが提起する諸問題をいっそう自覚するようになった。最近の業績のうちで以下のものを参照。L.-J. BATAILLON, B. G. GUYOT, R. H. ROUSE, éd., *La production du livre universitaire au Moyen-Age, 'exemplar' et 'pecia'*, Paris, 1988; L.-J. BATAILLON, "Exemplar, Pecia, Quaternus", dans O. WEIJERS, éd., *Vocabulaire du livre et de l'écriture au Moyen âge*, "CIVICIMA 2", Turnhout, 1989, p. 206-219.

同じ時期にケルン——そこでは大学がまだ設立されていなかった——では知られていなかった。さらに,「部分」が同定される方法——各部分の最初のページの上の余白に大きな文字が記入された——は,典型的にパリの流儀である。それゆえ,シュナー（Shooner）も従うジーモンによれば[16],若いトマスはアルベルトゥスの註解の版を準備するために,このシステムを使って複製をした。これは結局トマスがこのシステムの最初の実行者だったということになる。この最後の結論はレナード・ボイル（Leonard Boyle）にとって行き過ぎに思われた。すなわち,ボイルはテキストの自筆の文字やこの最初のパリ滞在中のトマスの筆写を再検討してはいないものの,トマスが筆写したテキストが大学で写本が普及する際の見本となったことについては強く疑っている。というのも,若い修道士の特異な筆跡から見て,また一連の他の論拠からしてもこのように考えることは難しいからである。テキストが部分に分割されていたのは,トマスがすでにそのような状態の写本を筆写したからである。それゆえ,トマスはこのシステムについての有名な最初の証人にすぎず,最初の実行者ではない[17]。

これらの学問的な解明においてこれ以上先に進まずに,この議論から得られるのは,卓越した新しい研究者〔であるボイル〕がこの時期にトマスがパリに長く滞在したとする説に賛成しているということである。この写本には他の特徴もあり,ジーモンはそれらを鋭く分析しているが,それらからも彼の二つの結論を十分理解できる。すなわち,

---

16) H.-V. SHOONER, "La production du livre par la pecia", dans *La production du livre* (note préc.), p. 17-37.

17) L. E. BOYLE, "An Autograph of St. Thomas at Salerno", dans A. LOBATO, éd., *Littera, Sensus, Sententia, Studi in onore del Prof. Clemente J. Vansteenkiste*, Milano, 1991, p. 117-134.

第一にアルベルトゥスが『天上階層論』の註解をまだパリにいた頃，つまり 1248 年以前に書いたということ，第二にトマスがパリの流儀にしたがってこの註解を筆写し，パリの写本複製システムの利益を受けた最初の人々のうちの一人だったこと，これはトマス自身もこの時期にパリにいたという事実を示すものであること，この二つである。議論の発端となったトッコのテキストに帰ることで，ジーモンは正当にも次のように指摘している。「それから」(deinde) は「ただちに」(statim) の意味ではなく，この語はパリに到着してからケルンに出発するまでの間に十分長い時間的間隔を想定できるのである。後にトマスはケルンでディオニシウスに対するアルベルトゥスの講義の筆写を完成したが，もはやパリと同じ流儀で写本を提出する義務に縛られていなかった。

ワイスハイプルはトマスが勉学のためにパリに滞在したという事実に関してジーモンとゴーティエに賛成している。しかし，ゴーティエはトマスを教養学部の学生と見なすのに対し，ワイスハイプルは意見を異にしている。ワイスハイプルが想起しているように，通常修道士たちは自分の修道院で学ぶのであり，修道会の制度上，許可なく外部の講義に通うことができなかった。それゆえ，トマスは知識を私的な勉学によって得たと考えられる[18]。このことはなるほど可能ではあるが，しかしここでワイスハイプルが手に入るすべての資料を考慮しているか疑問である。

おそらく 1220 年に遡るテキストの中で，実際，初期ドミニコ会の会則は「異教徒の書物を使って勉学してはならない」という聖職者たちのうちで作られた昔の禁令を取り戻し，この禁令を哲学と自由学芸にまで広げることでそれ

---

18) Weisheipl, p. 51-52. Weisheipl, *Thomas d'Aquino*, p. 5-6 も参照。

を明確にしてさえいる。しかし，この同じテキストには修道会の権威者はこの禁令を免除できることがあらかじめもりこまれている[19]。それゆえ，トマスが実際にこの免除を得たことは考えられる。というのも，勉学を理由に様々な義務の免除を認めることは，まさにドミニコ会の特徴の一つだからである[20]。トマスのような天分に恵まれた人間の場合に，この免除は少なくともありそうなことである。しかし，バタイヨンが提案するように，資格を持った修道士，あるいは友好的な在俗の教授が，同じ修道院で仲間のために自由学芸を教えることも不可能ではない。この教育は神学の研究に取り組むために不可欠なものだったが，い

---

19) *De oudste Constituties van de Dominicanen*, ed. A. H. THOMAS, "Bibl. de la R. H. E. 42", Leuven, 1965, p. 361: "In libris gentilium et philosophorum non studeant, etsi ad horam inspiciant. Saeculares scientias non addiscant nec etiam artes quas liberales vocant, *nisi aliquando circa aliquos magister ordinis vel capitulum generale voluerit aliter dispensare*…"〔「たとえ一時的に参照するとしても，異教徒や哲学者の書物を学ぶべきではない。世俗的な知識も自由学芸と呼ばれているものも学ぶべきではない。『時としてある人々に関して，修道会の総長あるいは総会が他の仕方で割り当てることのないかぎり……』」〕。1241 年，ペニャフォルトのライムンドゥス（Raymond de Peñafort）の会則の中に，この同じ禁令が再び取り上げられている——cf. *AFP* 18 (1948), p. 65-66。フランス語に訳されたドミニコ会の初期の会則のテキストについては次を参照。M.-H. VICAIRE, *Saint Dominique de Caleruega d'après les documents du XIII*ᵉ, Paris, 1955, p. 136-184; ID., *Saint Dominique, La vie apostolique*, Paris, 1965, p. 161-197.

20) Cf. les *Constitutiones Antique*, *Prol.*, dans A. H. THOMAS, éd., *De Oudste Constituties*, p. 311. G. MEERSSEMAN, "*In libris gentilium non studeant*. L'étude des classiques interdite aux clercs au moyen âge ?", dans *Italia medioevale e classica* I, Padova, 1958, p. 1-13 は，ドミニコ会の古い会則のこの点に関する修正を詳しく分析しており，1228 年に導入された，前註 19 のイタリック体部分の最後の句が，初期の厳格さをかなり和らげ，その結果上長たちが寛大に振る舞えた点を強調している。

かにしてそれが托鉢修道士に教えられたかについては今なお知られていない[21]。

さらに，若いトマスについて，彼が教育課程を完全に修了するために要した時間としてわれわれが設定する時間があまりにも短いことを考慮しなければならない。十中八九，トマスがカッシーノを離れたとき十分な基礎的教養があったと思うが，通常自由学芸の課程を終えるのに6-7年はかかるものなので，ナポリでの4-5年だけではおそらく十分でなかっただろう[22]。したがって，ゴーティエとともに，トマスがパリで哲学を修めた，あるいは少なくともそこでいくつかの講義を受けたことを認めなければならない。というのも，おそらくパリの〔教育〕水準はナポリのそれを凌いでいたからである。しかし直ちに，トマスは同時に神学にも取り組み始めたことを付け加えなければならない。実際，トマスは神学者の資格で教育することを可能にするバカロレア（baccalauréat）を得るために，少なくとも五年間勉強しなければならなかった。もし，すぐに見ることになるだろうが，トマスが1252年から『命題集』を註解しているとすれば，彼の『イザヤ書』の講義は1251-52年に講じられたとしなければならない。このことはそれだけ，神学を修めるために通常予想される五年間を

---

21) L.-J. BATAILLON, *Status quaestionis*, p. 647-657, cf. p. 650.

22) 〔自由学芸の〕修学に関する期間と内容について情報は必ずしも一致していない。Cf. WEISHEIPL, "Curriculum of the Faculty of Arts at Oxford in the Early Fourteenth Century", *MS* 26 (1964) 143-185; cf. l'art. "Artes liberales" (plusieurs auteurs) du *Lexikon des Mittelalters* 1 (1980) 1058-1063. 神学者を養成する際の自由学芸の位置については，L. HÖDL, *ibid.*, col. 1061-1062; G. LEFF, *Paris and Oxford Universities in the Thirteenth and Fourteenth Centuries. An Institutional and Intellectual History*, New York, London, Sydney, 1968, p. 164-165 を参照。F. VAN STEENBERGHEN, *La philosophie au XIIIᵉ siècle*, p. 50-81 (²1991, p. 45-75) も参照。

短くする。解決策が必要である。すなわち，トマスはパリ滞在中様々な勉学を修めたのであり，トマスの知的な才能を知っていた上長たちは，哲学を修めながら神学に取り組み始めることを認めたのではないか。

それゆえ，ドミニコ会士としてのこの最初の数年間について分かっていることを次のように要約できる。1245年の秋にトマスはドイツ人ヨハネスのお供としてパリに出発している。トマスはパリで1246-47年と1248年の前半を過ごしたが，これは大学の三年間に相当する。このうちの最初の一年間は，1244年4月に僧服を受けとって以来まだ終えていなかった修練期だったかもしれない[23]。続く二年間に関して言えば，トマスは教養学部であれ修道院であれ，自由学芸を学んだ。トマスは同時にサン・ジャック修道院でアルベルトゥスとともに神学のいくつかの講義を受けたのだろう。また，トマスはアルベルトゥスの『天上階層論』〔の註解〕を筆写しているが，この写本は分割を特徴とするパリのシステムを示している。1248年，トマスはアルベルトゥスとともにケルンに出発するが，アルベルトゥスのそばで神学の勉強と助手としての仕事を続けることになる。

ケルン（1248-52年）

パリ滞在とは反対に，トマスのケルン滞在は一度も疑われたことがなかった。というのも，情報源が十分に証明しているからである。唯一の問題は期間に関するものであ

---

23) これはWeisheipl, p. 52の提案である。Tugwellの年代決定に従うならば，事情は異なってくる。すなわち，トマスは家族に捕えられる前に，修練期と誓願を終えていた——cf. p. 204。

る。ケルン滞在は1252年にまで及ぶが，パリ滞在を取り去りたかった著者たちは，アルベルトゥスがまだケルンにいなかったことを忘れて，ケルン滞在を1246年から始めようとした。しかし，たった今提示したスケジュールにしたがえば，もはやいかなる困難もない。

1248年6月7日の聖霊降臨祭にパリで行われたドミニコ会総会はケルンにストゥディウム・ゲネラーレを設立することを決定している[24]。ザクセンのヨルダヌスの友人である修道士アンリが1221年か1222年に設立したドミニコ会の修道院がすでに存在したこの町で[25]，教育の責任者となったのはすでに名高かったアルベルトゥスである[26]。アルベルトゥスはパリで学年末を終えた後——パリにおいて教授たちは講義を6月29日に終えていた——にケルンへ出発し，秋に新年度を始めるためにトマスを連れて行っている。すなわち，年度初めは，もしアルベルトゥスがパリの習慣を守ったとすれば，十字架称賛の祝日である9月14日だった[27]。彼らは〔8月15日の〕聖母マリア被昇天の祝日を祝ってすでにケルンにいたので，この日に行われた大聖堂の最初の石の設置にトマスが居合わせたことは十分ありうることである。アルベルトゥスは著作の中で，この

---

24) 会則にしたがって，続く三つの総会で確認されたこの措置は，実際のところ，プロヴァンス，ロンバルディア，トイトニア，イギリスの四つの地方に関係していた。Cf. *MOPH* 3, p. 41.

25) この設立について，Weisheipl, *Life and Works*, p. 38, あるいは WN, p. 66 を参照。

26) HENRI DE HERFORD, *Liber de rebus memorabilioribus sive Cronicon*, ed. A. POTTHAST, Göttingen, 1859, p. 201: "Post tres annos magisterii sui Coloniam mittitur ad legendum." 〔この時代のアルベルトゥスの活動と教育思想については，次の解明的な研究を参照。W. SENNER, "Albertus Magnus als Gründungsregens des Kölner Studium generale der Dominikaner", *MM* 27 (2000) 149-169.〕。

27) Cf. P. Glorieux, *L'enseignement*, p. 103.

機会に始まり,昔の華麗なモザイクを発掘した土木工事について語っている[28]。

このケルン滞在はトマスの生涯で決定的な時期にあたる。十分ありそうなことに,この時期は彼の叙階の時期だったが,このことについて正確なところは何も分からない。対して,聖アルベルトゥスがトマスに大きな影響を及ぼしたことは分かっている。23歳から27歳までのこの四年間に,トマスはアルベルトゥスの思想の深い影響を受け,彼のためにすでにパリにいた時から始めていた仕事を続けた。トマスがディオニシウスの『神名論』とアリストテレスの『ニコマコス倫理学』の講義録を清書したのはこの頃である。これは大きな仕事であり,ゴーティエはペルツァー (Pelzer) にしたがって,この時期のトマスの労働時間の3分の1を占めていたと考えている[29]。

トマスがアルベルトゥスによる『神名論』の講義を受けたことに異議が唱えられたことはなかったが,すでに神学者だったトマスが通常哲学の課程に属していた『ニコマコス倫理学』の講義を受けえたことは驚きである。ゴーティエの調査によれば,『ニコマコス倫理学』に対するトマス自身の註解について,「アルベルトゥスの影響が明らかな」約350の文章が指摘できるため,もはや昔の伝記作者の

---

28) Albert, *De causis et proprietatibus elementorum* I, tr. 2, cap. 3, Borgnet 9, 605 b: "et nos *in Colonia vidimus* altissimas fieri foveas, et in fondo illarum inventa sunt paramenta mirabilis schematis et decoris, quae constat ibi homines antiquitus fecisse, et cogestam fuisse terram super ea post ruinas aedificiorum."〔「ケルンで深い穴が掘られるのを見た。底には驚くべき形と飾りを持った彩色装飾があった。昔いた人々がそれを作り,建物の崩壊の後,その上に土が堆積していたことは明らかだ」〕。

29) R.-A. GAUTHIER, Léon., t. 48, p. XVII. Cf. A. PELZER, *Etudes d'histoire littéraire sur la scolastique médiévale*, "Philosophes médiévaux VIII", Louvain-Paris, 1964, p. 282.『神名論(註解)』に関するトマスの自筆原稿はナポリの写本のうちに保存されている。

60 第2章　アルベルトゥス・マグヌスの弟子（1245-52年）

主張は疑えない。これらの影響は，後に，すなわちもはやトマスがアルベルトゥスの生徒ではなくなってからアルベルトゥスが書いた註解ではなく，むしろ昔の講義に帰せられるが，トマスはその講義について「深い知識——彼の多くの記憶がその証明である——ではあるが，薄らいだ知識——彼の多くの忘却がそれを表している」を有していた。

たとえアルベルトゥスがトマスの後の神学的所産を追わなかったように見えるとしても，反対にトマスは昔の教師の出版物に注意を払い続け，容易に場所を同定できるように，『ニコマコス倫理学』に対するアルベルトゥスの註解をカード化することまで行っていたのである。この仕事は『ニコマコス倫理学梗概』（Tabula libri Ethicorum）の名で知られている著作を生み出したものだが，この著作は用語集であり，その定義はたいていの場合，アルベルトゥスからほとんど字句通りに引用したものである。入念にこの著作を検討し校訂したゴーティエの示唆によると，トマスは自分自身が『神学大全』の第2部に着手したときに，この著作に取りかかった。トマスがこの仕事を未完成のままにしたのは，彼が成熟したために——『ニコマコス倫理学』の註解の着手を遅らせるつもりがなかった——，昔の教師の著作が不完全なことに気づいたからかもしれない[30]。

様々な逸話がこのケルン時代に由来しているが，それらを完全に無視することはできない。というのも，たとえそれらが歴史的なものではないとしても，少なくともトマスが同時代人にどのように理解されていたかを物語っているからである。例えば，「シチリアの黙り牛」の逸話がある。このあだ名からトマスは寡黙だったのだろうと想像する

---

30) R.-A. Gauthier, *Préface* à l'édition de la *Tabula libri Ethicorum*, Léon., t. 48, p. B 5-B 55; Weisheipl, *Thomas d'Aquino*, p. 13-14.

が，彼は必要があれば見事に自分の意見を述べることができた。このときを捉えて，アルベルトゥスは予言的に次のように宣言している。「トマスは黙り牛と呼ばれるけれど，トマスの教えは全世界に響き渡るだろう」[31]。トマスが問題となっているときにこの逸話を避けることは困難だが，このあだ名はそれほど軽蔑的なものではなかったことを付け加えておこう。トマスの友人兄弟レギナルドゥス——彼については後に語ることになる——の母が描いている古い伝説は，おそらく黙り牛というあだ名がそれほど軽蔑的ではなかったことを伝えるものである。「彼は非常に大きかったので，そのせいでシチリアの牛と呼ばれていた。トマスの盟友兄弟レギナルドゥスの母が語るところによると，トマスが通り過ぎるとき，畑にいた百姓たちは仕事をやめて一目見ようと近づいてきて，これほど恰幅がよくこれほど美しい人間はいるだろうかと賛嘆したものだった」[32]。

正確な意味がいかなるものであれ，この逸話——これに当然付け加えなければならないものとして，その場しのぎの家庭教師の逸話があるが，この家庭教師はトマスを助けようとしながら結局トマスに助けられた——は少なくとも，トマスの知的な能力が認められ，伝説にすらなり始めたしるしである。実を言えば，アルベルトゥスがこのことを確信するのに長くかかったとは思えない。ありそうなこととして，これらの逸話がアルベルトゥスのもとで学んでいたトマスの実際上の立場を反映していることが考えられる。すなわち，トマスは単なる学生ではなく，むしろ学問を修めながら，同時に教師として教えることもできた助手だった[33]。この教育の質について，彼の有名な最初の聖書

---

31) *Ystoria* 13, p. 229 (Tocco 12, p. 79)

32) M.-H. LAURENT, "Un légendier dominicain peu connu", *Anal. Boll.* 58 (1940) 28-47, cf. p. 43.

33) この共同作業が展開された兄弟的な雰囲気を想像する

註解に基づいて評価できる。

聖書と霊性 ──『イザヤ書註解』

　勉学の年月に関する詳細がいかなるものであれ、ナポリとパリの後にケルンに到着したとき、拘留されている間自分自身で学んだことを除けば、トマスはすでに準備的な修学の期間を七年から八年持ったことになる。ド・グルー、ベルティエ（Berthier）、ペルスターといった幾人かの著述家たちは、この時期にトマスはすでに神学講師だったと考えてすらいるが、シェーベン（Scheeben）、エッシュマンといった他の著述家たちは、おそらくアルベルトゥスの聖書学講師（le bachelier biblique）だっただろうと見なしている。

　ワイスハイプルは最後の仮説を踏襲して、トマスがケルンで『エレミヤ書』、『哀歌』、『イザヤ書』の一部に関する簡潔な講解（cursorie）をしたのではないかと提案している[34]。周知のとおり、この簡潔な講解は聖書学講師が最初の二年間に行う仕事であり、やがて教授になる者として名をあげる。この講解はテキストを手っ取り早く定義していくもので、「様々な可能的解釈の詳細に入り込むことがない。……講解者、すなわち教える者の目的は、テキストを文字的意味にしたがって理解させることである」[35]。『エレ

ことは禁じられていない。というのも、アルベルトゥス自身が非常にしばしば一緒に働く同僚について語っているからである。Cf. Y. CONGAR, "*In dulcedine societatis quaerere veritatem*. Note sur le travail en équipe chez S. Albert et chez les Prêcheurs au XIIIe siècle", dans G. MEYER et A. ZIMMERMANN, éd., *Albertus Magnus – Doctor Universalis 1280 / 1980*, Mainz, 1980, p. 47-57.

34)　Weisheipl, p. 59-60 et 404-405.

35)　P. Glorieux, *L'enseignement*, p. 119; cf. M.-D. Chenu,

ミヤ書』と『哀歌』に関する註解は，かなり正確にこの定義に合致している。16世紀のシエナのシクストゥス（Sixte de Sienne）は，正当にも教えがお粗末である（sterilitas doctrinae）として，これらの註解の真正性を否定した。だから，これらの註解に手間取る価値はほとんどない。対して，『イザヤ書註解』は，たとえ時として読者の知識欲を少ししか満たさないとしても，十分に豊かな点もいくつかある。

レオニーナ版『イザヤ書註解』の校訂者たちは，ワイスハイプルの提案をまだ知らなかったので，この著作の執筆をむしろ1252-53年，つまりトマスがパリで教えるようになった最初の一年間に位置づけた[36]。しかし，ワイスハイプルの論拠に重要性がないわけではない。すなわち，彼は一方でトマスがパリに送られたのは聖書を註解するためではなく『命題集』を読むためだったことを指摘し[37]，他方でもしトマスがパリで『イザヤ書』を読み始めなければならなかったとすれば，トマスは例外だったことを強調している。というのも，そのときまでドミニコ会の第二講座の後を継いできた教授たちはみな，聖書の簡潔な講解ではなくむしろ『命題集』の講解で教育を始めてきたからである。さらに，13世紀の半ばには，命題集講師はあらかじめ聖書学講師でなければならないということはもはや絶対的な規則ではなくなっていた[38]。[以下で再び述べる『命題集註解』のトマスの序文に関して時代を画する主張をしたアドリアーノ・オリヴァ（Adriano Oliva）神父は，『イザ

Introduction, p. 207-208.

36) Léon., t. 28, p. 19-20. また，*The Thomist*, t. 43, 1979, p. 331-337 の Weisheipl の書評を参照。

37) *Ystoria* 15, p. 235 (Tocco 14, p. 81). このテーマを再び取り上げる次章を参照。

38) WN, p. 80, n. 29.

ヤ書註解』の日付に興味を抱き、ワイスハイプルの議論を入念に検討した。新たに見直されたトマスに関する年代学の資料と、トマスが自筆原稿に使用した羊皮紙を検討して、オリヴァ神父はレオニーナ版の校訂者たちの最初の提案に立ち返り、この講義はおそらく 1251-52 年、あるいは 1252-53 年頃パリでなされたのではないかとしている。同時に、『エレミヤ書』と『哀歌』の簡潔な講解もこの同じ日付と場所で行われたはずである。このことでこれらの註解がトマスの最初期の著作であるという事実はいささかも変わらない。しかし、1252-53 年という日付を採用すると、『命題集』の講義の日付に関していくつかの変更が生じる——下記 555-557 ページ参照。また、このことでトマスが修道士として最初に聖書を素早く教えた人々のうちの一人であったことが分かる。]

それゆえ、ワイスハイプルの提案は十分に根拠づけられており、熟練の批評家たちに好意的に受け入れられた[39]。たとえこの提案がレオニーナ版の校訂者たちの定めた日付をわずかばかり早めるとしても、この日付は最初の聖書註解のおおよその年代決定の枠組みの内にとどまる。以上のことから、これらの聖書註解はまさしく「聖トマスの最初の神学的著作」[40]である。

この理由で、この最初の著作は多くの点で注目に値する。その諸特徴のうち、文字的意味を優先させて解釈するトマスの傾向性がすでに際立っている。奇妙なことに、このことはこの著作の真正性に関する異議の原因ともなった。『イザヤ書』8 章 4 節の解釈の中で、この箇所で告げられる子供をまさに預言者とその妻の息子とトマスが見な

---

39) Cf. L.-J. BATAILLON, *RSPT* 64 (1980), p. 119; C. VANSTEENKISTE, *RLT* 9 (1977), n° 1, p. 12; M.-V. LEROY, *RT* 78 (1978), p. 666.

40) Léon., t. 28, p. 20*.『イザヤ書註解』に関する箇所。

していることが知られている。この解釈は当該の聖句がキリストの告知であることを拒むユダヤ人の解釈にあまりにも近かったので，1326 年にリールのニコラウス（Nicolas de Lyre）はこの註解の著者がトマスであることを疑ったのだった。シエナのシクストゥスに関して言えば，彼もまた，学識の乏しさを理由に（ob eruditionis inopiam），この註解はトマスにふさわしくないと考えた[41]。しかし，正確に言って，この著作の著者がトマスであることにいかなる疑いもない。13 世紀末より以前のトマスの著作目録でこの著作が証明されているだけでなく，とりわけ有名な「読みづらい」（illegibilis）文字で書かれた自筆写本の大部分が残っているからである[42]。

トマスの自筆原稿はあまりにも珍しいので，関心を呼ばないわけがない。著作の中に才能を見ること，彼の躊躇，抹消線，繕い，最後に思想の最終的な状態を発見することは常に大切である。『イザヤ書註解』の写本には，円熟期の書物ではなくむしろ講義を用意する途中のトマスが垣間見られるという利点も付け加わっている。生徒が聞いた講義を多かれ少なかれ手入れし清書した講義録（reportationes）や，レギナルドゥスがトマスのためにしば

---

41) Cf. Léon., t. 28, *Introduction*, p. 3-4.

42) ここで問題となっているのは第 34-50 章に関する註解であり，これは写本 Vaticanus latinus 9850 に保存されている——cf. Léon., t. 28, p. 14*-15*。ここで今は亡き Hugues Shooner が死の数日前に知らせたある誤りを修正しなければならない。うまく書かれていない原本を転写する際に生じた誤りのせいで，聖トマスの筆跡はしばしば「理解不可能な文字」（littera inintelligibilis）——これはほとんど理解できないものである——と言われてきた。しかし，実際は「読みづらい文字」（littera illegibilis）——これは十分理解できるものである——と読むべきである。このことに関して，上記註 14 の H.-F. DONDAINE, H. V. SHOONER, p. 7 を参照。悪しき習慣は執拗なものであり，他の著述家からの引用にも反映されている。

66 第 2 章 アルベルトゥス・マグヌスの弟子 (1245-52 年)

しば行ったような秘書による速記とは正反対に、『イザヤ書註解』はすぐに行う必要のある講義のために若い講師が日々羊皮紙に走り書きしたものであり、素早く為された仕事のあらゆる特徴を備えている。少なくとも部分的にであれ、まさにこのことを示しているのは、最初の数章の後から際立つようになる切れ切れの文体である。たとえ最初の頃の講義の準備には時間があったとしても、頻繁に行う講義のせいで急速に蓄えはなくなり、トマスは不完全なテキストを使って語ることを余儀なくされたのだろう。

これらすべてのことは、かつてジル (P.-M. Gils) が詳細に多数論じているが[43]、これらの一般論を超えて、彼はこの自筆原稿の独自性についても注目を促した。それは本来のテキストと一緒に記された短い注記――ページの余白にはしょられた文章で書かれていた――のことである。トマス自身がこれらを何と呼んでいたか分からないが、この自筆原稿を明晰な文字で最初に転写したアスティのヤコブス (Jacobin d'Asti) はこれらをコラチオ (collationes) と名づけた。コラチオはテキスト同様、読みづらい文字で簡潔に書かれており、扇状の線で結ばれ集められている。『イザヤ書』のテキストの語句に基づいて、トマスは大急ぎで文字的註解を司牧的あるいは霊的観点から延長するために記憶していた示唆を書き留めている。『エレミヤ書註解』でも同じような注記があるが、自筆原稿は失われた。

コラチオという語は自然と説教のためのメモを想起させる。周知のとおり、コラチオという語は当時長い歴史を持っており、晩課で為される説教を意味するようになった[44]。しかし、コラチオという語の本来の意味と同時

---

43) P.-M. GILS, "Les *Collationes* marginales dans l'autographe du commentaire de S. Thomas sur Isaïe", *RSPT* 42 (1958) 253-264.

44) Cf. J.-P. TORRELL, "La pratique pastorale d'un théologien du XIIIe siècle. Thomas d'Aquin prédicateur", *RT* 82 (1982), p. 218-219; J.

におそらく第一に問題となっているのは，一緒に置かれたもの，あるいはジルが言っているように「寄せ集め」(assemblages) である。「『イザヤ書註解』のコラチオは，聖書からの引用の寄せ集めであり，『イザヤ書』のある語が示唆した関連づけである。コラチオは厳密な意味での文字的註解のうちには位置づけられないが，霊的あるいは道徳的解釈と言えるものである」。にもかかわらず，コラチオが余白のうちに置かれていることは誤りの原因にはならない。コラチオは「本質的には註解に属しており，昔の人々の言葉を借りれば，註解の霊的部分である」。それゆえ，コラチオは「聖トマスの霊的諸作品の最も真正な寄せ集め」[45]と見なせる。したがって，コラチオは註解そのものと同様に重要なものである。なぜなら，トマスが経歴の初めに聖書注釈者として自分の流儀の主要な特徴を決定的な仕方で漏らす様子を把握できるからである。すなわち，たとえ註解が文字的解釈を優先しているとしても，コラチオは同時に，文字的解釈を活気づける霊的関心を示している。

他の場所で自筆原稿の中の 24 のコラチオをある程度詳しく検討したが[46]，アスティのヤコブスがテキスト本体に

HAMESSE, "*Collatio* et *reportatio*: deux vocables spécifiques de la vie intellectuelles au Moyen Age", dans O. WEIJERS, éd., *Terminologie de la vie intellectuelle au Moyen Age*, "*CIVICIMA* 1", Turnhout, 1988, p. 78-87, cf. p. 78-82.

45) P.-M. Gils, *Les Collationes*, p. 255, 262, 264.

46) J.-P. TORRELL, D. BOUTHILLIER, "Quand saint Thomas méditait sur le prophète Isaïe", *RT* 90 (1990) 5-47. ここでこの論文のいくつかの文章を再び取り上げよう。自筆原稿の部分のみがこれらの注記を備えていたことを理解させるようなまずい表現を適切に修正したい。それどころか，これらの注記は非常に均等にテキストの全体に散らばっており，テキストと分かちがたく結びついている。さらに，このようなやり方はトマスに固有なものではなく，このようなやり方を示す見事な写本は彼の同時代人であるタラランテーズのペトルス (Pierre

挿入したコラチオを似たように検討することは有益だろう。これらのコラチオは nota あるいは notandum という語で容易に識別できるが，これらの語はコラチオを導入し，読者に注目を促すことで，著者が文字的意味から霊的意味に調子を変えていることを知らせるために用いられている。ここでこの仕事を行うことはできないが，トマスが論を進める方法と，これらの無視されているわずかなテキストが持つ豊かさを読者に理解してもらうために，少なくともコラチオの一つを示すべきだろう。トマスの霊性を強調するために，これらのテキストは格別役に立つ[47]。

「わたしはあなたに有益なことを教える」（イザ 48：17）に関して，トマスは以下のように註解している。

> 神の言葉が有益なのは次のことのためである。
> ——知性を照明する。「教えは光である」（箴 6：23）。
> ——感覚を喜ばせる。「あなたの約束はわたしの口になんと甘いことか」（詩 119：103）。
> ——心を燃え立たしめる。「主の言葉はわたしの心のうちで火のように燃え上がる」（エレ 20：9），「主の言葉は彼を燃え立たしめた」（詩 105：19）。
> ——業をまっすぐにする。「あなたの真理においてわたしを導き，わたしを教えてください」（詩 24：5）。
> ——栄光を獲得する。「忠告と賢明さを守りなさい」（箴 3：21）。

---

de Tarentaise），またすでにサン・シェールのフーゴー（Hugues de Saint-Cher）にも見出せる——cf. Léon., t. 28, p. 16* et n. 7。

47) 前註の論文以前に，H.-D. SAFFREY のみがこれらのコラチオについて少しだけ語っている事実を確認することは，それだけ驚くべきことである。Cf. "Saint Thomas d'Aquin et l'héritage des anciens", dans VII*e* Centenaire de saint Thomas d'Aquin et restauration de l'église des Jacobins, Chronique de L'Institut catholique de Toulouse, 1975, n° 4, p. 73-90, cf. p. 76-77.

——他の人々を教える。「神の霊によって書かれた全聖書は，教え論駁するために有益である」（Ⅱテモ3：16)。

この最後のコラチオは神学と説教の中の神の言葉の位置に関して非常によく考えられた瞑想である。まず，神の言葉は知性の光である。しかし，感覚もまたそこで利益を得る。すなわち，神の言葉について考察することは喜びである。同様に，神の言葉は心を燃え立たしめる。神に対する情動，すなわちわれわれの愛の力を超自然的なものにする愛（la charité）は，神学に必要なものである。トマスはこのことを忘れていない。実際，彼の人間学はすべて，知性，感覚，心の序列で現れる。彼がすぐ後に「業をまっすぐにする」ことについて語っているとき，単に物質的なことと理解してはならない。業とはむしろ人間の道徳的行為であり，人間はこのようにしてまっすぐになり，「栄光を獲得する」ことへうまく向かうようになる。この最後の二点は，先行する点と同様に，別々に読むことができない。このようにして，ついでながらトマスが神学にも割り当てている実践的合目的性を確認できる[48]。

「他の人々を教える」ことに関して言えば，間違いなくそこに若いドミニコ会士の署名のようなものを見ることができる。言葉の反芻はそれ自体で終わるものではない。この言葉は神が民に向けて発したものである。神学的考察も，説教のための瞑想も神の言葉の仲介にすぎない。しかし，これらの準備的段階は真の必要性に応えるものである。というのも，神学者も説教者も単なる道具ではなく，真の二次的原因だからである。だから，勉学と瞑想を重ねて長きにわたり成長しなければならない。もしここでニー

---

48) Cf. *ST* Ia q. 1 a. 4.

チェ（Nietzsche）の言葉を思い起こすことがあまりにも唐突でないなら，進んでニーチェとともに次のように言える。「いつか説教を行いたいならば，長い間静かに反芻しなければならない。雷を落としたいならば，長い間雲としてとどまらなければならない」[49]。

トマスが神の言葉を賞賛するのは珍しいことではない。彼が使徒信経の第二条を註解する様子を参照できる。彼は神の言葉に関する五つの態度を列挙している。1）まず，進んで神の言葉に耳を傾けなければならない（écouter）。「神を愛しているしるしの一つは，進んで神の言葉に耳を傾けることである」。2）次いで，神の言葉を信じなければならない（croire）。「というのも，このようにして，神の言葉，すなわちキリストはわれわれのうちに住むからである」。3）また，絶えず神の言葉を瞑想しなければならない（méditer）。「というのも，信じるだけでは十分でなく，それに加えて反芻しなければならない。さもなければ，神の言葉は何の役にも立たないだろう。しかし，もしそうするなら，この瞑想は罪に対して非常に有益である」。4）さらに，「勧告，説教，模範によって」（commonendo, praedicando, inflammando），他の人々に神の言葉を伝えなければならない（communiquer）。5）最後に，聖ヤコブの言うように，「言葉を聞いて忘れる者ではなく，実行する者」であるために，実行しなければならない（accomplier）。そして，トマスは見事に結論づけている。つまり，乙女マリアは神の御言を生んだとき，これら五つの態度をこの順序にしたがって遵守していた。「彼女はまず耳を傾けた。……それから，信仰によって神の御言に従った。……さらに，神の御言に注意し，胸の内にとどめた。……続い

---

49) Cf. *Ainsi parlait Zarathoustra* (Livre de poche), Paris, 1963, p. 264 (trad. personnelle sur l'original).

て，神の御言を生んだ。そして，最後に神の御言を養った……」[50]。このマリア賛美（laus Mariae）は短いものだが，わずかな言葉で多くを語っている。

トマスにとって，注意深く神の言葉を聞くこと（diligens verbi divini auditio）は，神への愛を手に入れるための特権的な方法だった。というのも，神の恩恵についての話は，神への愛を呼び起こすのにきわめて適しているからである。エマオの弟子たちの例は，このことを確証するためのものである。すなわち，イエスが途上において彼らに聖書の説明をしていたとき，彼らの心は神への愛で完全に燃えていた（ルカ 24 : 32）[51]。しかし，神の言葉を聞くことが神への愛のうちに忠実にとどまるための最も確実な方法でもあることを，トマスは安息日の休息を守るという掟を註解するときに説明している。安息日の掟が問題としているのは，無為の口実ではなく，神のために聖なる労働に励むことであり，霊的な犠牲を祝うことであり，神の言葉について瞑想することである。この最後の点に関して，トマスは時としてユダヤ人に対して非常に厳しい態度を取っていたにもかかわらず，ここで彼らをキリスト教徒の模範とすることを恐れなかった。というのも，ユダヤ人は預言者の託宣を瞑想して安息日を過ごしていたからである。「それゆえ，義の点でより完全であるべきキリスト教徒は，安息日に教会に赴いて，説教を聞くべきである。『神に属する者は神の言葉を聞く』（ヨハ 8 : 47）。また，キリスト教徒は救済にとって有益なことを語るべきである。『いかなる悪い言葉もあなたたちの口から出てきてはならない。人間を造り上げる言葉のみを語りなさい』（エフェ 4 : 29）。実際，

---

50) *Sur le Credo*, n° 895-896.

51) *Collationes in decem precepta* IV, éd. J.-P. TORRELL, *RSPT* 69 (1985), p. 30-31（今後は *Collationes* と略記）．

これら二つのことは罪人にも有益である。というのも、罪人の心はこれらによってより善きものに変わるからである。……もし有益なことを聞きも語りもしなければ、最善の人々にも反対のことが起こるだろう。『悪しき交際は善き習慣を破壊する』（Ⅰコリ 15：33）。また、言葉は誘惑されている者にも有益である。というのも、主の言葉は無知な者を教えるからである。『あなたの言葉はわたしの歩みを照らす光である』（詩 119：105）。同様に、生ぬるい者を燃え立たしめる。『主の言葉は彼を燃え立たしめた』（詩 105：19）」[52]。

伝記作者たちの話は、この教えをさらに強めるのに役立つ。正確にはトマスの説教に関してトッコが伝えるところによると、「ある人々、主に修道士たちが神と魂の教化以外の事柄を敢えて語るとき、トマスは非常に驚いていたことがしばしば伝えられている。また、彼は若い頃から、休み時間に誰かと話しているとき、神と神に秩序づけられた事柄以外のテーマに話が逸れたときには、すぐに談話室や集まり——それがいかなるものであれ——から離れる習慣を有していた」[53]。これは厳格主義と思われるかもしれない。おそらく事態はもっと単純で、ただ神について神とともに語っていた（nonnisi cum Deo aut de Deo loquebatur）ドミニコ会の聖なる創始者から学んだことがトマスの行動に表れていたのだろう。

自筆原稿の中のこの最後のコラチオの利点は、若いドミニコ会士の個人的関心をより直接的に理解できるところにある。実際、コラチオは聖ドミニク——若い説教者が非常に尊敬していたに違いない——の理想を明確に示唆しており、それはコラチオでは珍しいものではない。しかし、コ

---

52) *Collationes* XVII, p. 238-239.
53) *Ystoria* 48, p. 351 (Tocco 48, p. 122).

ラチオに，少なくとも草稿の状態ではあるが，全ての時代を貫く偉大な霊的テーマが見出せるのである。当然のことだが，神，キリスト，聖霊である。だが，もっと明確な他の主題もある。すなわち，神への接近，祈り，まなざしを神に向けること，聖霊の働きにおける共働，罪の有害な結果，自己還帰，悔恨の涙，貧しく生きること，節制と慎み，死における平和である。おそらくこれらすべてのことは，トマス自身から自然と溢れ出てきたものであることを考えれば，いっそう強い印象を与えるものとなる。おそらくトマスはコラチオで霊的生の理論の重要な点について走り書きしようとは考えていなかっただろうが，コラチオをこの観点から考察することは禁じられていない。

もし今，諸テーマが論じられている流儀と方法を考察するのにテーマを一時棚上げしておくならば，トマスが言葉の結びつきで論を進めていることは明らかである。このことは翻訳ではすぐには分からないが，ラテン語を読めば直ちに理解できる。各引用にひらめきを引き起こした特有の語句が見出されるからである。トマスが言葉の結びつきで論を進めていることに気づくためにはこのことを知らせるだけで十分である。トマスは用語索引——彼の時代にすでにあった——を使って仕事をしたのではないかと考えられるかもしれない。このことは可能だが，すべてを説明するには十分でない。実際，これら 24 のコラチオの中の 130 の聖書からの参照のうち，25 の参照が『詩編』に由来している。もし『イザヤ書』からの 12 の参照を除外するとすれば，『詩編』に次いで最も頻繁に引用されている『箴言』でも 10 の引用にとどまり，〔『詩編』の参照に〕遠く及ばない。

それゆえ，『詩編』の優位は，言及されている他の書物のすべてに対して揺るぎないものである。もしこの理由を求めるならば，まずトマスの祈りの反映を考えることがで

きる。彼はただ用語索引を使って仕事をしたのではない。彼の心に自然と到来した題材は、彼が非常に長い間瞑想していたものである。彼は教父の偉大な伝統に含まれる人間であり、その伝統の中で『詩編』は長らく最も頻繁に引用されてきた書物だった。しかし、トマス自身は『詩編講解』の序文の中で『詩編』を優先した理由を伝えている。「受肉の究極的な目的に関わる事柄はすべて『詩編』の中に非常に明らかに伝えられているので、預言書ではなく福音書を読んでいるかのような気になるほどである」。また、最も純粋なアウグスティヌス（Augustin）の伝統——トマスもその相続人だった——において、トマスはさらに「この書物の題材はキリストと教会である」と説明している[54]。

『詩編』と『箴言』に次いで、最も頻繁に言及されている聖書の書物は、『雅歌』と『シラ書』であり、それぞれ8回と7回参照されている。驚くべきことに、新約聖書からの引用ははるかに少ない——『マタイ福音書』5回、『ヨハネ福音書』5回、『エフェソの信徒への手紙』5回、『コリントの信徒への手紙2』5回、『ローマの信徒への手紙』4回。こうした不均等な引用はトマスの同時代人たちの顕著な習慣だった。すなわち、彼らも知恵文学の諸書を優先していた。というのも、当時の聖書解釈の必要不可欠な部分である道徳的解釈に、よりいっそう適していたからである[55]。

---

54) *Prol. au commentaire sur les Psaumes*: "Omnia enim quae ad finem incarnationis pertinent, sic dilucide traduntur in hoc opere, ut fere videatur evangelium, et non prophetia"; "materia huius libri est Christus et membra eius".

55) Cf. J. VERGER, "L'exégèse de l'Université", dans P. RICHÉ, G. LOBRICHON, *Le moyen Age et la Bible*, Paris, 1984, p. 199-232; cf. p. 244 et 232.

統計的な詳細を超えて、これらの霊的な補足説明〔としてのコラチオ〕がどれほど預言者、賢者、使徒、福音書記者の経験に裏打ちされているかすぐに分かる。トマスの霊性が聖書的な色調を帯びていることは異論の余地がない。しかし、テキストの中からは、トマスを触発したものや、それゆえ神と神の言葉を前にした彼の態度や、とりわけここで引用した例について言えば、ドミニコ会士としての気遣い、要するに彼が有していた使徒と聖人の精神も読みとることができるのである。テキストのヴェールの下で自分がいかなる人間であるかをめったに知らせることのないトマスの控えめな態度を考えれば、これらの情報の価値は計り知れない。レオニーナ版の校訂者たちが非常に適切に述べたように、「文字的註解の欄外に、コラチオのこうした発生と歴史的意味の一義性にとらわれない聖書に関する遊びを見出せるのは、『イザヤ書註解』の写本だけである」[56]。

---

56) Léon., t. 28, p. 20*.『イザヤ書註解』に関する参考文献に、見事な研究 D. BOUTHILLIER, "Le Christ en son mystère dans les *collationes* du *Super Isaiam* de saint Thomas d'Aquin", dans *Ordo sapientiae et amoris*, Fribourg, 1993, p. 37-64 を付け加えなければならない。

第3章
パリで教えた最初の年月（1252-56年）

　ギョーム・ド・トッコによると，アルベルトゥスがドミニコ会総長から，パリで講師に任命できる若い神学者を推薦してほしいと依頼されたのは，ケルン時代の終わり頃，1251年か1252年の初めだった[1]。アルベルトゥスは総長に対して，「知識の点でも人としても」十分成熟していると見なしていたトマスを推薦した[2]。ドイツ人ヨハネスはためらったのではないか。なぜなら，トマスを知らなかったからではなく，おそらくトマスが若かったからである。というのも，ヨハネスはトマスのドミニコ会士としての生活の初めに，非常に特殊な状況ですでに彼に出会っていたか

---

  1) *Ystoria* 15, p. 235 (Tocco 14, p. 80-81). 第四版の中で，トッコはこの総長をヴェルチェッリのヨハネス (Jean de Verceil) と明言できると思い込んでいた。実際のところ，問題となっているのは常にドイツ人ヴィルデスハウゼンのヨハネスであり，彼は1252年11月3日か4日に死ぬまでこの職に就いていた——cf. Käppeli II, p. 47. ヴェルチェッリのヨハネスはアンベール・ド・ローマン (Humbert de Romans) が総長を退いた後の1264年にこの役割を引き継いだにすぎない。

  2) トッコは数行の間にこの定式を二回使用している。おそらくこのことは意図的なものである。クールソンのロベルトゥス (Robert de Courçon) による規定が明言するところによると，パリの神学教授になれるのは，知識と徳の点で模範となる神学者のみだった——*nisi probate vite fuerit et scientie* (*Chartul*. n° 20, p. 79)。

らである——もしトッコが総長をヴェルチェッリのヨハネスではなくヴィルデスハウゼンのヨハネスとしていれば，決して〔トマスを知らなかったという〕説明を述べなかっただろう。当時，トマスは27歳にすぎず，大学の規定によれば，基準にかなった仕方でこの職を引き受けるためには29歳になっていなければならなかった[3]。

また，ドイツ人ヨハネスは当時のパリの動乱に満ちた状況を知っていたので，あまりにも穏和そうな人間をパリに派遣するのをためらったのかもしれないとも言われている。もし彼がこのように考えていたならば，トマスはすぐ彼に誤りを悟らせただろう。いずれにせよ，アルベルトゥスは執拗に頼み，枢機卿だったサン・シェールのフーゴーの支持を得るため，手紙を書いた。この人物はパリのドミニコ会出身の第二の神学教授であり，今日でもなお神学的著作と聖書註解のために有名だが[4]，彼は状況をよく知っていた。当時，1251-53年に，彼はドイツでインノケンティウス4世の教皇特使を務めており，何度もケルンに立ち寄り，教師アルベルトゥスと助手のトマスと話し合う時間が十分にあった[5]。彼はおそらくこれらの年月の間に二度ドイツ人ヨハネスと会談した[6]。だから，トッコが言っているように，フーゴーの仲介でアルベルトゥスが満足したことは非常にありそうなことである[7]。したがって，ト

---

3) Cf. P. Glorieux, *L'enseignement*, p. 114.

4) Cf. Käppeli II, p. 269ss.; Glorieux, *Répertoire* I, n° 2, p. 43-51.

5) Cf. J. H. H. SASSEN, *Hugo von St. Cher, Seine Tätigkeit als Kardinal*, 1244-1263, Bonn, 1908, p. 62.

6) Cf. Sassen, *ibid.*, p. 38 et 62.

7) *Ystoria* 15, p. 235 (Tocco 15, p. 80-81): "suasu domini Vgonis cardinalis eiusdem ordinis, cui erat de ipso per litteras intimatum, predictus magister ipsum (Thomam) in predicti studii baccellarium acceptauit"〔「手紙を通じてトマスを知っていた同じ修道会の監督者である枢機卿フーゴーの説得によって，前述の教授は彼，すなわちトマ

マスは，直ちにパリに赴き『命題集』を教える準備をすること（ut...ad legendum sententias se pararet）という命令を受けとった[8]。トマスは講師としての職務を，同じ 1252 年の 9 月に，プロヴァンスのドミニコ管区ベルジュラックのエリー・ブルネ（Elie Brunet de Bergerac）師の責任の下で始めた。この人物自身はアルベルトゥス・マグヌスの後に空席となった地位を占めていた[9]。

トマスはケルンで経験していたよりも不穏な知的雰囲気をパリで感じとったに違いない。問題となっているのは非常に大きな都市であり，すでに長く波乱に満ちた大学の伝統を背負ったキリスト教の知的中心の一つだった。1229-31 年に起こった教授と生徒のゼネストを思い起こすだけで十分である。彼らのうちのある人々はアンジェに，しかしはるかに多くの人々はトゥールーズに居を定めるためパリを離れた。このゼネストは初めから六年間続くことが計画されていたにもかかわらず[10]，急速に効果がなくなった。というのも，1229 年 9 月の新学期以来，ドミニコ会士クレモナのロランドゥス（Roland de Crémone）が神学の講

スを前述の学問の講師として受け入れた」］; cf. WN, p. 79.

8) それゆえ，パリで教育するためにトマスを任命したのは修道会の総長である。ここで，後になってボローニャ（1267 年）とパリ（1269 年）の総会でようやく公認される事柄があらかじめ実行されていることが分かる——cf. *MOPH* 3, p. 138 et 150。Glorieux, *Répertoire* I, p. 36-38 には，サン・ジャック修道院の研究と大学のそれらとの関係を規定していた微妙な承認の概略がある。命題集講師一般についてとその教育の具体的展開については，Glorieux, *L'enseignement*, p. 111-118 を参照。

9) パリに呼ばれる前に 1246-47 年にモンペリエの教育施設の講師だったことを除けば，この人物についてはほとんど何も分かっていない。また，彼に関して，いくつかの抜粋だけが知られている——cf. Käppeli I, p. 363; Glorieux *Répertoire* I, n° 12, p. 84。

10) 1229 年 3 月 27 日に出された 21 人の大学長の勅令（*Chartul.*, n° 62, p. 118）を参照。

座を開設したからである。このようにして、托鉢修道会はストライキの破壊者の役割を果たしたが、後に辛辣に非難されるこの出来事は、結果として起こったドミニコ会士と在俗の教授たちとの間の常に緊迫した状況と無関係ではなかった[11]。

13世紀初頭以降、ある問題が定期的にパリの小さな知的世界を揺さぶっていた。すなわち、アリストテレスをどこで教えるかという問題である。アリストテレスのいくつかの書物を註解することは、1250年の時点でもまだ公に禁止されていた[12]。すでに述べたように、この禁令は死文にとどまっていたが、できて間もないトゥールーズの大学が、当大学ではパリで禁じられている書物を学べますよと巧妙に宣伝できたのは、この禁令のおかげだった[13]。

しかし、1252年から1255年の間、トマスのパリ滞在の最初の時期に、ついに教養学部はアリストテレスのすべての書物を公に教えることを許された[14]。たとえこのことが現状の追認にすぎなかったとしても[15]、またトマスにとっておそらくまったく目新しいものではなかった——というのも、トマスがナポリで勉強していたとき、すでにアリス

---

11) 修道士、とりわけドミニコ会士に対する在俗の教授たちの宣言（*Chartul.*, n° 230, p. 252ss.）を参照。

12) F. Van Steenberghen, *La Philosophie au XIIIe siècle*, p. 81-117 (²1991, p. 75-107) に、相次ぐ禁止と許可に関する便利な要約が見出せる。より短いものとして、E.-H.WEBER, *La personne humaine au XIIIe siècle*, "Bibl. thom. 46", Paris, 1991, p. 1-15 がある。

13) 1229年の終わり頃、世界中のすべての教授と生徒に送られた手紙（*Chartul.*, n° 72, p. 129-131, cf. p. 131）を参照。

14) *Chartul.*, n° 246, p. 277-279; Dufeil, *Guillaume de Saint-Amour et la polémique universitaire parisienne 1250 - 1259*, Paris, 1972（今後は Dufeil, *Polémique* と略記）, p. 150-152.

15) F. Van Steenberghen, p. 143-148 (²1991, p. 130-134) が適切に示しているように、1240年——おそらくこの日付は早める必要がある——以降、繰り返される教皇の禁令は死文にとどまっていた。

トレスと関わり合っていたと想定できるから——としても、それでもなおこの事実は顕著な影響を持っていただろう。これは間もなく神学部と教養学部の対立——その頂点は 1277 年にエティエンヌ・タンピエが教養学部を断罪したことである——が具体化する一因となった。目下の反動分子は哲学者に対して不信感を抱いていたのだが、若いドミニコ会士はその犠牲者の一人となった。およそ 25 年後には彼自身もまた「アヴェロエス主義」——この語は明確化を必要とする——の疑いで断罪されることになった。

トマスがパリに着いた頃にはまだ潜在的だったこの衝突が様々に噴出した状況を、幾度も書き留めなければならないだろう。しかし、多かれ少なかれ広範囲の大衆に向けて書かれた多くの書物は、非常に長い間、何がこうした事態を生み出したかをはっきりと説明していない。それゆえ、この曖昧さを今から取り除くとしても、おそらく早すぎる試みではない。19 世紀末以降、一般的に、この時期はアウグスティヌス主義とアリストテレス主義の対立に支配されており、後者は聖トマスとドミニコ会士たち、前者は聖ボナヴェントゥラとフランシスコ会士たちだと繰り返し述べられてきた[16]。この見方は非常に深く人心のうちに根を下ろしていたので、文献史的に見て真に共通の見解となるほどだった。しかし、すでにおよそ 50 年前から、この時代の思想に関する歴史家たちの仕事のおかげで、アウグスティヌス主義がアラビアやユダヤの典拠とかなり混合され

---

16) 時として無視されることになった微妙な差異とともにではあるが、この定式化を行った最初の人々のうちの一人はおそらく F. EHRLE で あ る。"Beiträge zur Geschichte der mittelalterlichen Scholastik. II: Der Augustinismus und der Aristtelismus in der Scholastik gegen Ende des 13. Jahrhunderts", *Archiv f. Literatur- und Kirchengeschichte des Mittelalter* 5 (1889) 603-613; ID., "L'agostinismo e l'aristotelismo nella scolastica del secolo XIII. Ulteriori discussioni e materiali", *Xenia tomistica* 3, p. 517-588.

たものであり，支持者たち自身もアリストテレスを研究していることが明確に分かってきた[17]。反対に，トマス・アクィナスを先頭とする，アウグスティヌス主義の敵対者たちも自分たち自身を聖アウグスティヌスの正当な後継者と見なしていた。それゆえ，もしこれらの当事者たちを正当に評価しようとする——このことに戻る適切な機会があるだろう——ならば，この問題はこの簡単な図式よりもはるかに微妙な扱い方を必要としている。

命題集講師

ところで，あまり栄誉あるものではないこれらの挿話に本格的に巻き込まれるまでの間に，トマスは新たに大きな仕事に着手している。すなわち，ペトルス・ロンバルドゥス（Pierre Lombard）の『命題集』を註解することである。これは神学の教授になるための歩みの第二段階にあたる——第一段階はケルンでの聖書学講師の時期だった。しばしば引き合いに出される比喩にしたがえば，『命題集』の

---

17) この時代の研究方法を変える一因となった業績のうちで，以下のものを参照。F. VAN STEENBERGHEN, *Aristote en Occident. Les origines de l'aristotélisme parisien*, "Essais philosophiques 1", Paris, 1946; D. A. CALLUS, *Introduction of Aristotelian Learning at Oxford*, "Proceedings of the British Academy 29", Londres, 1944.『自然学』と『形而上学』についての有名な最初の註解は，パリではロジャー・ベーコン（Roger Bacon）の，オックスフォードではリチャード・ルフス（Richard Rufus）の著作であった。また，キルウォードビー（Kirwardby）は，論理学だけでなく倫理学についても註解した最初の人々のうちの一人だった。しかし，三人はみな完全な意味での「アウグスティヌス主義者」であり，その講義が R.-A. GAUTHIER, *Lectura in librum De anima a quodam discipulo reportata*, Grottaferrata, 1985, cf. p. 18*-22* によって出版された，1245-50年頃の教養学部の匿名の教授についても同様である。

註解は，見習いが親方になるための親方作品のようなものだった。この後に，トマスは「一人前の」講師（baccalarius formatus）の実習である第三と第四の段階を経るだけでよかったが，主な仕事は討論で師を助けることだった[18]。［上記64ページ，下記555-557ページで，『命題集註解』に関する新しいデータを参照してほしい。］

決定的な版が1155-58年の間に出版されたために，すでに一世紀昔のものであるこの書物は，アレクサンデル・ハレンシス（Alexandre de Halès）が大学に導入したが，彼は1223年から1227年まで講義のための基本的なテキストとして『命題集』を採用した最初の人物だった。この書物が最初はもっぱら巻と章に分けられていたにもかかわらず，それを区分，章，項に分割したのが将来フランシスコ会士の教授となるこの人物である可能性は非常に高い[19]。『命題集』は三世紀の間に大学の慣例――すぐに義務的な慣例になった――として残ったに違いない。欲するにせよ欲しないにせよ（uolens nolens），すべてのスコラ学者たちは自分の教えをこの金型に流し込むことを強制された。たとえこの慣例が実際には次第に形骸化していったとしても。トマスについて知られていることによれば，彼は非常に早くから『命題集』を重視していた。ドミニコ会の会則は1234年に遡るテキストの中で，研究を志す修道士は自

---

18) Cf. Glorieux, *L'enseignement*, p. 93 et 97-99; J. VERGER, art. "Baccalarius", *Lexikon des Mittelalters* 1 (1980) 1323; G. LEFF, *Paris and Oxford Universities in the Thirteenth and Fourteenth Centuries*, Londres, 1968, p. 167.

19) 著作が示される必要はほとんどない。古いが常に有益な研究である J. DE GHELLINCK, art. "Pierre Lombard", *DTC* 12, 2 (1935), col. 1941-2019 を参照しよう。この参考文献は，I. BRADY, art. "Pierre Lombard", *DS* 12, 2 (1986), col. 1604-1612 で，またとりわけ最近の版である *Sententiae*, 2 vol., Grottaferrata, 1971 et 1981 の序文（Prolegomena）で更新しなければならない。

分の管区から基本的な三冊の書物，すなわち聖書，『命題集』，大食漢ペトルス（Pierre le Mangeur）の『スコラ学史』（Historia scolastica）を受けとるべきことを命じている[20]。

周知のとおり，ペトルス・ロンバルドゥスは新たな教育を始めようとした。それゆえ，彼はたった一冊の書物の中で，神学が扱う異なる主題に関する教父の様々な見解を集めることを試み，教授と生徒の便宜のためにテキストそのものも十分に引用した。シュニュー神父が非常に適切に指摘したように，ロンバルドゥスの著作が提供したのは，「教父からの寄せ集めがもたらす利益と限界である。それは適切に秩序づけられ，明確化され，消化され，賢明な仕方で吸収されているが，かなり平凡である。しかし，まさにこの理由によって，それは最も確実な進歩を約束し，将来のための仕事場を提供した。すなわち，『命題集』の註解者たちはきわめて自由に自説を論じることができた。というのも，『命題集』のテキストは偏向のない中立的なものだったからである」[21]。

実際，神学者たちは直ちに厳密に註解することをやめ，大胆にも新しい考察を導入したが，時としてそれらはロンバルドゥスの考察からかけ離れたものだった。だから，『命題集』に対する註解は，著者の思想を明らかにする正当な神学的著作と見なせるのである。

---

20) *Constitutiones Antique* II 28, éd. A. H. THOMAS, p. 361. M.-D. Chenu, *Introduction*, p. 227, n. 1 は，この点について注目を促したが，誤って 1265 年に開かれたモンペリエの会議録を参照している――*MOPH* 3, p. 129. しかし，このテキストはそれについて何も語っておらず，すでに見たように，この命令ははるかに古いものである。

21) Chenu, *Introduction*, p. 228-229; cf. p. 226-237. 彼は『命題集註解』をトマスの著作のうちに位置づけている。より詳しいものとして，P. GLORIEUX, art. "Sentences (Commentaires sur les)", *DTC* 14, 2 (1941) 1860-1884 を参照。

それゆえ，トマスは「ロンバルドゥスを超えて」進んだ最初の人物でも唯一の人物でもなかったが，おそらく最も果敢にそうした人々の一人だった。実際，各区分（distinctio）に関するトマスの註解は，場合に応じて多かれ少なかれ長い問題の連続として現れるが，それらの問題は項やさらに下位の項（quaestiunculae）へと再区分され，この全体が冒頭のテキストの区分（divisio textus）と末尾のテキストの解釈（expositio textus）——これら二つのものは次第に尊重されなくなった文字的註解の名残である——に挟まれている。もしロンバルドゥスのテキストに比して若い講師のテキストが占める割合を理解したいならば，かつてシュニュー神父が主張した例を挙げることができる。すなわち，『命題集』第3巻第33区分の2ページについて，トマスは41の問題を88ページにわたって展開している。

変化しているのはとりわけ内容と霊感である。トマスはそれを秘密にすることがなく，彼の選択は直ちに明らかである。ロンバルドゥスの四巻に対する註解の中で，アリストテレスからの引用は2000を超える——『ニコマコス倫理学』は約800の引用で首位を占め，『形而上学』は約300の引用でそれにはるかに及ばず，『自然学』と『霊魂論』の引用は約250を数える。たとえこれらの数字が概算の幅を含んでいるとしても，『命題集註解』の諸版の現在の状態から見て，その数字は少なくともおおよその引用数を示している。アリストテレスに次いで最も尊重されている著者聖アウグスティヌスについては合計で1000ほどの引用があり，偽ディオニシウスについては500，大グレゴリウスについては280，ヨハネス・ダマスケヌス（Jean Damascène）については240の引用がある。シュニュー神父は，『命題集』第3巻第33区分だけで，『ニコマコス倫理学』からの引用について，アルベルトゥスは12，ボナ

ヴェントゥラは3の引用に対し、トマスは133の引用を強調することで、強い印象を与える比較を行えると思い込んでいた[22]。実際のところ、これらの数字は慎重に扱うべきである。というのも、アルベルトゥスが『命題集註解』第3巻を書き終えた1245年には、『ニコマコス倫理学』の第1-3巻のみが訳されていたにすぎないからである。さらに、アルベルトゥスの註解と同様にトマスの註解の批判的校訂版もないため、実際の比較項はあまりにも信頼性がない。いずれにせよ、これらの数字はすべてを物語っておらず、含みを持たせる必要がある。というのも、アリストテレスへの情熱はアウグスティヌスの根強さを取り除くことにはならないからである。それゆえ、トッコが修道士トマスのデビューを熱狂的に賞賛している有名な文章は慎重に読まなければならない。

> トマスは講義で、「新しい」項を導入し、「新しい」論拠で、よりいっそう明晰に「新たに」問題を解決した。その結果、彼が「新しい」命題を教え、「新しい」方法にしたがって論じるのを聞いた人々は、神が「新しい」光で彼を照らしたことを疑わなかった。実際、もし神から「新しい」霊感を受けとらなかったならば、いかにして「新しい」見解を教えたり書いたりできるだろうか[23]。

予想できるように、この華麗な一節はトマスの生徒が受けた印象を直接的に表現しているものではない。トッコは

---

22) Chenu, *Introduction*, p. 233 は 125 の引用を数えているが、Ch. LOHR, *St.Thomas Aquinas "Scriptum super Sententiis": An Index of Authorities Cited*, Avebury, 1980 にしたがって修正する。この業績そのものも、信頼できる批判的校訂版を待つ間の一時的なものである。

23) *Ystoria* 15, p. 236 (Tocco 14, p. 81), trad. WN, p. 87.

これを，同じような執拗さでアッシジの聖フランチェスコを「新しい人間」（nouus homo）と賞賛したチェラーノのトマス（Thomas de Celano）から借用した[24]。しかし，トマスの独創的な寄与を否認するために，この表現上の盗みを口実にすることは誤りだろう。実際，トマスが利用できた直接的な情報源を同定することが可能だとしても，選択の明瞭さに関してロンバルドゥスの著作を追い越していることは幾度も強調されてきたからだ。たとえロンバルドゥスの著作に結びついているという事実そのもののために，トマスは常に自分の才能を完全に発揮できなかったとしても，誰も誤りえないほど十分に才能を示したのである[25]。

最も強い印象を与える例は，おそらく神学的題材に関する体系化の原理を扱っている最初の数ページの中にある。フランシス・ルエロ（Francis Ruello）が適切に看取したように，聖トマスの序文は良き導入として期待するものに正確に合致している。それは書物の本文の前に置かれているが，実際には仕事が終わった後に書かれており，事情をよく心得た上で書物の精神と大要を与えるものとなっている[26]。

---

24) このことは，H. de LUBAC, *La postérité spirituelle de Joachim de Flore. I. De Joachim à Schelling*, Paris, 1979, p. 138, n. 2 が明らかにした。Cf. R. A. Gauthier, *Nouvelle introduction*.

25) 偽ディオニシウスとアリストテレスから着想を得た愛に関するトマスの語り方を唯一の例として挙げよう——cf. A. STEVAUX, "La doctorine de la charité dans le commentaire des Sentences de saint Albert, de saint Bonaventure et de saint Thomas", *ETL* 24 (1948) 59-97.

26) F. RUELLO, "Saint Thomas et Pierre Lombard. Les relations trinitaires et la structure du commentaire des Sentences de saint Thomas d'Aquin", *Studi Tomistici* 1, s.d. (1974) 176-209.「〔序文における〕聖トマスの指摘と彼の註解の中でそれを解明していると思われる箇所を比較した後，全体的な序文は決定版の機会に書かれ，特殊的な三つの序文は全体的な序文のいくつかの命題を生んだ問題に対応しているという確信を得た」（cf. p. 176）。この見解は *RLT* 9 (1977) n° 445, p. 152-

周知のとおり，ペトルス・ロンバルドゥスは題材を「歴史的にして論理的な」秩序にしたがって四巻に分類した。1. 本質とペルソナにおける三位一体なる神。同時に世界とキリスト者の生における神の存在に関するいくつかの考察。2. 創造主としての神とその業——創造一般，天使の創造と堕落，男と女の創造と堕落，恩恵，原罪と自罪。3. 御言の受肉と贖いの業，それに関連する徳と聖霊の賜物の検討，ならびに十戒の検討——というのも，十戒はすべて愛の掟のうちに含まれているから。4. 秘跡の教え，それに関連する究極目的の教え[27]。

　この単純な列挙を見れば，この著作は中心的な思想を巡って秩序づけられた作品というよりもむしろ並置された問題の寄せ集めではないかと感じる。その上，著者は計画の構図——あるとすればかなり弛緩したものだろうが——をほとんど強調していないのである。対して，トマスはためらうことなくロンバルドゥスの意図と呼ぶ事柄を強調し，中心としての神と神に結びついた周囲のすべての事柄によって，神学の題材を体系化することを提案している。すなわち，すべてのものが第一原因としての神から発出するかぎりであれ，究極目的としての神に向かって還帰するかぎりであれ[28]。

---

153 が批判したが，少なくとも非常にもっともらしいものである。

27)　この要約は，I. Brady, *DS* 12, 2, col. 1608 の要約から着想を得ている。

28)　*Sent.* I d. 2 *div. textus*: "consideratio hujus doctrinae erit de rebus *secundum exitum a Deo ut a principio* (livres I et II) et *secundum quod referuntur in ipsum ut in finem* (III et IV)". Weisheipl, p. 86 は，アレクサンデル・ハレンシスの方がトマスに先行していると指摘している。というのも，アレクサンデルもこの「発出と還帰」の運動に言及しているからである——*Glossa in quatuor Libros Sententiarum*, Quaracchi, 1951, t. 1, p. 4, n° 8。このことは事実上真であるにすぎない。というのも，アレクサンデルは，トマスがそうしているように，この

もし神を可視的世界と不可視的世界のアルファにしてオメガだとする聖書の断言を覚えていないならば，上の言明はかなり平凡な自明の事柄しか表現していないだろう。また，上の言明を理解可能なものにしている体系化の理念（ratio）を把握しないなら，上の言明はその深みにおいて理解されていない。トマスはこの理念を次の事実のうちに見ている。創造，すなわち第一原因としての神からの被造物の発出は，神にも「原理の発出」，すなわち御父からの御言の発出があるという事実から説明される。それゆえ，創造で働く神の力は御言の誕生と関係しているが，同様に被造物の神への還帰を可能にする恩恵の形相的原因性は聖霊の霊発と結びついている。したがって，より正確に，またより完全に次のように言えよう。外へ向かう（ad extra）神の業は内へ向かう（ad intra）神的ペルソナの発出の秩序に基づいて理解される[29]。

構図をロンバルドゥスの秩序に置き換えることを提案していないからである。[この註で述べたことは修正しなければならない。というのも，アレクサンデルの「発出と還帰」の運動がトマスのそれに似通っていることは「事実上」ですら真ではないからである。Gilles Emery, *La Trinité créatrice*——次註参照，p. 323-328 が示しているように，トマスは偽ディオニシウスに関するアルベルトゥスの解釈から着想を得ている可能性がより高い。]

29) この神学の含意は，G. EMERY, "Le Père et l'œuvre trinitaire de création selon le Commentaire des Sentences de S. Thomas d'Aquin", dans *Ordo sapientiae et amoris*, p. 85-117 が徹底的に発展させた。次の研究も参照。F. MARINELLI, *Personalismo trinitario nella storia della salvezza* (Rapporti tra la SS.ma Trinità e le opere ad extra nello Scriptum super Sententiis di San Tommaso), Roma, 1969; G. MARENGO, *Trinità e Creazione*. Indagine sulla teologia di Tommaso d'Aquino, Roma, 1990. [Gilles Emery 神父の詳しい研究は，彼が本書の直後に出版した偉大な書物 *La Trinité créatrice*. Trinité et création dans les commentaires aux Sentences de Thomas d'Aquin et de ses précurseurs Albert le Grand et Bonaventure, "Bibliothèque thomiste 47", Paris, Vrin, 1995 に見出せる。この書物は第二バチカン公会議以降のトマスに関する文献のうちで最

トマスが註解の諸巻をこの事柄の見方を再現するように整えていることを示すのは容易だろう。もっと重要なのは，すでに『神学大全』の設計図を先取りしているこの提示方法が，単なる教育上の配慮から出てきたものではない点を強調することである。これは深い霊的直観を表現するものであり，その豊かさについて間もなく語ることになるが，すでにここで二つの主要な含意を引き出すべきである。第一に，神学（théo-logie）という語の意味に注意しながら，トマスは神そのものを自分の議論の根本的「主題」としている。彼が受肉した御言に第二の位置しか認めない——これは時として非難される点である——のは，三位一体に第一の位置を与えているからである。創造と同様に，受肉もそれ自体では説明されず，御父の源泉的愛にまで「遡らなければならない」[30]。第二に強調すべきことに，この考え方では，霊的なものであれ物体的なものであれ全被造世界が根本的なダイナミズムに活気づけられたものとして現れる。このダイナミズムは，時が来れば，歴史的な変転を神学的考察のうちへ問題なく統合するだろう。このことは『神学大全』でもっと明らかになっている。トマスが二次的なものと見なした観点が，「もの」（res）と「しるし」（signa）の区別に基づくアウグスティヌスの観点——実際，ロンバルドゥスはこれを最重要なものとしてい

重要著作の一つである。〕

30）　ここでもまた，このことは F. RUELLO, *La christologie de Thomas d'Aquin*, Paris, 1987, p. 44 が適切に述べている。「それゆえ，受肉の概念は神学において第一のものではない。それが場所を占めるのは弁証法であり，根本的な概念項は次のものである。神からの発出（exitus）——神の内部での永遠の発出（processions éternelles）と神の外部での創造（création）——が一方にあり，神への還帰（reditus）——神と一つでありながらその一本性として神から出てくる被造物の，またペルソナにしたがって神と結ばれていない被造物の——が他方にある」。

る——であることが分かるとき、たちまちにしてきわめて大胆なこの提案がどれほど重要であるか理解できるのである[31]。

このことについてトッコが何と言っていようとも、これらの講義は神が与えた知識の結実ではなく厳しい労苦の結果であり、『イザヤ書註解』の自筆原稿と同じように、『命題集註解』第3巻の自筆原稿も抹消線と修正を伴って労苦の痕跡を留めている[32]。この自筆原稿を見れば、トマスは同時代人たちをよく注目していたし、依存もしていたことが分かる。教師アルベルトゥスへのそれはかなり確実である。最初の3巻ではアルベルトゥスの影響は非常に強力だが、第4巻でははっきりと減少している。また、とりわけボナヴェントゥラの影響も見られる。シュニュー神父は秘跡論のある項の九つの異論に、ボナヴェントゥラの一連の九つの論拠を同定できた[33]。しかし、トマスは〔自説を支えるために〕ボナヴェントゥラから多くを借用している。さらに、他の多くの人々の影響も認められるが、匿名の「ある者」(quidam) という表現のために必ずしも特定できない——この「ある者」という表現は350回使用されている。同時代の諸思想の展開がより明らかになるなら、それらがこの著作にどのような影響を与えたかたやすく判明するだろう——例えば、マリー・ミシェル・ドゥフィユ (Marie-Michel Dufeil) が指摘したように[34]、フィオーレのヨアキム (Joachim de Flore) とサンタムールの

---

31) 詳細は、P. PHILIPPE, "Le plan des Sentences de Pierre Lombard d'après S. Thomas", *BT* 3 (1930-33), Notes et communications, p. 131*-154* を参照。

32) Cf. P.-M. GILS, "Textes inédits de S. Thomas: les premières rédactions du *Scriptum super Tertio Sententiarum*", *RSPT* 45 (1961) 201-228; 46 (1962) 445-462 et 609-628.

33) Cf. Chenu, *Introduction*, p. 235.

34) Dufeil, *Polémique*, p. 160-161, 210-212.

ギョームが「終末主義」(finimondisme) を示唆していることはこの著作に影響を与えている。しかし，どの程度トマスが先人や同時代人に負っているか，より正確な評価を可能にするのは，来たるべき批判的校訂版のみである。そのとき，事情をよく心得た上で，トマスの独創性の広がりと限界について判断できるだろう。

修道士トマスによる他の講解

　この大きな仕事を年代決定の枠内に位置づけること——つまりパリ滞在の最初の二年間を聖書の講義に，続く二年間を『命題集』の講義に割り当てる——はきわめて困難である。しかし，もし情報源から十分自然に引き出せる解決を受け入れるならば，大学での教育は別だが——というのも，大学の規定は教育課程は二年以内と定めていたからである——，少なくとも 5000 ページにも及ぶ膨大な註解の執筆を大学の四か年を少し超えた時期まで広げることは可能である。このことは，執筆時期を講師時代だけでなく教授時代まで延長しているトッコの言明と一致する[35]。このようにして，トマスの成功はうまく理解できるが，にもかかわらずトマスは自分の仕事を決定的なものと見なすことはなかった。十中八九彼は，およそ 10 年後にサンタ・サビーナ修道院で生徒のためにした再講義の際に，この仕事を改良するつもりで修正しているからである。

　この試みについて，ローマで行われたこの再講義の写しをルッカで見たとトロメオが報告している[36]。最近まで歴

---

35) *Ystoria* 15, p. 236 (Tocco 14, p. 81): "scripsit in baccellaria et *principio sui magisterii* super quatuor libros Sententiarum".

36) Ptolémée XXIII 15 (éd. A. DONDAINE, p. 155): "Scripsit etiam eo tempore quo fuit Rome…, iam magister existens, primum super

史家たちはこの主題に関して意見を異にしていた。たとえトロメオの証言を否認することが困難だとしても、『命題集』の再講義の写本を一度も発見したことがなかったから。しかし、それはレオニーナ委員会の研究者たちがオックスフォードの写本——Lincoln College, lat. 95——から、少なくとも「修道士トマスによる他の講解」（alia lectura fratris Thome）についての三つの言及を発見するまでのことだった。ヤッサント・ドンデーヌ神父は、関連する 15 の文章の校訂と綿密で慎重な研究を行ったが、むしろ否定的な結論を下さなければならないのではないかと思い込んでいた。つまり、これらの書き込みはトマスから忠実に着想を得た匿名の作者によるものだが、実際のところ、これらの書き込みがローマの「他の講解」から取られたものであることを示す決定的な論拠はない[37]。

今度はレナード・ボイルがこの問題について新しい調査を行い、ドンデーヌの議論を逐一再検討した。結果、ボイルはドンデーヌの分析の質を高く賞賛しているが、そこから反対の結論を引き出している。すなわち、時としてトマスよりも明晰で、大胆で、等々——これらはドンデーヌの表現である——な文章は、匿名の作者ではなくトマス自身に帰すべきであり、これを書いたのは 1265 年か 1266 年にローマでトマスの講義を受けた写字生である。「他の講解」に関して言えば、ローマではなくむしろパリでの講義であり、実際のところ、パリではなくローマでトマスの講

Sententias, quem ego vidi Luce sed inde subtractus nusquam ulterius vidi". ここでトロメオは、この書物を再び見ることはなかったと言っている。というのも、彼自身がこの書物があったルッカを離れたからである。ベルナール・ギーはこの文章を誤った仕方で読んで、この書物が盗まれたことを示唆している——cf. Gui 53, p. 217。

37) H.-F. DONDAINE, " 'Alia lectura fratris Thomae'? (Super I Sent.)", *MS* 42 (1980) 308-336.

義を聞いた者がそのように思ったのである[38]。この議論はトロメオの情報にもっともらしい響きを与え，われわれにとっても決定的に思われ，すでに批評家が好意的に受け入れたものである[39]。

ボイルの仕事は何年か後にマーク・ジョンソン（Mark Johnson）が完成したが，後者はこのオックスフォード写本の余白に書き込まれた 94 の付加——様々な文章の最初の語と最後の語の列挙は十分に豊富なので，内容を十分理解できる——に関する完全なリストを出版した[40]。ボイルと連絡を取りながら仕事をした著者〔マーク・ジョンソン〕の報告によれば，ボイルはこれらの文章全体の批判的校訂版を用意しており，後にドンデーヌ神父がこれらのテキストのトマス的真正性に関する提案に賛成したことを著者に伝えたという[41]。事情をよりよく知った上でトマスがテキストに加えたであろう改良について語る

---

38) L. E. BOYLE, "Alia lectura fratris Thomae", *MS* 45 (1983) 418-429. 写本に見られる所有者の指示のおかげで，ボイルはさらに一歩進んで，オックスフォード写本の写生はヤコブス・ライヌッチ（Jacobus Raynucci）だと考えている。彼は 1286 年にフィレンツェの大司教になったが，それ以前は 1273 年にチッタ・ディ・カステッロ修道院が建てられたときに講師となり，それから 1286 年までサンタ・サビーナ修道院の修道院長だった。このことから，彼が 1265-66 年にトマスの生徒の一人だったことはまったく可能である。この主題について，E. PANELLA, "Jacopo di Ranuccio da Castelbuono OP testimone dell'*alia lectura fratris Thome*", *Memorie domenicane* N. S. 19 (1988) 369-385 を参照。

39) L.-J. BATAILLON, *Bulletin*, *RSPT* 73 (1989), p. 591:「ボイルは……トマス的真正性に有利になるような，まったく説得的だと思える論拠を示した」。C. VANSTEENKISTE, *RLT* 19 (1986), n° 73, p. 40 は，より穏健な見解を主張している。

40) M. F. JOHNSON, "*Alia lectura fratris thome*: A List of the New Texts found in Lincoln Colledge, Oxford, MS. Lat. 95", *RTAM* 57 (1990) 34-61.

41) Cf. M. Johnson, p. 37, n. 11.

ためには、ボイルの仕事の公刊を待たなければならないが、これほど卓越した研究者たちの意見の一致は最もよい前兆である。[今日、写本 Oxford, Lincoln Colledge lat. 95 の『命題集』に関する講義録のトマス的真正性については、ボイルの主張にあまり賛成できない。この問題について、J.-P. TORRELL, "Lire saint Thomas autrement", dans L.E. BOYLE, *Facing History*——下記 210 ページ註 7 参照, p. xxi-xxiv を参照。]

いずれにせよ、後世の人々に伝えられているのは、ローマでのこの再検討ではなく、パリでの講解である。トマスのテキストはロンバルドゥスのそれと一緒に伝えられており、ロンバルドゥスは図らずも若い競争相手の成功とある種の執拗な誤解に貢献することになった。大学の規定はロンバルドゥスを註解することを強制していたので、人はさらに発展した独自の思想を持つ『神学大全』よりもトマスの『命題集註解』を使用していたのである——後に述べるように、もっともギョーム・ド・ラ・マール（Guillaume de la Mare）のようなトマスの敵対者たちはだまされなかったが。

トマスの最初の偉大な注釈者であり、トマス主義者たちの首長だったカプレオルス（Capreolus）は、15 世紀になっても『神学大全』ではなく『命題集註解』を注釈した。しかし、1280 年頃から、トマスの弟子たちの一人が、トマスは『命題集註解』から『神学大全』に移行する間に多くの点に関して著しい進歩を遂げたことを指摘した[42]。さらに、『神学大全』でロンバルドゥスがほとんど引用されていないという事実はかなり強い印象を与えるものであ

---

42) Cf. R.-A. GAUTHIER, "Les 'Articuli in quibus frater Thomas melius in Summa quam in Scriptis'", *RTAM* 19 (1952) 271-326; cf. *BT* 9 (1954-1956), nº 1797, p. 935-943.

る。なるほどおよそ 40 の参照を指摘できるが、権威としてロンバルドゥスを参照している例はほとんどなく、大部分の例は彼を解釈するものであり、他の例はついに否定するものである[43]。

二冊の小著

よく知られた二冊の小著はこの時期のものだと一般的に言われている。第一のものは、表題を広めた印刷版に基づいて、『存在するものと本質について』(De ente et essentia) と呼ばれるものである。しかし、これは写本の伝承が証明している他の多くの表題のうちの一つにすぎない。トロメオの証言によれば、トマスはこの著作を「まだ教授ではなかったときに自らの兄弟と同僚のために書いた」[44]。この情報は「トマスがまだ現職の正教授ではなかったときに」と解釈されるので、事実上執筆時期はトマスがサン・ジャック修道院にいた 1252-56 年となる。さらに、トロメオはこれより少し前で、トマスが『命題集』を註解していた時期に執筆されたと言っている。歴史家たちはよりいっそう明確に述べようとした。ローラン・ゴスラン (Roland Gosselin) によれば、執筆時期は「およそ聖トマスが『命題集』第 1 巻第 25 区分を註解していたときだった」。他の著述家たちははるかに自信がなく、ヤッサント・ドンデーヌは様々な見解を報告しながらも、慎重に留保し

---

43) Cf. G. GEENEN, "Les *Sentences* de Pierre Lombard dans la *Somme* de saint Thomas", dans *Miscellanea Lombardiana*, Novara, 1957, p. 295-304.

44) Ptolémée XXIII 12 (éd. A. DONDAINE, p. 152): "Tractatus de ente et essentia, quem scripsit *ad fratres et socios nondum existens magister*"; cf. XXII 21, p. 150.

ている[45]。

著作の意図に関して，ローラン・ゴスランが注釈した版を参照しよう。ここでは，この著作が全体にわたり本質（essentia）の概念とそれが現実と論理的概念に対して持つ関係を扱っていることを知るだけで十分である。この著作でのトマスの立場は本質の概念が中心的な位置を占めているアヴィケンナ（Avicenne）の体系に非常に近い。その結果，アヴィケンナがなお多くの人々にとって優勢的だった「1250年代の文化的状況において，本質の概念とその理解可能性を解明することは，生徒や同僚に自分自身を〔アヴィケンナの信奉者として〕理解させることだった。それと同時に，彼らを哲学的に解明された世界，すなわちまさに生まれようとしているトマス的世界へ導き入れることだった」[46]。この小著——そのラテン語をルネッサンスの学者たちは教養を欠く粗野なものと見なしており，時として書き直すほどだった——は，並外れた幸運を得た。今日でもなお写本の数は181に上り，そのうちの165は完全な

---

45) M.-D. ROLAND-GOSSELIN, *Le "De Ente et Essentia" de S. Thomas d'Aquin*, "Bibliothèque thomiste 8", Paris, 1948, p. XXVI; Léon., t. 43, p. 320:「一般的にこの小著を1252-56年に位置づけることで意見が一致している。このことについて異議はない。」[今は亡きR.-A. Gauthier が『自由討論集』の校訂版の末尾（Léon., t. 25/2, 1996, p. 479ss）で提案している年表で，彼はたいていわれわれの見解に一致しているが，——必ずしもその理由を述べることなく——ここかしこでより正確に規定している。それゆえ，彼は『存在するものと本質について』に関して1252-53年を提案している——これより後，著者とレオニーナ版の当該巻のページを簡単に言及して彼の年表を参照しよう。きわめてわずかな事柄——ここかしこの詳細に関する若干の事柄——を除いて，B.C. Bazán が定期討論集『霊魂について』の校訂版（Léon., t. 24/1, 1996, p. 211-222）でこの年表を採用していることを指摘できる。]

46) H.-F. Dondaine, Léon., t. 43, p. 321.

ものであり,およそ40の印刷版がある[47]。

同じように成功しなかったものの,『自然の諸原理について』(De principiis naturae) も,青年時代の著作としては非常に立派に普及——80以上の写本と40の印刷版——した。この著作はとある兄弟シルヴェストル (Sylvestre) ——もっともこの人物は知られていないが,おそらく同じサン・ジャック修道院に属していただろう——のために書かれたが,日付は不確定のままである。マンドネは1255年を提案したが[48],ローラン・ゴスランは『存在するものと本質について』より先だと考えた[49]。レオニーナ版の校訂者ヤッサント・ドンデーヌはさらに以前の日付を考えている。「この明晰にして小さな覚え書きは,修道士トマスが学友に註解者〔アヴェロエス〕が行った『自然学』の解釈を教えていた勉学時代にまで遡るかもしれない」[50]。

この最後の言葉から理解できるように,もしアヴィケンナが『存在するものと本質について』で最重要な位置にあったとすれば,ここではアヴェロエス (Averroès) がそうである。モンターニュ (B. Montagnes) はかつて類比論

---

47) この著作を扱った多くの業績のうちで,以下のものも参照。S. THOMAS D'AQUIN, *L'être et l'essence*, Texte traduction et notes par Catherine CAPELLE, "Bibliothèque des Textes philosophiques", 8e éd., Paris, 1985; Dietrich LORENZ, *I fondamenti dell'ontologia tomista. Il trattato De ente et essentia*, "Philosophia 10", Bologna, 1992. [Cf. *L'Être et l'Essence. Le vocabulaire médiéval de l'ontologie*. Deux traités De ente et essentia de Thomas d'Aquin et Dietrich de Freiberg, présentés et traduits par A. DE LIBERA et C. MICHON, "Points-Essais 339", Paris, Seuil, 1996.]

48) P. MANDONNET, "Chronologie sommaire de la vie et des écrits de saint Thomas", *RSPT* 9 (1920), p. 152.

49) M.-D. Roland-Gosselin, *Le De Ente*, p. XXVII-XXVIII.

50) Léon., t. 43, p. 6. [Gauthier (p. 479) によれば,『自然の諸原理について』は1252-53年に執筆された。]

に関してこのことを強調したが[51]、レオニーナ版の校訂者たちは小著全体にアヴェロエスの影響を見ている。このことから分かることに、『自然の諸原理について』は〔トマスの〕青年時代に執筆されたものであり、トマスはそのときまだ〔アヴェロエスに対して〕後に示すことになる距離を取っていなかった[52]。しかし、トマスはアラビア語圏のこれら二人の思想家に早くから接触していたこと——間もなく述べることになるマイモニデスについても同様である——で、アリストテレスを始めとしてアラビアとユダヤの世界から多くの事柄を受けとったに違いない。トマスとトマスの教師アルベルトゥスが彼らの哲学的ないし神学的議論を「黙って盗用した」とまではおそらく言えないとしても、トマスたちがこれらの先人に負っている事柄を知っていることは重要である[53]。

著作の内容とは別に、これら二冊の小著でおそらくよりいっそう注目すべきなのは、互いに似ている点についてである。すなわち、トマスはこれらを兄弟たちに依頼されて、役に立つように書いた。この慣例は当時普及していたと思われる。トマスの同僚であるアルベルトゥス・マグヌスとメルベケのギョーム（Guillaume de Moerbeke）に

---

51) Cf. *La doctrine de l'analogie de l'être d'après saint Thomas d'Aquin*, Paris-Louvain, 1963, p. 169-180：「『自然の諸原理について』の文献的および教義的源泉」が強調するところによると、類比に関する小著の解釈はアヴェロエス『形而上学註解』の教えの「ほぼ字句通りの要約」である。

52) 二つのフランス語訳を指摘しておく。*Les principes de la nature* (De principiis naturae), trad. et notes par R. BERNIER, Montréal, 1962; *Les Principes de la réalité naturelle*, Introduction, trad. et notes par J. MADIRAN, "Docteur Commun", Paris, 1963.

53) これは、A. de Libera, *Penser au Moyen Age*, p. 102 の定式である。彼は正当にもこの「忘却された遺産」の主要な役割を指摘している——cf. p. 98-142。

しても，この慣例に従っている。トマスはこのようにして 90 の著作のうち 26 もの著作を始めているが，それらを書いたのは，これらの小著のような，あるいは友人レギナルドゥスのために書いた『神学提要』（Compendium theologiae）のような友愛に基づくものであれ，教皇ウルバヌス 4 世に捧げた『カテナ・アウレア』（Catena aurea）のような，あるいは何度もトマスに相談したドミニコ会総長ヴェルチェッリのヨハネスの事例のような公式的なものであれ[54]，「依頼を受けた」ためである。教員としての，また著述家としての過酷な仕事にもかかわらず，トマスは知的な愛に基づく義務を決して怠らなかったのであり，ここにこそ彼の聖性をなす一要素がある。トマスはいかにして聖性に達したのか，その秘密は彼の知的実存の外部にある苦行や特別な献身にではなく，むしろ具体的な知的活動に見出せる[55]。

就任演説

定義からして，講師の職は一時的なものだった。1256 年 2 月以降，大学総長だったエメリック・ド・ヴェール（Aymeric de Veire）は[56]，トマスに教授許可（licentia

---

54) Cf. *Responsio de art.* 108; *Responsio de art.* 43; *De secreto* (Léon., t. 42); *De forma absolutionis* (Léon., t. 40).

55) かつてマリタンは，「知性の聖性」について語った——cf. *Le Docteur angélique*, dans J. et R. MARITAIN, *Œuvres complètes*, t. IV, Fribourg-Paris, 1983, p. 101.［様々な要求に応える大学外部でのこのような活動は，U. HORST, "Thomas von Aquin Professor und Consultor", *MThZ* 48 (1997) 205-218 がより詳しく強調している。］

56) エメリックについては，Glorieux, *Répertoire* I, n° 149, p. 332 の略歴を参照。エメリックは聖トマスの他に，聖ボナヴェントゥラにも教授許可を与えた。

docendi）を与え，就任演説の準備をするように命じた。この決定は 1256 年 3 月 3 日付のアレクサンデル 4 世の勅書で知ることができるが，そこで教皇はエメリックを誉めている。というのも，教皇は上のように行うことを促す手紙をエメリック宛てに送ったのだが，受けとる前にエメリックが率先してすでに行っていたからである[57]。

単なる大学の慣例上の行為に対する教皇じきじきのこの手紙は，もしサン・ジャック修道院の修道士たちを侮辱し悩ませる「不正な息子たち」〔である在俗の教授たち〕を示唆するものでなかったならば，驚くに値するものだっただろう。実際，1256 年春のパリのドミニコ会士たちにとって，状況は平和的とは到底言えないものだった。在俗の教授たちは托鉢修道会の教授たちに対してゲリラ戦を仕掛け，在俗の教授は修道会の教授を破門することまでした[58]。間もなく選ばれたアレクサンデル 4 世は，直ちに強硬に教皇勅書 Quasi lignum vitae で托鉢修道士たちを公然と弁護したが，その中で彼は〔破門という〕措置を取り消し，修道士たちの権利回復を要求した[59]。教皇は，トマスができるだけ早く就任演説を行えるよう大学総長を促す目的で，また大学総長がサン・ジャックの修道士たちに親切だったことに礼を言うためもあって大学総長に介入したのであり，この介入は偶発的なものではなかったのである[60]。

---

57) この最初の手紙は今日では失われているが，3 月 3 日の文書は残っている——cf. *Chartul*., n° 270, p. 307 (=*Documenta* n° 11, p. 544-545)。

58) Cf. *Chartul*., n° 222, 224 et 230, p. 247-249 et 252-258.

59) Cf. *Chartul*., n° 247, p. 279-285. 本書第 5 章参照。

60) 同じ日，アレクサンデル 4 世はパリの大司教にも手紙を書き，ドミニコ会士たちの講義を聞きに来る人々を妨害すると主張している教授や学生たちを破門するように命じている——cf. Cf. *Chartul*., n° 269, p. 305-306。

トッコの挿話も知られている。彼は教皇の介入を示唆せず，他の重要な詳細について強調している。他の候補者が選ばれる可能性もあったとはいえ，トマスがまだ必要な年齢に達していなかったにもかかわらず，大学総長はトマスを推した[61]。実際，大学の規定によれば35歳になっていなければならなかったが[62]，当時トマスは31歳か32歳にすぎなかった。それ以上に，トッコはこの知らせを受けたトマスの反応について長々と述べている。トマスは役目を巧みに避けようとしたが，修道的従順からそれを逃れられなかった。それゆえ，彼は泣きの涙で――トッコの第四版はこのように付加している――，祈り始めた。ある晩，尊敬すべきドミニコ会士が夢に現れ，この切実な祈りの理由を問うた。トマスが理由を説明し，〔就任演説で〕扱う主題についていかなる考えもないと付け加えると，幻は彼を安心させ，演説の主題を以下のように提案した。「あなたはあなたの高みから山々を潤し，地はあなたの業の果実で満足する」[63]。

列聖裁判での，フォッサノーヴァの修道士モンテ・サン・ジョヴァンニのペトルス（Pierre de Montesangiovanni）の証言によると，トマスは死の幾日か前の祈りの最中に，レギナルドゥスの前でフォッサノーヴァの修道院長にこの話を語っている[64]。同様にナポリ裁判の証人だったピエール・ド・カプティオ（Pierre de Caputio）に関して言えば，彼がサン・ジャック修道院にいたときに，瀉血の最中に修道士たちが読んでいた書物を通じてこの事

---

61) *Ystoria* 17, p. 245-246 (Tocco 16, p. 84-86): *non seruato ordine secundum anticipationem temporis consueto*.

62) Cf. *Chartul.*, n° 20, p. 79.

63) *Ps.* 103, 13, selon la Vulgate.

64) *Naples* 49, p. 331.

実を知ったと確言している[65]。また，彼はパリのすべての修道士たちがトマスに現れた年老いた修道士は聖ドミニク本人だと確信していたと付け加えている[66]。聖人伝の論理が働いているこの最後の詳細を除けば，様々な話は一致しており，こうした話からトマス自身に遡るトマスの個人的秘密が理解できると歴史家たちが信じることはまったく正しい[67]。それゆえ，トマスは仕事に着手し，1256年3月3日から6月17日の間の不確定の日に行われた就任演説の準備をした[68]。

それゆえ，現職の新任の正教授による就任演説は，『その高みから山々を潤す者』（Rigans montes de superioribus suis）という表題で知られている。これはディオニシウス的な霊感をはっきりと示す演説である。すなわち，物体的世界と同様に霊的世界において，神は一連のすべての仲介者を通じて働いている。知恵の伝達についても事態は同様である。まず，知恵は教師たち——ここでは山々で比喩的に表現されている——の知性に伝えられ，そこから教師たちの働きを通じて聞く者の知性を天上的な光の流入で潤す。このことに基づいて，トマスは四つの点を詳しく説明している。すなわち，1. 霊的な教えの偉大さ，2. 教師

---

65) 瀉血の最中に読まれていたこの書物は，Gérard de Frachet, *Vitae fratrum* IV 24, 8 であり，これはトマスの存命中にすでに普及していた。これはおそらく他の話の情報源である。

66) *Naples* 92, p. 398.

67) 事実は三つの異なった道で伝えられているが，そのどれもが中心人物へ導くものである——cf. K. FOSTER, *The Life of Saint Thomas Aquinas*, London, 1958, p. 69, n. 33。聖人伝の論理展開については，他の領域でわたしが行った研究を参照。D. BOUTHILLIER, J. P. TORRELL, "De la légende à l'histoire. Le traitement du *miraculum* chez Pierre le Vénérable et chez son biographe Raoul de Sully", *Cahiers de civilisation médiévale* 25 (1982) 81-99.

68) Cf. *Chartul.*, n° 270, p. 307, et n° 280, p. 319ss.

の尊厳，3. 生徒に求められる条件，4. 伝達の仕組みである。他の多くの考察以上に，このテキストの結論は当時のトマスの精神状態がいかなるものであったかを教えてくれる。

　確実なことだが，いかなる者も，自分自身によってまたその固有の素質から，知恵の伝達の任務を遂行するのに十分な適性を獲得できない。しかし，この適性を神に願うことはできる。すなわち，「自分自身に関していかなるものも自分自身に由来すると考えることはできない。そうではなく，すべての能力は神に由来する」（Ⅱコリ3：5）。だが，それを神から手に入れるためには，神に要求しなければならない。すなわち，「もしあなたたちのうちの誰かが知恵を必要としており，神に求めるならば，すべての人々に対して気前よく与え，いかなることをも咎めることのない神は彼に知恵を与えるだろう」（ヤコ1：5）。われわれはキリストが知恵を与えてくれるよう祈ろうではないか。アーメン[69]。

　新任教授の就任儀式の正確な様子を伝える同時代の資料はない。もし人がボローニャ大学神学部の規定——これはパリ大学の規定を再現しているが，1362年よりも後のテキストである——を聖トマスの時代に移すことができるとすれば，儀式は夕方の部と宮廷の部の二部構成で行われ

---

69) このラテン語のテキストは *Opuscula theologica* I, Turin, 1954, p. 441-443 参照，フランス語訳は Pègues-Maquart, p. 365-377 参照，詳細な注釈は Weisheipl, p. 120-122 と Tugwell, p. 267-271 参照。Tugwell の英訳もある。A. LOBATO CASADO, "Santo Tomás, Magister in Sacra Teologia. El 'Principium'de su Magisterio", *Communio* (Sevilla) 21 (1988) 49-70 も参照。

た。名前のとおり，夕方の部は初日の午後に行われ，幾日か前に将来の教授がすべての教授や講師たちに提示した四つの問題のうちの二つの問題が正式に議論された。初日の夜に，新任教授は教授として解答して，第二の問題についての議論を終えて帰る[70]。

儀式の第二部は，翌朝，司教館の大広間——宮廷の部という名はここに由来している——で行われる。宮廷の部は最初に，新任教授が大学総長の前で宣誓を行い，四角い帽子，栄誉ある徽章を推薦者の手から受けとり，それから就任演説をする。この後に，新任教授が提示した最後の二つの問題が，複雑な決まり——そのうちでは教授が第三の問題について決定を行うべきことが定められている——にしたがって議論される。

たとえたった一人で諸命題を弁護するわけではなかったとしても——多くの場合，彼の講師が手伝っている——，また就任儀式のすべてのプログラムに出ていたわけではないとしても，にもかかわらず若い教授が絶えず何かに関わっていたと想像するのは容易である。グロリユーが強調しているように，トマスの立場は「きわめて居心地が悪かった」かもしれない。しかし，この二部でもってすべてが終わったわけではない。指摘したように，新任教授は第一の問題にも第四の問題にも介入していないので，正当な仕方でそれらの主題についてなお言うべき事柄があったかもしれないし，あるいは自分の講師が弁護した点に付け加えるべきことがあったかもしれない。この機会は受け入れに続く最初の授業で与えられるが，これは回復（resumptio）あるいは再検討の集まりと呼ばれる。そのとき，彼は午前

---

70) Cf. *Chartul.*, n° 1188, p. 691-695. とりわけ，n. 5, p. 693 を参照。このことに関する整理された要約は，Glorieux, *L'enseignement*, p. 141-147 あるいは Weisheipl, p. 115-119 参照。

中いっぱいを使って、望むような詳しい説明（determinatio ualde prolixa）を行うが、この日には他の大学でも講義や討論はなく、そこには誰でも出席できた。

　トマスが就任のための議論で提示した問題は再検討すべきだが、ここでワイスハイプルの提案を活用しよう。周知のとおり、トマスの就任演説として知られている二つのテキストがある。一つはたった今提示した就任演説であり、もう一つは聖書に対する賛辞だが、これは教育を始めるにあたって大学の規定が求める事柄に明らかに対応している。『修道士トマスによる第二の演説』（sermo secundus fratris Thome）の名で伝えられているこのテキストは、主題として「これは神の掟の書である」（バル4：1）という聖句を取り上げているが、聖書の賞賛は聖書の諸書が分かたれる方法の説明を伴っている。

　マンドネの提案の後、これまで世界中の研究者たちはこの第二のテキストを、トマスが1252年にパリで聖書学講師として教育を始めた際の就任演説と見なしてきた。ところが、見てきたように、十中八九トマスは一度もこの職に就いておらず、それゆえその機会にこの演説を述べることもできなかったはずである。ここから、ワイスハイプルはこの第二の演説をトマスが「回復」の日に述べた演説と見なすことを提案した。このテキストは上で分析した就任演説とかなり明らかに連続しており、それを補完し延長するものである。このようにして、トマスが正教授に着任した1256年9月に起こった事柄について少しだけ正確な概略をつかむことができた[71]。

---

71) Cf. Weisheipl, p. 122-123. このテキストは, *Opuscula theologica* I, Turin, 1957, p. 435-439 参照。［トマスの類似の文章を参照しながら二つの就任演説を詳しく解説したものとして、I. BIFFI, *I Misteri di Cristo in Tommaso d'Aquino*, Milano, Jaca Book, 1994, p. 35-49 を参照。］

＃ 第 4 章

聖書の教師（1256-59 年）

　トマスは就任演説をしたとき，まだ『命題集註解』を書き終えていなかった[1]。しかし，続く 9 月から神学教授の三つの役割を果たさなければならなかった。その役割とは，12 世紀末にペトルス・カントル（Pierre le Chantre）が述べ，後に神学部が規定した，「講解」（legere），「討論」（disputare），「説教」（praedicare）である[2]。トマスはこのことを完全に自覚しており，就任演説の文章はどれも，聖書の教師たち（doctores sacrae scripturae）——この肩書を指摘しなければならない——が三つの役割を果たすために持つべき特性を説明している。すなわち，彼らは効果的

---

1) 前章参照。

2) PIERRE LE CHANTRE, *Verbum abbreviatum*, cap. I, *PL* 205, 25: "In tribus igitur consistit exercitium sacrae scripturae, circa *lectionem, disputationem et praedicationem*"; *Chartul*. II, n° 1185, p. 683: en donnant leur grade aux nouveaux promus, le chancelier "dat eis licentiam *disputandi, legendi et predicandi* et omnes actus exercendi in theologica facultate qui ad magistrum pertinent…"〔昇進者たちに学位を与えながら，大学総長は「彼らに討論，講解，説教の許可，および教授に属する，神学部でのあらゆる職務を遂行する許可を与える」〕。このテキストは 1350 年に遡るが，定式がトマスの時代でもほとんど異なっていなかったと考えることは妥当である。三つの役割をカバーする事柄をかなり詳しく述べたものとして，Glorieux, *L'enseignement*, p. 105-161 を参照。

に説教するために生の卓越性によって「高められ」(alti),
適切な仕方で教えるために「照明され」(illuminati), 討
論によって誤りを論破するために「鍛えられていなければ
ならない」(muniti)[3]。

講　解——聖書の註解

　まず, 講解, つまり聖書を「読み」, 節ごとに註解する
ことは, 長い間専門家にはよく知られていたが, 一般的な
神学者にはあまりにも無視されてきた——偉大な体系的著
作が注目を独占してきた——事柄である。しかし, これは
神学教授の, それゆえトマスの第一の務めだった[4]。聖書
学講師に許された唯一の方法である簡潔な講解——その典
型は『イザヤ書註解』である——とは異なって, 教授の講
義方法ははるかに掘り下げた註解を行うことを課すもので
あり, こうした註解の例として『ヨブ記註解』や『ヨハネ
福音書講解』がある[5]。『命題集註解』や『神学大全』のた

---

3) *Rigans montes*, Marietti, n° 1213: "Doctores sacrae scripturae esse debent *alti* per vitae eminentiam, ut sint idonei ad efficaciter *praedicandum*…*illuminati*, ut idonee doceant *legendo*,…*Muniti*, ut errores confutent *disputando*…Et de tribus officiis, scil. praedicandi, legendi et disputandi dicitur", etc.

4) この主題についての先駆的な業績として, H. DENIFLE, "Quel livre servait de base à l'enseignement des maître en théologie dans l'université de Paris ?", *RT* 2 (1894) 149-161 を参照。近づきやすいものとして, Chenu, *Introduction*, p. 199-225 を参照。より完全なものとして, E. PANELLA, "La Lex nova tra Storia ed Ermeneutica. Le occasioni dell'esegesi di s. Tommaso d'Aquino", *Memorie Domenicane*, n.s. 6 (1975) 11-106 の最初の数ページを参照。そこには, 『マタイ福音書』10 章 9-10 節に基づく, 修道生活についてのトマスの解釈が見事に活用されている例がある。

5) Cf. Chenu, *Introduction*, chap. 7, p. 199-225: "Les commentaires

めに長い間無視されてきたとはいえ、この聖書の講義はトマスの通常の仕事だったのであり、このようにして彼は新約聖書の半分以上と旧約聖書のいくつかの書物を註解した。それゆえ、もしより偏りなく完全に神学者自身と方法をおおまかに把握したいなら、偉大な体系的著作と並んで、これらの聖書註解をもっと徹底的に読み活用することを遅らせてはならない。

この第一回パリ大学教授時代に註解された聖書の諸書を正確に述べることに関して、学者たちは困惑している。トマスが『マタイ福音書』を註解したと一般的に考えられていたが[6]、エッシュマンはずっと前から、このことが1263年以前に起こりえないことだけでなく、多くの証拠から見て1269-72年の第二回パリ大学教授時代を考えるべきことも示してきた[7]。この方向性にしたがって、ユーグ・シュナー（Hugues Shooner）はこの最後の日付に有利になるような新しい論拠をもたらした[8]。ここでは、第二回パリ大学教授時代を強力に支持しているヤッサント・ドンデーヌの手紙を引き合いに出したい。すなわち、『マタイ福音書講解』（Lectura super Matthaeum）は「明らかに、『完成の地位』に関して1270年になされた議論を前提としており、いくつかの文章はアブヴィルのゲラルドゥス（Gérard d'Abbeville）の『自由討論集』第14巻と聖トマスの回答

---

sur la Bible".

6) Weisheipl, p. 406 は、1256-59 年を提案した Mandonnet と Synave の立場に依然として賛成している。

7) I. T. ESCHMANN, "The Quotations of Aristotle's Politics in St. Thomas' *Lectura super Matthaeum*", *MS* 18 (1956) 232-240; cf. ID., *Catalogue*, p. 397-398.

8) *BT* 10 (1957-1959) n° 269, p. 153-157 の Eschmann の業績に対する書評を参照。また、F. STEGMÜLLER, *ibid*., p. 99-112 の書評も参照。

以前には書けなかった」[9]。『マタイ福音書講解』の中に見出せるフランスへの示唆以上に、またこの講解がオルヴィエト滞在以後の『カテナ・アウレア』の存在を前提としているという事実以上に、ドンデーヌの論拠はまさしく決定的なものである。それゆえ、ここでその証明を繰り返しておこう。

とりわけ、主任司祭や助祭長が司教——それゆえ修道士たちの上長——と同じ完成の地位（status perfectionis）にあるかどうかを知ることが問題となっている。トマスがこの時期の著作の中で活用している題材を『マタイ福音書講解』でも利用していることは、少し読めば容易に気づくことである[10]。しかし、あちこちで、この講解の定式は、彼の同時代の他の著作の定式よりも『霊的生活の完全性について』（De perfectione spiritualis uitae）のそれによりいっそう近い[11]。また、この講解には、アブヴィルのゲラルドゥスがクリソストムス（Chrysostome）の引用から引き出した論拠の影響が見出せるが、その論拠によれば、司教は完成の地位においていかなる修道士——たとえそれがエリヤ自身であろうとも——（etiam si des Eliam, uel quemcumque）にも優っている[12]。それゆえ、この示唆はト

---

9) J. P. Torrell, *Collationes*, p. 16-17. 同時に、わたしが『十戒』の説教の日付を論じている註も参照。少なくとも、この説教に関するアンドリアのペトルス（Pierre d'Andria）の清書は『マタイ福音書講解』の清書と同時代のものである。

10) *Lectura*, n° 1594-1596 (éd. Marietti) を *De perfectione*, chap. 20 et ss., *ST* IIa IIae q.184 と比較してほしい。また、*Quodl*. III, q. 6 a. 3 [17] も参照。より厳密には、*Lectura*, n° 1596 と *ST* IIa IIae q.184 a. 8 を参照。

11) 例えば、完成の地位と完成の働きとの区別を参照——cf. *Lectura*, fin du n° 1596; *De perfectione*, chap. 23, lignes 79-84。

12) *Lectura*, fin du n° 1594; cf. Gérard, *Quodlibet* XIV (XVIII), Léon., t. 41, p. B 17, lignes 122-127.

マスの反論の中にもあるので、『マタイ福音書講解』をこの文脈のうちに置くことは適切である。このようにして、高い蓋然性とともに、この講解はトマスの二度目のパリ滞在期のうちの1269-70年の学年に位置づけられる[13]。

日付に関するこの議論に、テキストの内容に関する重要な詳細を付け加えなければならない。ずっと以前から『マタイ福音書講解』は欠陥がある（defectiua）と言われており[14]、ニコラウス・トレヴェトゥス（Nicolas Trevet）は未完成のものである（incompleta）とすら明言している[15]。古い目録に見られるこれら二つの語句の正確な意味がいかなるものであれ、印刷版で現在伝えられているテキストが単に未完成であるだけでなく誤ってもいることは確実である。実際、このテキストには山上の説教の大部分に関するトマスの真正の註解が欠けており、この欠落はトマスの最初の校訂者スピナのバルトロメウス（Barthélemy de Spina）（1527）が補完したが、この仕事はあまり綿密ではなかった。すなわち、彼は写本の中のテキストが欠落している箇所に、13世紀末のドミニコ会士スカラのペトルス（Pierre de Scala）の註解の一部を挿入した。

シュナーの業績の中にこの作業の詳細を読めるが[16]、加

---

13) これは L.-J. Bataillon の見解でもあり、彼の反論のおかげで、M. ARGES, "New Evidence concerning the Date of Thomas Aquinas' *Lectura* on Matthew", *MS* 49 (1987) 517-523 (cf. *DS* 15, col. 733) を読んだ後に依然として定まらなかったわたしの立場は明確になった。M. Arges は『マタイ福音書講解』が1263年より以前に存在しえなかったことを強く確証する新しい論拠を示しているが、この講解は1263年かあるいはそのすぐ周辺で執筆されたと断言することで、あまりにも多くのことを証明しようとしている。

14) Liste de Barthélemy de Capoue: *Naples* 85, p. 389.

15) 次註の Shooner の研究（p. 134-135）を参照。

16) Cf. H.-V. SHOONER, "La *Lectura in Matthaeum* de S. Thomas (Deux fragments inédits et la *Reportatio* de Pierre d'Andria)", *Angelicum* 33 (1956) 121-142.

筆された文章は5章11節から6章8節，さらに6章14節から6章19節に及んでいる[17]。しかし，レオニーナ委員会が批判的校訂版のために企てた研究のおかげで，『マタイ福音書講解』の新しい写本がおよそ40年前に発見され，それはトマスの註解を完全な仕方で含んでいた[18]。レオニーナ委員会がすべてのテキストの完全な校訂版を出版するまで，欠けている文章に関する知識は，シュナーとルナー（J.-P. Renard）の業績がもたらした部分的な校訂版に限定される[19]。

もし今，上記のことから聖書の教師としてのトマスの仕事に戻るならば，次のことを確信できる。すなわち，この時期に註解された書物がいかなるものであれ，すでに『イザヤ書註解』で採用された，文字的意味を優先するという選択は，最も近い日付の『ヨブ記註解』が証明しているように[20]，強固になり続けたに違いない。聖グレゴリウスがこの書の霊的意味についてすべてのことを述べたので，トマスはこの書を文字的意味にしたがって解釈することのみが自分に残されていると考えた[21]。トマスの伝記記者はト

---

17) これらはマリエッティ版 n° 444-582 (lect. 13-17) et 603-610 (lect. 19) に対応している。

18) ここで問題となっているのは，上記註16で指摘した論文でShooner が述べているバーゼルの写本——*Bibl. Univ. B. V. 12.*——である。

19) Shooner, *art. cit.*, p. 138-142 は，『マタイ福音書』5章13-16節の文章を校訂した。J.-P. RENARD, "La Lectura super Matthaeum V, 20-48 de Thomas d'Aquin", *RTAM* 50 (1983) 145-190 は，その表題が示す文章を校訂した。

20) Ptolémée XXIII 24, l'éd. léon., t. 26, p. 17*-20* によれば，『ヨブ記註解』はウルバヌス4世の教皇在位期間であり，トマスがオルヴィエトに滞在していた1261-64年に書かれた。

21) *Prol.*, *in fine*: "Intendimus…librum istum qui intitulatur Beati Iob secundum litteralem sensum exponere; eius enim mysteria tam subtiliter et diserte beatus papa Gregorius nobis aperuit ut his nihil ultra

マス以前にいかなる博士も考えつかなかったこの主張に驚いた。トッコによれば、トマスはあたかもヨブとその友人の共通の同意で選ばれた調停人であるかのように語り、異なる話し相手に対して交互に、あるいは誤りを指摘し、あるいは正しさを認めている[22]。

しかし、トッコのこの見解は誤っている。少なくともクレモナのロランドゥスという人物がトマスに先行していたからである。この人物はパリの最初のドミニコ会の教師であり、およそ30年前にすでに『ヨブ記』の文字的解釈を提案していた[23]。しかし、ロランドゥスに対する賛辞はトマスの方法の諸特徴のうちの一つを強調するものとなった。聖書を扱う方法に関するトマスの理論的説明が証言しているように[24]、トマスはこの点について一度も態度を変えなかった。文字的意味を優先することが意味するのは、まず文字的意味が神学的議論の必要に適う唯一のものだということだが、さらに誤りのあらゆる危険を避けるために、すべての霊的解釈が聖書の文字的解釈によって確証されなければならないということでもある。

一般的に聖書における四つの意味と、とりわけこの文字的意味を優先する点について、多くのものが書かれてきた。ここはこの主題に立ち入る場所ではないが、最近の著述家たちが躊躇や撤回すらも隠していないことを知るべきである。ベリル・スマリー（Beryl Smalley）のような碩学は、生涯を終えるときに、『ヨブ記註解』の序文の末尾を

---

addendum videatur". 『ヨブ記註解』の性格と方法については、Léon., t. 26, p. 25*-30* を参照。

22) *Ystoria* 18, p. 251 (Tocco 17, p. 88).

23) 残念ながら、この註解はいまだに公刊されていない。Cf. A. DONDAINE, "Un commentaire scripturaire de Roland de Crémone", *AFP* 11 (1941) 109-137.

24) Cf. *Quodl*. VII q. 6 a. 1-2 [14-15]; *ST* Ia q. 1 a. 10; *In Gal*. cap. 4 lect. 7.

あまり真剣に受けとっていなかったと告白した。もしトマスがこの書物の解釈を文字的意味に限定しているとすれば，実際のところその理由はグレゴリウスが霊的意味についてすべてのことを述べたからである。しかし，福音書を註解するときには，トマスはこの霊的意味も明らかにしなければならないと感じていた[25]。同じスマリーは他の場所で正当にも，この点に関して聖トマスを含めた中世の著述家たちの理論と実践の間に著しい相違が認められることを強調した[26]。文字的意味が厳密な意味での神学的議論の唯一の支配的原理だと広く認められることは，おおむね当然のことだが，このことは霊的意味に訴えることを妨げるものではない。それゆえ，文字的意味を優先することは，聖書を読む上で欠かすことのできない霊的意味を排除するものではなく，比喩的解釈の限界についてますます自覚してきたことを示すものにすぎない[27]。

アンリ・ド・リュバック（H. de Lubac）はスピーク（C. Spicq）と一致しながら，トマス的方法の「新しさ」がまったくもって相対的なものであることを明言できるとかつて考えていた。「堅実な単純さ，正確さ，的確さというありふれた性質のおかげで，聖トマスは共通の教えをうまく要約している」[28]。たとえ今日，ベリル・スマリーがトマスを

---

25) B. SMALLEY, *The Gospels in the Schools c. 1100-c. 1280*, London and Ronceverte, 1985, p. 265-266.

26) B. SMALLEY, "Use of the 'Spiritual'Senses of Scripture in Persuasion and Arguments by Scholars in the Middle Ages", *RTAM* 52 (1985) 44-63.

27) このことは，J. VERGER, "L'exégèse de l'Université", dans *Le Moyen Age et la Bible*, sous la dir. de P. RICHÉ-G. LOBRICHON, Paris, 1984, p. 199-232 (cf. p. 208-212) が非常に適切に看取している。

28) H. de LUBAC, *Exégèse médiévale. Les quatre sens de l'Ecriture* (Théologie 59), t. 4/2, 2, Paris, 1964, p. 285-302; cf. C. SPICQ, *Esquisse d'une histoire de l'exégèse latine au moyen âge* (Bibl. thomiste 26), Paris,

より肯定的に評価していることは明らかだとしても——というのも,彼女が強調するところによると,トマスとアルベルトゥスは彼女が検討した著述家のうちで主要な情報源を見出せなかった唯一の二人だったからである[29]——,トマスの質はまさに〔文字的註解という〕方法に由来しており,おそらくこの質が成功の理由だったことを認めなければならない。すなわち,『ヨブ記註解』の方法は,最も古い人々だけでも,アルベルトゥス・マグヌス,アクアスパルタのマテウス(Matthieu d'Aquasparta),ペトルス・ヨハンニス・オリヴィ(Pierre-Jean Olivi),リールのニコラウス(Nicolas de Lyre)に霊感を与えた[30]。エドワード・サイナン(Edward Synan)が指摘したように,たとえリシャール・シモン(Richard Simon)が聖ヒエロニムス以降最も重要な聖書注釈者としてリールのニコラウスの名を挙げているとしても,ニコラウスがこの役割を果たすことができたのは,トマスが道を切り開いたからに他ならない[31]。トマスの註解が今日の歴史的・批判的方法に比べられないことは言うまでもないが,トマスの註解は絶えず新しい研究を促している[32]。

1944, p. 315.

29) Cf. *The Gospels*(上記註 25),p. 257-271; cf. p. 274.

30) Cf. Léon., t. 26, p. 33*-44*.

31) E. A. SYNAN, "Aquinas and his Age", dans *Calgary Aquinas Studies*, éd. A. PAREL, Toronto, 1978, p. 1-25, cf. p. 23.

32) このことについてわれわれの次の書物でいくつかを引用しなければならない。先行するいくつかの註で言及した表題に加えて,おそらくある程度詳しい総括的な唯一の業績であり続けている C. SPICQ, "Saint Thomas d'Aquin exégète", dans *DTC* 15, 1 (1946) 694-738 を参照。最近の業績のうちで一般的なものとして以下を参照。S. H. SIEDL, "Thomas von Aquin und die moderne Exegese", *ZKT* 93 (1971) 29-44; M. ARIAS REYERO, *Thomas von Aquin als Exeget. Die Prinzipien seiner Schriftdeutung und seine Lehre von den Schriftsinnen*, Einsiedeln, 1971; S. LYONNET, "L'actualité de saint Thomas exégète",

討　論 ── 『真理論』

　さて，教授の第二の役割は「討論」だった。これもまた教育の形式の一つであり，その形式とはある主題に関する反論と解答によって進められる積極的教育法である。12世紀のいつ頃討論〔という形式〕が始まったか，正確な日付を突きとめることはできないが，すでに13世紀の初めには自立性を得ており，それを教育形式の発展のうちに位置づけることはまったく可能である。まず，たった今述べたように，講解，すなわち聖書であれ『命題集』であれ，あるテキストの註解があった。次に，厳密な註解が必ずしも教授と生徒の間で持ち上がるかもしれない問題をうまく取り扱えないことを踏まえて，問題 (quaestio) が現れた。これは，直接的に註解することを踏み越えて，特定の主題についていっそう詳しく展開するものである──当時口実としてのみ役立っていたロンバルドゥスのテキストに基づいてトマスが展開するすべての問題を思い浮かべればよい。

　討論は，この「テキストからの段階的離脱」のさらに後段階のことであり，ここで問題となるのは，「中世において学問的精神が成熟し，また弁証法的方法がさらに発達し

---

dans *Tommaso d'Aquino nel suo settimo centenario*, t. 4, Roma, 1976, p. 9-28; Th. DOMANYI, *Der Römerbrief des Thomas von Aquin. Ein Beitrag zur Untersuchung seiner Auslegungsmethoden*, Bern-Frankfurt, 1978; W. G. B. M. VALKENBERG, *Did not our Heart Burn ?, Place and Function of Holy Scripture in the Theology of St. Thomas Aquinas*, Utrecht, 1990; M.M. ROSSI, *Teoria e metodo esegetici in S. Tommaso d'Aquino*. Analisi del *Super Epistolas Sancti Pauli Lectura Ad Romanos*, c. I, l. 6, Rome, 1992.

たことで生じた自然なプロセス」[33]である。このことについて最近の分析家が意図的に詳しく述べた定義を繰り返すならば，「問題は教育，見習い，研究の正規の形式であり，教授が主宰し，弁証法的方法を特徴としている。この方法は，様々な論拠を提示検討するものだが，理論的ないし実践的問題に関して対立しあうこうした論拠は，理性によるものもあれば権威から出てくるものもあり，参加者が提供するものである。教授は決定の行為によって学説上の解決に至らなければならないが，この行為こそ教授としての役割を確立するものだった」[34]。講解に比べると，テキストという要素は消失したが，討論という別の要素が現れた。また，議論は講解では対立する「権威」から出てきたが，ここでは参加者が提供するものだった——もっとも参加者は権威に訴えることもできた。

討論には二つの本質的な形式があった。第一は私的なもの（disputatio privata）であり，それは大学の内部で教授の生徒と講師とともに催された[35]。第二のものは公的なもの（disputatio publica ou ordinaria）であり，教授たちは定期的にそれを開催しなければならなかったが，多くの教授は進んでそうせずに済ませていた。というのも，討論の開

---

33) これらの表現は，今日この主題について最も焦点の合った，B. BAZAN の次の研究から取られたものである。"Les questions disputées, principalement dans les facultés de théologie", dans B. C. BAZAN, G. FRANSEN, J. F. WIPPEL, D. JACQUART, *Les questions disputées et questions quodlibétiques dans les facultés de théologie, de droit et de médicine*, "Typologie des sources du moyen âge occidental 44-45", Turnhout, 1985, p. 13-149.

34) Bazán, p. 160.

35) サン・シェールのフーゴーが保持していたこれらの問題の一つを同定したと思う。討論の具体的展開に関する情報とともに，J. P. TORRELL, *Théorie de la prophétie et philosophie de la connaissance aux environs de 1230*, "Spicilegium sacrum lovaniense 40", Leuven, 1977, p. XV-XXI を参照。

催は危険を伴う可能性があったからである。それゆえ，第一の討論との違いは聴衆の有無である。というのも，他の大学の生徒たちや時には教授たちも第二の討論には出席することができたからである。彼らは機会を得て主宰している同僚を困らせようとすることもあった。おそらくこの格好の例として，1255年12月，托鉢による貧しさに対する偉大な敵対者サンタムールのギョームが，実際にこの主題について聖ボナヴェントゥラに反対しにやって来た事実を挙げることができる[36]。また，第二の討論で検討された問題は正式な表明ともなりえた――有名な『自由討論集』がそれである――が，これは年に二度，四旬節と待降節の間に，大学の正規の講義を中断する形で行われた。マンドネの業績以降，今日では，トマスの『自由討論集』第7-11巻が第一回パリ大学教授時代のこの時期に遡ることに関して研究者の意見は一致している[37]。

討論された問題の基本的な単位が何であるか，ずっと前から研究者は躊躇してきた。マンドネによれば，各項が討論の題材を提供していたのに対し，アントワーヌ・ドンデーヌ（A. Dondaine）によれば，問題がその役割を果たしていた[38]。この二つの主張は両方とも，討論の実行期間

---

36) Cf. S. BONAVENTURE, "*Quaestio reportata de mendicitate cum annotationibus Gulielmi de S. Amore*", éd. F. DELORME (BFSMAe 8), Quaracchi, 1934, p. 328-356. "*Reportatio de la Questio disputata de mendicitate de Bonaventure par un étudiant favorable à l'opponens*: Guillaume de Saint-Amour", dans M.-M. DUFEIL, *Saint Thomas et l'histoire* (Senefiance 29), Aix-en-Provence, 1991 (= Dufeil, *Histoire*), p. 457-493 も参照。Dufeil によると，実際ギョームは討論に居合わせていた――cf. Dufeil, *Polémique*, p. 176-185。

37) L. E. BOYLE, "The Quodlibets of St. Thomas and Pastoral Care", *The Thomist* 38 (1974) 232-256; repris dans ID., *Pastoral Care, Clerical Education and Canon Law, 1200-1400*, Variorum Reprints, London, 1981.

38) Cf. P. MANDONNET, "Chronologie des questions disputées de

と周期性に関して乗り越えがたい困難にぶつかる。この困難から抜け出すために，討論そのものと執筆の区別を考えてみることができる。執筆は実際の討論のように時間的に制約されていないので，より入念に推敲でき，実際の討論より詳しく論理を展開できた。

この最後の示唆を考慮して，またぜひとも必要な詳細を付け加えるためにも，むしろベルナルド・バザン（Bernardo Bazán）が提案した仮説を選ぶべきである。もしこの仮説が受け入れられたならば，研究者たちの長い暗中模索に決着をつけることになる。バザンによれば，膨大な数に上る一連の討論された問題は，公の討論ではなくむしろ私的な討論に属するものであり，それゆえトマスの正規の教育の一部を成すものである[39]。このようにして，彼はドンデーヌとマンドネに対して同時に彼らの正当性を認めることができた。彼はドンデーヌとともに，公の討論の単位は確かに問題であることを認めるが，『真理論』（De ueritate）が討論の他の種類に属することを考慮すれば，その単位を項としてもいかなる困難も生じない。多くの項を唯一の問題へ集めることは，教授が追求する構想に関わる事柄であり，最終的な執筆の段階で現れるものである。

したがって，サン・ジャックでの一日の教育は以下のように行われたと想像できる。朝早く，トマスは講義をし，その後に講師の講義が続いた。午後，二人は生徒と再会し，選ばれた主題について「討論した」。この積極的教

---

saint Thomas d'Aquin", *RT* 1918, p. 271, n. 1; ID., Introduction à l'édition des *Quaestiones disputatae*, Paris, 1925, t. 1, p. 12-17; A. DONDAINE, "De l'étendue de la question disputée", dans ID., *Secrétaires de saint Thomas*, Roma, 1956, p. 209-216.

39) とりわけ，Bazán, p. 70-85 を参照。そこでは，それまでの研究史に関する必要文献が挙げられている。Bazán の論証は直接的には『真理論』に関わるものだが，『悪について』や『能力論』にも応用できる。

育法に充てた三時間が主題を論じつくすのに十分でなければ，項を重ねて進められた。場合によっては，非常に短いいくつかの項がたった一回にまとめられ，反対により長いあるいはより難しい主題が何回にも分割されることがあった。その成果——異論，解答，教授の決定——は，後に最終的な執筆の際に集められ，問題の最終的な統一性のもとで出版された。このようにして，『真理論』の仕上げは1256-59年の三学年に及び，一年間におよそ80項の割合で進められたが，これは〔一年間の〕教育日数に非常に近い数である[40]。

たとえこのおおまかな枠組みが現実に一致しうるとしても，二つの不可欠な補足を述べなければならない。何よりもまず，最終的な成果が教授と生徒の間の私的な討論の実際の展開とはほど遠いことはありそうなことである。『真理論』や『能力論』(De potentia) のテキストを読めば，これらのテキストの内容が平均的な学生の水準をはるかに超えていることは十分理解できる。パリの学生は後のローマの学生よりも善く育成されていたので，おそらくより難しい説明についていくことができただろう。しかし，彼らをもってしても，その討論は，こうした長く，複雑で，丹念な研究を正確に反映するものではなかっただろう。必ずやより短く，より簡単なものだったはずである。それゆえ，われわれのもとにある著作が甚大な編集作業を経ていることを認めなければならない。

このことに加えて，討論もまた著作の一ジャンルだという事実に注意を払うことが重要である。賛成 (pro) と反対 (contra) の弁証法を学んだこの時代の人々は，進んで

---

40) Bazán, p. 72-76 の，大学の一年間に79日の講義日 (dies legibiles) があるとする緻密な議論を参照。Ch. Thurot によれば，これは教養学部の75日に近い数字である。

この形式の下に自分の考えを表現している。このことの最も見事な見本は，全体がこの図式にしたがって書かれている『神学大全』だが，他にも多くの範例を挙げることができよう。このことは結局，いくつかの討論集は公にも私的にも実際に討論されたものではなかった可能性があるということに行きつく。後に述べることになる定期討論集『霊魂について』（De anima）の事例はおそらくこれに当たるが，他にも多くの著作がそうだったに違いない。これまで研究者たちは，大学の予定表を重視するあまりそれに縛られて身動きが取れなかったが，このようにバザンの業績を活用することで，そうした状況からすっかり解放されるだろう[41]。

『真理論』に戻ると，最終的な執筆は討論のすぐ後になされたに違いない。というのも，『真理論』の存在は非常に早く証明されているからである。ナポリ裁判でのカプアのバルトロメウスの証言よりもずっと以前に[42]，1293年

---

41) しかし，Bazán がすべての問題を解決しているとは言えない。なおも説明されるべき二つの点が残っている。一方，Bazán の仮説にしたがえば，トマスは私的な討論しか開いておらず，『自由討論集』を除くいかなる公の討論も行っていない。ところが，たとえ公の討論が教授になった時から教授団に受け入れられる時までの間に行われなかったとしても，トマスが後にも同じように振る舞っていた理由が特定できない。しかし，長さでも専門性でも，『真理論』は私的な討論よりも教授として行う討論にふさわしいことを認めなければならない——それゆえ，私的な討論の場合には甚大な編集作業を想定する必要がある。他方，トマスが私的な討論の編集にこれほど大きな努力を払ったことの理由があまり理解できない。というのも，彼は聖書の講義——これは少なくともパリでは彼の第一の仕事だった——に関しては編集作業を行っていないからである。トマスが名声を得て，聖書に関するトマスの「講義録」が読まれ，完成度の高い著作として受容されるまでしばらく時間がかかった。サン・ジャックでの教育に関する一日の図式は支持できるが，この時代に実際上適用されていた大学の規定よりもはるかに明確に述べる必要がある。

42) *Naples* 85, p. 388.

より前のトマスの著作目録はすでに,「パリで討論された」『真理論』に言及している[43]。しかし,さらに古い他の二つの証言もある。1278年,トマスに敵対するフランシスコ会士であり,有名な『矯正』(Correctorium) の作者であるギョーム・ド・ラ・マールは,九項にわたって彼の目に誤りと映った『真理論』の諸命題を攻撃している。これは『真理論』の著者がトマスであることの議論の余地のない証拠であり,トマスの弁護にあたったトマスの友人たちもこの真正性を認めていたことは言うまでもない[44]。さらに古い時代に,ボーヴェのヴァンサン (Vincent de Beauvais) は,1264年か1265年——これは彼の死の日付である——より以前に,『大いなる鑑』(Speculum maius) の第二版で,著者の名を明確にしながら,『真理論』第11問,第12問,第13問に関する重要な断片を紹介している[45]。それゆえ,『真理論』の使用は実際上その完成と同時期に為されており,このことによって普及の迅速さとこの時代のパリ大学の活気を強調できる。

さらに,『真理論』には一般的にほとんど注目されていない利点があるが,この利点のためにこの著作は聖トマスの著作全体の中でもまったく独自の位置を占めている。聖トマスの著作の大部分は写ししかない——珍しい自筆原稿の事例は除く——が,『真理論』に関しては聖トマスが口述した原本がある。レオニーナ委員会のアントワーヌ・ドンデーヌ神父は,1956年にこのように述べることを可能

---

43) これは写本 Praha, Metr. kap. A 17/2 のリストである。この転写は Grabmann, Die Werke, p. 97-98 参照。日付については,Collationes, p. 6 のわたしの詳しい説明を参照。

44) この主題の詳細は,Léon., t. 22/1, p. 6* 参照。本書第15章でギョーム・ド・ラ・マールを再び取り上げる。

45) Léon., t. 22, p. 7*. また,ヴァンサンによるこれらの借用のリストについては,p. 189* を参照。

にした根拠を説明したが、何年か後に公刊した批判的校訂版でより徹底的に自分の証明を再検討した[46]。幾人かの珍しい反対者を除いて──ドンデーヌが述べた論拠から見て、なぜためらうのかを理解することは困難である[47]──、学術界全体がこの見解を受け入れたが、この発見から生じた利点を強調しなければならない。

　口述原本は自筆原稿とほとんど等価値のものであり、それゆえあらゆる利点がある。仕事中の著者を目の当たりにし、思想のひらめきを発見し、しばしば躊躇した定式からより良い表現を模索している様子が分かる。校訂者たちが同種のおよそ100例のうちのいくつかを例示している編集上の修正──語句や段落の抹消線、ある語句に対するためらい、より良い権威の探索など──にざっと目を通すだけで、テキストが一枚岩としての著者の思想から出てきたものではないことは十分理解できる。

　このテキストがすでに討論の試練を経たものであり、トマスが討論の間に取ったノートを眼下に置きながら口述したことを考えれば、このことはより強い印象を与えるものとなる。著者を知るために、原本の利点は議論の余地がない。このことに加えて、仕事の方法と組織化に関する若干の事柄も見出せる。すなわち、トマスは「カード」を使って仕事をしており、自由になる秘書のチームがいた。このことは書き留めるべき重要な事柄であり、後に考察するだろう。

　しかし、トマスの考えを見出すのは、とりわけ校訂者たちの厳格な仕事を経た上でのテキストであり、それゆえ最

---

46) Cf. A. DONDAINE, *Secrétaires de saint Thomas*, Roma, 1956; Léon., t. 22, Roma, 1975, p. 44*-60*.

47) Cf. (C. VANSTEENKISTE), *RLT* 11 (1978), n° 131, p. 49-54. もっとも Vansteenkiste はレオニーナ版の非の打ちどころのない性格を認めている。

終的にはわれわれ読者である。ドンデーヌ神父は、書店を通じて非常に早く広まった大学の伝承に依存している現行の『真理論』の印刷版に重大な誤りがあることを示した。第2-22問題に関して原本に訴えると、トマスのテキストはおよそ10000の文章——多かれ少なかれ深刻な仕方で変更されている——で修正が必要だった。これ以上強調しなくても、容易に理解できるように、トマスの思想を理解しようと思う者は誰でも、学問的誠実さで、第一に使用しているテキストを真剣に検証する必要がある。

もし今ここから内容へと移るならば、『真理論』は合計で253に上る膨大な項から成り、29の問題に再編成される。最初の問題がその名を、続くすべての問題に与えているが、他の問題は最初の問題に深く関わっていることもあれば、それほど関係していないこともある。もしトマスが『真理論』の構想を少なくとも大筋であらかじめ考えていた可能性が高いとすれば、あたかもまず二年を計画し、その後に三年目が付け加わったかのように、二つの期間で執筆したかのようである[48]。実際、『真理論』の全体は大きく二つに分けられることに的確に気づく。すなわち、1) 真と認識（第1-20問）、2) 善と善への欲求（第21-29問）である。ボニーノ（S.-Th. Bonino）は、この二つの部分の内的構成は似ていると考えている。実際、同じ連続性が見出せる。すなわち、まず神を、次に天使を、最後に人間を論じている。人間に関して、さらに再編成の原理を認める

---

48) この示唆は、P. SYNAVE, "La révélation des vérités divines naturelles d'après saint Thomas d'Aquin", *Mélanges Mandonnet* I, "Bibl. thomiste 13", Paris, 1930, p. 327-370, cf. p. 358 のものである。これは、J. TONNEAU, *Saint Thomas d'Aquin, Trois questions disputées du De Veritate*. Qu. XV: Raison supérieure et raison inférieure; Qu. XVI: De la syndérèse; Qu. XVII: De la conscience, Texte, traduction et notes, Paris, 1991 の導入で再び取り上げられている。

ことができるだろう。この原理は『神学大全』第2部の1を予示するものだが，まず構造を，次に歴史的実現を論じるものである[49]。

ここで著作の内容に深入りすることはできないとしても，少なくとも論じられている主題の概略に触れておこう。正当にもあまねく知られている最初の問題で，トマスはただ真理についてのみならず，超越範疇とその置換性についても論じている。この「導入」の後に，神の知に関して提起される諸問題に移る。すなわち，知一般[50]，神のイデア，御言，摂理，予定，「生命の書」に関する付随的問題（第2-7問）である。天使に関して，まず天使による認識の問題，次にこの知の伝達の問題を考察している（第8-9問）。人間ははるかに詳細な論述の対象となっている。すなわち，精神一般，教師，預言[51]，信仰，上級の理性と下級の理性，良知，良心（第10-17問）——これらは構造に関する問題である——，無垢の状態にある最初の人間の認識，死後の霊魂の認識，キリストの霊魂の認識（第

---

49) S.-Th. BONINO, *Quaestiones disputatae De veritate. Saint Thomas d'Aquin, Question 12: La prophétie, Présentation, traduction et notes*, Mémoire de licence dactyl. Fribourg, 1989, p. 161. このことは次註の学位論文で再検討されている——cf. p. 97。

50) この問題は，注目すべき学位論文 S. Th. BONINO, *La Question 2 des "Quaestiones disputatae De veritate" de Thomas d'Aquin*, Introduction, traduction et commentaire, 2 vol., Fribourg, 1992 の対象となった。

51) J. Tonneau が翻訳した三つの問題（註48参照），預言と神の知について S.-Th. Bonino が翻訳した問題（註49, 50参照）に加えて，*Saint Thomas d'Aquin, Questions disputées sur la vérité, Question XI: Le Maître (De magistro), et Question IV: Le Verbe (De Verbo)*, introd., trad. et notes par B. JOLLES, Paris, 1983 et 1992 も参照。R. IMBACH et M.-H. MELEARD, *Philosophes médiévaux. Anthologie de textes philosophiques (XIIe-XIVe siècles)* (10/18), Paris, 1986, p. 69-94 には，F.-X. PUTALLAZ の第1問の部分訳がある。

18-20問)——これらは歴史的実現に関する問題——である。善に関する部分は以下の点を論じている。すなわち，一般的な意味での善と善への欲求（第21-22問)，神の意志（第23問)，人間の意志あるいは自由意志，感覚と霊魂の諸情念（第24-26問)——これらは構造に関する問題である——，恩恵一般，不敬虔な者の義化，キリストの恩恵（第27-29問)——これらは歴史的実現の問題——である。

この簡潔な列挙からは，『真理論』を様々な理由で注目すべき著作にしている内容上の利点についてまだ何も分からない。この時代のトマスと生徒たちを捕えていた主題を把握するためだけでなく，著作の中でますます際立ってきた若い教授の才能を見て取るために，またとりわけ神学上の発展を理解するためにこの著作は有益である。すなわち，すでにいくつかの点に関して，彼は『命題集註解』と比べて見解を変えており，後の著作においても変えることになる。

例を一つだけ挙げるとすれば，トマスが『神学大全』で恩恵について論じる仕方は，『命題集註解』から『真理論』への進展を前提としている[52]。キリスト論の領域で，神がすべての存在の原因であるように頭としてのキリストは人間性においてすべての恩恵の原因であるとトマスが述べる仕方からは，この人間性の道具的性格を強調する，あまりにも厳格な考え方から脱して，キリスト固有の力を認めるようになったという進歩が見て取れる[53]。トマスは時とし

---

52) トマスがロンバルドゥスに対して，愛あるいは恩恵の被造的性格という偉大な主張をどのようにして強化しより適切に整えたかを知るためには，『命題集註解』第1巻17区分1問1項あるいは同書第2巻26区分1問1項を『真理論』第27問1-2項，『神学大全』第2部の1第10問1項あるいは同書第2部の2第23問2項と比較するだけで十分である。

53) *De ueritate*, 29, 5: "Christus…principium quodammodo omnis gratiae secundum humanitatem, *sicut Deus est principium omnis esse*"; cf.

ていくつかの点に関して——例えば、キリストにおける獲得的知に関して——見解を変えたことをはっきりと述べているが、時としてそれを明言することを有益だとは考えなかった。しかし、次のことを決して忘れないことが肝要である。たとえトマスが彼自身と彼の重要な選択について首尾一貫しているとしても、彼は凝り固まった体系家ではまったくなく、むしろ柔軟に、絶えず何かを発見していく天才だった。

この時期に書かれた他の著作、すなわち『ボエティウス「三位一体論」註解』が証言しているのはまさにこのことである。周知のとおり、この小さな書物はいくつかの特異性で際立っている。トマスがこのテキストを註解した13世紀の唯一の著述家であるという事実に加えて、主要な特異性は次のことにある。すなわち、この著作はトマスの珍しい自筆原稿の一つであり、これはテキストの校訂者にとって思いがけない幸運となったが、おかげで校訂者は後で述べる、著作の成立事情をそこから推測できた。次に、この著作は未完成だが、このことは聖トマスの著作ではそれほど珍しいことではない——完成されずに終わった著作は13に上るから。最後に、トマスが学問論について最も高度な考察を行ったのはこの神学的著作である[54]。

---

ibid., ad3: "Christus autem operatus est nostram salutem *quasi ex propria virtute*". この見方は、J. R. GEISELMANN, "Christus und die Kirche nach Thomas von Aquin", *Theol. Quartalschrift* 107 (1926) 198-222; 108 (1927) 233-255 で活用されている。

54) 『ボエティウス「三位一体論」註解』の全体的紹介に関して、P. GILS, Léon., t. 50, p. 5-9 の導入を参照。しかし、次の業績も参照。Chenu, *Introduction*, p. 237-239; Weisheipl, p. 134-138; Tugwell, p. 250-251; A. MAURER, *St. Thomas Aquinas. The Division and Methods of the Sciences*, 4th revised ed., Toronto, 1986. この小著に関する最近の研究は、以下を参照。L. ELDERS, *Faith and Science. An Introduction to St. Thomas' Expositio in Boethii De Trinitate*, Rome, 1974; F. RUELLO, "La

なぜトマスはこの小著を書いたのか。この問いは，ディオニシウスに関するものであれアリストテレスに関するものであれ，トマスのすべての註解に関して提起できるが，学者たちは無条件的に確かな解答を見出していない。われわれは定式化できる一連の仮説をジルから借用しよう。「サン・ジャックで行われていた公式の講義は原則として公開されていたけれども，これらの註解は密かに（intra muros）行われていた学校の活動だろうか。それとも，個人的著作だろうか。それとも，既知の規定のうちにその痕跡を留めていない，講解や討論に並ぶ大学の教育だろうか」[55]。もし選ばなければならないとすれば，おそらく次のような仮説が最も満足のいくものだろう。すなわち，これらの註解はトマスが一人で行った個人的考察であり，トマスのような討論術に親しんだ者から自然発生的に生じた問題の体系にしたがって書かれたものである。これはトマスにとっては多かれ少なかれ近い将来の著作を用意するやり方であり，われわれにとってはなじみ深い，常に目覚めている精神の最初のしるしである。

---

doctrine de l'illumination dans le traité Super librum Boethii de Trinitate de Thomas d'Aquin", *RSR* 64 (1976) 341-357; J. I. SARANYANA, "Sobre el In Boethii de Trinitate de Tomás de Aquino", *MM* 19 (1988) 71-81; R. MCINERNY, *Boethius and Thomas Aquinas*, Washington, 1990 (cf. rec. S.-Th. BONINO, *RT* 91, 1991, p. 322-324); D. C. HALL, *The Trinity. An Analysis of St. Thomas Aquinas' Expositio of the De Trinitate of Boethius*, "Studien und Texte z. Geistesgeschichte des Mittelalters", Leiden, 1992.〔J.-P. TORRELL, "Philosophie et théologie d'après le Prologue de Thomas d'Aquin au *Super Boetium de Trinitate*. Essai d'une lecture théologique", *Documenti e Studi sulla tradizione filosofica medievale* 10 (1999) 299-353 にはレオニーナ版のテキストと序文の新訳がある。さらに, L.J. DONOHOO, "The Nature and Grace of *Sacra Doctrina* in St. Thomas's *Super Boetium De Trinitate*", *The Thomist* 63 (1999) 343-401 も参照。〕

55）Léon., t. 5, p. 6.

日付の検討に戻ると、ジルは「マンドネ神父がほとんど予言しているように、『真理論』の半ばと『対異教徒大全』の初めの間のどこか、すなわち1257-58年か1259年の初めに」この著作を位置づけるべきだと結論している。『対異教徒大全』第1巻との話題の共通性は、この日付を確かなものにする唯一の証拠というわけではない。同じ時期に、在俗の教授と修道会の教授の争いもまた一時的に鎮静化していた。それゆえ、トマスは時間を無駄にすることなく、知的に要求の多い仕事にさらに励むことができた。

同じ作者に属しているという事実を除けば、ここでボエティウスに対する他の註解を思い出す必要はまったくない。この事実は歴史家たちがいつもこれら二冊の著作を続けて言及する唯一の動機である[56]。対して、バタイヨン神父はレオニーナ版の序文で、相違をはっきりと示す内的なデータに基づいて、おそらく『ボエティウス「デ・ヘブドマディブス」註解』は『ボエティウス「三位一体論」註解』よりも時代的に後のものだと考えている。しかし、他方で例えば日付を有する情報源を利用して前書をより適切に位置づける外的なデータがないために、バタイヨン神父は正確な日付を提案できないことを認めている[57]。

たとえトマスが『ボエティウス「デ・ヘブドマディブス」註解』に、聖句の説明という神学的雰囲気の序文を与えているとしても、ボエティウスに関するこの小著の主題は本質的に形而上学的なものであり、注釈家もこの小著を同じように扱っている。このことをトマス自身の言葉で述べるとすれば、「すべての存在が善であることからして、この善性の様態、すなわち存在がいかなる仕方で善である

---

56) Cf. WN, p. 103; 22; Weisheipl, p. 158; 414; Grabmann, *Werke*, p. 358-360.

57) Léon., t. 50 (1992), p. 263-264.

かを規定しなければならない。しかるに，述語が主語に帰せられる仕方に二つのものがあり，一つは実体的に，もう一つは分有によってである。それゆえ，問題は存在が本質によって善であるのか，それとも分有によって善であるのかを知ることにある」[58]。こうした考察を含んでいるために，哲学者たちはトマスの分有概念の研究を進んでこの著作から始めている[59]。

この道に深入りすることはせず，知恵の探求に捧げられた生の利点を述べた非常に見事な序文に注目を促そう。

> 知恵の探究には目的を追求することだけで自足するという特権がある。……このことから知恵の観想は遊びに比べられるが，それには二つの理由がある。まず，遊びは喜ばしいものだが，知恵の観想は最高の喜びをもたらしてくれるからである。……次に，遊びは他のものに秩序づけられておらず，それ自体のうちに固有の目的があるが，知恵の喜びも同様だからである。……最小の遅れですら時として重大な仕方で喜びを妨げる，予期するものに関する通常の喜びとは反対に，……知恵の観想の喜びは観想そのものに由来する。それゆえ，知恵の観想は，何らかのことを期待しなければならないときのように，いかなる苦悶からも害を受けない。……したがって，神の知恵は固有の喜びを遊びの喜びに例えている。「わたしは神の現前で戯れな

---

58) Chap. 3, début.
59) Cf. L.-B. GEIGER, *La participation dans la philosophie de S. Thomas d'Aquin* (Bibl. thomiste 23), Paris, 1942, ²1953; C. FABRO, *La nozione metafisica di partecipazione secondo S. Tommaso d'Aquino*, Torino, ³1963. 簡単な一般的紹介に関しては，G. CASEY, "An Explication of the *De Hebdomadibus* of Boethius in the Light of St. Thomas's Commentary", *The Thomist* 51 (1987) 419-434 を参照。

がら，日々楽しんだ」（箴8：30）。

ここで問題となっているのがある種の計画であることは疑いえない。読み進めるにつれ，その計画を理解できるだろう。

説　教——神学と司牧

これは教授における第三の，そして最後の大きな義務だった[60]。中世の人々にとって，神学の学問的教育とそれを司牧的に延長することの間にはいかなる対立もなく，反対に通常前者は後者を準備するものと見なされていた。ペトルス・カントルは次のように明言すらしている。「聖書を講解する前ではなく後に，また討論で疑わしい点を検討した後に，説教の義務が来る」[61]。

他方，教授たちは事柄のこの観点〔すなわち説教〕を心配し，聖書のテキストをより容易により確実に使用する目的で，用語索引や区分のような仕事の道具を手に入れるために司牧者の協力を得ようとするだけでなく[62]，しばしば

---

60)　この話題の一般的紹介は，Glorieux, *L'enseignement*, p. 148-161 参照。

61)　*Verbum abbreuiatum* 1: *PL* 205, 25 A-B.

62)　Cf. L.-J. BATAILLON, "Les instruments de traveil des prédicateurs au XIIIᵉ siècle", dans *Culture et traveil intellectuel dans l'Occident médiéval*, éd. G. HASENOHR et J. LONGERE, Paris, 1981, p. 197-209; ID., "Intermédiaires entre les traités de mortale pratique et les sermons: les *distinctiones* bibliques alphabétiques", dans *Les genres littéraires dans les sources théologiques et philosophiques médiévales*, Louvain-la-Neuve, 1982, p. 213-226; "*Similitudines* et *exempla* dans les sermons du XIIIᵉ siècle", dans *The Bible in the Medieval World. Essays in Memory of Beryl Smalley*, éd. K. WALSH and D. WOOD, "Subsidia 4", Oxford-New York, 1985, p. 191-205.

講解に説教全体や説教の構想ないし要約を付け加え，講義を聞く者が講解から説教に容易に移れるようにもしていた[63]。さらに，彼ら自身，説教の際に非常にうまく自分の仕事を利用した。ちょうどトマスが『カテナ・アウレア』で集めていた教父の関連文書を利用したように[64]。

このような実践を見れば，学部の規定で定められた理論が真に尊重されていたことが分かる。教授資格試験に志願する前にすら，若い神学者は個人的に大学に対して二つのコラチオか，説教とコラチオを行うことを約束しなければならなかった[65]。いったん教授になると，説教の義務から免れられなかった。大学の規定は四人の正教授から成る委員会の設立すら予定しており，この委員会には一年間に行うべき説教を他の教授たちに割り当てる役割があった。さらに，もし任命された教授がこの義務を果たせない場合は，他の教授に代理を務めてもらわなければならないことが定められている[66]。また，説教の義務は日曜日だけでなく，神学部が休みの祝日にまで及んでいた。この場合，説教はフランシスコ会であれドミニコ会であれ托鉢修道会で行われていた[67]。ある特別な条項では，修道会の教授たちに対して，もし朝の説教を大学の面前にある修道会の家で

---

63) Cf. L.-J. BATAILLON, "De la *lectio* à la *praedicatio*. Commentaires bibliques et sermons au XIIIe siècle", *RSPT* 70 (1986) 559-575. Bataillon は，processus, adnotatio, collatio という名の構想の例をたくさん挙げている。また，彼は『イザヤ書註解』のコラチオに類似のものを見ることを提案している――p. 568。

64) Cf. L.-J. BATAILLON, "Les sermons de saint Thomas et la *Catena aurea*", dans *Commemoratives Studies* I, p. 67-75.

65) Cf. *Chartul*. II, n° 1190, p. 705, *Juramenta* (12).

66) Cf. *Chartul*. II, n° 1189, p. 703, *Stat*. n° 66.

67) *Chartul*. II, n° 1188, p. 692, *Stat*. n° 4. Bataillon の手紙によると，ボナヴェントゥラの説教――sermones de tempore――でよく証明されているように，大学での説教は，日曜日は通常ドミニコ会で，平日の祝日はフランシスコ会で行うのがパリの慣例だった。

行うならば、夕べのコラチオもそこで行わなければならないが、もし朝の説教を他の場所で行うならば、この義務に縛られないことを定めていた[68]。

それゆえ、ドミニコ会士としての使命を倍加するこれらの規定にしたがって、トマスは少なくとも年に幾度か大学の前で説教しなければならなかったが、大学で行われたこれらの説教が残りの著作――本来的な意味での神学的著作だけでなく、『主の祈り』(Pater)、『アヴェ・マリアの祈り』(Ave Maria)、『使徒信経』(Credo)、『十戒』の説教も含める――と同じように普及したとは到底言えない[69]。これら四つの各説教は少なくとも80の写本で証明されており、時として『使徒信経』に関しては150近くの写本があるのに対し、大学で行われた説教はどれもせいぜい四つの写本しかなく、しばしばたった一つの写本しかない事例もある。

この相違は何に由来するのか、知ることは困難である。トマスの説教はあまり重要でない著作と見なされていたわけではない。というのも、キリスト教の偉大な祈りに関する他の一連の説教は広く普及したからである。相違はおそらく次の事実に由来する。すなわち、これらの四つの説教が小著として扱われ伝えられたのに対し、独立的な説教は後世の人々に同じように尊重されなかった。もしトマスが、例えば聖ボナヴェントゥラがそうしたように、説教の集成を行うよう気遣っていたなら、おそらく事態は変わっていただろう[70]。

---

68) *Chartul.* II, n° 1188, p. 692, *Stat.* n° 14.
69) トマスの説教に関しては、わたしの研究を参照。"La pratique pastorale d'un théologian du XIIIe siècle: Thomas d'Aquin prédicateur", *RT* 82 (1982) 213-245 (=*Pratique*).
70) Cf. BONAVENTURAE, *Sermones dominicales*…, éd. J. G. BOUGEROL, Grottaferrata, 1977. 校訂者は32の写本に言及している

この分野の異論の余地のない専門家バタイヨンは，根気のいる仕事によって，大学で行われた真正の20に上る説教——このうちの11の説教はコラチオを有していた——のリストの作成に成功した。しかし，彼はトマスが「目立つほどにもっとしばしば」説教を行ったと考えている[71]。これらの説教が行われた日付に関して，正確に述べることはしばしば困難である。時おり示されている場所に基づいて推定することができるくらいである。「ボローニャ，大学の前で」，「ミラノ，聖職者と町の人々の前で」，「パリ，大学の前で」。少なくともこれらのうちの12——『アヴェ・マリアの祈り』の説教を含めて13——の説教が行われた場所はおそらくパリである。というのも，パリ起源の説教集のうちに収められているからである。それゆえ，他の説教もこの事例と同じように扱われている可能性が高い。

　大学の面前でのこのような説教に関する反響が伝えられている。最も生彩に富んでいるのは1259年4月6日の出来事だが，このことは1259年6月26日付のアレクサンデル4世の手紙で知ることができる。教皇はパリの司教ルノー・ド・コルベイユ（Renaud de Corbeil）に対して，修道士トマス・アクィナスを敢えて公然と罵ったピカルディ地方の教会の番人を厳しく罰するように求めている。先の枝の主日に，ギヨ（Guillot）という名のこの番人は説教中の修道士トマスを妨害しようとしたが，それは托鉢修道士に反対するサンタムールのギヨームによる中傷文を聖職者と民の前で公表するためだった。この大胆な行為を制裁す

が，あるものは説教の全体を，あるものは少なくとも一部を伝えている。

71) L.-J. BATAILLON, "Les sermons attribués à saint Thomas. Questions d'authenticité", *MM* 19 (1988) 325-341. Bataillon はとりわけ，主日説教であれ祝日説教であれ，聖トマスの偉大な全集にある説教はすべてが偽作だとしている。

るために，教皇はこの番人を破門し，給与を奪い，最終的に罷免することを要請している[72]。これは大成功を収めなかったようだ。というのも，何年か後の 1266 年 8 月 27 日，同じギヨは変わらずピカルディ地方で教会の番人にして扇動者であり，また 1267 年 7 月 7 日には，今度は大学の番人として，後のマルティヌス 4 世である教皇特使シモン・ド・ブリオン（Simon de Brion）の決定に反対して行動を起こしているからである[73]。もしこの挿話が緊迫した状況に結びついたものでなければ，喜劇的なものだったろう。

大学で行われたこれらの説教の数が少ないことは，説教者トマスを知る上で実質的な障害となる。しかし，伝えられている状態——時として実際の説教のほぼ 10 分の 1 に相当する骨組みだけの要約の場合もあった[74]——はよりいっそう惜しむべきものである。幸いにも，これらの説教の他に，『主の祈り』，『使徒信経』，『アヴェ・マリアの祈り』に関する一連の三つの説教と『十戒』の説教を自由に使える。マンドネの主張にもかかわらず[75]，たとえこれらの説教の日付が他の大部分の説教と同様に明確ではないとしても[76]，これらの説教から方法と主題についてかなり正

---

72) Cf. *Chartul.*, n° 342, p. 390-392; cf. *Documenta*, n° 16, p. 562-563. Dufeil, *Polémique*, p. 104-105 には，修道士たちに罵られた教会の番人に関する他の話が載っている——d'après *Excelsi dextera*, *Chartul.*, p. 256。

73) Cf. *Chartul.*, n° 409, p. 450; n° 416, p. 468.

74) これはボナヴェントゥラの秘書が伝えた三つの説教の事例である。Bataillon 神父の詳しい説明を参照。

75) P. MANDONNET, "Le Carême de saint Thomas d'Aquin à Naples (1273)", dans *Miscellanea storico-artistica*, Roma, 1924, p. 195-212. この見解は議論されることなく，Weisheipl——p. 350 et p. 431-433, n° 86-89——に至るすべての批評家たちが支持した。

76) Cf. J.-P. Torrell, *Collationes*, p. 9-17. わたしはそこで Mandonnet の見解の脆弱性を示している。

説　教　　　　　　　　135

確な概略を把握できる。

　しかしながら，一般的に想像できないことだが，トマスの著作活動におけるこの分野は彼をよりよく知るために貴重である。多くの同時代人とは反対に，彼は単純で，簡潔であり，スコラ学的緻密さや学術用語を使用していない[77]。簡潔さというこの方針から，トマスはただ学術用語を排除するだけでなく，演説での高揚も退ける。たとえトマスが演説者には情動を動かす技術が必要だと認めているとしても，この技術を世の知恵に帰すことを拒んでいる。説教者の多くが非常に高く評価していたこれらの逸話（exempla）がトマスの説教にほとんどないのはこのためである。反対にトマスは，彼が「つまらなさ」（frivolitates）と呼ぶ事柄に対して注意を促している。

　このようにして，東方の三博士に現れた星の形が十字の形だったか，人間の形だったか，十字架につけられたキリストの形だったかを尋ねたブザンソンの修道院講師ゲラルドゥス（Gérard）に対する返答で，トマスは聖書や伝承のうちにこのことを支持するものは何もないと答え，むしろ無愛想に，「検証できない作り話でさまようことは真理を宣べ伝える者にふさわしくない」[78]と付け加えている。ゲ

　77）　とりわけ以下の研究を参照。L.-J. BATAILLON, "Les crises de l'université de Paris d'après les sermons universitaires", *MM* 10 (1976) 155-169; "L'emploi du langage philosophique dans les sermons du treizième siècle", *MM* 13/2 (1981) 983-991.

　78）　*Responsio ad lectorem Bisuntinum*, Léon., t. 42, p. 355. Torrell, *Pratique*, p. 224-225 で，この態度に関する他の二つの例と返答に関するやや広い文脈が述べられている。続く数段落に関してもこの研究を参照。聖トマスの説教に関するよりよい知識のために Bataillon ほど貢献した者はいない。彼が校訂したテキストも参照。"Le sermon inédit de S. Thomas *Homo quidam fecit cenam magnam*. Introduction et édition", *RSPT* 67 (1983) 353-369; cf. déjà: "Un sermon de S. Thomas sur la parabole du festin", *RSPT* 58 (1974) 451-456.

ラルドゥスのような知性にとって，トマスの説教は驚くほど具体的で，日常的な経験に基づいており，社会的・商業的正義を気遣ったものに見えただろう[79]。

なるほどトマスの説教には時代の精神性――迷信，反ユダヤ主義，男性優位の思想など――が見られるが，同時に聖書が多く引用されており，神の言葉に対する深い愛がうかがえる――安息日を聖書の瞑想で過ごすことから，ユダヤ人がキリスト教徒に対する模範として挙げられているのは，日曜日の尊重を説く説教の文脈においてである。

内容に関して言えば，おそらくトマスは説教であらゆる時代の説教者たちと同様の主題を多く取り上げている。すなわち，神の意味，マリア崇拝，祈り，謙遜――トマスは神について高慢な学者よりも多くのことを知っている老婆の主題を好んでいる――である。しかし，そこには強調されている点もある。まず，愛に関する本質的な気遣いである。「キリストの律法の全体は愛にかかっている」[80]。次いで，キリストの模倣である。「主がその肉において行い蒙ったすべての事柄は有益な教えである」[81]。

神の像という主題はこの文脈の中にある。というのも，キリストは罪で損なわれた像を回復するために来たからで

---

79) Torrell, *Pratique*, p. 230-231 の例を参照。Gauthier 神父が『霊性史事典』のわたしの項目（col. 727, par. 2）への参照註で知らせるところによると，『自由討論集』の校訂の準備作業において，彼は「反対に社会的正義に関する気遣いがまったくないことに驚いた」。聖トマスは『自由討論集』では上で述べたような方向性に入り込むことなく，聖アンブロシウス（Ambroise）を通じて，「社会批判を固有の特徴とする」ストア派の影響を受けた聖バシレイオス（Basile）の立場を引き継いでいる。他方，アリストテレスはむしろ保守主義者だった。このことはおそらく著作の種類の相違によるものだろうが，トマスの説教は社会的正義により肯定的だと思われる。

80) *Collationes* XI (éd. TORRELL), p. 227.

81) Sermon *Puer Iesus proficiebat* (éd. RAULX I, p. 418).

ある。ここでトマスは人間が神に似ていることの特権的しるしである自由について繰り返し述べている。最後に，トマスは聖霊を，キリスト教的な自由の根源として，教会における一致の絆として，祈りの起源として，御父の要求を実現する者として強調している。

　これらの主題については，トマスの霊的神学を扱うわれわれの次の書物で詳しく論じるつもりである。ここでそれらを指摘することで，トマスのうちにあった，神学と説教の事実上のつながりに注目を促したかった。トマスに関して，トマスの時代の多くの神学者と同様に，「説教者の教導権」(magistère du prédicateur)[82]を論じることができる。

---

82) これは見事な研究 J. LECLERCQ, "Le magistère du prédicateur au XIIIe siècle", *AHDLMA* 21 (1946) 105-147 の主題である。

第 5 章

托鉢修道会の弁護者

パリに托鉢修道士たちが到着して以来，大学の雰囲気は悪化し続けていたが，1259 年の枝の主日の出来事はそれを示す一つの事例にすぎなかった[1]。ドミニコ会士たちはクレモナのロランドゥスのおかげで神学の最初の講座を獲得していた。彼はもともとボローニャの自由学芸の教授だったが，1219 年にドミニコ会に入会した。1228 年にパリに到着すると，イギリス出身の在俗の教授だったサン・ジルのヨハネス（Jean de Saint-Gilles）のもとで命題集講師となり，1229 年 5 月に神学の教授になったばかりだった。大学総長と聖座の承諾とともに，1229-30 年のストライキのおかげで正教授の資格を得て教育を始めた。修道士たちが享受していた評判も手伝って，彼は急速に生徒から大きな支持を得た[2]。1230 年 9 月，サン・ジルのヨハネス

---

1) 多くの点で非常に注目すべき学位論文 M.-M. DUFEIL, *Guillaume de Saint-Amour et la polémique universitaire parisienne 1250-1259* は，修道会の歴史家たちに欠けることがあった公平な視点からこの 10 年間をよみがえらせている。しかし，聖トマスに関するいくつかの日付は，レオニーナ版の最近の研究に基づいて調整する必要がある。また，*RLT* 7 (1975) nº 774, p. 318-322 も参照。

2) Glorieux, *Répertoire* I, nº 1, p. 42 の解説に加えて，この主題について，M.-H.VICAIRE, "Roland de Crémone ou la position de la théologie à l'université de Toulouse", *Cahiers de Fanjeaux* 5 (1970), p.

はドミニコ会に入会したが，すでに正教授だったので，自分の講座を保持して教育を続けた[3]。それゆえ，彼の講座はサン・ジャックの神学の第二講座となったが，これはかなり不適切に「外国人のための講座」と呼ばれてきたものである。

不和の歴史

在俗の教授たちは，正当だと見なしていたストライキをドミニコ会士たちが妨害したことを決して許さず，それまで等質的だった自分たちの集団の中に修道士がいることを常に白眼視していた[4]。在俗の教授の態度を理解するためには，パリ大学における神学の講座の数——教授の数ではないとしても——が狭く限定されていたことを思い出さなければならない[5]。13世紀の初めにはたった8つしかなく，そのうちの3つは正当な権利としてノートルダムの参事会員に属していた。かつてペトルス・ロンバルドゥスによって有名になったこの集団は大学の総長も輩出していた。それゆえ，初めは在俗の教授たちが明らかに多数派だった。

145-178 を参照。

3) サン・ジルのヨハネスについては，Glorieux, *Répertoire* I, n° 3, p. 52-53; Käppeli, *Scriptores* II, p. 536-537 を参照。これらの講座が具体的にどのように獲得されたかについて，Dufeil, *Polémique*, p. 24-25 のもっともらしい説明を参照。

4) 1254年2月4日に出された声明書 Excelsi dextera を参照。これはすべての高位聖職者と大学関係者に送ったものだが，その中で在俗の教授たちはドミニコ会士たちが大学に到着して以来起こった出来事の歴史を自分たちの流儀で述べている。また，Dufeil, *Polémique*, p. 103-106, 110-112 のこの文書の分析と注釈を参照。

5) Cf. Glorieux, *L'enseignement*, p. 91; *Répertoire* I, p. 225. また，Dufeil, *Polémique*, p. 109-110 およびテキストの外部に付されている，1215年から1284年の間の講座と資格保有者に関する詳細な表を参照。

1254年になると，講座の数は12に増えたが，今度はノートルダムの参事会員に托鉢修道士の3枠が付け加わった。各托鉢修道会の新たな参入は，在俗の教授たちから新しい講座を奪うことを意味していた。周辺的に展開されていた商業的な取り引き——講座の賃貸借，交換，売却——がいささか混乱したという事実を超えて，勢力関係はまったく異なったものとなり，在俗の教授たちの不利になるように働き続けた[6]。

それゆえ，1236年に今度はイギリス出身の教授アレクサンデル・ハレンシスがフランシスコ会に入会した頃には状況は複雑になっていた[7]。彼は1229年以降すでに現職の教授だったので，当然のことながら自分の講座を守り，その後ラ・ロシェルのヨハネス（Jean de La Rochelle），エウデ・リゴー（Eudes Rigaud），ギョーム・ド・メリトン（Guillaume de Méliton）に委ねた。しかし，器をあふれさせることになった一滴は，自分たちもドミニコ会士たちのように神学の第二講座を持ちたいというフランシスコ会士たちの要求だった。その機会は聖ボナヴェントゥラの立候補とともに訪れた[8]。彼は1250年から命題集講師となり，1253年に神学の教授許可を得ていたが，1252年2月以降，

---

6) シトー会士ギ・ド・ロモーヌ（Guy de l'Aumône）が到着して以来，修道士は著しく増え始めた——cf. Glorieux, *Répertoire* I, n° 360, p. 251, 228. Cf. Dufeil, *Polémique*, p. 106-107, 113; P. MICHAUD-QUANTIN, "Guy de l'Aumône, le premier Maître cistercien de l'Université de Paris", *Anal. S. Ord. Cisterciens*. 15 (1959) 194-219.

7) Glorieux, *Répertoire* II, n° 1, p. 15-24 の解説を，M. MÜCKSHOFF, *Lexikon des Mittelalters* 1 (1980) 377-378 の解説とともに参照。Glorieux に対する書評にある V. DOUCET の補足——*AFH* 26 (1933), p. 4-11——も参照。

8) Cf. Glorieux, *Répertoire* II, n° 305, p. 37-51; A. GERKEN, *Lexikon des Mittelalters* 2 (1983) 402-407. また，Dufeil, *Polémique*, p. 3-9, 157-158 で，このフランシスコ会士のための第二講座の要求に関する詳細と内情を参照。

在俗の教授たちは修道士たちに対して，修道会の講座を一つ以上認めない新たな規定を発表していた[9]。

この不和に対するフランシスコ会士たちの関与にこれ以上入り込まずとも——彼らはドミニコ会士たちとまったく同じように巻き込まれ，ドゥフィユが非常に適切に看取したように，彼らに頻繁に見出されたヨアキム主義のためにより傷つきやすい者になっていた——，また相次いで起こる小競り合いを詳細に説明しなくても[10]，争いの主要な局面は以下のように要約できる。1253年3月，大学で新たなストライキが始まったが，再び修道士たちは，すなわちドミニコ会のエリー・ブルネとボノム（Bonhomme）は講義を続けた。4月と9月には，在俗の教授たちは新規定を発表し，教授団に受け入れられたければ新規定を忠実に遵守すべしと定めた[11]。しかし，8月26日にインノケンティウス4世は双方に和解を促し，もし彼らが1254年8月15日より前に理解し合うことができなかった場合，ローマに招集することを決めた[12]。在俗の教授たちは大きな攻勢を展開したが，彼らが Excelsi dextera という手紙——そこで彼らは自分たちの観点にしたがって争いの歴史を明らかにしている——をキリスト教のすべての高位聖職者に送ったのはこの頃，2月のことである[13]。ほどなくして，ドミニ

---

9) これは Quoniam in promotione という文書である——*Chartul.*, n° 200, p. 226-227。ドミニコ会総長アンベール・ド・ローマンは，これが秘密の会合で発表されたと言っている——*Chartul.*, n° 273, p. 310。

10) Dufeil, *Polémique* に加えて，P. GLORIEUX, "Le conflit de 1252-1257 à la lumière du Mémoire de Guillaume de Saint-Amour", *RTAM* 24 (1957) 364-372 を更新している H.-F. DONDAINE, *Préface* à Léon., t. 41, p. A 7-8 を参照。

11) *Chartul.*, n° 219, p. 242-243.

12) *Chartul.*, n° 225-226, p. 249-251.

13) *Chartul.*, n° 230, p. 252-258. 本書第3章79ページ参照。

コ会士に対する係争の大学側の代表サンタムールのギョームはローマに赴き,年老いたインノケンティウス4世から勅書 Etsi animarum を受けとり,遅すぎる支持を得ることに成功した。11月21日に出されたこの勅書は,告解,募金,説教等々に関する托鉢修道士の特権を制限しているが,大学の問題については慎重に保留している[14]。しかし,教皇が12月7日に亡くなると,後継者アレクサンデル4世はすぐさま12月22日に勅書 Nec insolitum を発表して,勅書 Etsi animarum の内容を取り消した[15]。

1255年4月14日,勅書 Quasi lignum vitae は,托鉢修道士に対して出された勅令を修正し,彼らの権利回復を要求し,講座の数の制限を削除した。しかし,教皇の文書は一方的なものではなかった。というのも,教皇はドミニコ会士が1253年のストライキを拒絶した——ドミニコ会の教授が二人大学から締め出されていたから——ことに賛成したが,今後は正当なストライキに参加するようドミニコ会士に忠告したからである[16]。教皇の文書に明らかに影響されて,ドミニコ会総長アンベール・ド・ローマンは1255年のミラノでの総会でドミニコ会士たちに手紙を書き,秘跡の授与,説教,埋葬,施しなどの領域における在俗の教授たちとの争いを鎮めるためにあらゆることを行うように命じた[17]。

1255年の秋,10月2日に,在俗の教授たちは新たな声明 Radix amaritudinis を発表し,その中でドミニコ会士を

---

14) *Chartul.*, n° 240, p. 267-270. 同じ方向性で,すでに5月10日に勅書 Lecta coram が出されていた——*Chartul.*, n° 26, p. 263-264。Dufeil, *Polémique*, p. 114-119, 127-131 に二つの文書に関する詳細な分析がある。

15) *Chartul.*, n° 244, p. 276-277.

16) *Chartul.*, n° 247, p. 279-285; cf. Dufeil, *Polémique*, p. 152-156.

17) *MOPH* 5, p. 21-24; Dufeil, *Polémique*, p. 163.

受け入れるぐらいならむしろ教授団を解散してパリを離れる用意があることを強調している——このことが見せかけの策略であることはやがて明らかになる——[18]。パリ地区の司教たちの調停の試みは結局のところ不十分な妥協だった——フランシスコ会士たちは同意したがドミニコ会士たちは拒絶した——ので、これは教皇が1256年6月17日の文書で退けたが、教皇は文書を通じてこの争いに最も関与していた四人の教授、すなわち、サンタムールのギョーム、ドゥエーのオドン（Odon de Douai）、バール・シュル・オーブのニコラウス（Nicolas de Bar-sur-Aube）、ボーヴェのクリスティアヌス（Christian de Beauvais）から職を奪っている[19]。

さらに、教皇は国王ルイ9世に対してこれら四人の教授をフランスから追放することを求めたが、ルイ9世は彼らを捕まえ、ギョームの『危険』（De periculis）をローマに告発するにとどめた。ギョームがローマで断罪され、教皇によってフランスへ戻ることを禁じられ、今度は聖ルイがギョームを追放するのは後のことである[20]。大学の見地からすれば、1257年8月12日にこれらの争いは一時的に終結したが、そのときボーヴェのクリスティアヌスがフランシスコ会の教会でパリ司教の代理人を前に、大学は修道士トマスとボナヴェントゥラを受け入れるよう尽力すると約束することで屈服を宣言した[21]。それゆえ、トマスは教

---

18) *Chartul.*, n° 256, p. 292-297.

19) *Chartul.*, n°ˢ 268 et 280, p. 304-305 et 319-323. 司教たちの試みに関しては、Dufeil, *Polémique*, p. 203-212 を参照。

20) *Chartul.*, n°ˢ 282, 289, 288, 314-316, p. 324-325, 333-335, 331-333, 362-364. この主題について、M.-M. DUFEIL, "Le roi Louis dans la querelle des mendiants et des séculiers", dans *Histoire*, p. 517-530を参照。

21) *Chartul.*, n° 317, p. 364-367. ドゥエーのオドンによる撤回については、*ibid.*, n° 293, p. 338-340 を参照。教養学部に属していたニコラウスが単に修道会に呼び出されただけであったことについては、

授団に受け入れられるまでおよそ 18 か月間待ったことになるが, ボナヴェントゥラは四年間待ったのであり, 彼がその就任演説を行ったときにはフランシスコ会総長になって六か月が経とうとしていた。

この無味乾燥な列挙からは, 争いにおける暴力沙汰はほとんど予感できない。だが実際は, 在俗の教授たちは生徒やカルチエ・ラタンの一部を修道士と対立させようとかなり策略を用いていた。その結果, 1255 年から 1256 年の冬の間に修道士たちは通りで襲撃され, サン・ジャックは国王の巡査に見張られていた。トマスが就任演説を行ったのも, 彼らの警護の下でであり, デモ参加者は外にいる聴衆が聞きに行くのを妨げた[22]。

『攻撃する者どもに対して』

トマスが教授団に加入したことは問題の一部を解決したにすぎなかった。争いは非常に早く厳密な意味での大学の枠組みを超え出て拡大したが, そのような中で反対の波——その指導者がサンタムールのギョームであること

Dufeil, *Polémique*, p. 282 et 286 を参照。*Ibid.*, p. 307 も参照。そこで Dufeil は, 二人の修道士の教授が実際に教授団に受け入れられた日付として, 1257 年 10 月 23 日を提案している。

22) *Chartul.*, n° 279, p. 317-319 (=*MOPH* 5, p. 31-38); n° 280, p. 321. これらの文書の第二のものはアレクサンデル 4 世に関するものであり, 第一のものはアンベール・ド・ローマンに関するものである。Dufeil, *Polémique*, p. 217-218 はいとも簡単に, アンベールが制限されることなくドミニコ会の見解を支持したとしているが, 事実は異論の余地がない〔ほど異なっている〕。とりわけ国王の警官がサン・ジャックを警護したことは, 在俗の教授たちの文書が証明している——*Radix amaritudinis*, *Chartul.*, n° 256, p. 294; cf. Dufeil, *Polémique*, p. 170 et note 91, p. 193。

は明らかだった——が争いの理由となるはるかに中心的な問題を持っていたことが分かってきた。すなわち，修道士という職業——ドミニコ会は自分自身を研究と教育に捧げ，労働ではなく托鉢によって生きることを主張していた——の正当性そのものに関する問題である。争いの主要な諸要素の一つであり，ギョームが 1256 年 3-4 月に公にした『最後の時の危険に関する論考』(Tractatus de periculis nouissimorum temporum) は中心的な命題としてこのことを扱っている。

複数の版が知られているこの著作は，教会の司教と他の司牧者に宛てて書かれた忠告であり，聖パウロが偽説教者と呼んだ人々が教会を欺く危険を彼らに自覚させるために，反キリストを前にした最後の時の危険に関するものである[23]。ギョームが提案した解決策の本質は，すべての修道士を修道院へ送り返し，彼らは決してそこから外に出るべきではなく，そこで自分の手で働くべきだというところにある。この簡単すぎる提案は誤解の深さを示している。すなわち，ギョームは，托鉢修道士が単なる修道士ではなかったこと，またドミニコ会がどれほど研究と説教を重視していたかを少しも理解していなかった。この書物は 1256 年 10 月 5 日にアレクサンデル 4 世が断罪したが[24]，長く続く反響を引き起こしたのであり，ギョームの熱狂的な支持者詩人ルートブッフ (Ruteboeuf) は自分の流儀でこのことを証言している[25]。

マリー・ミシェル・ドゥフィユは，サンタムールの

---

23) 著作の分析と様々な版については，Dufeil, *Polémique*, p. 212-227, 241-242, 252-253 を参照。

24) *Chartul.*, nº 288, p. 331-333.

25) この主題については，Dufeil, *Polémique*, p. 148-150, 316-324 と，Id., "L' œuvre d'une vie rythmée: Chronographie de Ruteboeuf", dans *Histoire*, p. 671-687 を参照。

ギョームについて情け容赦のない人物描写をしている[26]。彼は生涯にわたって副助祭だったが，司教座聖堂の二つの役員を兼任し，主任司祭の地位にもついていた。怒りっぽく，粗暴で，頑固だった彼は，なるほど敵対者だったトマスやボナヴェントゥラのような偉大な知性は有していなかったが，われわれは彼とその同僚の動機を理解することを試みてみよう。それはおそらく複雑なものだった。すなわち，修道士の成功を前にした羨望や嫉妬，収入に関する心配が動機の一部を占めていただろう。しかし，彼らの原動力のすべてが卑しいものだったわけではなく，異端に対する彼らの恐れに根拠がなかったわけではない。ギョームはボルゴ・サン・ドンニーノのゲラルドゥス（Gérard de Borgo San Donnino）の『永遠の福音への導入』（Introductorius ad Evangelium aeternum）をローマにもたらしたが，当時この著作の著者は知られておらず，ドミニコ会士たちに帰せられていた[27]。ギョームは同僚ととも

---

26) その程度は，J. LE GOFF が Dufeil, *Saint Thomas et l'histoire* (cf. p. 12) に与えた序言の中で，ある種のマニ教の影響を疑うほどだった。伝記に関するデータについては，Dufeil, *Polémique*, p. XX-XXXII を参照。それがなければ，ID., *Saint Thomas et l'histoire* に収められている，本質的な事柄を要約している二つの論文 "Un universitaire parisien réactionnaire vers 1250: Guillaume de Saint-Amour", p. 445-456 と "Guillaume de Saint-Amour", p. 543-550 を参照。あまり政治色の濃くない判断として，Ph. DELHAYE, "Guillaume de Saint-Amour", *DS* 6 (1967) 1237-1240 を参照。

27) Cf. *Chartul.*, n° 257, p. 297; この書物は枢機卿の委員会が断罪したが，聖ボナヴェントゥラは著者に対して好意的ではなかった。というのも，ボナヴェントゥラが主宰していた裁判所は彼に終身禁固の刑を言い渡したからである。Cf. P. PEANO, "Gérard de Borgo San Donnino", *DHGE* 20 (1984) 719-721. アナーニでのゲラルドゥスの断罪については，H. DENIFLE, "Das Evangelium aeternum und die Commission zu Anagni", dans *Archiv für Litteratur- und Kirchengeschichte des Mittelalters* 1 (1885) 49-142 を参照。この事件に関わる様々な断片のフランス語訳は，Dufeil, "Trois 'sens de

に 31 の誤謬のリストも作成したが,それはパリの司教コルベイユのルノー・ミニョン（Renaud Mignon de Corbeil）によって教皇インノケンティウス 4 世に送られた。ここからギョームに何らかの洞察力があったことが分かるが,ギョームは異端を恐れるあまり,修道士（frères）と同志（frères）を混同し,新しい説教者〔すなわちドミニコ会士〕とゲラルドゥスの信奉者を同一視して誤りに陥った。

ギョームの誠実さはおそらく疑いえない。というのも,彼は最後には異端の危険をあばいたと信じるに至ったと思われるからである[28]。しかし,彼はその神学的保守主義のせいで,「教皇の兵士たち」の侵入を前に,事柄の微妙な差異——これはぜひとも想定すべきものである——を考慮しないまま既存のヒエラルキーを守ろうとした——その程度はしばしば彼の立場が先駆的なガリカニスム（gallicanisme）と同一視されたほどである——のであり,この時代の新しい精神を的確に理解していなかった。ここでそれぞれの立場に隠れている教会についての考え方の評価に入り込まなくても,在俗の教授たちの一時的な敗北の原因の一つがまさしく神学上の非進化主義——これこそギョームと同僚が重要性を増してきた教皇権に配慮することを妨げたものである——だったと考えることは可能である[29]。

---

l'histoire'affrontés vers 1250-1260", dans *Saint Thomas et l'histoire*, p. 619-666 参照。Dufeil, *Polémique*, p. 119-127, 172-173 も参照。

28) J. D. DAWSON, "William of Saint-Amour and the Apostolic Tradition", *MS* 40 (1978) 223-238 (cf. p. 234) は、ここで Dufeil, *Saint Thomas et l'histoire*, p. 546 et 627 を引き合いに出している。

29) この点に関する Dufeil の主張 ——とりわけ Dufeil, *Polémique*, p. 260-264——は確かに根拠づけられているが,上記註 28 の Dawson の論文が行ったより詳細な神学的分析も参照。Dawson によると,この点に関するギョームの誤りは,初期教会の尊重を厳密な意味での法的規範と見なしていたこと,またそれを彼の時代の革新に

トマスが論争に加わるのに時間はかからなかった。すでに見たように，就任演説と同時に，新任教授は就任式が行われる二日間で四つの問題を討論しなければならなかった。ワイスハイプルによれば，『修道士の手仕事について』（De opere manuali religiosorum）を帰すべきはこの機会である[30]。ゴーティエは，むしろこのテキストは教授となったトマスが最初に弁護した自由討論の不可欠な一部だと見なしている[31]。このことは日付に関していかなる影響もない。というのも，どちらの仮説においても，1256年の四旬節という日付は変わらないからである。この年の復活祭は4月16日だった。

　テキスト，とりわけ第18項の検討から，トマスは『危険』の議論を追いつつ論駁していることが判明するが，日付を検証すれば，このことはまったくもって可能なことが分かる。というのも，ギョームの第一版は1256年3月15日から4月の初めにかけて出版されたが[32]，他方トマスは

対立させたところにある。とりわけ完全な価値を保ち続けている次の研究を参照。Y. M. CONGAR, "Aspects ecclésiologiques de la querelle entre mendiants et séculiers dans la seconde moitié du XIIIe et le début du XIVe", *AHDLMA* 28 (1961) 34-151.

　　30)　*Quodlibet* VII q. 7 a. 1-2 [17-18]; cf. Weisheipl, p. 123-128. Weisheipl はここで P. CASTAGNOLI, *Regesta*, *DTP* 31 (1928), p. 253-256 を引き合いに出している。

　　31)　レオニーナ版第25巻のために用意していた『自由討論集』第7巻の新しいテキストとともにこの情報を伝えてくれた Gauthier 神父に感謝したい。[R.-A. Gauthier は，『自由討論集』の校訂版——Léon., t. 25/1, 1996, p. 78*-81*——で，『手仕事について』は独立した問題ではなく，むしろ『自由討論集』第7巻7問であることを証明している。聖ボナヴェントゥラから大きな影響を受けたこの第7問をサンタムールのギョームに対する直接的論駁と見なすことはできない。論争へのトマスの参加をよく示すものとしては，この第7問よりも『攻撃する者どもに対して』第5章を指摘すべきだろう。]

　　32)　Dufeil, *Polémique*, p. 214-215, 232-233.

就任演説を同じ年の春，3月3日から6月17日の間に行ったからである。もしトマスが自発的に，それ自体すでに十分危険だった討論のために，それほど危険ではない他の主題よりも特にこの主題を選んだとすれば，このことが若い教授の闘争性の明白なしるしなのは疑いないだろう。しかし，結果は何も変わらず，トマスは直ちに教授の地位に就いた。

また，この頃トマスはすでに『神の礼拝と修道生活を攻撃する者どもに対して』（Contra impugnantes Dei cultum et religionem）の執筆を開始していたと思われる。この著作はいずれにせよサンタムールのギョームの断罪がパリで知られるより前に完成していた。というのも，トマスがそのことに言及しないはずはなかっただろうから。レオニーナ版の校訂者たちは完成を11月としているが，おそらくワイスハイプルとともに一か月早めることができる[33]。場所に関して言えば，トッコの証言は明らかに誤っている[34]。すなわち，アナーニではなくパリであることは疑いない。

一見して，これは最も夢中にさせるような書物ではない。しかし，レオニーナ版のヤッサント・ドンデーヌ神父の導入とドゥフィユの業績の後では，この書物を新しい目で読み，そこから大きな利点を引き出すことが可能である。この著作は非常によく構成されており，当該の論争の争点を正確に反映している[35]。それゆえ，トマスは religio,

---

[33] Cf. Léon., t. 41, p. A 12-13; Weisheipl, p. 106.

[34] Cf. *Ystoria* 20, p. 262-267 (Tocco 19, p. 91-93). トッコのこの章は全体として信用できない。

[35] この構成は序文の末尾で述べられているが，この書物全体の概略は Léon., t. 41, p. A 7 参照。さらに，P. GLORIEUX, "Le 'Contra impugnantes'de S. Thomas", *Mélanges Mandonnet* I, 51-81 と，Dufeil, *Polémique*, p. 253-260 の非常に生き生きとした分析を参照。一度にすべての参照を指示したが，本章で示した『攻撃する者どもに対して』(Contra impugnantes), 『完全性について』(De perfectione), 『引き離

すなわち修道会を定義することから始め，その完全性が何に存するかを論じている（第1章）。というのも，トマスが説明しているように，敵対者の意図はすべて修道士に向けられていると見なせるからである（quia eorum tota intentio contra religiosos esse videtur, Prol.）。次に，トマスは修道士のために，教育の合法性（第2章），また教授団に属する彼らの権利（第3章）を明らかにしている。

この第2章と第3章はとりわけ大学の公式文書を利用しているが，精力的に托鉢修道会の理想を弁護している続く各章は，討論や説教や敵対者が公にしたあらゆる種類の風刺文書から借りてきた素材を利用している。まず，たとえドミニコ会士が司牧の責務（cura animarum）を担っていないとしても，説教し告解を聞く権利を弁護することが問題となっている（第4章）。また，手仕事の義務にわずらわされないことが論じられている（第5章）。それゆえ，トマスはドミニコ会士のために完全な貧しさの権利を要求している（第6章）。また，金銭的な管理や他の問題に巻き込まれないために，とりわけ施しによって生きる可能性を主張している（第7章）。

残りの17章は，「托鉢修道士」に対する不名誉な非難が正しいものではないことを証明している。これらの各章はかなり入念に『危険』の論証を追っているが，トマスはその弱点を見つけることに秀でている。そこではすべてのことが検討されている。すなわち，僧服，修道士の可動性，研究，見事に説教する方法などの事柄はすべて善き現

す者どもに対して』（Contra retrahentes）に対するすべての参照は，そのA, B, Cという三つの区分とともにレオニーナ版第41巻から採られている。この三つの小著に関する完全ではあるが古い——1857年に遡る——フランス語訳は，*Opuscules de Saint Thomas d'Aquin* (Vrin-Reprise 4 et 5), Paris, 1984参照。しかし，章の番号づけはしばしば批判的校訂版と一致していない。

実だが，明らかに軽蔑的な意図で歪められている。また，修道士たちは偽使徒，他の者の羊小屋に侵入する強盗や泥棒，説教で告げている反キリストの先行者だと非難されている。トマスはいかなることをも見過ごさない。ここで問題となっているのはドミニコ会士の名誉の回復である。それゆえ，トマスはこの書物でまったく異例なほどに権威を集めてきており，勅令やとりわけ註解を尊重している。トマスがギョームから固有の武器を奪おうとしたことは明らかである。というのも，ギョームはとりわけ一般に受け入れられている権威に基づいて議論を進めようとしたからである。

『攻撃する者どもに対して』は様々な見地から高く評価できる。このようにして，ドゥフィユはギョームの非進化主義，ゲラルドゥスの混乱したメシア信仰に対して，トマスの歴史感覚を賞賛した[36]。すべてを述べることはできないとしても，見事な第1章から明らかになる修道生活の理想が評価に値することを強調しなければならない。トマスは修道生活の根底に完全な豊かさを持つ対神的な生を置いている。すなわち，まず人間を神に結びつける最初の絆である信仰，さらに希望と愛である。その結果，すべての愛の業は修道生活において神に対して為される「奉仕」の内容となる。これらすべてのことを統合するのは，新約聖書が霊的な犠牲と呼んでいるものである。すなわち，貞潔と従順の誓いによって神に喜ばれる香りのいけにえとして身体と精神から成る自分自身を捧げること──『ローマの信徒への手紙』12章1節参照，また貧しさの誓いによって財産を捧げることである。

同時に，これは感嘆せずにはいられないことだが，トマ

---

36) 上記註29参照。しかし，これは *S. Thomas et l'histoire* の中で繰り返される主張でもある。とりわけ p. 102-105 を参照。

スは完全な意味での対神的な真実のうちに自らの駒を置いている。第一の例は次のものである。もし愛がキリスト教的生のすべての業に拡大されるとすれば、「たとえ現在まで為されたことがなかったとしても、憐れみの業——トマスがこの語に与えている強い意味で——のうちで修道会が扱わないものは何もない」[37]。残っているのは、説教と神学の教育を霊的な憐れみの業として示すことだけである——というのも、「人はパンだけで生きるものではない」から。このことは同時に、その目的の新しさにもかかわらず、ドミニコ会が合法的なものとして認められるためでもあった。

　第二の例は次のものである。明らかなことだが、修道会の完全性は、すべての事柄にとってと同じように、修道会が追求する目的——このようにして観想的生と活動的生が区別される——に由来するが、同時にこの目的の実現にうまく適合する手段にも由来する。二つの観想的修道会があるとすれば、構成員を観想のためにより解放する内的組織を有する修道会の方がより完全だろう[38]。この推論は反論できないものである。トマスは貧しさと完全性の関係について、適切にこの推論を活用している。

---

　37)　*Contra impugnantes* 1, lignes 66-68, p. A 54: "Nec est aliquod opus misericordiae ad cuius exsecutionem religio institui non possit, *et si non sit hactenus instituta.*"

　38)　*Ibid.*, lignes 135-169, p. A 54-55. 第三の見地，すなわち悔悛と様々な苦行のそれがあるが，〔観想的生と活動的生という〕他の二つの見地が「より本質的なもの」である。トマスは「というのも、生の完全性は外的な禁欲よりもむしろ内的な義に存するからである」(*ibid.*, l. 166-168) と確言している。

『完全性について』と『引き離す者どもに対して』

　ギョームの断罪と彼の同僚の意見の撤回の後に，論争は数年の間少し鎮まり，トマスはパリでの最初の教育をより平和的な雰囲気の中で終えた。すでに見たように，この時期に書かれた『ボエティウス「三位一体論」註解』を帰すべきは，おそらくこの小休止である。しかし，この静けさは一時的なものだった。再び戻ってくる必要がないように，騒動の続きを少し先取りしよう。というのも，すぐに新しい波が修道士を攻撃し始めたからである。サンタムールのギョームはマコネーの地に追放されていたが不活発ではなかった[39]。新しい波の先頭に立ったのは，まずアブヴィルのゲラルドゥス，次にリジューのニコラウス（Nicolas de Lisieux）である。

　たとえニコラウスがこれらの論争に参加したことを除いてほとんど知られていないとしても[40]，ゲラルドゥスは重要な人物だった。彼はおそらく1254年からサンタムールのギョームの同僚であり，1272年に死ぬまで教授団で生き残った。大学の中枢において非常に活発であり，聖トマスとともに毎年二回の自由討論を定期的に行う数少ない教授の一人だった。豊かな恩恵に恵まれ，真に「教会の王子」であり，ソルボンヌ図書館の創設者の一人と見なされる。というのも，彼は友人ロベール（Robert）が設立した中学に300冊以上の本を委ねたからである。しかし，生涯にわたって托鉢修道士に対する断固たる敵対者だった彼

---

　39)　Cf. Dufeil, *Polémique*, p. 324-331.

　40)　Cf. R. HISSETTE, art. "Nicolas de Lisieux", *Catholicisme* 9 (1982) 1254-1255; P. GLORIEUX, "Une offensive de Nicolas de Lisieux contre S. Thomas d'Aquin", *BLE* 39 (1938) 121-129.

は，書物を貧しい生徒に委ねるのは彼らが修道士でないかぎりであると明言した[41]。

すでに 1267 年に，ゲラルドゥスは修道士が若い人々を唆して修道会に入ることを約束させることの合法性について，『自由討論集』第 11 巻で論じた。彼は 1268 年のクリスマスの自由討論で，完全な貧しさに関するフランシスコ会の教えを問題にした。さらに，八日後に行われた説教で，フランシスコ会の教会の真ん中で，魂の司牧者――異論の余地がない司教だけでなく，主任司祭や助祭長も含める――の任務が最も完全だとし，時間的なものの所有や管理のせいでその完全性が損なわれることは決してないと主張した。その上，彼は 1269 年の復活祭の自由討論では，高位聖職者の完全性を弁護することになおも二つの問題を割き，最終的には 1269 年の夏の間に『キリスト教的完全性に敵対する者に対して』(Contra adversarium perfectionis christianae) を公にしたが，この著作は彼とフランシスコ会士の間に派手な論争を引き起こした[42]。

---

41) ゲラルドゥスの伝記，遺言，疑問視されている自由討論の校訂版は，Ph. GRAND, "Le *Quodlibet* XIV de Gérard d'Abbeville. La vie de Gérard d'Abbeville", *AHDLMA* 39 (1964) 207-269 参照。Cf. ID., art. "Gérard d'Abbeville", *DS* 6 (1967) 258-263; Glorieux, *Répertoire* I, n° 174, p. 356-360. 同様に，A. TEETAERT, "Quatre questions inédites de Gérard d'Abbeville pour la défense de la supériorité du clergé séculier", dans *Archivio italiano per la storia della pietà* 1 (1951) 83-178 を参照。争いのこの新たな展開に関しては，P. GLORIEUX, "Les polémique 'contra Geraldinos'", *RTAM* 6 (1934) 5-41, et les Préfaces de H. DONDAINE dans Léon., t. 41, p. B 5-9 et C 5-8 を参照。

42) この著作は S. CLASEN が *AFH* 31 (1938) 276-329; 32 (1939) 89-200 で校訂した。聖ボナヴェントゥラが『貧しい人々の弁護』(Apologia pauperum) ――Opera omnia 8, Quaracchi, 1898, p. 233-330――を，ジョン・ペッカム (Jean Pecham) が『福音に基づく完全性について』(De perfectione evangelica) を公にしたのはこの機会である。Cf. F. DELORME, "Quatre chapitres inédits de Jean Pecham O. F. M.

この敵意の再発を1268年の秋にトマスがパリに戻ってきたことの理由の一つと見なすことは可能である。いずれにせよ，1269年の春以来，トマスは復活祭の自由討論とともに論争に加わった。そこでトマスは第一に，研究と教育に専念することが修道士にとって罪でないだけでなくまさに完成の業であることを一生懸命証明している。このことは修道士たちがそれをより高い水準で行っていればいるほど妥当する。というのも，修道士たちが育成した人々が今度は他の人々を育成できるからである[43]。トマスは重要な第2異論解答で，完成の手段としての貧しさに関して，また完成と完成の地位との相違に関して，自分の立場の二つの主要な方向性をはっきりと打ち出している。

　トマスはこの二点について，『霊的生活の完全性について』(De perfectione spiritualis uitae) の中でゆっくり再検討している。1269年のかなり早くから着手されたこの著作は，1270年の初めに完成したと思われる。というのも，最後の数章は1269年のクリスマスに行われたアブヴィルのゲラルドゥスの自由討論——第14巻——の影響をとどめているからである。実際，『完全性について』には論争の痕跡が見出される。というのも，最初の22章はいかなる教義上の論争もなく展開しているが，突然初めには予定していなかった4章に場所が空けられ，その中でトマスは自分に向けられた攻撃に反駁する必要があると確言しているからである。このことは明らかにゲラルドゥスの自由

---

sur la perfection religieuse et autres états de perfection", *Coll. Franciscana* 14 (1944) 84-120.

43) *Quodlibet* I q. 7 a. 2 [14]: "Ipsa etiam ratio demonstrat quod melius est erudire de pertinentibus ad salutem eos qui et in se et in aliis proficere possunt, quam simplices qui in se tantum proficere possunt."[「理性そのものが証明しているように，救済に属する人々のうち，自分のみが前進する素朴な人々よりも，自分も他の人々も前進させられる人々を教える方がいっそう善いことである」]。

討論——第 14 巻——の影響である[44]。

『完全性について』の利点はこの論争の問題に限定されない。何よりもまず，キリスト教的完全性と修道生活に関するその教えは，『神学大全』〔第 2 部の 2〕の末尾に見出される説明を直接準備するものであり，すでに『対異教徒大全』の説明とはかなり異なっている[45]。次に，この小著はトマスの司教職に関する教えが決定的な段階に至ったことを示している。トマスはディオニシウスの影響の下で，今後は司教の力を位階上の真の力と見なし，司教を完成者の地位に置くようになる[46]。

トマスは 1270 年の復活祭の自由討論で，同時代の問題，とりわけ若者を励まして修道会に入るように約束させることの合法性とこのような約束の強制力について，また主任司祭が修道士よりも大きな完成の地位にあるかどうかについて再検討している[47]。修道会に入ることを約束している若者は，自分自身を扱うことに関して自由ではなく，公式の約束で自分自身を捧げている奴隷と同じようなものである。さらに，トマスは若者が修道会に入ることについ

---

44) Cf. *De perf.*, début du chap. 24, Léon., t. 41, p. 99: "quorum assertiones *postquam premissa conscripseram* ad me pervenerunt"〔「すでに述べたことを書き終えた後に，彼らの意見がわたしに知らされた」〕。上記註 41 の Grand の校訂版に加えて，ゲラルドゥス『自由討論集』第 14 巻の部分的な校訂版は，Léon., t. 41, p. B 56-62 参照。ここで，P. GLORIEUX, "Pour qu'on lise le *De perfectione*", *Vie Sp.*, *Suppl*. 23 (1930) 97-126 と，Vrin-Reprise の翻訳よりも新しいが部分訳である *Vie Spir*. 18 (1928) 498-506, 619-624; 19 (1928) 85-97, 223-228, 342-352 と，H. MARECHAL, *Thomas d'Aquin*, *Vers la perfection de la vie spirituelle*, Paris, 1932 を指摘しておく。

45) Cf. *ST* IIa IIae qq. 182-189; *SCG* III 130-138.

46) *De perfect.* 28, lin. 93-115, p. B 108. Cf. J. LECUYER, "Les étapes de l'enseignement thomiste sur l'épiscopat", *RT* 57 (1957) 29-52.

47) *Quodl*. III q. 5 a. 1-2 [11-12], et q. 6 a. 3 [17].

て1271年の復活祭の自由討論で論じているが[48]、この最後の主題は『引き離す者どもに対して』（Contra retrahentes）の中で十分に発展した。

その結論にしたがえば、この新しい小著は「人々を修道会に入ることから引き離す者どもの誤った有害な教えに対して」[49]書かれている。ヤッサント・ドンデーヌによれば、この著作は『完全性について』を明らかに参照しているので、『完全性について』よりも後のものであり、『自由討論集』第4巻——第23項は若者が修道会に入ることについて、第24項は掟と助言の関係について検討している——と同時代のものである。実際、この二つの項と『引き離す者どもに対して』第2-7章の主題と議論は非常によく似ており、読者に強い印象を与えるものである。自由討論の日付が1271年の四旬節であることは疑いえないので、小著の日付について躊躇すべきものは何もないとドンデーヌは考えていた。またもや彼によれば、たとえグロリユーがこの小著は若者が修道会に入ることに関する主題〔を扱っている『自由討論集』第4巻第23項〕よりも少し前に位置づけられると考えていたとしても、サンチス（A. Sanchis）の業績は『引き離す者どもに対して』の執筆を四旬節とクリスマスの間、「おそらく1271年の復活祭の後かあるいは1271年の休暇より前に」位置づけることに関して学者の賛同を得た[50]。

しかし、第23項の解答の冒頭で引用しているアウグス

---

48) *Quodl*. IV q. 12 a. 1 [23].

49) *Contra retrahentes* のテキストは、Léon., t. 41, p. C 39-74 参照。この箇所は、chap. 16, ligne 164, p. C 74.

50) H.-F. Dondaine, Léon., t. 41, p. C 7 は、A. SANCHIS, "Escritos espirituales de Santo Tomás (1269-1272)", *Teologia espiritual* 6 (1962) 277-318 を参照している。Cf. P. Glorieux, *La polémique*, p. 40-41 (tableau repris par Grand, *DS* 6, col. 262).

ティヌスのテキストを拠りどころとして,『引き離す者どもに対して』が自由討論に先行していたと主張することはなおも可能である。というのも,そのテキストは最も明白な議論に対してすら従おうとしない鈍い精神について語っているからである。もしトマスがすでに『引き離す者どもに対して』を書いていなかったら,このように書くことができただろうか。あるいは,トマスはこのように書いた直後に,『引き離す者どもに対して』を書くことができただろうか。いずれの仮説にせよ,何か月かの違いはあるが,同じ時期にとどまるだろう。また,六十日主日のための説教——そこには小著でのみ再検討されているいくつかの要素があるが,この説教が小著より前のものなのは明らかである——から,トマスがこの時期に小著を執筆中だったことが分かる[51]。

しかし,考察は自由討論から『引き離す者どもに対して』に移行する間に深められている。もっとも,聖トマスはこのことについて,「この誤りを徹底的に根絶するために,根源あるいは起源を発見しなければならない」[52]と言っている。例えば,トマスは掟と助言の関係を正確に述べるために,『自由討論集』第4巻第24項で利用していた徳の内的行為と外的行為の区別を捨てて,愛の絶対的優位という新しい考察を行っているが,これは後に1271年のクリスマスの『自由討論集』第5巻第19項で,またとりわけ『神学大全』第2部の2第189問1項で再検討され,発展することになる。

この弁護の強みのうちで,トマスが托鉢による自発的

---

51) Cf. Th. KÄPPELI, "Una raccolta di prediche attribuite a S. Tommaso d'Aquino", *AFP* 13 (1943) 59-94, cf. p. 66-67, 84-85.

52) *Contra retrahentes*, chap. 6, lin. 2-3, p. C 45: "Ad hunc autem errorem radicitus extirpandum, oportet eius radicem sive originem invenire".

貧しさに与えている最重要な位置を発見するとしても驚くべきではない。実際，ドゥフィユの表現によれば，論争の核心ではないが，最も明白な基本方針だった[53]。トマスはそこでドミニコ会の最も新しい側面の一つを弁護し，最も長い章をそれに割いている。すなわち，『攻撃する者どもに対して』の中で自発的貧しさを扱った章のためには 1025 行，同じ書物の托鉢の権利を扱った第 7 章のためには 1649 行を割いている。この第 7 章だけで著作全体の 6 分の 1 を占めている。しかし，これらの量的なデータに騙されてはならない。トマスが完成を置いているのは貧しさそのものではないからである。彼はこのことについて，『完全性について』の中で非常に明らかに説明している。

> もし主の言葉を注意深く検討するならば，主が完成を置いたのは財産の放棄そのものではない〔ことに気づくだろう〕。主は完成に導く道としてそれを示しているにすぎない。同様に，主が「もしあなたが完全になりたいのなら，行って，持っているすべてのものを売って貧しい人々に与え，わたしに従いなさい」（マタ 19：21）と言うときの語り方そのものがこのことを証明している。結局のところ，完成はキリストに従うことに存するのであり（in sequela Christi consistat perfectio），財産の放棄はこの道に踏み入らせるものだということになる[54]。

それゆえ，ここでは『自由討論集』第 1 巻 7 問 2 項〔14〕

---

53) M.-M. DUFEIL, "Evolution ou fixité des institutions ecclésiales: une controverse universitaire. L'édition critique de trois œuvres polémique de saint Thomas d'Aquin", *RSPT* 55 (1971) 464-479, cf. p. 472.

54) *De perfectione* 8, lignes 86-94, p. B 73.

異論解答2の目的と手段の区別がはっきりと示されているが，完成の手段としての貧しさというこの主張は『神学大全』に至って決定的な定式に達することになる。「完成は本質的には，貧しさではなくキリストに従うことにある。……貧しさは完成に達することを可能にする手段あるいは訓練のようなものである」[55]。

『攻撃する者どもに対して』の冒頭で述べた原理に対して忠実に，トマスはすでに『対異教徒大全』で，貧しさの善さは，霊的善を追求する際に貧しさがどれほど自由をもたらすかにしたがって判断されると説明している[56]。その結果，貧しさを実践している修道会の目的に貢献する程度に応じて，貧しさの完全性は相対的に判断されることになる。「修道会は追求する目的により適った貧しさを実践していればいるほど完全なものとなる」[57]。ここで標的となっているのがもはや在俗の教授ではなくフランシスコ会士であることが推測できる。もっともジョン・ペッカムはこれに騙されることなく，完成の手段としての貧しさというトマスの主張を激しく攻撃した[58]。

---

55) *ST* IIa IIae q. 188 a. 7: "Perfectio non consistit essentialiter in paupertate, sed in Christi sequela…Paupertas est sicut instrumentum, vel exercitium perveniendi ad perfectionem".

56) *SCG* IV 133, n° 3067: "Non enim paupertas secundum se bona est: sed inquantum liberat ab illis quibus homo impeditur quominus spiritualibus intendat"; voir déjà le n° 3066 et au chap. 135, le n° 3080, et, *ST* Ia IIae q. 108 a. 2 ad3: "Iam imminebat tempus perfectae libertatis".

57) *Ibid*.: "Tanto erit unaquaque religio secundum paupertatem perfectior, quanto habet paupertatem magis proportionatam suo fini"; cf. *ibid*., ad1.

58) J. PECHAM, *De perfectione evangelica*, éd. F. DELORME, p. 117-120. これはとりわけトマスの死後展開されることになる論争の始まりにすぎなかったが，すでに論争の根源の一つが見出せる。このことに関して，U. HORST, *Evangelische Armut und Kirche. Thomas von Aquin und die Armutskontroversen des 13. und beginnenden*

トマスはこのようにして、フランシスコ会の様々な風潮を絶えず動揺させてきた、完全な貧しさに関する終わりのない議論から自分の修道会を解放した。しかし、とりわけ指摘しなければならないのは、これらのテキストの中で「キリストに従うこと」(sequela Christi) に与えられている位置である。トマスが修道生活の本質としてキリストの位置とキリストに従うことをこれほど激しく強調している箇所はおそらくどこにもない。これは真に中心的なテーマである。このことは『引き離す者どもに対して』第 1 章の中で強調されているが、そこでトマスは何度も行いと言葉によって貧しさを教えたキリストに言及している。

しかし、この同じ著作の見事な第 15 章も読まなければならない。そこでトマスは、いつもの控えめな態度からは想像もできないような力強さで、貧しいキリストに対する

---

14. Jahrhunderts, Berlin, 1992 を参照。[以下の見事な研究も参照。U. HORST, "Mendikant und Theologe. Thomas v. Aquin in den Armutsbewegungen seiner Zeit (Zu Contra Retrahentes c. 15)", *MThZ* 47 (1996) 13-31; ID., *Bischöfe und Ordensleute. Cura principalis animarum und via perfectionis* in der Ekklesiologie des hl. Thomas von Aquin, Berlin, Akademie Verlag, 1999——この著作は司教職 (p. 29-109) と修道士の地位 (p. 111-186) に関する神学を論じている——. さらに、同じ Horst は托鉢による貧しさに関する補足的な論文で、この主題に対してトマスとドミニコ会独自の神学がもたらした深化を描写することに専心している——cf. ID., "Thomas von Aquin und der Predigerorden", *Rottenburger Jahrbuch für Kirchengeschichte* 17 (1998) 35-52. 同様に、J. D. JONES, "The Concept of Poverty in St. Thomas Aquinas's *Contra Impugnantes Dei Cultum et Religionem*", *The Thomist* 59 (1995) 409-439 も参照。Jones はこの小著が修道生活の正当性を修道生活を可能にする托鉢以外の方策に訴えることなく弁護していることを想起した上で、トマスが托鉢という概念の意味と整合性を決して明らかにしようとしなかったことを残念に思っている。Jones が確言するところによれば、このことは論証の不備に他ならず、そのため托鉢による貧しさに関するトマスの弁護の全体を損うものなので、問題は長期にわたって未解決にとどまると結論している。]

愛着という個人的信念を明らかにしている。こうした姿勢の背景に，ドミニコ会に入るために，また後にドミニコ会を守るために戦ったトマスの経験を見てとることは可能である[59]。

トマスは模範としてのキリストという主題にこだわっている。この主題は一般的なキリスト教的生活に関する議論の中で再び見出せるが，修道生活に関するトマスの有名な理論——単なる観想的生活よりも使徒的生活の方が優れている——がどれほどキリストの残した範例を直接拠りどころにしているか，指摘せずにはいられない[60]。かなり逆説的な仕方で，トマスはキリストが使徒的生活をその優位性のために選んだとまで確言している。

> 観想的生活は身体的必要性のみを気遣う活動的生活よりも善い。しかし，観想した真理を説教と教育で人々に伝える活動的生活は，単なる観想的生活よりも完全である。というのも，観想の充実を前提としているからである。またそれゆえ，キリストはこのような生活を選んだ[61]。

キリストに次ぐ最高の準拠は初期教会である。修道生活の相次ぐ再興——すべてはその模範を使徒的生活から得ていた——の忠実な相続人として，トマスも初期教会に従うことを好んだ。修道生活の最も完全な状態が見出されるの

---

59) 本書第1章33-37ページ参照。

60) Cf. *ST* IIa IIae q. 188 a. 6.

61) "Vita contemplativa simpliciter est melior quam activa quae occupatur circa corporales actus; sed vita activa secundum quam aliquis praedicando et docendo contemplata aliis tradit, est perfectior quam vita quae solum contemplatur, quia talis vita praesupponit abundantiam contemplationis. *Et ideo Christus talem vitam elegit*" (IIIa q. 40 a. 1 ad 2).

は初期教会であり，すべての修道会はこの模範から霊感を得てきた[62]。「一つの心，一つの魂」（使4:32）という同じ聖書的根拠とともに，同じ考えがほとんど文字通りに『完全性について』の中に見出される。「すべての修道会は初期教会の範例に由来している」。『使徒言行録』のこの同じ聖句は『引き離す者どもに対して』でも繰り返し参照されているが，修道的貧しさを特別に強調するためである[63]。

しかし，『攻撃する者どもに対して』では，修道生活の二重の福音主義と呼べるような事柄が見出される。すなわち，修道士および司教座聖堂参事会員の一般的生活に，前世紀の巡回説教者のような使徒的伝道を結びつけようとするやり方である[64]。トマスは『使徒言行録』4章32節とともに『マタイ福音書』第10章に依拠しているが，二つのテキストの教えを結びつけるものが真の使徒的生活だとしている。このようにして，托鉢修道会の「革新」に対して初期教会の範例を法律上の邪険な規範に仕立てたサンタムールのギョームを前にして，トマスは聖ドミニクが創立した修道会に対して設立の正当性を確証する聖書的根拠を与えた。もしこれが使徒的生活の一種だとすれば，使徒的生活のために設立された修道会で使徒的生活に従うことができるのはまったく明らかである。

　すべての修道会は使徒的生活の模範にしたがって設立されたのであり，これは『使徒言行録』の中で「彼ら

---

62) *Quodlibet* IV q. 12 a. 1 [23]: "In primitiva Ecclesia *omnium christianorum erat perfectissimus religionis status*, secundum illud Act. 4, 32: Multitudinis credentium erat cor unum et anima una...*ad cuius vitae exemplar omnes religiones sunt institutae*".

63) Cf. *De perfectione* 27, lignes 240-242, p. B 106; *Contra retrahentes* 15, lignes 225-242, p. C 70-71.

64) Cf. M.-H. VICAIRE, "L'ordre de saint Dominique en 1215", *AFP* 54 (1984) 5-38, cf. p. 36-38.

はすべてのものを共有していた」と言われていることによっている。……使徒的生活とは、すべてのものを放棄した後、宣教や説教のために世界中を巡るというようなものだった。このことは『マタイ福音書』第10章に見てとれるが、そこではこのことが使徒たちに規律として課せられている。それゆえ、これら二つの役割のために修道会が設立されることはきわめて適切である[65]。

論戦家

トマスは修道生活のためのこれらの論争的著作に身を投じ、他の多くの著作よりも明白に個人的な胸の内を明らかにしている。さらに、トマスが青年時代に守り抜いた大切な職業についていることからも、トマス個人に触れたと感じる。それゆえ、これらの書物はトマスの情熱的な気質を最もよく理解できるものであり、彼の精神的な人物描写に重要な特徴を付け加えることを可能にするものである。大学の混乱した状況の中でトマスはあまりにも臆病になっていたのではないかと心配するとしても、これらの著作は力強さ、毅然とした態度、またドゥフィユが強調したように[66]、『攻撃する者どもに対して』では「時折はっきり分かる皮肉」すらも欠いていない。このようにして、人は同時に二つの団体――教授団と修道会――に所属できないとい

---

65) *Contra impugnantes* 4, lignes 880-889, p. A 78: "Omnis religio ad exemplum vitae apostolicae formata est...Haec autem fuit vita apostolica ut relictis omnibus per mundum discurrerent evangelizando et praedicando, ut patet Matth. X ubi regula quaedam eis inscribitur. ergo ad praedicta potest aliqua religio convenientissime institui".

66) M.-M. Dufeil, *Evolution ou fixité*, p. 471.

う異論に対し，教会法はこのような二重の所属を少しも禁じておらず，むしろ二つの教会団体に同時に所属すること——すなわち，異なる二つの教会の参事会員となることはできない——を禁じているとトマスは反論している[67]。

たとえ後の著作がこのような調子を避けているとしても，以前と同じ厳しさや辛辣さは維持している。若い教授の自己抑制には限界があったのであり，たとえ彼がこの「深刻で緊迫した対話」(H.-F. Dondaine) の中で自制するためにできるかぎりのことをしているとしても，時として敵対者を裁くところまでわれを忘れている。「彼らは完全に嘘をついている」(plane mentiuntur)[68]。『完全性について』でよく知られた最後の言葉が思い出される。

> 誰かがこの著作に対する反論を書こうと思うならば，非常に快いこと（acceptissimum）である。実際，真理が最も明らかになるのは，真理に反対する人々に抵抗するときであり，また彼らの誤りを論駁するときである。『箴言』の中で言われているように，「鉄は鉄によって磨かれ，人間は隣人に触れて洗練される」[69]。

『引き離す者どもに対して』の最後の言葉も同じように断固としたものである。

> もし誰かがこの著作に反対しようと思うならば，子供たちの前でおしゃべりするのではなく，書物を書いて

---

67) *Contra impugnantes* 3, lignes 341-372, p. A 67.

68) *Ibid.*, 24, ligne 238, p. A 162. 文法的にはおそらく「彼らは誤っている」と訳すことができ，その場合トマスの敵対者たちには善き信仰の利点が残るだろうが，彼らが修道士に対して抱いていた悪意を示唆する文脈から見て，トマスが憤っていたことはほぼ疑いない。

69) *De perf.*, chap. 30, p. B 111, avec citation de *Prov.* 27, 17.

公にすべきである。専門家たちが真なる事柄を判断し，誤っている事柄を真理の権威によって論駁することができるようにだ[70]。

「子供たちの前でおしゃべりすべきではない」（Non coram pueris garriat）という言葉には，おそらく神学者たちよりも明らかに若い教養学部の生徒たち――人は彼らに修道会に入ることを思いとどまらせようとしていた――への示唆がある。この最後の言葉を強調することには価値がある。すなわち，これは同じ 1271 年に個人的な挑戦の形でこのような議論に招待している三つ目のテキストである[71]。エドワード・サイナンは，すでに挙げられた論文〔第 1 章註 63 参照〕の中で，トマスが最も予期せぬ文脈で騎士制度から借用した比喩をたくさん使っているのを指摘した。サイナンが集めた証拠にさらに，敵対者に向かって発したこれらの挑戦も付け加えることができるのであり，実際それらは騎乗槍試合の最中に騎士たちが互いに挑み合っていた光景を思い出させるものである。

しかし，トマスが敵対者に挑戦していたと言うだけでは十分でない。敵対者たちの論拠があまりにも一貫性を欠いていたり検証されていないものである場合，トマスは驚き，不忍耐，また憤りさえも示している。このことは『攻撃する者どもに対して』を執筆していた若いトマスに当てはまるだけでなく，生涯続く人物像――トマスは 1270-71 年の時点ですでに 45 歳をすぎていた――だと言える。いくつかの文章を読みなおすだけで，このことは確信でき，

---

70) *Contra retrahentes*, chap. 17, p. C 74.

71) Cf. la finale du *De unitate intellectus*, chap. 5, Léon., t. 43, p. 314, lignes 434-441; *Quodl*. IV q. 12 a. 1 [23], début de la *Responsio*. そこでトマスは挑発するためにアウグスティヌスのテキストを利用している。

現在の肖像研究で普及している穏和で威厳に満ちた恰幅の良い人間とは全く異なった人物像が浮かび上がってくる。

ドミニコ会総長ヴェルチェッリのヨハネスがトマスに、疑わしいとして告発されていたタランテーズのペトルスの見解について尋ねていたのだが、その回答でトマスは判断を述べている。トマスは確かに同僚の弱点を認めているが、同時にきわめてはっきりした言葉で同僚を弁護することを恐れなかった。「反論者が行っているのは中傷であり、問題となっている事柄を理解していない」。また、さらに一歩進めて、「反論者が言っていることは中傷であり、まったく下らないことである」[72]とまで言っている。

離存知性に関する根本的な立場について、トマスは他の箇所で、人が「これほど軽率に」[73]誤ることができるのに驚き、他の立場を形容するために「狂気」(insania)について語ることを恐れていない[74]。これらの不忍耐の特徴がさらに増えるのは、とりわけ『知性の単一性について』である。このことは、部分的には議論に対する熱情と主題の極めて重要な性格から説明できるが、「論争好きの教授」[75]の一側面とも見なせるのであり、こうした見方はまったく正しい。

---

72) *Resp. de 108 art.*, 16 et 74, Léon., t. 42, p. 282 et 290.

73) *Super I de anima*, cap. 1. lin. 372-73 (Léon., t. 45/1, p. 207): "Mirum autem est quomodo *tam leuiter* errauerunt."

74) *De substatiis separatis* 13, lignes 26-28 (Léon., t. 40, p. D 64): "Adhuc in maiorem insaniam procedentes aestimant Deum nihil nisi se ipsum intellectu cognoscere."〔「さらに、より大きな狂気へと進む人々は、神が知性によって自分自身以外のいかなるものも認識しないと考えている」〕。

75) これは P. GLORIEUX, "Un maître polémiste: Thomas d'Aquin", *MSR* 5 (1948) 153-174 という論文の表題である。この点に関するいくつかの補足のために、進んでこの論文を参照している。また、Léon., *Super Iob*, Introduction, t. 26, p. 18* も参照。

168   第5章 托鉢修道会の弁護者

　アヴェロエスがアリストテレスの思想を歪曲する者（deprauator）また転倒させる者（peruersor）とまで形容されているのはこの書物の中でだが[76]，少なくともアヴェロエスの知性は疑われていない。対して，トマスはパリの敵対者たちの知性を強く疑い，荒々しく次のように罵っている。「この見解を弁護する人々は，自分たちがまったく何も理解していないこと（confiteantur se nihil intelligere），さらに自分たちが攻撃している人々と討論する資格すらないことを認めなければならない」[77]。この類の他の悪口を省略し，ここでもまさしく有名な最後の言葉を指摘しよう。

　　もし誰かが誤った知識を自慢しながら，わたしが今書いたばかりの事柄に反対しようと思うならば，街角やこれほど難しい問題について判断できない子供たちの前で（in angulis uel coram pueris）おしゃべりするのではなく，勇気があるならこの書物に反対して書くべきである。それゆえ，このような者はこの問題に関して最も取るに足らない者であるわたしに対してだけでなく，真理を愛し，誤りに抵抗し，無知を救いに来ることのできる他の多くの人々に対してもこのことを行

---

　76) *De unitate intell*. 2, ligne 155; 5, ligne 392: Léon. 43, p. 302 et 314. そこで問題となっているのは，単なる気分の変動とはまったく別の事柄である。いかなる点においてアヴェロエスの解釈が自分の解釈に対立するかをトマスは随分以前から把握していたのであり，「そのことを怒りなくして考える」ことができなかった——cf. R.-A. GAUTHIER, Léon., t. 45/1, p. 224*-225*。Gauthierはこの主題に関して膨大な関連資料を集めた。

　77) *Ibid*. 3, lignes 315-17, p. 306; cf. 5, lin. 397-400, p. 314. そこでトマスは，キリスト教哲学者——これ以上特定していない——がキリスト教信仰についてこれほど不敬虔に（tam irreuerenter）語ることに対して，驚きあるいはむしろ憤りを感じている。

うべきである[78]。

　たとえこの論争がトマスの最良の性質を示していないことを認めるにしても，このように語る人間には知性に関するいかなる臆病もないことを認めなければならない。トマスは自分の価値を自覚しており，敵対者に立ち向かうことを恐れていない。せいぜいおそらく心の底で節度を欠いたことを後悔しているぐらいだろう。しかし，繊細な感覚も持ち合わせていただろうが，トマスはそれを抑制しなければならなかった。それは〔感覚的〕情念が論証の明晰さを曇らせることや，議論の場であまりにも頻繁に感覚的要素が現れることを避けるためだった。自分自身について語らず，決して自分自身を伝えることのない無口な著述家という伝説は，これらの話で十分に破壊されるだろう。トマスが『告白』を書かなかったことは事実だが，彼の著作は思われているよりもはるかに多く彼について語っている。彼の著作を読むときに感じ取ることは，彼の筆跡の分析から異論の余地なく確証できる。

　ずっと以前から自筆原稿の研究は，最終的な執筆に至るまでにトマスがどこでためらったかを確認できる点で，トマスの思想史に関する領域で貢献してきた[79]。しかし，ここでわれわれを引きとめるのはこのことではなく，むしろこの研究で発見できるがあまりにもないがしろにされている側面，すなわちトマスという人間についてのより良い理

---

78) *Ibid.* 5, lignes 434-441, p. 314.

79) 卓越した二つの研究のみを参照しよう。P.-M. GILS, "Textes inédits de S. Thomas: Les premières rédactions du Scriptum super Tertio Sententiarum", *RSPT* 46 (1962) 445-462 et 609-628; L.-B. GEIGER, "Les rédactions successives de *Contra Gentiles I*, 53 d'après l'autographe", dans *Saint Thomas d'Aquin aujourd'hui*, "Recherches de philosophie 6", Paris, 1963, p. 221-240.

解である。トマスの筆跡が難しいのは有名だが、トマスが書くことができなかったとは言えまい。自筆原稿に関する異論の余地のない専門家であるジル神父は、ずっと以前からこの決まり文句の無益さを示してきた[80]。トマスは高度に個人的な筆跡を有していただけであり、その筆跡を検討してみれば、紛れもなく作者の気質が明らかになってくる。

厳格でありながら人を夢中にさせるジルの研究で非常に頻繁に現れる表現はとても驚くべきものであるので、彼がそれを繰り返し、数百の例によって根拠づける必要を感じていることは理解できる。トマスは「張りつめており、急いでいる」。彼は「より早く進みたいと思っている」。正確に書くために必要な「忍耐はトマスにはない」。この理由は、トマスがより明確であるように気遣って書いた自分自身の筆跡がしばしば自分の秘書にうまく伝わらないことに気づいたからである。「急いでおり」、「疲れており」、「不注意な」トマスは、テキストの中に「書き間違い」、「誤記」、「綴り上の誤り」があるままにした。

執筆上のトマスの努力において、主題や語句が逸れていく場合、彼は三回までも同じ段落を繰り返し、「考えていたこととは反対の事柄を書き、語句をなおざりにして破格構文を犯し」、しかもそれらを必ずしも修正していない。すべてを述べることはできないので、最後の要約を取り上げよう。「それゆえ、聖トマスは急いでいる人間だった。彼は書くことの要求にぶつかっている。絶えず自分自身の不注意を経験し、そのために中断や後戻りせざるを得なかった。思想を整理すること、それを表現する方法と格

---

80) Gils の総括的な研究をいくら推薦してもしすぎることはない。その中で Gils は、40 年以上にわたりトマスの自筆原稿と絶えず向き合ってきた経験から学んだことを総括している。"S. Thomas écrivain", Léon., t. 50, p. 175-209.

闘している。自分を前に進める抵抗できない力のせいで犯した矛盾に対して，細心であると同時に無頓着だった」[81]。

この人物描写が，「共通博士」，「スコラ学の天使」として人がいつも心に抱く，時間を超えた思想家のそれとは一致しないことを認めなければならない。次のように言えるかもしれない。たとえこの人物描写が現実に対応しているとしても，最終的にこのことには，少なくともそれ自体，永久的に不変である彼の思想に関して見るべきものはほとんどないと。このように推論することはトマスの教えの歴史性——これは教えを正確に理解するために非常に啓蒙的なものである——を尊重しないことだろう。アリストテレスにしたがって「事柄をその発生において考察するとき，それについて完全な認識を得る」[82]と繰り返しているのはトマス自身ではないだろうか。トマスについて興味を抱くべきは単に相次ぐ執筆における進歩だけではなく，彼がその死の瞬間まで思想のうちに示していた自己自身であり，彼の著作の多くの点がこのことを証言している。この類の研究では失うものよりも得るものの方が多い。

ここでは彼の知的発展の問題に深入りすることなく次のように言おう。トマスの人物像や具現化していたキリスト教的生活の範例をまったく無視するならば，たとえ彼を聖人として崇拝していても真に大切にしているとは言えないだろう。このように急いで書く人間と，敵対者にこれほどあっさり挑戦したり，敵対者の矛盾に苛立つ人間との間に

---

81) P.-M. Gils, Léon., t. 50, p. 176, 179, 195, 208-209.

82) Cf. ARISTOTE, *Politique* I ii, 1, éd. J. AUBONNET, Paris, 1960, p. 13; cf. S. THOMAS, *Sententia libri Politicorum*, Léon., t. 48, p. A 73, lignes 135-137: "In omnibus enim ita uidemus quod si quis inspiciat res secundum quod oriuntur ex suo principio, optime poterit in eis contemplari ueritatem." M.-D. CHENU, *La théologie comme science au XIIIe siècle*, Paris, [3]1957, p. 9 の翻訳を採用した。

連続性があることは疑いない。もしトマスがこのように激しく自分の意見を述べていたとすれば，実際上気分の痕跡がまったく見られない練り上げられた著作は，高潔な自己抑制から出てきたものだと推測しなければならない。対して，これらの言葉遣いの差をもたらしている不忍耐からすぐに理解できるのは，全世界の人々がトマスの才能のうちに認めている自然な穏健さがむしろ獲得されたものだったという事実である。ほとんど同じ確認にすぎないこれらのことを熟考することで，トマスの弟子はトマスが単に思想上の教師だけでなく生の教師でもあったことを的確に把握できるだろう。

第6章

イタリアへの帰還

—— 『対異教徒大全』——

1259年6月の初め，トマスは研究を推進する役割を持った委員会の仕事に参加するために，ドミニコ会の総会が開かれていたヴァランシエンヌに赴いた。全員がパリの神学教授である五人の構成員から成るこの委員会は，この時代のドミニコ会の知的エリートを招集した。トマスに加えて，そこには昔の教師アルベルトゥス・マグヌス，サン・ジャックのドミニコ会の第一講座で教えていた，エリー・ブルネの同僚ボノム・ル・ブルトン（Bonhomme le Breton），彼の後継者であり1256-57年にトマスの同僚だったエスダンのフローラン（Florent de Hesdin），そしてタランテーズのペトルスがいた。ペトルス自身もこの同じ講座で1259年から1264年まで，そして再び1265年から1267年まで教えたに違いない。彼は二度にわたりフランス管区長を務めた後，1272年に枢機卿に選ばれたが，後の1276年1月21日，インノケンティウス5世の名で教皇に選出された。彼はこの役目を数か月しか務めなかったに違いない。というのも，1276年6月22日に亡くなったからである[1]。

---

1) この主題について次の業績を参照。M.-H. LAURENT, *Le bienheureux Innocent V (Pierre de Tarentaise) et son temps* (Studi e Testi

研究の推進

　この委員会の招集と仕事は，聖ドミニクの最初の意図にしたがって知的生活を優遇するという観点で，ドミニコ会の全体的な方針の枠内に位置づけられる[2]。ドイツ人ヨハネスはすでに聖ドミニクに忠実であるという意志を証明していたが，最も明白なものは1248年のパリの総会で採択された，サン・ジャックのそれに加えて四つのストゥディウム・ゲネラーレを開設するという決定である。アルベルトゥスとトマスがケルンへ出発したのはこの措置の結果である。この新しい委員会とともに，今度はアンベール・ド・ローマンがこの方向性を追求する旨を明らかにした。実際，十中八九，総会の前に委員会の構成員を指名し招集したのは彼である[3]。さらに，彼はこの主題がいかなる点で非常に重要かを『修道士の生について』(De uita regulari) の中で示した。この書物は彼の総長職の後に書かれたが，そこでは研究と書物に関する事柄が長きにわ

---

129), Rome, 1947; A. AMARGIER, art. "Innocent V", *Catholicisme* 5 (1962) 1661-1664. 他の人物の情報についてはかなりばらつきがあるが，彼らに関して，Glorieux, *Répertoire* I, あるいは Käppeli, *Scriptores* の解説を参照。

　2) Cf. A. DUVAL, "L'étude dans la législation religieuse de saint Dominique", *Mélanges offerts à M.-D. Chenu*, "Bibl. thom. 37", Paris, 1967, p. 221-247.

　3) これは Quétif-Echard にしたがった WN, p. 112 の示唆である。それによると，トマスはローマ管区代表の同僚という資格で総会に参加していたが，この示唆にはいかなるテキスト的な根拠もない。もっとも，この同僚の名前は分かっている。それは前年にヴィテルボの総会に指名されたトーディのローラン (Laurent de Todi) である——*MOPH* 20, p. 23。

たって詳細に説明されている[4]。

それゆえ，委員会は総会の議事録の中に記載されている一連の勧告を作成した[5]。それらはすべて他の仕事よりも研究を優先することを強調している。すなわち，講師たちを第一の仕事を妨げる業務や任務に従事させるのを避けること。その結果，講義のときにはそれに出席しなければならない人々がミサを執り行うことを禁止している。若い人々に関しては，彼らをストゥディウム・ゲネラーレに送る前に研究に最も適した人材を選ぶことが問題となっている。年老いた人々に関しては，当局は修道院長ですら都合がつくたびに講義を受ける義務があることを忠告している。講師自身も手が空いているときには討論に行かなければならない。定式的なものはないとしても，すでにこれは現代でも大切にされている継続的研鑽の考え方である。

もしある管区が非常に貧しく各修道院に講師を持つことができない場合，当局は若い人々をこれらの施設に残してはならないことを注意している。むしろ若い人々を育成できる場所に送るべきである。もしある管区に修道士ではない人々にも開かれている公の教育ができる人材がいないとしても，少なくとも私的に——修道院の内部で——教育を行わなければならない。また，そこで少なくとも，大食漢ペトルスの『教会の歴史』(Historia ecclesiastica)，あるいはペニャフォルトのライムンドゥスの『〔悔悛の〕機会についての大全』(Summa de casibus)，あるいはこの類の

---

4) HUMBERT DE ROMANS, *Opera de vita regulari*, éd. J. J. BERTHIER, Roma, 1888-1889, t. 2, p. 254-266.

5) *MOPH* 3, p. 99-100. *Chartul.*, nº 335, p. 385-386 は，1261 年にベジエで開かれた管区会議に基づいて，委員会の五人の構成員の名を挙げている——texte en Douais, *Essai*, p. 173。Weisheipl, p. 160-161 には，テキストの短い分析がある。

何らかの教科書を読まなければならない[6]。修道士は怠惰であってはならない（ne fratres sint ociosi）。とりわけ当局は，若い人々が基礎となる哲学的教養を学べるように，自由学芸の学習のための施設の設立を勧告している。

〔委員会が作成した〕このテキストを読むと，確かに委員会の仕事とこの主題に関するドミニコ会の理想の高尚な考え方を理解できるが，同時に新しい状況もはっきりと把握できる。ドミニコ会の初期の人々がしばしばすでに教養を身につけ，すぐに指導や教育の役目を果たせたのに対し，人々が多く入会するようになると，初歩的な基礎を欠いている若い人々も見られるようになった。それゆえ，この欠如を埋め合わせる必要があったが，たちまちいくつかの管区がきわめて貧しいという問題が発覚し，また勉学に対する熱意があまねく共有されていないことが分かった。それで，視察員は次のような措置がきちんとなされているかどうか監視しなければならなくなった。すなわち，講義での勤勉さの検証——それを欠く修道士は厳しく罰せられる（dure puniantur）——，若い人々の勉学上の進歩の点検と怠慢な人々の処罰（puniant negligentes），教育の質と頻度の調査，すべての管区で十分な数の教育者がいるかどうかの確認——個人におけるある種の可動性を促進することになるが——である。

---

6) ここで次の解説を参照。L. BOYLE, "Notes on the Education of the *Fratres Communes* in the Dominican Order in the Thirteenth Century", dans *Pastoral Care*, étude VI. Boyle によれば，初期ドミニコ会は聴罪司祭のための道徳的教科書，とりわけペニャフォルトのライムンドゥスのそれを大いに尊重していた。

1259-61 年の不確実性

　総会の後，おそらくトマスはパリに戻った。もし自由な日がなおも幾日かあったとすれば，おそらくトマスは6月29日まで講義を続けただろうが，正教授の職を最後まで務めた。たった今述べたことから容易に理解できるように，ドミニコ会の方針のためにパリで働く教授は短期間で交替するようになったが，それは彼らが続けて他の場所に移って教えるために，できるだけ多数の人材を迅速に育成するというドミニコ会の目的のゆえだった[7]。

　それゆえ，トマスは数週間前に後継者で当時命題集講師だったイギリス人オールトンのギョーム（Guillaume d'Alton ou d'Altona）の就任講演を主宰したが，彼は1259-60 年の一年間だけ教授職を務めた。ギョームは聖書に関する著作をかなりたくさん書き，それらはサン・シェールのフーゴー以降のサン・ジャックの研究のラビ的伝承の系譜に属するものだが，トマスの聖書註解のいかなる影響もとどめていない[8]。続いて，講座はトマスの弟子にして友人アンニバル・ド・アンニバルディ（Annibald de Annibaldis）に移ったに違いない。彼は，1262 年 12 月にウルバヌス 4 世が枢機卿に選ぶまで，1260-62 年の二年

---

　7) Ptolémée XXII 24 は，トマスが「特定の理由からパリへ戻ってきた」（rediit de Parisius *ex certis causis*）と確言している。歴史家たちはこれらの語句が何を意味しているか見抜こうとして憶測にふけっている——cf. WN, p. 115-116。われわれが提案する説明は最も自然に見えるものであり，Weisheipl, p. 164-165 や Tugwell, p. 217 の説明と同じものである。

　8) もっともこの人物はあまり知られていない。Cf. T. KÄPPELI, art. "Guillaume d'Alton", *DHGE* 22 (1988) 836-837; *Scriptores* II, p. 82-88; Glorieux, *Répertoire* I, nº 18, p. 113-116.

間講座を担当した。トマスが数年後に『カテナ・アウレア』の最後の3巻を捧げたのはアンニバルディに対してである。前任者とは反対に、またおそらく最初のことだが、アンニバルディはタランテーズのペトルスを利用しながらも、すでに教師の影響を明らかにしている。というのも、彼の『命題集註解』はトマスのそれの弛緩した要約にすぎないからである[9]。

続く二年間、日付と場所は不確かなものとなる。いつトマスがイタリアに出発したか分かっていない。トロメオはこのことがウルバヌス4世の治世下での出来事で、それゆえ1261年8月29日より以前のことではないとしているが、これはあまりにも遅すぎる[10]。マンドネ——彼はド・ルベイ（De Rubeis）の見解を繰り返しているように見える——は、トマスがアレクサンデル4世のそばで教皇庁講師を務めるために直接アナーニに赴いたと考えた[11]。しかし、この見解はかつて複数の著述家が受け入れていたが、今日ではいかなる伝記作者や古い資料でも根拠づけられないことを理由に破棄されている。ありそうなことだが、ワイスハイプルの仮説によると、トマスはイタリアに戻ったとき、きわめて普通のことながら、出身修道院があるナポリに赴いたに違いない[12]。彼はそこで1259年の終わりか1260年の初めからオルヴィエトに召喚される1261年9月

---

9) Ptolémée XXII 23 はすでにこのことに気づいていた。Cf. R. COULON, art. "Annibaldi ou Annibaldeschi della Molara", *DHGE* 3 (1924) 387-388; Käpeli II, p. 174-176; Glorieux, *Répertoire* I, n° 19, p. 117.

10) Ptolémée XXII 22 et 24. Mandonnet, *Lecteur*, p. 9-19 の議論を参照。

11) Mandonnet, *Chronologie sommaire*, p. 144.

12) Weisheipl, p. 165-166. Tugwell, p. 221 は、ここで Weisheipl に一致している。

まで生活しただろう[13]。

われわれの見解によれば, この仮説は最も真実らしいが, いかなる資料もこの時期にトマスがナポリに滞在していたことを明確に証明していないという事実にぶつかる。ある人々はトマスがすぐにパリを離れることができなかったとすら考えており, ヴァルツほどの冷静な歴史家もこの可能性を検討することをためらっていない[14]。おそらくナポリの管区会議が1260年にトマスを総説教者に選んだかもしれないことを除いて[15], トマスがイタリアで行ったことについてはさらに分かっていない。正確なところがどうであれ, この同じ年の1259年9月, トマスはまだイタリアに到着していなかったようだ。というのも, 同じ時に開かれたローマの管区会議はまだ彼についていかなる言及もしていないからである。それゆえ, もしデニフレ, アントワーヌ・ドンデーヌ, 初期のゴーティエの微妙な差異のある見解に触れているヴァルツに従うならば, このことについては慎重に保留すべきだろう。「おそらくトマスは1259年の終わりか1260年の初めにフランスを離れ, 1260年9

---

13) Cf. *Documenta* 30, p. 582.

14) WN, p. 117:「一般に受け入れられている見解とは反対に, おそらくトマスはヴァランシエンヌの会議の後, パリに戻ってきた。もはや教育するためではない。というのも, 彼の後継者たちが分かっているからである。そうではなく, 『対異教徒大全』を進めるためである」。実のところ, このことは, 後に述べる自筆原稿の検討から判明することとほとんど両立しない。

15) 上記註13参照。しかし, この仮定的表現はぜひとも必要である。というのも, この事実を確立するために参照された情報源は, 16世紀の終わりか17世紀の初めの匿名の資料であり, どこから情報を得てきたかをまったく示していないからである。P.-T. MASETTI, *Monumenta et Antiquitates veteris disciplinae Ordinis Praedicatorum ab anno 1216 ad 1348…*, Roma, 1864, t. II, p. 267-268 は, 付録でこの資料を再現しているが, 同じような事例で慣例となっているように判断を保留している。

月29日に開かれたナポリの管区会議の前にはイタリアにいたと思われる」[16]。

　今度はタグウェルが問題を再検討して，歴史家たちが置かれている不快な状況を非常に明らかに要約し，資料の空白を埋めるのに創意工夫に富んだ推測をしている。彼の見解は次のように要約できる。ヴァランシエンヌ〔の総会〕の後，トマスは用事を済ませるためだけにパリに戻っている。彼が著述のためだけにパリにとどまったことはあまりありそうにない。しかし，トマスがナポリに戻るまでにこれほど長い時間を費やした理由は分からない。おそらく，修道士の勉学について総長に報告する任務で，ミラノやボローニャで手間取ったのかもしれない。そして，待降節のための二つの説教——これはこれらの場所を証明している——をそこで行っただろう。その後，トマスはナポリにある出身修道院に戻り，オルヴィエトに召喚される1261年か1262年までそこにとどまった[17]。

　われわれの意見では，テキストの沈黙にこだわりすぎることは間違っている。修道士トマス・アクィナスに言及していない，1259年の管区会議とは別の管区会議がたくさ

---

16) WN, p. 117. Gauthier は *Nouvelle introduction au Contra Gentiles*——彼はこれを親切にも公刊の前に知らせてくれた——の中で，この旅行をむしろ秋に位置づけている。「トマスはこのようにして酷暑と冬の悪天候を避けただろう」。[ここで述べられた *Nouvelle introduction* は，その後次の表題で出版された。SAINT THOMAS D'AQUIN, *Somme contre les Gentils*, *Introduction* par R.-A. GAUTHIER, Paris, Éditions universitaires, 1993. たとえ理解を容易にするために *Nouvelle introduction* という表題を保持しているとしても，この著作を参照する際はこの版の正確なページを [ ] で補足している。それゆえ，ここでは p. 18 を参照。]

17) Tugwell, p. 216-223. 313ページの註207は修正すべきである。というのも，Gauthier神父の名でわたしの論文の一つを引用し，身に覚えのない反論をわたしに帰しているからである。わたしはこの点について一度も Mandonnet を論駁していない。

んあっただろう。トマスが学期が終わってからパリで手間取ったことはあまりありそうにない。イタリア帰還の正確な日付がいかなるものであれ——1260年の初めよりは1259年の後半が好ましい——，最も自然な解答として次のように言える。トマスはこの時期ナポリで生活しただろう——この確証として，列聖裁判でのセッサのコンラッド（Conrad de Suessa）の証言を参照[18]——。また，ワイスハイプルが示唆しているように，トマスはそこで比較的暇な時間に恵まれ，パリを離れる前から始めていた『対異教徒大全』（Summa contra Gentiles）の執筆を進めることができた。

『対異教徒大全』の執筆年代

『対異教徒大全』は大部分——著作のおよそ3分の1，多くの欠落を含みながらも第1巻13章から第3巻120章に相当する——に関して，聖トマスの自筆原稿が残っている特権的な著作の一つである[19]。トマスの自筆原稿を検討して得られるいつもの指摘に次のことを付加できる。これは「聖トマスが大切にした著作であり，トマスは何度も繰り返し読んで変更や修正を行った」。「自筆原稿として保存されている全章は少なくとも一回の改訂を経ており，大部分は二回から三回，最後の読み直しを考慮に入れるなら四回までも改訂されている」[20]。

これらの確認を行ったジル神父は，そこから再検討が必

---

18) *Naples* 47, p. 326-27. この証言については，Tugwell, note 206, p. 313 の指摘を参照．

19) Cf. H.-F. DONDAINE et H.-V. SHOONER, *Codices manuscripti operum Thomae de Aquino*, t. I, Roma, 1967, p. 3-5.

20) P.-M. GILS, Léon., t. 50, p. 204 et 207.

要な結論を引き出している。しかし，次のことを最初に知らせた功績はゴーティエ神父にある。すなわち，『対異教徒大全』の冒頭は，『ボエティウス「三位一体論」註解』と同じ羊皮紙に，同じパリのインクで書かれている。15ページ以後に羊皮紙の変化を確認し，14ページの裏面43行目にインクそのものの変化——ゴーティエはこれを「露骨な変化」と言い，ジルは「根本的な変化」と確言している——に気づく[21]。このことから不可避的に，この変化はトマスがパリを離れてイタリアに出発した時に遡るという蓋然的な結論が引き出される。

第二の批評家が完全に採用し[22]，アリストテレスの使用，活用されている公会議録，とりわけ御言に関する教えの発展についての綿密な検討で確証されたこの結論から，ゴーティエは到達した成果を以下のように要約した。「聖トマスが1259年の夏以前にパリで第1巻の最初の53章に関する最初の執筆を行ったことはほとんど確実である。彼は1260年以降イタリアでこの最初の53章を改訂し，第1巻54章以後の『対異教徒大全』の残りを完全に書き上げた。第3巻第84章に関する最初の執筆が1261年以前ではありえないこと，1261年に第2巻と第3巻も進行中だったことは確実である。第4巻が1263年の終わりあるいは1264年の初めより以前には完成しておらず，1265-67年以前に完成していたことは，確実とは言えないまでも非常に蓋然的である」[23]。[Gauthier, p. 486-488は，巻，

---

21) *Introduction historique à S. Thomas d'Aquin. Contra Gentiles*, introduction de A. GAUTHIER, trad. de R. BERNIER et M. CORVEZ, t. 1, Paris, 1961, p. 31-34. より古いこの業績と *Nouvelle introduction* (1993)を混同しないように。後者は前者を補完し，かなり頻繁に修正しているので，今後は後者を用いるべきである。[上記註16参照。]

22) Gilsのことである——cf. Léon., t. 50, p. 208。

23) Gauthier, *Introduction*, p. 59.

さらには章に至るまでの日付をよりいっそう正確に述べている。すなわち、第 1 巻 1-53 章に関する最初の執筆はパリで 1258-59 年に行われ、第 1 巻 53-102 章はイタリアで 1259-61 年に——第 53 章は 1264 年頃三度目の執筆の対象となった——、第 2 巻はオルヴィエトで 1261-62 年に、第 3 巻はオルヴィエトで 1263-64 年に、第 4 巻はオルヴィエトで 1264-65 年にそれぞれ書かれた。]

『対異教徒大全』をはるか後に、すなわちトマスの第二回パリ大学教授時代に位置づけようとしたマルク（P. Marc）を除けば[24]、この提案は批評家たちの賛同を得たと思われる[25]。およそ 30 年後に、その間に自分自身が行ったすべての仕事と他の学者たちが成し遂げた多くの研究——とりわけその重要性を強調できる、レオニーナ委員会の研究とラテン語版アリストテレス全集の研究——の光の下で再検討を行ったゴーティエは、詳しい説明を付け加えたにすぎなかった。全体的な枠組みは大きな変更を許さないほどに堅固であり、活用された証拠も同じものだった。

しかし、アリストテレス作品の翻訳が現れた日付と各翻訳の特異性がより正確に知られるようになると、『対異教徒大全』のイタリアで書かれた部分はもはや 1250 年代にパリで普及していた翻訳ではなく、1260-65 年にイタリアで知られ始めていた翻訳を利用していることが分かってきた。「われわれは新しい著作が出版されるのを確認した。すなわち、ドイツ人ヘルマン（Herman l'Allemand）による『弁論術』の翻訳、『幸運についての書』（Liber de bona fortuna）、とりわけメルベケのギョームによる最初の翻訳、『政治学』の翻訳、『動物論』の翻訳。このようにして第 3

---

24) P. MARC, *Introductio à S. Thomae Aquinatis Liber de Veritate Catholicae Fidei contra errores Infidelium*, Torino, 1967, t. 1, p. 312-382.

25) Cf. O. L(OTTIN), *BTAM* 9 (1962-1965), n° 457, p. 145-146; L. J. BATAILLON, *RSPT* 47 (1963), p. 248-249.

巻第 85 章の執筆を 1263-64 年まで後退させなければならなかった」[26]。

証明は，そこでのアリストテレスの翻訳が『神学大全』第 1 部，『霊魂論註解』，定期討論集『霊魂について』および『霊的被造物について』で使用されている，1265 年 12 月以後に現れた翻訳ではないという補足的な指摘で明確なものになる。しかし，最初の試論に比べて決定的に進歩した点は第 4 巻の年代決定である。その「始点」を正確に述べることは，公会議録や教父の資料の検討によってかなり容易である。トマスがそこで使用しているのは『カッシーノ集成』（Collectio Casinensis）であり，これによって彼は『命題集註解』では未知にとどまっていた，最初の四つの公会議，とりわけエフェソス公会議とカルケドン公会議のテキストに接近できた。それゆえ，トマスがこうした知識を得たのはイタリアに帰ってきてからである[27]。いっそうはっきりした事実がある。すなわち，トマスはコトローネのニコラウス（Nicolas de Cotrone）が書いた『ギリシャ人の誤謬に対する聖霊の発出と三位一体の信仰に関する書』（Liber de processione Spiritus sancti et fide Trinitatis contra errores Graecorum）を知っていたが，教皇ウルバヌス 4 世はおそらく 1263 年か 1264 年の初めにこれをトマスの検討に委ねた。トマスは『ギリシャ人の誤謬を駁す』（Contra errores Graecorum）でこれを論駁することになったが[28]，

---

26) *Nouvelle introduction*, chap. II [, p. 100].

27) Cf. Geenen, "En marge du concile de Chalcédoine", *Angelicum* 29 (1952) 43-59.

28) Cf. Léon., t. 40, p. A 5-20, voir p. A 19.〔『対異教徒大全』〕第 4 巻の第 38 章ととりわけ第 69 章を見れば，『ギリシャ人の誤謬を駁す』がすでに書かれていたことが分かる。というのも，『ギリシャ人の誤謬を駁す』第 2 巻 39 章は『対異教徒大全』第 4 巻 69 章の中で繰り返されているからである——cf. Léon., t. 40, p. A 9 et H.-F. DONDAINE, "Le *Contra errores Graecorum* de S. Thomas et le IVe livre

このことは最初の3巻の執筆年代にうまく一致する。

この第4巻，それゆえ著作全体の「終点」に関して言えば，ゴーティエは大胆にも1265年まで早めることができると考えている。ペサック（H. Paissac）が浮き彫りにしたような御言の教えに関する聖トマスの発展は[29]，証明の主要な一部をなしている。この発展に関して，『命題集註解』のためらいの後の二つの段階を強調できる。第一の段階は『対異教徒大全』第1巻53章，第4巻11章に，第二の段階は『能力論』第8-9問に見出せる。ゴーティエはこの確認に基づいて，歴史的な詳細に磨きをかけている。すなわち，第4巻11章と第1巻53章は実のところ同時代のものである。というのも，自筆原稿の検討から判明することに，トマスは第4巻11章を書いていたとき，第1巻53章のテキストも再検討していたからである。『能力論』に関して言えば，1265年9月8日にトマスが召喚されたローマで討論されている[30]。

このことに加えて，トマス自身が複数回にわたって『対異教徒大全』を参照していることを指摘しなければならない。『信仰の諸根拠について』（De rationibus fidei）の中で何度も[31]。『対異教徒大全』への関連が明らかな『神学提要』

---

du *Contra Gentiles*", dans *Les sciences phil. et théol.*, 1941-1942, p. 156-162.

29）H. PAISSAC, *Théologie du Verbe. Saint Augustin et saint Thomas*, Paris, 1951.

30）後にトマスのイタリア滞在の年代学を再検討することになるが，すでに一連の証拠からはっきり分かっている『能力論』の執筆年代は，写本 Subiaco, Bibliothèque de l'abbaye 211, f. 175r, fin XIIIe ou début du XIVe からも確証できる。そこでは明確に，Questiones fratris T. de aquino quas disputavit rome と記されている——cf. Grabmann, *Die Werke*, p. 306。

31）Prol. 1, ligne 63; chap. 7, 29-31; 10, 112; cf. Léon., t. 40, p. B 57, 66 et 73; pour la date, cf. *ibid.*, p. B 7.

の中で[32]。最後に,『霊魂論註解』の中で。トマスは『霊魂論註解』で長々とアヴェロエスを論駁せずにすませている。というのも,彼はこのことを他の場所で十分に行ったからである[33]。しかるに,これらすべての書物は 1265 年の直後に位置づけられる。ゴーティエ神父は一致するこれらすべての証拠に基づいて,次のように結論づけた。「聖トマスが 1265 年 9 月にローマへ出発する以前に『対異教徒大全』を完成したと推測することは許される。それゆえ,第 4 巻はおそらく 1264-65 年に書かれた」[34]。

　この結論——執筆時にはこのような形で公にされていなかった——を根本的な仕方で問題にすることなく,ジル神父はゴーティエの主張にある補足を提案できると思い込んでいた。すなわち,自筆原稿にその痕跡が見られる遅い改訂を考慮するならば,「聖トマスがこの特権的な著作を第二回パリ滞在時代に至るまで修正できた——たとえそれがいくつかのセミコロンであっても——と主張する仮説」をゴーティエは拒絶しないだろうと。ここで写本研究の綿密な仕事は賞賛できるが,そこからマルクの主張はゴーティエのそれと同様に本当かもしれないと結論してはならない。この類の修正は明らかに本質的な変更ではないので,提案された執筆年代の古さを再び問題にすることはできない。ジルの言明から引き出される恐れのある誤った解釈に対してゴーティエが注意を促していることは正しい。「ロー

---

32) J. Perrier は,「驚くべき類似」と言い, A. R. Motte——Léon., t. 42, p. 8, n. 3——は,トマスが「『対異教徒大全』を眼下に置きながら」『神学提要』を書いていると付け加えている。執筆年代に関して言えば, Dondaine 神父は Van Steenberghen の「『神学提要』の信仰に関する部分は『能力論』とほぼ同時代のものである」という提案に賛成している。

33) *Sentencia libri de anima* III 1, lignes 353-355, Léon., t. 45/1, p. 207; cf. Introduction, p. 227*-228*.

34) *Nouvelle introduction*, chap. II [, p. 108].

マでの聖トマスの教育は、『対異教徒大全』の最終的執筆の全体に関する『終点』である」[35]。

『対異教徒大全』の目的

　それゆえ、たとえ執筆の行程の日付がかなり明らかなように思われるとしても、『不信仰者の誤りに対するカトリック信仰の真理に関する書』（Liber de ueritate catholicae fidei contra errores infidelium）——写本はこの言葉で始まっている——の意図については常にかなり激しく議論されてきた。〔『対異教徒大全』という〕題名——これは1272年頃の写本が与えた特別な権威を持たないものである——に言及されている「異教徒」（Gentiles）に影響されてできあがった、16世紀か17世紀に遡るにすぎない伝統的見解によれば、著作の意図は次のように要約できる。トマスはこの書物をペニャフォルトのライムンドゥスに依頼されて書いただろう。ライムンドゥスはスペインでなおも非常に近くにいたイスラム教徒を改宗させるために、「宣教師に必要となる知的な武器を提供するよう若い同僚に頼んだと思われる」[36]。早急な読者はシュニュー神父がこの見解を条件法を用いて述べたこと、また彼が二ページ先でこの見解をはっきり論駁したことに気づかなかった。「『対異教徒大全』は宣教師の手引書をはるかに超え出るものであり、知的エリートが見ても十分密度の高いものである……。要するに、この書物はアヴェロエスを特別に狙って書かれたものではない。そこでは、異教徒であれ、イスラム教徒であ

---

35) *Nouvelle introduction*, chap. I [, p. 109-142]; Gils, Léon., t. 50, p. 208.

36) Chenu, *Introduction*, p. 247-248.

れ，ユダヤ教徒であれ，異端者であれ，誤謬を語るすべての人々が検討と批判の対象となっている」[37]。

　研究者たちがもっと正確に偉大な先行者〔であるシュニュー〕を読んでいたらよかったのだが。故意ではなかったが，シュニューは今なお続いている論争全体の口火を切ったのであり，ここで概略を思い起こさなければならない。というのも，部分的にせよ，この論争はこの書物の理解に影響するからである。最初の人々のうちの一人ゴーティエ神父は，「宣教的」伝統の脆弱性を示した。すなわち，適切な仕方で保証されていないものの，編年史家ピエール・マルシリ（Pierre Marsili）のテキストはイスラム教徒よりもむしろ異教徒について語っており，トマスのテキストの検討から，イスラム教徒は対象となる唯一の不信仰者や異端者ではまったくないことが分かっている。トマスはイスラム教徒にほとんど関わっておらず，トマスがイスラム教について語る事柄を見れば，彼がイスラム教の教えをほとんど理解していないことは明らかだ。『対異教徒大全』は直接的な宣教——たとえそれがアヴェロエス主義者たちに対する内的な宣教という意味で理解されようとも——のあらゆる目的を大きく超え出るものであり，さらに護教的な枠組みにも収まりきらない。むしろそこで問題となっているのは，知恵への志向と方法で書かれた神学的著作であり，この著作ほど歴史的状況を感じさせないものは他にない[38]。

　議論を終わらせるどころか，この最終的な判断はむしろ再び火をつけたように思われる。1964 年，ペジス（A. C. Pegis）は議論を疑い，この著作の対象はアリストテレス

---

37) *Ibid.*, p. 250.

38) Gauthier, *Introduction*, p. 60-87, cf. 121. より古い文献としてこれらのページを参照している。同時に，*Nouvelle introduction*, chap. III [, p. 108]: "Les erreurs des infidèles" も参照。

主義の哲学者たちだと提案した。「トマスはキリスト教神学の内奥で活性化され浄化された現実の下にアリストテレスの諸真理を彼らに示し, これらの真理を生かす根源が啓示の世界のうちにあることを明らかにしようとした」[39]。

二年後の1966年, ファン・ステーンベルヘン (F. Van Steenberghen) は良き将来を約束された定式を提案した。「聖トマスが信仰に関与するキリスト教思想家——神学者であれ, 哲学者であれ——のために書いていることは明らかである。しかし, 主としてイスラム国家の不信仰な知的世界と接触を持たねばならない人々が使用するために, 特別に『対異教徒大全』を構想したと考えることも可能である」[40]。

著作の宣教的意図, あるいは少なくとも護教的意図は, なおも1967年にマルクが[41], 1974年にウェルガ (A. Huerga) が弁護した[42]。しかし, この同じ年, コルバン (M. Corbin) はゴーティエの論駁を再検討し, 『対異教徒大全』に「聖トマスにおける第二の神学理論」を見ることを提案した[43]。なおも1974年に, トゥリエル (Q. Turiel) は, この著作はカトリック信仰の「検証」のために教養ある信者に向けて書かれたものであり, 内的使用を目的とした護教的著作だと主張した[44]。1986年, ジョーダン (M. D.

---

39) A. C. PEGIS, "Qu'est-ce que la *Summa contra Gentiles* ?", dans *L'homme devant Dieu. Mélanges offerts au Père Henri de Lubac*, t. 2 "Théologie 57", Paris, 1964, p. 169-182, cf. p. 182.

40) *La Philosophie au XIII{e} siècle*, p. 323 (²1991, p. 290)

41) P. MARC, *Introductio*, p. 535-561.

42) A. HUERGA, "Hypótesis sobre la génesis de la *Summa contra Gentiles* y del *Pugio fidei*", *Angelicum* 51 (1974) 533-557.

43) M. CORBIN, *Le chemin de la théologie chez Thomas d'Aquin* (Bibl. des Archives de Phil., N. S. 16), Paris, 1974, p. 475-691.

44) Q. TURIEL, "La intención de Santo Tomás en la *Summa contra Gentiles*", *Studium* 14 (1974) 371-401.

Jordan）はこの議論を踏まえた上で，まったく異なる読み方をしている。「この著作は，読者を説得して，キリスト教的知恵の獲得的徳と注入的徳を実践させようとするものである」[45]。

しかし 1983 年，パットフォール（A. Patfoort）は「中間的な解決」を述べた。これは見たところ無意識のうちにファン・ステーンベルヘンにかなり近い見解を繰り返すものだが，パットフォールによると現時点でのデータの全体をおそらくより完全に尊重するものであり，彼は『対異教徒大全』に次のことを見るように提案している。「この著作はキリスト教徒でない人々や不信仰者のために構想されているが，不信仰者と接触したり，彼らの反論に立ち向かったり，彼らにキリスト教の教えを提示し，キリスト教の教えが彼らの困難を免れており，彼ら自身の確信と十分に一致するという事実を示したりするキリスト教徒自身に向けて書かれている。要するに，『対異教徒大全』は不信仰者に対してキリスト教信仰を教える学校であり，キリスト教徒と不信仰者との間の先駆的なエキュメニズムの試みだったと言えるだろう」[46]。はっきりとした宣教的意図へ戻ろうとする批評家たちはこの主張を議論に十分決着をつけるものと見なしていないが[47]，他の批評家たちにとってパットフォールの論拠は「非常に説得的だと思われている」[48]。

---

45) M. D. JORDAN, "The Protreptic Structure of the 'Summa contra Gentiles'", *The Thomist* 50 (1986) 173-209, cf. p. 208.

46) A. PATFOORT, "La *Somme contre les Gentils*, école de présentation aux infidèles de la foi chrétienne", dans *Saint Thomas d'Aquin. Les clefs d'une théologie*, Paris, 1983 (= Patfoort, *Clefs*), p. 103-130, ici p. 105.

47) C. VANSTEENKISTE, *RLT* 19 (1986), p. 208: "un manuale eccellente per i missionari".

48) M.-V. LEROY, *RT* 1984, p. 303.

たとえこれらの研究者たちがゴーティエ——彼がパットフォールトの述べる conuincere の意味を問題にしているのは非常に的確である——を説得できなかったとしても，ゴーティエは現在ではよりいっそう微妙な差異のある仕方で自分の考えを述べている。いわく，『対異教徒大全』は「時間を超えた渇望」を持っており，このことはこの著作がそれが書かれた時代に対してだけでなく「すべての時代に対して有益でありうる」ことを意味している。その意図は「直接的で限定的な宣教ではなく，普遍的宣教の射程における知恵」に関わるものである[49]。この最後の定式に同意できるが，それは疑いなくトマスのいつものやり方にはるかに近いものである。

『対異教徒大全』の方法と構想

この著作の方法と構想に関して言えば，トマスは非常に美しいテキストの中で明らかな仕方で説明しているが，以下でそれをたっぷりと再現し，註解しなければならない。というのも，これは神学に関する彼の考え方の要約——これに非常に類似したものは，『ボエティウス「三位一体論」註解』のような先の著作であれ，『神学大全』や『自由討論集』第4巻のような後の著作であれ，他の著作に見出せる——であるだけでなく，トマスが独自の著作を執筆する様子が明確に見てとれる場所でもあるからだ[50]。正教授

---

49) Gauthier, Léon., t. 45/1, p. 293* et 289*, n. 2. Gauthier が *Nouvelle introduction* [, p. 180, n. 6] で主張しているのはこの見解である。そこでさらに彼は，「古い『導入』で述べたいくつかの誤った表現」を後悔していると言っている。

50) *SCG* I 9. 時々修正されている Bernier-Corvez の翻訳を使用する。実際のところ，最初の9章は「方法論」のようなものであり，

としての三か年の後，才能に満ち溢れ，行いたいことを完全に自覚した若い教授は最初の総合に着手した。

> 知恵ある者は……神的現実の二重の真理を示し，また同時に対立する誤謬を論駁しようと努めなければならない。これらの仕事の一つは，理性の探究で十分だが，他の仕事は理性のあらゆる企てを超え出るものである。わたしが語る二重の真理に関して言えば，それは単一な真理である神自身の側からではなく，神的な事柄を前にして様々な様相を帯びるわれわれの知識の側から考察されたものである。

早急な読者にとって，二重の真理というこの言明は，後にエティエンヌ・タンピエ（Etienne Tempier）が告発したような混乱を招く恐れがある。しかし，トマスはすぐにこのことについて満足のいく仕方で説明している。むしろここで分かるのは，これら最初の数行が，より個人的な色調を持つ，すでに第2章で定式化されているより簡潔な言明にどれほど一致しているかである。

> 知恵ある者の任務——これはわれわれの力を超えるものである——を引き受ける大胆さを神の憐れみから汲みながら，目標として，「カトリック信仰の真理を為しうるかぎり説明し，対立する誤りを拒絶する」つもりである。聖ヒラリウスの言葉を借りるならば，「わたしの生涯の主要な任務——これをわたしは神を前にした義務として自覚している——は，言葉を尽くし，感情を尽くして神について語ることである」。

第9章はその要約である。

トマスが少しばかり胸の内を明かしている箇所の一つとして，正当にも非常にしばしば引用されるこの文章は，ルネ・アントワーヌ・ゴーティエがめったにない的確さで註解している。

> 聖トマスが『命題集註解』の冒頭でも『神学大全』の冒頭でも書くことがなかった，これらのページに固有のことは，ここと同様それらの著作にも見出せる内容ではなく，個人的な調子であり，抑えられた感情であり，聖トマスに神学者という職業を自分の人生にすることを表明させた熱意である。すなわち，計画は打ち明け話となっており，『対異教徒大全』は講義でもなく，教育的著作でもなく，個人的考察の試みである[51]。

また，最初に引用したテキストは二つの主要な仕事の下に，トマスが神学者に割り当てており，数か月前に『ボエティウス「三位一体論」註解』の中で三つに区分しながら展開した役割を再編成している[52]。しかし，神学での理性の使用を断固として信頼すると同時に，理性に頼ることのできない事柄をはっきり自覚するという同じ態度が変わら

---

51) Léon., t. 45/1, p. 290*.
52) Cf. *Super Boetium De Trinitate*, q. 2 a. 3: "…in sacra doctrina philosophia possumus tripliciter uti. Primo ad demonstrandum ea quae sunt praeambula fidei…quae fides supponit. Secundo ad notificandum per aliquas similitudines ea quae sunt fidei…Tertio ad resistendum his quae contra fidem dicuntur siue ostendendo ea esse falsa siue ostendendo ea non esse necessaria."〔「聖なる教えでは三つの仕方で哲学を使用する。第一は，信仰の前提を明らかにするためである。第二は，信仰に属する事柄を何らかの類似性を通じて知らせるためである。第三は，信仰に反する事柄に抵抗するためであり，その事柄が偽であることを示したり，必然的ではないことを示したりして行われる」〕。

ず見てとれる。

> それゆえ，第一の様相における真理の明示は，明証的で敵対者を打ち負かせる論拠を通じて進められる。しかし，このような論拠は第二の様相における真理のためには有効でないので，論証によって敵対者を打ち負かすことではなく，敵対者が真理に反して述べる論拠を解消することを目標とすべきである。「というのも，自然理性は信仰の真理に反して進むことができないからである」。このような真理に反対する者を説得するこの特有の方法は，奇跡を通じて神的に確証されている聖書から引き出せる。「実際，われわれが人間理性を超え出る事柄を信じるのは，ただ神の啓示に基づいてのみである」。しかし，この真理を明らかにする目的で，蓋然的な論拠を述べることができ，そこで信仰者の信仰は働き休息するが，こうした論拠は敵対者たちを打ち負かすことができるようなものではない。「こうした論拠が不十分であることからむしろ敵対者たちは自分たちの誤りに固執するが，というのもわれわれがこれほど脆弱な論拠から信仰の真理に同意していると考えるからである」。

最後に強調した二つの文章を違和感なく註解したものとして，『神学大全』のほとんど知られていない二つの文章がある。最初の文章に関連して，トマスは受肉の理由に関する主要な既知事項を再確認している。「ただ神の意志のみに依存し，それに対して被造物がいかなる権利も持たない事柄は，神の意志を伝える聖書が教える程度にだけ知られる」[53]。おそらく御言は罪がなくても受肉できたかもしれ

---

53) *ST* IIIa q. 1 a. 3.

ない。しかし，このように推論することは仮定的神学に陥ることであり，「もし……ならば，このことが起こっただろう」と想像して，事柄に関する自分の見方を神のそれに置き換えることになるだろう。真の神学者はより謙遜に現実主義者にとどまろうとし，啓示内容により忠実であろうとするが，同時にいかなるものであれ論拠と総合を大切にする。トマスは自分の構築したものが救済の歴史に基づくものであり，「配剤」（économie）が「神学」への唯一の道であることを忘れていない。

註解したテキストの末尾は同じ真理の他の側面であり，謙遜への新たな招待にすぎない。トマスは確かに理性の力を認めているが，同時にその限界も理解している。「三位一体を自然理性によって証明しようとするならば，信仰に二重の害を与えることになる。まず，目に見えない事柄，すなわち人間理性を超える事柄を対象とする信仰そのものの尊厳が正しく認識されない。次に，ある人々を信仰に導く方法が危険にさらされる。実際，信仰の証明のために必然的ではない論拠を用いることは，『信仰を不信仰者たちの軽蔑にさらすことである』。というのも，彼らはわれわれがこうした論拠を拠りどころに信じていると考えるからである」[54]。

> それゆえ，計画は提案した方法にしたがって進められるので，まず信仰が表明しかつ理性が発見する真理を明らかにすることを試みよう。その際に示すのは明証的で蓋然的な論拠であり，そのうちのいくつかは哲学者たちや聖なる人々（sancti）が提供したものであり，真理を確証し敵対者を打ち負かす（conuincere）ために役立つものである。次に，より明らかなものからよ

---

54) *ST* Ia q. 32 a. 1; cf. q. 46 a. 2.

り明らかでないものへ進んで，理性を超える真理を説明しよう。その際，敵対者の論拠を論駁し，神の許すかぎり，信仰の真理を蓋然的な論拠と権威によって明らかにしなければならない。

知るべきことに，聖なる人々（sancti）とは教父たちのことである。後にトマスが彼らに認めていた重要性を指摘することになるだろう。ここで注意しなければならないのは，conuincere という語が自然的にこの語に与えられる意味をまったく有していないということである。問題となっているのは，「説得する」ことではなく，「誤った者に誤りを認めさせる」ことである[55]。理性が信仰を証明できないことは，理性が敵対者の反論を前に無力であることを意味しない。反対に，トマスは信仰を有する理性の能力に揺ぎない信頼を示している。「自然理性は信仰の真理に反して進むことができないので」，少なくとも敵対者の論拠が真の証明ではなく「解体できる」詭弁であることを示せる[56]。

それゆえ，トマスはこの文章の末尾で，『対異教徒大全』第4巻で論じようとしている事柄を告げている。信仰の真理に関する説明は理性の把握の外部にある。そこには必然的ではない蓋然的な論拠しかない。しかし，トマスは神秘主義について語ることを断念しない。トマスが後に説明す

---

55) ここで Gauthier の論証を参照。Léon., t. 45/1, p. 290*-292* (contre Patfoort, *Clefs*, p. 114); *Nouvelle Introduction*, chap. IV [, p. 147-156]: "La double tâche du sage".

56) *ST* Ia q. 1 a. 8: "Cum enim fides infallibili veritati innitatur, impossibile autem sit de vero demonstrari contrarium, manifestum est probationes quae contra fidem inducuntur, non esse demonstrationes, sed solubilia argumenta."〔「というのも，信仰は不可謬の真理に基づいており，真なることの反対は証明できないので，信仰に反して導入される証拠が証明ではなく解消できる論拠なのは明らかだからである」〕。

るように，神学的議論には二種類のものがある。一つは誤りを退けるものであり，もう一つは真理を理解できるようにするものである。もし第一のもので満足するとすれば，聴衆はおそらく何が真で何が偽かを知ることができるだろうが，提示された真理が何を意味しているか理解できず，空っぽの頭で立ち去らなければならないだろう[57]。しかし，よく形成された頭は満足した頭よりも好ましい。

　それゆえ，われわれは人間理性が神について発見できる事柄を理性の道を通じて理解するつもりであるので，まず神自身に固有な事柄を検討すべきだろう。次に，神からの被造物の発出を検討し，第三に，目的としての神への被造物の秩序を考察しよう。

それゆえ，これら最後の言葉は理性にとって接近可能な諸真理——たとえ遠くからでもアリストテレスに拠りどころを見出せる——にあてられた最初の3巻の構想を素描している。「第一に，……神自身に関する事柄——神の存在と完全性——について。第二に，神からの被造物の発出

---

57) *Quodl*. IV q. 9 a. 3 [18]; voici la fin de ce texte: "Quaedam uero disputatio est in scholis, non ad removendum errorem sed ad instruendum auditores ut inducantur ad intellectum veritatis quam intendit, et tunc oportet rationibus inniti investigantibus veritatis radicem et facientibus scire quomodo sit verum quod dicitur; alioquin si nudis auctoritatibus magister quaestionem determinet, certificabitur quidem auditor quod ita est, sed nihil scientiae vel intellectus acquiret sed vacuus abscedet."〔「対して，大学で行われるある討論は，誤りを取り除くためではなく，聴衆を教化して真理の認識という目的に導くためのものである。その際，真理の根拠を探究し，言明がいかなる仕方で真であるかを示す理性に頼らなければならない。そうではなく，もし教師が単なる権威から問題〔の結論〕を決定するならば，聴衆は確かにそのようであることを確認できるが，いかなる知識も認識も得られず，空しく立ち去ることになるだろう」〕。

——神と被造物における創造の働き——について。第三に，目的としての神への被造物の秩序——神の摂理と統帥——について」。この構想は明らかにトマスが『神学大全』で活用することになる構想を予示している。トマスがそこから三位一体と救済の業——秘跡を経て受肉から再臨に至るまで——を排除していることを除くならば。トマスはこれらの題材を「理性を超えるかの真理の明示のために」——すなわち，教父たちが本来的な意味で「神学」（theologia）および「配剤」（oikonomia）と呼んでいた事柄に——あてる第4巻のために残している。この類似性と相違は指摘に値する。それゆえ，トマスは後に豊かに活用することになる円環的図式をすでに所有していたが，部分的に理解を超える論拠のために，まだ意図の完全な統一に成功していなかった[58]。

---

58) 『対異教徒大全』はほとんどすべてのヨーロッパの言語に訳されている。フランス語では，Gauthier 神父が *Nouvelle introduction* を書いた翻訳を待つ間，Bernier-Corvez の翻訳が最良のものである。本章の途中で言及した研究の他に，以下の研究も参照。B. MONTAGNES, "Les deux fonctions de la sagesse: ordonner et juger", *RSPT* 53 (1969) 675-686; A. C. CHACON, "El tratado sobre la gracia en la 'Summa contra Gentiles'", *Scripta theologica* 16 (1984) 113-146; N. W. MTEGA, *Analogy and the Theological Language in the Summa contra Gentiles. A Textual Survey of the Concept of Analogy and its Theological Application by St. Thomas Aquinas*, Bern, 1984; J. R. MENDEZ, *El amor fundamento de la participación metafísica. Hermeneutica de la "Summa contra Gentiles"*, Diss. Later., Rome, 1985 (cf. *RLT*, 21, 1988, n° 88, p. 56-60). ［ここで G. EMERY, "Le traité de saint Thomas sur la Trinité dans la *Somme contre les Gentils*", *RT* 96 (1996) 5-40 を参照。この業績は教父の文献を多く使用するトマスの神学的方法を明らかにするために貴重だが，この業績のおかげで上で述べたことを修正できる。すなわち，『対異教徒大全』は『神学大全』のために用意された多かれ少なかれ見事な下書きどころか，独立的な著作と見なすべきである——cf. p. 38。ところで，この註を書いた後に，上で言及した新しい翻訳が出版された。Cf. THOMAS D'AQUIN, *Somme contre les Gentils. Livre*

『対異教徒大全』の内容

　もし今，作者が論じている題材の概略をつかもうとするなら，4巻すべてを少し念入りに追っていかなければならない。トマスのすべての著作と同様，構造は完璧なまでに明晰であり，様々な部分の構成を見分けるのにいかなる困難も感じない。また，『神学大全』と比べることで，二つの著作を相互的に明らかにできる。

　それゆえ，たった今想起した「方法論」の後に，第1巻は直ちに神の存在（10-13）に移行している。神の存在はわれわれにとって自明な事柄ではないので，確立しなければならない。というのも，それは「著作全体にとって必要な基礎であり，もしこのことが得られなければ，神的現実に関するすべての研究が必然的に崩壊するからである」[59]。『神学大全』の冒頭を合わせて読むと，ここで最初の確認ができる。すなわち，〔『神学大全』において〕トマスは論の進め方を豊かにしているが，まさに同じ構造を守っている。また，二つの事例について，トマスは自分の論証の中で否定の道（via remotionis）に最重要の役割を認めている。彼によれば，肯定の道によっては神の存在にしか達することができず，神の本質が問題となっている場合，この道は不適切なことが明らかとなる。

---

sur la vérité de la foi catholique contre les erreurs des infidèles, traduction inédite, avec introductions, notes et index, par V. AUBIN, C. MICHON, D. MOREAU, 4 vol., "Garnier Flammarion 1045-1048", Paris, Frammarion, 1999.]

　59）　*SCG* I 9, fin. 続くページのテキストの途中にある参照はすべて『対異教徒大全』に対するものである。アラビア数字は各部分で問題となっている巻の章を示している。

実際，神の本質はその無限性によって知性が到達できるあらゆる形相を超えており，それゆえ神の本質をその何であるかを通じて捉えることはできない。しかし，神の本質についてその何でないか（quid non est）を検討して何らかの知識を得ることはできる。また，知性に頼って神からより多くの事物を遠ざけることができればできるほど，いっそうこの知識に近づくことになる[60]。

　この数行の重要性をいくら強調してもしすぎることはないだろう。トマスにとって，神が何でないかを知ることは神についていかなる知識も得ないことではない。というのも，このようにして神を神ではないすべてのものから区別するからである。その結果，否定に否定を重ねて，神をすべてのものから区別されたものとして知るとき，神の本質に関する固有の知識に達するだろう。しかし，それは完全な知識ではないだろう。というのも，神が神自身において何であるかは知られていないからである。それゆえ，神学的議論全体には，あちこちで――『対異教徒大全』でも，『神学大全』でも，しかしすでに『命題集註解』でも――，否定神学を表明する序文が先立つことになる。トマスの生涯の最期にかなり悲痛な仕方でこの表明を再び見出すとき，このことを思い出さなければならないだろう。しかし，実際のところ，この表明がトマスの歩みから離れることはなかったと思われる。

　中世思想史の専門家たちは，ここでトマス・アクィナスがマイモニデスと『迷える者への導き』（Guide des égarés）に負っている事柄を容易に認めることができた。ユダヤ思想家の神の超越性に関する鋭い考えを学んだトマ

---

60) *SCG* I 14; cf. *ST* Ia q. 3 *Prol.*.

スは，考察の最重要な位置に否定の道や否定的属性を置いた。その結果，彼は神について知ることができるのはその何であるかではなく，ただ神が存在することだけであり，さらにこのことはわれわれに固有のものとはまったく異なる仕方で神の存在を理解する場合のみだと確言した。かつてアヴィタル・ヴォールマン（Avital Wohlman）は，二人の思想家の関係を扱った見事な書物の中で[61]，トマスが自分のテキストをマイモニデスのテキストを眼下に置きながら書いたことを指摘したが，彼女は次のことも力強く強調した。すなわち，類比に関する教えのおかげで，トマスはマイモニデスの曖昧な表現のために前進できなかった道に入り込めた。トマスは表示された性質（ratio significata），すなわち属性が示す完全性と，表示の様態（modus significandi），すなわち表示された性質が神において実現する仕方を区別することで，神についての有効な議論──神について何らかのことを把捉し実際に語ることを可能にする──を行う方法を得たが，神秘主義も尊重していた。というのも，表示された完全性が実現する本来的意味での神的な様態は，結局理解を超えているからである。

この基本的な与件が得られ，常に機能しているがゆえ

---

61) A. WOHLMAN, *Thomas d'Aquin et Maïmonide. Un dialogue exemplaire*, Paris, 1988, voir surtout p. 105-164.［Wohlman は数年後にこの主題を再検討したが，その表題の変更から見て，彼女が見解を変えたことは明らかである──A. WOHLMAN, *Maïmonide et Thomas d'Aquin. Un dialogue impossible*, Fribourg, 1995。R. IMBACH, "Alcune precisazioni sulla presenza di Maimonide in Tommaso d'Aquino", *Studi 1995*, a cura di D. LORENZ e St. SERAFINI, Roma, PUST, 1995, p. 48-64 が後に示したように，トマスとマイモニデスの関係はきわめて複雑である。この論文は先行研究 R. IMBACH, "Ut ait Rabbi Moyses. Maimonidische Philosopheme bei Thomas von Aquin und Meister Eckhart", *Collectanea Franciscana* 60 (1990) 99-115 (= *Quodlibeta*──下記 329 ページ註 52 参照, p. 333-349) を補完，修正している。］

に，トマスはあたかもそれについて知らないことが何もないかのように，神のあらゆる完全性を列挙できた。聖書の啓示と同様に哲学的必然性に基づいて神からあらゆる変化（15-17）とあらゆる複合（18-27）を遠ざけた後，トマスは神は最高に完全だが，類比的認識と類比的名称の対象だと確言できた（30-36）。神学者は真に神について語ることができる。このことがなければ，神学者はもはや黙るしかないだろう。この議論は神自身が啓示によって示した論拠に基づいてのみ可能である。しかし，それは可能なのであり，まさにこの点でトマスは根本的にマイモニデスとは異なっている。

　神の完全性に関して言えば，神の善性が最重要な位置に置かれる。善性そのものにおいて，また被造物との関係において（37-41）。神のみが善なのではなく，神はあらゆる善きものにとっての善である。次に，神の一性（42），神の無限性（43）が来る。また，神は知性によって永遠の現在のうちに自身とすべてのものをそれらの現実性において認識するが，それは心の思いや最も卑しい被造物にまで及ぶ（44-71）。同様に，神は意志によって自身を欲することで存在するすべてのものを欲し愛する。ただし，神は不可能なことを欲することも事物から偶然的な特徴を奪うこともできない（72-85）。これら最後の命題は，推察されるように，将来の激論の核心となるものである。トマスは軽率にも神の全能に限界を定めたのだろうか。……トマスは第1巻を終えるにあたり，いかなる仕方で神の自由意志，情念，徳は語れるかを正確に述べ（88-96），しかしとりわけ神がこの上もなく生きている者であり（97-99），至福と呼ばれる完全な幸福の実現そのものであることを強調している（100-102）。

　すでに知っていることだが，第2巻は神からの被造物の「発出」を検討している。いくつかの予備的考察の後に

(1-4)，第5章で三つの部分からなる構想を述べている。1）事物の産出（6-38），2）その区別（39-45），3）創造され区別されたこれらの事物の本性（46-101）。トマスはこれらすべてのことについて，「信仰の真理に関わるかぎりで」論じようとしている。この最後の指摘はきわめて重要である。というのも，『対異教徒大全』が時折言われるように『哲学大全』であるどころか，まさに神学的著作であることを教えてくれるからである。

この観点からして，第2巻の冒頭に置かれた前提的考察はこの上なく重要である。神学者トマスは神に関するよりよい認識のために被造物に関する認識が神学者にもたらす利点についていくつかの論拠を示している。まず，人はある事物について働きを知らないかぎりそれを完全に認識できない。さらに，神の業に関する考察は信仰の確立をもたらしてくれる。しかし，とりわけ「被造物が神とのある種の類似性を反映していることを考えれば」，被造物を正確に理解しないと，神的な事柄の理解も誤ることになる。このようにして，哲学者と神学者がどれほど異なる観点から被造物を考察しようとも，被造物への関心の点で神学者が哲学者に劣るわけではない（1-4）。

それゆえ，トマスはまず創造論を提示している。存在の根源としての神は活動的力によって働きの根源でもある（6-14）。神は全事物の存在の普遍的原因であり，創造主はその働きを先行する主体なしに，運動，変化，継起なくして行使する（15-19）。神の様相に関して言えば，この働きはもっぱら神にのみ固有のものであり，全能，賢明，自由，無償であり（20-29），重要な説明だが，その結果において時間的なものである（30-38）。それゆえ，これら最後の数章に見出されるのは，世界の永遠性という非常に議論された問題である。しかし，『世界の永遠性について』という有名な小著──これについてはすぐに語ることになる

——の中で、トマスは時折情念によってわれを忘れているのに対し、ここでトマスは冷静さと節度とともに考えを述べ、この主題に関する最も見事な説明の一つを伝えている。世界の始まりについて語っている『創世記』の最初の数章の教えに忠実に、トマスは世界が永遠に存在するという哲学的考えを退けているが、同じ力強さでもって、世界が真に始まりを有していることを合理的に証明できると主張するキリスト教の博士たちに反対している。というのも、世界が始まりを有していることは信仰によってはじめて保持できるからである。

第二の部分の数章は、もし事物の最初の産出を神に帰すべきなら、おそらく事物の区別は偶然や第一質料や善きものであれ悪しきものであれ二次的原因の結果ではなく、業の完成のために区別を欲した神の秩序づける知恵から出てきたものに他ならないことを付け加えている (39-45)。

それゆえ、第三の部分は神の結果の本性、より正確には神が創造した世界の頂点に置こうとした知性的被造物を問題にしている (46-55)。主題はここで二つの大きな下位区分へと分けられる。まず、身体と結びついている知性的被造物、すなわち人間について (56-90)。次に、離存的知性実体、すなわち天使について (91-101)。この問題に深入りすることなく、これらのページ、とりわけ第56-58章と第68-72章に、アリストテレスの質料形相論に関するトマスの根本的にして特徴的な立場が見出せることを指摘しよう。すなわち、霊魂は不可滅性と非質料性にもかかわらず、身体の実体的形相として直接身体に結びついている。

最も浩瀚な第3巻は163章を数える。先の例のように、最初の数ページはきわめて重要である。というのも、トマスは意図を正確に述べ、すでに述べられた事柄に結びつけているからである。

第1巻で神的本性の完全性を，第2巻で神の力の完全性——神は全事物の原因にして主人である——を論じたので，この第3巻で残っているのは，神が全事物の目的にして指導者であるかぎりで，神の権威あるいは尊厳の完全性を検討することである。それゆえ，考察は次の順序に従う。1）全事物の目的としての神，2）神が全被造物を統帥するかぎりで普遍的な支配について，3）知性的被造物のために取っておかれた特殊的な支配について（III 1）。

それゆえ，全体的な主題は神の摂理であり，神が創造したこの世界を気遣い統帥する仕方，言い換えれば神がこの世界を自分自身へと導く方法である——この構想について最初に「目的としての神への被造物の秩序について」（de ordine creaturarum in Deum sicut in finem）と述べている。この構想を詳細に追うならば，この入門書の目的から逸脱することになろう。しかし指摘すべきことに，トマスは同じ素描を『神学大全』で行っているが，『対異教徒大全』と近接している点と相違している点がある。そこには近接性がある。というのも，『神学大全』第2部も人間の神への還帰を語っているからである。そこには相違がある。というのも，本来的な意味で神の支配に関する事柄は『神学大全』第1部で論じられているからである。その結果，摂理に関する部分は『対異教徒大全』ではるかに発展しているが，真の目的を探求する人間の有徳な行為に関する部分は『神学大全』ではるかに詳しく論じられている。

この単純な指摘は二つの著作の構想を一目見ただけで分かるものだが，著しく洗練する必要がある。摂理にあてられた論述の長さにはまったく偶然的な理由があるかもしれない。というのも，トマスはこの同じ時期に摂理を主要なテーマの一つとして持つ『ヨブ記註解』に取り組んでいた

からである。しかし，むしろトマスが神学全体に関する研究を書くための最も良い方法を探していることが感じとれる。トマスほどの強力な総合的精神は，『命題集』の註解者としてそうせざるを得なかった〔努力の〕分散に満足できなかった。それゆえ，他の道を探している。おそらく彼は『神学大全』の構想でより満足することになるが，読者はそこから先行する著作は参照しなくてもよいと結論してはならない。『対異教徒大全』は依然として必要不可欠なものである。

　二つの大全の構想が異なりながらも相補的であることは，第4巻に関しても明らかになる。というのも，トマスはそこに三位一体論を置いたが（IV 1-26），『神学大全』では第1部に置くことになるからである。このことの理由は，すでに言及したように，トマスが論述の末尾で「理性にとっては近づくことのできない諸真理」を論じようとしたからである。しかし，このことを除けば，すでに述べたように，『対異教徒大全』の構想は『神学大全』のそれを適切に告げている。すなわち，受肉（27-55），秘跡（56-78），人間の究極的な終局（79-97）である。しかし，これら三つの最後の部分について再び相補性を強調できる。受肉の考察に関して言えば，『神学大全』はより完全である。というのも，〔具体的〕存在に根ざした詳しいキリスト論——これは「イエスの生涯」（IIIa q. 27-59）と呼ばれている——のおかげで豊かになっているからである。そのかわりに，『神学大全』ではまさに秘跡と究極的な終局の論述に移るのを死が妨げることになるので，最も完成度の高い説明を見出せるのは『対異教徒大全』である。というのも，『対異教徒大全』はまさにそれらの論述で締めくくられているからである。それらの論述のみが『対異教徒大全』を完成したとまで言える。というのも，神の業が成就するのはまさにそこにおいてのみだからである。「なぜな

ら，結果が究極的完成を見るのは，始原に還帰するときだからである」(II 46)。トマスがこの考え方を負っているのは，ただ新プラトン主義に対してだけでなく聖書に対してもそうなのであり，彼が締めくくるために訴えているのは聖書である。「わたしは新しい空と新しい地を見た」[62]。

---

62) Ap 21, 1; Is 65, 17-18, cités en finale de *SCG* IV 97.

第 7 章
オルヴィエト滞在（1261-65 年）

　トマスが『対異教徒大全』を執筆するために比較的自由な数か月に恵まれたことを認めるとしても、そこから他の義務がなかったと結論することはできない。総説教者という新たな資格のためにトマスは管区会議の権限を持つ構成員となり、会合に参加する義務が課された。時折トマスの名に言及しているローマ管区の会議録のおかげで、毎年の一連の足どりを比較的確実に再構成し、オルヴィエトやローマでのこれら数年の活動について年代学の枠組みを素描できる。

　それゆえ、以下のように構成できる。1261 年 9 月 14 日、十字架称賛の祝日に、トマスは管区の各修道院の院長や代表とともにオルヴィエトにいた。1262 年 7 月 6 日、聖ペトロ・聖パウロ大祝日の 8 日間は、彼らとともにペルージャにいた。1263 年のおそらく 9 月は、ローマに、1264 年 9 月 29 日、聖ミカエルの祝日には、ヴィテルボにいた。1265 年 9 月 8 日、乙女マリア誕生の祝日には、アナーニに、1266 年 8 月 5 日、聖ドミニクの祝日には、トーディにいたし、1267 年のおそらく 7 月には、ルッカに、1268 年 5 月 27 日、聖霊降臨祭には、ヴィテルボにいた[1]。

---

1) Cf. *MOPH* 20, p. 25-35; WN, p. 117-118.

トッコの言明によれば、トマスは観想に没頭することを好み、ほとんど旅をしたがらなかった。彼が迅速に従ったのは、観想がもたらす謙遜から、従順があらゆる徳の母であることを知っていたからである[2]。彼が旅を嫌悪した理由は容易に想像できる。肥満のせいで物事は容易ではなかったろうし、旅の移動に費やす時間は無駄に思われたに違いない。というのも、トマスは著述や教育という他の活動をきわめて重視していたからである。まず、『対異教徒大全』の執筆を終えなければならなかったが、他に為すべき事柄もたくさんあった。

オルヴィエトの修道院講師

1261年9月14日、トマスが参加した最初の会議で、彼はオルヴィエトの修道院講師（pro lectore in conventu Urbevetano）に任命された[3]。ここで強調しなければならないことだが、かつてマンドネが書いたこととは反対に[4]、トマスは1244-45年にインノケンティウス4世が設立した教皇庁付属の学校の教員ではなく、ドミニコ会修道院の講師だった。この時期の托鉢修道会の「講師」(lector)、「修道院長」(prior)、さらに「ローマ教皇庁の修道院」(conventus romanae curiae) と言った決まり文句は、ローマ教皇庁があった都市の講師、修道院長、修道院以外のいかなることも意味しない。この主題にあてられた資料的根拠を持つ研究によれば[5]、これを疑うことはもはや不可能

---

2) *Ystoria* 25, p. 282 (Tocco 25, p. 98).
3) *Documenta* 30, p. 582.
4) P. MANDONNET, "Thomas d'Aquin lecteur à la curie romaine. Chronologie du séjour (1259-1268)", *Xenia thomistica* III, p. 9-40.
5) この主題について次の研究を参照。R. CREYTENS, "Le

210   第7章　オルヴィエト滞在（1261-65年）

であり、この誤りを繰り返してはならない[6]。

　修道院講師の職は、二年前のヴァランシエンヌの総会の忠告内容——今日「継続的研鑽」と呼ばれている考え方——を実現することを目指して、ドミニコ会の各修道院で行使されていたものに違いない。それゆえ、トマスは共通の兄弟（fratres communes）と呼ばれる、すなわちストゥディウム・ゲネラーレやストゥディウム・プロウィンキアーレですら学ぶことができなかったすべての修道士たち——修道士が10人いれば9人がそれに該当していた——に対して、うまくいけば彼らを教皇ホノリウス3世がドミニコ会士に委託した二つの主要な使命、すなわち説教と告解へと準備させるために、正規の教育に没頭しなければならなかった。レナード・ボイルの業績のおかげで[7]、こ

Studium Romanae Curiae et Maître du Sacré Palais", *AFP* 12 (1942) 5-83; R. LOENERTZ, "Saint Dominique écrivain, maître en théologie, professeur à Rome et Maître du Sacré Palais d'après quelques auteurs du XIVe et XVe siècle", *ibid.*, p. 84-97. Weisheipl, p. 176-187 はいくつかの点で改善しながらこれらの研究を繰り返している。

6) Creytens と Loenertz の研究は、E. PANELLA, "Il 'lector romanae curiae'nelle cronache conventuali domenicane del XIII-XIV secolo", *CIVICIMA* 5 (1992) 130-139 が確証し完成した。Panella は、教皇庁付属学校の教員に「聖なる宮廷の講師」（lector sacri palatii ou in sacro palatio）——これはアヴィニョンの教皇政治に基づいている——というはっきりした資格があったこと、また聖アルベルトゥスからこの時代に至るまでいかなるドミニコ会士もこの地位につかなかったことを明らかにしている。

7) "Notes on the Education of the *Fratres communes* in the Dominican Order in the Thirteenth Century", *Xenia…Käppeli*, p. 249-267 (repris dans *Pastoral Care*, Etude VI). ［ボイル神父のこの論文の補足として指摘できることに、聖トマスに関する彼の研究のすべては彼を記念した諸巻の一つに集められた。L.E. BOYLE, *Facing History*: *A Different Thomas Aquinas*, with an Introduction by J.-P. TORRELL, "Textes et études du Moyen Âge 13", Louvain-La-Neuve, 2000. とりわけドミニコ会士の育成に関する彼の業績は、彼の弟子たちが見事に引

の教育がいかなるものであったかかなり明らかになっている。

　この時期，ドミニコ会は1217年に創設されてから約50年が経とうとしていた。同僚が委託された仕事を果たせるように，幾人かのドミニコ会士はすでに一連の道徳的教科書をすっかり書き終えていた。最も有名なのは，ペニャフォルトのライムンドゥスの『〔悔悛の〕機会についての大全』——その初版は1224年に遡るが，1234年か1235年に改訂，改良された——，サン・シェールのフーゴーの『教会の鑑』（1240年頃），グイレルムス・ペラルドゥス（Guillaume Peyraut）の『悪徳についての大全』（1236年）と『徳についての大全』（1249年か1250年），ボーヴェのヴァンサンの『大いなる鑑』（1244年および1259年）である。オルヴィエトに着いたトマスは司牧的実践を目指して兄弟たちを育成することを第一の仕事としていたので，これらの教科書を無視できなかった。トマスはとりわけペニャフォルトのライムンドゥスの『〔悔悛の〕機会についての大全』を非常によく理解しており，『命題集』の結婚に関する区分の註解のためにライムンドゥスから多くを借用した[8]。トマスは後に『神学大全』を執筆するときにも

き継いだ。弟子たちの業績で重要なのは，M. Michèle MULCHAHEY, "*First the Bow is Bent in Study*…". *Dominican Education before 1350*, "Studies and Texts 132", Toronto, P.I.M.S., 1998 である。Mulchahey はいささか謎めいたこの表題——これはサン・シェールのフーゴーの言葉である「人は勉学の弓を張ることから始め，次いで説教の矢を放つ」からの引用である——の下で，この主題について現在分かっている本質的な事柄をくまなく集める真の総括を行ったが，時として資料をないがしろにしている。この研究について S.-Th. Bonino——*RT* 100, 2000, p. 663-666——の紹介を参照できるが，とりわけ考慮すべきは L.-J. Bataillon——*RSPT* 84, 2000, p. 357-359——の正確な批評である。〕

8) Cf. J.-M. AUBERT, *Le droit romain dans l' œuvre de saint Thomas*, Paris, 1955, p. 32, n. 6:「聖ライムンドゥスは結婚の題材に関

彼のことを覚えていた。というのも、第2部の2に彼の明確な影響が見出せるからである[9]。ゴーティエが強調しているように[10]、この使用が盲目的なものではなく、トマスが距離をとることを知っていたのは確かである。ひょっとすると、このことは一般的な態度の反映かもしれない。というのも、トマスにとって絶対的な権威を持っていたのは聖書の諸書のみだったからである[11]。しかし、すでにトマスの時代には聖ライムンドゥスの厳格主義に反対する態度が広がっており、おそらくトマスもそれに加わったと思われる[12]。

おそらくトマスは司牧的道徳教育のこの時期を活用して、後に『神学大全』第2部の2で長く再検討すること

して聖トマスの主要な典拠である」。Aubert は『命題集註解』第4巻だけで、トマスがライムンドゥスに依存している事例を50まで数えている。p. 19-23 と索引も参照。

9) Cf. Boyle, *The Setting*, p. 7 は、IIa IIae q. 100 a. 1 ad 5; a. 2 ad 6; a. 6 ad 5 に字句通りの借用がいくつかあることを指摘した。トマスはライムンドゥスの著作を推薦している 1259 年のヴァランシエンヌの総会と 1267 年のルッカの管区会議に出席していた——cf. *MOPH* 3, 1898, p. 99 et 20, 1941, p. 33。

10) R.-A. GAUTHIER, *Nouvelle introduction*, chap. IV [, p. 174] は、*Quodl.* XI q. 8 a. 2 ad 1 et 2 の文章を引用しているが、そこでトマスは、破門された者と交際すると大罪に陥ると主張する教会法の専門家たち——ここにライムンドゥスも含まれる——とは反対の立場をとっている。トマスによれば彼らは実定法をあまりにも重視しているが、トマスとしては自然法をより重要なものとし——これはホスティエンシス（Hostiensis）がつくった新しい学派の立場である——、当該の場合に小罪のみを認めている。また、*Contra Retrahentes* XI 131 で、敵対者たちはトマスにライムンドゥスと他の法学者たちの権威を対立させているが、XIII 183-186 でトマスは、神学者が法学者の解釈を真剣に受けとることは不適切で馬鹿げていると反論している。

11) Cf. Ia q. 1 a. 8 ad 2.

12) Cf. E. PANELLA, "I Quodlibeti di Remigio dei Girolami", *Memorie Domenicane*, N. S. 14 (1983) 1-149; cf. p. 56-59.

になる事柄について最初の方針を書き留めただろう。しかし,ほぼ確実なことだが,ドミニコ会の説教者たちのこの決疑論的知識が部分的で欠落的であることにも気づいていた。それは全体として理解可能なものでなかっただけでなく——というのも,次々と様々な徳や罪や秘跡を取り上げ,それらに関して提起される具体的問題を検討することで満足し,このことに聖書的な論拠を与えようとしなかったから——,とりわけキリスト教信仰の偉大な諸真理に関する本来的意味での教義的知識が危険なほどに無視されてもいた。トマスが何年か後に『神学大全』に着手するとき,オルヴィエトでのこの経験を覚えていたことは確実である。

『ヨブ記註解』

この教育と並行して,トマスは兄弟たちのために聖書を註解しなければならなかった。トロメオはこれが『ヨブ記』だったと確言している[13]。マンドネと幾人かの他の人々の対立する見解にもかかわらず,レオニーナ版の校訂者たちはトロメオの情報に賛同している[14]。『ヨブ記註解』の主要テーマの一つが摂理の神秘だという事実から,この日付の確証が得られる。トマスは序文の中でこのことを非常に明確にしている。「この書の全体的意図は人間的な事柄が神の摂理によって支配されていることを蓋然的な論拠で示すことである」。しかるに,ほぼ同時期に書かれた『対異教徒大全』第3巻の中心的主題も神の摂理である。それ

---

13) Ptolémée XXII 24 (éd. DONDAINE, p. 151).

14) Léon., t. 26, p. 17*-20*. Weisheipl, p. 403 もこれに従っている。

ゆえ，トマスが自分の考察を分散させないようにこの書の註解を選んだことにはまったく矛盾がない[15]。

この書物を読むよう促すために，これはトマスが残した最も見事な聖書註解の一つであることを指摘できる。しかし，そのスコラ学的および神学的性格を知ることは大切であり，トマスの註解からは，現代の著述家に求められる事柄はもちろん，大グレゴリウスが読者に示した直接的な霊的適用すらも期待できない。レオニーナ版の校訂者たちはこの方法の相違を非常にうまく説明している。

> 聖グレゴリウス以来，人は『ヨブ記』の中に試練における忍耐の勧めを見てきた。神は苦しみの中でも義人の意志が変わらないことを明らかにするために，彼を鞭打った。そこには訓戒の目的があった。しかし，聖トマスの手にかかると，ヨブの物語は摂理に関する形而上学的問題の議論という主題に変わった。議論の対象の性質，すなわち義人の苦しみから討論の限界は定まる。実際，討論の前提として，神が自然物を支配しているという事実は同意を得ている。疑いは人間的な事柄に関して起こる。というのも，苦しみは義人にも襲いかかるが，義人が理由なくして苦しめられることは摂理の考え方に対立するからである[16]。

この註解の独創性の一つは，ヨブの言明——たとえ最も極端なものであっても——を説明する方法にある。「トマスはヨブの言明を三種類に区別している。すなわち，ヨブ

---

15) Cf. Léon., t. 26, p. 5; cf. S. AUSIN, "La providencia divina en el libro de Job. Estudio sobre la 'Expositio in Job'de Santo Tomás de Aquino", *Scripta Theologica* 8 (1976) 477-550.

16) Léon., t. 26, p. 28*. 『ヨブ記註解』序文（lignes 58-71）への参照も見られたい。

が感覚性によって押し流されている言明，ヨブが理性的に友人と討論している言明，最後にヨブが神の霊感に従っている言明である」。神の霊感そのものは外的な言明ではなくむしろ良心の歩みの中で明らかになるので，このようにして「この苦しむ義人が感覚の大混乱から始まって神への完全な回心へ至るまでに通った継起的段階を人格的統一性を犯すことなく追うことができる」[17]。というのも，移行したのは端から端まで同じ人間であり，こうしてヨブの人間的・宗教的発展がよりよく理解できるからである。

それゆえ，聖書そのものと同じように，トマスの註解は人間の最も根本的な問題を考察している。というのも，無垢な義人の苦しみという悲惨な現実は，もし善と悪が報いを受ける将来の生がなければ，まさに神の義が本当にあるかどうかを疑わせるものだからである。それゆえ，トマスのテキストによく見出せる哲学的・神学的人間学以上に[18]，実際この書物は人間の条件に関する深遠な考察として提示できる[19]。

---

17) *Ibid.*, p. 29*.『ヨブ記註解』第 39 章（lignes 370-379）への参照も見られたい。

18) Cf. M. F. MANZANEDO, "La antropologia filosofica nel commentario tomista al libro de Job", *Angelicum* 62 (1985) 419-471; ID., "La antropologia teologica en el commentario tomista al libro de Job", *ibid.* 64 (1987) 301-331.

19) フランス語訳として，S. Thomas d'Aquin , *Job, Un homme pour notre temps*, trad. de J. KREIT, Paris, 1980 がある。以下の研究も参照。R. COGGI, "Dolore, Provvidenza, Risurrezione nel libro di Giobbe. Validità di un'intuizione esegetica di S. Tommaso", *Sacra Doctrina* (Bologna) 27 (1982) 215-310; D. CHARDONNENS, "L'espérance de la résurrection selon Thomas d'Aquin, commentateur du Livre de Job. 'Dans ma chair, je verrai Dieu'(Jb 19, 26)", dans *Ordo sapientiae et amoris*, p. 65-83.［今日では同著者のはるかに重要な業績を参照できる。D. CHARDONNENS, *L'homme sous le regard de la Providence*. Providence de Dieu et condition humaine selon l'*Exposition littérale sur Livre de Job*

引く手あまたの神学者

　もし今この時期に帰せられる残りの著作に目を向けるならば、すぐに並外れた著作活動という印象を受ける。この時期の各著作について同じように手間取ることはできないが、それについて少しのことを述べ、少なくとも表題にだけは言及するよう試みなければならない。というのも、もしたいていの場合、状況に応じた――多かれ少なかれ公式のあるいは多かれ少なかれ友愛に基づく要請に応えるために企てられた――著作が問題となっているならば、それらの著作は人がパリからやって来た教授の能力を進んで信用したことを見事に証言しているからである。また、このことを通じて、具体的生活について、またトマスがこの小さな地方都市で維持していた人間関係についていくつかのことを推測できる。

　『売買について』（De emptione et uenditione）。たった今言及した司牧的神学に対する関心の方向性で、まず『状況に応じた売買について』（De emptione et uenditione ad tempus）、言い換えれば「信用取引について」という小著を想起しなければならない。これは、トマスは高利貸しと呼んでいるが現代ではむしろ投機として示す事柄に関する著作である。1262年に遡るこの短い文書は、フィレンツェの修道院講師ヴィテルボのヤコブス（Jacques de Viterbe）とかいう人物がトマスに提起した問題に対するトマスの解答である[20]。疑いえないことだが、重要な商人の町だっ

---

de Thomas d'Aquin, "Bibliothèque Thomiste 50", Paris, Vrin, 1997.]
　20）　もっともこの人物については何も分かっていないが、13世

たフィレンツェで大きく取り上げられたこれらの問題は、13世紀の活動的なイタリアの他の多くの場所でも見出されたに違いない。解答そのものが持つ利点に加えて、この小さな著作にはトマスが当時の世界に関与していたことを示すという長所がある。入念に吟味した解答を与える前に、トマスがこのことを二人の専門家、すなわち枢機卿サン・シェールのフーゴーと、教皇ウルバヌス4世に仕え礼拝堂を管理する司祭であり後にカプアの大司教に選ばれたエーボリのマリーヌス（Marin d'Eboli）に相談したことを考え合わせれば、事柄はいっそう注目すべきものとなる。この二人の人物はウルバヌス4世の教皇庁に住んでいたので、トマスの友人だったことは間違いなく、トマスが意見交換によって考察を深めていく様子がうかがえる。

『ギリシャ人の誤謬を駁す』（Contra errores Graecorum）。この著作はウルバヌス4世自身の要請で書かれたので、同じ時期、すなわち1263年か1264年の初めに遡る[21]。かなり不適切に名づけられているこの小著は、むしろギリシャ教父のテキストの集成に関する融和的で好意的な検討だ

紀の終わりから14世紀の初めのアウグスティヌス主義者であり、『キリスト教の支配について』（De Regimine christiano）の作者である同名の人物と混同してはならない。H.-F. Dondaineによれば、この小著は1262年頃に遡るが、続く詳細も彼から借用している——cf. Léon., t. 42, p. 380-394。

21） この著作の批判的校訂は、Léon., t. 40, p. A 69-105 で、H.-F. DONDAINE が行った。日付に関しては、p. A 19 ないし Weisheipl, p. 192-195 を参照。かつて P. GLORIEUX, *S. Thomas d'Aquin, Contra errores Graecorum*, Paris, 1957 がもたらした校訂版は、小冊子（Libellus）や様々な補足を含んでいたにもかかわらず、レオニーナ版によって明白な仕方で格下げされた。また、BANDEL 神父の翻訳を利用できるが、これは1856年に Vivès から出版され、今日では *Opuscules de Saint Thomas d'Aquin* (Vrin-Reprise), t. 2, Paris, 1984, p. 1-76 に見出せる。

218   第 7 章 オルヴィエト滞在（1261-65 年）

が，おそらくこの集成は 1254 年以降昔のクロトーネの司教だったドゥラスのニコラウス（Nicolas de Durazzo）が編纂したものであり，レオニーナ版の校訂者たちはトマスのテキストに続けてそれを公刊した[22]。この詞華集はあまり批判的でなく，疑わしい付け足しを伴っており，さらに編纂者——彼はテキストをラテン神学の方向性へ歪めている——の個人的注釈で増大した文章を有しながらも，トマスの関心を引いた。信仰の主題について初めからギリシャ教父の教えを信用していたトマスは，彼らに反論しようとせず，むしろ時として疑わしい主張から真の教義的内容を引き出そうと努めている。慧眼のトマスはテキストの活用と翻訳に欠陥があることに気づいたので，第 1 部で曖昧なテキストを説明することに尽力している。トマスがそれを知ることなしに解明しようと努めているのが，たいていの場合真正ではない引用，言い換えれば編纂者に特有の神学であることが皮肉にも確認できる。残念ながら，第 2 部はトマスが初めからギリシャ教父を信用していたがゆえに危険にさらされている。子からの発出，教皇の至上性，無酵母のパンを使った聖体の挙行，煉獄という四つの簡潔な問題をより入念に検討する際，トマスは明らかにラテン神学に最も近いテキストを拠りどころにすることが多いが，その場合教父に関係のない注釈のみが問題となっている。

それゆえ，状況に応じて迅速に書かれたこのトマスの小著は，検討のために委ねられた小冊子（Libellus）にほとんど排他的に依存している[23]。したがって，そこにギリシャ

---

22) Léon., t. 40, p. A 109-151: *Liber de fide Trinitatis ex diversis auctoritatibus sanctorum grecorum confectus contra grecos*. この小冊子については，M. HUBERT, "Note sur le vocabulaire gréco-latin d'un *Libellus*, '*Liber de fide Trinitatis*', édité par le Père Hyacinthe Dondaine", *ALMA* 37 (1970) 199-224 を参照。

23) ロンバルドゥスの『命題集』からの稀な引用を除いて，す

神学とラテン神学の大規模な対決を求めてはならないが，トマスの変わることのない方法的原理を見出せる。すなわち，一定の敵対者と討論するためには，敵対者が受け入れた権威しか使用してはならない[24]。このようにして，第2部の最初の5章の聖書解釈に関する論拠はもっぱらギリシャ教父から借用されている。

この著作の序文はトマスの方法論的考察を知る上でまさに有名な箇所である。まず，そこでトマスはすべての良き翻訳者が抱くべき原理を挙げている。「翻訳する真理の意味に注意しながら，使用する言語の性質に表現の仕方を適応させるべきである」。さらに，トマスが一定の長さで畏敬的解釈の規則を説明しているのもここである[25]。権威の「蝋でできた鼻」をあらゆる方向に歪めるような恣意的操作から遠く離れて，畏敬的解釈は——少なくともトマスにとっては——真の解釈学が定めるような正確な規範に従

べての証拠固めは小冊子から取られている。

24) *Quodl.* IV q. 9 a. 3:「ある種の議論はある真理が成立するかどうかについてあらゆる疑いを遠ざけるためのものである（an ita sit）。それゆえ，この種の神学的討論では，とりわけ討論相手が受け入れた権威を使用しなければならない。もし討論相手がユダヤ教徒なら，旧約聖書の権威を示すべきである。もし旧約聖書を拒絶するマニ教徒なら，新約聖書の権威のみを利用すべきである。もし旧約聖書と新約聖書は認めるが，聖なる人々であるラテン教父の教えを拒絶する分裂論者なら，両聖書と彼らが受け入れる教父のテキストを用いて討論すべきである。もし敵対者がこれらの権威を一切認めないなら，もっぱら合理的論拠のみに訴えるべきだろう」。

25) 畏敬的解釈（Expositio reuerentialis ou exponere reuerenter）とは，中世のあらゆる学問に共通だったテキストの解釈方法であり，権威の字句に触れることなく，時として字句から最初の意味を取り去ることに至るが，しばしば字句の直接性を超えて作者の意図を再発見するものである。次註の研究に加えて，Chenu, *Introduction*, p. 122-125 と，本書第12章でトマスのアリストテレス解釈に関する最終的結論を参照。

う[26]。

『信仰の諸根拠について』(De rationibus fidei)。ある側面から見れば、この著作は『ギリシャ人の誤謬を駁す』と同じ鉱脈に属し、トマスはそこで方法に関する貴重な助言を与えている。「アンティオキアの聖歌隊長」——この人物については何も分かっていない——に向けて書かれたこの小さな著作は、聖歌隊長が近東に接し最も異なる環境から来た話し相手と接触した結果、抱いた様々な問題に答えるものである[27]。そこには、三位一体、受肉、贖い、聖体というキリスト教の教義を嘲るイスラム教徒に加えて、煉獄を信じないギリシャ人やアルメニア人、また自由意志と功績にいかなる余地も残さない神の予知の考え方をイスラム教徒とともに共有している他の民族がいる。

合理的論拠 (rationes philosophicas et morales) を要求する受取人に対して、トマスは権威を認めない人々に対して

---

26) Cf. Y. CONGAR, "Valeur et portée œcuménique de quelques principes herméneutiques de saint Thomas d'Aquin", *RSPT* 57 (1973) 611-626; M. D. JORDAN, "Theological Exegesis and Aquinas's Treatise 'against the Greeks'", *Church History* 56 (1987) 445-456; J.-P. TORRELL, "Autorités théologiques et liberté du théologien. L'exemple de saint Thomas d'Aquin", *Les Echos de Saint-Maurice*, N. S. 18 (1988) 7-24.

27) この著作は Léon., t. 40, p. B 57-73 で校訂されているが、p. B 5-8 の H.-F. DONDAINE の貴重な導入も参照。この校訂版を考慮に入れた上で、1857 年に現れ、*Opuscules de saint Thomas d'Aquin* (Vrin-Reprise), t. 2, Paris, 1984, p. 411-453 で再び出版された FOURNET 神父の翻訳も参照。適切な紹介として、L. HAGEMANN und R. GLEI, *Thomas von Aquin, De rationibus fidei*, Kommentierte lateinisch-deutsche Textausgabe "Corpus Islamo-Christianum 2", Altenberge, 1987 も参照。これはレオニーナ版のテキストを再現しており、ドイツ語訳と L. B. HAGEMANN, "Missionstheoretische Ansätze bei Thomas von Aquin in seiner Schrift De rationibus fidei", *MM* 19 (1988) 459-483 の中で長く再検討されている導入を伴っている。

権威を用いて論証しても無駄であることを認めているが（I 55 ss.），同時に信仰を必然的論拠によって証明しようとする誘惑に対しても警戒を促している。キリスト教徒の討論者には，不信仰者との議論において，信仰を守り，信仰が誤りえないことを論拠によって示すこと以外の目的はない[28]。対して，ギリシャ人とアルメニア人との議論では，トマスは聖書の権威を活用している（第9章）。実に注目すべきことに，この小著はしばしば『対異教徒大全』に言及している。大きな著作をたった今書き終えたばかりのトマスは，明確に三回参照し，豊富に利用しているが，この事実から『信仰の諸根拠について』は1265年の直後に位置づけられる[29]。

『第一と第二の勅令の註解』（Expositio super primam et secundam Decretalem）。この著作の日付に関してそれほど確実なことは言えないが，1260年以来トーディの助祭長だったアナーニのギフレドゥス（Giffredus d'Anagni）に献呈されているという事実から，この著作はオルヴィエト時代に位置づけられる[30]。周知のとおり，第一の勅令は

---

28) *De rationibus fidei* II 17-22: "Ad hoc igitur debet tendere christiani disputatoris intentio in articulis fidei, non ut fidem probet, sed ut fidem defendat…ut scilicet rationabiliter ostendatur non esse falsum quod fides catholica confitetur."〔「それゆえ，信仰箇条を扱うキリスト教徒の討論者は，信仰を証明することではなく守ることを目指すべきである。……すなわち，カトリック信仰が示す事柄が虚偽ではないことを合理的に明らかにしなければならない」〕。

29) WN, p. 122-123 と Weisheipl, p. 394 は，Grabmann にしたがってこの小著を1264年に位置づけようとしているが，レオニーナ版（t. 40, p. B 7）は比較を用いて，「おそらくすでに公になっていた『対異教徒大全』の後に」この小著を位置づけている。かつてこれはおそらく1268年以前を意味していたが，Gauthier 神父の最後の業績によれば——前章参照，大胆にも二年か三年早めることができる。

30) この著作の校訂は，Léon., t. 40, p. E 30-44 で行われた。受

ただ単に「公式の簡潔にして完全な信仰告白」であり，Firmiter の名で知られ，1215 年の第四ラテラノ公会議で公表されたものである。歴史的な状況をそれほど気遣うことなく，トマスはこの勅令に関する豊かな教義的註解を行っている。第二の勅令 Damnamus は同じ公会議のテキストであり，フィオーレのヨアキムがペトルス・ロンバルドゥスの三位一体論を攻撃している小冊子に言及し，論駁し，断罪している。公会議のテキストはすでに非常によく練り上げられていたので，トマスに仕事をする余地をほとんど残さず，彼は単なる言い替えによる説明を行うだけにとどめている。

『信仰箇条と教会の秘跡について』(De articulis fidei et ecclesiae sacramentis)。この小著は 1261 年から 1270 年までパレルモの大司教だったレオナルド (Léonard) の依頼で書かれたものである。それゆえ，この日付はこの著作の執筆を位置づけるべき日付ともなる。学者たちの意見はほとんどかけ離れていない。マンドネは 1261-62 年を，ワイスハイプルは 1261-65 年を提案した。小著のうちに『対異教徒大全』第 3 巻 149 章のようなペラギウス主義に関する正確な知識を指摘するラフォン (G. Lafont) は 1262 年を提案しているが，このことはローマ滞在時代の 1265 年 9 月から 1268 年 9 月の間を主張しているゴーティエ神父の最後の詳しい説明とはほとんど一致しない。序文の中

取人と日付に関しては，p. E 5-6 を参照。また，A. DONDAINE-J. PETERS, "Jacques de Tonengo et Giffredus d'Anagni auditeurs de saint Thomas", *AFP* 29 (1959) 52-72, cf. p. 66-72 も参照。著作そのものに関するいくつかの指摘は，Y. M.-J. CONGER, "Saint Thomas et les archidiacres", *RT* 57 (1957) 657-671 参照。日付を正確に述べる興味深い努力に関して，M. F. JOHNSON, "A Note on the Dating of St. Thomas Aquinas's Expositio super primam et secundam decretalem", *RTAM* 59 (1992) 155-165 も参照。

に『神学大全』の執筆計画への示唆を認めるモンジッロ (Mongillo) は,この小著を1266年から1268年の間に位置づけることを提案しているが,よりいっそう慎重なヤッサント・ドンデーヌ神父はこの小著の年代決定を「見込みのない企て」とした[31]。

正確な日付がいかなるものであれ,おそらく教皇庁でトマスと出会ったパレルモの大司教は,信仰箇条と秘跡に関する教義的要約とそれらに関する諸問題の論述を彼に要請した。トマスはあまりにも広大なこの主題は,実際のところ,神学全体の主題を包括するものだと指摘している。それゆえ,彼はより謙虚に信仰箇条と秘跡にしたがって説明を展開することを提案している。しかし,文通相手の要請に対して忠実に,トマスは主題を〔信仰箇条と秘跡という〕二つの大きな部分に分け,各信仰箇条を短く説明し,続いて問題となる主要な誤りを論じている。しかし,著作の統一性はこの偶然的な展開のために損なわれ,二つの部分は真に秩序立っているというよりもむしろ並置されている。しかし,この短いテキストはとりわけ15世紀のドイツで広く普及し,第二の部分は「フィレンツェ公会議でのアルメニア人に対する勅令の秘跡に関する部分の材料——しばしば字句——を提供した」[32]。

---

31) 様々な著者への言及とともに, *Introduction* à l'édition dans Léon., t. 42, p. 211 を参照。テキストは, p. 245-257 参照。Cf. G. LAFONT, "Simbolo degli Apostoli e metodo teologico: Il Compendium Theologiae di San Tommaso", *La Scuola Cattolica* 102 (1974) 557-568, cf. 561; D. MONGILLO, "L'opuscolo di Tommaso d'Aquino per l'arcivescovo di Palermo", *O Theologos* 2 (1975) 111-125; C. MILITELLO, "De articulis fidei et Ecclesiae sacramentis ad archiepiscopum Panormitanum", *ibid.*, p. 127-206. 最後の業績には,ラテン語テキスト,イタリア語訳,引用と告発された誤りの索引がある。

32) Léon., t. 42, p. 212. レオニーナ版の校訂者たちは,総数275のうち,200近くに上る15世紀の写本を発見した。そのうちの大部

『神名論』

　同様に，偽ディオニシウス『神名論』(De diuinis nominibus) の註解の日付もはっきり分かっていない。[この著作の日付に関して，下記 597 ページを参照。] ヴァルツとノヴァリーナは 1261 年を提案し，これはトマスがオルヴィエトの修道士たちを教えた際のテキストだと考えているが，ワイスハイプルはより慎重にむしろトマスがローマにいた次の時期の著作だと見なしている[33]。修道院講師には聖書を註解する義務がなかったとはいえ，このテキストが真に講義の題材だったことには疑問がある。とりわけオルヴィエトの修道士たちの知的水準を思い出す場合にそうである。いずれにせよ，トマスはこの書物をずっと以前から知っていた。というのも，すでに述べたように，かつて彼は自分の手でディオニシウスのこのテキストに関する教師アルベルトゥスの講義を書き写したからである。それゆえ，トマスがこの書物をより深く研究しようと考えたとしても驚くべきではない。

　偽ディオニシウスという天才的な偽作者は『使徒言行録』17 章 34 節に登場するアレオパゴスの議員ディオニシオと同一視されてきたが，その理由はおそらく多くの人々にとってディオニシウスが中世で行使した権威にある。い

分はドイツに起源がある。

33) WN, p. 132-134; Weisheipl, p. 415. レオニーナ版の仕事はかなり進捗しているとはいえ，この註解の批判的校訂版もフランス語訳もない。また，『神名論』の註解に関して，すでに古くなっているが非常によく仕上げられている次の業績を参照。J. DURANTEL, *Saint Thomas et le Pseudo-Denis*, Paris, 1919, p. 208-234. また, H.-F. DONDAINE, *le Corpus dionysien de l'Université de Paris au XIIIe siècle*, Rome, 1953 も参照。

ずれにせよ確実なのは，ディオニシウスを介してアリストテレスの着想をかなり含む新プラトン主義の無視できない影響がトマスの総合に入り込んでいるということである。シュニュー神父がずっと以前から指摘してきたように，たとえトマスが最初はいくつかの外的な類似性から騙されてディオニシウスがアリストテレスに従っていると信じたとしても，『神名論』を註解する頃にはどう対処すればよいか非常によく分かっていたはずである。すなわち，トマスいわく，ディオニシウスが曖昧な文体を使用していることには理由があり，それはキリスト教の教義を不信仰者の嘲りから守るためである。さらに，トマスは付け加えている。実際，別の困難はディオニシウスがプラトン主義者の語り方を使用しているところにあるが，それはわれわれの時代にはあまりなじみのないものである[34]。

トマスの思想はプラトン的要素を含んでいると言われるが，このことについて偽ディオニシウスがどのような影響を与えたか，意見は分かれている。ある人々によれば，「ディオニシウスはとりわけ議論の余地のない教師として選ばれた」[35]。このように考えることはおそらく，トマス

---

34) この発展は次の一連の短い引用の中に見出せる。トマスはまず1255年頃にはディオニシウスがほとんどいたるところでアリストテレスに従っていると確言しながら，最後に1270年頃にはディオニシウスがほとんどいつもプラトン主義者と一致していると言っている。*Sent*. II d. 14 q. 1 a. 2: "Dionysius autem fere ubique sequitur Aristotelem, ut patet diligenter inspicienti libros ejus"; *Expositio super librum de divinis nominibus Prooemium*: "…Dionysius im omnibus libris suis obscuro utitur stilo (…) plerumque utitur stilo et modo loquendi quo utebantur Platonici"; *De malo* q. 16 a. 1 ad3 (Léon., t. 23, p. 283, lin. 389): "Dionisius qui in plurimis fuit sectator sententie platonice".

35) これは，P. FAUCON, *Aspects néoplatoniciens de la doctrine de saint Thomas d'Aquin*, Lille-Paris, 1975, p. 391 の表現である。この書物に関して，非常に好意的な書評 A. REIX, *RPL* 76, 1978, p. 257-259 と，より慎重な書評 M. CORVEZ, *RT* 77, 1977, p. 287-289 を参照。

がプロクロス（Proclus）を通じてプラトン（Platon）の遺産に直接的に結びついている『原因論』（Liber De causis）——後に再検討する——を軽視することである。他の人々によれば，「トマスがプラトン主義者であるのは，通常考えられているよりもいっそうアリストテレス自身がプラトン主義者だからである」。このことは，『形而上学』第12巻や第四の道の中に見出せるような論理展開によって，多かれ少なかれ明らかにできる[36]。

たとえヴァルツやシュニューがトマス思想のこの鉱脈について十分に研究されていないと嘆いたとしても，今日，このことは約50年前よりははるかに真でなくなった[37]。『神学大全』の構想の新プラトン主義の着想を強調しているシュニュー神父の『導入』はおそらく決定的なものだった。しかし，プラトンのイデア論が，神の認識において現前し存在するすべてのものが分有する永遠の理念という形式に移行していることは無視できない。トマスは永遠の理念の考え方を直接聖アウグスティヌスから受けとったが，

---

36) これは C. GIACON, "Il platonismo di Aristotele e S. Tommaso", *DC* 28 (1975) 153-170 の主張である。この主張は，R. IMBACH, "Le (néo-)platonisme médiéval, Proclus latin et l'Ecole dominicaine allemande", *Rev. théol. phil.* 110 (1978) 427-448 (cf. p. 441) で要約されている。この業績の中に今なお議論が続いているこの主題の多くの情報と判断材料を見出せる。

37) ほとんど知られていないことだが，*Revue thomiste* の最初の理事の一人 H.-A. Montagne は，「われわれの計画」と題したテキストの中で非常に明確に次のように述べている。トマスの教えを深く理解することは単にトマス自身を研究するにとどまらず，「トマスがアリストテレスに負っている事柄，またプラトンや古代の他の偉大な思想家に負っている事柄を明確化することでもある」(*RT* 17, 1909, p. 15)。実際，Montagne は二年後，この主題に関する研究 C. HUIT, "Les éléments platoniciens de la doctrine de saint Thomas", *RT* 19 (1911) 724-766 を採用した。

その起源を知っていた[38]。たとえキリスト教信仰にしたがってこの分有が流出ではなくむしろ自由なる創造によって起こるとしても，それが神的な範型論を前提としていることに変わりはない。非常に適切に言われているように，「聖トマスは新プラトン主義の伝統から範型論の『原理』と二重の分有——『神学大全』第1部84問4項参照——を受けとっている。彼が退けているのは分有の『方法』である」[39]。

上で言及したシュニュー神父の指摘以降，最近のものも含めて業績は増加し[40]，認識論，存在論，キリスト論，神

---

38) Cf. *ST* Ia q. 84 a. 5: "Ideo Augustinus in libro 83 Quaest. <q. 46> posuit *loco idearum quas Plato ponebat*, rationes omnium creaturarum in mente divina existere, secundum quas omnia formantur, et secundum quas etiam anima humana omnia cognoscit."〔「それゆえ，アウグスティヌスは『83の問題についての書』第46問題で，プラトンが措定したイデアの代わりに，全被造物の理念が神の精神のうちに存在するとした。すべてのものはそれらの理念にしたがって形成され，人間の霊魂もそれらの理念にしたがってすべてのものを認識する」〕。

39) J. MOREAU, "Le platonisme dans la 'Somme théologique'", dans *Tommaso d'Aquino nel suo settimo centenario*, t. 1, p. 238-247, cf. p. 242——強調はわれわれが行ったものである——. 同じ著作の中に，E. von IVANKA, "S. Thomas platonisant"を2ページ（p. 256-257）にわたって読むことができる。そこでIvánkaが適切に示しているように，アリストテレスをプラトンと同一視しないかぎり，すべてのものとすべての人々が欲求する絶対的善としての目的因——*Movet ut desideratum*; cf. *ST* Ia q. 6 a. 1 ad 2; *SCG* III 19——は真正のプラトン的遺産だと見なせる。

40) Faucon, *Aspects néoplatoniciens*の他に，すでに古くなった著作 R. J. HENLE, *Saint Thomas and Platonism. A Study of the Plato and Platonici Texts in the Writings of Saint Thomas*, La Haye, 1956 を参照。この著作は索引と註解とともにテキストの目録を提示している。同時に，B. MONTAGNES, *RT* 57, 1957, p. 587-591 と，C. VANSTEENKISTE, *Angelicum* 34, 1957, p. 318-328 の書評も参照。Vansteenkisteは補足テキストのリストを示している。われわれにより近いものとして，以下の研究を参照。W. N. NEIDL, *Thearchia. Die Frage nach dem*

学的方法論の領域におけるプラトン的考え方の影響の例が指摘され,「トマス主義はプラトン的情報源とアリストテレス的それとの調停の試みである」[41]ことが示されてもいる。アリストテレス主義者としてしかトマスを見ようとしないむしろ簡単な立場を超えて,現在ではますます,トマスは自分の見出した善を取り入れていたとして意見が一致している。さらに,トマスは自分の好む著者たちを利用する際,著者たちを元のままにしておかず,借用したこれらの要素を独自の総合の中で著しく変形している[42]。

Sinn von Gott bei Pseudo-Dionysius Areopagita und Thomas von Aquin, Regensburg, 1976 (cf. *RLT* 12, 1979, p. 58-62); I. E. M. ANDEREGGEN, *La metafisica de santo Tomás en la Exposición sobre el "De Nominibus" de Dionisio Areopagita*, Diss. PUG, Roma, 1988; M. B. EWBANK, "Remarks on Being in St. Thomas'Expositio de divinis nominibus", *AHDLMA* 56 (1989) 123-149; F. O'ROURKE, *Pseudo-Dionysius and the Metaphysics of Aquinas*, "Studien und Texte z. Geistesgeschichte des Mittelalters 22", Leiden, 1992. [V. BOLAND, *Ideas in God According to Saint Thomas Aquinas. Sources and Synthesis*, "Studies in the History of Christian Thought 69", Leiden, Brill, 1996 は, この主題について最も練り上げられている傑出した著作である。C. D'ANCONA COSTA, "La notion de l'un dans Thomas d'Aquin. Une confrontation des commentaires sur les Noms divins et sur la Métaphysique", *Recherches de théologie et philosophie médiévales* 64/2 (1997) 315-351 は, 第一原理が問題になっているとき, トマスはプラトン的伝統が練り上げた範型説を保持していることを説得的に示している。I.E.M. Andereggen の書物は, 同じ表題で 1989 年にブエノスアイレスで再出版された。]

41) P. Faucon, *Aspects néoplatoniciens*, p. 73. Faucon はプラトン主義に奉仕するアリストテレス主義の「端女的役割」についてまでも語っている。

42) このようにプラトンに訴える点でトマスには〔教父という〕良き随伴者がいたことについては, 最近の翻訳 E. von IVANKA, *Plato christianus. La réception critique du platonisme chez les Pères de l'Eglise*, Paris, 1990 (éd. allemande, Einsiedeln, 1964) を参照。

聖体の聖務日課

　聖体の聖務日課の作成が位置づけられるのも，実に多産なこのオルヴィエト時代である。かつてボランディストたちが疑問視していたこの著作のトマス的真正性——これは遅くになってから証明された——は，最近までランボ（C. Lambot）やドゥレッセ（L. M. J. Delaissé）のような著述家たちにとっても問題となっていた。このことについて語るために，トロメオ[43]，そしてすぐ後に続くギョーム・ド・トッコを待たなければならないことは確かだが[44]，ピエール・マリー・ジー（Pierre-Marie Gy）神父の業績の後には，この著作が聖トマスのものであることはもはやほぼ疑いな

43）　トロメオのテキスト——XXII 24, éd. A. Dondaine, p. 151——を再現することには価値がある。というのも，それはこの聖務日課の見事な統一性に関して，とりわけ実際上この聖務日課の独創性の一つである旧約聖書の読解に関して注目を促しているからである。"Officium etiam de corpore Christi fecit ex mandato Urbani, quod est secundum quod fecit ad petitionem Urbani. Hoc autem fecit complete et quantum ad lectiones et quantum ad totum officium tam diurnum quam nocturnum quam etiam ad missam et quidquid illa die cantatur; in qua historia, si attendimus ad verba scribentis, quasi omnes figure Veteris Testamenti in hoc officio videntur contineri, luculento et proprio stylo adaptata ad Eucharistie sacramentum."〔「トマスはウルバヌスの求めに応じて彼の命令で聖体の聖務日課を作った。これは，読書課に関しても，昼夜問わずすべての聖務日課に関しても，ミサに関しても，かの日に唱えられるいかなるものに関しても，完璧に作られている。もしこの記述の中で書いた者の言葉に注目するならば，それはあたかもこの聖務日課が旧約聖書のすべての様式を含んでいるかのように，独自の見事な方法を駆使して書かれており，聖体の秘跡にふさわしいものとなっている」〕。

44）　*Ystoria* 18, p. 252 (Tocco 17, p. 88).

いものになった[45]。

　周知のとおり、ローマの聖体の聖務日課に Animarum cibus というリエージュのそれが先行している。というのも、モン・コルニヨンの聖ジュリエンヌ（sainte Julienne du Mont-Cornillon）の推進の下でこの祝日は 1240 年頃に祝われ始めたからである。しかし、それにまたローマの聖務日課にはいくつかの同一性が認められる二つの状態がある。ジー神父がレオニーナ委員会のためにテキストの批判的校訂版を用意した写本 Paris B. N. lat. 1143 は、ボニファティウス 8 世の図書館に由来しており、写本に含まれている情報によれば、祝日のためのオリジナルの冊子だったと思われる。

　ジーは自分のテキストをランボが先に校訂した諸テキストと比較することで、次のランボの見解に賛同している。Sapientia という名のこの聖務日課は 1264 年に祝日を最初に執り行うために一時的に作成されたものであり、すでに

---

45) P.-M. GY, "L'Office du Corpus Christi et S. Thomas d'Aquin. Etat d'une recherche", *RSPT* 64 (1980) 491-507. これは、ID., *La Liturgie dans l'histoire*, Paris, 1990, p. 223-245 で再検討されているが、"L'Office du Corpus Christi, œuvre de S. Thomas d'Aquin" という肯定的表題と、この再検討の結論——そこでは最初の研究に見られた「おそらく」という言葉が省略されている——からはっきり分かるように、著者がトマスであることにはもはやいかなる疑いもない。Cf. "L'Office du Corpus Christi et la théologie des accidents eucharistiques", *RSPT* 66 (1982) 81-86. Gy 神父に感謝したい。彼は親切にも批判的校訂版のために作成したテキストを前もって伝えてくれた。そのうちの最初の三課は上で示した再検討（p. 144-145）の中ですでに公表されている。真正性のための論証は、R. ZAWILLA, *The Biblical Sources of the Historiae Corporis Christi Attributed to Thomas Aquinas*, Diss., Toronto, 1985 が他の方法を通じて確証した。さらに、同じ Zawilla の "Saint Thomas d'Aquin et la théologie biblique de l'eucharistie du XIe au XIIIe siècle", communication inédite à la Journée thomiste de Saint-Jacques, Paris, 24 novembre 1987 も参照。

第二の聖務日課 Sacerdos in aeternum のいくつかの要素を含んでいる。Cibavit というミサを伴うこの第二の聖務日課は後世に伝えられたものであり——ただし，ミサにしても聖務日課にしても，現在の聖務日課書やミサ典書の普及版の字句とはまったく一致していない——，1264年8月11日，教皇ウルバヌス4世が，全教会のためにこの祝日を制定した勅書 Transiturus とともに公表した。

ここで立ち入るべきではない外的なデータの他に，一連の内的な論拠からジー神父は蓋然性の高い結論として聖トマスへの帰属を支持できた。事柄は疑わしいものと思われていたので，少し詳しくそれらの論拠を想起することは有益だろう。第一の論拠は，Sacerdos で「ほら，わたしは世の終わりまであなたたちとともにいる」（マタ28：20）という聖句が省略されていることである。トマスの同時代人たちは一般的にこの聖句の中に聖体でキリストが現前するという約束を見ており，勅書 Transiturus 自体もこのように解釈している。対して，トマスは決してこのテキストをこの意味で使用していない。それゆえ，聖務日課にこの聖句がないのは熟考の上の意志から生じている可能性が高い。

同様に，この聖務日課には身体的現前（praesentia corporalis）の考え方がない。この考え方は聖体の祝日に関するリエージュの最初の聖務日課 Animarum cibus にも，またボナヴェントゥラやタランテーズのペトルスのような同時代人にも，さらに勅書 Transiturus にもあったが，朝課——勅書の後に書かれた「寛大な神の無限の恩恵」（Immensa divinae largitatis beneficia）という読書課——では注意深く避けられている。この朝課は注釈でのみこの考え方を示唆しており，むしろ「目に見える秘跡における神の現前の言い表しがたい様態」について語っている。この表現はまさに，その思想の最初の段階で秘跡におけるキリ

ストの「身体的」現前について語ることを好んで避けているトマスの語法に一致している。というのも、身体的現前はトマスにとって〔キリストを〕場所に位置づけてしまうように思われたからである。しかし、場所における現前は付帯的なものにのみ適合する。トマスが身体的現前について語ることを受け入れるのは、何年か後の『神学大全』第3部でのみだが、それがまったく異なった意味であることはすぐに分かるだろう[46]。

もし同時代の神学論争を思い出すならば、第二の朝課にはより明白な論拠がある。「付帯性は基体なくして同一のものにおいて存在する。その結果、異質な形象をまとった可視的なものを不可視的に受けとるかぎりで信仰は保たれる。また、『感覚は欺きから解放され、知覚した付帯性について判断する』」(Accidentia enim sine subiecto in eodem existunt, ut fides locum habeat dum visibile invisibiliter sumitur, aliena specie occultatum, et *sensus a deceptione immunes reddantur, qui de accidentibus iudicant sibi notis*)。この文章は全体として確かに典礼を挙行する際には少しばかりふさわしくないように思われるが、実際のところ署名のようなものである。聖体の付帯性に関する感覚の判断を引き立たせている強調部分の語句は、この読書課の文脈で五回繰り返されている見解をトマスが受け入れていたことを示している。そこにもっぱらトマスに固有の見地があるわけではないが、厳格なアリストテレス的な見地によって、おそらくトマスは同時代人たちのうちで似たような文脈の中でアリストテレスを利用することを考えた唯一の人間となった。というのも、このような重要性をアリストテ

---

46) Cf. Gy, L'office, p. 506. そこではとりわけ *Sent*. IV d. 10 a. 1 ad 4 と *Resp. de 36 art.*, proposition 33: "corpus Christi non est in sacramento ut in loco" を参照している。さらに、後で引用する IIIa q. 75 a. 1 を参照。

レスに認めたのはトマスだけだったからである[47]。

『あなたを崇めます』（Adoro Te）。それゆえ，たとえ本来的意味での聖体の聖務日課が真正性の問題をもはや提起していないとしても，『あなたを崇めます』に関して事態は同様でない。参照される問題点であり続けている研究の中で，ドム・アンドレ・ヴィルマー（Dom André Wilmart）はテキストの伝承が提起する固有な諸問題を説明した[48]。彼ははっきりとした結論を避けているが，この著作を聖トマスの文献的遺産から遠ざけるほうに強く傾いている。さらに，聖歌が語っている聖体の付帯性に関する感覚の誤りはずっと以前からトマス研究者たちの目には疑わしいものだった[49]。この感覚の誤りはたった今想起した文脈の中できわめてふさわしくないように思われるのであり，ジー神父はこのことを力強く強調した。「詩的感情からも敬愛の

---

47) Gy 神父によると，読書課の式文よりも古い Pange lingua の中にある "Et si sensus deficit" という式文は，感覚が誤るということではなく，むしろ感覚がその固有対象を超えて進むことができないことを意味している。

48) A. WILMART, "La tradition littéraire et textuelle de l'Adoro Te devote", *Auteurs spirituels et textes dévots du moyen âge latin*, Paris, 1932, p. 361-414 (d'abord publiée en *RTAM* 1, 1929, 21-40, 149-176):「写本の伝承が『あなたを崇めます』を証明するのはかなり遅くなってからである。三つの写本のみがトマスの死後約 50 年を経た 14 世紀に遡り，他の写本はすべて 15 世紀のものである」。

49) Cf. E. HUGUENY, "L'*Adoro Te* est-il de saint Thomas ?", *AFP* 4 (1934) 221-225 は，完全に対立するテキストをいくつか想起している。"In hoc sacramento non est aliqua deceptio neque fictio" (*Sent*. IV d. 11 q. 1 a. 1 qc. 2 ad 1) 〔「この秘跡にはいかなる欺きも見せかけもない」〕; "In hoc sacramento nulla est deceptio" (*ST* IIIa q. 75 a. 5 ad 2). トマスは他の箇所で，この秘跡には魔術のように見せかけしかないという考えを遠ざけて，"veritatis sacramento nulla fictio decet" (*De rationibus fidei* 8, Léon., t. 40, p. B 68-69)〔「真実の秘跡にはいかなる見せかけもふさわしくない」〕と強調している。

念からも，聖トマスは『視覚，味覚，触覚はあなたについて欺かれるが，聴覚のみは確実に信じられる』(Visus, gustus, tactus/ in te fallitur. Sed solus auditus/ tute creditur) と書けなかったはずである」[50]。

外的批判の観点からは，大多数の写本が遅い時代のものであることから引き出された論拠はすべての研究者を説得できなかった[51]。というのも，非常に注目すべきことだが，写本の証言によると，このテキストの作者は聖トマス以外のいかなる者でもないからである。しかし，ここで新しい要素が関連資料のうちへ入り込んできた。というのも，今やこの聖歌が完全な形でトッコの第四版に見出せるからである[52]。校訂者が考えるように，もしこの第四版が有効であるなら，ここで問題となっているのは『あなたを崇めます』に関する最も古い直接的証言であり，これによってヴィルマーの論証は直ちに無効になる。ただし，ヴィルマーは非常に誠実に，「死の床で修道士（frère）トマスが」[53]この祈りを発したとする 14 世紀初めの写本に遡るこ

---

50) *L'Office…et la théologie*, p. 83. また，このことの証拠として，Gy 神父は同時代の神学者たちがきわめて頻繁に使用していた velatum (Iesu quem *velatum* nunc aspicio) という語をトマスがこの文脈で使用することはほとんどないことも指摘している。

51) 例えば，M. Grabmann, *Werke*, p. 368-369 を参照。同じように真正性を疑っていない一連の研究者たちがいる。

52) *Ystoria* 58, p. 380-381. 考えられないことではないにもかかわらず，校訂者はここで写本が改ざんされた可能性を疑っていない。改ざんはすべて合わせて二つの写本が依存している中間的写本の水準で生じたと想定しなければならないだろう——この場合，Wilmart が引用している 14 世紀の二つの写本についても同様の改ざんを認めなければならない。というのも，それらはトッコのものと同じ執筆状況を示唆しているからである——。もっとも，第四版の他の修正よりもこのページを疑うべき理由はほとんどない。

53) sanctus ではない frater という語のために，〔トマスの列聖の日付である〕1323 年より以前が問題となっていると考えるかもしれ

とは推測によって可能だと強調した。しかし、ヴィルマーはこの説明における乗り越えがたい反論をトッコがこの最後の祈りについて何も述べていないという事実のうちに見ていた[54]。ところが、トッコの第四版に見出せるのはまさしく彼によるこの証明に他ならない。

なおも外的批判の観点から、1306年のクリスマスイブに亡くなったヤコポーネ・ダ・トーディ（Jacopone da Todi）において、間接的ではあるが明白な『あなたを崇めます』に関する他の証明が発見された。1280年から1294年の間に位置づけられる彼の詩の一つの中に次の詩行が見出せる——重要な語句はイタリック体にしてある。"Li quattro sensi dicono/ Questo si è vero pane/ *Solo audito* resistelo/ Ciascun de lor fuor remane/ So' cueste visibil *forme*/ Cristo occultato ce stane/ Cusí a alma se dáne/ En questa misteriata"[55]。このテキストの solo audito という語句は、ラテン語の聖体に関する詩の solus auditus を明らかに示唆するものであり、このことを理解するためにはラテン語の詩がすでに普及していたと想定せざるを得ない。

ヤコポーネのこの詩には示唆的な他の部分もあり、それは forme（formes）という語である。ヴィルマーの業績で最も興味深い成果の一つは、『あなたを崇めます』の最初の二行に関して原初的テキストを復元したことであり、それは次のようなものである。"Adoro deuote, latens *ueritas*/ Te qui sub his *formis* uere latitas"。ところが、トッコの第四版のテキストでも、普及しているテキストに見られる

ない。しかし、この点はほとんど強調できない。というのも、frater という語は列聖の後にも使用され続けたからである。

54) Wilmart, p. 404 et 389-390.

55) Cf. F. J. E. RABY, "The Date and Authorship of the Poem *Adoro Te Deuote*", *Speculum* 20 (1945) 236-238. このテキストとこの段落の他の情報は Raby から借用した。

236   第7章　オルヴィエト滞在（1261-65年）

figuris の代わりに formis と書かれており，ヤコボーネの forme が翻訳しているのは明らかにこの語である。それゆえ，トマスの死後20年も経たないうちに，『あなたを崇めます』のテキストは，ヴィルマーの研究の後に，思いがけない仕方ではあるがまったく信用に値する形で証明されることになった。たとえ『あなたを崇めます』が死の床で書かれたことには疑問の余地があるとしても，『あなたを崇めます』をトマスに帰属させることはもはや不合理ではない。

感覚の誤りが引き起こした疑いという内的批判の問題に関して言えば，反論は一見して考えられるほどに強力なものだろうかと自問できよう。トマスの時代の一般的な教えによれば，感覚は固有対象については誤らない，すなわち「感覚は固有対象に関して常に真である」（sensus… propriorum *semper uerus est*）[56] ことは本当だが，当然のことながら祈り――さらにそれは詩である――に神学的議論の完全な厳密さを期待できるだろうか。このような神学的議論の中ですら，トマスはためらうことなく次のように言っている。聖体は信仰に最大の功績をもたらす。というのも，信者は聖体において，「理性を超えるだけでなく感覚に反しもする」[57] 事柄に同意するからである。『命題集

---

56) ARISTOTE, *De anima*, 427b11-12; 428b18-20; NEMESIUS, *De natura hominis*, trad. de Burgundio (éd. VERBEKE-MONCHO, p. 78, 3-4): "Visus enim in propriis sensibilibus non fallitur: colorem enim et formam nouit"〔「視覚は固有対象の可感的なものについて誤らない。というのも，視覚は色と形を知っているからである」〕．この二つの参照は Gauthier 神父に負っている。これらのページで取り上げている他の示唆についても同様である。

57) *Sent.* IV d. 10 q. 1 a. 1: "…et maxime meritum fidei in hoc quod creduntur multa in hoc sacramento quae non solum praeter rationem sunt, sed etiam *contra sensum*"〔「この秘跡において理性を超えるだけでなく感覚に反してもいる多くの事柄を信じることに最も大きな信仰の功績

聖体の聖務日課

註解』のテキストの中で表現を和らげている「思われる」（ut uidetur）という語句を除けば，ここで『あなたを崇めます』に非常に近い立場を見出すことができる[58]。

内的批判による他の論拠は少なくとも言及に値する。周知のように，『あなたを崇めます』の第6節は，「たった一滴で全世界を救うに十分である」[59]キリストの貴い血を賞賛している。ところが，これはトマスが他の場所で聖ベルナルドゥス（Bernard）に帰すことで二度使用している表現である。すなわち，una gutta sanguinis Christi fuit sufficiens pretium nostre redemptionis〔「キリストの血の一

がある」〕. A. DONDAINE, *BT* 5 (1937-1939), p. 111-112 は，Wilmart の主張に対して疑いを表明するためにすでにこのテキストに言及している。トマスの霊魂論の難しい側面である感覚的認識に精通している人々は，なおも次の論証を検討できる。『あなたを崇めます』のテキストはすべての感覚が誤ると言っているのではなく，むしろ反対に聴覚は誤らないことを正確に述べている。このことは感覚的判断が真であるためにはおそらく十分だろう。というのも，感覚的判断は五つの感覚が合流する共通感覚が行うものだからである――cf. *Q. De anima* a. 13; *ST* Ia q. 78 a. 4。

58) さらに，fallitur がそれに与えられがちな強い意味を持っているかどうか考えてみよう。辞書――Littré, remarque étymologique finale sur *faillir*; F. Godefroy, *Dictionnaire de l'ancienne langue française*, sur *faillir*, ou *défaillir*――を信じるならば，fallor はたやすく "faillir"〔怠る〕, "faire défaut"〔不足する〕, "être impuissant à"〔無力である〕といった和らげられた意味をとる。それゆえ，ここには Gy 神父が非常に適切に正しい意味を指摘した，Pange lingua の sensus deficit の場合（註47参照）に似た事例がある。1450年から1460年の間に André Sclenghias が行った聖歌のギリシャ語訳が保持しているのはまさしくこの意味である――cf. J. P. CAVARNOS, "Greek translations of the 'Adoro Te devote' and the 'Ave verum'", *Traditio* 8 (1952) 418-423。

59) "Me immundum munda tuo sanguine/ *Cujus una stilla saluum facere*/ *Totum mundum* posset ab omni scelere" (*Ystoria* 58, p. 380)〔「不浄なわたしをあなたの血で清めてください。あなたの血は一滴で全世界をあらゆる罪から救うことができます」〕.

滴はわれわれの贖いの十分な代価だった」[60]。このことが二度とも譲歩の形で提示されているとはいえ——というのも、キリストの受難が示そうとしているのは神の愛だからである——、トマスはためらうことなく、キリストの人格的尊厳のために彼の血はたった一滴で全世界の救済のために十分だろうと言っている。それゆえ、ここには教義上の一致があるが、これと外的批判と内的批判の他の論拠を考え合わせれば、『あなたを崇めます』のトマス的真正性の評価について、単にあまりにも否定的であることができないばかりか、反対に好意的に受け入れることへと導かれるのである。

終末論的宴会〔としての聖体〕について。聖体の聖務日

---

60) *Sent.* III d. 20 a. 3 arg. 4 et ad 4; cf. *Quodl.* II q. 1 a. 2 [2] sc. sous forme plus forte: *minima gutta*. 聖ベルナルドゥスへの帰属に関して、Gauthier 神父は前もって見せてくれた『自由討論集』のレオニーナ版で、慎重に *Super Cantica, Sermo* 22, iii 7 を参照しているが、この典拠から上述のことを導き出せるだろう。また、Gauthier 神父によれば、トマスが読んだに違いないスーザのヘンリクス (Henri de Suse)、すなわちホスティエンシス——*Summa aurea*, c. 5, *De remissionibus*, Lyon, 1556, fol. 430a——はすでにこの表現と考えを使用している。[『あなたを崇めます』に関する問題は、決定的な研究 R. WIELOCKX, "Poetry and Theology in the *Adoro Te deuote*: Thomas Aquinas on the Eucharist and Christ's Uniqueness", dans K. EMERY and J. WAWRYKOW, éd., *Christ Among the Medieval Dominicans*, Representation of Christ in the Texts and Images of the Order of Preachers, Notre Dame, IN, U.N.D. Press, 1998, p. 157-174 で豊かになった。48 の写本から成る写本伝承全体を照合し、トマスの著作を注意深く相互に比較することで、Wielockx は無条件的な真正性を結論したが、テキストの新しい校訂版も公にしている。また、J.-P. TORRELL, "*Adoro Te*. La plus belle prière de saint Thomas", *La Vie spirituelle*, t. 152, 1998, p. 28-36 (= *Recherches thomasiennes*——下記 634-635 ページ参照——, p. 367-375)——ここには Wielockx が作成したテキストと新しい翻訳がある——も参照。]

課に戻るならば，この著作はトマスにとって霊的発展の決定的な機会だったように思われる[61]。トマスはキリストの神秘の賞賛を中心に据えるが，キリストは神にして完全な人間であり，秘跡の全内容である。その結果，トマスはキリストの体や血を受けとるとは言わず，むしろキリストを受けとる（Christus sumitur），さらに神を受けとる（Deus sumitur）とまで言っている。また，現前の考え方は洗練され始めており，『神学大全』の最終的な定式に至ることになる事柄をすでに推察できる。すなわち，キリストが〔場所的条件を持つ〕われわれに現前するのではなく——これはトマスが遠ざけ続けた，キリストを場所に位置づける考え方である——，われわれが〔場所的条件を持たない〕キリストに現前させられるのである。

> 友情にまったく固有なことは友人とともに生きることである（convivere amicis）。……それゆえ，キリストは報いとして身体の現前を約束した。……しかし，キリストはさしあたりわれわれが遍歴している間に身体的現前がわれわれから奪われることを欲しなかった。そうではなく，キリストは身体と血の真実によって，この秘跡においてわれわれを自分自身に結びつけている（nos sibi coniungit in hoc sacramento）。……また，この秘跡は，このような非常に親密なキリストとの合

---

61) ここでもまたこれらの主要な指摘は Gy 神父のものである。"La relation au Christ dans l'Eucharistie selon S. Bonaventure et S. Thomas d'Aquin", dans *Sacrements de Jésus-Christ*, J. DORE, éd., Paris, 1983, p. 69-106 の研究と ID., *La liturgie dans l'histoire*, p. 247-283 の再検討を参照。同じ Gy 神父のより専門的な研究も参照できるが，この研究はこの聖務日課がトマス思想の中で中心的位置を占めることを立証するものである。"Le texte original de la Tertia Pars de la *Somme Théologique* de S. Thomas d'Aquin dans l'apparat critique de l'Edition Léonine: le cas de l'Eucharistie", *RSPT* 65 (1981) 608-616.

一のために，より大きな愛のしるしであり，希望に対する慰めである[62]。

このように聖体との関連で希望に言及していることは偶然ではない。受難の記憶に満ちたこの秘跡は終末論的完成を目指すものである。というのも，聖体は将来の栄光の担保であり，抵当（pignus）だからである[63]。非常に説得的だと思われるジー神父によれば，トマスの聖体の神学が終末論——いくつかのしるしを聖体の聖務日課は含んでおり，「同時代の神学者には相当するものをほとんど見出せない」——に移行したことは，完全に彼の「個人的な神学的および霊的」方向性を反映するものであり，この方向性は「見神への欲求」を主要な特徴としている[64]。

また，聖体の交わりにおける感情的要素が新たに考慮されているのを確認できるのもこの機会である。このことは『命題集註解』ではほとんど強調されていないが，甘さ（suavitas）や甘美さ（dulcedo）という語句は Sacerdos の諸課の中で繰り返されており，トマスは『神学大全』の中で，たとえ小罪や不注意が実りの多い聖体の受容を妨げないとしても，このような状態で聖体を拝領する者は霊的回

---

62) *ST* IIIa q. 75 a. 1.

63) 聖体の神学の注目すべき要約である非常に有名な交唱を想起できる。"O Sacrum convivium in quo Christus sumitur, recolitur memoria passionis eius, mens impletur gratia et futurae gloriae nobis pignus datur"〔「おお，聖なる宴会よ。そこでキリストは受けとられ，受難の記憶が思い起こされ，精神は恩恵に満たされ，将来の栄光の抵当が与えられる」〕．

64) トマスの主知主義に典型的なこの見神への欲求を示すものとして，典礼の見地からは思いがけないものだが申し分なく明白な聖歌 Sacris solemniis の末尾を取り上げよう。「あなたが訪れるとき，われわれはあなたを讃えます。／あなたの小道を通じてわれわれが向かうところへ導いてください（duc nos quo tendimus）。／あなたの住まう光のうちへ」。

復のある種の喜びを味わえないことを強調している[65]。トマスが聖体を実に好んでいたと述べる伝記作者の話は、このような背景を踏まえて読むと、まったく信憑性を欠くものではないことがますます明らかになる。報告された話の文字的解釈を請け合うところまで進まないとしても、このような神学を知れば、そうした話は真実らしく見えてくるのであり、このことに関してもはや驚くべきことは何もない[66]。

『カテナ・アウレア』

この時期の並外れた著作活動の中でも、教父からの連続的引用による四福音書の註解に関して別に場所を設けなければならない[67]。『カテナ・アウレア』(Catena aurea) の

---

65) *ST* IIIa q. 79 a. 8: quaedam actualis refectio spiritualis dulcedinis.

66) カプアのバルトロメウスにしたがって、トマスが死の床で発したとされる聖体の信仰告白を想起するにとどめよう。「わたしはあなたを受けとります、わたしの魂の贖いの代価よ。遍歴の最後の聖体拝領としてあなたを受けとります。あなたに対する愛のために、学び、徹夜し、働き、説教し、教えました……」(*Naples* 80, p. 379)。

67) *Catena aurea in quatuor evangelia*, éd. A. GUARIENTI, 2 vol., Torino-Roma, 1953. 翻訳に関しては、*S. Thomas d'Aquin, Exposition suivie des quatre Evangiles…La chaîne d'Or*, trad. par l'abbé E. CASTAN, 8 vol., Paris, 1854-1855; *St. Thomas Aquinas, Catena Aurea. Commentary on the Four Gospels*, transl. by M. PATTISON, J. D. DALGAIRNS and T. D. RYDER, 4 vol., Oxford, 1841-1855 (préfacée par Newman); *S. Tommaso d'Aquino, Catena aurea*, trad. ital. a cura di E. LOGI, 2 vol., Siena, 1954 を参照。最近の研究のうちでは、G. BERCEVILLE, "L'Expositio continua sur les quatre Evangiles de Saint Thomas d'Aquin (*Catena aurea*): le commentaire de Marc", Mémoire de D.E.A., 1988, déposé au Saulchoir; C. G. CONTICELLO, "San Tommaso ed i Padri: La *Catena aurea super Ioannem*", *AHDLMA* 65 (1990) 31-92

242   第7章　オルヴィエト滞在（1261-65年）

名で知られているこの著作は，1262年の終わりか1263年の初めにウルバヌス4世の要請を受けて着手されている。仕事の迅速さは驚くべきものである。というのも，『マタイ福音書』に関する巻は1264年10月2日の教皇の死の前に彼に捧げられているからである。トマスが教皇の要請の前にすでにテキストを集め始めていたことも想定できるが，詞華集を利用し，また秘書のチームがトマスを手伝っていたので，トマスは仕事がとてもやりやすかった。福音書の節ごとにテキストを再編成するために秘書たちが高度に教育される必要はなかったので，トマスは最後の仕上げを引き受けるだけでよかった。十中八九，トマスは他の三つの福音書も同時に進めており，それらについても能率よく処理した。というのも，それらはトマスがパリに帰る前の1265年から1268年の間にローマで完成したからである。著者は著作の残りを枢機卿アンニバル・ド・アンニバルディに捧げたが，彼はトマスの古い生徒にしてサン・ジャックでの一時的な後継者であり，トマスとは友情の真の絆で結ばれていた[68]。

たとえ『カテナ・アウレア』の目的が前世紀にランから生じた註解に似ているとしても[69]，教父の引用によるこの集成は次の意味でそれとは異なっている。すなわち，『カテナ・アウレア』は四福音書全体に関する節ごとの連続的註解で構成されており，あたかもそれが一人の作者から流れ出たかのように（quasi unius doctoris uidetur esse littera），連続的読書が可能となっている。『マタイ福音書』

を参照。Conticello は実によく資料に裏づけられた導入の中で，『カテナ・アウレア』に関する諸問題の全体について現状を分析している。

68)　献呈の手紙の末尾を参照。"et antiqua dilectio, amoris affectum in offerentis munere comprehendat"〔「この贈り物は古くからの愛を表現している」〕, éd. A. GUARIENTI, Torino, 1953, t. I, p. 429.

69)　Cf. B. SMALLEY, "Glossa ordinaria", TRE 13 (1984) 452-457.

の註解を行うために，トマスはとりわけすでに手に入れていたラテン教父と聖ヨハネス・クリソストムスを利用したが，第 1 章に見出される異端の一覧はアタナシオス（Athanase）やアレクサンドレイアのキュリロス（Cyrille d'Alexandrie）も引用しており，トマスが彼らに関する知識を得たのは『カッシーノ集成』のおかげである。

対して，『マルコ福音書』の註解に先立つ献呈の辞では，トマスはまだラテン語で利用できないものについては翻訳を行ったことを強調している[70]。実際，著作の大いなる新しさはそこにあり，このことは取り上げるべきだが，トマスが各引用を導入する際にその著者の名を挙げるよう気遣っていることも指摘しなければならない。著者が不明な場合，トマスはただ註解（Glossa）あるいはギリシャ人（Grecus）と述べている。このことは指摘に値する。というのも，ベーダ・ウェネラビリス（Bède le Vénérable）とラバヌス・マウルス（Raban Maur）を除いて，トマス以前に引用を正確に同定することを気遣っていた著述家はほとんどいなかったからである[71]。

また，トマスが方法論的前提をはっきり自覚していたことも強調しなければならない。トマスは著作の使用法を紹介する際に，いかなる仕方で論を進めたかを説明し，冗長さを避けるために大幅に削除したり，連続性を保つために

---

70) トマスが自由に利用できたすべての文献はいまだ知られていない。『マルコ福音書』，『ルカ福音書』，『ヨハネ福音書』に関するテオピュラクトス（Théophylacte）の註解の他に，トマスは『マルコ福音書』に関するアンティオキアのヴィクトル（Victor d'Antioche）のカテナや『ルカ福音書』に関するヘラクレアのニケタス（Nicétas d'Héraclée）のカテナを有していた。すでに記録されている情報を想起している Conticello（p. 56ss.）は，『ヨハネ福音書』に関する聖バシレイオスのテキストに基づく詞華集を発見することについてかなり運がよかった。

71) Cf. C. Spicq, *Esquisse*, p. 307.

いくつかの文章の順序を逆にしたことを率直に明らかにしている。また，トマスはいくつかのテキストの意味を正確に述べ (sensum posui)，時としていくつかの語句を省略することまでした (verba dimisi)[72]。このことはとりわけ欠陥のある翻訳のためにクリソストムスの説教について行われたが，この進め方はトマスがクリソストムスの偽作 Opus imperfectum in Matthaeum を利用するときにもかなり明確であり，トマスはアリウス主義に傾いている二つの文章を入念に修正している。

しかし，心配されることとは反対に，この著作が典拠に対して忠実であることは本質的に変わらない。もしこのことについて Opus imperfectum の匿名の作者——この作者は『カテナ・アウレア』で最も頻繁に引用されており，その数は 444 回に上る——にしたがって判断するならば，ヴァン・バニング (J. Van Banning) の研究によると，すべての引用は字句通りだった。すなわち，トマスは語句を短くしているが変えてはいない。彼はすでに言及したアリウス主義に傾いている二つの文章のために二度このことを行っているにすぎない[73]。さらに，トマスは批判的感覚によって，彼がピサのブルグンディオ (Burgundio de Pise) の翻訳で読み，説教 (Homiliarium) として示しているクリソストムスの真正の説教と，彼が註解 (Commentarium) と呼んでいる Opus imperfectum を注意深く区別している。

もし『カテナ・アウレア』から少しの間離れて，トマス

---

72) この方法がどのように適用されたか，その具体例については，Conticello, p. 65ss. を参照。また，C. DOZOIS, "Source patristiques chez saint Thomas d'Aquin", *RUO* 33 (1963) 28*-48* et 145*-167*; 34 (1964) 231*-241*; 35 (1965) 75*-90* も参照。

73) J. VAN BANNING, *Opus imperfectum in Matthaeum. Praefatio*, CSL 87 B, Turnhout, 1988, p. CXCVI-CCVII. また，同じ Van Banning の "Saint Thomas et l'*Opus imperfectum in Matthaeum*", *Studi Tomistici* 17 (1982) 73-85 も参照。

が体系的著作の中で教父のテキストをどのように利用したか確かめるならば，彼は最も熱心に従っている作者に対してすら精神の自由を保っていることが分かる。このようにして，たとえトマスが結婚に関する道徳についてクリソストムスより厳格だとしても，富に関する事柄ではクリソストムスほど厳格ではない[74]。これらいくつかの情報——計画的に増やす必要がある——のおかげで，少なくとも，畏敬的解釈という語が時として覆い隠している注意深い批判を，トマスが行使することなく教父の権威を集めたのではないことが分かる。反対に，トマスには「解釈学の方法に関する非常に的確な熟練の知識」があった[75]。

それゆえ，一見すると単なる集成であるこの著作には，実際のところ大きな重要性がある。何よりもまず，それは集められた題材の量と質のためである。というのも，トマスはそこでギリシャ教父に関して彼の時代の割には例外的な知識を示しているからである。このようにして，彼は22人のラテン教父に対して57人のギリシャ教父を引用しているが，そのうちの幾人かは，テオピュラクトスのように，『カテナ・アウレア』で引用される以前には西洋では知られていなかった[76]。

---

74) Cf. Van Banning, Praefatio, p. CCI-CCIII.

75) Cf. W. H. PRINCIPE, "Thomas Aquinas' Principles for Interpretation of Patristic Texts", dans *Studies in Medieval Culture* VIII-IX, Western Michigan University, 1976, p. 111-121, cf. p. 116: "a quite sophisticated and skillful knowledge of hermeneutical method". 上記註26 で挙げた，Congar, *Valeur et portée* と Torrell, *Autorités théologiques* の他に，次の研究も参照。C. G. GEENEN, *Le fonti patristiche come 'autorita' nella teologia di San Tommaso*, Sacra Doctrina n° 77 (1975), p. 7-17; J.J. DE MIGUEL, "Los Padres de la Iglesia en la criteriologia teologica de santo Tomas de Aquino", *Scripta theologica* 7 (1975) 125-161.

76) Cf. C. G. GEENEN, "Saint Thomas et les Pères", dans l'art. "Thomas d'Aquin", *DTC* 15/1 (1946), col. 738-761.

著作の重要性はトマス自身はもとより彼より後の人々が利用したことからも測られる。『ヨハネ福音書註解』の最後の数章は『カテナ・アウレア』の書き直しであり[77]、この著作がトマスの説教に影響を与えたことも容易に認められる[78]。トマス神学でも事態は同様であり、キリスト論の領域での教父的根拠は『命題集註解』と『神学大全』を比較して〔『神学大全』が〕六倍になっていることが判明した[79]。

このように見てくると、ワイスハイプルがエッシュマンに続いて『カテナ・アウレア』をトマス思想の発展の転換点としたことがよく理解できる。しかし、この著作はカトリック神学の発展においても大きな重要性を持って

---

77) とりわけ、Conticello, *San Tommaso ed i Padri*, p. 79-86 を参照。

78) Cf. L.-J. BATAILLON, "Les sermons de saint Thomas et la *Catena aurea*", dans *Commemorative Studies* I, p. 67-75.

79) Cf. I. BACKES, *Die Christologie de hl. Thomas v. Aquin und die griechischen Kirchenväter*, Paderborn, 1931, p. 122. キリスト論での『カテナ・アウレア』の再使用は、L.-J. BATAILLON, "Saint Thomas et les Pères: de la *Catena* à *Tertia Pars*", dans *Ordo sapientiae et amoris*, p. 15-36 が入念に検討した。付け加えるべき類似の事実として、トマスは最初の五つの公会議の議事録を字句通りに引用した初めてのラテン神学者だった。Cf. C. G. GEENEN, "En marge du concile de Chalcédoine. Les textes du Quatrième Concile dans les œuvres de saint Thomas", *Angelicum* 29 (1952) 43-59.〔すでに古くなった C.G. Geenen の業績を補完するものとして、非常に掘り下げられた研究 M. MORARD, "Une source de saint Thomas d'Aquin: le deuxième concile de Constantinople (553)", *RSPT* 81 (1997) 57-68 と、教父の文献に関するトマスの驚くべき知識を指摘している注目すべき業績 G. EMERY, "Le photinisme et ses précurseurs chez saint Thomas. Cérinthe, les Ébionites, Paul de Samosate et Photin", *RT* 95 (1995) 371-398 がある。より近づきやすいがきわめて情報に通じた論文 G. EMERY, "Saint Thomas et l'Orient chrétien", *Nova et Vetera*, 1999/4, p. 19-36 は簡単な総括を提示しているが、もし人がトマスを頑迷なラテン的諸特徴の下にのみ考察しているならば、この論文は驚きなくして読めないだろう。〕

いる。というのも，広く普及したからである。断片を除いて，『マルコ福音書』に関して 73，『ルカ福音書』に関して 82，『ヨハネ福音書』に関して 88，『マタイ福音書』に関して 89 の完全な写本を数えあげることができる。印刷術の発明以後の諸版も高い数字を示している[80]。かつてスピークが指摘したように，この総覧は豊かさそのもののために「聖書解釈者，神学者，説教者にとっての宝庫」だったが，トマスを知る上で次のことを強調することはいっそう興味深い。すなわち，進んで形而上学者，思弁的神学者の原型と見なされる者が「実証的教父神学の歴史でも第一級の地位を占めている」[81]ことである。

　昔の伝記作者たちもそれぞれの仕方で，トマスの主要な知的特徴として，典拠に対するこのような態度を証言している。こうした態度はトマスがパリという都市を手中におさめることよりも『マタイ福音書』に関するクリソストムスの註解を手に入れることをはるかに好んだという有名な逸話の意味を最もはっきり説明するものである[82]。同じ知的好奇心はトッコが次のように確言するときに明らかとなる。すなわち，トマスは「ある修道院から他の修道院へと渡り歩き，そこで様々な教父の著作を読み，後に書き写すことになる註解の大部分を暗記した」[83]。トマスがこうして参考資料を集めたいくつかの場所は容易に特定できる。なじみだったモンテ・カッシーノ修道院はエフェソス公会議とカルケドン公会議の議事録の 12 世紀の写本を保持して

---

80) Conticello, p. 42-43.

81) C. Spicq, *Esquisse*, p. 310.

82) *Ystoria* 42, p. 331-332 (Tocco 42, p. 115); cf. *Naples* 78, p. 376. ここでカプアのバルトロメウスが報告している会話は，おそらく実際の挿話により近いものである。Cf. Van Banning, *Praefatio*, p. CLXXVIII-CLXXX.

83) *Ystoria* 18, p. 250-251 (Tocco 17, p. 87). トマスの記憶力については，*Ystoria* 41, p. 329 (Tocco 41, p. 114) を参照。

いたが，ギリシャ教父の詞華集もあったに違いない。同様に，おそらくトマスは1261年以降オルヴィエトでも教皇庁の古文書館に足を運んだだろう。実際，これらの新しい参考資料を反映し始めるのはこの時期の著作である。さらに，注目すべき事実がある。すなわち，トマスはアルベルトゥス——彼はトマスの教師であり，おそらくトマスは彼から次の習慣を得た——とともに，詞華集に満足することなく典拠に直接言及している希少な著述家のグループに属している[84]。

また，オルヴィエト滞在はトマスにとって人間的な触れ合いが豊富な時期だった。たとえ彼が孤独と勉学を愛する者なのは明らかだったとしても，同僚のうちに友人を持ち，教皇庁の近さが多くの出会いをもたらしたはずである。上で数えあげた，状況に応じた著作の列挙を見るだけですでにこのことは推測できるのであり，歴史家たちはトマスと関係を持ったあるいは持ちえた人物の名を整理することに専心した[85]。

もし修道士トマス・アクィナスの生涯のこの時期を回顧的に振り返るならば，必ずや仕事の迅速さに強い印象を受

---

84) Cf. H.-F. DONDAINE, "Les scolastiques citent-ils les Pères de première main ?", *RSPT* 36 (1952) 231-243 (à propos de Denys); "Note sur la documentation patristique de saint Thomas à Paris en 1270", *RSPT* 47 (1963) 403-406. [H.-F. Dondaine の研究の成果は，最近になってP.-M. GY, "La documentation sacramentaire de Thomas d'Aquin. Quelle connaissance S. Thomas a-t-il de la tradition ancienne et patristique ?", *RSPT* 80 (1996) 425-431 が確証した。Gy 神父は「教父の資料を収集する際の例外的な気遣い」を指摘したが，同時に時代の知識状況に縛られた資料収集の限界も明らかにしている。]

85) Cf. WN, p. 104-107 et 128-131; A. WALZ, "L'Aquinate a Orvieto", *Angelicum* 35 (1958) 176-190; M. GRABMANN, "Die persönliche Beziehungen des hl. Thomas von Aquin", *Historisches Jahrbuch* 57 (1937) 305-322.

ける。パリを離れてから五年の間に，彼は『対異教徒大全』，『ヨブ記註解』，『カテナ・アウレア』の大部分，一連の小著すべてを作成した。三つの大きな著作に関して言えば，それらのうちのたった一つの著作でも一人以上の著述家の時間を占めるに十分だが，それらはほとんど賞賛される必要がない〔ほどに価値がある〕。小さな著作はおそらくこの迅速さの痕跡を少しとどめているが，それらには当時の世界の中で仕事をし，提示される諸問題を気遣いながら，できるかぎりそれに答えようとする神学者トマスを浮き彫りにするという利点がある。トマスの修道院での孤独は象牙の塔での孤独とは程遠かったのである。

第 8 章

ローマでの年月（1265-68 年）

―― 『神学大全』への着手 ――

　1265 年 9 月 8 日，あるいは続く日々の中，アナーニで開催された管区会議でトマスは，「その罪の赦しのために」，ローマに居を定め，そこに――十中八九サンタ・サビーナである――ローマ管区内の様々な修道院から選ばれた修道士たちを育成するための教育施設（studium）を設立するように命じられた。修道士たちの出身修道院では彼らの面倒を見ていたに違いないが，トマスは修道士たちに対し完全な権限を有しており，もし満足に勉学を修めない場合には出身修道院へ送り返すことができた[1]。

ローマの教育施設

　トマスの生涯のこの時期に関する鋭い再読をもたらしてくれるボイルによれば[2]，この措置は先行する二つの会議でローマ管区でのみじめな勉学の状況を嘆く人々が行っ

---

1) *MOPH* 20 (1941), p. 32.「その罪の赦しのために」という慣用的表現は，修道士に課せられ，従順の誓いを通じて受け入れられた任務が愛の成長に役立つことを意味している。

2) L. BOYLE, *The Setting of the Summa theologiae of Saint Thomas*, Toronto, 1982, p. 9-12.

た確認の延長線上に位置づけられる。ほとんど明白ではない稀な例外——1259年のピストイアの新しい修道院講師としての修道士フィリップス（Philippe）の任命，1261年のオルヴィエトに関するトマス自身の任命——を除いて，1259年のヴァランシエンヌの総会の忠告以来，ローマ管区の会議録で勉学の問題が取り上げられるのはこれが最初であることを考え合わせれば，事柄はより指摘に値する[3]。

このことから，ローマ管区には精神的生活に関心を抱いた者が誰もいなかったと結論しないよう気をつけなければならない。とりわけ次の名を歴史はとどめている。パリとケルンでのアルベルトゥス・マグヌスの古い生徒であり，講師にして総説教者だったシエナ出身のアンブロワーズ・サンセドーニ（Ambroise Sansedoni）——1220-87年——。有名な講師にして説教者だったベネヴェントのヤコブス（Jacques de Bénévent）——年代は不明——。1270-72年にトマスの命題集講師であり，1272-73年にパリの正教授としてトマスの後を継いだが，1273年5月28日に亡くなったローマのローマン（Romain de Rome）[4]。これらの人物はローマ管区の面目を保つためには十分だったが，定義上，管区会議はすべての修道士に訴えかけ，勉学上の不備を告発することを恐れなかった。

---

[3] *MOPH* 20, p. 24 (Rome, 1259); *Documenta* 30, p. 582 (Orvieto, 1261). より古い他の唯一の言及は，天文学を研究すること，世俗的学芸を教えることに対する禁令である——Viterbe, 1258: *MOPH* 20, p. 22。名前が挙げられていないことから，おそらく言及の影響力を和らげなければならない。というのも，会議録はいっそう後になって初めて，とりわけ修道院長たちに対して名前を挙げ始めているからである——cf. E. PANELLA, "Priori di Santa Maria Novella di Firenze 1221-1325", *Memorie Domenicane* N.S. 17 (1986) 253-284, cf. p. 258。

[4] これらの様々な人名について，Käppeli, *Scriptores* の解説を参照。

たとえローマの管区会議の訴えが修道士の勉学に対する熱意がわずかであることを教えるものだとしても,修道院長と修道院副長に対する単なる戒告で満足していた[5]。しかし,ヴィテルボの管区会議はより直接的かつ緊迫した要求を行っている。「この管区では勉学がおろそかにされているので,修道院長たちが早急にこの問題に対処することを命じる」。それゆえ,修道院長たちに忠告されたことは,修道士たちを勉学へ強制し,週に一度講義を復習するように命じ,とりわけきわめて若い修道士たちが一週間のうちに学んだ事柄について教師が点検するよう気をつけることだった。講師に関して言えば,講義をあまりにも簡単に断念すべきでなく,とりわけ修道院長の許可なくしてそのようにしてはならない[6]。

ところが,おそらく次のこともまた上述のことを説明する。すなわち,1261年以降トマスは正式の構成員としてこれらの管区会議に参加している。ヴァランシエンヌで決定された事柄をよく知る者として,トマスがこの方向性で発言すべきだったことはありそうなことである。このよう

---

[5] *MOPH* 20, p. 28: "Item monemus priores et suppriores…quod faciant quod tam iuvenes quam alii fratres frequentent scolas et quod repetant lectiones et compellant eos stare in cellis, et vacantes otio dure corrigant et…in studio teneant occupatos."〔「さらに,修道院長と修道院副長に忠告する。……他の修道士と同様に若い修道士を頻繁に学校に通わせ,講義を復習させ,部屋にとどまらせ,暇にしている修道士を厳しく叱責し,……勉学に専念させるべきである」〕。

[6] *MOPH* 20, p. 29: "Item quia videmus quod in ista provincia studium negligitur, volumus et districte iniungimus quod priores circa hoc diligentiam maiorem apponant et ad studium cogantur fratres, et ordinent quod in qualibet septimana lectiones semel repetant; et examinentur diligenter, maxime iuvenes, a magistro studentium de hiis que in scolis per septimanam audierint a lectore. Volumus etiam quod lectores non sint faciles ad dimittendum lectiones et maxime absque priorum suorum licentia et assensu."

にして，ローマの教育施設の設立は，トマスの努力の結果として，このような現状を改善するための具体的機会として現れてくる。

おそらくかなり慎ましやかなこの教育施設の設立は，パリ，ボローニャ，オックスフォード，ケルン，モンペリエのストゥディウム・ゲネラーレのような，当時の修道会が有する研究のための大きな中心施設と比較できるようなものではなかった。これはおそらく修道院付属学校とこうした大きな中心施設との中間に位置するようなストゥディウム・プロウィンキアーレでもなかった[7]。むしろ，ボイルが考えるように，トマスが勉学の計画を自分で練って自由に適用できるような実験的に設立されたストゥディウム・ペルソナーレだった。実際，トマスのそばにはいかなる助手も他の講師もおらず，企てはトマスがローマから出発する頃には存続していなかったと思われる[8]。

もしオルヴィエトでのトマスの仕事を想起しないならば，これから彼が試みようとしている革新は適切には理解できない。聖書の註解と並行して，トマスには倫理神学に関して，また修道会に委託された説教の使命に関して，ならびに告解による司牧に関して修道士たちを育成するという仕事があった。それゆえ，このことのためにトマスはドミニコ会の初期の人々が公にした教科書を自由に使用できた。しかし，ドミニコ会の初期の人々が修道士を育成する際に実践的神学を優先した結果，すでに述べたように，修道士は部分的であまりにも狭い視野の中でしか神学を理解

---

7) 聖職者と巡礼者の町であり，最小限の経済活動を行っていた13世紀のローマは，17000-20000人——最も楽観的に見積もっても30000人を超えることはない——の住民を有するほとんど大きな村にすぎなかった——cf. J. C. RUSSELL, *Medieval Regions and their Cities*, Newton Abbot, 1972, p. 51-52。

8) Weisheipl, p. 222 et 259 の推測にもかかわらず。

できなかった。ここから，教義的神学を犠牲にした著しい不均衡が生じたが，トマスはこのことに不満足なままではいられなかった。それゆえ，トマスがこれからローマで行おうとしている事柄は，より広い基礎に基づいて修道士を育成し直すことだと言わなければならない[9]。

このトマスの不満足について少なくとも二つのしるしを歴史はとどめている。すでに述べたように，何よりもまずトマスは生徒のためにかつてパリで教えていた『命題集』の註解を再び始めてみた。しかし，このことは彼にとって十分なものとは思われず，最初の年である 1265-66 年の終わりにこの試みを見捨て，第二の試みである『神学大全』の作成に取りかかった。ボイルはたとえこの計画がローマで実行されたとしても，実質的な原因はトマスがオルヴィエトで一般的な修道士を教えた四年間の経験のうちにあると言っているが，このことは完全に根拠のあることだと思う。この経験を通じて，トマスは自分の修道会が行ってきた，注目すべき教科書作成の長い伝統に貢献したいと思っていたが，同時に倫理神学に対して欠けていた教義的基礎を据えることで最も目立つ欠落を埋めようとした。

『神学大全』

想起した文脈を考慮に入れると，『神学大全』の冒頭と目的はもっとよく理解できる。しばしば引用される次の数行は時としてその半分しか理解されていない。

> カトリックの真理を教える者は最も進んだ人々を教育するだけでなく，初心者も教導しなければならない。

---

9) Cf. Boyle, *The Setting*, p. 15ss..

> ……それゆえ，われわれの意図はキリスト教に関する事柄を初心者の育成にふさわしい仕方で説明することである。

人はこれほど例外的に優れた教科書が与えられた生徒の知的賜物について自問した。トマスが生徒の能力を過大評価したことはありうるが，彼は教える題材に多かれ少なかれ存する大きな困難よりも，教えの本体の構成についてよりいっそう気遣っていた。この構成は生徒に対して，どうにかこうにか並置された単なる問いの連続ではなくむしろ有機的な総合を提供するものであり，これによって生徒は題材の内的なつながりと一貫性を理解することができた。

> 実際，様々な著述家の著作を読むときに，初心者は非常に困惑していた。それは無益な問いや項や証明が増していくからであり，あるいは初心者の学ぶべき事柄が教わる題材の要求にしたがって（secundum ordinem disciplinae）ではなく，書物の解釈や討論の要求にしたがって論じられているからだった。あるいは最後に，同じ事柄が頻繁に繰り返されるせいで，聞く者が倦怠と混乱を感じるからだった。

ここにこそ教育者の気遣いがあり，もしそこにオルヴィエトでの経験の影響を読むことができるならば，こうした気遣いははるかによく理解される。

ボイルが提案しているように，トマスは実際にローマで『神学大全』第1部と第2部の1の一部分を「教えた」のだろうか，それともむしろ書いただけなのか。この問いにはっきりと答えることは難しい。もしパリでの聖書の教師の第一の仕事が聖書を註解することだという事実を覚えているならば，否と答えるように誘惑されるだろう。しか

し，同じ義務が他の場所でも適用されていたかどうかは反論の余地のないテキストによって証明されていない。また，『パウロ書簡』の講義は非常にうまくこの時期に位置づけられるが，奇妙なことにこれらの年月の間に註解されたであろう書物の回想は伝えられていない。反対に，もしアナーニの会議でトマスが全権を委任されたことが分かれば，むしろ人は肯定的な答えに賛成するだろう。それゆえ，トマスが一般的にそう言われるよりもはるかに革新的だったことを認めなければならない。確実なのは，トマスが残された生の時間の大部分にわたって従事することになる計画に着手したということである。

『神学大全』の執筆時期はいまだに学者たちの間で議論されている主題である。トマスがローマにとどまっていた1268年9月までの期間に第1部のすべてを書いたこと，第1部はトマスがパリに帰還する以前にすでにイタリアで普及していたことは確実だと思われる。困難は第2部の1とともに始まる。一般的には第2部の1はパリ帰還以前には始められていなかったとされている。ワイスハイプルが従っているグロリユーとエッシュマンによれば[10]，第2部の1の完成は1270年の夏と考えられる。その直後の長い夏の休暇中に着手された第2部の2に関しては，彼らによれば，1271年12月以前に完成した。おそらく長い休暇中のことだとまで言う人もいるが，このことはほとんどありそうにないと思われる。

最初この見解に従っていたゴーティエは[11]，前言を撤回し，その後は第2部の1は1271年になってから書かれた

---

10) P. GLORIEUX, "Pour la chronologie de la Somme", *MSR* 2 (1945) 59-98; I. T. ESCHMANN, *A Catalogue*, p. 386-388; Weisheipl, p. 248.

11) R.-A. GAUTHIER, "La date du Commentaire de Saint Thomas sur l'Ethique à Nicomaque", *RTAM* 18 (1951) 66-105.

と考えるようになった[12]。彼にはこのことに関して重要な論拠があった。というのも、トマスは第2部の1でメルベケの翻訳によるアリストテレスの『弁論術』を100回を超えるほど大量に使用しているが、トマスがこの翻訳を入手したのは1270年の終わり頃になってからだからである。このようにして、ゴーティエは1928年にドム・ロッタン（Dom Lottin）が弁護した立場に合流している。すなわち、ロッタンは第2部の1を『悪について』第6問の後に位置づけるように導かれたが、その前に『悪について』第6問が1270年の終わり頃に遡ることを適切に証明していた[13]。

この最後の提案を最も明らかに妨げるのは、それがパリでのトマスの最後の時期にあまりにも多くのものを負わせるという事実である。この見解によれば、トマスが18か月のうちに第2部の1だけでなく、膨大な分量を持つ第2部の2を書き、さらに第3部を書き始めたことも認めなければならない——第3部の最初の20あるいは25問題はパリで書かれたとされている。このスケジュールはほとんど信じがたいように思われるが、その要求から逃れることは困難である。それゆえ、このスケジュールに立ち返り、どのようにしてトマスがこれらすべてのことと、それに加えて他の多くの事柄をこれほど短期間のうちに書くことができたかについて説明を試みなければならない。

おそらく1271-72年の冬の終わりにパリで始められた第

---

12) *Nouvelle introduction*, p. 80; cf. p. 65-67; cf. déjà ID., *L'Ethique à Nicomaque*, I, 1, *Introduction*, ²1970, p. 128-129, n. 135.

13) Cf. O. LOTTIN, *Psychologie et Morale*, t. VI, p. 353-372.『悪について』の執筆時期については、本書第11章参照。この点に関して、LottinはP. SYNAVE, "Le problème chronologie des questions disputées de saint Thomas d'Aquin", *RT* 31 (1926) 154-159 に合流している。

3部の執筆は，トマスが書くのをやめる1273年12月6日までナポリで続けられた。そのとき，トマスは第3部90問4項の悔悛の秘跡に達していた。『補遺』（Supplément）の名で知られている続きは，トマスの弟子たちが彼の『命題集註解』に基づいて書いた[14]。それゆえ，トマスは並行して他の活動を行っていたにもかかわらず，生涯の最後の七年間にわたってこの著作を気遣い続けていたことになる。このことはおそらくトマスがこの著作を重要だと考えていた最も明白なしるしである。

『神学大全』は今日でもなお最もよく使用され，おそらく最もよく知られているトマスの著作であり，その場かぎりでのみ使用する人々にとってすらそうである[15]。それだけいっそう，レオニーナ版の最初の諸巻として20世紀の初めに出版されたテキストが完全に満足を与えるものでないことは残念である[16]。今日のレオニーナ委員会の名声を

---

14) ためらいの程度の差はあれど，Grabmann, *Werke*, p. 296-301 や A. Dondaine, *Sermons de Réginald*, p. 378, et note 68 のような多くの人々は，レギナルドゥスが『補遺』の作者だった可能性を考えている。これはすでに Quétif-Echard の見解であり，Mandonnet もそれに従ったが，レオニーナ版はより慎重であり——cf. Praef., t. 12, p. XVIss., 縮刷版のための P. Cl. Suermondt の導入（Turin, 1963, p. XI-XIII）も同様である。また，Eschmann, *A Catalogue*, p. 388 も参照。

15) Léon., t. 4-12. これと同じテキストが縮刷版の三巻本として Turin (1963) で再印刷された。しかし，Studium dominicain, Ottawa (1941-1945) の五巻本，あるいはおそらくより好ましい Edition Paulines, Rome (1962) の一巻本がある。トマスが自分自身でこの著作に表題を与えたとは思えない。最も古く最も広く証明されている Summa theologiae——theologica ではない——という表題が保持されている。Cf. A. WALZ, "De genuino titulo *Summae theologiae*", *Angelicum* 18 (1941) 142-151.

16) Cf. P.-M. de CONTENSON, "Documents sur les origines et les premières années de la Comission Léonine", dans *Commemorative Studies* II, p. 331-388. L.-J. BATAILLON, "L'édition léonine des œuvres de saint Thomas et les études médiévales", dans *Atti dell'VIII Congresso*, t. I (1981)

つくった基準にしたがって、批判的校訂版は再検討されるべきだろう[17]。しかしながら、『神学大全』の研究と翻訳は絶えず出版されている[18]。

『神学大全』の内容

いくつかの部分をより詳細に取り上げる前に、全般的な紹介が必要である。何よりもまず、『神学大全』の構想と内容を区別することは無益ではないだろう。解説者たちは内容については意見が一致しているが、構想に関する考えは様々である。トマスが著作を三つの大きな部分に区分しているという事実に関しては全員が一致している。第二の部分はそれ自体二つの下位区分に分割されているので、そこから今日でもなお『神学大全』を四巻で紹介するという習慣ができあがった。このように配分された題材の内容についてより正確な概略をつかむためには、第1部2問の

452-464 は、とりわけ第1部と第2部の1の不完全性を指摘している。第2部の2はすでに改良されている。Cf. ID., "Le edizioni di *Opera omnia* degli scolastici e l'edizione leonina", dans *Gli Studi di filosofia medievale fra otto e novecento*, Roma, 1991, p. 141-154, cf. p. 151-153.

17) 実際、第3部に関して仕事はすでに始められている——cf. M. TURRINI, "Raynald de Piperno et le texte original de la *Tertia Pars* de la *Somme de Théologie* de S. Thomas d'Aquin", *RSPT* 73 (1989) 233-247. Cf. aussi P.-M. GY, "Le texte original de la Tertia pars de la *Somme Théologique* de S. Thomas d'Aquin dans l'apparat critique de l'édition léonine: le cas de l'eucharistie", *RSPT* 65 (1981) 608-616.

18) 最近のフランス語訳として、Paris (1984-1986) の四巻本があるが、これにはフランス語のテキストと簡潔な註が含まれているだけである。この四巻本は Revue des jeunes——翻訳を後援していた雑誌の名称——の版と言われるより古い版に取って代わることができない。この古い版はポケット版で68巻から成り、ラテン語テキストと質の高い豊富な註を備えているという利点がある。

序文を参照するだけで十分である。以下，翻訳に注釈を加えながら，著者が特有の簡潔さで数行に要約した事柄を述べよう。

この聖なる教えの主要な目的は神に関する知識を伝えることであるから——このことはある種の方法論である第1問で説明したところである——，まず神について（第1部），次に理性的被造物の神に向かう運動について（第2部），最後に人間性にしたがって神へと導く道であるキリストについて論じる（第3部）[19]。それゆえ，非常に単純化された全体的意図がここにある。トマスは第2部や第3部の冒頭で各部分の内容についてより明らかにすることになるが，第1部の内容についてはすでに非常に明白である。

トマスは神についてまず神が神自身のうちにあるかぎりにおいて（secundum quod in se est）論じるつもりである。これらの語句は第1部の最初の二つの下位区分を告げている。1）神の本質に関する事柄（ea quae pertinent ad essentiam divinam）（第2-26問）。2）ペルソナの区別に関する事柄（ea quae pertinent ad distinctionem personarum）（第27-43問）。しかし，神はすべての事物の始原にして目的でもあるから（sed etiam secundum quod est principium rerum et finis earum），被造物が神から発出する仕方についても論じなければならない。このことで第1部の終局が告げられている（第44-119問）。さらに，この部分は

---

19) おそらくこのテキストはラテン語の原文で読むほうがよい。"Quia igitur principalis intentio huius sacrae doctrinae est Dei cognitionem tradere, et non solum secundum quod in se est, sed etiam secundum quod est principium rerum et finis earum, et specialiter rationalis creaturae …ad huius doctrinae expositionem intendentes, primo tractabimus de Deo; secundo de motu rationalis creaturae in Deum; tertio de Christo qui secundum quod homo via est nobis tendendi in Deum" (*ST* Ia q. 2 Prol.).

三つの大きな部分を包含している。すなわち，創造一般（第 44-46 問）。被造物の区別（第 47-102 問）——この部分には三つの大きな下位区分がある。すなわち，天使（第 50-64 問），聖書の創造物語の註解を伴う六日間の業（第 65-74 問），まず知性的本性としての人間（この論考はアリストテレス的雰囲気を強く感じさせる），しかし同時に神の像たる被造物としての人間（第 75-102 問）である——。第 44-119 問は，神が神自身によって，また二次的原因の媒介によって被造物を支配する仕方を説明している部分で締めくくられる（第 103-119 問）。

それゆえ，トマスは数語で順々に第 1 部の全体的な計画と関係のある詳細を述べた。トマスは第 2 部の序文でも相変わらず簡潔である。トマスが非常に詳細な考察の膨大かつ複雑な全体を本質的な二つのカテゴリーに還元している様子を見ることは驚くべきことですらある。すなわち，究極目的である神への人間の還帰を論じることが問題となっているので，トマスはまず目的そのもの，つまり至福を（第 1-5 問），次に人間がこの目的に到達するあるいは反対にそこから逸れる方法を考察するつもりである。

この「方法」のカテゴリーはきわめて膨大だが，それというのも二巻にも及ぶからである。第一の機会において（第 2 部の 1），トマスはまず詳細に人間的行為を検討するが（第 6-89 問），それは明確に人間的な，すなわち自発的で自由な，それゆえ善と悪を受容する行為である（第 6-21 問）。さらに，霊魂の情念が検討される（第 22-48 問）。次いで，人間の能力を規定する内的根源，すなわち徳と悪徳である善きあるいは悪しき習慣が一般的に論じられる（第 49-89 問）。最後に，人間的行為に影響を与える外的根源である法と（第 90-108 問），恩恵が検討される（第 109-114 問）。

第二の機会において（第 2 部の 2），トマスはこれらの最

初の既知事項をさらに深く掘り下げようとする。これは信仰，希望，愛という対神徳（第1-46問）と，賢慮，正義，剛毅，節制という枢要徳（第47-170問）の分析であり，各徳に固有の行為と対立する罪の論述を伴っている。考察は霊的賜物，生の状態，教会に関する様々な問題の短い論考で完成するが，観想的生の論述で終わっている（第171-189問）。このことにより，見事な包含の仕方で第2部全体の出発点に置かれている至福の定義を再発見できる。

第3部の序文も劣らず明確である。

> 救い主，主イエスは……われわれに対して真理の道として現れた。その道のおかげでその後は復活と永遠の生命の至福に到達できるわけである。また，神学的企て全体を終わらせるために，人間的生の究極目的，次に徳と悪徳を検討した後に，すべての人々の救い主自身の検討，次に救い主が人類に与えた恩恵の検討で研究を続けることが必要である。

ここでもまた，区分，下位区分は明らかである。第一の部分は救いをもたらす救い主イエス・キリストにあてられているが（第1-59問），このことは二つの大きな展開に応じるものである。1）キリスト自身における受肉の神秘（第1-26問）。2）御言がわれわれのために肉において行い蒙った事柄（第27-59問）。第3部の第二の部分はわれわれが救いに達する秘跡の検討にあてられている。まず一般的に論じられ（第60-65問），次に洗礼，聖体，悔悛（第66-90問）が考察されているが，これは未完成である。第三の部分はわれわれが招かれている終局，キリストによって復活することで入ることになる永遠の生命の詳細な考察にあてられるはずだったが，トマスはこの部分を書くこと

ができなかった[20]。

『神学大全』の構想

 これらの大きな部分や区分について、すべての解説者たちの意見は一致している。しかし、非常に単純なこの見かけの配分が他の構想を隠しているのではないかと問うようになると、意見は対立する。他の構想とは、それほど明白ではないが、その構想を知ればトマスの意図がはるかに明確に理解できるようになる、そのような構想である。

 現代のトマス主義者たちだけで満足するとすれば、議論の口火は 1939 年にシュニューによって切られたが[21]、この主題に関する研究が相次いで生じるようになったのはようやく 1950 年になってからであり、シュニューの『導入』（Introduction à l'étude de S. Thomas d'Aquin）が公刊された後だった[22]。問題の専門的側面を超えて、争点は『神学

---

20) 多くの著述家たちは『神学大全』の内容の概略を示すことに専念した。例えば、J.-J. BERTHIER, *Tabulae…Summae Theologicae*, Paris, 1903, あるいは THOMAS D'AQUIN, *Somme théologique*, Paris, 1984, t. 1, p. 68-89 を参照。

21) M.-D. CHENU, "Le plan de la Somme théologique de saint Thomas", *RT* 47 (1939) 93-107; repris dans ID., *Introduction*, 1954, p. 255-276.

22) 後に言及する業績の他に、この主題に関する主要な研究は以下を参照のこと。A. HAYEN, *Saint Thomas d'Aquin et la vie de l'Eglise*, Louvain-Paris, 1952; ID., "La structure de la Somme théologique et Jésus", *Sc. Ecclés.* 12 (1960) 59-82; P. E. PERSSON, "Le plan de la Somme théologique et le rapport *ratio-revelatio*", *RPL* 56 (1958) 545-575; Y. CONGAR, "Le sens de l'"Economie'salutaire dans la 'Théologie'de S. Thomas d'Aquin (Somme théologique)", dans *Festgabe J. Lortz*, Baden-Baden, 1957, t. 2, p. 59-82; ID., "Le moment 'économique'et le moment 'ontologique'dans la *Sacra Doctrina* (Révélation, Théologie, Somme

大全』の構想におけるキリストの位置だけでなく,救済の歴史を説明するトマスの能力にも及んだ。はっきりとした図式化によって,またとりわけフランス語の文献に限れば,三つの主要な立場が引き出せるだろう[23]。

1）第一に,シュニューは『神学大全』を発出と還帰という新プラトン主義的図式に照らして読むことを提案している。彼によると,第1部は始原としての神からの事物の流出を,第2部は究極目的としての神への事物の還帰を論じている。彼に固有の表現によれば,「第1部と第2部との関係は発出と還帰のそれである」。それらは二つの相反する運動という統一性において密接に関連している。このことは聖書でも同様であり,そこでは全被造物が神の手から湧出し,神の計画にしたがって神へと還る。というのも,神は創造の歴史を導いているからである。同様に,神学は「神の観点から」,神が事物の始原にして目的であることにしたがって（secundum quod est principium rerum et finis earum）――第1部2問序文――現実を考察する。マックス・セクラー（Max Seckler）もまた,このことを非常に適切に表現している。「ここで驚くべき仕方で現れ

---

théologique)", dans *Mélanges offerts à M.-D. Chenu* (Bibl. thom. 37), Paris, 1967, p. 135-187; G. LAFONT, *Structures et méthode dans la Somme théologique de saint Thomas d'Aquin*, Paris-Bruges, 1961; U. HORST, "Über die Frage einer Heilsökonomischen Theologie bei Thomas von Aquin. Ergebnisse und Probleme der neueren Forschung", *MThZ* 12 (1961) 97-111 (repris dans *Thomas von Aquin*, t. 1, éd. K. BERNATH, "Wege der Forschung 188", Darmstadt, 1978, p. 373-395); O. H. PESCH, "Um den Plan der Summa Theologiae des hl. Thomas von Aquin", *MThZ* 16 (1965) 128-137 (repris et complété dans "Wege der Forschung 188", p. 411-437); L. ELDERS, "La méthode suivie par saint Thomas d'Aquin dans la composition de la Somme de théologie", *NV* 66 (1991) 178-192.

23) *S. Thomas d'Aquin. Somme Théologique: La théologie*, "Revue des jeunes", Paris, 1968, p. 171-202 における H.-D. GARDEIL の紹介も参照。

るのは，密接に対応した歴史の起源と終局，存在の根源と完成，認識の最初にして最後の原因であり，その結果神学は救済の歴史に関する『学知』になりうるだけでなく，救済の歴史そのものがそれ自体のうちに根本的な神学的構想を有している。それゆえ，トマスによれば，神学者とは救済に関わる錯綜した出来事に秩序を与える者ではなく，救済の秩序が神学を構成するのである」[24]。

2）それ自体において力強さと単純さの魅力を有しているこの説明には，第3部を一度に統合できないという欠点があり，キリストは人間が目的に還帰することの保証として「神が欲した手段としてのみ」論じられているように思われた。シュニュー自身もこのことを認めている。「曖昧な仕方で判断するならば，第3部は後から付け加えられた部分の機能しか果たしていないようだ」。シルベックス（H. Schillebeeckx）は，この弱点を指摘し，『神学大全』の様々な部分がすべて理性的被造物の神への運動しか論じていないことを力強く強調した最初の人々の一人だった[25]。しかし，『神学大全』の構想の複雑さを説明するにはあまりにも単純すぎるこの図式を最も適切に批判したのはパットフォールトである[26]。一方，発出の運動は第1部の展開と一致しない。というのも，第1部が終わる前から還帰の運動が始まっているからである。なぜなら，第2部や第3部で人格に関する事柄を正確に述べる前に，トマスはすでに第1部ですべての被造物に共通な還帰の側面を論じ

---

24) Chenu, *Introduction*, p. 255-273; M. SECKLER, *Le salut et l'histoire. La pensée de saint Thomas d'Aquin sur la théologie de l'histoire*, "Cogitatio fidei 21", Paris, 1967, p. 30-31.

25) H. SCHILLEBEECKX, *De sacramentele Heilseconomie*, Anvers, 1952, p. 1-18.

26) A.-M. PATFOORT, "L'unité de la *Ia Pars* et le mouvement interne de la Somme théologique de S. Thomas d'Aquin", *RSPT* 47 (1963) 513-544 (repris dans *Les clés*, p. 49-70).

ているからである。他方，還帰の運動は第2部で終わることなく第3部にも及んでおり，それというのも第3部では「キリストの還帰」が問題となっているからである。このようにして，還帰の概念は『神学大全』の様々な部分で同時に重なり合っており，概念のある種の曖昧さも存在する。それゆえ，パットフォールトは真に説明的だとは思えないこの図式を捨てることを提案し，聖トマスが行ったことにより近いと思われる様々な示唆を行っているが，ここでそれらに立ち入る余地はない。

3) ルロワ (M.-V. Leroy) によれば，発出と還帰の図式を捨てるいかなる理由もないが，この図式は『神学大全』の「配剤に関する」部分にのみ適用できることを明確にしなければならない。トマスは発出と還帰の図式より以前に，別の偉大な区分——これはもっぱら教父たちが行った「神学」と「配剤」の区分を繰り返すだけのものである——を活用している。「神学」は第1部の冒頭に対応しており（第2-43問），そこではまさに神自身における神が問題となっている。他方，「配剤」は『神学大全』の第44問より後の残りすべてを再編成しており，この393問そのものを全体として発出と還帰の図式にしたがって理解すべきである[27]。

第1部の第二の部分（第44-119問）で，唯一ではないにせよ支配的な運動はまだ発出のそれである——たとえある被造物，すなわち天使に関して還帰がすでに言及されているとしても。第2部と第3部に関して言えば，そこでは還帰についてしか語られていないが，それは還帰が理性的被造物，すなわち神の像としての人間にとって特別の事柄だからである。この運動が成就するのは，人間であるか

---

27) M.-V. LEROY, *RT* 84 (1984) 298-303, rec. de la reprise de Patfoort dans *Les clés*.

ぎりで神に向かう道であるキリストの仲介を通じて——第3部序文、人間が神との合一に達することによって完全な類似性を獲得するときである——第2部序文。完全にして微妙な差異を持つこの説明は、聖トマスが行ったことにうまく一致しているように思われる。しかし、ルロワとともに、「この図式は新プラトン主義的である以前にまったくもってキリスト教的なものにすぎない」ことを付け加えなければならない。もっとも、トマスは『ヨハネの黙示録』にしたがって神が創造全体のアルファにしてオメガだと言うことで、このことをはっきり強調している[28]。

---

28) Cf. *Sent.* I d. 2, *divisio textus*. もっとも、『命題集註解』にはあるこの語彙が『神学大全』には見出されないのは、おそらく『神学大全』の構想のためである。Th. F. O'MEARA, "Grace as a Theological Structure in the Summa Theologiae of Thomas Aquinas", *RTAM* 55 (1988) 130-153 は、根拠とともに『神学大全』の構想に言及しているが、『神学大全』のいたるところに存在する現実性を恩恵と見なすことを提案している。これは『神学大全』の横糸であり、『神学大全』に本来的意味での神学的形式を与えているものである。すなわち、第1部および第2部とその各論考には、存在することから神とともに生きることへと成長する運動が見出せる。われわれの次の書物で見ることになるように、この恩恵の偏在は確認できるし、またそうしなければならない。だからと言って、発出と還帰の運動を捨てる必要はない。『神学大全』とその構想は研究を促し続けている。特に以下の業績を参照。A. PATFOORT, *La Somme de saint Thomas et la logique du dessein de Dieu*, "Sagesse et culture", Parole et Silence, Saint-Maur, 1998. Patfoort はこの著作でトマスの傑作に関する自分の珍しい認識を伝えている。T.F. O'MEARA, *Thomas Aquinas Theologian*, Notre Dame and London, U.N.D. Press, 1997 は、真に的確な表現で独創的な見解を提案しているが、この著作は合衆国で大きな成功を収めた。また、W. METZ, *Die Architektonik der Summa Theologiae des Thomas von Aquin. Zur Gesamtsicht des thomasischen Gedankens*, "Paradeigmata 18", Meiner, Hambourg, 1998 も参照できるが、Metz の様々な主張を支持するには若干の困難を感じる。Metz は最近のフランス語文献を見落としているようであり、彼にとってとりわけ「発出と還帰」は第1部の構成のための二次的に有効な主題でしかない。批評家たちは Metz

受肉の神秘の位置

　トマスが『神学大全』を構成するときに活用した発出と還帰という説明の重要性について，二つの興味深い確証がある。第一の確証はしばしば適切に強調されるものであり，それは様々な著作の中で発出と還帰の説明が頻繁に現れていることである。すなわち，『命題集註解』ではこの図式はすでに十分明らかであり[29]，『神学大全』のすべての序文には多かれ少なかれこの図式の明白な痕跡があり，『対異教徒大全』でも同様である[30]。実際，この図式は信仰と使徒信経によって構成されるすべての神学に課せられる

をむしろ冷ややかに扱った。かなり詳しく慎重な "La Direction", dans *Recherches de Théologie et philosophie médiévales* 67, 2000, p. 393-395 の紹介を参照。G. MENSCHING, *Theologische Literaturzeitung* 126, 2001, 294-295 は，時代遅れの月並みな表現をそれと知らずに取り上げている新プラトン主義の場合に見られるように，トマスの歴史的文脈をまったく無視して非時間的な考察をしているとして，Metz を非難している。M. VON PERGER, "Theologie und Werkstruktur bei Thomas von Aquin. Wilhelm Metz'Studie zur *Summa theologiae*", *FZPT* 48 (2001) 191-208 も，Metz に対してかなり批判的である。〕

　29) Cf. *Sent*. II *Prol*.: "Theologus considerat creaturas secundum quod a primo principio exierunt et in finem ultimum ordinantur qui Deus est"〔「神学者は被造物を，第一の始原としての神から発出し，究極目的としての神に秩序づけられていることにしたがって考察する」〕．われわれの次の書物では，*Sent*. I d. 14 q. 2 a. 2 の中の最も重要なテキストを検討する。

　30) *SCG* I 9: "primo occurrit consideratio de his quae Deo secundum seipsum conveniunt; secundo vero, *de processu creaturarum ab ipso*; tertio autem, *de ordine creaturarum in ipsum sicut in finem*"〔「第一に神自身において神に適合する事柄について，第二に被造物の神からの発出について，第三に被造物の目的としての神への秩序について考察する」〕．

ものである。すなわち、創造主としての神に始まり、キリストにおいて再臨し人間を栄光に導き入れる神に終わる。ジャン・トンヌー（Jean Tonneau）が適切に指摘しているように[31]、「聖トマスに対して、彼が自分の教えに啓示と信仰によるもの以外の内的な構成や神秘の秩序をあてがったという怪しげな名誉を帰してはならない」。

第二の確証はおそらくこの議論の中でいささか無視されてきたものだが、それはトマスの思想そのものに世界に関するこの円環的見方が深く浸透している事実に由来する。この事実を明らかに示すことだが、トマスはためらうことなく「円環運動はすべての運動の中で最も完全である。というのも、そこでは始原への還帰が起こるからである。それゆえ、究極的完成に達するために、世界は始原に還らなければならない」[32]と言っている。このことは哲学的に見れば三つの次元で立証される[33]。まず宇宙論、次に形而上学、最後に認識論の領域である。

トマスが「すべての人間は本性的に知ることを欲する」というアリストテレスの主張をまさにこのような仕方で理解していることを見るためには、『形而上学註解』の冒頭

---

31) J. TONNEAU, "Le passage de la Prima Secundae à la Secunda Secundae", *Bull. du Cercle Thomiste de Caen*, 1975, n° 69, p. 29-46, n° 70, p. 21-31, d'après *RLT* 11 (1978), n° 655, p. 212.

32) *SCG* II 46, n° 1230: "…motus circularis inter omnes motus, est maxime perfectus, quia in eis ad principium reditur. Ad hoc igitur quod universum creaturarum ultimam perfectionem consequatur, oportet creaturas ad suum redire principium."

33) Cf. J. A. AERTSEN, "The Circulation-Motive and Man in the Thought of Thomas Aquinas", dans *L'homme et son univers au Moyen Age*, éd. Chr. WENIN, Louvain-La-Neuve, 1986, t. I, p. 432-439; ID., *Nature and Creature. Thomas Aquinas's Way of Thought*, "Studien und Texte zur Geistesgeschichte des Mittelalters 21", Leiden, 1988; ID., "Natur, Mensch und der Kreislauf der Dinge bei Thomas von Aquin", *MM* 21/1 (1991) 143-160.

を参照するだけで十分である。すべての人間が始原に結びつくことができるのはこのような仕方によってのみであり、人間の完成はこのことにある。それゆえ、円環運動は最も完全なものである。トマスはこのことを『対異教徒大全』で長々と展開して、人間は認識によって始原に明白な仕方で完全に還帰すること（reditio completa）のできる唯一の存在であり、そこで至福を見出すと説明している[34]。

こうしたことのすべてが明らかな仕方で完全な意味を受けとるのは、キリスト教的人間観および世界観でのみである。それゆえ、受肉の神学にこのことの最も注目すべき例がある。『命題集註解』第3巻に先立つ序文のエピグラフの中で、トマスは根源へ還る川に関する有名な聖句を置いている。「川は再び流れるために出てきた場所へ戻る」（コヘ1：7）。トマスはこの永遠なる回帰のイメージから、聖書の作者のようにすべての事柄は空しいと結論づけるのではなく、反対の脈絡をつけている。

> この根源に向かう川の還帰が意味しているのは受肉の神秘である。……実際、これらの川は神が被造物に与えた自然本性的善、すなわち存在、生命、知性であり、……それらの善が到来する根源は神である。これらの善は被造物全体の中では分散した状態で見出されるとしても、人間において集められている。というのも、人間は物体的本性と霊的本性が合流している地平線や境界のようなものだからである。中間者として、人間は時間的善と霊的善を分有する。……それゆえ、人間本性が受肉の神秘によって神に結びついたとき、自然本性的善というすべての川は根源に還帰した[35]。

---

34) *In Metaphys.* I, lect. 1, n° 4; cf. *SCG* III 25.
35) *Sent.* III *Prol.*: "…Et ideo quando humana natura per

第3巻全体のエピグラフとしてこのように置かれている説明がたまたま述べられたものでないことは確実である。また，この説明はより簡潔にではあるが他の場所にも見出せるので，トマスがこの説明を好んでいたことが分かる。

> 神の業の全体が完成するのは，創造された最後の被造物である人間がある種の円環運動によって始原に還る，すなわち受肉の業によって事物の始原そのものに結びつくかぎりにおいてである[36]。

それだけいっそう，シュニュー神父が最初の試論の際にこれらのテキストを思い出さなかったことは残念である。というのも，これらのテキストは非常に明らかに，トマス思想の中で受肉は発出と還帰の図式の連続性をいささかも損なわないばかりか，反対にこの運動が実現するのは受肉によってのみであることを示しているから。

しかし，『神学大全』に見出せるこの深遠な運動をきわめて適切に強調し，それをまさしくキリストと第3部に関して行ったシュニューの譲渡できない功績を繰り返し述

---

incarnationis mysterium Deo coniuncta est, omnia flumina naturalium bonitatum ad suum principium reflexa redierunt". このテキストについては，I. BIFFI, "Misteri di Cristo, sacramenti, escatologia nello Scriptum super Sententiis di san Tommaso d'Aquino", *La Scuola Cattol.* 102 (1974) 569-623, cf. 578ss. を参照。

36) *Compendium theol.* 201 (Léon., t. 42, p. 158): "Perficitur etiam per hoc quodam modo totius operis diuini uniuersitas, dum homo, qui est ultimo creatus, *circulo quodam in suum redit principium*, ipsi rerum principio per opus incarnationis unitus"; cf. aussi *Sent.* III d. 2 q. 1 a. 1, *resp.*: "…quia homo est ultima creaturarum, quasi ultimo creatus, cujus natura assumpta, ultimum est *conjunctum primo principio per modum circuli*, quae est figura perfecta…"〔「人間は最後に創造された被造物なので，人間本性が摂取されたとき，完全な形である円の様態によって，最後のものとして第一の始原に結びついた」〕．

べないならば，それは不公平である。「聖トマスの構想がはっきり明らかにしているのは，彼がプラトン的図式を使用しているときにすら，それを教導する立場にいるということである。キリスト教において受肉した御言はプロティヌス的流出論の創造者ロゴスではない。御言は歴史的対象にとどまるが，プロティヌスは時間を汚れとして，神の自由を可知的ではない不完全性として排除した。神の超越性を自覚しながら必然的知識と常に自由な愛の偶然性という側面を結び合わせることのできる神学の逆説的な成功がここにある。第3部はこの成功の一表現に他ならない」[37]。

結局，このようにしてトマスは起源論に対応する終末論というよく知られた聖書的主題にたどりついた。というのも，始まりを支配した者が終わりに関してもそうするからである。この直観のおかげで，トマスは教えの秩序（ordo disciplinae）あるいは神学全体の説明様式を提案でき，こうした秩序を活用して救済の歴史に見られる偶発的諸真理も論じることができたのである。トマスは非常に適切にも，神学がアリストテレスの考えたような必然的知識ではなく，むしろ神学者が神の計画を見出そうとして，啓示から受けとった偶然的データを組織化する営みであることを知っていた[38]。このことからトマスは，しばしば必然的根拠ではなく適切な論拠によって議論を進めることになったが，このようにして救済の歴史を完全に尊重できた。実際，『神学大全』には，六日間の業（第1部 67-74

---

37) *Introduction*, p. 271.

38) ここで特に *ST* Ia q. 1 a. 8 の冒頭を参照。IIIa q. 1 a. 3: "Ea quae ex sola Dei voluntate proveniunt…nobis innotescere non possunt nisi quatenus in Sacra Scriptura tradantur"〔「ただ神の意志から生じる事柄は，聖書が伝える程度にだけわれわれに知られる」〕．神学の「提示的」（ostensive）機能に関する説明，例えば M.-J. CONGAR, art. "Théologie", dans *DTC* 15/1 (1946) 451-462 を参照。

問)，旧法の考察（第2部の1第98-106問），イエスの生涯（第3部27-59問）のような聖書神学に関する大きな部分があるが，これらはあまりにも演繹的に神学を理解する場合には論じることのできないものである——カエタヌス（Cajetan）が有名な「解釈するよりも瞑想すべきである」（Potius meditanda quam exponenda !）という言葉を発したのはこれらの考察に関してである。しかし，トマスはまさに発出と還帰という図式を活用して，これらの考察を容易に統合できたのである。

神学，生，祈り

　トマスが発出と還帰の図式を採用したことにいかなる意味があったか，これ以上掘り下げることはできないが，それはこの議論を再検討するわれわれの次の書物を侵害することを避けるためである。しかし，少し先取りする危険をおかして，神を神学的企ての始原にして終局と見なすこの方法がいくつかの影響をもたらすことをここで強調しなければならない。

　何よりもまず，この方法には神学的知識そのものを深い仕方で統一するほどの影響力がある。この主張は『神学大全』の最初の数ページ（第1部1問4項）で明らかである。聖なる教えは唯一の知識（una scientia）である。というのも，そこではすべての事柄が神の見地から考察されるからである。このことは聖なる教えの二つの見地，すなわち思弁的知識と実践的知識の下に立証される。

　思弁的知識に関して，トマスは神がこの学知の主題（sujet）だと言うことで，聖なる教えの一性を強調している。というのも，この学知では，問題となっているのが神自身であれ，神に由来するあるいは神に秩序づけられてい

る諸現実であれ、すべての事柄が神の見地から論じられるからである[39]。だからと言って、他の多くの諸現実が神学的考察の対象とならないわけではない。しかしその場合、神学的考察は真に次のようなものでなければならない。すなわち、起源と終局の関係を明らかにしながら、神の認識こそが神学の唯一の目的だとする最初の狙いを常にはっきり自覚しつつ、神の諸結果に価値を与えるようなものでなければならない。

「神学の主題としての神」とは確かに専門的な表現だが、言葉の意味にあまりにこだわることなく、これは同時に見逃すべきでない真理の自然的な表現である。すなわち、神を主題として論じることは、神が対象（objet）に還元できず、また神学者が抱くことのできる純化された精神的対象すらにも還元できないと主張することに等しい。主題としての神は人が知り愛し——というのも、神は自分自身を知られ愛されるべきものとして与えたから——、加護を求め、祈りのうちに出会う人格である。トマスが神学は主として思弁的だと確言するとき、彼が言わんとしているのは神学がまず観想的だということである。実際、これら二つの語句は彼においては同義語である[40]。それゆえ、彼の生の業のうちに次のことを見てとるのを後回しにしてはならない。すなわち、トマスの神に関する探究、研究、考察は必ず祈りを伴い、祈りのうちにその根源と完成を見出していることを。東方のキリスト教徒たちは好んで神学は頌栄

---

39) "Omnia autem pertractantur in sacra doctrina sub ratione Dei, vel quia sunt ipse Deus, vel quia habent ordinem ad Deum, ut ad principium et finem. Unde sequitur quod Deus vere sit subiectum huius scientiae" (Ia q. 1 a. 7).

40) Cf. S. PINCKAERS, "Recherche de la signification véritable du terme 'spéculatif'", NRT 81 (1959) 673-695; J.-P. TORRELL, "Théologie et sainteté", RT 71 (1971) 205-221. 神学の観想的合目的性については、p. 206-212 を参照。

（doxologie）だと言った。トマスはこれを詳しく説明するだろうが，その意図を拒むことはないだろう。すなわち，友人を観想する喜びは歌において完成される。

　実践的知識として考察されたときにも，すなわちキリスト教的行為の方向づけの努力においても——これは倫理神学と呼ばれる習わしである——，神学は観想的目標を失わない（第1部1問4項）。さらに，常に神の考察によって指導される。というのも，神は何かを決めるときにあらゆる人が目指す目的であり，他のあらゆる善を秩序づける善だからである。神を始原かつ目的として論じることは純粋に理論的な問題ではなく，キリスト教的生の全体に関わるものである。もし神が全存在の始原ならば，神は全欲求と全行為の完成（finis omnium desideriorum et actionum nostrarum）でもある（第2部の2第4問2項異論解答3）。間違ってはならないことだが，このトマスの見解は，フロイト（Freud）の欲望に関する幼児的な誇大妄想よりもアウグスティヌスの言う安らうことのない心を示唆するものである。トマスは神を見たいという自然本性的欲求が空しいものではないことを知っていた。というのも，人間の心にその欲求を置いたのは神自身だからである。

　先行するこれらすべてのことから分かるように，トマスによれば神学を信仰から独立させることは不可能である。信仰のみが自分自身を与え啓示する神を受け入れることを可能にする。それゆえ，信仰のみがこの学知の真の対象を与えることができる。また，信仰はその下にすべてのものが見られる光，言い換えれば明確な見地である。このことは実践的神学にとっても真である。すなわち，思弁的知性が拡張されて実践的なものとなるのと同様に，信仰は愛によって働かなければならない。それゆえ，この見地に立つ人間は，信仰の指導的光と教会に関する文脈の外部では，倫理学を純粋に哲学的な企てへと還元することでしか倫理

を論じることができない。

　次のことは特別言及したいことではないが、この『神学大全』の紹介を終えるにあたって無益なことではない。この革新的な企てを人々が熱狂的に受け入れたと見なすこと、またトマスと親交のあったドミニコ会の同僚もそうしたと想像することは誤りだろう。長い間、『神学大全』よりも『命題集註解』の方が好まれていたが、単に大学の義務という理由のみのためではない。また、『神学大全』そのものも、第2部の2としていっそう知られている「特殊的」倫理学の部分のほうが、教義的部分よりもはるかに普及していた[41]。

　たとえ渋々であっても、歴史家はトマスの主要著作そのものが直接的にはあまり多くの読者を獲得できなかったことを適切に認めなければならない。トマスの倫理神学は、フリブールのヨハネス（Jean de Fribourg）のような教えを大衆に伝える人々のおかげでよりいっそう広まった。ヨハネスの『告白者たちのための大全』（Summa Confessorum）（1298年）は『神学大全』から大いに霊感を得ており、そのため聖トマス以前の教科書とは異なる着想を有している。すでに1290年頃、ドミニコ会総長ヴェルチェッリのヨハネスは、ペルージャ、次いでヴィテルボの修道院講師だったオルトのガレヌス（Galien de Orto）に第2部の2を要約する任務を課した。14世紀中にこのような種類の他の教科書が出版されたが、それらも『神学大全』よりはるかに普及した。すなわち、サン・ジャックの修道院長にしてドミニコ会総長代理だったカイユー・シュル・メールのギョーム（Guillaume de Cayeux-sur-Mer）によるフリブールのヨハネスの要約（1300年の直後）、『粗野

41）　ここで再び、Boyle, *The Setting*, p. 23-30 を参照。

な人々のための大全』(Summa rudium) の簡略化した版 (1333 年頃), 600 の写本を数える, ピサのバルトロメウス (Barthélemy de Pise) という編纂者にちなんでピサネラ (Pisanella) という名で知られているアルファベット順に整理した要約 (1338 年頃) である[42]。

おそらくこれはトマスが望んだ成功からはまったくほど遠いものだった。しかし, きっとこのようにして, トマスは不明瞭ながらも少しずつ, 後にそう呼ばれる「共通博士」になった[43]。

---

42) Cf. L. BOYLE, "The *Summa confessorum* of John of Freiburg and the Popularization of the Moral Teaching of St. Thomas and of some of his Contemporaries", dans *Commemorative Studies* II, p. 245-268, repris dans *Pastoral Care*, Etude III.

43) 上記註 28 に付加しなければならない。Th. O'Meara の見地に関するより詳しい議論は, R. CESSARIO, "Is Aquinas's Summa only about Grace ?", dans *Ordo sapientiae et amoris*, p. 197-209 参照。[本章で言及した様々な業績に加えて, その後出版されたわたしの研究を参照のこと。すなわち, *La "Somme de théologie" de saint Thomas d'Aquin*——634 ページ参照——は, 『神学大全』の構想と内容, また歴史上の運命とトマス研究の再興に関する現状を提示している。]

第9章
ローマ時代の他の著作

　事情をあまり知らない者は,『神学大全』の執筆のためにトマスがすべての力と自由な時間を集結させたに違いないと思うだろう。しかし,実際『神学大全』の執筆が唯一の仕事であることからはほど遠かった。もう『カテナ・アウレア』に戻るべきではないが,トマスは完成させたに違いない——おそらく『ルカ福音書』と『ヨハネ福音書』に関する部分が残っていた。また,委託された生徒たちの教育にも没頭しなければならず,だから第一の仕事は教育だった。さらに,一定数の他の著作にも忙殺されていた。

　教育に関して言えば,トマスが実際に行った事柄の概略を正確につかむことはかなり難しい。もし実際に『命題集』第1巻に関する他の講解(alia lectura)を行ったならば,このことは生徒たちのために再び命題集講師の役割を果たすことに——少なくとも最初の時期は——嫌悪を覚えなかったことを意味している。このローマ滞在の最初の一年である1265-66年をトマスがこのことに費やしたと考えることができる。しかし,主要な困難が存在するのはまさにここであり,その困難とはローマの生徒たちに対して『神学大全』第1部を教えたかどうかという問題であって,〔実際に教えたとする〕ボイルの提案に従うことを妨げるものである。『命題集』第1巻と『神学大全』第1部がま

さに同じ主題を有していることから見て、トマスが続く二年間、同じ生徒たちに同じ題材を教えたと考えるのは不適切である。

それゆえ、たとえトマスが『命題集』の新しい講義をしたことは認められるとしても——というのも、「他の講解」について語っているトロメオのテキストが「講解した」(legit) ではなくむしろ「書いた」(scripsit) となっており、この改訂が単に著作に関してのみ為された可能性があるとはいえ、講師は教授と同じ義務に縛られていなかったからである——、『神学大全』そのものが教育の対象となったことはあまり確実ではない。それゆえ、トマスが聖書の教師としての仕事も大切にし、ローマの生徒たちにパリの教育方法にかなり近い方法で、聖書の書物——どの書物かは分かっていない——の連続的註解をしたと同時に、毎日ではないとしても少なくとも頻繁に、諸問題の討論会を開いたことを妨げるものは何もない。

『能力論』

定期討論集『能力論』(De potentia) は正確に言ってこの時期に位置づけられる。学者たちが利用した、ローマ滞在中に書かれたとすることに有利に働くような一連の証拠がある。それにマルティン・グラープマンは13世紀の終わりか14世紀の初め頃の写本の書き込みを付け加えたが、その書き込みは「修道士アクィノのトマスがローマで討論した諸問題」(Questiones fratris T. de aquino quas disputavit rome) と明確に述べている[1]。もし討論の頻度が

---

1) Ms. *Subiaco, Bibl. de l'abbaye 211, f. 175r*, dans Grabmann, *Werke*, p. 306.

パリとローマで同じだったとすれば，『能力論』の 83 項は一年間の教育に対応しているが，当時トマスの聴衆だった粗野な人々のことを考えた場合，このことを疑うことができる。それゆえ，おそらくもっとゆっくりとしたペースだったのではないかと考えることができ，ローマ滞在の三年の間に他の定期討論集を二つ，すなわち『霊魂について』（De anima）——21 項と『霊的被造物について』（De spiritualibus creaturis）——11 項，ならびに様々な小著を組み入れることができるだろう。これらすべてのことを同じ詳しさで論じることはできないとしても，少なくともこれらの著作の執筆時期を特定しつつ，最も重要な点を述べてみたい。

かつてグロリユーはパイオニア的論文の中で[2]，定期討論集『霊魂について』をもっと遅くに，すなわち第二回パリ滞在時代の 1269 年に位置づける提案をした。さらに，彼の見解は 30 年後に，このテキストに関する以前の校訂者だったジェームス・ロブ（James Robb）の賛同を得た[3]。しかし現在では，学者たちはローマ滞在期とすることで意見が一致しているようである。このようにして，レオニーナ委員会のテキストの校訂者であるベルナルド・

---

2) P. GLORIEUX, "Les Questions disputées de S. Thomas et leur suite chronologique", *RTAM* 4 (1932) 5-33. 『能力論』と他の諸問題をローマとヴィテルボの間に分類することを提案した Glorieux の示唆——Grabmann らがこれに従っている——は，トマスがヴィテルボに滞在しなかったことを認める瞬間から妥当しなくなる。

3) J. H. ROBB, éd., *St. Thomas Aquinas. Quaestiones De anima*, A newly established Edition of the Latin Text with an Introduction and Notes, Toronto, 1968, p. 27-37. 同様の古い文献的根拠に基づいて，Robb はこの立場に固執している——cf. ST. THOMAS AQUINAS, O.P., *Questions on the Soul[Quaestiones de Anima]*, transl. …with an Introd. by J. H. ROBB, Milwaukee, 1984。この点については Robb に従えないが，問題の内容に関しては彼の導入を利用できる。

バザンのきわめて入念な研究によれば，この定期討論集は1265-66 年の間に，イタリアでの出版はその直後に位置づけられる。このことはゴーティエの提案に完全にうまく一致するものだが，ゴーティエはこの定期討論集を同時代に遡る『神学大全』第 1 部 75-89 問の執筆に対する「予備的仕事」と見なしている[4]。同様に，バザンは定期討論集『霊的被造物について』を 1267 年 11 月と 1268 年 9 月の間に位置づけることを提案している——その間にトマスはアリストテレスの『霊魂論』を註解している。ここでもまた，このことはゴーティエの似たような指摘と一致しているが，ゴーティエは「定期討論集『霊的被造物について』がアリストテレスの新しい翻訳を正確に使うことを明らかにより気遣っている」[5]ことに気づいた。この判断はバザンが完璧に確証しているが，バザンはアリストテレスの他の著作の翻訳をトマスがどう使っているかを検討することでこの判断を根拠づけている。『霊的被造物について』の出版に関して言えば，トマスがパリに戻ってから行われた。

バザンとともに，時折起こるように，ここでトロメオが比較的信用できることを強調しなければならない。というのも，トロメオはこれら二つの定期討論集をイタリア

---

[4] B. BAZAN, Introduction à Léon., t. 24; Gauthier, *Quelques questions*, p. 452-453, note 44 bis.『霊魂について』に関する挿入節を指摘できる。「実際に討論されたものとしてはおそらくあまりにも長すぎる」。本書第 4 章で見たように，確かにこの仮説を検討しなければならない。

[5] *Ibid.* このことは Glorieux と他の人々の年代決定からそれほど遠くない。Glorieux は『霊的被造物について』がヴィテルボで 1268 年 9-11 月に書かれたと提案したが，「ローマ」で書かれたと述べ，日付を数か月早めるべきだった。というのも，トマスは 9 月にはイタリアを離れたと思われるからである。レオニーナ版のテキストを待つ間，L. W. KEELER, éd., *S. Thomae Aquinatis. Tractatus De spiritualibus creaturis*, Rome, 1937 のテキストと M. C. FITZPATRICK, *On Spiritual Creatures*, Milwaukee, 1949 の翻訳を参照。

で執筆したとしているからである。『霊魂について』はおそらく少しだけ早く——1261-64 年，ウルバヌス 4 世の下で——，『霊的被造物について』はもっと正確な日付が分かっているが——1265-68 年，クレメンス 4 世の下で——，これらの年代決定は比較的正しい[6]。対して，トロメオが『悪について』（De malo）—101 項と，『徳について』（De uirtutibus）—36 項をローマ期の執筆とするとき，なおも彼に従うことは難しくなってくる。というのも，そのときスケジュールはあまりにもいっぱいになるからである。これは後に検討することになる問題である。

『能力論』の構想については，最初の六つの問題を残りの四つの問題から区別できると思われる[7]。実際，最初の六つの表題は能力に関する主題をめぐってうまく分類される。1) 神の力一般について，2) 神の産出的力について，3) 創造的力について，4) 質料の創造について，5) 創造された事物の存在における保持について，6) 奇跡について。反対に，残りの四つの問題は三位一体の神学に属している。7) 神の本質の単一性について，8) 神における関係について，9) 神的ペルソナについて，10) 神的ペルソナの発出について。この単純な言明が明らかに示唆しているのは，『真理論』に関して確認した事柄と似たようなことが『能力論』に関してもあてはまるということである。すなわち，最初の問題の表題は，全体や各要素を正確に示してはいないが，一連の問題をまとめて示すのに役立って

---

6) Ptolémée XXII 38-39 (éd. A. DONDAINE, p. 151): "Fecit etiam tunc temporis (scil. Clementis IV) questiones de spiritualibus creaturis, *de malo et de virtutibus*".

7) Cf. M. BOUYGES, "L'idée génératrice du *De potentia* de S. Thomas", *Rev. de Phil.* 31 (1931) 113-131; 246-268; avec la discussion de A. D. dans *BT* 4 (1934-1936), n° 196, p. 140-142.

いる[8]。

　『真理論』と『能力論』の比較は表題以外の事柄でもぜひとも必要である。二つの事例で問題となっているのはただ一連の討論された諸問題だけでなく、教師によるこれらの卓越したテキストであり、生徒たちはそれについて好んで形而上学的深さを強調し、トマス思想の発展において最も高い重要性を持つ要と見なした[9]。まったく根拠を欠くわけではないにせよ、この類の解説は全く信用できないような絶賛に変わって悪循環を引き起こすことが多々ある。『能力論』の諸問題について説明しなければ、創造と神の支配に関するトマス神学のいくつかの点について論じることができない——というのも、それらの核心を成しているのはまさに『能力論』の諸問題だからである——と述べることはより簡潔にして真実に他ならない。

　創造に関する考察が『能力論』のまさに中心的な位置を占めていることを理解するためには、諸問題のタイトルをざっと見るだけで十分である。また、まさにこの創造の問題がトマス作品の中心テーマである。トマスは『創世記』にしたがって世界の創造的観点を発展させた唯一のキリスト教思想家では必ずしもない。しかし、世界の始まりや永遠性に関する問題を論じることによってだけでなく、聖書の教えが意味する事柄を余すところなく説明することによっておそらくなおいっそう、この問題を最も厳密に考察した者が彼だろう。世界が創造されたと述べることは、世

---

　[8] 古い目録はもっと正確な仕方ではっきり次のように記載している。"De potentia Dei *et ultra*" (Catalogue de Prague, dans Grabmann, *Werke*, p. 92); ou bien: "De potentia Dei *cum annexis*" (Ms. *Vat. Borghese 120*, cité dans *BT* 4, 1934-1936, p. 142).

　[9] 例えば、Weisheipl, p. 225 を参照。「実際、年代学的また思想的観点から見て、『能力論』は『神学大全』第 1 部に直接先行するものである」。

界が全体としてすべての各要素とともに神に完全に依存していることを意味している。存在するすべてのものは神によって存在し，神は各存在者に，存在することだけでなく，このように存在すること，与えられた本性にしたがって働くことも与えている。

この思想の独創性――すでに『対異教徒大全』で明らかであり，『神学大全』で再び見出される――は，この完全な依存が完全な自立を伴っていることにある。というのも，神は各被造物の固有な自立性を尊重し，その固有の法則にしたがって働かせるからである。ここは創造に関するトマス神学をさらに発展させる場所ではない。しかし，われわれの次の書物で示すトマスの霊性に最も明確な特徴の一つを与えるのがこの創造論なのを知るべきだ。もしトマスを修道名で呼ぶとしたら，「創造主の側に立つトマス」（Thomas a Creatore）と呼べると，深い洞察力でもって言われたりしたが，このようにしてトマスの世界観における最も深い直観の一つを表現できるだろう[10]。

---

10) G. K. CHESTERTON, *Saint Thomas d'Aquin*, Lyon, 1935, p. 129; cf. J. PIEPER, "Kreatülichkeit. Bemerkungen über die Elemente eines Grundbegriffs", dans L. OEING-HANHOFF, éd., *Thomas von Aquin, 1274 / 1974*, Munich, 1974, p. 47. 第3問の見事な分析は，Weisheipl, p. 225-237 参照。フランス語による最良の業績の一つは，おそらく A.-D. SERTILLANGES, *L'idée de création et ses retentissements en philosophie*, Paris, 1945 である。われわれの知るかぎり，『能力論』のフランス語訳はないが，英語訳ならある。*On the Power of God(Questiones Disputae De Potentia Dei)*, literally transl. by the English Dominican Fathers, 3 vol., London, 1932-1934. イタリア語訳として，*La potenza di Dio. Quaestiones disputatae De Potentia Dei I-I*, a cura di A. CAMPODONICO, introd. di L. TUNINETTI, Florence, 1991 がある。

『神学提要』

　十中八九までこの時期に遡るとされる諸著作のうちで，レギナルドゥスに要請されて書かれた『神学提要』（Compendium theologiae）についても少し詳しく述べなければならない。批評家は長い間日付に関して躊躇していた。多くの変遷の後に，マンドネとグラープマンは結局 1272-73 年に決定したが，これは著作が未完成なことから示唆された日付である。すなわち，彼らは著作を中断したのがトマスの死だと考えた。シュニュー，モット（Motte），ヤッサント・ドンデーヌ，ペリエ（Perrier），最後にゴーティエは，『神学提要』のいくつかの章と『対異教徒大全』との類似性が非常に強い印象を与えることから，並行して書かれたか，あるいはより蓋然的なことだが，『対異教徒大全』の直後，すなわち現在知られているように 1265-67 年に，『神学提要』は執筆されたと結論した[11]。

　しかし，ヤッサント・ドンデーヌはファン・ステーンベルヘンが改善したペリエの提案を取り上げているが，それによれば『神学提要』では二つの部分を区別すべきである。第一の部分である 246 章から成る信仰論がこの時期に遡ることは適切である。第二の部分である，第 10 章の冒頭の直後で中断している希望論はさらに遅い時期とすることが可能だろう。他の仕事のために，トマスは信仰論の後に『神学提要』の執筆を中断せざるを得なかったようだ。トマスが再びレギナルドゥスに要請されて執筆を再開できたのは，1272 年にナポリへ戻ってからのことだと思

　11）　本書第 6 章参照。上で言及した様々な試論の詳しい説明については，Léon., t. 42, p. 8 の H.-F. DONDAINE の導入を参照。

われる。トマスがこの著作を完成できなかったのは，実際のところ病気と死のためだろう。小著の結末に関するこの仮説は推測に基づいているが，現実にうまく一致しているように思われる。いずれにせよ，このことは最初の成果を覆い隠すべきではない。すなわち，第一の部分である信仰論に関して，『神学提要』が書かれたのは『対異教徒大全』の直後であり，実際これはおそらく『能力論』と同時代の著作である[12]。

　トマスの大きな著作に比してのみ「小さな」ものであり——というのも，未完成であるにもかかわらず，レオニーナ版で125ページにも及ぶから——，かなり不適切に「小著」のうちに分類されているこの著作は，おそらくほとんど知られていない。しかし，そこでは普段ならぬトマスが発見できるのであり，希望論に関してトマス的というよりもむしろボナヴェントゥラ的な文体を指摘する人もいる。トマスは単純さと簡潔さを気遣っている。『神学提要』の短い章が一つの柱以上の分量を占めることは稀であり，しばしば一つの柱の半分しかない——第2巻9章が大胆にも12の柱に及んでいるとしても。このようにして，トマスは非常に立派なことに，各世紀を画することをやめない，キリスト教の教えに関する一連の「要約者たち」のうちに場所を占めている。

　『神学提要』については，聖アウグスティヌス『エンキリディオン』への参照がぜひとも必要なことは明らかであ

---

12) 『神学提要』に関しては二つのフランス語訳がある。第一のものは，VEDRINE 神父が Vivès 版のテキストに基づいて 19 世紀に行った翻訳である——"Vrin-Reprise", Paris, 1984。第二のものは，J. KREIT, *Thomas d'Aquin. Bref résumé de la foi chrétienne*, "Docteur Angélique 6", Paris, 1985 だが，これもレオニーナ版の批判的テキストに基づいて為された翻訳ではない。この翻訳は，欠けている部分を聖トマスから借用した様々なテキストで「補完」しているが，これらのテキストの起源と時代は一様ではない。

り，おそらくトマスは対神徳の三部構成で著作を組み立てる着想をアウグスティヌスから借用している。また，アウグスティヌスのように，トマスは信仰に関わる事柄を使徒信経の関連において，希望に関わる事柄を主の祈りの要求に基づきながら，愛に関わる部分をおそらく十戒の枠組みの中で展開している。もっとも，この構想は彼にとってかなり自然に思われた。というのも，『信仰箇条と教会の秘跡について』も使徒信経の順序にしたがっており，『使徒信経』（Credo），『主の祈り』（Pater），『十戒』（Decem precepta）に関する一連の三つの偉大な説教にも同じ分配が見出されるからである。おそらくここでトマスの司牧的神学に見られる方向づけの一つを理解できよう。

加えて，『神学提要』では個人的な色調のようなものが確認できることを指摘し忘れてはならない。というのも，おそらくそれはトマスの精神的な人物描写に付け加えることができるからである。トマスは簡潔さという意図を神の御言の無化という支えの下に明確に位置づけることで，自分の高貴な文章を大衆向けの文章にしている。というのも，神の御言は自身の無限さをわれわれの小ささという限界へ縮限し，聖書の諸書の詳しい教えを短く「要約」して理解できるようにしたからである[13]。これは「要約された言葉」（uerbum abbreuiatum），主が世界に向けて言明した「短い言葉」という馴染みのテーマであり，トマスはこれを聖パウロから踏襲している[14]。実際，トマスが続ける

---

13) Chap. 1, début: "Eterni Patris Verbum sua immensitate uniuersa comprehendens…*breue fieri voluit nostra breuitate assumpta*…propter occupatos *sub breui summa* humanae salutis doctrinam conclusit."

14) Cf. *Rm* 9, 28. 『十戒』の説教の冒頭で同じ引用がある。「明らかなことだが，すべての人々が労苦の多い勉学に時間を費やせるわけではない。それゆえ，キリストは簡潔であるがゆえにすべての人々が接近でき，このようにしていかなる者も無視することが許されないような法を与えた。神を愛すべしという法はこのようなものであり，

ところによると，人間の救済は三つの事柄のうちに成り立つ。すなわち，まず，真理を認識することだが，これは使徒信経の数か条の中にまとめられている。次に，正しい目的を追求すること (intentio debiti finis) だが，これは主が主の祈りの要求で教えているものである。最後に，義を守ることだが，これは愛という唯一の掟に要約されている。聖パウロが独自の仕方でこのことを述べるのは，この世の生の完成が〔信仰，希望，愛という〕「存続する三つの事柄」の遵守のうちに成り立つことを教えるときだし，聖アウグスティヌスの場合は，神が真に讃えられるのはこれら三つの徳によってだと確言するときである[15]。

この言明に基づいて，全体の構想は描かれる。トマスにできるのは三つの徳を伝統的な順序にしたがってたどることのみである。「というのも，愛が正しいものになるのはまず希望において真の目的が定められたときだが，このことは真理の認識なくしては不可能だからである」[16]。それゆえ，トマスは受取人の為すべきことを次のように結論づけた。「まず真理を認識するために信仰を，次に欲求を真の目的のうちに置くために希望を，最後に愛が完全に正しいものとなるために愛を持つべきである」[17]。

信仰に関する説明の内的構成に関して言えば，トマスはそれほど雄弁ではない。しかし，二つの大きな部分が見分けられる。第一の論述は三位一体の神性についてだが（第3-184章），構想はむしろ体系的である。すなわち，まず本質の一性，次にペルソナの三一性，最後に神性の結果を

この『短い言葉を主は世界に知らせた』」(*Collationes* II, p. 26)。Cf. Torrell, *La pratique*, p. 235.

15) Cf. 1 *Co* 13, 13; *Enchiridion*, chap. 3 (BA 9, p. 104).

16) Chap. 1: "Non enim amor rectus esse potest nisi primo debitus finis spei statuatur, nec hoc esse potest si ueritatis cognitio desit."

17) *Ibid*.

論じている[18]。第二の部分はキリストの人間性に関する事柄を展開している（第185-246章）。その構想は信仰箇条の順序，それゆえ救済の歴史の順序にかなり近い。したがって，トマスは原罪の想起から始め，最後の審判で終えている。これら二つの両端はまさに『神学大全』のそれでもあるが，『神学大全』第3部で思弁的キリスト論と「イエスの生涯」と呼ばれる事柄との間にあった違いは，『神学提要』を読むときにははっきりとは感じられない。『神学提要』はさらに短く，単純で，一見よりよく統一されているように思われるのであり，それが明らかに魅力的な印象を与えている[19]。

同時代の問題に関する専門家としての意見

1264年から1283年までドミニコ会を指導していたヴェルチェッリのヨハネスが教義に関してトマスに相談した最初がこの時期にあたる。『108項についての解答』（Responsio de 108 articulis）という名で知られているこのテキストの中で，トマスは同僚タランテーズのペトルスの教えのいくつかの点に関して，神学の専門家として意見している。後のインノケンティウス5世〔であるタランテーズのペトルス〕は教皇になる前に，パリの教育とフランスのドミニコ会管区の指導に自分の時間を割いていた[20]。そ

---

18) Cf. chap. 2, *in fine*.
19) Cf. P. GLORIEUX, "La Christologie du *Compendium theologiae*", *Sc. ecclés.* 13 (1961) 7-34. 二種類の論の進め方の錯綜が提起した諸問題については，Gh. LAFONT, *Structures et méthode*, p. 124-131; ID., "Simbolo degli Apostoli e metodo teologico: il *Compendium theologiae* di San Tommaso", *La Scuola Cattolica* 102 (1974) 557-568 を参照。
20) 本書第6章冒頭を参照。

れゆえ，ペトルスの身分から見て，彼に対する告発の文書はドミニコ会総長の手に届いていたと考えられる。

ローマ滞在期という一般的枠組みを除いて，正確に日付を述べることはほとんどできない。ヤッサント・ドンデーヌは深入りせずに，マンドネが提案した1265-66年という日付，あるいはマルタン（Martin）の1265-67年という日付を取り上げている。タランテーズのペトルスの正統性について問い合わせた人物についても何も分かっていない。外部から攻撃されたかもしれないが，ドミニコ会士から攻撃された可能性も排除できない。いずれにせよ，トマスは反論者と呼ぶ告発者に対して厳しい態度をとっている。「この者は文章を理解していない。曲解している。攻撃の多くは不当なものである。反論は的を射ておらず，主要な主張は誤りであり，他の似たような事柄が深刻な無知を示している。もっと悪いことに，彼が攻撃している抜粋のいくつかは偏向した省略や付加によって変更されている」[21]。これに対して激しい反応にあったのだが，批判のうちのいくつかは直接トマス本人にも及んだほどだった[22]。このトマスは何年か前に托鉢修道士と在俗の教授の争いで遭遇したのとまさに同じ人間である。

ここへ戻って来ることがないように，ヴェルチェッリのヨハネスが聖トマスに持ちかけた教義に関する他の二つの相談に言及しておこう。第一のものはおそらく1269年2月22日に遡る『赦しの形式について』（De forma

---

21）これは H.-F. DONDAINE, Préface, Léon., t. 42, p. 264 の要約である。他の多くの詳細も彼に負っている。テキストは，p. 279-294 参照。

22）このことは次の業績が適切な仕方で明らかにした。A. DONDAINE, "Saint Thomas et la dispute des attributs divins (*I Sent.*, *d. 2 a. 3*)", *AFP* 8 (1938) 253-262; ID., "Saint Thomas a-t-il disputé à Rome la question des attributs divins ?", *BT* 3 (1930-1933) 171*-182*.

absolutionis）である。修道会で悔悛の秘跡の際に司祭が「わたしはあなたを赦す」（Ego te absolvo）と直接的な定式を用いることがしばしばあったが，この事態に疑問を感じた匿名の者はある小冊子を作った。『赦しの形式について』はこの小冊子を検討するものである。トマスは司祭は秘跡において道具的役割を果たすと考えていたので，〔「神があなたを赦してくださいますように」といった〕嘆願的な定式を提案する小冊子が持ち出す問題にたやすく答えることができた[23]。

　教義に関するヴェルチェッリのヨハネスの相談の第二のものとして，『43項についての解答』（Responsio de 43 articulis）が1271年4月2日の聖木曜日に遡る──トマスは大きなミサの前日に上長からの手紙を受けとった──ことは非常に適切だが，この著作には非常に興味深い背景がある[24]。ここではもう一度教義上の論点が問題となっているが，宇宙論に関する諸問題が重要な位置を占めている──地上的な諸現象に対する天体の働き，この領域での天使の働き，地獄の場所等々。ドミニコ会総長はアルベルトゥス・マグヌスとロバート・キルウォードビー（Robert Kilwardby）の二人のドミニコ会士にも同時に問い合わせており，解答は保存されているので，告発されている項のテキストを非常に正確に知ることができるし，それとともに三人の各教授がどのように諸問題に取り組んでいるか，興味深い比較を行うことができる[25]。

23）　テキストの校訂版とH.-F. Dondaineの序文は，Léon., t. 40, p. C 1-47参照。さらに，L. OTT, "Das Opusculum des hl. Thomas von Aquin 'De forma absolutionis'in dogmengeschichtlicher Betrachtung", dans *Festschrift Eichmann*, Paderborn, 1940, p. 99-135を参照。

24）　ここでも，テキストの校訂版とH.-F. Dondaineの序文は，Léon., t. 42, p. 295-346参照。

25）　キルウォードビーの解答については，M.-D. CHENU, "Les réponses de S. Thomas et de Kilwardby à la consultation de Jean

トマスは，ヴェルチェッリのヨハネスからの相談より先に，ヴェネツィアの修道院講師ローディのバクシアヌス（Baxianus de Lodi）からも同じ主題について相談された。このようなわけで，トマスがヴェネツィアの講師にあてた第一の『30項についての解答』（Responsio de 30 articulis）があるのだが，そのうちの27項はヴェルチェッリのヨハネスに対する『43項についての解答』にも多かれ少なかれ字句どおりに見出される。しかし当時，ヴェネツィアは知的競争の雰囲気に支配されており，それを雄弁に物語る面白いことが起こった。バクシアヌスの生徒たちが今度はトマスに手紙を書き，補足的な諸問題を相談したのである。それで，トマスは原稿に手を入れ，4項を2項に改作し，新しい5項とヴェルチェッリのヨハネスに対する解答に基づくいくつかの項を付け加えた。このようにして，ヴェネツィアの講師にあてた第一の解答の30項は，第二の解答では36項になった[26]。

事柄の本質に関して言えば，トマスの解答と相談された他の二人の教授のそれを比較することで，トマスが宇宙論の諸問題に入り込んでいないことに気づく。キルウォード

---

de Verceil (1271)", dans *Mélanges P. Mandonnet*, t. I (Bibl. thom. 13), Paris, 1930, p. 191-221 と，H.-F. DONDAINE, "Le *De 43 quaestionibus* de Robert Kilwardby", *AFP* 47 (1977) 5-50 の中にある完全なテキストを参照。アルベルトゥスについては，D. A. CALLUS, "Une œuvre récemment découverte de S. Albert le Grand: *De XLIII problematibus ad Magistrum Ordinis* (1271)" と，J. A. WEISHEIPL, "The *Problemata determinata XLIII* ascribed to Albertus Magnus (1271)", *MS* 22 (1960) 303-354——Weisheipl が改良した第二版は，*Alberti Magni Opera omnia*, ed. Coloniensis, t. 17/1, Münster, 1975, p. 45-64 にある——の中にあるテキストを参照。多くの版は聖トマスに関して42項のみに言及しているが，これはぜひとも修正すべき誤りである。

26) これら二つのテキストはともに H. Dondaine 神父が校訂した。また，それらの混合的な関係を非常に適切に解明したことも H. Dondaine に負っている。

ビーとアルベルトゥスがためらわずにそれをしているとしても、トマスは信仰はこのような問題に関わらないとすぐに反対している。「これらの項の多くは信仰ではなくむしろ哲学に属している。もし敬虔な教えに属していないこれらの事柄について、あたかも聖なる教えに属するかのように是非を語るならば、敬虔な教えに大きな害を与えることになる」[27]。また、トマスはアリストテレスを解釈する方法のうちいかなるものが信仰の教えに属さないかを理解していた[28]。地獄が存在するのが地の中心かそれとも他の場所かということは信仰とは関係がない。さらに、このような問題を気にかけることは余計なことである[29]。これ以上深入りすることなく、トマスが『ブザンソンの講師に対する6項についての解答』(Responsio ad lectorem Bisuntinum de 6 articulis) でも厳格なまでに同じ態度を守っていることを指摘しよう[30]。

『統治について ——キプロス王に宛てて』

『統治について——キプロス王に宛てて』(De regno ad

---

27) *Resp. de 43 art.*, considérations introductives, Léon., t. 42, p. 327, lin. 21-29. トマスは文書の末尾で、これらの主題に答えるのはひとえに従順のためであり、それというのもこうした主題は神学の権限の限界を超え出ており (quamuis plures eorum sint preter limites theologice facultatis)、自分の職業が決して要求しない義務を生む (ex uestra iniunctione factum est michi debitum quod proprii officii professio nullatenus requirebat) からだと繰り返し述べている。

28) *Ibid.*, art. 34, p. 333.

29) *Ibid.*, art. 32, p. 333.

30) Léon., t. 42, p. 349-356. H. Dondaine はこの著作を 1271 年に位置づける提案に賛成している。著作の内容については、Torrell, *La pratique*, p. 224-225 を参照。

regem Cypri）が提起する諸問題は比較的込み入っている。受取人に関する事柄を単純化すると、もし理論的にはトマス・アクィナスと同時代の三人のキプロス王の中から選ぶとすれば、考察されるべきデータの全体に適合するのは唯一リュジニャンのユーグ2世（Hugues II de Lusignan）——1253-67年——だと思われる。著作が未完成なのは、ユーグ2世の早すぎた死のためだろう。これはエシャー（Echard）の見解だったが、マンドネが繰り返し、この見解で彼らはこの小著を1267年付近に位置づけることができた。著作の「終点」を1265年に早めようとする、ワイスハイプルの支持を得たエッシュマンの試みは、今日では受け入れられないと思われる。というのも、トマスが使用している『ニコマコス倫理学註解』がさらに後の1271年のものなのは明らかだからである。もし事態がこのようだとすれば、他の受取人、すなわちアンティオキアないしリュジニャンのユーグ3世（1267-84年）を考えなければならないだろう。エシャーは彼を除外したが、それはトマスがその著作をエルサレムの王権争いの渦中の人物シャルル・ダンジュー（Charles d'Anjou）の直接的ライバルに捧げたことはほとんどありそうにないと判断したからである。それゆえ、将来の諸業績が何らかの新しい光をもたらしてくれるまで、ここでもレオニーナ版の校訂者がグラープマンにしたがって書き留めている不確実な余地を認めなければならない[31]。

　これらの問題にあまり深く立ち入ることはないとしても、著作が未完成だったことから、ルッカのトロメオが熱意を込めて、予定されていた4巻に対応させるために補足的な62章を加えたことをここで想起すべきである。それゆえ、印刷術の発明から、外部の者による介入を見破った

---

31) Cf. H.-F. DONDAINE, Léon., t. 42, p. 424-425.

エシャーに至るまでの二世紀の間，小著のトマス的真正性は歴史的な不正確さと，これらの章の教義的脆弱性のためにしばしば疑問視された。少し前までずっと疑われていたが，それはエッシュマンのような学者が著作の真正性を真剣に問うていたからである[32]。レオニーナ委員会の業績以降，疑いはもはや通用しなくなったが，トマスの遺産が第2巻8章——古くは第2巻4章——の半ばで中断している事実を知ることは重要である。

著者自身が述べるところによると，王政を扱う著作を書こうとしたが，その中で「聖書の権威にしたがって王政の起源，王の義務に関わる事柄を説明し，そこから哲学者たちの教えと最も称賛できる君主の範例を注意深く引き出すつもりだった」（序文）。しかし，この内容はトマスが他の場所で支配に関する最善の形式について述べている事柄とほとんど一致していない。彼は一般的には王が民の全員が選んだ貴族階級の人々と協力するという混合的支配を勧めているにもかかわらず，ここでは絶対的君主制を勧めている。おそらくトマスがこの著作を書いた時代のキプロスに特有の状況を知っていたからだろう。しかし，著作が未完成であり，著者が再検討できなかったことも強調すべきである。

このことについてさらなる展開に入り込まずには多くを述べられないが，ここはその場所ではない。しかし，聖トマスが抱いていた政治体制〔に関する考え方〕を構成するために，時おりそうしてきたように，このテキストのみを拠りどころにすることは誤った方法ではないだろうか。かつてシュニュー神父は非常に適切にこのことを述べた。「『統治について』は君主が読むための教育的・道徳的論考

---

32) Cf. Weisheipl, p. 213, note 6. また，上記第1章註65および67を参照。

であり，政治理論に関する体系的な著作ではない」[33]。この著作を一方的に利用しようとする慎みのない解説者たちの意図に対して，ヤッサント・ドンデーヌの忠告を再現することは無益ではない。「未完成にしておそらく起伏に富んでいるこの小著は少しばかり難しい状況に置かれている。こうした状況から見て，著者の思想を明らかにするためにこの著作のテキストに訴えるときには，用心深さと慎みが必要である」[34]。

『霊魂論註解』

ローマ滞在から離れる前に，トマスの最後の活動に言及しなければならない。トマスはすでにたくさんあったあらゆる仕事に，なおも一つの，無欲には見えるが将来の数か年に多大な労を要することになるアリストテレスの註解者としての仕事を付け加えることになった。かつてヴェルベク（G. Verbeke）が示したように，『霊魂論』（De anima）の註解がなされたのはローマ時代の終わりである[35]。トマ

---

33) *BT* II (1927-1929), n° 297, p. [334].

34) Léon., t. 42, p. 424. テキストは，p. 449-471 参照。M.-M. COTTIER, *Saint Thomas d'Aquin, Du Royaume. De Regno*, Paris, 1946 の翻訳は，批判的校訂版より以前のものである。Ch. JOURNET の序文を持つ Cl. ROGUET, *Du gouvernement royal*, Paris, 1931 の翻訳も参照。本書第1章註64と66で言及した諸研究に加えて，次の業績も参照。L. GENICOT, "Le *De Regno*: spéculation ou réalisme ?", dans *Aquinas and Problems of his Time*, p. 3-17; W. MOHR, "Bemerkungen zur Verfasserschaft von De regimine principum", dans *Virtus Politica*, Festgabe…A. Hufnagel, éd. J. MÖLLER-H. KOHLENBERGER, Stuttgart, 1974, p. 127-145. しかし，これら二つの業績はレオニーナ版より以前のものである。

35) G. VERBEKE, "Les sources et la chronologie du Commentaire de S. Thomas d'Aquin au *De anima* d'Aristote", *RPL* 45 (1947) 314-

スがそれを書いたとき，実際彼はこの論考に関するテミスティオス（Thémistius）の注釈を知っていた。ところが，メルベケのギョームがテミスティオスの翻訳を完成したのは，1267年11月22日になってからのことである。このことから，ヴェルベクはこの註解が全体としてこの日付より後のものだと結論したが，著作の「終点」を1270年まで遅らせなければならないと考えた。それゆえ，第1巻のみがローマ時代に遡る——実際には，彼はヴィテルボと言っている。トマスの滞在は突然短縮されたので，第2巻と第3巻はパリで完成したことになる。

ゴーティエ神父の最近の業績はこれらの最初の成果を確証しているが，同時に補足し修正している[36]。彼はトマスが新しい翻訳，すなわちギョームが『霊魂論』の古い翻訳を改訂して出版した新しいほうを使用するのはこれが初めてだと強調している。トマスは『対異教徒大全』を書いていたときにはまだ古い翻訳しか知らなかったが，1268年頃に出版したあらゆる著作，すなわち『霊魂論註解』（Sentencia Libri De anima）の他に，『神学大全』第1部，定期討論集『霊魂について』，『霊的被造物について』では，欠陥のあるテキストについてであるとはいえ，新しい翻訳を明らかに使っている。

十中八九，ギョームは『霊魂論』の古い翻訳の改訂とテミスティオスの注釈の翻訳を並行して行っていた。このようにして，1267年の終わりより少し前からトマスはこの新しい素材を自由に使うことができたが，註解者としての使命を目覚めさせたのはまさにこのことだったかもしれない。トマスは仕事をてきぱきと処理しなければならな

338; ID., "Note sur la date du Commentaire de S. Thomas au De anima d'Aristote", ibid., 50 (1952) 56-63.

36) とりわけ，R.-A. GAUTHIER, Préface à la Sentencia Libri De Anima, Léon., t. 45/1, p. 283*-288* を参照。

かったが、それというのも『霊魂論註解』はパリに出発する1268年9月以前からイタリアで出版されたからである。早くもこの日付から多くの写本が現れているので、いかにこの著作が普及していたか分かる。また、これは注目すべきことだが、ここではまさに3巻全体が問題となっている[37]。

写本に関するこの最後のデータの重要性はいくら強調してもしすぎることはない。というのも、このデータはそれ以前の多くの仮説を無効にするからである。何よりもまず、パリで『霊魂論註解』は完成したというヴェルベクの仮説、また同時にド・コルテ（M. De Corte）の仮説が無効となる[38]。ド・コルテはトマスが註解の中でテミスティオスを字句通りに引用しているのを発見した最初の人物だが、彼は註解の方法について第1巻と残りの2巻の間にそれと分かるほどはっきり違いがあるのに驚いた。すなわち、第1巻はより技術的なのに対し、他の2巻はより教義的である。このことを説明するのに、彼はトマスが二度『霊魂論』を教えた可能性を考えた。一度目は1268年以前にイタリアで。それについて保存されているのは第2巻と第3巻のみである。二度目はパリで。それについて保存されているのは第1巻のみで、レギナルドゥスによる講義録である。だから、早くも1268年からイタリアで3巻すべてが出版されたことはこの仮説を否定することになるが、さらに今日ではアリストテレスの註解が決して口頭教育の対象ではなかったことがはっきりしている。それゆえ、問題となっている違いはアリストテレスの諸巻に固有な性格からまったく容易に説明がつく[39]。

---

37) Cf. *ibid.*, p. 285*-286*.

38) M. DE CORTE, "Themistius et saint Thomas d'Aquin", *AHDLMA* 7 (1932) 47-83.

39) この主題については、Léon., t. 45/1, p. 275*-282* で

『霊魂論註解』

ここはその場所なので，ヴェルベクとド・コルテの仮説が『感覚と感覚されるものについて』(De sensu et sensato) の場合には，反対に，非常に適切に立証されることを付け加えよう。ずっと以前からトマスは『霊魂論』の直後にこの小冊子を註解したと考えられていた。というのも，この著作は『霊魂論』の延長部分だからである。ゴーティエ神父がトマスがこの著作の註解で『霊魂論註解』を参照していることを指摘して以来，この後続性は既得の事実と見なされるようになった。しかし，ここで新しい要素がある。すなわち，『感覚と感覚されるものについて』の註解は，イタリアで『霊魂論註解』の3巻と同時には普及しなかった。反対に，この註解はパリ大学の写本しかない。ここから，たとえこの註解が1268年9月以前にローマで書き始められていたとしても，完成したのは『知性の単一性について』が完成した1270年より以前の1269年，パリにおいてだったに違いないと結論しなければならない[40]。

アリストテレスの註解者としてのトマスの仕事について

Gauthier の詳しい説明を参照。ここでは『霊魂論註解』の内容にほとんど立ち入ることができない。この著作のフランス語訳はないが，イタリア語訳は参照できる。TOMMASO D'AQUINO, *Commentario al "De Anima"*, Traduzione, studi introduttivi e note di A. CAPARELLO, 2 vol., Rome, 1975. また，L. ELDERS, "Le commentaire de saint Thomas d'Aquin sur le *De Anima* d'Aristote", dans ID., *Autour de saint Thomas d'Aquin*, t. I, Paris-Bruges, 1987, p. 55-76 も参照。

40) R.-A. GAUTHIER, éd., *Sentencia libri De sensu et sensato*, Léon., t. 45/2. この書物は，1) 外的感覚について，2) 記憶と想起についてという二つの論考から成っている。日付については，*Préface, ibid.*, p. 127*-128* を参照。トマスは『「感覚と感覚されるものについて」註解』第1巻4章——lin. 163, Léon., t. 45/2, p. 30——で自分の『霊魂論註解』——II 20, lin. 24-88, p. 152-153, de Léon., t. 45/1——を参照している。この版については，R. WIELOCKX, "Thomas d'Aquin, commentateur du *De Sensu*", *Scriptorium* 41 (1987) 150-157 を参照。

はさらに先で再検討すべきである。トマスはこの時期からこの新しい役割を引き受けはじめるのだが，少なくともそれが意味する事柄についてここで少し述べておこう。このことは，彼の知的ないし精神的人物描写に決定的な色調をもたらすことになるだろう。何よりもまず，トマスはまさに知的な好奇心と自由さを持ち合わせていたが，これはすでにギリシャのキリスト教的遺産に対して示したものである。結局，彼はすでに『霊魂論』を古い翻訳で知っていたのであり，非常に長い間良きものと見なしていたこのテキストを使用し続けることを妨げるものは何もなかった。反対に，彼はまさに第1巻に関してテミスティオスの注釈を徹底的に参照することで，きわめて根本的に知識を再検討している。

だからと言って，アリストテレスを教えなければならなかったわけではなく，他に進行中の仕事がたくさんあったにもかかわらず，どうしてトマスはこの新しい仕事を始めたのだろうか。ゴーティエに従うならば，解答は単純にして説得的なものである。すなわち，当時トマスは『神学大全』第1部75-89問を書いていたが，ほとんど同時に定期討論集『霊魂について』と『霊的被造物について』も書いていた。その頃，彼のすべての考察は霊魂の諸問題に集中していたので，メルベケの翻訳が出たことはアリストテレスの知識を深めるきっかけだった。にもかかわらず，トマスは『神学大全』の執筆をやめることなく，むしろ首尾よく成し遂げる方法を手に入れた。「聖トマスはこのやり方に非常に満足していたので，『神学大全』第2部を進める傍らで『ニコマコス倫理学』の註解を書くときにもそれを適用することになる」。

このような類の活動は他にも様々な状況で彼に求められるが，強調しなければならないことは，元々この仕事は「神学者という職業の実践から生まれたもの」だというこ

とである。「神学的考察をするための道具を洗練する著作として、アリストテレスの註解は神学者の仕事の不可欠な一部であり、このことはとりわけ『霊魂論』の註解にあてはまる」。それゆえ、ゴーティエは正当にも次のように指摘している。「アリストテレスの註解を含む聖トマスのすべての著作は、本質上まさに使徒的なものであり、このことはあらゆる論の進め方、真理の説明、誤りの論駁に妥当する」[41]。ワイスハイプルはゴーティエの業績を知らなかったのだが、次のように強調して完全に彼に合流している。もしトマスがこれらの註解が急を要する使徒的な仕事だと思わなかったならば、決して時間と労力を註解の執筆に費やすことはなかっただろう[42]。

メルベケのギョーム

メルベケのギョームという名はこれら数ページの中で何度も言及したが、歴史家たちは普通この名をきわめて密接にトマス・アクィナスに結びつけて語っている。それにはどのような事情があるのだろうか、少し説明が必要である。たとえこの人物が今では少しだけよく知られているとしても、にもかかわらずもはや通用しなくなった文献史上のデータが人々の記憶から離れないならば、なおさらのことである。

フランドル人のドミニコ会士メルベケのギョームは有名な人物である。というのも、彼は紀元前4世紀から紀元6世紀までの数多くの哲学的・学問的著作をギリシャ語から

---

41) Léon., t. 45/1, p. 288*-294*. 引用については、p. 288*-290* を参照。

42) Weisheipl, p. 310-311.

ラテン語に翻訳した人の一人であり，その中でも最も卓越し最も生産的だった人物だからである。彼の伝記作者の一人が強調するところによると，13世紀はギリシャ文明の遺産に関する知識が「目ざましく拡大」した時期だが，その拡大はギョームの能力と疲れを知らない仕事に負っている[43]。実際，彼の翻訳のリストは驚くべきものであり，翻訳が普及したことからギョームの翻訳がどれほど重要だったかが分かる[44]。

詳細に踏み入ることはできないが，彼の伝記に関して知られていることを少し想起しておこう。というのも，日付と場所はここで決定的に重要だからである。ギョームは1220年から1235年の間に生まれた。1260年の春に，ニカイア，あるいはペロポネソス半島のテゲアにいた。同じ年の秋には，1253年以来ドミニコ会士たちが住みついていたティーヴァにいた。『動物部分論』の翻訳はこの頃に遡る。1267年11月22日に，当時教皇の居所があったヴィテルボにいたことが分かっている。これはギョームがアリストテレス『霊魂論』に関するテミスティオスの注釈の翻訳を献呈した日付である。それから，再び1268年5月にもヴィテルボにいたことが分かっている。1271年6月15日，相変わらずヴィテルボにいたが，アリストテレス

---

[43] L. MINIO-PALUELLO, "Moerbeke, William of", *Dict. of Scientific Biography* 9 (1974) 434-440, cf. p. 434.「ギリシャ的遺産の目ざましい拡大と増加は，……ラテン語しか読めない生徒にいまだ発見されていないあるいは再発見されたギリシャ文明の宝を伝えようとするメルベケの飽くことのない欲求，広範囲にわたる言語に関する知識，疲れを知らない探究に負っていた……」。

[44] 学術会議はメルベケのギョームについて現状分析したのであり，そこには本書で触れていない多くの詳細がある——cf. J. BRAMS et W. VANHAMEL, éd., *Guillaume de Moerbeke. Recueil d'études à l'occasion du 700e anniversaire de sa mort (1286)*, Leuven, 1989。

『天体論』（De caelo）のシンプリキオスの注釈の翻訳を教皇直属の聴罪司祭の資格で献呈している。彼が1267年11月以降この務めを果たしたことは考えられるが，このことはいかなる資料でも根拠づけられていない。

1272年，当時教皇宮廷があったオルヴィエトに，教皇直属の聴罪司祭と礼拝堂所属司祭の資格を持った彼がいたことが証明されている。彼は1274年5月から7月にかけてのリヨン公会議で重要な役割を担うことになったが，それは彼のギリシャに関する知識に負っている。1278年4月から彼の死まで，すなわちおそらく彼の後継者が任命された日，1286年10月26日の数か月前まで，彼はコリントスの大司教だったが，この町で亡くなったのではない。1283年の終わりかおそらくそれより前イタリアにいたことが分かっているからである。すなわち，この同じ年の12月30日にマルティヌス4世が宣教を課した彼が1284年1月にペルージャにいたことが分かっている。おそらくここで教皇宮廷の中で亡くなった[45]。

伝記的データがこのように乏しかったので——20世紀の初めにはもっと貧弱だった——，過去の歴史家たちはギョームに関する主題について多くの仮説を組み立てざるを得なかった。それらのうちの一つは早くにある種の公の真理となり，幾世代も前から検証なしに繰り返されてきたものである。すなわち，トマスがウルバヌス4世の要請でオルヴィエトに呼び出されたのは，ただローマ聖庁で教育に当たるためだけでなく，キリスト教的アリストテレス主義の基礎を築くという教皇が抱いていた大きな計画に協

---

45) この要約は A. PARAVICINI-BAGLIANI, "Guillaume de Moerbeke et la cour pontificale", dans *Guillaume de Moerbeke*, p. 23-52 から借用している。Cf. ID., "Nuovi documenti su Guglielmo da Moerbeke OP", *AFP* 52 (1982) 135-143; E. PANELLA, "Nuove testimonianze su Guglielmo da Moerbeke", *AFP* 56 (1986) 49-55.

力するためでもあった。そのために教皇はトマスとメルベケのギョームが協力し合うようにしたのであり，このことは後にヴィテルボでも続けられた[46]。だから，ギョームを翻訳に駆り立てたのはトマス自身であり，この大きな計画に必要な著作を手に入れるためだった[47]。

　これまで述べてきたことを考えれば，このような推測の弱点に気づくことは容易である。何よりもまず，トマスがオルヴィエトに呼び出されたのは教皇庁の講師になるためではなく[48]，ドミニコ会士たちのもとで修道院講師の役割を果たすためだった。教皇は確かにトマスに頼ったが，それは偶発的なものだった。さらに，メルベケがヴィテルボにいたとされている時期1267年，トマスは二年前からローマに呼び出されていたが，いかなる資料もパリに戻る前にヴィテルボに滞在したことを証言していない。

　その上，メルベケはイタリアにとどまるずっと以前から翻訳の仕事を始めており，トマスの死後もきちんと続けていた。たとえトマスがメルベケの翻訳のすべてではないに

---

46) P. MANDONNET, *Siger de Brabant et l'averroïsme latin au XIIIe siècle, Ière Partie: Etude critique*, 19112, p. 39-41.

47) この主張は，おそらく1312年に遡るトマスの著作リストにすでに見出せる。"Fr. Wilhelmus Brabantinus, Corinthiensis, transtulit omnes libros naturalis et moralis philosophiae de graeco in latinum *ad instantiam fratris Thomae*"〔「コリントス人だった修道士ウィルヘルムス・ブラバンティヌスは，修道士トマスの執拗な要請のために，自然哲学と道徳哲学に関するあらゆる書物をギリシャ語からラテン語へ翻訳した」〕——*Catalogus Stamsensis*, éd. G. MEERSSEMAN, *MOPH* 18, 1936, p. 62, n° 33. たとえこの目録がギョームの名に言及していないとしても，トッコが情報を借用しているのはおそらくこのテキストである。"procurauit (Thomas) quod fieret noua translatio que sententie Aristotilis continet clarius ueritatem"〔「トマスはアリストテレスの真理をより明らかに示している新しい翻訳が行われるよう配慮した」〕(*Ystoria* 18, p. 252; Tocco 17, p. 88).

48) 上記第7章註4-6参照。

せよいくつかを出版後すぐに使用したことが本当だとしても、トマスの時代の他の多くの著述家も同様に使用したに違いない。しかし、最も注目すべき事柄を、アリストテレス『霊魂論』の註解に関してゴーティエが指摘している。トマスは確かにこのテキストに関してメルベケの新しい翻訳を最初に使用した人々の一人だったが、自由に使用できたのは不完全な写本のみであり、その結果重要な点に関して誤ることもあった[49]。もしトマスがメルベケがいたのと同時期にヴィテルボに住んでいたとすれば、トマスにとってメルベケに相談するよりも簡単なことはなかっただろう。

だから、それでも二人の間に特権的な関係があったことを示して、マンドネの仮説を救おうとするスティール（C. Steel）の最近の試みにもかかわらず[50]、ギョームとトマスの協力関係は歴史的に証明できないとしなければならない。せいぜい、ミニオ・パルエッロ（Minio-Paluello）およびゴーティエとともに、トマスは1267年7月にボローニャの総会の際に、また1268年5月にローマの管区会議の際にヴィテルボに短期滞在していたので——一方ギョームは教皇直属の聴罪司祭としてそこにいたので——、その

---

49) これらの誤りのリストと註解は Léon., t. 45/1, p. 176*-199*, 説得的な図式は p. 175* 参照。メルベケ作品の写本伝承はきわめて複雑である。というのも、メルベケ自身が何度も改訂しているからである。このことに関して、R. WIELOCKX, "Guillaume de Moerbeke réviseur de sa révision du *De anima*", *RTAM* 54 (1987) 113-185 の例証を参照。また、J. BRAMS, "Guillaume de Moerbeke et Aristote", dans J. HAMESSE et M. FATTORI, éd., *Rencontre de cultures dans la philosophie médiévale. Traductions et traducteurs de l'antiquité tardive au XIVe siècle*, Louvain-la-Neuve-Cassino, 1990, p. 317-336 も参照。

50) C. STEEL, "Guillaume de Moerbeke et saint Thomas", dans *Guillaume de Moerbeke*, p. 57-82.

時だけ出会ったのではなかろうかと言えるだけである[51]。

専門家によれば一段と解決できず，なおも提起すべく残っている問題として，メルベケがトマスに対して事実上の影響を与えたかどうかということがある。教義的な領域では，すでにあった翻訳に対してメルベケが何らかの修正をして，それを見たトマスがすでに採用していた見解を変えたかどうかを証明すべきだろう。アリストテレスの註解に関して言えば，それまで翻訳されていなかったが，メルベケが最初に翻訳したアリストテレス作品を除く場合，ここでも同様に，メルベケがすでにあった翻訳に何らかの修正をして，それを見たトマスが見解を変えたかどうかを明らかにしなければならないと思われる。いずれにせよ，検証が必要である。検証を完全なものにするために，さらにメルベケがトマスに与えた影響が真正のアリストテレス的意味を保つものかどうかを確認しなければならないだろう。というのも，ゴーティエ神父にしたがえば，すでにスコラ学の影響を受けていたメルベケの修正は必ずしも適切なものではないからである。

以上で，修道士トマス・アクィナスがローマで過ごした三年間の記述は終わる。従順のために――「自らの罪の赦しのために」――ローマに派遣されたトマスだったが，委

---

51) Gauthier 神父はこの主題を何度も再検討した。とりわけ Léon., t. 47/1, p. 232*-234* et 264*-265* を参照――Minio-Paluello はこれをこの問題に関する「最も批判的な判断」と形容している。また，今挙げたテキストのフランス語版である t. 48, p. XVIII-XX も参照。さらに，Gauthier は "Quelques questions à propos du commentaire de S. Thomas sur le *De anima*", *Angelicum* 51 (1974) 419-472, cf. 438-442 で，トマスが一度もヴィテルボに居住しなかったことを証明している――それゆえ，Gauthier の先のテキストはこの意味について修正しなければならない。最後の再検討は *Nouvelle introduction,* chap II [p. 84-92] で行われた。

託された修道士たちの教育を心配しただけでなく，どれほど真面目にその仕事に執着し，どれほど深くその仕事を再構成したかが分かっただろう。結局，彼の名声を不朽のものとしたに違いない『神学大全』は彼の教育者としての気遣いに負っている。同時に，トマスはより偶然的な仕事にも取り組み，それらは時として重荷であったろうに，トマスはそれを要請した人々を満足させようと誠実に努力した。最後に，同時期にアリストテレスの註解者としての仕事にも着手したのであり，これは間もなく活動の無視できない一部になるものだが，このことは真理に対する奉仕という本来の仕事のつとめをよりよく果たしたいという気遣いから生まれたものである。もし彼が説教もしたことを思い出すとすれば[52]，彼の並外れた才能はすべて使い果たされていたと思うのだが，同時に十年も経たないうちに陥ることになる疲労の状態をおそらく少しばかり理解できるだろう。

---

52) このことについて少なくとも一つの例がある。すなわち，トッコ――*Ystoria* 53, p. 365; Tocco 53, p. 126-127――は，トマスが聖週間にローマで説教したことを報告している。復活祭の日にトマスが説教した後に，出血を蒙っていた一人の女が聖トマスの祭服に触れると病気から解放され，サン・ピエールからサンタ・サビーナへ赴いてレギナルドゥスにこのことを語った。*Naples* 75, p. 369 も参照。すなわち，ガエータのレオナルド（Léonard de Gaète）も同じ事実を報告しており，これをレギナルドゥス自身から聞いたと言っているが，レオナルドはトマスの説教をサンタ・マリア・マッジョーレでのこととしている。

第 10 章
新たなパリ滞在
――教義上の対決――

　たとえトマスがオルヴィエトと同様ローマで大変に忙しかった――そこでの著作がこれを証明している――としても，それらの時代の著作は穏やかさや平静さを感じさせるものであり，このことに読者は驚くかもしれない。時として多忙すぎると推測できるかもしれないが，トマスは直接的な相談相手に対して不忍耐やいらだちを表すことはなかった。たとえ彼が時として『対異教徒大全』や『霊魂論註解』の中で誤りを非難しているとしても，それは過去の哲学者たちとの思想的衝突である。彼はキリスト教信仰を直接おびやかす同時代の敵対者たちと直面していなかった。しかし，彼がパリに戻ると，事態は変わる。この新しい時代の著作からは動揺が見てとれるのであり，それは先行する時代の著作に見られた穏やかな文体と対照をなしている。

パリ出発の日付と場所

　トマスはいつパリに戻ったのか。歴史家たちは長い間このことについて判断しかねていた。彼らの試みた多くの意見がいまだに流布しているので，たとえその多くが時代遅

れだったとしても，読者のために研究者たちのためらいを想起することは無益ではないだろう。

1910年，マンドネは深い洞察とともに調査の成果を次のように要約した。「それゆえ，実証的データの全体は次のことを証明している。聖トマス・アクィナスがパリ大学で教授としての教育を再開したのはおそらく1268年の秋以降のことであり，1269年の復活祭より以前なのは確実である。彼は教授として最初の自由討論を開いたが，それはクリスマスではないとしても，少なくとも同じ学年の復活祭の少し前のことだった」[1]。今日の歴史家たちはこの直観を検証し正確に述べようとして，それを確証した。

マンドネの主張の問題は，帰還の日付というよりもむしろ出発点である。この問題は重要である。というのも，イタリアのトマスの最後の年の居住地に関係しているからである。1267年7月のボローニャの総会では次のような忠告がなされた。それはローマ管区で教皇がいる町の修道院が知的に有能な修道士たちでいっぱいになるように細心の注意を払うことというものだった[2]。マンドネはトマスがこの会議の直後にヴィテルボに呼び出されたに違いないと結論づけた。というのも，教皇庁がそこにあったからである。実際，ゴーティエが想起し，下記の註でも確認できるように，問題となっているテキストはトマスについてもヴィテルボについても語っていない。単なる想像上の推論で得られたこの結論はいかなる資料によっても根拠づけら

---

1) Mandonnet, *Siger* I, p. 88. 先行する数ページも参照。
2) *MOPH*, t. 3, p. 138: "Prior provincialis Romane provincie. diligenter provideat. ut conventus. ubi curia fuerit. fratres ydoneos habeat secundum exigenciam curie. priorem specialiter et lectorem."〔「ローマ管区の管区長は，教皇庁がある場所の修道院が教皇庁の要求にしたがったふさわしい修道士たち，とりわけ上長や講師を持つように注意深く配慮しなければならない」〕。

れていない[3]。

　たとえマンドネの見解が多くの歴史家たちに採用されたとしても[4]，総会に参加するために少しだけローマを離れることを除いて，トマスが他の地に移ったとは考えられない。それゆえ，トマスはパリ出発までローマにとどまったと結論しなければならない[5]。

　パリに帰った日を正確に述べるテキストはない。この旅行の出発地をヴィテルボとしたマンドネは，出発を1268年11月中旬に，到着を1月にしている[6]。トマスはボローニャとミラノで待降節のための二つの説教をしたので，マ

---

[3] Gauthier, *Quelques questions*, p. 438-442 は，ヴィテルボのこの「滞在」について参考となる歴史を描写している。1910年にこのことについて最初に語ったのはドイツ人学者 J. A. Endres だが，彼はボローニャ会議のテキストの意味を明らかにしてくれた Mandonnet 神父に感謝している。Mandonnet にとって事実はそのとき以来既知のものとなり，それ以上証明することなく状況を次のように要約した。「クレメンス4世の要請を受けて，トマスはローマから教皇庁に呼び出され，1267年の秋から1268年の11月までヴィテルボに居住した。そこから彼は突然二度目の教育のためにパリ大学へ派遣された」（*Chronologie sommaire*, p. 144）。このページを読むとき，この説の決定的な要素が「教皇庁講師」というトマスの想定的役割であることに気づく。この同じ資格で，トマスはオルヴィエトに到着する前の1259-61年，アナーニに居住しなければならなかった。たとえこの演繹を支持するいかなる資料も明示できないとしても。

[4] WN, p. 147. Weisheipl は改訂版の中でこの主題を再検討したが——cf. p. 257-258, n. 62，たとえ彼がそれ以後は仮定的な仕方で考えを述べているとしても，自説に対立する論証の強制力に気づいていなかったように思われる。

[5] ローマからの移動の項目に，トマスがクリスマスの祝日の際に，枢機卿リシャール・ド・アンニバルディ（Richard de Annibaldis）の招待で，ラティーナ街道のグロッタフェッラータを少し越えたところにあるラ・モラーラ城を訪問した事実を付け加えることは可能である。枢機卿に関係する二人のユダヤ人の客人はトマスの説教を聞いて回心したと言われている——*Naples* 86, p. 389-391。

[6] *Lecteur*, p. 26-31.

ンドネはこの説教の日付を，帰りの道中で，アルプス山脈を越えてフランスに向かう前の1268年12月とすることを提案した。

すでにずっと以前からヴァルツとヴェルベクは，この説教に関して提案された日付と真冬にアルプス山脈を横断した真実らしさを疑問視していた[7]。というのも，普通はこのルートに立ち向かうのにもっと適した季節を選んでいたからである。ボローニャとミラノでの待降節の説教に関して言えば，タグウェルが提案しているように，何年か前の1259年12月に，すなわちトマスが第一回パリ大学教授時代を終えてイタリアに戻ってくる際に非常に適切に位置づけられるだろう[8]。

ゴーティエ神父は参考資料の再検討の後に，ローマからの出発——もはやヴィテルボではない——は数か月前だとする見方が非常に適切だという結論に達した。『霊魂論註解』はすでに完成していた——というのも，1268年の秋にはイタリアで出版されていたから——ので，トマスがこの日付——おそらく9月——から出発したことを妨げるものは何もない[9]。

ゴーティエはここでヴェルベクがすでにまったく異なる道で到達していた見解——彼の論述の細部はもはや支持できないとしても——に合流している。さらに，ゴーティエはトマスが1268年9月12日以前に出発したに違いないと明言できるとまで考えていた。このことに1268年7月のコッラディーノ（Conradin）のローマ侵攻——サンタ・

---

7) A. WALZ, "Wege des Aquinaten", *Historisches Jahrbuch* 77 (1958) 221-228, cf. p. 135; cf. WN, p. 151; G. VERBEKE, *Jean Philopon. Commentaire sur le De Anima d'Aristote*, Louvain-Paris, 1966, p. LXXIII-LXXV, n. 9.

8) Tugwell, p. 221.

9) Gauthier, Léon., t. 45/1, p. 286*-287*.

サビーナは略奪すらされた——を付け加えることができるが，それはこの早すぎる出発に補足的な動機をもたらした[10]。ゴーティエにとってはいかなる疑いもなく，トマスはこの時期にローマを離れ，船で旅行した——彼と同行者が蒙った嵐の話は彼岸嵐として非常にうまく説明がつく——[11]。

時間と疲労の節約を可能にしたこの解決——トマスはチヴィタヴェッキアから乗船し，エーグ・モルトで下船，さらに船でローヌ川を遡った——には，パリのドミニコ会の第二講座の数か月間の空位を埋めるという補足的な利点がある。マンドネと他の研究者たちはこの講座を1269年1月のトマスの到着以後彼に帰属させたが，1268-69年の学年の初めに誰がこの講座の資格保有者だったか不明だった。マンドネはゲラルド・レウェリ（Gérard Reveri）という教授を置くことができると思い込んでいたが，この人物については正教授だったときにサン・ジャックで亡くなったという事実以外のことはほとんど知られていない。トマスがあまりに早くパリに戻ってきたのはゲラルド・レウェリの死のためだと考えられたが，実際のところ彼の死はおよそ10年も前のことだった[12]。

それで，トマスを最も速い移動手段でできるだけ早く出発させる仮説によって，学年の正式な開始である9月14

---

10) Cf. A. FLICHE, C. THOUZELLIER, Y. AZAIS, *La chrétienté romaine* (1198-1274), "Hist. de l'Eglise 10", Paris, 1950, p. 442ss.

11) *Ystoria* 38, p. 321 (Tocco 38, p. 111-112); Le Brun-Gouanvic は，この三度目のパリ旅行を船旅としている一連の著述家たちを列挙している。

12) Mondonnet, *Lecteur*, p. 33. しかし，Mandonnet が仮説の支えとして引用している墓碑銘のテキストには，むしろ *MCCLIX die… februarii* と書かれている。Glorieux は1260年2月について語っている——cf. *Répertoire* I, encart entre p. 228-229 et n° 23, p. 123: "Gérard Reveri"。

日の直後に彼をパリに到着させることが可能となった。結局，このことはマンドネの最初の直観——ただこの直観は〔ヴィテルボ滞在という〕付随的な考察のために少し不明瞭なものだった——に合流する。それゆえ，分別のある仕方で根拠づけられた歴史的確実性とともに次のように言えよう。すなわち，このようにしてトマスは丸一年教えることができたのであり，それゆえこの第二回パリ大学教授時代は 1269-72 年よりもむしろ 1268-72 年としなければならない[13]。

トマスがパリに戻ってきた動機

パリ召喚の理由については，ほとんど推測することしかできない。マンドネにとっては，アヴェロエス主義に関する危機が主要な理由だった。ワイスハイプルはむしろ，托鉢修道士に対する在俗の教授たちの再攻撃が問題となっていたと考えている[14]。ヴェルベクはさらに第三の理由を付け加えることで非常にうまく状況を要約した。パリに戻ってから，トマスは「同時に三つの前線で戦わなければならなかった。すなわち，トマスはアリストテレスの中にキリスト教信仰に対する危険のみを見ていた神学部の保守主義者たちと戦わなければならなかった。反対の方向性では，アヴェロエス主義の単一霊魂説に反対しなければならなかった。三番目に，托鉢修道会を大学教育から排除しようとしていた在俗の教授たちに対して托鉢修道会を弁護しな

---

[13] Tugwell, p. 221, et notes 249-250, p. 317. このことについて彼も同じ結論に達している。

[14] Mandonnet, *Siger*, t. I, p. 88; *Lecteur*, p. 31-38; Weisheipl, p. 265.

ければならなかった」[15]。

同じ年の1268年に，聖ボナヴェントゥラはキリスト教信仰をおびやかすいくつかの誤りを論じている。ボナヴェントゥラは，三つの危険，すなわち世界の永遠性，運命の必然性，つまり星々による意志の決定論，人間知性の単一性を告発しているのだが，この事実を確認するのはかなり驚くべきことである。彼が付け加えたところによると，最後の誤りが最も悪いものである。というのも，他の二つの誤りを含んでいるからである[16]。おそらくボナヴェントゥラはまだ同時代人の名前を挙げていないが，やがてトマスはこれらの誤りについて相手を明確にしながら論駁することになる。トマスがすでに進めていたすべての仕事を考慮すれば，仕事の能力，驚くべき集中力，同時に三人ないし四人もの秘書に書き取らせていた知性の大きさにもかかわらず[17]，この課題は彼とチームを忙殺するには十分だった。

トマスが戦わなければならなかった第一の前線は，托鉢的修道生活の弁護だった。このことについて上で詳しく述べたので，単にこれが『霊的生活の完全性について』（1270年の初め）と『引き離す者どもに対して』（1271年の四旬節と夏の間）の時期にあたることを想起しよう。ここでトマスはあらゆる手段を使ったと付け加えることができる。というのも，これらの著作はまず口頭による，次に著述による態度表明を伴っていたからである。すなわち，『自由討論集』第2-5巻（1269年のクリスマスから1271年のクリスマスまでの間）および大学で行われた説教，とりわけ『ダビデの子にホサナ』（Osanna filio David）（1270年

---

15) Verbeke, *Jean Philopon*, p. LXXIV-LXXV.

16) S. BONAVENTURE, *Collationes de septem donis Spiritus Sancti* VII, n° 16-19, *Opera*, t. 5, Quaracchi, 1891, p. 495-496.

17) これは再検討すべき主題である。本書第12章「トマスと秘書たち」を参照。

12月）と『種を蒔く人が出て行った』（Exiit qui seminat）（1271年2月）が挙げられるが，これらは『引き離す者どもに対して』で再検討される議論を含んでいる[18]。

この第一の戦いで，トマス，および一般的にドミニコ会士たちとフランシスコ会士たちは在俗の教授たちと戦っているが，彼らの共通の敵は，ドミニコ会とフランシスコ会の区別をほとんどしていない。このことに関する多くの証言のうちの一つとして，ジョン・ペッカムが提起した貧しさの福音的完全性についての問題とトマスの『引き離す者どもに対して』に同時に答えているリジューのニコラウスの論駁がある。それぞれ固有の表題を有しているとはいえ，これら二つの著作は写本で一続きになっており，時として『ペッカムとトマスを駁す』（Contra Pecham et Thomam）という共通の要約的表題で表示されている[19]。これは皮肉なことである。というのも，イギリス人のフランシスコ会士ジョン・ペッカムはトマスが戻ってきた直後にパリで教育を始め，後にカンタベリーの大司教になるが，同時にトマスに対する最も激しい敵対者の一人であり，おそらくアリストテレスの新しい思想に直面してアウグスティヌスを奉じる保守的傾向を持つ代表的人物だからである。ペッカムがトマスに対立していたことをはっきり示す証言を歴史はとどめている。これらの証言

---

18) Cf. Käppeli, *Una raccolta*, p. 65-68 et 72-88; Léon., t. 41, p. C 7.

19) これらの著作はいまだ公刊されていないが，ニコラウスからサンタムールのギョームへの送り状とギョームの返事は，*Chartul.*, n° 439-440, p. 495-499 参照。さらに，I. BRADY, art. "Jean Pecham", *DS* 8 (1974) 647; Léon., t. 41, p. C 5 も 参 照。P. GLORIEUX, "Une offensive de Nicolas de Lisieux contre saint Thomas d'Aquin", *BLE* 39 (1938) 121-129 も参照。Glorieux は，『霊的生活の完全性について』と1270年の復活祭の『自由討論集』第3巻のうちに含まれる誤りについてニコラウスが作成した一覧を出版している。

は，ドミニコ会士たちに由来する場合には重苦しいものであり[20]，ペッカム自身が語っている場合には緩和的なものである[21]。『世界の永遠性について』の事例はこの状況を象徴するものと見なせる。

『世界の永遠性について』

この著作は現在，専門家たちが歴史的状況と内容に関して最も研究しているものである。というのも，決定的な外的論拠の代わりに内的批判の要素に訴えなければならないからである[22]。

世界の永遠性に関する問題は，アリストテレス哲学が導入され，この問題を最重要な位置に置いて以来，同時代的なものとなった[23]。ボナヴェントゥラやペッカムを含むこ

---

20) カプアのバルトロメウスは複数のドミニコ会士から，ジョンとトマスがパリ討論の際に対立していたこと，また「件の修道士ヨハネスは同じ修道士トマスを大げさな思い上がった言葉でいらいらさせたが，修道士トマスは決して謙遜な言葉を抑制することなく，常に優しい人間愛とともに答えた」(dictus frater Iohannes exasperaret eundem fratrem Thomam *verbis ampullosis et tumidis*, numquam tamen ipse frater Thomas restrinxit verbum humilitatis set semper cum dulcedine et humanitate respondit) ことを学んだ——Naples 77, p. 374; cf. *Ystoria* 26, p. 284-285; Tocco 26, p. 99-100。

21) 修道士トマスについてよい記憶力また聖なる記憶力の持ち主であると語り，彼の謙遜を賞賛しているペッカムの三通の手紙がある——*Chartul.*, nº 517, 518, 523, p. 624-627, 634-635。

22) これから想起する議論とは無関係だが，1986年にナイメーヘンで開かれたシンポジウムの成果を指摘しよう。すなわち，*The Eternity of the World in the Thought of Thomas Aquinas and his Contemporaries*, éd. J. B. M. WISSINK, Leiden, 1990 は，この問題が現代的であることをよく示している。

23) L. BIANCHI, *L'errore di Aristotele. La polemica contro l'eternità del mondo nel XIII secolo*, Florence, 1984 と R. C. DALES,

の時代の神学者の大部分は、世界の永遠性は考えられないことであり、世界が始まりを有することは非常に有効な論拠によって容易に証明できると表明した[24]。トマスにとっては反対に、世界が始まりを有することは信仰によってのみ保持できるのであり、その反対を証明することも不可能である。すなわち、「世界が常に存在しなかったことは信仰によってのみ保持されるのであり、論証によって証明することはできない。これは上で三位一体の神秘について述べられたことと同様である」(mundum non semper fuisse sola fide tenetur, et demonstrative probari non potest: sicut et supra de mysterio Trinitatis dictum est)[25]。明らかなことだが、このことは世界が神に対して根本的にして恒常的に依存し続けていることを妨げない。それゆえ、トマスがすでに『命題集註解』で保持し、その後も決して捨てなかっ

Medieval Discussion of the Eternity of the World, Leiden, 1990 を参照。

[24] Brady が校訂したペッカムのテキストは、下記註 29 参照、あるいは R. C. DALES and O. ARGERAMI, éd., *Medieval Latin Texts on the Eternity of the World*, Leiden, 1991, p. 69-87 参照。この文献はダラムのギョーム (Guillaume de Durham) ——1220 年代の終わり——からジャンダンのヨハネス (Jean de Jandun) ——1315 年——までの等間隔に並んだ約 15 のテキストを集めているが、トマスとボナヴェントゥラのテキストは取り上げていない。これは S. F. BROWN, "The Eternity of the World Discussion in Early Oxford", *MM* 21/1 (1991) 259-280 で補完できるが、この資料はロバート・グロステスト、リチャード・フィッシュエイカー (Richard Fischacre)、リチャード・ルフスを検討し、ルフスのテキストを校訂している——*In I Sent.* d. 1 q. 1.［いっそう進んだ現状分析——とりわけアメリカの文献に関して——は、T.B. NOONE, "The Originality of St. Thomas's Position on the Philosophers and Creation", *The Thomist* 60 (1996) 275-300 参照。Noone によれば、この問題のトマスの独創性は、古代の哲学者たちに関する資料収集の——同時代人たちに比した——豊富さと詳しさではなく、むしろ自分自身の存在の哲学を気前よく古代の哲学者たちに帰属させることで行った形而上学的解釈にある。］

[25] *ST* Ia q. 46 a. 2.

たのはこの主張であり，それは『世界の永遠性について』（De aeternitate mundi）の中で力強くまた新たな光の下に再検討されている[26]。

この小著の日付はすでに長い間学者たちがしきりに討議してきた問題である。想起した文脈から見て，マンドネはこの著作をすぐに第二回パリ大学教授時代，より正確には1270年の間に位置づけた。実際，この時期，論争はますます激化していたが，パリの司教エティエンヌ・タンピエが宣言した1270年12月10日の断罪を通じて一時的に終息した[27]。しかし，マンドネは小著を一年か二年後にも位置づけうることを認めていた。

この小著をはるかに早く『命題集註解』と『神学大全』の間に移動させようとしていたペルスター，ヘンドリックス（F. Hendrickx），ブコフスキー（Th. P. Bukovski）の相違する声を除いて，非常に多くの専門家たちはマンドネの見解の真実らしさを認め，それを採用した。対立する諸見解を想起しているとはいえ，レオニーナ版もこの見解に賛成した[28]。しかし，イグナティウス・ブラディ（Ignatius Brady）は，より正確に文脈を検討することで，聖トマス没後700年祭の機会に独自の試論を公にした。その中で彼は『世界の永遠性について』をジョン・ペッカムに対する反論と見なすこと，そこにトッコとカプアのバルトロメ

---

26) Cf. *Sent.* II d. 1 q. 1 a. 5――ここでトマスはボナヴェントゥラに回答している――; *SCG* II 32-38; *De Pot.* III 17; *ST* Ia q. 46 a. 2.

27) *Chartul.*, n° 432, p. 487, prop. 5: "Quod mundus est eternus".

28) H.-F. DONDAINE の導入と1976年以前の書誌的情報は Léon., t. 43, p. 54-58 参照，テキストは p. 85-89 参照，さらに *Opuscules de S. Thomas d'Aquin*, "Vrin-Reprise 6", Paris, 1984 で BANDEL 神父のフランス語訳を参照。ブコフスキーは後にこの主題を再検討した。とりわけ "Rejecting Mandonnet's Dating of St. Thomas's *De aeternitate mundi*", *Gregorianum* 71 (1990) 763-775 を参照。

ウスが語っている討論の直接的な継続を見ることを提案した[29]。

実際ペッカムは、アブヴィルのゲラルドゥスとトマス・アクィナスの面前での就任演説の際に、世界の永遠性に関するトマスの主張に対立する命題を激しく主張したようである。教授候補者を考慮して、トマスは沈黙を守っていた。しかし、儀式が終わるときに、憤慨したトマスの生徒たちが発言するようにトマスをせき立てた。それで、翌日、前日に説明した主張をペッカムが再検討した際、トマスは穏やかではあるが断固とした調子で、敵対者に見解の脆弱性を示した。この口頭による介入にとどまらず、トマスはすぐに『世界の永遠性について』を書いた。十中八九、この小著は口頭で展開したのと同じ議論を繰り返している。というのも、そこでトマスは一歩一歩ペッカムの論拠を論駁しているからである。

ワイスハイプルはまずこのブラディの提案に従った後で、今度は彼自身が主題について詳細に検討した[30]。彼はこのことから複数の結論に達したが、そのうちの第一のものは議論の方向性から言えばずれたものだが、重要性がないわけではない。というのも、その結論はこの小著が哲学

---

29) I. BRADY, "John Pecham and the Background of Aquinas's *De Aeternitate Mundi*", dans *Commemorative Studies* II, p. 141-178. ここでペッカムのテキストの校訂版も参照。Cf. *Ystoria* 26, p. 284-285 (Tocco 26, p. 99-100); *Naples* 77, p. 374. 付け加えなければならないことに、大部分の生徒たちは発言するようトマスをせき立てたが、そこにトマス直属の命題集講師はいなかった。この命題集講師は同じ 1270-71 年、引き合いに出された論拠が強制的ではないことを見出し、トマスの見解とは対立する一般的な見解だけで満足している——cf. Léon., t. 42, p. 56, n. 10。

30) J. A. WEISHEIPL, "The Date and Context of Aquinas'*De aeternitate mundi*", dans *Graceful Reason. Essays…Presented to Joseph Owens*, éd. L. P. GERSON, Toronto, 1983, p. 239-271. ここでは非常に入念に現状分析がなされている。

的著作ではなくむしろ神学的著作であることを強調しているからである[31]。第二に、ワイスハイプルはこの著作を誰かに対する直接的論駁ではなく、むしろ単純に円熟期のトマスの見解が万人に明らかにされたものと見なした。たとえそこにペッカムの論拠が見られるとしても、事実トマスはこの見解を有するすべての敵対者たちを無差別に攻撃している。というのも、実際にはペッカムの論拠と同じものが共通善としてあちこちで見出されるからであり、人々は世界の永遠性に関するアリストテレスの強力な権威を前に動揺していたのである。

日付に関して言えば、ワイスハイプルはヴィッペル (John F. Wippel) の研究を活用しているが、ヴィッペルはトマスがこの主題について語っているすべてのテキストを年代学的見地から再構成した[32]。ヴィッペルの指摘によると、トマスは必ずしもまさに同じ見解を保持していたわけではない。まず、アリストテレスの主張に強く抗議したマイモニデスの影響を受けたトマスは、哲学者自身が自分の論拠を単に蓋然的なものとのみ見なしていたと考えた。トマスはアリストテレスがそれらの論拠に与えたものよりも大きな力を与えたくなかったので、世界が始まりを有する

---

31) 正当にも、F. J. A. DE GRIJS, "The Theological Character of Aquinas' *De Aeternitate Mundi*", dans Wissink, *The Eternity*, p. 1-8 もワイスハイプルに合流している。しかし、この見解は J. A. AERTSEN, "The Eternity of the World: the Believing and the Philosophical Thomas. Some Comments", *ibid.*, p. 9-19 が反対している。

32) J. F. WIPPEL, *Metaphysical Themes in Thomas Aquinas*, Washington, 1984, p. 191-214: "Thomas Aquinas on the Possibility of Eternal Creation". この研究は次の表題で先行的に出版された。"Did Thomas Aquinas defend the Possibility of an Eternally Created World ? (The *De aeternitate mundi* Revisited)", *Journal of the History of Philosophy* 19 (1981) 21-37. ここでは対立する諸見解が詳しく説明されている。

ことも有しないことも完全には証明できないと述べるにとどめていた。しかし,『自然学』第8巻を註解した後に,トマスはアリストテレスの確信が考えていたよりもはるかに融通のきかないものであることに気づいた[33]。この新しい確実性は小著に表現されている。すなわち,世界が永遠であるか否かは証明の対象ではないので,世界が永遠よりして創造されている可能性が開けてくる[34]。

この研究成果の利点は,『世界の永遠性について』を『自然学註解』(1268-69年)の直後に位置づけ,それゆえ正確に言ってマンドネと同じ期間ではないにせよ,少なくとも新しい強制力とともに——というのも,このようにしてこの著作はトマス思想の発展の終わりに位置づけられるから——,この著作が遅くになってから執筆されたことを確証する点にある。われわれの考えでは,ワイスハイプルが信じていたこととは反対に,この既知事項のために,ブ

---

33) *In VIII Physic*., lib. 8, lect. 2 (éd. P. M. MAGGIOLO), Turin, 1954, n° 986: "…perpetuitate temporis et motus quasi principio utitur (Aristoteles) ad probandum primum principium esse, et hic in octavo et in XII Metaphys.; *unde manifestum est, quod supponit hoc tanquam probatum*"〔「アリストテレスは第一の始原が存在することを証明するために,時間と運動の永遠性をいわば原理として使用している。『形而上学』第8巻,第12巻でも事態は同様である。それゆえ,このことがいわば証明されたものとして前提されていることは明らかである」〕. C. STROICK, "Die Ewigkeit der Welt in den Aristoteleskommentaren des Thomas von Aquin", *RTAM* 51 (1984) 43-68 を参照。

34) 以下がJ. F. Wippelが検討したテキストである。*Sent*. II d. 1 q. 1 a. 5; *SCG* II 31-38; *De Pot*. III 17; *Compendium theol*. I 98-99; *ST* Ia q. 46; *Quodl*. III q. 14 a. 2; *De aeternitate mundi*; *Quodl*. XII q. 6 a. 1——選択にしたがって最も蓋然的な年代学的順序を回復している。Wippelのこの見解は,T. BUKOVSKI, "Understanding St. Thomas on the Eternity of the World Help from Giles of Rome", *RTAM* 58 (1991) 113-125 が疑問視した。Bukovskiによると,トマスはずっと同じ見解を保持した。

ラディの読み方――これには小著に真実らしい文脈を与えるという利点がある――を捨てる必要はまったくない[35]。ペッカムとの論争は軽い刺激であり、トマスを駆り立てて、アリストテレスとの交わりで到達した確実性を完全な明晰さで表現するきっかけになるものだった[36]。

実体的形相の単一性

たった今想起した事柄から、ペッカムがトマスとの出会いに関して強烈な思い出を保っていたことが分かる。しかし、この二人の教授を対立させていた事柄は単なる個人的な見解の問題というよりもはるかに重大な問題だった。アリストテレス主義に対するアウグスティヌス主義が語られてきたが、これは部分的にのみ真である。形相の複数性を支持する人々も自分たちがアリストテレス主義者だと主張していたことが今日ではよく知られている。トマスに関して言えば、彼もアウグスティヌスの真正な後裔を自任できた[37]。すでにより真理に近いところで、聖ボナヴェントゥラはこれらの対照的な知的見解において、二つの大きな修道会の精神的相違の反映を見ていた。「一方の人々、もち

---

35) Wippel 自身は非常に適切にもこのことに満足している――cf. p. 213。

36) Weisheipl, *The Date*, p. 249 は、トッコがいくつかの点で不正確であることから、ペッカムの再検討が問題となっていることは考えられないと結論づけた。しかし、Brady は次のように強調してあらかじめこの反論に答えていた。すなわち、トッコの話は文字通りに受けとることができない。というのも、周知のとおり、彼はパリ大学の慣例にほとんど通じていないからである。

37) Cf. L. ELDERS, "Les citations de saint Augustin dans la *Somme Théologique* de saint Thomas d'Aquin", *Doctor communis* 40 (1987) 115-167.

ろん説教者修道会の人々は、第一に彼らの名もそこから取られている思索に、第二に敬虔さに専念するが、他方の人々、すなわち小さき兄弟たちは、第一に敬虔さを、次に思索を目指す」[38]。

このことも対立の激しさを説明するには十分でない。というのも、多くのドミニコ会士も、例えばロバート・キルウォードビーのように、同じ主題に関してトマスに反対していたからである。さらに、実体的形相の単一性と世界の永遠性に関するトマスの主張が実際に信仰を危険にさらすという考えもあった。世界の永遠性に関して言えば、すでに見たように、トマスは決して確信しておらず、最後まで自分の見解にとどまることになる。実体的形相の単一性に関して言えば、論争は創造という神学的領域から人間論の領域へ移動していた。

この問題はわれわれの時代にとって新しいものではなく、50年近く前から知性をとらえてきた。ドム・ロッタンはかつて次のように結論できると思い込んでいた。1230年頃、クレモナのロランドゥス、総長フィリップス (Philippe le Chancelier)、ラ・ロシェルのヨハネス (Jean de La Rochelle)、アレクサンデル・ハレンシスのような思想家たちは、実際にこぞって形相の複数性を支持していたが、そのために聖アウグスティヌスの権威を活用することは考えておらず、むしろこの考え方はユダヤ人哲学者アヴィケブロン (Avicebron; Ibn Gebirol) に特徴的なものと見なしていた[39]。

---

38) "Alii principaliter intendunt *speculationi*, a quo etiam nomen acceperunt, et postea *unctioni*. Alii principaliter *unctioni* et postea *speculationi*" (*In Hexaemeron*, XXII 21, *Opera*, éd. Quaracchi, t. V, 1891, p. 440).

39) O. LOTTIN, "La pluralité des formes substantielles avant saint Thomas d'Aquin", *RNS* 34 (1932) 449-467. ここでは以前の様々な業績

それ以降，出版された他の多くの業績は[40]，この最初の研究方法を修正し，反対に初期のスコラ学ではきわめて様々な多様性が行き渡っており，形相の複数性を支持する人々が引き合いに出していたのはアヴィケブロンだけでなく，とりわけアヴィケンナ，また彼を通じてアル・ファーラービー (Al Fârâbi) でもあったことを明らかにした[41]。聖アウグスティヌスに関して言えば，この主題に関して彼の見解は曖昧だったので，彼を引き合いに出そうとしていた人々は彼をアリストテレスの教えに一致させようとした。このようにして，研究者たちは聖トマス以前の伝統的な教えを「折衷的アリストテレス主義」の教え[42]，あるい

を振り返っている。

40) 次註の Zavalloni と Bazán の他に，D. A. CALLUS, "The Origins of the Problem of the Unity of Form", *The Thomist* 24 (1961) 256-285 を参照。とりわけ E.-H. WEBER, *La personne humaine au XIIIe siècle* "Bibl. thomiste 46", Paris, 1991, p. 17-119 (période avant Thomas), p. 120-198 (Albert et Thomas) を参照。参考文献は最新のものだが，下記註 63 も参照。

41) R. ZAVALLONI, *Richard de Mediavilla et la controverse sur la pluralité des formes. Textes inédits et études critiques*, "Philosophes médiévaux 2", Louvain, 1951. この根本的な研究で得られた多くの点に一致しながら，B. BAZAN, "Pluralisme de formes ou dualisme de substances. La pensée pré-thomiste touchant la nature de l'âme", *RPL* 67 (1969) 31-73 は，トマス以前の時代を特徴づけるためには実体の二重性について論じる方がよいと考えている。

42) おそらくいろいろなレッテルに異議を唱えることができるが，Zavalloni が様々な見解を要約する方法には，少なくとも状況に対する過度に二元論的な見方にかなり含みを持たせるという利点がある。「13 世紀のスコラ学者たちの教義的論争は，アウグスティヌス主義とアリストテレス主義の関係ではなく，伝統的な教えとトマスの教えの関係をめぐるものである。伝統的な教えは，トマスの教えに見られるように，アリストテレスに由来する考え方に接ぎ木される。伝統的な教えを最も適切に特徴づけることのできる表現は，ブラバンのシゲルスの急進的アリストテレス主義，聖トマスの独自のアリストテレス主義に対する折衷的アリストテレス主義だろう。折衷的アリス

は再びアヴィケブロンの影響を再評価することで，よりいっそう微妙な差異を有する仕方で「新プラトン主義的傾向を持つ折衷的アリストテレス主義」の教えと見なすようになった[43]。

厳密な意味での哲学的領域ですでに激しいものだった議論は，神学的領域に移行するともっと深刻なものになった。論争を明確化したのは，スコラ学者たちが巧みに論じていた諸問題の一つだった[44]。それはトマスが1269-70年の四旬節と待降節の間に行った自由討論の中で様々な形式で繰り返されている。初めに，一見すると取るに足らない「知的霊魂の到来で先行する諸形相は根絶するか」という問題がある。この最初の問題は見たところ根拠のない一連の他の問題を引き起こす。すなわち，「キリストは墓にいた三日間人間であり続けたか」，あるいは全く突飛なものである「キリストの目はその死後実際の目だったかそれとも死んだ目だったか」，そこから少し留意しなければならない「キリストの身体は十字架上のものと墓の中のもので数的に同一だったか」という問題に至る[45]。これらの問

トテレス主義は様々な著述家が誰から主要な影響を受けたかによって様々な色調を示している。このようにして，ロジャー・ベーコンが新プラトン主義的傾向を持つアリストテレス主義，ヨークのトマス（Thomas d'York），聖ボナヴェントゥラ，ロジャー・マーストン（Roger Marston）がアウグスティヌス主義的傾向を持つアリストテレス主義，メディアヴィラのリカルドゥス（Richard de Mediavilla）がアウグスティヌス・アヴィケンナ的傾向を持つアリストテレス主義と論じることができるだろう」（Zavalloni, *Richard*, p. 472）。

43) これは Bazán——上記註41——の見解であり，彼はこの呼称に関して F. Van Steenberghen, *La philosophie*, p. 181ss. (^{2}1991, p. 169ss.) と一致している。

44) 前の時代に関しては，A. M. LANDGRAF, "Das Problem *Utrum Christus fuerit homo in triduo mortis* in der Frühscholastik", dans *Mélanges Auguste Pelzer*, Louvain, 1947, p. 109-158 を参照。

45) Cf. *Quodl.* I q. 4 a. 1 [6] (Carême 1269): "Utrum formae

題は執拗に繰り返されているので、関心の的になっていたことが分かる。これらの問題は現代人にとっては見たところ取るに足らないものだが、実際にはキリスト論における人間学の最も根本的な諸問題を引き起こしたのであり、例えば、『神学大全』第3部第50問にざっと目を通すだけでたやすくこのことに気づくだろう[46]。トマスは第5項で、すでに自由討論の中で様々な形で提起していた「キリストの身体は死の前と後で数的に同一のものとしてとどまったか」という問題を取り上げている。

事柄を非常に簡単に要約するならば、トマスはアリストテレスから受けとった質料形相論に一致しながら、知的霊魂が人間という複合体の唯一の実体的形相であり、それは複合体の様々な水準の生、すなわち植物的生、感覚的生、知性的生に関してこの機能を行使していると考えた。反対に、トマスの敵対者たちはこれらの様々な水準にしたがった形相の複数性を認めており、彼らによればトマスの教え

---

praecedentes corrumpuntur per adventum animae ?"; II q. 1 a. 1 (Avent 1269): "Utrum Christus idem in triduo <mortis> fuerit homo ?"; III q. 2 a. 2 [4] (Carême 1270): "Utrum oculus Christi post mortem fuerit oculus equivoce ?"; IV q. 5 a. 1 [8] (Carême 1271): "Utrum corpus Christi in cruce et in sepulcro sit unum numero ?". これらの表題はトマスが与えたものではなく、問題のテキストそのものから取られたものであることを忘れてはならない。Zavalloni (p. 487-489) は、『自由討論集』第3巻と第4巻——これらは双方とも1270年12月の司教の断罪の中に見出される——の間の発展を明らかにできると考えている。トマスは第一の事例の中で、キリストの目は死んだ目ではないと結論づけているとはいえ、断罪に影響されて「キリストの生ける身体と死せる身体が同一であることをよりいっそう強調した」。このことは間違いないだろうが、Zavalloni とともにこれは教義上というよりも表現上の相違であることを付け加えなければならない。

46) ペッカムが『自由討論集』第4巻2問の解答——éd. G. J. ETZKORN, Grottaferrata, 1989, p. 197-198; cf. L. J. Bataillon, *RSPT* 75, 1991, p. 510——の中で非難しているのはまさにこの問題である。

は異端的だった。というのも，〔トマスの教えを受け入れるなら〕キリストの身体が死の前と後で数的に同一であることは疑わしくなるからである。実際，霊魂は身体の唯一の形相であり，キリストの身体は死によって一時的に霊魂を奪われるので，墓の中の身体が生きているキリストの身体と同一であると言うことはできない。それゆえ，霊魂の他に「身体の形相」(forma corporeitatis) を認めなければならなかったが，これは同一にとどまり死の前でも後でも身体に内属するので，キリストの身体のこれら二つの状態の連続性と一性を保証できた。

敵対者たちと同様に，トマスはキリストの身体が死の前と後で同一であることを疑っていない。しかし，彼にとってこの同一性を保つのは身体の形相ではなく，むしろ位格的結合（l'union hypostatique）である。彼の説明によると，存在するものは同じ基体，すなわち同じ実体を有するとき，数的に同一なものとしてとどまる。しかるに，キリストの身体は生きているときも死んでいるときも決して御言以外の実体を有しなかったことが適切に証明されている。というのも，キリストの霊魂および身体が御言のペルソナと位格的に結合していることは，キリストの死においても解消されなかったからである。このようにして，イエスの身体と霊魂は御言という唯一のペルソナに対するそれぞれの関係を保ったのであり，数的な同一性を維持できたのはこのためである。それゆえ，まったくもって確実な，アポリナリオス主義に対する戦いの時代から獲得している教義的既知事項，すなわち「死後も位格的結合は持続する」という保証があるところでは，身体の形相という仮説を援用するいかなる必要性もない[47]。

---

47) 異論に対する解答とともに，*ST* IIIa q. 50 a. 5 を参照。この問題と争点に関する便利な要約は，P. SYNAVE, *S. Thomas d'Aquin*,

『知性の単一性について』

　保守主義の人々に対する戦線に加えて，トマスはかつて「アヴェロエス主義」と呼ばれていた事柄とも戦わなければならなかった。1270年12月10日にパリの司教エティエンヌ・タンピエがこの異端的派閥の誤りに対して行った断罪の中で，彼は13の命題を集めたが，それは四つの主要な点に要約できる。すなわち，世界の永遠性，神による普遍的摂理の否定，すべての人間に対する知的霊魂の単一性——あるいは単一霊魂説——，決定論である[48]。代表者たちは教養学部のいたるところにいたが，最もよく知られている人物としてブラバンのシゲルス（Siger de Brabant）がいる[49]。最近の研究によれば，おそらくこの人物——著作を出版し始めたのはようやく1265年になってからである——にあまりに多くを負わせすぎた。たとえ彼が1270年と1277年にパリの司教が断罪した諸命題の最も多くの部分を提供したとしても，彼は唯一の関与者ではまったくなく，関連文献があまり出版されていないことを理由に

Somme Théologique ("Revue des Jeunes"), *Vie de Jésus*, t. IV, Paris, 1931, p. 345-354, Appendice II: "Le corps du Christ pendant les trois jours de sa mort" 参照。また，L.-B. GILLON, "La pluralité des formes", art. "Thomas d'Aquin", *DTC* 15/1 (1946), col. 678-684 も参照。

　48) *Chartul.*, n° 432, p. 486-487.

　49) Mandonnet の *Siger* (1911) の他に，F. VAN STEEN--BERGHEN, *Maître Siger de Brabant*, Louvain-Paris, 1977 と B. BAZAN, éd., *Siger de Brabant. Quaestiones in Tertium De anima. De anima intellectiva. De aeternitate mundi*, Louvain-Paris, 1972 を参照。また，『形而上学』に関する様々な講義録の校訂版は，W. DUNPHY, *Siger de Brabant, Quaestiones in Metaphysicam*, Louvain-la-Neuve, 1981 と A. MAURER, *Siger de Brabant, Quaestiones in Metaphysicam*, Louvain-la-Neuve, 1983 参照。

真相を見誤ってはならない[50]。この時代をよりよく知るにつれて，ダキアのボエティウス（Boèce de Dacie）や他の人々もまた〔断罪の〕対象者であり，ボエティウスがシゲルスより劣った人物ではなかったことが判明した[51]。

実際，この時代に関する知識は 20 世紀初頭の状況に比べて著しく刷新された[52]。それゆえ，「昨日の地図で今日旅をすることがないように」，この主題について簡単に回顧することは有益だろう。かつてルナンとマンドネの業績の後に「ラテン・アヴェロエス主義」と名づけられたこの派閥は，後にファン・ステーンベルヘンがむしろ急進的ある

---

50) Cf. R. HISSETTE, *Enquête sur les 219 articles condamnés à Paris le 7 mars 1277* (Philosophes médiévaux 22), Louvain-Paris, 1977. さらに，1277 年，シゲルスがすでに教育から引退し改宗したことも指摘できる。彼はおそらくリエージュの会議に関する何らかの仕事のためにオルヴィエトにいたが，マルティヌス 4 世の在位期間 1281-85 年に狂気に陥った秘書に短刀で刺されて亡くなった。

51) ダキアの——あるいはデンマークの——ボエティウスはあまりよく知られた人物ではない。知られているのは，1270-80 年に教養学部の教授であったことと，いくつかの写本において 1277 年に断罪された諸命題の主要な主唱者として示されていることだけである。彼は比較的豊富な著作を残したが，現在その批判的校訂版が *Corpus Philosophicorum Danicorum Medii Aevi* において完成している。彼の著作のうちで，*Modi significandi sive quaestiones super Priscianum Maiorem*, éd. J. PINBORG, H. ROOS, S. S. JENSEN, Hauniae, 1969 (t. IV/I) と，より重要な *De aeternitate mundi*, éd. N. G. GREEN-PEDERSEN, Hauniae, 1976 (t. VI/II) を参照。また，G. SAJO, *Un traité récemment découvert de Boèce de Dacie De mundi aeternitate*, Budapest, 1954 も参照。

52) R. IMBACH, "L'averroïsme latin du XIIIe siècle", dans *Gli Studi di Filosofia Medievale fra Otto et Novecento*, a cura di R. IMBACH e A. MAIERU, Rome, 1991, p. 191-208 が作成した，アヴェロエス主義に関する有益な文献史的回顧を参照。［現在，この研究は R. IMBACH, *Quodlibeta*. Ausgewählte artikel/ Articles choisis, F. CHENEVAL et al. éd., "Dokimion 20", Fribourg, 1996, p. 45-62 に再録されている。］

いは異端的——これらの形容詞はあまり適切ではない——アリストテレス主義として特徴づけた。しかし，ゴーティエは事態がはるかに複雑であることを示した[53]。

何よりもまず，アヴェロエスが西洋に導入された日付に関して言えば，少なくとも 1225 年，すなわち少し前まで一般的に認められていた 1230 年という日付に比して五年前まで早めなければならない。しかし，13 世紀の著述家たちがアヴェロエスをどう評価していたかについても検討が必要である。初期，すなわち 1250 年頃までスコラ学者たちはアヴェロエスをアヴィケンナよりも優先すべきアリストテレスの注釈家と見なしていた。アヴィケンナは能動知性を離存的能力としたが，これは誤りである。他方，アヴェロエスは能動知性を霊魂の能力としたが，これは真理である。この時代を通じてまた超えて，他にもアラビアの哲学者の諸命題が大学で使用されることになったが，それらはあまりにも似通っていたので，アヴェロエス的起源は見失われた——このことはとりわけ，トマスがアヴェロエスの名を挙げることなく，しばしば引用していることを説明している。

ようやく 1250 年にまずアルベルトゥス・マグヌスが曖昧に，それから 1252 年にロバート・キルウォードビーがより明確に，すべての人間にとって唯一の霊魂しか存在しないと述べたかどでアヴェロエスを告発することになる。しかし，『命題集註解』第 2 巻で決定的に「アヴェロエス主義」の誤りについて述べたのは聖ボナヴェントゥラである。「すべての人間にとって唯一の知的霊魂しか存在しない。このことは能動知性に関してだけでなく，可能知性に

---

53) R.-A. GAUTHIER, "Notes sur les débuts (1225-1240) du premier 'averroïsme'", *RSPT* 66 (1982) 327-374; "Préface" à la *Sentencia libri De anima*, Léon., t. 45/1, p. 218*-235*.

関してでもある」[54]。

ゴーティエがかなりはっきり述べているように,「それゆえ,すべてのことがラテン・アヴェロエス主義は神学者たちの考案だったと考えるように促している。実際,今日ではますますアヴェロエスがアヴェロエス主義的ではなかったことが認められてきている」[55]。このような偏向的な読み方は非常に早く広まり,師アルベルトゥスから影響を受けたトマスはボナヴェントゥラからそれを踏襲し,『命題集註解』で告発した。もしブラバンのシゲルスがアヴェロエスではなく熱心な読書の対象だった聖トマスにこの命題を見出したと考えるならば,逆説はわずかなものではない。すなわち,神学者たちが告発する以前には存在していなかったこの「異端」は,彼らのおかげでそれ以後存在するようになったのである[56]。

---

54) S. BONAVENTURE, II *Sent.*, d. 18 a. 2 q. 1, *Opera* II, p. 446-447.

55) Gauthier, Léon., t. 45/1, p. 222*. また, S. GOMEZ NOGALES, "Saint Thomas, Averroès et l'averroïsme", dans *Aquinas and Problems of his Time*, ed. by G. VERBEKE and D. VERHELST, Leuven, 1976, 161-177 も参照。彼は適切にも次のように言っている。「アヴェロエスはアヴェロエス主義的ではない。たとえ人間知性の単一性を認めたアヴェロエス主義者たちがいたことが本当だとしても,このことはアヴェロエスには当てはまらない。というのも,彼は人間の霊魂の個別的な不死性,さらに可能知性のそれすら認めているからである」(p. 177)。同じ方向性では, M.-R. RUBEN HAYOUN et A. de LIBERA, *Averroès et l'averroïsme*, "Que Sais-Je ? 2631", Paris, 1991, p. 78ss. を参照。対立する方向性では, B. C. BAZAN, "Le Commentaire de S. Thomas d'Aquin sur le Traité de l'âme", *RSPT* 69 (1985) 521-547 を参照。Bazán によると,アヴェロエスの大註解はまさしく神学者たちが告発している誤りを含んでいる——cf. p. 529-531。

56) Gauthier, Léon., t. 45/1, p. 222*. トマスの読者としてのシゲルスに関しては, R.-A. GAUTHIER, "Notes sur Siger de Brabant. I. Siger en 1265", *RSPT* 67 (1983), p. 212-232 を参照。Gauthier はテキストを支えとしてわれわれがたった今想起した展開を描いている。トマ

まだイタリアにいた頃，トマスはすでに単一霊魂説に関するシゲルスおよびその同僚の教育から何らかの影響を受けたのだろうか。ヤッサント・ドンデーヌ神父が定期討論集『霊的被造物について』の二つの項——第2項と第5項——と『霊魂について』の他の二つの項——第2項と第3項——を参照することで示唆したのはこのことである[57]。

実際，このことはほとんどありそうにないと思われる。もしこれら二つの定期討論集の日付——『霊魂について』は1265-66年，『霊的被造物について』は1267-68年——を思い出すならば，他方シゲルスの『「霊魂論」3巻に関する諸問題』（Quaestiones in Tertium De anima）は1269-70年の学年に属するので，トマスがパリに戻る前にそれを知りえなかったことは確実である。トマスが著作そのものの代わりに生徒の講義録からこれらの思想に関する知識を得たこともほとんどありそうにない。

さらに，ベルナルド・バザンが示したように，トマスがこれらの諸項の中でアヴェロエスの認識論をどのように論じているかを適切に検討すれば，彼が同時代の著述家たちを念頭に置いていると推測させるものは何もないことが分かる[58]。むしろトマスはパリに戻って教養学部の教授たちの講義録——シゲルスのものだけではない——を読んだ後

スによるアヴェロエスの引用に関しては，C. VANSTEENKISTE, "San Tommaso d'Aquino ed Averroè", *Revista degli Studi Orientali* 32 (1957) 585-623 のリストを参照。より迅速に理解するために，L. ELDERS, "Averroès et saint Thomas d'Aquin", *Doctor commnis* 45 (1992) 46-56 を参照。より特殊的で同時により広範なものとして，J. M. CASCIARO RAMIREZ, *Las fuentes arabes y rabinicas en la doctrina de Sto. Tomás sobre la Profecia*, Roma, 1971 を参照。

57) Cf. Préf. au *De unitate intellectus*, Léon., t. 43, p. 249.

58) Cf. Bazán, *Siger de Brabant, Quaestiones in Tertium De anima*, p. 70*-74*.

に，危険の大きさを判断し，正当にも論争の要と見なされる『知性の単一性について——アヴェロエス派の人々を駁す』(De unitate intellectus contra averroistas) を書いた[59]。

トマスは自分に敵対者たちと同じような知的な準備があるとは思っていなかったので，テキストに関する激しい議論の中で彼らの領域については彼らに従っている。また，トマスはアリストテレスとその注釈者たちに関する最新の翻訳を使用することによって，いかなる点で「アヴェロエス」——実際には上で定義された意味での「第二のアヴェロエス主義」——が同時にアリストテレスの教えとキリスト教信仰に対立しているかを示している。それゆえ，トマスは「この個別的人間が認識する」(Hic homo singularis intelligit) という共通の経験における既知事項を説明するよう敵対者たちに求めている[60]。

---

59) 『知性の単一性について——アヴェロエス派の人々を駁す』のテキストは，Léon., t. 43, p. 289-314 参照。もしこれがなければ，L. W. KEELER, *S. Thomae Aquinatis Tractatus de unitate intellectus contra averroistas*, "Textus et documenta, Series philosophica 12", Rome, 1936 の版を参照。とりわけ Keeler の版に関して，F. VAN STEENBERGHEN, "Corrections au texte du De unitate intellectus de Thomas d'Aquin", *Bull. SIEPM* 19, 1977, 65-67 の指摘を参照。BANDEL 神父のフランス語訳は，"Vrin-Reprise 3", Paris, 1984 参照。また，様々な言語——英語，スペイン語，イタリア語等々——の翻訳がある。[『知性の単一性について』に関する最も重要な著作は，本書が書かれた後に出版された。それゆえ，THOMAS D'AQUIN, *L'unité de l'intellect contre les averroïstes, suivi des Textes contre Averroès antérieurs à 1270*, Text latin. Traduction, introduction, bibliographie, chronologie, notes et index par Alain de LIBERA, "Garnier Flammarion 713", Paris, Flammarion, 1994 を参照。また，C. LUNA, "Quelques précisions chronologiques à propos de la controverse sur l'unité de l'intellect", *RSPT* 83 (1999) 649-684 も参照。ここには，アエギディウス・ロマヌス (Gilles de Rome) のある問題——「知性はすべての人々において数的に一つであるか」(Utrum intellectus sit unus numero in omnibus) ——の校訂版がある。]

60) これはすでに定期討論集『霊魂について』第 2 項の論拠

この論拠のために彼らは当惑したようだ。また，とりわけすでにトマスの『命題集註解』を読んでいたシゲルスはトマスの著作を読み続けざるを得なくなり，後にそれほど異端的ではない見解に変化したように見える。シゲルスは『知性の単一性について』より後の『知的霊魂について』（De anima intellectiva）の中で自分のアリストテレス解釈をトマスのそれに対立させ続けているが，彼は哲学において卓越した二人の人物としてアルベルトゥスとともにトマスの名を挙げ，知性が「認識することによってその本性を通じて身体の内部で働く」（intelligendo est operans intrinsecum ad corpus per suam naturam）[61]ことを認めている。彼はさらに進んで『原因論註解』（Super De causis）の中で，「知性は……自然本性的に身体と結合している。……知的霊魂は身体の完全性であり形相である」（Intellectus…naturaliter est unitus corpori;…anima intellectiva est corporis perfectio et forma）[62]と書くことになる。この著作がトマスの『原因論註解』や『神学大全』第1部，『自然学註解』から影響を受けているのは明らかで

である。"Si autem intellectus possibilis esset substantia separata, impossibile esset quod eo intelligeret homo"〔「もし可能知性が離存的実体なら，人間がそれによって認識することはできないだろう」〕.

61) Siger, *De anima intellectiva*, éd. Bazán, p. 81 et 85. 少し前までこれら二つの著作の間に『知性について』（De intellectu）という直接トマスに向けて書かれたシゲルスの著作——その中でシゲルスは，知られている断片によれば，いまだに非常に急進的な者として現れている（cf. Bazán, *ibid.*, p. 75*）——があったと考えられていたが，最近になってこの著作が本当に存在したかどうか深刻に疑われるようになり，問題となっている断片はむしろ『『霊魂論』3巻に関する諸問題』に属していた可能性があることが判明した——cf. A. PATTIN, "Notes concernant quelques écrits attribués à Siger de Brabant", *Bull. de Phil. médiévale* 29 (1987) 173-177。

62) Siger, *Super De causis*, éd. MARLASCA, p. 106, cité par Léon., t. 43, p. 250.

ある[63]。

　ここであまりにも簡単に想起したこれらの議論には，単に知的な利点があるだけではない。それらはトマスの人格を把握するためにきわめて重要である。伝記的な情報源は，ペッカムの激しさにもかかわらず，トマスがペッカムに対して親切で謙虚だったことを大いに力説している。また，ペッカム自身が——他の挿話に関してかもしれないが——トマスの謙遜を強調していることは真実である[64]。しかし，これらの論争の中で再びトマスが生来の性質を示していることも強調しなければならない。すなわち，トマスは必要なときには戦うことをためらわず，いかなる挑戦に

---

63) Cf. Bazán, *Siger, ibid.*, p. 74*-77*; H.-F. Dondaine, Léon., t. 43, p. 248-251; Van Steenberghen, *La philosophie au XIIIe siècle*, p. 430-456 (²1991, p. 387-398). レオニーナ版には次のような比較的年譜がある。1) Thomas, *Sentencia libri De anima*; 2) Siger, *In Tertium De anima* (1269-70); 3) Thomas, *De unitate intellectus* (1270); 4) Siger, *De intellectu* (1270; 上記註 61 参照) [Censurae des 10 propositions (10 décembre 1270)]; 5) Thomas, *Super De causis* (1272); 6) Siger, *De anima intellectiva* (1273-74); 7) Siger, *Super De causis* (1274-76). トマスとシゲルスのこれらの関係について，次の重要な研究を参照。B. C. BAZAN, "Le dialogue philosophique entre Siger de Brabant et Thomas d'Aquin. A propos d'un ouvrage récent de E.H. Wéber O.P.", *RPL* 72 (1974) 53-155. Bazán は適切な仕方で，E.H. Wéber, *L'homme en discussion à l'Université de Paris en 1270. La controverse de 1270 à l'Université de Paris et son retentissement sur la pensée de S. Thomas d'Aquin*, "Bibl. thom. 40", Paris, 1970 の諸命題を検討している。［関係が複雑だったこと，また最終的にはシゲルスがトマスに対立していたことを知るために，解明的な研究 R. IMBACH, "Notule sur le commentaire du Liber de causis de Siger de Brabant et ses rapports avec Thomas d'Aquin", *FZPT* 43 (1996) 304-323, ならびに F.-X. PUTALLAZ, R. IMBACH, *Profession Philosophe: Siger de Brabant*, "Initiations au Moyen Âge", Paris, Cerf, 1997 を参照。］

64) 上記註 21 参照。

も応える用意のある論戦家だった[65]。彼は確かに誠実にして厳格だったが，同時に論争において論証の重要性を理解しない敵対者たちに対して我慢できず，信仰を覆す彼らの疑いを前にして憤り[66]，『ヨブ記』12章2節を言い換えて，あたかも彼らのみが分別のある人間であり知恵が彼らとともに現れるかのように彼らに話しかけるときには皮肉的ですらある[67]。

こうした気分の変動——これはトマスの良い側面ではないかもしれないが，それぞれの仕方で論争における熱意とおそらくこれらの疑いを前にした信者としての気遣いも表している——に加えて，弁護という口実で有効ではない論証を提示して信仰を危険にさらすことをしないという彼の意志も捉えることができる。このことは神学者のグループで時折起こることである。神学者の論証そのものに強制力が常にあるわけではないが，強制力を論証に与えるために，信仰が不正に呼び出されるのである。トマスは神学が教養学部の手ごわい弁証家たちにも通用すると考えており，一時的により難しい仕事に向かう危険を冒しても，理性の要求を軽視することを拒んでいる。

トマスはこのようにして知的誠実さを証明しているだけではない。彼はそれでも彼と対話することを受け入れたシゲルスのようないっそうしたたかな敵対者たちからも尊敬を集めている。同時に，トマスは能力のない弁証家たちが嘲笑する神の超越性を念頭に置いていた。そこに見られるのは単に思想家および教授としての態度だけでなく，信者の信仰を気遣う説教者としての態度でもある。世界は永遠だと述べる人々を告発している『偽預言者に注

---

65) *De unitate*, finale.
66) *De unitate* IV, *lin*. 315-319; *ibid*. V, *lin*. 422-430.
67) *De aeternitate*, Léon., t. 43, p. 88, *lin*. 254; cf. p. 86-87, *lin*. 115-117.

意しなさい』(Attendite a falsis prophetis) という説教の中で，トマスは当人たちが解決できない反論を提起する人々を警戒するよう促している。というのも，次のようにして敵対者の肩をもつことになるからである。すなわち，「疑いを起こして解消しないなら，それを認めることになる」(Idem est dubitationem movere et eam non solvere, quod eam concedere)[68]。

---

68) *Sermones et opuscula concionatoria*, éd. J.-B. RAULX, t. I, Paris, 1881, p. 486-487; éd. S. E. FRETTE [Vivès], t. 32, p. 676; cf. V. SERVERAT, "L'irrisio fidei chez Raymond Lulle et S. Thomas d'Aquin", *RT* 90 (1990) 436-448.

第 11 章
第二回パリ大学教授時代（1268-72 年）

　トマスをパリに帰るよう促した動機を考察することで，第一にトマスが同時代の論争に参加していたことを述べるに至った。しかし，重要なのは，よくあることだが，見通しを誤らないことと，彼が全時間を投入するほどにまで論争に巻き込まれていたと想像しないことである。事態はまったく異なる。彼の主要な仕事が聖書の教育だったことは変わりなく，彼の最も有名な著作である聖書註解と定期討論集のいくつかを帰すべきはこの時代である。

1　聖書註解と定期討論集

　十中八九 1269-70 年の授業の題材だった『マタイ福音書』の講義——この講義を記録したのはアンドリアのペトルスとブザンソンのレジェ（Léger de Besançon）である——はこの滞在の間の執筆だとすべきである[1]。しかし，まだ第四の福音書と『パウロ書簡』の講義録である二つの大きな著作を位置づけることが残っている。ここでは疑問

1）　本書第 4 章参照。

点が多く残っており，テキストの批判的校訂版が完成し，諸仮説が必ずしも確実な事実ではないにせよ少なくともよりいっそう保証されたデータに置き換わらないかぎり，状況は変わらないだろう。

『ヨハネ福音書講解』

『ヨハネ福音書講解』（Lectura super Ioannem）は十分確実にこの第二回パリ大学教授時代に帰属させることができると思われる。間違っていなければ，著述家たちの大部分——グロリユー，エッシュマン，ワイスハイプル——はこの時間的枠組みについて意見が一致しているが，これ以上正確に述べてはいない。マンドネは『マタイ福音書講解』を第一回パリ大学教授時代に，『ヨブ記註解』を第二回パリ大学教授時代の初め——彼によれば 1269 年 1-6 月——に置いたが，『ヨハネ福音書講解』を続く二年間の 1269-71 年に位置づけることができると思い込んでいた[2]。

『マタイ福音書講解』の年代決定により，この提案は一年だけずらす必要がある。それゆえ，『ヨハネ福音書』の講義は 1270-72 年に行われたと思われる[3]。しかし，ここでも問題の数は解答の数よりも多い。もしマンドネ——彼は印刷版に見出せる講義の数にしたがって判断した——の考えたように，トマスが『ヨハネ福音書』を教えるために二年を要したとすれば，『パウロ書簡』の講義をナポリ時代に延期しなければならない。後で見ることになるように

---

2) Mandonnet, *Chronologie des écrits scripturaires*, p. 50-59.

3) このようにして，C. Spicq, *Esquisse*, p. 311 の示唆に合流するが，彼はこのことについて説明することなく 1270-71 年を提案している。Weisheipl は 1269-72 年の枠組みだけで満足し，それ以上正確に述べていない。

このことはありそうなことだが、上の論拠はあてにならない。印刷版の区分が写本の区分とは一致しないことが今日では知られているからである。それゆえ、上の論拠にはいかなる強制力もないので、事態を考察する他の方法を検討すべきである。

『ヨハネ福音書講解』の分量からして、多くの時間が割かれたと考えることは一見妥当だが、このように大幅にページ数が増えたのがトマスであれ——それはほとんどありそうにない——、レギナルドゥス自身であれ——このことはよりありそうなことである——、書き直しに由来していると考えることも可能である[4]。実際、主要な写本の証言のおかげで、レギナルドゥスがこの『ヨハネ福音書』の講義を記録したのは、幾人かの同僚から、とりわけサントメールの長官から要請を受けたためだったことが分かっている。次の文章はかなり重要なので翻訳に値する。

> それゆえ、ここにあるのは、ドミニコ会士ピペルノのレギナルドゥスであるわたしが幾人かの同僚からの要請で、またとりわけ尊敬すべき保護者であるサントメール長官殿からの委託で、収穫後に残ったぶどうを集める者のように、修道士トマス・アクィナスに従うことで集めた事柄である。どうかこの仕事があまりにもより劣ったものになっていませんように[5]。

---

4) ページ数が増えたことについて、『十戒』の説教を例にとり的確に確認できる。そこでは記録されたテキストから書き直されたテキストへの移行において、時として二倍に増えている——cf. *Collationes*, éd. Torrell, p. 17-18。

5) "Haec ergo sunt quae ego Frater Raynaldus de Piperno, ordinis Praedicatorum, ad preces quorundam sociorum et specialiter ad mandatum Reverendi Patris Domini praepositi Sancti Audomari post fratrem Thomam de Aquino, quasi qui colligit racemos post vindemiam, utinam non diminute, collegi" (colophon du ms. *Paris, Mazarine, 801 (177),*

この長官——もっともアナーニのアデヌルフ（Adénulfe de Anagni）と同一視される——は，当時トマスの生徒で，おそらく作業の——羊皮紙や複写の——費用を出資した[6]。この記録の仕事はレギナルドゥスにとって慣習的なものだったので，たとえ彼が必ずしもはっきりとは述べていないとしても，おそらくこの言及から彼が教師から聞いたことを書きとめただけでなく，アデヌルフの要請でそれを清書もしたと理解すべきだろう。もっともこの仕事は，トマスがすでに『カテナ・アウレア』の『ヨハネ福音書』の部分を書いており，レギナルドゥスが『ヨハネ福音書講解』でそれをふんだんに利用できたので，大いに容易になった。また，このことのゆえに，『ヨハネ福音書講解』ではクリソストムスやアウグスティヌスをはじめとする同じ教父的典拠が見出せる[7]。

忘れてはならないことに，カプアのバルトロメウスとルッカのトロメオはトマスがこの講義録を改訂したと確言している。この時代のトマスの他の仕事——これから検討するつもりである——から見て，このことはほとんどありそうにないと思われる。とりわけレギナルドゥスが必ずそのことを強調しただろうし，敢えて「どうかより劣ったものになっていませんように」とは決して書かなかっただろ

---

d'après Mandonnet, *Des écrits authentiques*, p. 39, n. 1). この同じテキストが Gauthier, *Angelicum* 51 (1974), p. 456 では少しだけ長く引用されている。

6) Cf. Mandonnet, *Chronologie des écrits scripturaires*, p. 56-58. アデヌルフは教皇グレゴリウス9世の甥であり，ノートルダムの参事会員であり，1272年には神学教授だった。1288年にはパリの司教に選ばれたが，すでに病気だった彼はサン・ヴィクトルに運ばれ，そこで1289年に修道士として亡くなった——cf. *Lexikon des Mittel.* 1 (1980), col. 149。

7) このことは，Conticello, *San Tommaso ed i Padri*, p. 79-86 が反論の余地のない仕方で明らかにした。

う。これよりも見事な講義録が見出されない理由は、むしろレギナルドゥスが行った入念な仕事に求めるべきである。もし〔レギナルドゥスによる〕この増補的改訂の仮説が根拠づけられるならば、定期討論集の頻度に関してすぐに取り上げる考察を一般化できるだろうし、トマスが他の仕事に充てるための時間をより多く確保する目的で、『ヨハネ福音書』の講義のためにゆっくりした教育ペースを採用したと推測できるだろう。

十中八九、トマスは新約聖書の諸書を正規の順序にしたがって取り上げた。彼が直接『マタイ福音書』から『ヨハネ福音書』へ移行したのは、『マタイ福音書』が他の二つの共観福音書の代わりとなる一方で、『ヨハネ福音書』には特別に言及すべきものがあると考えたからに違いない。もっとも彼は『ヨハネ福音書講解』の序文の中でこのことを十分明確にしている。「他の福音書は主としてキリストの人間性の神秘を扱っているが、ヨハネはその福音書において特別な仕方でキリストの神性を最重要な位置に置いている」。

これらの数語は読者に貴重な理解の手がかりを提供している。というのも、この同じ指示が書物の末尾でも繰り返されているからである。使徒トマス——彼は「わたしの主、わたしの神よ」（ヨハ 20：28）と叫ぶまでイエスの復活を信じなかった——に対して復活したイエスは姿を現したが、その箇所の註解の中で、トマスは自分の守護聖人に起こったことを次のように説明している。「真なる信仰を告白することで、使徒トマスは直ちに善き神学者となった（statim factus est Thomas bonus theologus, veram fidem confitendo）。というのも、彼はキリストの人間性……と神性を認めたからである」。トマスが講解の冒頭で、もっとも伝統を踏まえた上でのことだが、使徒ヨハネをまさしく観想的人間の典型として示し、キリストに関する神学的議

論の不足を強く自覚していたのも,おそらく同じ理由によるものである。

> キリストの言動は同時に神の言動である。たとえ誰かが神の言動を詳しく書いたり詳しく語ろうとしても,そうすることはできないだろう。それどころか,全世界をもってしても十分ではない。人間がいくら言葉を尽くしても唯一の神の御言に到達できない。教会が始まって以来,常にキリストについて書かれてきたが,それでも決して十分ではない。たとえ世界が十万年続くとしても,このことについて書きうる書物はキリストの言動を完全に解明できないだろう[8]。

トマスの最も良い聖書註解は何であるか,その順位をつけようとすることは有益だとは言えないが,『ヨハネ福音書講解』は『ヨブ記註解』あるいは『ローマの信徒への手紙註解』とともにトマスが残した最も完成され最も深遠な聖書註解の一つである。ある人々がためらうことなく確言するところによると,『ヨハネ福音書講解』は聖書註解のうちで「特異な位置」を占めており,「聖トマスのこの上もない神学的著作」だと言うことさえできる。もし適切にも「『ヨハネ福音書』は啓示の最終的な事柄を含んでいる」[9]ことを思い出すならば,このことは理解できる。

---

8) *Super Ioan.*, finale, n° 2660: "Verba autem et facta Christi sunt etiam Dei. Si quis autem vellet eorum rationem per singula scribere vel narrare, nullo modo posset; immo etiam nec totus mundus hoc potest. Infinita enim verba hominum non possunt attingere unum Dei Verbum. A principio enim Ecclesiae semper scripta sunt de Christo, nec tamen sufficienter; immo si duraret mundus per centum millia annorum possent libri fieri de Christo, nec ad perfectionem per singula, facta et dicta sua enuclearentur."

9) M.-D. PHILIPPE が *Saint Thomas d'Aquin, Commentaire sur*

以下の忠告はわれわれの次の書物で活用するつもりなので、ここでそのことに手間取るべきではないが、序文の受肉の神秘に関する崇高な教え、あるいはそれに劣ることなく見事な、「思うがままに吹く風」に関する、「内奥から湧き出る生ける水の根源」に関する、第14-16章のイエスの業を完成し完全な真理へと導く弁護者に関する聖霊についての教えを読むことはいくら推奨してもしすぎることはないだろう。トマスは聖ヨハネを観想的な人間の典型と見なしていたが、こうした教えを説くトマスも劣らず観想的な人間だった[10]。

定期討論集 ——『悪について』とその他

　トマスが大学の活動の中で再び始めた討論に関して言えば、著述家たちが全員一致することからはほど遠い。少し前まで、マンドネにしたがって[11]、『悪について』(De malo) と『霊的被造物について』をローマ時代に置い

---

l'Evangile de saint Jean, Versailles-Buxy, 3 t. parus (jusqu'au chap. VIII), 1981, 1982, 1987 のために書いた長く見事な序文を参照。非常に入念に訳されており、レオニーナ版の修正を考慮してマリエッティ版を改良しているこの翻訳を推薦したい。

10) この註解に関しては数多くの研究が出版された。それらの研究はわれわれの次の書物で指摘できると思う。より一般的な関心を持つ研究を挙げよう。J. A. WEISHEIPL, "An Introduction to the Commentary on the Gospel of Saint John", dans *St. Thomas Aquinas, Commentary on the Gospel of St. John*, Part I, Albany, N. Y., 1980, 3-19; S. CIPRIANI, "Riflessioni esegetiche su 'Super S. Joannis Evangelium lectura'di S. Tommaso", dans *Tommaso d'Aquino nel suo settimo Centenario*, t. 4, Naples, 1976, p. 41-59; A. CIRILLO, *Cristo Rivelatore del Padre nel Vangelo di S. Giovanni secondo il Commento di San Tommaso d'Aquino*, Diss., Angelicum, Rome, 1988.

11) Mandonnet, *Chronologie des questions disputées*, p. 354.

たワイスハイプルは，定期討論集『霊魂について』，『徳一般について』（De uirtutibus in communi），『愛について』（De caritate），『兄弟の矯正について』（De correctione fraterna），『希望について』（De spe），『枢要徳について』（De uirtutibus cardinalibus）を，『受肉した御言の合一について』（De unione Verbi incarnati）——マンドネはヴィテルボ時代に置いている——と同様に第二回パリ大学教授時代に位置づけた[12]。

この集積を見れば，時として拠りどころになる内的批判だけではこれらの討論の正確な日付を明言するのは困難だと推測できる。しかし，レオニーナ版の校訂者たちの最近の業績以降，少しだけ明確に考えることが可能である。つまり，少なくとも『霊魂について』（1265-66 年）と『霊的被造物について』（1267-68 年）をローマ時代に位置づけるべきことが分かっているが[13]，以前未解決のままに残しておいた『悪について』の日付と場所を再検討しなければならない。

トロメオは『悪について』をクレメンス 4 世の在位期間 1265-68 年のイタリアに位置づけた[14]。多くの歴史家たちがこの情報を信用したが，このことを盲目的に信じることはできない。ここでは様々な見解を詳細に取り上げなくても[15]，次のように言える。すなわち，議論は主として第 6 問の教義的発展をめぐるものであり，考えられる比較的年代学の次のような道標が提案できる。この第 6 問は『神学

---

12) Weisheipl, p. 338-344 et 401.

13) 本書第 9 章参照。

14) Ptolémée XXII 39 (éd. A. DONDAINE, p. 151, ligne 50).

15) Cf. surtout O. LOTTIN, "La date de la question disputée *De malo* de saint Thomas d'Aquin", dans *Psychologie et Morale aux XIIe et XIIIe siècles*, t. VI, Gembloux, 1960, p. 353-372: *status quaestionis* à l'époque. 現在では，Léon., t. 23 (1982), p. 3*-5* を参照。

大全』第 2 部の 1 第 9-10 問よりも，それゆえ事実上『神学大全』のこの部分全体よりも以前のものである。時として言われるように，もし第 2 部の 1 がイタリアで着手されていたなら，『悪について』の最初の 6 つの問題はトマスがローマから出発する以前に位置づけなければならないだろう。

しかし，他方でこの同じ第 6 問が一般的に 1269 年の復活祭――ペルスターによれば 1269 年のクリスマス――に位置づけられている『自由討論集』第 1 巻よりも後のものなのは疑いない。さらに，この第 6 問が 1270 年 12 月 10 日の断罪の直前か直後のパリの状況を反映していることが認められている。それゆえ，第 2 部の 1 がこの日付の後になってから着手されたことを認めなければならない。すでに述べたように，このことはグロリユーが提案した日付を再び問題にするが[16]，このことはゴーティエの提案の方向性と完全に一致している。ゴーティエにとって，トマスが第 2 部の 1 でアリストテレス『弁論術』を豊富に使用している事実は，この部分が 1270 年の終わりになってから着手されたことを証明するものだった[17]。

ゴーティエ神父のこれらの提案をまだ知らないときに，バタイヨン神父は慎重になるよう促した。「二つの著作がほぼ同時的に執筆されたことは，聖トマスの思想の最終的な状態を示すと思われる著作が，あるときは『定期討論集』であり，あるときは『神学大全』であることを非常にうまく説明している」[18]。バタイヨンは『悪について』の討論と執筆，最後に出版に関するそれぞれの日付を入念に区

---

16) Glorieux, *Chronologie de la Somme*, p. 94. 「第 2 部の 1 はパリに戻った 1 月の初めかその直前に着手された」。

17) 本書第 8 章参照。

18) Préface à l'édition critique du *De malo* (établie par P.-M. GILS), Léon., t. 23, p. 5*.

別している。討論に関して言えば，正確に述べることは不可能ではないにせよ困難である。しかし，執筆に関しては確実な要素がある。すなわち，第1問でトマスはシンプリキオス『範疇論註解』を引用しているので，第1問は1266年3月よりも後に位置づけなければならない[19]。同様に，第16問12項は1267年11月よりも後に位置づけられる。というのも，そこではテミスティオス『霊魂論註解』が引用されているからである[20]。たった今述べた第6問に関して言えば，執筆は1270年12月の断罪の文脈を前提としている。それゆえ，第6問はこの断罪の直前か直後に置くべきである[21]。

出版の日付に関しても，正確な要素がある。というのも，レオニーナ版のためのテキスト批判の研究のおかげで，写本伝承の全体はパリ起源の写本に由来することが明らかになったが，このことだけで著作の起源がパリにあるのが分かるからである。さらに，最も古いいくつかの写本が断片23で中断しており，最初の15問しか含んでいないという事実から，著作がまずより短い形態で普及したと推測できる。第16問は著者の承認を得て少し後になってから付け加えられたのであり，おそらくトマスが1272年の春にイタリアへ向けて出発する前のことである。実際，

---

19) Cf. *De malo*, Q. 1 a. 1 ad 2, 7, 11. 翻訳の日付に関しては, A. PATTIN, éd., *Simplicius, Commentaire sur les Catégories d'Aristote, Traduction de Guillaume de Moerbeke*, Louvain-Paris, 1971, p. XI-XII を参照。

20) Cf. *De malo*, Q. 16 a. 12 ad 1. Cf. G. VERBEKE, éd., *Thémistius, Commentaire sur le traité de l'âme d'Aristote, Traduction de Guillaume de Moerbeke*, Louvain-Paris, 1957, p. LXIII.

21) Léon., t. 23, p. 4*, n. 7 は, 第3命題と *De malo* Q. 6 arg. 1, ligne 4, また第9命題と *ibid.*, arg. 7, lignes 60-63 を関連づけ, A. SAN CRISTOBAL-SEBASTIAN, *Controversias acerca de la voluntad desde 1270 a 1300*, Madrid, 1958, p. 13-20 を参照している。

348　第 11 章　第二回パリ大学教授時代（1268-72 年）

1275-80 年の書店の最初の課税リストには 28 の断片から成る完全な著作があがっている[22]。それゆえ，バタイヨンは非常に蓋然性の高い仮説として，著作が二度にわたって出版されたと述べている。すなわち，第一の出版はおそらく 1270 年頃に第 1-15 問に関して，第二の出版はおそらく 1272 年頃に第 16 問に関して行われた。

　第 6 問が『悪について』の標準的展開を中断していると，好んで強調されてきたが，それが決して分離的に普及したのではないことはまったく注目すべき事実である。「第 6 問を問題の連なりの中に置いたのがトマス自身でなのは今後確実である」[23]。そこにはいかなる矛盾もないとバタイヨンは指摘している。むしろ，トマスが原罪について論じ終え自罪の検討に移行する前に自由意志について分析しようと望んだことはまったくもって理解できる。

　これら最後の考察が促すように，今やこの一連の諸問題の内容について少し述べなければならない。第 1 問は書物全体にその名を与えているが，悪の問題を一般的に明確に論じているのはここだけである。それゆえ，主題に関するトマスの完全な思想を得るために，この第 1 問は他の大きな説明とのつながりの中で読まなければならない[24]。

---

　22)　*Chartul*. n° 530, p. 646. Denifle はこのリストを 1275-86 年に位置づけているが，Destrez はこのリストにまだ『神学大全』第 3 部があがっていないことから，これら二つの日付のうちの最初の日付のほうに近づけなければならないと指摘した——cf. Léon., t. 23, p. 3, n. 8. Cf. *Chartul*. II, n° 642, p. 108: liste de 1304.
　23)　Léon., t. 23, p. 5*.
　24)　とりわけ，*ST* Ia qq. 48-49——例えば，Revue des Jeunes の版の A.-D. SERTILLANGES の註とともに，また l'appendice V, p. 273-280 とともに——; *Sent*. II d. 34 et 37; *SCG* III 5-15, 71; *Compendium theol*. 114-118, 141-142 を参照。また，より詳しい業績 L. SENTIS, *Saint Thomas d'Aquin et le mal*. Foi chrétienne et théodicée, Paris, 1992 を参照。この業績は『命題集註解』から『対異教徒大全』を経て『神学大全』に至るまでのトマスの発展を研究している。『悪について』

それから，罪とその原因に関する二つの問題があり（De peccatis et De causa peccati, 第 2-3 問），原罪とそれに伴う罰に関する他の二つの問題（第 4-5 問）がそれに続く。第 6 問である人間の選択について（De electione humana）も，自由に関するトマスの他の詳しい説明を背景として読まれるべきものだが[25]，この主題は後に再検討する。次に，小罪の問題があり（第 7 問），傲慢と大罪に関する一般的問いがそれに続く（第 8 問）。大罪は次の順序にしたがって詳しく説明される。すなわち，虚栄，妬み，怠惰，怒り，貪欲，大食，色欲である（第 9-15 問）。最後に，第 16 問は 12 項から成る比較的完全な悪魔論を読者に提供している[26]。

他の定期討論集に関して言えば，批判的校訂版が出版されないかぎり，いっそう正確に時間のうちに位置づけることができない。もしすでに獲得された蓋然的事実との関連でのみこのことを試みることができるとすれば。それゆえ，この不確実性の要因を無視することなく理に適った仕方で考えることができるのは，『能力論』，『霊魂について』，『霊的被造物について』をローマ時代に帰属させることで，『悪について』の公開討論ですら第二回パリ大学教授時代だったことを示唆するすでに数多くある証拠に補足

は p. 161-204 で検討されているが，ここには第 1 問から訳した長い抜粋がある。

25) *ST* Ia q. 83――その並行箇所とともに，また *Les actes humains*, "Revue des Jeunes", t. 2, Paris, ²1966, p. 249-273 の S. PINCKAERS の註とともに――参照。Cf. ID., *Les sources de la morale chrétienne*, Fribourg (Suisse), ²1990, p. 359-403; H.-M. MANTEAU-BONNAMY, "La liberté de l'homme selon Thomas d'Aquin. La datation de la Question disputée *De malo*", *AHDLMA* 46 (1979) 7-34.

26) 批判的校訂版が出版される前に為された英語訳がある。ST. THOMAS AQUINAS, *Disputed Questions on Evil*, transl. J. J. OESTERLE, Notre Dame, 1983.

的な証拠が付け加わるということである。もし他の著作が非常に素早く出版された事実から判断するとすれば，『悪について』も例外でなかったに違いない。それゆえ，唯一の例外を除いて，ここでまったく異なる道を通じてではあるが，かつてパレモン・グロリユーが提案した予定表を再発見するのである[27]。

今や問題は，『悪について』をこの時代の終わりよりもむしろ初めに位置づけるべきかどうかである。定期討論集『霊魂について』をパリに置かなければならないと思い込んでいたグロリユーは，この著作を1269年1-6月に位置づけ，さらに1269-70年の学年の初めに『徳について』の36項を置いた[28]。このようにして，彼は『悪について』第1-5問を1270年の春に置くようにし，他方第6-16問を1270年9月から1272年の復活祭までの期間に分配した。この瞬間から，『受肉した御言の合一について』をイタリアに戻る前の1272年5月に位置づけることについて議論の余地はなくなった。

すでに1270年頃には起こっていた『悪について』の写本の普及に関して現在知られている事柄から見て，執筆と出版に先行する討論をこの第二回パリ大学教授時代の初めに位置づけることはかなり適切だと思われる。その結果，『徳について』の一連の問題と続く『受肉した御言の合一について』は，むしろこの時代の終わりに位置づけられるだろう。このことはグロリユーが討論の分配の基準にした

---

27) P. GLORIEUX, "Les Questions Disputées de S. Thomas et leur suite chronologique", *RTAM* 4 (1932) 5-33; cf. p. 22ss..『霊的被造物について』をパリに置こうとして『悪について』を少し遅らさざるを得なかったというわずかな例外を除いて，P. SYNAVE, *Le problème chronologique*, p. 157-158 の予定表も再発見する。

28) この数字は，『徳一般について』，『愛について』，『兄弟の矯正について』，『希望について』，『枢要徳について』に関して印刷版で分配されている総数に一致している。

年間約 40 討論——これは項の数と同一視されている——の平均値を大きく変えるものではないだろう。もし『霊魂について』を取り除くならば，この平均値は 5 つだけ下がるが，もし 1271-72 年の学年がおそらく短縮されたことを考えるならば，このことは乗り越えられない障害ではない。いずれにせよ，『真理論』では年間 80 を超える討論の平均値を有していたが，ここではそれをはるかに下回っている。それゆえ，ここから，すでにローマ時代について確認した事柄にしたがって，トマスは円熟期に定期討論の頻度を著しく減少させたが，それは他の仕事に充てる目的で少しだけ多くの自由時間を確保するためだったと結論しなければならない。

　ここで提案した年代決定が持つ他の利点のうちで，様々な討論やアリストテレス註解を『神学大全』の執筆と並行して行うという，かつてグロリユーが活用し，より最近では他の形でゴーティエが利用した利点がある。修道士トマスは確かに偉大にして迅速な仕事の妙手だったが，集中と力を分散させないようにしていた。もし『悪について』第 6 問が『神学大全』第 2 部の 1 の冒頭より少しだけ先行しているとすれば，『徳について』はこの同じ部分の，あるいは第 2 部の 2 の他の箇所と非常にうまく並行している[29]。

　このことはこれらの比較の二つの各要素間に完全な同時

---

29) このことを確信するためには，詳細に立ち入る必要はなく，『霊魂について』を『神学大全』第 1 部 75-87 問に，『悪について』第 1 問と第 16 問を『神学大全』第 1 部 48-64 問に，『悪について』第 2-7 問を『神学大全』第 2 部の 1 第 71-89 問に，『悪について』第 7-15 問を『神学大全』第 2 部の 2 第 35-153 問に，『徳について』第 1 問と第 5 問を『神学大全』第 2 部の 1 第 55-69 問に，『徳について』第 2-4 問を『神学大全』第 2 部の 2 第 17-33 問に，最後に『受肉した御言の合一について』を『神学大全』第 3 部 17 問に近づけるだけで十分である。Glorieux, *Les Quaestiones Disputées*, p. 33 の表を参照。

性が見られることを言わんとするものではないが、このことが時間的な近さを示唆していることは確実である。まさにこの光の下で、非常に議論されている『受肉した御言の合一について』の日付の問題を解明しなければならないと考えている。周知のとおり、教義的な問題点はこの著作の第4項が『神学大全』第3部17問2項よりも先のものか後のものかということにある。すなわち、トマスは意見を変え、生涯の終わりに、キリストには二つの本性に対応する、一つは主要的な、もう一つは二次的な二つの存在がある——これは『合一について』の教えである——ことを認めているのか。それとも、彼が常に他の場所で述べているように、また第3部で繰り返しているように、結局一つの存在しか認めていないのか。しかし、その場合『合一について』の過失をいかなる仕方で解釈すべきなのか[30]。

ここで非常に長い間——ペルスターは1925年に630年間と確言している——トマス主義者たちをとらえてきたこの問題に深入りすべきではない。例えばカエタヌスは、『合一について』が若い頃の著作であり、トマスが前言を取り消したと断言した。ビヨ（Billot）は、『合一について』が真正の著作ではないと表明するところまで進んだ。レオニーナ委員会の仕事はもはや真正性についての疑いを残していない。というのも、この討論のテキストはすでに13世紀の終わりに遡る写本が伝えており、書店が課税リスト

---

30) トマスがこの問題について論じている主要箇所は以下のとおりである。*Sent.* III d. 6 q. 2 a. 2; *Quodlib.* IX q. 2 a. 2; *Comp. theol.* I 212; Q. *De unione* a. 4; *ST* IIIa q. 17 a. 2.『合一について』の「時間的な仕方で人間となったかぎりで、この個体には他の存在が属する。これはこの個体の主要的な存在ではなく二次的な存在である」（Est autem et *aliud esse* huius suppositi…in quantum est temporaliter homo factum. Quod…non…est esse principale sui suppositi, sed *secundarium*）という言明を除いて、これらすべての箇所でトマスはキリストには一なる存在しかなかったと繰り返している。

と最も古い目録で挙げている著作のうちに含まれているからである[31]。

　この問題は20世紀になって再び大きな現代性を取り戻した[32]。もしこの著作について単なる年代決定の問題だけにとどまり，それをたった今想起した比較の光の中で判断するならば，トマスが目下進行中の，あるいはすぐに取りかかる予定の仕事とのつながりなくしてこの討論を教育計画に組み込んだことはほとんどありそうにない。

　それゆえ，イタリア滞在の終わり，あるいは最後のパリ時代の初めは適当ではない。反対に，1272年の春――このとき『神学大全』第3部はおそらくすでに着手されていたが準備段階にあった――がまったく適当だと思われる。ペルスターは1272-73年のナポリでの討論を確実なものと見なしていた[33]。しかし，目録の証言からして，ここにはいかなる疑いもない。すなわち，トマスによる第三の一連の討論は二度目のパリ時代（secunda uice Parisius）に行われた[34]。むしろ，この討論を第二回パリ大学教授時代の終わり頃――ワイスハイプルによれば1272年の復活祭以前，

---

31) *Préface* à l'éd. du texte, Léon., t. 24, en préparation.

32) この問題に関する主要な著作は，A. PATFOORT, *L'unité d'être dans le Christ d'après S. Thomas. A la croisée de l'ontologie et de la christologie*, Paris, 1964 だが，その中のより古い文献も参照。*Philosophical Studies* 16 (1967) 291-299 の M.-D. PHILIPPE の書評と，*BT* 12 (1963-1965) 5-168 の M. L.-B. GUERARD DES LAURIERS の報告を参照。

33) F. PELSTER, "La Quaestio disputata de saint Thomas *De unione verbi incarnati*", *Arch. de Phil.* 3 (1925) 198-245. また，*BT* 1 (1926) 3, p. [1]-[21] の P. SYNAVE の書評を参照。

34) Liste de Prague (Grabmann, *Werke*, p. 92): "aliam secunda vice Parisius, scilicet de virtutibus et ultra"; cf. *Chartul.* I, p. 646; II, p. 108 (liste des libraires de 1275 (?) et 1304). このリストが言及しているのは『徳について』のみだが，『合一について』が含まれていることは断片の数から分かる。

4月の初めであり,グロリユーによれば同年の5月である——に位置づけている著述家たちが正しいとしたい[35]。

『自由討論集』

この見通しの検討を完全なものにするために,定期討論に付け加えられる自由討論についても言及しなければならない。この学問的活動は中世の大学に特徴的なものなので,数多くの研究対象となり,おそらくすべての秘密が解明されたわけではないにせよ,今ではこの活動についてよく知られている[36]。この活動は年に二回,四旬節と待降節——通常,復活祭とクリスマスと言われるが,これは便宜上の理由によるものである——に行われ,二部構成になっていたことが分かっている。第一部では,自由討論という名が示しているように,参加者——教授であったり,生徒であったり,単なる見物人ですらあったりする——はあらゆる種類の問題(de quodlibet ad voluntatem cuiuslibet)[37] を提起できた。教授は通常講師に答えさせ,講師が困らないかぎり介入しなかった。教授は教授としての決定を,翌日か数日後に行われる第二部まで保留しておいた。

---

35) Weisheipl, p. 338-344——これは討論の内容に関する分析である——, 401; Glorieux, *Les Questions Disputées*, p. 30-31.

36) この領域の先駆者は P. GLORIEUX である。数多くある彼の業績のうちで, *La littérature quodlibétique de 1260 à 1320*, "Bibliothèque thomiste 5 et 21", Paris, 1925 et 1935, あるいはより簡潔な ID., *L'enseignement*, p. 128-134 を参照。これは注目すべき総合的研究 J. F. WIPPEL, "Quodlibetal Questions Chiefly in Theology Faculties", dans B. Bazán et al., *Les Questions disputées*, p. 151-222 のおかげで更新できる。この業績は現状を分析し, 1985年より以前の文献を提示している。

37) HUMBERT DE ROMANS, *Opera de vita regulari*, éd. J. J. Berthier, II, p. 260.

しかし，教授に取っておかれたこの活動は義務ではなかった。敢えてこの危険な活動に身を投じるのは，最も偉大な教授ぐらいのものだったというのは言いすぎだとしても，必ずしもすべての教授が自由討論を行ったわけでないのは本当である。しかし，ガンのヘンリクス (Henri de Gand)，フォンテーヌのゴドフロワ (Godefroid de Fontaines)，プイイのヨハネス (Jean de Pouilly) 等々のような人々が自由討論を楽しみ，特権的な表現形態としたことも知られている。異論の余地のない第一人者はアブヴィルのゲラルドゥスであり，彼はすでに見たように在俗の教授にしてトマスの敵対者だったが，20 の『自由討論集』が知られている[38]。たとえ提起された主題の一覧を見て，どれほど言論の自由が現実のものだったか理解できるとしても，活動は純粋に自然発生的なものではなかった。すなわち，教授はいくつかの問題を提起し，下っ端や講師や生徒に発言させた。教授はかくかくしかじかの発言に対して，もし取るに足らないもの，あるいは場違いなものと判断したなら，解答を拒むことができたが，あまりにも頻繁に拒絶すれば，名声を害しただろうことは確実である[39]。

様式そのものから見て，自由討論は大学の現実に強く根ざしている。このことはすでに托鉢修道士と在俗の教授の争いで，また形相の単一性あるいは複数性に関するトマスとフランシスコ会士の対立で見たが，これらは他の多くの問題のうちの二つの問題にすぎなかった。そこにはより実際的な問題もあるのであり，参加者のよりいっそう直接的な気遣いが垣間見える。聖職者が大多数を占めるこの聴衆は，個人的あるいは社会的ないし経済的倫理という主題に

---

38) トマスでは 12 を数えるのみであり，ゴドフロワとヘンリクスは 15 である。Cf. Glorieux, *L'enseignement*, p. 128-134.

39) Cf. Wippel, *ibid.*, p. 171-172; 199-201.

関する自分たちの司牧的気遣いを明らかにしている。それゆえ，自由討論に反映しているのは大学の現実とともにこの時代のあらゆる生活であり，自由討論を魅惑的な研究テーマにしているのはまさにこのことである[40]。

これらの公開討論でトマスが論じた主題をすべて列挙するならば，読者はうんざりしてしまうかもしれない——討論の数は260であり，それぞれの機会について討論の平均値は20以上に上る——[41]。しかし，たとえ高度な思索を含む問題が十分にあったとしても，実際的な問題も不足していなかった。ボイルは参考となる問題のリストを作成し，トマスの自由討論が聴衆の小さな集まりをはるかに超えて，まったく思いがけない聴衆を見出したのは部分的にはこれらの倫理的事例のおかげであることを示した。

実際，第二回パリ大学教授時代の生徒のうちには，すでに『神学大全』第2部を普及させた者として言及したフリブールのヨハネスがいたことが分かっている。彼が1298年に『告白者たちのための大全』を書いたとき，古い教師の教えから大いに着想を得，とりわけこれらの自由討論に直接由来している，一連のすべて合わせると22の実践的倫理に関する問題を挿入した。それらの各問題は「自由討論のある問題におけるトマスの言明にしたがって」(secundum Thomam in quadam questione de quolibet) という同じ決まり文句で正式に導入されている。弟子の著作は教師の著作よりもはるかに普及したので，トマスの思想がより広範に伝播したのはこの回り道を通じてだった[42]。

---

40) L. BOYLE, "The Quodlibets of St. Thomas and Pastoral Care", dans ID., *Pastoral Care*, Etude II. これはまず *The Thomist* 38, 1974, 232-256 で出版された。

41) Glorieux, *La littérature quodlibétique* II, p. 276-290 の完全なリストを参照。

42) Cf. Boyle, *The Quodlibets*, p. 252-256.

日付に関して言えば，研究者たちは最初の暗中模索の後に，自由討論を二度にわたるパリ大学教授時代にしたがって二つのグループに分類することで意見の一致をみた。すなわち，『自由討論集』第7-11巻は最初のパリ時代に属し，他方『自由討論集』第1-6巻ならびに第12巻——この第12巻の記録をトマスは再検討しなかった——は第二のパリ時代に属している。この一般的枠組みを除けば，これこれの年のクリスマスあるいは復活祭にしかじかの公開討論を位置づけることに関して，著述家たちの間でなおも多くの相違がある。できるだけ多くのテキストが校訂され，同時代の状況がもっとよく明らかになることではじめて，いまだに不足している確実な事実を少しずつ獲得できるだろう。この議論にこれ以上深入りすることなく，以下で主要な見解を集めている表を再現しよう。

『自由討論集』の日付

　ボイル神父（p. 239）が作成した表に着想を得ているが，それにゴーティエ神父の提案を付け加えている。ゴーティエ神父は批判的校訂版の出版前に親切にもそれらの提案を伝えてくれた。

　以下が使用されている略号の意味である。すなわち，Pは復活祭またはそれに先行する四旬節を，Nはクリスマスまたはそれに先行する待降節を意味している。完全な表題は文献表を参照してほしい。

　Mandonnet 1 = P. Mandonnet, *Siger*, t. 1, ²1911, p. 85-87.
　Mandonnet 2 = P. Mandonnet, *Chronologie sommaire*, p. 148.

第 11 章　第二回パリ大学教授時代（1268-72 年）

QUODLIBET	VII	VIII	IX	X	XI	I	II	III	IV	V	VI	XII
Mandonnet 1 1910	1264	–	–	–	1268	1269 P	1269 N	1270 P	1270 N 1271 P	1271 N		1264-1268
Mandonnet 2 1920											1272 P	
Destrez 1923	1259	–	–	–	1268				1271 P			
Synave 1 1924	1265 N	1267 N	1266 P	1266 N	1267 P				1270 N			1271 P
Glorieux 1 1925									1271 P			1270 N
Mandonnet 3 1926	1256 N	1257 N	1258 P	1258 N	1259 P				1271 P			1270 N
Synave 2 1926	1257 N								1270 N			1271 P
Pelster 1 1927			1265 Rome			1271 P	1270 N		1269 N			1272 Naples
Glorieux 2 1935	1255 N											
Vansteenberghen 1942									1271 P			1270 N Paris
Glorieux 3 1946	1255 N	1254 N ?	1256 ?	1256 N ?								
Pelster 2 1947			1258-1259				1270 N		1271 P			
Isaac 1948	1257 N		1256 N			1269 N						
Marc 1967	1257 N ?	1257-1260		1257-1260								
Weisheipl 1974									1271 P			1270 N
Gauthier 1992	1256 P	1257 P	1257 N	1258 P ou N	1259 P	1269 P	1269 N	1270 P	1271 P	1271 N	1270 N	1272 P

Destrez = J. Destrez, *Les Disputes*, p. 151.

Synave 1 = P. Synave, rec. de Destrez, *BT* 1 (1924) [32]-[50].

Glorieux 1 = P. Glorieux, *Littérature* I, p. 276-290.

Mandonnet 3 = P. Mandonnet, *S. Thomas créateur de la dispute*.

Synave 2 = P. Synave, *L'ordre des Quodlibets VII à XI*.

Pelster 1 = F. Pelster, *Beiträge zur Chronologie*.

Glorieux 2 = P. Glorieux, *Littérature* II, p. 272.

Van Steenberghen = F. Van Steenberghen, *Siger* II, p. 541.

Glorieux 3 = P. Glorieux, *Les Quodlibets VII-XI*.

Pelster 2 = F. Pelster, *Literarische Probleme*.

Isaac = J. Isaac, rec. de Pelster 2, *BT* 8 (1947-1953) 169-172.

Marc = *Introductio* à la *Summa contra Gentiles* I, p. 412.

Weisheipl = J. A. Weisheipl, *Friar Thomas*, p. 367.

Gauthier = R.-A. Gauthier, *Préface*, Léon., t. 25.

自由討論はトマスについて何を教えてくれるのか，ここで考察してみよう。トマスが入念に見直しているとはいえ，これらのテキストは討論から何らかの影響を受けており，いくつかのテキストはトマスの神学教授としての自覚を非常によく明らかにしている。研究や教育に没頭することが時間の無駄であるかどうかという問題を検討している，1269年の復活祭の次の自由討論を取り上げることには価値がある[43]。

---

43) *Quodl*. I q. 7 a. 2 [14]——本書第5章参照。ここでは，レオニーナ版で建築家（architector）——しかし，これはより適切なラテン語 architectus ではない——のアリストテレス的意味を説明している Gauthier 神父の長い註を参照。この意味は『コリントの信徒への手紙

トマスは非常に高いところから事柄を考察しており，司牧的活動を建築家と肉体労働者を必要とする建築物の構築に例えている。建築家は肉体労働者よりも高度な仕事を行い，それゆえより多くの俸給を受けとる。教会という霊的建築物の構築でも事態は同様である。

> 例えば秘跡を遂行することで，また似たような他の仕事に一生懸命になることで，個別的に魂の世話に尽力する人々がいるが，彼らは肉体労働者に比せられる。しかし，ここで建築家に比せられる人々は，先ほどの人々の仕事を指導し，彼らが自分たちの仕事を遂行する方法を計画する司教である。もっとも，このことのゆえに司教は監督（épiscopes），すなわち上級監督官（superintendants）と呼ばれている。同様に，神学博士も建築家に相当し，彼らは他の人々が魂の救済のために働く方法を探究し教える[44]。無条件的に言えば，しかじかの者に対する個別的気遣いに没頭するよりも，聖なる教えを教えることの方が善い——さらに，このことが善き意図で行われるなら，いっそう賞賛に値する。それゆえ，たとえ洗礼を授けることが魂の救

1」3章10節の註解では非常にうまく理解されているように思われる。「〔建築家とは〕家の設計図を作る者ではなく，礎石を据える者のことである」。

44) この比較は，何年か後に，修道会に属する参事会員モン・サン・テロワのジェルヴェ——あるいはセルヴェ——（Gervais (ou Servais) du Monat Saint-Eloi）が再検討することになる。"*ars disputatoria est architectonica et predicatoria est manu operativa* et ideo minus nobilis et minus meritoria, manu operativi minus merentur quam architectonici"〔「討論の技術は建築術に似ており賞賛に値するが，手仕事の技術はよりいっそう卑しく功績に値しない。肉体労働者は建築家ほど貢献しない」〕, *Quodl.* I q. 40, éd. par J. LECLERCQ, "L'idéal du théologien au moyen âge. Textes inédits", *RevScRel.* 21 (1947) 121-148, cf. p. 130.

済のために最も適した業だとしても，使徒は自分自身について「キリストがわたしを遣わしたのは，洗礼を授けるためではなく，福音を宣べ伝えるためである」（Ⅰコリ1：17）と言っている。さらに，聖パウロは「他の人々を教えることのできる信徒には，今度は自分がそうするように忠告しなさい」（Ⅱテモ2：2）と述べている。救済に関する知識について，自分自身だけにその知識を活用する人々を教えるよりも，自分だけでなく他の人々にも普及できる人々を教える方が有益であることを理性そのものが明らかにしている。しかし，急を要する場合には，司教や博士は自分の仕事を見捨てて，個別的な魂の救済に専念すべきだろう。

　おそらくこのテキストは20世紀の読者にとっていささか驚くべきものである。というのも，魂の司牧者が霊的なことに関わる未熟な労働者にすぎないと見なされ，他方神学者が仕事の支配者としてエリートのように扱われているので，このことに読者は怒りすら覚えるかもしれないからである。しかし，これらの話によく耳を傾ければ，あまり驚かなくなるだろう。というのも，このテキストはパリ大学の教授の高い社会的地位だけでなく——彼らはキリスト教的社会全体の中でほんの一握りの人々にすぎなかった——，教会という共同体の中で一般的な司牧者と司教ないし博士が力を合わせて仕事をすることも表現しているからである。もっとも，必要を感じれば司教や博士が手を下せると結ぶことで，このテキストは一般的な司牧者よりも司教や博士が上位にあることを簡潔に示唆している。

　それゆえ，トマスは恐れることなく博士の仕事と司教の仕事を比較している。言い間違いであるどころか，この進め方はトマスにおいて頻発するものであり，進んで司教の

座と教授の座を比べている[45]。両者に聖書を教えることが帰属するが、違いは次のことにある。すなわち、司教は聖職者の責務で行い、説教する者が教え、任命されなければこの役職につけないのに対し、他方博士は教授の責務で神学教師が教えるような仕方で聖書を教える。しかし、一方と他方、すなわち司教と博士の仕事には、すでに聖書の作者たちが共有していた、人々を永遠の生命へ導くという同じ目的がある[46]。このことから双方に高い倫理性が要求されるが[47]、博士には大学でのよりいっそう広範な知識が要求される。というのも、周知のように、高位聖職者はこの領域にほとんど精通していないからである[48]。

ここに、後に言われることになるような、「教権」に反対する「神学者たち」の同業組合的な何らかの権利要求を見ることは誤りだと思われる。時代錯誤なしにこれらの話を評価するために、司教の地位が秘跡によるものであることについてトマスがまだ躊躇していること[49]、また彼の思想では司教——あるいはむしろ彼がより一般的に使う言葉では高位聖職者——と博士が等しく教会の判断に従属していることを思い出さなければならない。トマスがここで言わんとしているのは、実のところ、博士の仕事が非常に高

---

45) Cf. *Quodl.* III q. 4 a. 1 [9].

46) Cf. *Sent.* IV d. 19 q. 2 a. 2 qc. 3 sol. 1 ad 4.

47) *Quodl.* V q. 12 a. 24: *Utrum ille qui semper propter inanem gloriam docuit per penitentiam aureolam recuperet* 〔「常に虚栄のために教えた者は美しい悔悛によって回復するか」〕で詳しく考察されている。この主題は1295-96年頃にクレールマレのレニエ (Rainier de Clairmarais) が再検討している——*Quodl.* I q. 2, dans Leclercq, *L'idéal du théologien*, p. 143。

48) *C. impugnantes* 2, ligne 449s.: *…doctrina scolastica cui praelati non multum intendunt* 〔「……高位聖職者は大学で教えられる知識をそれほど気にかけない」〕。

49) 本書第5章註46参照。

度なものだということであり，この仕事の目的は人々を永遠の生命に導くことだと強調してようやくこの理解を完全に表現できたのである[50]。

2 意見書と様々な著作

論争や教育といった公の活動に目を奪われて，サン・ジャックの教授としてトマスが密かに続けてきた並外れた個人的な仕事を見失ってはならない。1268-72 年はトマスが膨大な分量の『神学大全』第 2 部を——おそらく 1271 年 1 月から 1272 年の復活祭までの間に——書き，第 3 部の執筆を開始した時期である。彼はその場かぎりの要求に応えることもやめなかったが，それらは彼の知的愛を刺激し，時として忍耐を試すものだった。オルヴィエトおよびローマにいた時と同じように，この最後のパリ滞在でも彼は人から個人的に意見を求められていたが，おそらく彼はそれらを逃れられなかった。このことについてすでに言及したが，さらに付け加えなければならない。

『諸元素の混合について』，『心臓の運動について』

まず，153 行と 259 行から成る二冊の小著に遭遇するが，それらは今日では神学教授の筆によるものだとはほとんど予想できず，むしろ科学者が書いたように思われるものである。『諸元素の混合について』（De mixtione

---

50) この主題に関する補足的考察は，Torrell, *Pratique*, p. 243-244 参照。

elementorum) の中で実際に問題となっているのは, 水, 空気, 地, 火という四元素であり, 寒さ, 熱さ, 乾燥, 湿気という四元素の性質であり, 気質と体質に関する古代医学の理論における四元素の役割についてである。中世において「学の女王」だった神学はこのことを無視できなかったのであり, トマスは相談相手から知識の限界を超えるように強いられたと思わせるようなことは何も言っていない。反対に, トマス自身がこのことについて何度も語っているだけでなく[51], 多くの同時代人たちもこのことを論じている。しかし, まったく自然学的で神学的重要性を持たないように見えるこの主題は, 実体的形相の単一性に賛成する人々と反対する人々の間で激しい議論の対象となった[52]。いずれにせよ, この著作は見事な普及の恩恵に浴したのであり, それというのもこの著作については117の写本と35の版が知られているからである。

『心臓の運動について』(De motu cordis) に関して言えば, その中心的な主張は動物と人間の心臓の運動が自然本性的な運動であり, シャレスヒルのアルフレッド (Alfred de Sareshel) が同名の著作の中で主張したような暴力的な運動ではないということである。トマスはアルフレッドの名を挙げていないが, おそらく彼を修正し, 追越すことを目指しているように思われる。トマス自身がこの主題に関心を持っているのは, おそらく意志が身体を支配している関係についてである。すなわち, 彼によれば, もし心臓が

---

51) *Sent*. II d. 12 a. 4; IV d. 44 q. 1 a. 1 qc. 1 ad 4; *Super Boetium De Trin*. q. 4 a. 3 ad 6; *ST* Ia q. 76 a. 4 ad 4; *Quodl*. I q. 4 a. 6 ad 3; Q. *De anima* a. 9 ad 10.

52) 校訂版の H.-F. DONDAINE の序文 (Léon., t. 43, p. 135-137) を参照。この小著はほとんど研究されていないが, L. ROBLES, "Un opusculo ignorado de Tomás de Aquino, El 'De mixtione elementorum'", *Estudios Filosoficos* 23 (1974) 239-259 を参照。

意志の支配を免れているとすれば、まさにそのことが自然本性的な運動が問題となっていることの証明である。彼が探究している考え方は、動物の心臓の運動に関しても世界の天の運動に関しても事態は同様だということである[53]。この著作は人々の関心の的となり、そのしるしとして、126 の写本と 33 の印刷版が知られている。

　これら二冊の小著の受取人であるフィリップス（Philippe）教授は、ロッカセッカのすぐ近くの町カストロチェーロの出身だった。彼はボローニャとナポリの医学教授として知られているが、マンドネによれば、若いトマスがナポリで勉学に励んだ 1239-44 年に彼がトマスの学友だったことは不可能ではない。また、彼はトマスが 1272-74 年にナポリに戻ったときに同僚になった[54]。もし事情がこのようであるならば、修道士トマスにとってフィリップスの要請を拒むことは困難だったろう。

　これら二冊の小著の日付について、最終的に正確には明言できない。マンドネ以来、『諸元素の混合について』は第二回パリ大学教授時代に位置づけられるが、この著作はいかなる論争的特徴も反映していないので、1270 年の実体的形相の単一性に関する議論より以前のものと見なせる。『心臓の運動について』に関して言えば、マンドネは執筆時期を少し後の 1273 年にナポリに定めることを提案

---

53) *De motu cordis*, lin. 164-165 (Léon., t. 43, p. 129): "Sic enim est motus cordis in animal sicut motus celi in mundo". トマスはこの主題について、*ST* Ia IIae q. 17 a. 9 で再検討している。この著作に関して、E. PASCHETTA, "La natura del moto in base al De motu cordis di S. Tommaso", *MM* 19 (1988) 247-260 という深い研究を参照。

54) Cf. Mandonnet, *Les "Opuscules"*, *RT* 32 (1927), p. 137-138. Mandonnet が拠りどころとしている資料を再現している P. Marc, *Introductio* à l'édition Marietti de la *SCG*, p. 418, n. 1 も参照。全体的な要約として、H.-F. Dondaine, *Préface* au *De motu cordis*: Léon., t. 43, p. 95 を参照。

したが，彼はその根拠をこの時代の二人の同僚間の交際に求めた。レオニーナ版のためのこれらの小著の校訂者だったヤッサント・ドンデーヌ神父はこれらの提案に賛成した。ワイスハイプルはエッシュマンにしたがって，『諸元素の混合について』とまったく同じように，この著作を1270-71年のパリに位置づけている[55]。

『自然の隠れた働きについて』

　これらの「自然の隠れた働き」には，キリスト教思想が好むと好まざるとにかかわらず，最初から関わらざるを得なかった魔術について見るべき何かがある。とりわけ聖アウグスティヌスの後に[56]，今度はトマスがこの問題に遭遇したが，彼はアリストテレス的教養を駆使してより合理的に接近した。それゆえ，彼は自然的ではあるが隠れた原因から出てくる隠れた働きに帰せられる事柄と，悪霊の介入に帰することのできる事柄を識別しようとした。したがって，彼は継起的な仕方で，四元素に関する事柄，混合された物体に関する事柄，生ける身体に関する事柄，天体に関する事柄，最後に離存的実体に関する事柄を検討している。それゆえ，彼は結論として占星術の主張を告発できた。すなわち，このような星の配置の下に生まれるという事実，あるいは護符やこのような星座に関連して導入される呪文には新しい効力はない。もしこれらの見せかけや呪文が不思議な効果を持つとすれば，諸霊の介入に帰すべき

　55）Eschmann, *A Catalogue*, p. 419-420; Weisheipl, p. 425.

　56）Cf. AUGUSTIN, *De civitate Dei* X xi. Gauthier によれば，*Quodl.* II q. 7 a. 1 [13] を参照。トマスにおける魔術に関する他の主要な情報源は，Alkindi, *De radiis*——Léon., t. 45/2, p. 96*-97*——である。

である。

　この説明と並行する二つの箇所——『自由討論集』第12巻9問13項，『神学大全』第2部の2第96問2項異論解答2——が知られているが，これらは二つとも第二回パリ大学教授時代に遡る。このことから，マンドネはこの小著（De operationibus occultis naturae）をこの時代に位置づけようとした。これらの条件から見て，この小著の受取人である「山を越えたところにいる兵士」（Miles ultramontanus）はイタリアにいたと考えるべきである。このことは，他方でパリやオックスフォードよりもはるかに盛んであったらしい13世紀のイタリアの魔術の流行に関して知られている事柄にかなりうまく一致するだろう[57]。

『星占いについて』

　先行する諸著作よりもさらに短い56行から成るこの手紙（De iudiciis astrorum）——受取人はレギナルドゥスだったかもしれないが，それについて何も語っていない写本の証言からではなく，親密な調子から判断されることである——を見れば，今日と同じように当時占星術の迷信がどの程度まで広がっていたか分かる。しかし，この手紙は修道士トマスが他の場所で詳しく論じた問題の反響にすぎない[58]。

---

　57) Cf. J. B. Mc ALLISTER, *The Letter of Saint Thomas Aquinas De occultis operationibus naturae ad quendam militem ultramontanum*, Washington, 1939, p. 14. しかし，たとえこの時代に山を越えた兵士がイタリアにいたことが証明できるとしても，ゴール地方ではなかったことを指摘しなければならない。

　58) Cf. *SCG* III 82-87 et 154; *ST Ia* q. 115; *Ia Iae* q. 9 a. 5; *Ia Iae* q. 95 a. 2; *De sortibus* IV. トマスと占星術に関する事柄については，L. THORNDIKE, *History of Magic and Experimental Science*, II, New York,

トマスは星々が世界の「物理的働き」に影響を与えることを疑問視しているわけではない。それゆえ，農業や医学や航海において月の位相を考慮することは有益である。しかし，占星術師が夢占いや鳥占いや土占いから引き出す推測的説明を，トマスはきわめて限定的にしか評価していない。すなわち，これらすべてのことはほとんど意味がない (hoc modicam rationem habet)。対して，予想できるように，トマスは人間の自由を非常に断固とした調子で弁護している。「人間の意志は星々の必然性に従属していない。さもなければ，自由意志は消え，もはや善き業を功績に，悪しき業を過ちに帰すことができないだろう。それゆえ，キリスト者は人間的行為のような意志に依存する事柄が星々の必然性に従属していないことをきわめて確かな事実として保持すべきである」[59]。

『くじについて』

この小著 (De sortibus) の受取人であるトネンゴのヤコブス (Jacques de Tonengo) は比較的よく知られている。

---

[2]1929, p. 608-612; Th. LITT, *Les corps célestes dans l'univers de saint Thomas d'Aquin*, Louvain-Paris, 1963, p. 220-241 を参照。[一般的に言って，占星術と占いの実践という主題に注目した聖トマスの読者はほとんどいなかったので，この主題に関する研究もそれほど多くない。しかし，今後は次の著作を参照。Th. LINSENMANN, *Die Magie bei Thomas von Aquin*, "Veröffentlichungen des Grabmann-Institutes, 44", Berlin, Akademie Verlag, 2000——『自然の隠れた働きについて』，『星占いについて』，『くじについて』という小著に関しては，p. 175-227 を参照。]

59) *De iudiciis astrorum*, lignes 28-35, Léon., t. 43, p. 201. 日付を決定するためのいかなる証拠もないが，Mandonnet は 1269-72 年を提案した——cf. *Chronologie sommaire*, p. 151。

ピエモンテ州アスティ県のトネンゴ出身で教皇直属の礼拝堂司祭だった彼は, トマス自身がオルヴィエトにいた頃, 1263 年に教皇庁の登録簿で何度も言及されている[60]。トマスが導入部分で示唆しているこの友情が彼らの間で結ばれたのはおそらくこのときである。アントワーヌ・ドンデーヌとペタース (J. Peters) の創意工夫に富んだ仮説にしたがって, さしあたりこの小著は教皇座が空位だった 1268 年 11 月から 1271 年 9 月の間に位置づけられるだろう。トネンゴのヤコブスを含むヴェルチェッツィ司教区の参事会員たちは, 自分たちの司教の選出に関して理解し合えず, 教皇がいないために実現できない教皇庁の介入を待つことにうんざりしていたので, くじで選出することで意見が一致した。修道士トマスの友人が彼に相談したのはこのことについてである。トマスは残された少しの自由時間——彼はそのように言っている——である長い休暇中に答えている[61]。それゆえ, もし先に述べた枠組みのうちで推論するならば, 推論の第二段階として, 小著が書かれたのは 1270 年か 1271 年の夏の間だと推定できる。

この主題は取るに足らないものだが, トマスは非常に入念におそらく新しい独創的な検討を行った。それゆえ, トマスは五つの章の中で, いかなる目的でいかなる仕方でくじに頼れるか, またくじの効力とはいかなるものか, キリスト教信仰にしたがってくじに頼ることが許されているかといった論拠を探究している。この小著の利点は, トマスが他の場所でずっと簡潔な仕方でのみ触れている事柄を発

---

60) Cf. A. DONDAINE - J. PETERS, "Jacques de Tonengo et Giffredus d'Anagni auditeurs de saint Thomas", *AFP* 29 (1959) 53-66. 以下の情報を借用しているのはこの研究からであり, それは Léon., t. 43, p. 207-208 も取り上げている。

61) *De sortibus*, *Prol.*, Léon., t. 43, p. 229: "intermissis paulisper occupationum mearum studiis, *solemphium uacationum tempore*".

展させ，最も見事な歴史的考証を活用していることにある。このことから，校訂者はこの小著を読むことを勧めたが，「それは作者のより小さな規模の天才を発見するためだけのことではない。この小著はこの種の著作の模範であり，聖トマスの最高の著作である」[62]。

今日の読者にとって最も興味深いのはおそらく第 4 章であり，トマスはそこでくじに訴えることに関する「効果的批判」とも呼べる事柄に没頭している。くじに訴えることは「偶然に対立する自由意志に関する，また世界の秩序に関する教えの全体，結局のところ摂理の教えに関係している。神学者はここで任務を回復する。〔くじに訴えるという〕すばらしい近道（4, 212-249）について考えていくと，摂理の自由な働きが想起できる。神はすべての原因，人間のすべての計画を把握しながら，くじという方法で神意を明らかにすることを軽蔑しない (4, 267ss.)」[63]。くじに頼ることが許されている場合とそうでない場合を見分けるときに念頭に置くべきはこれらの原則である。

『秘密について』

他のもっと大きな著作に移行する前に，この小著（De secreto）の奇妙でほとんど知られていない事例にも言及しよう。厳密に言えば，ここで問題となっているのはトマスの著作ではなく，むしろ 1269 年の聖霊降臨祭の総会の際にヴェルチェッリのヨハネスがトマスに相談した内容の報告である。それゆえ，これはトマスがパリに戻った直後の

---

62) これは，このことについて資料に基づいた論拠を与えている H.-F. Dondaine の判断である——cf. Léon., t. 43, p. 208-209。

63) Dondaine, *ibid.*, p. 209.

ことだった。ヤッサント・ドンデーヌが要約しているように、「ここで問題となっているのは六つの事例である。隠れた過ちを告発された修道士の、あるいは人に知られない仕方で悪事を為した者のことを知っている修道士の良心に上長が及ぼす影響力の限界に関する問題である」[64]。これらの事例が実際に起こった困難を表現しており、またヴェルチェッリのヨハネスが、参事会員と同様に、自分たちの中に修道会の知的エリートがいることを利用して自分たちの振舞いを解明したがっていたことが分かる。

実際、これらの問題を委託されていた委員会は、トマスに加えて、五人全員がパリの教授だった。すなわち、ボノム、タランテーズのペトルス、トゥールのバルトロメウス（Barthélemy de Tours）、ボードゥアン・ド・マフリクス（Beaudouin de Maflix）、ジルベール・ド・オヴィス（Gilbert de Ovis）あるいはジルベール・ファン・エエン（Gilbert van Eyen）である[65]。二つの問題で孤立したトマスを除いて、彼らは満場一致で意見を述べた。トマスは第4〔5？〕問で、世俗の裁判官が誓いを要求できる司法上の手続きが問題となっている場合、修道会の上長は従順を理由として命じることができると確言している。第6問は盗みや放火といった修道院で起こった悪事を人に知られない仕方で行った者に関するものだが、トマスは他の教授たちとは反対に、上長は悪事を行った者を明らかにするために一般的な掟を与えることができ、その掟は誰が悪事を行ったかを知っている者の良心を拘束するだろうと考えた。たとえ第一の解答がこの同じ時代に遡る『自由討論集』第1巻16項の解答と完全に一致しているとしても、第二の解

---

64) Léon., t. 42, p. 475. テキストは、p. 487-488 参照。トマスの解答は、lignes 95-101 et 117-121 参照。

65) 彼らについては、Glorieux, *Répertoire* I ないし Käppeli, *Scriptores* の解説を参照。

答の「脆弱性」を見てとった注釈者たちは困惑したようだ[66]。少なくともこの挿話から、トマスが修道会の活動に参加していたことと、トマスの精神の独立性を垣間見ることができる。

『フランドル伯爵夫人への手紙』

これも提起された問題に対する一連の解答であり、レオニーナ委員会が『ブラバン伯爵夫人への手紙』（Epistola ad ducissam Brabantiae）という表題で出版した著作である。いくつかの写本はトロメオとともに『フランドル伯爵夫人へ』（ad comitissam Flandrie）という表題をつけており、さらにこれは『ユダヤ人に対する支配について』（De regimine Iudeorum）としてかなり不適切な仕方で知られている[67]。この命名は不適切である。というのも、この短い著作は半分以上にわたって、受取人の提起したユダヤ人とは関係のない主題を論じており、むしろ『従属者に対する支配について』と呼べる著作だからである。

歴史家たちはすでにずっと以前から受取人の同一性について疑ってきた。ピレンヌ（Pirenne）は彼女をブルゴーニュのアリクスあるいはアデレード（Alix ou Adélaïde de Bourgogne）とし、彼女の手紙を1261年の夫ブラバンのアンリ3世（Henri III de Brabant）の死後のものだとすることを提案した——彼の遺言はまさしくユダヤ人に関する条項を含んでいる。グロリユーにとってここで問題となっ

---

[66] Cajetan in IIa IIae q. 69 a. 2: *"pro infirma habetur"*; cf. Léon., t. 42, p. 476. Tugwell, p. 231 は、正当にもトマスの独創性を強調している。

[67] H.-F. Dondaine 神父の序文とともに、Léon., t. 42, p. 360-378 を参照。

ているのは，むしろルイ9世の娘にしてジャン公爵の妻であるマルグリット・ド・フランス（Marguerite de France）であり，ここから著作の成立は1270年だと推測できる。1979年にヤッサント・ドンデーヌ神父は彼らの研究を要約しているが，彼はいつものように保留している。「二つの仮説は……蓋然性を有しているが，同時に脆弱性も含んでおり，とりわけ第二の仮説はそうである」[68]。

同じ方向性で，レイモンド・ヴァン・ユトヴァン（Raymond Van Uytven）は1983年に信頼できる研究成果を発表したが，それによって彼は断固としてブルゴーニュのアデレードに有利になるような結論を下した。それゆえ，トマスの著作の日付は彼女の摂政政治の期間1261-67年に定まることになるが，1266年は終点だと思われるので，1263-65年が最も好都合な日付だと考えられる[69]。この見解を非常に強力に後押しする二つの要素がある[70]。すなわち，まず伯爵の遺言とトマスの手紙が正確に対応していることであり，次にこの時代のフランドル地方にはユダヤ人はいなかったが，唯一ブラバンのみがこの時代のこの地方のうちでユダヤ人の存在が十分に証明されている場所だという事実である。

残念ながらヴァン・ユトヴァンは，自分の業績の直後に現れ，状況を著しく修正した研究データを知らなかった。さらに，その第一版で第二の仮説を選んでいたワイスハイプルは，その間に公になったレナード・ボイルの見

---

68) Léon., t. 42, p. 363.

69) R. VAN UYTVEN, "The Date of Thomas Aquinas's *Epistola ad ducissam Brabantiae*", dans *Pascua Mediaevalia. Studies voor Prof. Dr. J. M. De Smet*, éd. R. LIEVENS, E. VAN MINGROOT, W. VERBEKE, Leuven, 1983, p. 631-643.

70) Cf. C. VANSTEENKISTE in *RLT* 19 (1986), n° 76, p. 42-43, et *ibid.*, 20 (1987), n° 11, p. 423-424.

解にそれ以後従うために[71]、第二版では意見を変えた。ボイルにとってここで問題となっているのは、フランドル伯爵にしてコンスタンティノポリスの初代皇帝ボードゥアン1世（Baudouin Ier）の娘、コンスタンティノポリスのマルグリット（Marguerite de Constantinople）だが、彼女は1245-78年の33年間にわたってフランドル伯爵夫人であり、ドミニコ会士に対する偉大にして絶えざる慈善家だった。トマスは1259年にヴァランシエンヌで彼女と出会うことができたが、そこは彼女が自分の伯爵領の町で総会を受け入れた場所である。トマスが比較的親しい調子で彼女に語っているのはこのためである。これらの条件から見て、トマスの著作は1271年のパリに置くべきであり、このことから——伯爵夫人はすでにかなり老齢であるので——、より長い時間にわたって（per longiora tempora）支配するようトマスが彼女を気遣ったことが理解できる。

この受取人の特定はトロメオがすでに為し、ケチーフとエシャー（Quétif-Echard）がためらうことなく取り上げたものだが、現在では新しい道で確証されている。というのも、ボイルは正式に確認できた、同じ受取人に宛てたジョン・ペッカムの類似の手紙を発見したが、この手紙はただ一つの問題を除く同じ問題に答えているからである。さらに、ジルベール・ダアン（Gilbert Dahan）は、伯爵夫人が在俗の法学者——おそらくこれはアブヴィルのゲラルドゥスである——にも問い合わせ、同じ問題を提起していたこ

---

[71] L. E. BOYLE, "Thomas Aquinas and the Duchess of Brabant", *Proceedings of the PMR Conference* 8 (1983) 23-35. この研究の他の興味深い貢献のうちで指摘できるのは、レオニーナ版のテキストを修正し、p. 378の242行目にpotentiamを回復しなければならないことである。このpotentiamはすべての写本で証明されていたが、H. Dondaineはprouinciamに変更できると思い込んでいた。

とに気づいた[72]。それゆえ,彼女はかなり広範の人に相談を持ちかけていたのであり,これら二つの資料はトマスのテキストと並べて同じ関連書類のうちに置くべきである。

さて,この著作の内容を簡潔に要約することが残っている。トマスが答えなければならない八つの具体的問題は思想的に大きく展開するにはふさわしくなく,むしろ受取人の良心の心配事を垣間見させる。「ユダヤ人から税を徴収できるか。高利貸しとして生きている者で過ちを犯したユダヤ人を罰金で罰することができるか。ユダヤ人から自発的な贈り物を受けとることができるか。もしユダヤ人が侵害されたキリスト教徒が要求するよりも多くの金額を返済する場合,それを受けとることができるか。公の施設を売ったり質に入れたりできるか。キリスト教徒から税を徴収できるか。公爵の将校に不法な仕方で強奪され,彼女のもとに到達した金銭を使うことができるか。最後に,区別のためのしるしを身につけるようにユダヤ人を強制することは適切であるか」[73]。

ジョン・ペッカムが問題をかなり完全に論じているのに対し,トマスはこれらの質問に答えることに熱中しなかったようである。トマスは多くの仕事を抱えていること,こうした事柄により精通している誰かに問い合わせてほしいと思っていることを隠していない。それゆえ,彼は簡潔にいつもより手軽な仕方で,特別独創的であろうとせずに書いているように見える。とりわけユダヤ人について,彼はユダヤ人の隷属状態について当時の一般的教えを再現するだけにとどめている。しかし,彼はユダヤ人を軽減的に扱うべきこと,高利貸しを行っているという理由でユダヤ人

---

72) G. DAHAN, Rec. de l'étude de Boyle dans *BTAM* 14 (1986-1990), n° 1121, p. 530-531.

73) Résumé de H.-F. Dondaine, Léon., t. 42, p. 363.

376　第11章　第二回パリ大学教授時代（1268-72年）

を罰しなければならない場合には他のすべての高利貸しも同様に罰すべきことを強調している。実際、これらの数ページの主要な利点は、ユダヤ人をどのように待遇するか説明しているところではなく、むしろ君主が税を受けとることを正当化する一般的原則、すなわち公衆の有益性（communis populi utilitas）を明らかにしているところにある[74]。

『離存的実体について』

おそらく私的な要請に応えるこのような種類の諸著作のうちに、次の未完の小さな書物（De substantiis separatis）——その20章はレオニーナ版で約40ページを占めている——も数え入れなければならない[75]。はっきりとは述べ

---

[74]　この小著に捧げられた多くの研究のうちで、以下を参照。H. LIEBESCHUTZ, "Judaism and Jewry in the Social Doctrine of Thomas Aquinas", *The Journal of Jewish Studies* 13 (1962) 57-81; B. BLUMENKRANZ, "Le *De regimine Judaeorum*: ses modèles, son exemple", dans *Aquinas and Problems of his Time*, G. VERBEKE et D. VERHELST, éd., Leuven-The Hague, 1976, p. 101-117. [U. HORST et B. FAES DE MOTTONI, "Die Zwangstaufe jüdischer Kinder im Urteil scholastischer Theologen", *MThZ* 40 (1989) 173-199 が明らかにしたところによると、トマスが『自由討論集』第2巻2問5項でユダヤ人の両親の意向に反して子供に洗礼を授けることに反対しているのは、すでに彼の時代に現れていた新しい派閥に対応するためであり、彼は断固としてその派閥に反対し、それに対立する教会の慣習を想起している。Cf. J.-P. TORRELL, "*Ecclesia Iudaeorum*. Quelques jugements positifs de saint Thomas d'Aquin à l'égard des juifs et du judaïsme", dans B.C. BAZÁN, E. ANDÚJAR, L.G. SBROCCHI, *Les philosophies morales et politiques au Moyen Âge*, t. III, Ottawa, 1995, p. 1732-1741.]

[75]　Léon., t. 40, p. D 41-80; éd. et introd. par H.-F Dondaine. BANDEL 神父の古いフランス語訳として、coll. Vrin-Reprise, t. 3, Paris, 1984, p. 153-248 があるが、各章はレオニーナ版と同一ではない。

られていないが，古い目録から受取人が修道士レギナルドゥス自身だったことが確認できる。このことの証拠として，序文の「内密な性格」が挙げられるが，そこでトマスは近しい者のみが知りえた状況を示唆している。

> 天使に関する神聖な儀式に参加できないからといって，何もせず祈りの時間を無駄にすべきではない。それゆえ，免除された詩編詠唱の務めを著述の仕事で埋め合わせなければならない[76]。

トマスがこの務めに参加しなかった理由についてあれこれたくさんのことが述べられた。何らかの体調不良を考えることができるが，ドミニコ会の会則で神学教授に認められた合唱の免除の可能性もある。また，あたかも明確な典礼的祝日が問題となっているかのように，天使という言葉にこだわりすぎてはならないと思われる。より真実らしいのは，トマスがこのことを語るにあたって天使的務めとしての詩編詠唱という修道士的主題——この主題はドミニコ会でも伝統的なものだった——を思い出したということである[77]。

作者の構想に関して言えば，序文で非常に明らかに示されている。トマスは聖なる天使たちについて語ろうとしており，まず古代の人々が天使について推測していたことを見るつもりのようだ。もし信仰と一致する事柄が見出され

---

76) *Prol.*, lignes 1-4: "Quia sacris angelorum solemniis interesse non possumus, non debet nobis devotionis tempus transire in vacuum, sed quod psallendi officio subtrahitur scribendi studio compensetur."

77) HUMBERT DE ROMANS: *conveniunt angeli sancti cum psallentibus* (*De vita regulari* II, éd. Berthier, 1889, p. 83; cf. *ibid.*, I, p. 174). アンベール自身は聖ベルナルドゥスの表現を参照している——*In Cant.*, sermon 7, n. 4。

るなら，活用するが，カトリックの教えに対立する場合には拒絶する[78]。ここで述べた二つの段階は第18章の冒頭で再度非常に明確に表明されている。「主要な哲学者であるプラトンとアリストテレスが霊的実体に関して，起源，本性の創造，区別，支配される方法について考えたことを示したので，今や霊的実体に関するキリスト教の教えがいかなるものであるかを明らかにしなければならない。このことに関して，とりわけディオニシウスの書物を利用するが，彼は霊的実体に関する事柄を最も見事に論じている」[79]。この言明の第二の部分はかろうじて始められているにすぎない。というのも，トマスは第20章の天使の罪の論述の真最中に中断しているからである。彼は考察すべき問題が多くあることを述べたばかりだった。

　これらの短い情報から，彼の意図が第一に神学的なものだったことが十分分かるだけでなく，時としてこの書物を『天使について』（De angelis）としている写本すらあることの理由も理解できる。しかし，この論考の重要性が書物の厚さでは測られないことを付け加えなければならない。エッシュマンはこの論考を「アクィナスの最も重要な形而上学的著作の一つ」とし，他方ヘンレ（Henle）は第1章のプラトンについて述べられている事柄をトマスの最も推敲されたプラトン哲学の総括と見なした[80]。

　日付に関して言えば，この論考はプロクロス『神学綱

---

　78) *Prol.* lignes 4-10: "Intendentes igitur sanctorum angelorum excellentiam utcumque depromere, incipiendum videtur ab his quae de angelis antiquitus humana coniectura aestimavit; ut si quid invenerimus fidei consonum accipiamus, quae vero doctrinae catholicae repugnant refutemus." Dondaine 神父は正当にも，二段階のこの言明と『対異教徒大全』第1巻9章の言明が似ていることを強調している。

　79) *De Subst. separatis*, chap. 18, lignes 3-12 (Léon., t. 40, p. D 71).

　80) Cf. les références en Lescoe——次註——, p. 51.

要』（Elementatio theologica）——トマスは第20章で二回この著作を引用している——のメルベケの翻訳が完成した1268年5月より後のものであるだけでなく，複数回にわたって示唆している1270年12月の断罪より後のものでもある。最後に，トマスは『形而上学』のΛ巻を第12巻として知っていた。それゆえ，この論考は1271年の前半より後に位置づけられるが，これ以上正確に述べること，また書かれたのがパリかナポリかを決定することは容易でない[81]。

『原因論註解』

ここで問題となっているのがもはや「求めに応じて」書いた著作ではないとしても，蓋然的日付のために，またとりわけ『離存的実体について』との類似性のために，ここで『原因論〔註解〕』（Super De causis）について論じることはまったく適切である。疑いがなかったわけではないが，長い間アリストテレスの著作と見なされていたこの書物は，七週の間に註解しなければならない哲学者の書物の一つとして教養学部に登録されていた[82]。今日でもなお著者は明確には分かっていないが，1268年にメルベケのギョームが，アテネのアカデメイアのプラトンの最後の後継者たちの一人プロクロスの『神学綱要』を翻訳したおか

---

81) Cf. Léon., t. 40, p. D 6-7. 数年後に書かれた，F. J. LESCOE, "*De substantiis separatis*: Title and Date", *Commemorative Studies* I, p. 51-66 の検討は同じ結論に達している。

82) *Chartul.* nº 246, p. 278. トマス自身も経歴の初期にこの割当てを行っている——cf. *Super Boetium De Trin.* q. 6 a. 1, *Ulterius*, arg. 2. 目的を少し超えるが，ここで E. P. BOS and P. A. MEIJER, éd., *On Proclus and His Influence in Medieval Philosophy* (Philosophia Antiqua 53), Leiden, 1992 を参照。

げで、トマスはこの著者がプロクロス『神学綱要』から多く引用したアラビアの哲学者だと見破った最初の人物となった[83]。

それゆえ、トマスにとってこのテキストを註解することは新たに新プラトン主義哲学と対話することだったが、この哲学はすでに『原因論』の著者が一神論と穏健な実在論へと著しく歪めていた。アンリ・ドミニク・サフレ (Henri-Dominique Saffrey) が独自に作成した批判的校訂版の注目すべき序文で非常に適切に述べているように、トマスはこのテキストを註解する際、三冊の書物を開いていた。「すなわち、『原因論』のテキスト、『神学綱要』の写本、『ディオニシウス全集』である。これら三人の著述家のテキストは字句通りに引用されているが、他の著述家、主としてアリストテレスは記憶によって引用されている」。この企てに特有の利点はここにある。「この註解の聖トマスの真なる意図は三つのテキストを比較することである。ここにこそこの著作のすべての論拠があり、おそらくこれは聖トマスの著作の中でも唯一の事例である」。このよう

---

83) *Prooemium* (éd. Saffrey, p. 3): "Et in graeco quidem invenitur sic traditus liber PROCLI PLATONICI, continens ccxi propositiones, qui intitulatur *Elementatio theologica*; in arabico vero invenitur hic liber qui apud Latinos *De causis* dicitur, quem constat de arabico esse translatum et in graeco penitus non haberi: unde videtur ab aliquo philosophorum arabum ex praedicto libro PROCLI excerptus, praesertim quia omnia quae in hoc libro continentur, multo plenius et diffusius continentur in illo."〔「また、確かにギリシャ語で『神学綱要』という題名の 211 の命題を含むプラトン主義者プロクロスの書物が伝わっているが、アラビア語ではラテン人の間で『原因論』と呼ばれる書物がある。この書物がアラビア語から翻訳されたことは確実であり、ギリシャ語のものはまったく見出せない。それゆえ、この書物はあるアラビアの哲学者が先に述べたプロクロスの書物から抜粋したものである。とりわけその理由は、この書物のうちに含まれているすべてのことがかの書物の中でより豊かに詳しく展開されているところにある」〕。

にして，トマスはそれぞれのテキストを活用して，自分自身をプロクロスに対立させながら『原因論』の著者とディオニシウス——「トマスはディオニシウスがアリストテレスあるいは聖アウグスティヌスを好んでいたと強調している」——のそばに位置づけることができた。したがって，彼は離存的形相と神的な諸実体，すなわち新プラトン主義の多神論，また流出論，存在に対する一および善の優位を拒絶しているが，「注意深く創造における偉大な秩序——存在，生けるもの，知性，そしてすべてを超越する神——を新プラトン主義的総合から守っている」[84]。

日付に関して言えば，困難はほとんどない。トマスはメルベケが1268年5月18日に完成した『神学綱要』を著作全体にわたり使用しているので，『原因論註解』はこの日付より後に位置づけられる。しかし，『形而上学』Λ巻を第12巻と呼んでいることのために，さらに著作は1271年の前半より後に置かれる。『離存的実体について』の日付の決定にも見出されるこれら二つの特徴から，サフレ神父はこれら二つの著作を同時代のものだと考えた。加えて，1271年のクリスマスに討論された『自由討論集』第5巻4問7項と『原因論註解』第2命題をサフレは注意深く比較し，『自由討論集』が『原因論註解』に先立つことを示唆した。それゆえ，サフレはこの註解が「1272年の前半」に遡るはずだと結論づけた[85]。

---

84) *Sancti Thomae de Aquino super Librum De causis Expositio*, par H.-D. SAFFREY (Textus philosophici Friburgenses 4/5), Fribourg (Suisse), 1954, Préface, p. XXXVI-XXXVII.

85) Saffrey, *ibid*., p. XXXIII-XXXVI. Eschmann, *A Catalogue*, p. 407 は，あまりにも危険に思われた一番最後の説明を除いてこの論証に賛成しているが，Weisheipl, p. 383 も同様である。この著作は非常によく研究された。より最近の業績として以下を参照。TOMMASO D'AQUINO, *Commento al Libro delle Cause*, a cura di C. D'ANCONA COSTA, Milano, 1986——ここには重要な導入と文

もし本章を終えるにあたり提示した著作に関する一時的な現状分析を試みるとすれば，なるほどその数に驚かされるが，おそらく多様性により強い印象を受けるだろう。聖書の教師というトマスの資格から，多かれ少なかれ彼が聖書にしか興味がない人間だと予想できる。確かに彼は職業と愛読によって——新約聖書の註解は活動の中心である——そのような人間だが，著作活動の多様性——様々な小著はこのことを証言している——や同時代の諸問題への関与も彼の特徴をなしている。すなわち，問題となっているのが在俗の教授たちであれ「アヴェロエス主義」であれ，トマスは最前線に立っており，自由討論はこのことを確証している。しかし，多岐にわたる活動に最後の特徴を付け加えなければならない。すなわち，トマスはアリストテレスの註解者でもあった。

献表がある；L. ELDERS, "Saint Thomas d'Aquin et la métaphysique du Liber de Causis", *RT* 89 (1989) 427-442; A. de LIBERA, "Albert le Grand et Thomas d'Aquin interprètes du *Liber de causis*", *RSPT* 74 (1990) 347-378. 知るのが遅すぎて次の研究を利用できなかった。C. D'ANCONA COSTA, "Saint Thomas lecteur du 'Liber de Causis'. Bilan des recherches contemporaines concernant le 'De Causis'et analyse de l'interprétation thomiste", *RT* 92 (1992) 785-817. ［この論文は同著者の選集 C. D'ANCONA COSTA, *Recherches sur Liber de Causis*, "Études de philosophie médiévale 72", Paris, Vrin, 1995, p. 229-258 に再録されている。］

第 12 章
アリストテレスの註解者

　最後に，三度目のパリ滞在でのトマスの最後の主要な仕事，アリストテレス註解に言及しなければならない。トマスがローマ滞在の最後の年に『霊魂論註解』から始めたこの註解の執筆はパリでも早いペースで続けられた。彼はおそらくまず『感覚と感覚されるものについて』の註解を完成したが，1269 年以前に行われえなかったからである。この註解が執筆されたのは『知性の単一性について』より以前のことである。彼は中断することなくこの仕事を続けたに違いない。というのも，この日付以来，註解が増大しているからである。おそらく彼は註解の執筆を並行して進めたのだろう。というのも，あらゆる情報を検討すると，日付が非常に近接していることが判明するからである。それゆえ，以下のような著作の順序は厳密な執筆年代――いつか到達できるとして，日付を明らかにするのはきわめて困難である――に基づくものではない。

『命題論註解』

　初期のレオニーナ版全巻に関する再校訂でゴーティエ神父に負っている最新の研究状況によれば，おそらく『命題

論註解』（Expositio libri Peryermenias）はこの時期の最初の註解の一つである[1]。この著作には，ルーヴェンの長官だったギョーム・ベルトゥ（Guillaume Berthout）への献辞があるのだが，最初に日付を概算する上で便利なものである。当時パリでトマスの生徒だったこの人物は，1269年か1270年の終わりに——彼の前任者は1269年か1270年の11月18日に亡くなった——ルーヴェンのサン・ピエールの長官に任命された。さらに，トマスは第1巻14章で，1270年12月10日に断罪された，自由意志に関する同時代人たちの誤りを示唆しているので，書物の冒頭は断罪より後のものであり，『悪について』第6問や『神学大全』第2部の1第9-13問とほぼ同時代のものに違いない。執筆が中断した時に関して言えば，1271年の終わり以前，すなわちトマスがメルベケのギョームの翻訳での『形而上学』諸巻の番号づけを採用した時期より以前に位置づけなければならない[2]。

---

1) この表題は Peri Hermeneias と二語でよく書かれている。聖トマスの使用法であり，R.-A. GAUTHIER, éd., *Expositio libri Peryermenias*, editio altera retracta, Léon., t. I*1, Rome, 1989 が回復した使用法を保持しよう。

2) この事実は聖トマスの平均的な読者にはほとんど知られていないが，この基準はきわめて重要である。メルベケの翻訳まで，人はミカエル・スコトゥスの翻訳あるいは匿名の作者の標準的翻訳（Translatio media）にしたがって『形而上学』を参照していた。両翻訳ともK巻を省略しており，Λ巻を第11巻として表示していた。「メルベケのギョームは最初にK巻を訳したが，彼の翻訳でK巻は第11巻となり，他方Λ巻は第12巻となった。この基準により聖トマスの著作は二つのグループに分けられる。一つはメルベケの翻訳以前のものであり，そこでΛ巻は第11巻と呼ばれている。もう一つはメルベケの翻訳以後のものであり，そこでΛ巻は第12巻と呼ばれている。『命題論註解』は第一のグループに属するが，このグループは聖トマスの第二回パリ大学教授時代の最初の諸著作も含んでいる。すなわち，『知性の単一性について』，定期討論集『悪について』，『神学大全』第2部の1の全体である。第二のグループは『神学大全』第2部の2

さらに一歩進んで、トマスが執筆を中断した時は1271年10月の半ば頃に位置づけられる。実際、10月15日、おそらくギョーム・ベルトゥは仕事のためにルーヴェンにいた。トマスが意に反して着手したように思われるこの仕事を手放すためにギョームの出発の機会を利用したことはありそうなことであり[3]、このようにしてこの註解は未完成にとどまっている。しかし、トマスはナポリに向けて出発するときその写本を携行したのであり、彼の死後このテキストは『分析論後書』の註解と一緒にナポリからパリに送られた。というのも、この二冊の書物を欲しがっていた教養学部の教授たちが送るよう頼んだからである。この二冊の著作に関してイタリアの版が存在せず、1275年になってようやく普及したパリの版しかないのはこのためである[4]。

パリの教養学部の教授たちにはこれらの註解を欲しがる理由があった。彼らはトマスが彼らから借用した自分たちの註解の技術を認めていたからである——もっともトマスは『霊魂論註解』ですでに借用していたが。しかし、ここでは単なる教義的要約にすぎないはずのsentenciaが、非常にしばしば字句を詳しく説明しようとしている——おそ

──ただし1問8項異論1以降、『ニコマコス倫理学註解』──ただし第1巻6章以降、『形而上学註解』の一部分、『原因論註解』、『天体論註解』、『生成消滅論註解』、『離存的実体について』、『神学大全』第3部を含んでいる。要となる日付、すなわち聖トマスがメルベケの『形而上学』の翻訳を知った日付は、1271年の半ばか終わり頃である」(R.-A. GAUTHIER, *Préface* à l'*Expositio libri Peryermenias*, Léon. I*1, p. 85-86)。ここで *Nouvelle introduction* au *Contra Gentiles*, chap. II [, p. 163, n. 7] を参照できるが、そこで Gauthier はこの基準を柔軟に使用するよう忠告している。

3) すでに述べたこれらすべてのことから、献辞にある「わたしの仕事に関する多くの気遣い」(multiplices occupationum mearum sollicitudines) への言及が単なる文飾ではないことが分かるだろう。

4) Gauthier, Léon., t. I*1, p. 85*-88*.

らくこのことのゆえに，トマス自身は献辞の中で自分の仕事を expositio と呼んでいる——[5]。本来的意味での内容に関して言えば，ほとんど論理学の論考とは要約できないが，トマスはいくつかの例外を除いて主要な情報源であるボエティウスとアンモニオス（Ammonius）の二人を信頼しており，彼らから離れるとき以外は一度も彼らの名を挙げることなく従順に彼らに従っている——トマスは同時代人たちの慣例に忠実だった。しかし，トマスは自分自身の才覚によって彼らにあることを付け加えている。「まず，簡潔さと明晰さである。……しかし，とりわけいたるところで技術的説明の基礎を成し，それらの理解可能性を保証している一貫した哲学がある」[6]。

『分析論後書註解』

時間的に言えば，この書物は『命題論註解』のすぐ近くに位置づけられる。ゴーティエ神父が明らかにしたことに，『分析論後書註解』（Expositio libri Posteriorum）第 1 巻 1-26 章ではいまだにヴェネツィアのヤコブス（Jacques de Venise）の古いテキストを註解しているが，トマスはすでにメルベケの翻訳になじみ始めていた。十中八九，トマ

---

5) lectura, sentencia, expositio の間の相違に関して，R.-A. GAUTHIER, "Le cours sur l'*Ethica noua* d'un maîtres ès arts de Paris (1235-1240)", *AHDLMA* 43 (1975) 71-141, cf. p. 76-77 を参照。

6) Gauthier, *ibid.*, p. 82*-84*. この短い紹介を補完するために，以下の業績を参照。J. ISAAC, *Le Peri Hermeneias en Occident de Boèce à saint Thomas*, "Bibl. thom. 29", Paris, 1953——Gauthier は p. 148-151 がトマスについて「不愉快なイメージ」を与えているとして保留している；G. MURA, "Ermeneutica, gnoseologia e metafisica. Attualità del commento di S. Tommaso al Perihermeneias di Aristotele", *Euntes Docete* 40 (1987) 361-389.

スは 1271 年の半ば頃，メルベケの『形而上学』の翻訳とほぼ同時にメルベケの『分析論後書』の翻訳を受けとったに違いない。それゆえ，この新しい註解の始まりをこの時に位置づけることができるのである。想起したように，10 月に中断された『命題論註解』のすぐ後にこの註解が続いたと考えることはおそらくそれほど不自然ではない。トマスにはこの註解を進めるための暇がほとんどなかったので，1272 年 4 月 24 日の復活祭にナポリに向けてパリを離れなければならなかったとき，註解はほとんど進捗していなかった。

確実な証拠はないのだが，場所が変われば使う翻訳も変わったと思われる。すなわち，トマスはそれ以後第 1 巻 27 章から第 2 巻 20 章までメルベケのテキストを註解している。それゆえ，このようにして註解の執筆はパリで 1271 年の終わりからナポリで 1272 年の終わりにかけて行われたはずである。1275 年頃に普及したことが確認される，見本となる写本の作成を引き受けた教養学部の教授たちの求めに従い，この註解もナポリからパリに送られた[7]。

技術的な性格にもかかわらず，あるいはおそらくまさにそのことのために，この二冊の著作はかなり広く普及した。『命題論註解』は多かれ少なかれ完全な 21 の写本が，『分析論後書註解』は 54 以上の写本がある。たいていは両著作をまとめている版に関して言えば，インデックス・

---

7) Cf. Gauthier, Léon., t. I*2, p. 50*-54* et 73*-77* surtout. 同じ歩みを経験した『命題論註解』に関して上で述べたことを参照してほしい。聖トマスのこの註解はそれ自体としてはほとんど研究されていない。C. MARABELLI, "Note preliminari allo studio del commento di S. Tommaso ai 'Secondi Analitici'di Aristotele", *DTP* 88 (1985) 77-88――この業績は残念ながら新しいレオニーナ版より以前のものである――が提示した最新の主張を参照。

トミスティクスを含めて 31 の版が確認されている。

『ニコマコス倫理学註解』

　トロメオの情報に基づいて，この註解は長い間ローマ時代のトマスに帰せられていた。研究の進歩によって学者たちはトロメオの情報を信用しないことを学んだので，ゴーティエ神父はすでに 40 年以上前に見方を根本的に変え，この註解を第二回パリ大学教授時代のものだとすることを提案した[8]。その後，彼はこの著作について作成した記念碑的な校訂版で[9]，この最初の提案を確証し正確に述べている。すなわち，『ニコマコス倫理学註解』(Sententia libri Ethicorum) はパリで 1271-72 年に執筆されたが，この結論は専門家たちの賛同を得た[10]。

　年代決定に導いた推論の詳細を想起しなくとも，トマスがパリでメルベケの『形而上学』の翻訳の番号づけを採用したことと，『ニコマコス倫理学註解』のいくつかの文章と『神学大全』第 2 部の 2 との間の類似性が決定的な要素だったことを理解できる。『神学大全』第 2 部の 1 の

---

8) R.-A. GAUTHIER, "La date du commentaire de saint Thomas sur l'Ethique à Nicomaque", *RTAM* 18 (1951) 66-105. ここに昔の躊躇とその後いささか修正した見解を見出せる。

9) Cf. *Sententia libri Ethicorum*, Léon., t. 47/1 et 2, 1969. 序文の学識豊かなラテン語を読むことに困難を覚える者は，Gauthier がこのことについて Léon., t. 48, p. I-XXV, "Saint Thomas et l'Ethique à Nicomaque" で与えている要約を参照。

10) Cf. O. LOTTIN, *BTAM* 6 (1950-1953), n° 1799, p. 530; L.-J. BATAILLON, *BT* 9 (1954-1956), n° 120, p. 89-91; Eschmann, *A Catalogue*, p. 404-405; Weisheipl, p. 380. C. VANSTEENKISTE, *RLT* 4 (1972), n° 58, p. 29-30 は，先行する様々な見解を振り返っているが，よりいっそう古い日付に傾いている。

執筆は1271年になってようやく始まったとするゴーティエの最新の提案を考慮に入れれば，おそらく『神学大全』第2部の2が1271年の長い休暇以前には始められていなかった事実も〔推論の一要素として〕付け加えることができる。

トマス倫理学の概略を示さなければ，この註解の内容に立ち入ることはできないだろうが，このことはわれわれの次の書物を先取りすることになる。しかし，もしこの新しい著作の特徴について概略をつかみたければ，ここで問題となっているのがむしろ教義に関する簡単な説明である sentencia であり，テキストの議論に関する掘り下げられた註解である expositio ではないことを明確にしなければならない。すぐ述べることになるように，このことはトマスのアリストテレスに対する努力を正確に評価するために重要である。すなわち，トマスは批判的註解を行おうとしたのではないのであり，この著作の表題はこのことを十分に示している。

しかし，もし曖昧さを避けようとするならば，トマスはアリストテレスを註解する際にアリストテレスをそのままにしておかなかったことを直ちに付け加えなければならない。非常にしばしばトマスはアリストテレスの註解者のうちで最も忠実で最も洞察力のある者だと言われたが，これは彼らの二つの倫理学の間に福音書がもたらした完全な相違がある事実を忘れることである。アリストテレスが本質的に異教的な倫理学の枠内で生きているのに対し，トマスはたちまちキリスト教的観点のうちに自分を位置づけ，彼自身が至福と見なしていた観想的究極性を哲学者に語らせようとしている[11]。ゴーティエ神父は誰よりも的確に起

---

11) このことは，F. COPLESTON, *A History of Philosophy*, vol. I: *Medieval Philosophy. Augustine to Scotus*, London, 1959, chap. 39, p.

こったことを説明している。「ほとんど人間についてしか語っていないアリストテレスの倫理学が神について語ることができるように，聖トマスは欲しも意識もすることなく，著しく改造した。それゆえ，もしトマスが歴史家としてあるいは批評家として振る舞おうとしたのならば，歴史家や批評家が彼の著作を裁き，欠陥について語るとしても正当である。しかし，トマスはただ知恵ある者として振る舞おうとした」[12]。

もしこれらの註解はトマスが生徒に講義したものではなかったことを思い出すならば，おそらくトマスが行おうとしたことをよりよく理解できるだろう。これはむしろ『神学大全』の倫理学を成す部分の執筆を準備する目的でアリストテレスのテキストを深く理解するために為された個人的講解と同等のものだった。トマスはすでに『霊魂論註解』に関してこの方法を利用したことがあったが，ここでも見事な粘り強さとともに最後まで努力している。しかし，ここには〔『ニコマコス倫理学註解』という〕ほとんど知られていない著作が示している新しい要素もある。

398-411 がすでに適切に指摘している。次の業績も参照。A. THIRY, "Saint Thomas et la morale d'Aristote", dans *Aristote et saint Thomas d'Aquin*, p. 229-258; L. ELDERS, "St. Thomas Aquinas' Commentary on the *Nicomachean Ethics*", dans ID., *Autour de saint Thomas*, p. 77-122.

12) Léon., t. 48, p. XXIV-XXV. 人間の最高目的としての神の肯定のためにトマスがアリストテレスの賢慮の教えを覆したとする，Gauthier の故意に逆説的な主張を参照しよう——R.-A. GAUTHIER, *Aristote. L'Ethique à Nicomaque*, 2e éd., Louvain, 1970, t. I, 1, p. 273-283。また，p. 128-134 で，アリストテレスとトマスの間の根本的変化と，教養学部の教授たちが講解した『ニコマコス倫理学』を聖ボナヴェントゥラが攻撃した理由を参照。

『ニコマコス倫理学梗概』

　トマスが教師アルベルトゥスの著作活動に対して抱き続けた関心のことで，すでにこの梗概（Tabula libri Ethicorum）について手短に論じた。そこに立ち返ることは無益ではないだろう。というのも，この梗概はトマスをよりよく知るための教えに富んでいるからである。

　この奇妙で小さな著作はレオニーナ版の校訂者たちに特異な問題を提起した。すなわち，この著作は1971年より以前には決して出版されたことがなく，15世紀以降，完全に忘れ去られており，さらにいかなる歴史家も言及したことがなかった。しかし，この著作は，書店の最も古い著作リストの一つ——1304年2月25日に遡る——の中に，5デナリウスの金額で借りられた八つの部分から成る見本として，よく見える位置に記載されている[13]。さらに，この著作は1277年に断罪された諸命題の一つに関する材料をエティエンヌ・タンピエに提供した。それゆえ，二つの異なる道を通じてこの著作の真正性とその古い普及について二重の確証を有している[14]。

---

13) *Chartul.* II, n° 642, p. 108; cf. Gauthier, Léon., t. 48, p. B 5-6.

14) ここで問題となっているのは命題178，すなわち "Quod finis terribilium est mors"〔「恐れるべきものの究極は死であること」〕(*Chartul.* n° 473, p. 553) である。Cf. R. HISSETTE, *Enquête sur les 219 articles*, p. 304-307——ここでは命題213である。Léon., t. 48 で Gauthier が *Addenda et emendanda* (B 50) のリストに付加した補足を参照。そこで Gauthier は, この表現がトマスになじみのものだった——トマスは『梗概』以外のところで七回使用している——ことを強調している。これら七回使用された文脈から見て，トマスが誤って解釈したとは考えられないので，断罪された命題が抜粋されたのはまさにこの『梗概』からだと思われる。

この著作の名が示しているように，ここで問題となっているのは『ニコマコス倫理学』に関する，またかつてアルベルトゥス・マグヌスが行った註解に関する題材の梗概，もっと正確に言えば今日主要テーマの索引（index rerum notabilium）と呼ばれているものである。『神学大全』の倫理学的部分の執筆準備の際，トマスは問題を徹底的に再検討している。すなわち，彼はアリストテレス作品の講解に取りかかり，昔の教師アルベルトゥスの註解も参照し，アリストテレスとアルベルトゥスの主要な参照箇所を指摘しているカードを秘書に作らせた。この仕事がまずカードの形態で始められたことは次の事実から十分明らかになる。すなわち，そこには二重語や場違いな文章や他のおかしな点があるが，これらはもし著者が清書を監視できたなら確実に気づいて取り除いたはずのものである[15]。

この著作は未完成だが，それは仕事を進めるうちに，最初の歩みを導いた教師を拠りどころとする必要がもはやほとんどないことに気づいたからかもしれない。しかし，この著作はトマスが『神学大全』第2部の執筆をどれほど真剣に準備していたかを明らかにするだけのものではない。彼の仕事の方法についても貴重な光を投げかけている。『梗概』でのカードを使った研究は，われわれが『カテナ・アウレア』の執筆の際に予感していた事柄を確証する。すなわち，トマスの秘書たちは口述筆記をする単なる写字生や，トマスの指示に単に従う人でもなく，トマスは彼らに一定の自由を残しており，最終的な形になるまで関与することを控えていた。『梗概』に，指摘した不手際だけでなく，とりわけトマス自身が書くはずがなかった事柄，すなわち彼がはっきり遠ざけていた解釈の繰り返しが見られるのはこのためである。これらの事柄がわれわれのもとにま

---

15) Cf. Gauthier, Léon., p. B 45-47.

で到達していることから、トマスがこの著作を再読できなかったことだけでなく、おそらく出版向けではなかったことも分かる。

加えて、この梗概にはこの類の著作の第二の範例だという利点がある。1259 年の夏以前、つまり第一回パリ大学教授時代に、トマスは聖アルベルトゥスの『自然学小論集』（Parua naturalia）の全体を転写させた。ところが、この書物の最初の巻はまさにアルベルトゥスの『自然学註解』の梗概を含んでおり、これは名前が分からないので秘書 D と呼ばれている者が書いたものである。おそらくトマスのために為されたこの類の著作が他にもあっただろうが、ここからトマスがこれらの仕事道具を軽視していなかったことは十分明らかである[16]。

トマスの人物描写に加えるべきこの新しい要素は、おそらく彼の筆跡から判明した事実ほど驚くべきものではないが、対立しないものである。ゴーティエはジルの結論を知るかなり前に、『梗概』の構成の特性だけを見て、この著作にトマスのすべての特徴を見出せると思った。「アリストテレスのテキスト、聖アルベルトゥスへの敬愛、トマスになじみの表現、より一般的に言えば彼の知的特徴を成す『注文の多さと不注意の混合』、思想の明晰さと表現の自由の混合である。偽作者はこれら無数の詳細を模倣できないだろう」[17]。

『梗概』の執筆時期に関して言えば、ゴーティエは「1270 年頃」を考えている。このことはこの著作のために使用されたアリストテレスのテキストの検討から判明するが、加えてわれわれが知っているすべてのこととも一致する。ま

---

16) Cf. Gauthier, *ibid.*, p. B 51-55. 秘書 D については、A. Dondaine, *Secrétaires de saint Thomas*, p. 26-40 et 185-198 を参照。

17) *Ibid.*, p. B 51. 強調箇所はわれわれによるものである。

た，この日付には『神学大全』第1部と第2部の1を隔てるかなり長い間隔が提起する問題に答えるという利点もある。たとえトマスが他の多くの仕事のせいで，1268年9月から1271年の初めまでの間，『神学大全』の執筆を再開できなかったとしても，『神学大全』について考えることをやめなかったのであり，『ニコマコス倫理学梗概』の作成はこのことを雄弁に物語っている。

『自然学註解』と『形而上学註解』

この時期に遡る多くの註解について同様に長々と述べることはできないが，手短に論じなければならない。というのも，トマスの著作の驚くべき増大——おそらく彼の「爆発」を語らなければならない——は研究者たちに問題を提起せずにはおかないからである。すなわち，著作の順序の問題だけでなく——というのも，著作の執筆がほとんど同時であることを認めなければならず，必然的に日付が重なり合っているからである——，このように膨大な出版の可能性の問題もある。

かつて『自然学』全8巻の註解（Sententia super Physicam）は，マンドネがローマ時代の1265年，すなわち『神学大全』第1部以前に割り当てた。しかし，この見解に賛同する者はほとんどなく，すでにグラープマン，カスタニョーリ（Castagnoli），マンシオン（Mansion）といった複数の著述家たちはこれを疑い，彼らの後にエッシュマンはこの註解を1268年と1271年の間でパリに位置づけることを提案した。より最近では，ワイスハイプルがトマスはこの著作の中で『形而上学』のΛ巻を無差別に第11巻あるいは第12巻として引用していると主張した。それゆえ，このことはトマスが註解の途中でK巻の存在を

知ったことを意味するが,この事実から時期執筆は1271年の間に定まる。というのも,この呼称の変化が起こったのはこの年の中頃だからである[18]。この主張に驚いたゴーティエ神父は親切にも写本に関する一時的な研究を見せてくれたが,そこからトマスが第11巻についてしか語っていないことが判明した。それゆえ,誤りは印刷版の水準に位置づけられる。対して,たとえ執筆時期が第二回パリ大学教授時代の初めだったとしても,ゴーティエは日付として1268-69年の学年を提案している[19]。確実なことだが,トマスが仕事に没頭したのはアリストテレスの著作に強い関心を抱いていたからに他ならない。このことを理解するためには,『自然学註解』が自然物の生成と存在の原理を引き出すことにあてられた巻で始められ,第一動者の存在に関する証明で締めくくられていることを想起するだけで十分である[20]。

〔校訂作業が〕非常に長い間進行中の『形而上学註解』

---

18) Weisheipl, p. 410, correction de 1983. しかし,この主張に関して他の証明は行われていない。

19) Léon., t. 45/1, p. 270*a. Mansion のより掘り下げられた研究を参照。わたしはこの機会に為された研究について再び Gauthier 神父に感謝したい。

20) 『自然学註解』のテキストは Léon., t. 2, 1884 に見出せるが——ただし,アリストテレスのラテン語テキストはトマスが使用したものではない——,これはいくつかの変更を経て P. M. Maggiolo, Turin, 1954 が再び紹介している。英語訳として,THOMAS DE AQUINO, *Commentary on Aristotle's Physics*, transl. by R. J. BLACKWELL, R. J. SPATH and W. E. THIRLKEL, Introd. by V. J. BOURKE, New Haven, 1963 がある。この著作の内容に関して,L. ELDERS, "St. Thomas Aquinas' Commentary on the *Physics* of Aristotle", dans *Autour de saint Thomas*, t. 1, p. 23-63 の簡潔ではあるが正確な紹介文を参照。Cf. B. HARKINS, *God in St. Thomas' Commentaries on Aristotle's Physics and Metaphysics*, Diss. P. U. S. T., Rome, 1986; J.-M. VERNIER, "Physique aristotélicienne et métaphysique thomiste", *RT* 91 (1991) 5-33; 393-413.

(Sententia super Metaphysicam）は，校訂者たちに手ごわい問題を提起している。すなわち，著作の長さについて，トマスが使用したアリストテレスのテキストの版について——五冊よりも少なくないと思われる——，また日付について。原初的写本の検討から分かることに，トマスは註解の中で諸巻の順序に従わなかった可能性があり，加えていくつかの修正を行うために執筆した部分を再検討している。

ここでは他の著作よりも，きわめて複雑なこれらの問題の詳細に立ち入ることができない。『形而上学』Λ巻を引用する仕方は常に執筆の日付を確定するための貴重な基準として役立つと述べることで十分である。研究者たちが到達した最も確実な成果を非常に単純化するならば，トマスは第7巻第1講からこのΛ巻を第12巻と呼び始め，第12巻の終わりまでこれを変えなかった。それゆえ，この部分は1271年の半ば以前には書けなかった。それゆえ，註解を執筆し始めたのは1270-71年の学年に遡る可能性があるが，第2巻と第3巻は特殊な問題を提起している。それらの巻はトマス自身による修正の，あるいは二次的執筆の成果だと考えられるが，こうした修正や二次的執筆はおそらくΛ巻の呼称の変化が起こったおよそ1271年終わりかそれ以前より後に行われた。もしこれらの日付——これはドゥイン（Duin）が提案した日付に一致する——を考慮に入れるならば[21]，執筆は少なくとも部分的にはパリでなされただろうが，エッシュマンやワイスハイプルのような著述家たちはナポリの可能性も考えている[22]。また，執

---

21) J. J. DUIN, "Nouvelles précisions sur la chronologie du Commentum in Metaphysicam de S. Thomas", *RPL* 53 (1955) 511-524. 非常に専門的なこの研究は，Th. Käppeli と A. Dondaine のナポリ写本に関する先行業績を取り上げ正確に述べている。

22) Eschmann, *A Catalogue*, p. 404; Weisheipl, p. 412-413.

筆し始めたのがローマ時代に遡る可能性を排除していないジェームス・ドゥグ（James Doig）が未解決のままに残した仮説もある[23]。批判的校訂版が出版されないかぎり，これらのおおよその見当に優るものは期待できない[24]。研究者たちが完全に確信している唯一のことは，『形而上学註解』が『天体論註解』より以前のものだということである。

未完成の著作

『政治学註解』（Sententia libri Politicorum）。トロメオ以来，この著作が未完成であることが知られてきた[25]。この

---

23) J. C. DOIG, *Aquinas on the Metaphysics. A Historico-Doctrinal Study of the Commentary on the Metaphysics*, The Hague, 1972. この書物はかつてこの註解の全体に捧げられた重要な最初の歴史的モノグラフであり，アヴィケンナ，アヴェロエス，アルベルトゥス・マグヌスの解釈を，彼らとの関係の中で見解を明らかにしているトマスのそれと比較することに努めている。V. J. BOURKE——*The Thomist* 37, 1973, p. 241-243——によってかなり失礼な仕方で扱われた Doig は仕事の重大さを弁護したが——*Ibid*., p. 826-842, トマスの形而上学に関する Doig の解釈は他の批評家たちが問題視した——*RLT* 7, 1975, n° 557, p. 208-218 の G. PERINI の部分を参照。Perini は *DTP* 77, 1974, p. 106-145 でより詳しくこの問題を再検討している。

24) この書物は考えられているほど研究されていない。より最近の研究として，以下を参照。S. MANSION, "L'intelligibilité métaphysique d'Aristote", *RFNS* 70 (1978) 49-62; L. ELDERS, "St. Thomas Aquinas'Commentary on the Metaphysics of Aristotle", dans ID., *Autour de saint Thomas d'Aquin*, t. 1, p. 123-145; J. F. WIPPEL, "The Latin Avicenna as a Source of Thomas Aquinas's Metaphysics", *FZPT* 37 (1990) 51-90.

25) Ptolémée XXIII 11 (éd. Dondaine, p. 152): "Scripsit etiam super physicam, et super de celo, et super de generatione sed non complevit, et similiter politicam sed hos libros comlevit magister Petrus de Alvernia

著作はオーヴェルニュのペトルス (Pierre d'Auvergne) が完成したが, 真正の部分は第3巻6章で中断している。しかし, 1971年のレオニーナ版までのすべての印刷版は8巻から成る「完全な」テキストを伝えている。説明はすべての印刷版が1492年にローマでヴァレンシアのルイ (Louis de Valence) が作成した版に遡るというところに求められる。これは第一に現在普及している版が信用できない理由であり, 第二に最初の3巻そのものを有効に使用できなくしている理由である。すなわち, 最初の編纂者は無情にもトマスのテキストを破壊し, トマスがメルベケのギョームの翻訳から受けとったギリシャ語と解釈を取り除き, 作者のラテン語をルネッサンスの人文学者たちの好みに合うように「改良した」[26]。それゆえ, レオニーナ版のテキストに訴えることは単に推奨されるだけでなく不可欠である。

レオニーナ版の校訂者たちの研究と, アルベルトゥスの『政治学註解』の批判的校訂版が作られていないという証拠固めに関する現在の状況によれば, トマスの註解はアルベルトゥスのよりも後のものであり, トマスは自分の教師のテキストを知っており, 何らかの仕方で活用したと思われる。十中八九, この註解は先行する諸著作と同じパリ時代のものである。この領域では, 写本伝承の情報からいかなる確実性も引き出せないが,『神学大全』第2部の1と第2部の2でこの書物から頻繁に引用されていることに

---

fidelissimus discipulus eius"〔「トマスは『自然学註解』,『天体論註解』,『生成消滅論註解』も書いたが, それらを完成しなかった。また, 同様に『政治学註解』を書いたが, これらの諸巻を完成したのは最も忠実な弟子オーヴェルニュのペトルス教授である」〕.

26) Cf. C. MARTIN, "The Vulgate Text of Aquinas's Commentary on Aristotle's Politics", *Dominican Studies* 5 (1952) 35-64; *Préface* à l'édition du texte dans Léon., t. 48, p. A 15-18.

気づいたエッシュマンは，この著作が多かれ少なかれアリストテレス註解と『神学大全』のこの部分と同時に執筆されたと提案したが，レオニーナ版の校訂者たちもこの提案に賛成している[27]。

『天体論註解』(Sententia super librum De celo et mundo)。この著作に関しては，幸運にもトマスが註解を執筆し始めた時期が確実に分かっている。実際，トマスは最初から最後まで，アリストテレスのこの書物に関するシンプリキオスの註解をメルベケのギョームが与えた版で利用しているが，この翻訳には1271年6月15日の日付が書き込まれている。それゆえ，当然トマスのテキストはこの日付より後のものだが，加えてトマスはそこで，古代の天文学者たちに関してなおもいくつかの誤りを犯している『形而上学』Λ巻の註解よりもはるかによくシンプリキオスの著作に習熟している様子を示している。それゆえ，この最後の事情から，トマスのテキストは『形而上学註解』の後に，またおそらく1272-73年のナポリに位置づけられる[28]。トマスがこの註解を終えられなかったのは病気と死のためだろうか。おそらくただ単に過度の負担のためである。いずれにせよ，アリストテレスの著作が4巻から成るのに対

---

27) Cf. Eschmann, *A Catalogue*, p. 405; Léon., *ibid*., p. A 8——ここには様々な著述家への参照がある。内容に関して言えば，新しい校訂版を使った新しい研究を待たなければならないが，次の研究を参照。H. KERALY, *Préface à la Politique*, Avant-Propos, traduction et explication, Paris, 1974; J. QUILLET, "L'art de la politique selon saint Thomas", *MM* 19 (1988) 278-285.

28) 教養学部の教授たちが，トマスの死後開かれた総会に宛てた手紙の中で，トマスが彼らに約束していたシンプリキオスのテキストを要求していることから，シンプリキオスの書物がパリになかったことが分かる——cf. *Chartul*., n° 447, p. 505。

し,トマスの註解は第3巻の開始直後で中断している[29]。

主題に関して言えば,問題となっているのは明らかに宇宙論であり,非常に掘り下げられた考察を見出せるが,宇宙,天体とそれらの不可滅性,天の神性,その生気,その永遠性についての考察には,われわれの直接的な目的にとって利点がない。明らかなことに,トマスは他の場所よりもここでいっそうアリストテレスをキリスト教信仰の方向へ再解釈しており,まさに世界の永遠性に関する問題の再検討ではこのことが認められる。これらすべてのことはそれなりにトマスの知識と博学を証言しているが,もしトマスが常に知るに値する形而上学的見解でアリストテレス的宇宙論を完成しなかったならば,こうした考察はほとんど歴史的関心しか呼ばないものだったろう[30]。

『生成消滅論註解』(Sententia super libros De generatione et corruptione)。この著作も未完成の註解であり,かろうじて始められていると言わなければならないだろう。というのも,2巻から成るアリストテレスの著作をトマスは第1巻5章で終えているからである[31]。この註解が『天体論

---

29) このテキストは Léon., t. 3 (1886) に見出せるが,R. SPIAZZI, Turin, 1952 で再印刷されている——レオニーナ版の第2巻と第3巻に関して言えば,すでに第1巻よりも改良されている (cf. Bataillon, *L'édition léonine*, p. 456-457)。日付の問題に関しては,Eschmann, *A Catalogue*, p. 402; Weisheipl, p. 376-377 を参照。

30) 次の諸業績のおかげで,この書物のより完全な概略をつかめるだろう。J. A. WEISHEIPL, "The Commentary of St. Thomas on the *De caelo* of Aristotle", *Sapientia* (Buenos Aires) 29 (1974) 11-34; L. J. ELDERS, "Le commentaire de saint Thomas d'Aquin sur le *De caelo* d'Aristote", dans *Proceedings of the World Congress on Aristotle* (Thessaloniki August 7-14, 1978), t. II, Athènes, 1981, p. 173-187; A. CAPARELLO, "La terminologia greca nel Commentario al *De caelo*: Tommaso d'Aquino e lingua greca", *Angelicum* 55 (1978) 414-457.

31) Léon., t. 3, p. 261-322 のテキストは, Spiazzi, Turin, 1952 で

『註解』と『自然学註解』より後のものなのは確実であり，それというのもトマスははっきりとこれら二冊の著作を参照しているからである[32]。ギョーム・ド・トッコはナポリ裁判の証言で，この書物を書いていたトマスを見たと確言しており，これがトマスの最後の哲学的著作だったとまで考えている[33]。それゆえ，すべてのことから見て，この著作はナポリに1272年か1273年に，教授活動の最後の数か月——1273年12月以前——に位置づけられる。

　『気象論註解』（Sententia super Meteora）。この著作も終えられていないが，執筆年代に関して正確な結論を出すことは不可能である。1260年以降行われていたメルベケのギョームによるアリストテレス作品の翻訳は，すでに1267年にはラテン人たちに知られていた。たとえトマスの註解が理論的にはこの日付から行われたとしても，大部分の著述家はこの註解をむしろ第二回パリ大学教授時代，あるいはナポリへの帰還後，すなわち1269年と1273年の間に位置づけた[34]。しかし，新しい要素を関連書類に加えるべきである。というのも，トマスのテキストがマイユ・ル・ヴィラン（Mahieu le Vilain）の『気象論』の翻訳——校訂者はこの著作を1270年以前に位置づけることに傾いている——に引用されていることが指摘されたからで

再印刷されている。これらの二冊の書物には偽書のテキストが付してあるが，これは聖アルベルトゥスの着想でトマスのテキストを完成したものである。

32) *De generatione*, lect. 7 (Spiazzi, n° 52): *manifestavimus in VIII physic. et in I De caelo*.

33) *Naples* 58, p. 345: "vidit eum scribentem super librum 'De generatione et corruptione', *quod credit fuisse ultimum opus suum in philosophia*".

34) Cf. Grabmann, *Werke*, p. 278; Eschmann, *A Catalogue*, p. 402-403; Weisheipl, p. 377-378.

ある。もしこの日付が確実だとすれば、このことからトマスの註解はこの日付以前に置かれるだろう。ここでもっともらしい唯一の事柄は、この註解がマイユの著作に先行していたことだが、批判的校訂版が完成しないかぎりこれ以上先に進むことはできない[35]。

19世紀の終わりまでの印刷版で普及したテキストにはかなり重大な欠陥がある。というのも、1532年にヴェネツィアで出版された版のテキストは4巻から成る完全な註解はトマスのものだとしているが、他方ずっと以前からトマスは『気象論』の2巻についてのみ註解したことが知られているからである。1886年にレオニーナ委員会が出版した校訂版はテキストから真正ではないこれらの付加を取り除いたが、今度は基礎となる資料の少なさ——二冊の写本のみを使用した——に苦しめられた。この校訂版はヴェネツィアの版からあまりにも多くのことを取り除いており、トマスのテキストを全体として再現していない[36]。〔『気象論註解』の〕写本伝承——「これはおそらく聖トマスの著作の写本伝承のうちで最も無秩序なものである」——に関するドンデーヌとバタイヨンの業績のおかげで、約10

---

35) Cf. K. WHITE, "Three Previously Unpublished Chapters from St. Thomas Aquinas's Commentary on Aristotle's *Meteora*: *Sentencia super Meteora* 2, 13-15", *MS* 54 (1992) 49-93, cf. 67-68, notes 43-45. White は、*Mahieu le Vilain, Les Metheores d'Aristote*: *Traduction du XIIIe siècle publiée pour la première fois*, éd. Rolf EDGREN, Uppsala, 1945, p. VIII-XVI を参照している。[われわれは『気象論註解』の日付に関して慎重な躊躇にとどまっていた。Gauthier 神父は『自由討論集』の校訂版——Léon., t. 25/2, 1996, p. 499, n. 1——の中で、この註解を1273年のナポリに位置づけることを提案している。同時に、トマスの註解を引用しているマイユの翻訳は1290年頃に位置づけられる。]

36) Léon., t. 3, p. 323-421——同じ巻の付録で、第3巻と第4巻の真正ではないテキストが再現してある。レオニーナ版の同じ巻を再印刷している Spiazzi の版も同様である。

冊の他の写本を検討することで、トマスに三つの補足的な講を回復できた。このことで彼らは「聖トマスが『気象論』を第2巻最終章の前まで註解した」と確言するに至った[37]。しかし、これらの新しいデータを考慮に入れる校訂のやり直しがなお行われるべきこととして残っている[38]。

トマスとアリストテレス

アリストテレス作品の註解のリストはそれだけで、トマスの仕事の強度と迅速さを十分に証言していると思われる。質に関して言えば、意見は分かれている。トマスの死の翌日から彼の敵対者たちはきわめて明確な点について、またトマスが学知の概念を神学に適用した方法について、トマスがアリストテレスに忠実であったかどうかを大変真剣に問うた。このことに関して、トマスの支持者たちは彼らの教師〔トマス〕が哲学を「延長」したことを確かに認めなければならなかった[39]。

この歴史のすべてに改めて目を通さずに、すでに三四半世紀前にマルティン・グラープマンがまとめた方法を想起

---

37) A. DONDAINE et L.-J. BATAILLON, "Le commentaire de saint Thomas sur les Météores", *AFP* 36 (1966) 81-152.

38) これら三つの補足的講を出版した K. White（上記註35参照）は、新しいレオニーナ版も用意している。新しいレオニーナ版が完成するまで、トマスのギリシャ語に関する専門的な研究はすべて不確実なものにならざるを得ない——cf. A. CAPARELLO, "Terminologia greca tomista nel 'commentarium ad Meteorologica'", *Sacra Doctrina* n° 87, an. 23 (1978) 243-287。

39) Cf. C. DUMONT, "La réflexion sur la méthode théologique. Un moment capital: le dilemme posé au XIIIe siècle", *NRT* 83 (1961) 1034-1050; 84 (1962) 17-35; cf. p. 30.

しよう[40]。トマスの思想を再構成するためにこれらの註解をどのように利用すべきかという問題に対して，トマス主義者たちは三つの異なる仕方で答えた。第一の人々は個人的な思想を常に抑制している註解者の客観性と忠実性を強調した。シャルル・ジョルダン（Charles Jourdain）の言葉を借りるならば，「聖トマスの註解が彼自身の見解の痕跡を示すことはめったにない。トマスはほとんど常にアリストテレスにしたがって論じており，自分自身にしたがって述べることは稀である。この規則から外れている文章は数少ない」。グラープマンはこのことに対して，たとえこの評価がかなりうまく適用できるとしても，それはただ一定の尺度でいくつかの註解に対してのみであり，この評価をむやみに他の註解に拡大しないよう注意している。

この第一の立場とは反対に，他の人々——ここにはシュッツ（L. Schütz）やロルフス（E. Rolfes）がいる——が忘れずに強調したことによれば，トマスは個人的な見解を表現することをまったく禁じておらず，必要だと判断すればアリストテレスを修正し拡大している。その結果，アクィナスの思想を再構成するためにこれらの註解を信頼することができる。これら二つの最初のグループの間で，第三のグループはあまり単純ではない中間的な立場を見出そうとした。すなわち，トマスは解釈の基本的な客観的忠実性を維持しているが，自分の見解も表現しているので，それが他の著作で述べている教えと一致している場合には，彼の思想を再構成するためにこれらの註解を利用できる。グラープマン自身はこの第三のグループに属しているが，例えばエッシュマン，シュニュー，ジルソン（Gilson）の

---

40) M. GRABMANN, "Die Aristoteleskommentare des heiligen Thomas von Aquin", dans ID., *Mittelalterliche Geistesleben* I, Munich, 1926, p. 266-313. 対立しあう三つの立場の要約に関しては，p. 297-300 を参照。

ような著述家たちも数え入れることができる。

このような問題提起の仕方は，20世紀の第二四半期でなおも普及していた[41]。その正確な構想は常に妥当だったが，ずっと以前から現代の多くの著述家たちのいっそう根本的な諸問題に場所を譲った。彼らはトマスの解釈の独創性についてだけでなく，忠実性についてもそれ以上に疑問視した。

方法と技術の独創性に関して言えば，ずっと以前から事情は明らかだった。ドム・ロッタンの最初の業績からゴーティエ神父のより最近の研究に至るまで，もはやいかなる者も，かつてマンドネがそうしたように，トマスがこれらの題材の文字的解釈の発明者だったとは主張していない。トマスは特別に独創的であるどころか，1230年頃からパリの教養学部で行われていたことを活用したにすぎない[42]。このことはこの領域の功績のすべてを彼から奪うことではない。というのも，彼はこの手段でかなり注目すべき慣例を作ることができたが，この事実は真相をより明らかにしてくれるからである。

このような解釈のアリストテレスへの忠実性に関して言えば，歴史家たちはほとんど一般的にますます批判的になった。なるほどこのような解釈は知的で深くしばしば字句どおりのものだが，それでもやはり決定的な点についてアリストテレスの教えを曲げており，例えば至福直観という明らかにキリスト教的な原理で導かれている『ニコマコ

---

41) このことについて，T. R. HEATH, "St. Thomas and the Aristotelian Metaphysics", *NS* 34 (1960) 428-460 の例証と，W. H. TURNER, "St. Thomas's Exposition of Aristotle. A Rejoinder", *NS* 35 (1961) 210-224 の修正を参照。

42) 1934年に Dom Lottin は「聖トマス・アクィナスがこれらの題材の文字的解釈の創始者だったと見なすことは独断的である」と書いた。*Psychologie et Morale*, t. 6, p. 230 を参照。

ス倫理学註解』や[43]、アリストテレスにとって全く異質的なものだった存在の形而上学へ方向づけられている『形而上学註解』がその例である[44]。創造の形而上学や多神教の放棄については言うまでもない。かつて現代の最も深遠なトマス解釈者の一人が滑稽に述べたように，トマスはアリストテレスに「洗礼を授けた」[45]。あるいは，ゴーティエとともに，トマスは「すでに完全なキリスト者」だったアリストテレスを受け継いだのであり，トマスの努力はアリストテレスから神学的考察の新しい道具を作り出すために彼にある種の純粋性を与えることだったと言える[46]。今日，本質的な忠実性を弁護しようとする人々ですら，その忠実性が「アリストテレスのテキストを深く掘り下げ，追い越すこと」[47]で遂行された事実を認めなければならない。

われわれの考えでは，もしトマスの真の意図に注意するならば，多くの誤解は避けられるだろう。アリストテレスに関してだけではないが，彼がしばしば繰り返す決まり文句によれば，彼は著者の意図（intentio auctoris）を探究するつもりでいる。これは中世の解釈学における畏敬的解釈の規則の一つであり，その目的は著者が「言わんとする」事柄を発見することである。それゆえ，アリストテレスを

---

43) Cf. H. V. JAFFA, *Thomism and Aristotelianism. A Study of the Commentary by Thomas Aquinas on the Nicomachean Ethics*, Chicago, 1952.

44) 例えば，J. OWENS, "Aquinas as Aristotelian Commentator", dans *Commemorative Studies* I, p. 213-238 を参照。

45) L.-B. GEIGER, "Saint Thomas et la métaphysique d'Aristote", dans *Aristote et Saint Thomas d'Aquin*, Paris-Louvain, 1957, p. 175-220, ici p. 179. この同じ巻には重要な研究 D. A. CALLUS, "Les sources de saint Thomas", p. 93-174 も含まれている。

46) R.-A. GAUTHIER, *Introduction à Anonymi Lectura in Librum De anima*, p. 22.

47) これは，L. ELDERS, "Saint Thomas d'Aquin et Aristote", *RT* 88 (1988) 357-376 の中にある表現である。

理解するために，アリストテレスの思想全体の展開を見出し，アリストテレスがそこから出発し多かれ少なかれ不器用な仕方で表現しようとした探究の真理を想起するよう努めなければならない。この明確な考えから，トマスはアリストテレスを延長するために自分自身を彼に置き換え，彼が考えることすらできなかった事柄を彼に語らせることが許されていると感じていた。アリストテレス思想の歴史的に正確な再構成はトマスの関心を引かなかった。たとえトマスの知識量が現代の歴史家に及ばないとしても，トマスはたいていどのように対処すればよいか非常に適切に理解していた。しかし，彼はむしろいっそうアリストテレスの意図に沈潜し，彼がアリストテレスのものだったと考える直観を終局まで導こうとした。トマスによれば，アリストテレスはキリスト教の啓示の光を欠いていたのでこの直観を検証できなかったが，アリストテレスが「言わんとした」のはまさにこのことだった。

　一見，現代の厳格な方法にしたがって育成された思想史家は，この企てを厳しく裁くことしかできないと思われる。しかし，トマスが20世紀の思想史家のように振る舞うことを時代錯誤なくして期待できるだろうか。……トマスが与えようとしなかった事柄を彼に要求してはならない。最終的には当事者を傷つける慎みのない弁護としてではなく，次のように言える。トマスがこれらの註解を企てたのは，神学者としての仕事をより適切に行うこと，真理を主張し誤りを論駁するという——聖パウロとアリストテレスの二つの学派に理解できるような——知恵の業をよりうまく遂行することを目指す使徒的観点に由来する事実を思い出すならば，トマスの著作をより公正に評価できるだろう[48]。

---

48) この主題に関するより詳しい展開に関しては，Léon., t.

結論として，トマスが他の場所で人間の究極的幸福に関する古代の偉大な哲学者たちの暗中模索と躊躇について行った考察を想起することは確かに場違いではない。トマスは簡潔に，しかし真なる知的愛の情熱から，「これらの偉大な人物の苦悶」に同情している。というのも，彼らは神を認識することでこの世の生の後に究極的幸福に到達することを知らなかったからである[49]。彼らが「言わんとした」ことを表現する試みの中で，トマスは彼らがそれを知ることなく実際に求めていたことを示した。あたかもアテネでアレオパゴスの話し相手たちを前にした聖パウロのように。

トマスと秘書たち

ローマ時代に関する章の末尾で，この三年間にトマスが為した仕事量の多さを強調した。もし今第二回パリ大学教授時代の所産を振り返るならば，驚愕することしかできない。実際，この時代の著作に関して蓋然的に述べようとするならば，以下のリストに達する。『マタイ福音書講解』，『ヨハネ福音書講解』，おそらく『ローマの信徒への手紙』の講義，『神学大全』第2部の全体，さらに第3部の約25

45/1, p. 288*-294* の Gauthier 神父の明晰な説明を参照。

49) *SCG* III 48. わたしのもとに達するのが遅すぎて利用できなかった貴重な小著 ——*Thomas von Aquin. Prologe zu den Aristoteleskommentaren*, herausgegeben, übersetzt und eingeleitet von F. CHENEVAL und R. IMBACH, Frankfurt/Main, 1993——の中で，著者たちはアリストテレス註解の12の序文と『原因論註解』の序文を集め翻訳している。これらのテキストに続く解釈はトマス自身の意図を解明するものであり，トマスの意図が哲学者の解釈だけでなくむしろ真理の探究にあることを強調する著作家たちの見解を完全に正当化している——p. LX-LXIV。

問，約10冊のアリストテレス註解——このうちのいくつかは未完成だが，いくつかは非常に浩瀚である——，またこれらに『原因論註解』を付け加えなければならない。定期討論集『悪について』(101項)，『徳について』(36項)，『受肉した御言の合一について』(4項)，7つの『自由討論集』(176項)，一連の14冊に上る「小著」——このうちの最も重要なものにだけ言及するならば，『世界の永遠性について』，『知性の単一性について』，『霊的生活の完全性について』，『引き離す者どもに対して』，『離存的実体について』が挙げられる。

たとえ歴史的蓋然性——時として確実性——が強力ではないとしても，このリストが引き起こすのは驚きだけでなくむしろ深い疑いである。それゆえ，このことが物理的に可能かどうか，また可能ならいかなる条件でかを問い，検証を試みなければならないだろう。このために数字によるいくつかの想起に訴えるつもりだが，読者のためにそれらの列挙は最小限にとどめたい。また，執筆の正確な日付に関する不確実性から見て，それらの数字は「控えめに」受けとるべきである。しかし，他方でインデックス・トミスティクスの計算は非常に正確で，結局概算の誤差はかなりわずかなものである。

1268年10月から1272年4月末までの期間，すなわち仕事ができた約1253日の間に為された仕事に関する数字による評価は[50]，マリエッティの卓上版では合計4061ページである——この数字は非常にわずかな事柄を除いてインデックス・トミスティクスのためのロベルト・ブーザ（R. Busa）の全集の版の柱の数と同じである[51]——。このこと

---

50) おそらく少しばかり恣意的ではあるが，体調不良や考えられる妨害——トマスが最小限にとどめたことは確実である——を考慮して，一年あたりの仕事日数を350と決めた。

51) 聖書ないしアリストテレスのテキスト，あるいは校訂者の

は一日につき平均 3.24 ページ，すなわち毎日合計 2403 語——というのも，1 ページにつき 742 語を数えるから——という数字に一致する。もし 1271-72 年の最後の 16 か月のみを考察し，かつ 1271 年 1 月 1 日からいくつかの著作が互いに重なり合っている事実を考慮するならば，466 日の間に書かれたページ数は約 2747 に上るが，これは毎日平均 5.89 ページ書くことに相当し，先の数字に優っていることは明白である[52]。おそらく最後の数字は成し遂げた仕事を視覚化することに役立つだろう。すなわち，現在使用している紙，A4 判の 1 ページはぎっしり詰まったタイプで約 350 語を含んでいるので，トマスは 1 日につき 12.48 ページ書いたことになる。

この結果はトマス一人の仕事からは説明がつかないものである。すでに何度も繰り返したことだが，トマスが自由に指示できた秘書チームに言及しなければならない。このようなチームはここで必要不可欠なものとなる。トマスに属する秘書がいたことは最初のパリ滞在以来証明されているが，その後にも絶えず見出される。例えば，レギナルドゥスの筆は様々な写本で識別できるし，おそらくアスティのヤコブスの筆もそうである。筆跡が常に同定できるわけではないが，幾人かの名前が分かっている。すなわち，レイモンド・セヴェリ（Raymond Severi），マルシヤックのニコラウス（Nicolas de Marsillac），アンドリア

註を注意深くマリエッティ版のテキストから取り除く場合，Busa の版の柱はマリエッティ版の 1.024 ページに相当する。

52) もし次章で見るように，『ローマの信徒への手紙註解』をナポリ時代に移すためにパリ時代から取り除かなければならないとすれば，平均値は次のように修正すべきである。それゆえ，1268-72 年の期間全体に関して合計 3896.3 ページ，毎日平均にして 3.10 ページ——すなわち 2298 語——書かれた。最後の 16 か月に関して言えば，合計 2581 ページ，一日あたり平均 5.50 ページ——すなわち，4081 語，A4 判でぎっしり詰まった 11.65 ページ——書かれた。

のペトルスの三人はみなドミニコ会士だった。すぐに取りあげることになる在俗の聖職者エウェヌス・ガルウィト（Evenus Garvith）は専門家だったかもしれない。他方，『マタイ福音書講解』の記録者ブザンソンのレジェはトマスの生徒にすぎなかったと思われる[53]。

トッコはトマスが時間の大部分を書くことあるいは口述に費やしていたとしばしば繰り返している[54]。第二の仕事が時間とともに優勢になったはずだろう。というのも，希少な自筆原稿はトマスの経歴の初期に属する著作——『イザヤ書註解』，『ボエティウス「三位一体論」註解』，『命題集註解』第3巻——の自筆原稿だからである。『対異教徒大全』は知られている最後の例だと思われる。おそらくトマスは自分の筆跡が平均的な写字生にとって判読するにはあまりにも難しいことに気づいたのだろう。しかし，トマスの教育活動の初期から秘書がいたことが分かっており，トマスに複数の人物に対して同時に口述する習慣があったことも分かっている。

例えば，カプアのバルトロメウスはトマスの日々の過ごし方を語るときに，ミサを執り行い講義をした後に，「執筆と複数の秘書に対する口述を始めていた」[55]ことを伝えている。トッコは彼が「トマスの同僚，生徒，秘書との真の関係」から学んだと主張する同じ事実を知らせている。

---

53) ここで参照すべきは，優れた書物 A. DONDAINE, *Secrétaires de saint Thomas*, Rome, 1956, surtout chap. I 1, p. 1-25, et II 4, p. 186-208 と，重要な研究 H.-D. SAFFREY, "Saint Thomas d'Aquin et ses secrétaires", *RSPT* 41 (1957) 49-74 である。G. CAPPELLUTI, "Fra Pietro di Andria e I Segretari di S. Tommaso", *Memorie Dominicane* 6 (1975) 151-165 も参照。

54) *Ystoria* 28, p. 291; 29, p. 295; 30, p. 299 (Tocco 28-30, p. 102-105).

55) *Naples* 77, p. 373: "ponebat se ad scribendum et dictandum pluribus scriptoribus".

彼によれば，教師トマスは「同時に様々な主題について三人，時として四人の秘書に口述していた」[56]。それから，トッコはトマスの秘書（scriptor suus）だったトレギエ司教区のブルターニュ人だったエウェヌス・ガルウィトの逸話を伝えている。ガルウィトによれば，「トマスは彼と他の二人の秘書に口述した後，少し休息するために座ると眠り込んだが，眠りながらも口述を続けた」[57]。この奇妙な口述の仕方をどのように解釈しようとも，この逸話は教えに富んでいる。すなわち，そこから同時秘書が複数いた新たな証明が得られるのであり，彼らのうちの一人は正式な秘書であり，在俗の聖職者でもあった[58]。しかし，同時にトマスの疲労も確認できる。

複数の秘書に対して同時に口述することは歴史的に未知のものではない。カエサルやナポレオンの事例が伝えられている。今日では複数の試合を同時に行えるチェスプレイヤーを見て驚く人はほとんどいない。この類の実例はおそ

---

56) *Ystoria* 18, p. 253 (Tocco 17, p. 89): "Nam ut uera relatione sui socii et suorum studentium et scriptorum ueraciter est compertum, predictus doctor de diuersis materiis tribus scriptoribus et aliquando quatuor in sua camera…dictabat."

57) "De quo (Thoma) retulit scriptor suus, quidam Bricto, Euenus Garuith Trecorensis dyocesis, quod postquam dictauerat sibi et duobus aliis scriptoribus quos habebat, tamquam fessus pre labore dictandi, ponebat se dictus doctor pro pausationis gratia ad quietem, in qua etiam dormiendo dictabat." Garuith――Prümmer によれば，通常は Garnit――と書くべきである。また，彼の出身司教区がブルターニュのトレギエか，それともアイルランドのコークか議論がなされてきた。Le Brun-Gouanvic はこの文章に関する註の中で，彼の名の真正の綴りを回復し，いかなる写本も Crocarensis という読み方をしていないと確言している。

58) 在俗の者がトマスに仕えているのを見て驚いてはならない。というのも，在俗の者を秘書として採用できることがはっきりと定められていたからである――cf. HUMBERT DE ROMANS, *De vita regulari*, II, p. 267-268。

らくトマスの場合に起こった事柄をいくらか理解するのに役立つ。それゆえ，彼の伝説的な没頭（abstractio mentis）はすべての仕事を首尾よく行うために不可欠の条件だった。しかし，同時に仕事に関する真の組織化ないし合理化も考慮に入れるべきだろう。『カテナ・アウレア』の執筆とそれが前提とする参考資料の膨大な調査に関してこのことを推察できる。『真理論』とともにこのことに近づき──そこでトマスはカードを使っている──，『ニコマコス倫理学梗概』とともにこのことにいわば指で触れる──そこでは教授の点検以前の秘書の仕事がほとんど元のまま残っている──[59]。

奇妙な例がおそらくトマスの仕事の方法について何らかの補足的な光を投げかけてくれるだろう。ずっと前から『神学大全』第2部の2第10問12項──ユダヤ人の子らは気の進まない両親から洗礼を受けるべきか（Utrum pueri Iudaeorum…sint inuitis parentibus baptizandi）──が，韻による省略と写字生のいくつかの小さな誤りを除き，異論と解答を含めて『自由討論集』第2巻4問2項の字句どおりの繰り返しであることが指摘されてきた。ここでトマスは複写すべきテキストを助手の一人に与え，トマス自身はそれを読み直さなかったと考えることができる。必ずしもこのような例外的な事例を指摘できるわけではないにせよ，秘書がしばしばこのようにして後は教授の仕上げを待つのみの材料を用意したと推測できる。有能な助手の協力という恩恵に浴したすべての教授は容易に手続きを理解しただろう。それゆえ，われわれの考えによれば，著作の執筆を行う真の仕事場で組織されたトマスの協力者たち

---

[59] Tugwell, p. 616 は，ここで疑いを表明している。われわれの考えによれば，彼はこれらのデータを解釈する方法を十分に探究しなかった。

——これは絵画の学派では周知の例であり，文筆の領域でよく知られた「代筆者」の慣行については言うまでもない——を思い描くことについてあまりにも先に進むべきではないが，トマスの多産性をもっともらしく説明する方法は他にはない。

先のページで引用した，トマスの疲労に注意を促したテキストは，ほとんど指摘されることがなかった他の側面を強調している。トマスは徹夜や夜なべ仕事によってのみこれらすべてを並行して行えたが，同時にこれら行き過ぎの結果——彼はきわめて快適なところならどこでも眠り込んだ——や時おり生じる事故——トマスは三位一体について口述していた際，気づかずに蝋燭で火傷したと言われている[60]——を逃れられなかった。レギナルドゥスも『イザヤ書』に関する文章の口述を聞くために夜間起こされたことを覚えていた。しかし，レギナルドゥスが眠っていた間，トマスは目覚め，祈り，声に出して熟考していた[61]。

よく知られたこれらの話は，逸話的側面あるいは敬意に満ちた解釈のためにしばしば信用されない。このようにし

---

60) *Ystoria* 47, p. 348 (Tocco 47, p. 121). ここで問題となっているのはおそらく『ボエティウス「三位一体論」註解』であり，それゆえこのことは第一回パリ大学教授時代の出来事である。［直前の文章は削除すべきである。というのも，この提案は誤りに陥るからである。なぜなら，『ボエティウス「三位一体論」註解』の自筆原稿があるので，語られた挿話はこの著作の口述の途中には起こりえなかったからである。］

61) *Ystoria* 31, p. 302 (Tocco 31, p. 105); *Naples* 59, p. 346; 93, p. 399. トマスの部屋の隣にいたジャン・デル・ジューディチェ（Jean del Giudice）は似たような事実を伝えている。"frequenter audiuit ipsum loquentem cum aliquo et sepius disputantem, cum solus et sine socio in ipsa (cella) maneret"〔「トマスが部屋に一人でいるとき，しばしば彼はトマスが誰かと語り頻繁に議論するのを聞いた」〕(*Ystoria* 31, p. 304). この話はトッコの第四版には含まれているが，*Fontes* には含まれていない。

て，それらが前面に押し出すことなく伝えている実際の事実を無視するのは残念なことだろう。にもかかわらず，すでに長い間，精神史の分野では奇跡をいわばパリンプセストとして読む慣例があった[62]。もしこれらすべてのことをよく覚えていようとするならば，ナポリでの最期の日々に関するトッコの話が厳密な真実のみを表現しており，当時のトマスの生活の仕方がおそらくすでに長い間行ってきたものだったことがきわめて容易に理解できる。

　　毎日，修道士トマスは朝早くに聖ニコラウス礼拝堂でミサを執り行った。今度は他の司祭がすぐ後に続いてミサを執り行った。トマスはそれを聞いた後，祭服を脱ぎ，すぐに講義をした。それが終わると，執筆と複数の秘書に対する口述に取りかかった。その後，食事をとり，自室に帰り，休息の時間まで神的な事柄の考察に励んだ。休息の後，再び執筆を開始した。このようにして，彼は生の全体を神に秩序づけていた[63]。

なるほどここにはこの時代の修道士に関するきわめて普通のことしか言われていないが，テキストを恣意的に解釈しなくても，トマスが朝から晩まで一分も無駄にしなかったことは容易に理解できる。トマスの伝記作者たちが彼の並外れた著作活動に言及するとき，彼らは進んでそこに何らかの奇跡を見ている。もし奇跡が存在するならば，おそらくそれはトマスが約25年間ますます強度を高めながらこの仕事のペースを保持したという事実のうちにある。

---

62)　Cf. G. BEDOUELLE, *L'histoire de l'Eglise. Science humaine ou théologie ?*, Paris, 1992, p. 44ss.

63)　Barthélemy de Capoue: *Naples* 77, p. 373.

非常に多くの論争，出版，個人的な仕事があった——おそらく人間的接触も豊富だったろうが，それらは分からず，推測することしかできない——この第二回パリ大学教授時代の終わりに，働き盛りで，学知の面で円熟し，活動と計画に満ち溢れた男を想像することができる。

すでにトマスが巻き込まれた論争での彼の反応から，彼が生来の気質どおり，激しやすく性急であり，敵対者たちが述べた虚偽や彼らの知的限界に対してそれほど寛大ではなかったことが分かる。しかし，もしこのことについてうわべの事柄にとどまりたくないなら，これらすべてのことの背後に，トマスの人格をなおも明らかにしうる事柄を推察しようとすべきである。実際，彼の著作から分かることに，この時代にはいくつかの領域に関して彼の見解はかなりはっきり変わっており，このことからおそらく彼の精神的様相のある種の修正が垣間見える。

すでにドム・ロッタンは『悪について』第6問と『神学大全』第2部の1第9-10問の自由意志に関してこのことを指摘したが[64]，そこでは自由な行為に達する原因についてきわめて詳細に説明されている。以前は理性のみが問題となっていた——というのも，熟慮を伴う意志の自由は先行する判断の未決定性に基づくからである——のに対し，その後トマスは四つの要因の共働を強調している。すなわち，形相因としての理性，対象が意志に提示される仕方に影響を与える感覚的欲求の情念，追求する目的に応じて動く意志そのもの，最後に神自身である。おそらく外的な出来事がここでその役割を果たしたが——というのも，1270年12月に自由を否定する諸命題が断罪され，トマスのいくつかの教えがそこに含まれていると信じられたから——，同時にトマスの諸見解の成熟も認めなければならな

---

64) O. LOTTIN, *Psychologie et morale*, t. 1, p. 225-262.

いのであり，この成熟のおかげで，〔理性のみを問題としていた〕最初の分析よりもはるかに複雑な人間理解が生じたのである。

今度は『神学大全』第2部に関する優れた権威であるラミレス（Ramirez）神父が，13世紀の偉大な二学派——一つはアウグスティヌス的傾向を持つ「情動的」学派，もう一つはアリストテレス的方向性を持つ「思弁的」学派——におけるトマスの正確な位置をつきとめようとして，信仰という対神徳，さらにそれに随伴する知解と知恵の賜物を論じる際にトマスがどう発展したかを考察した。『真理論』では，善く行為することの遠い契機（occasio remota aliquid operandi）という価値を除けば[65]，信仰は純粋に思弁的な，実践的秩序の価値をほとんど持たない徳と見なされていたのに対し，『神学大全』第2部ではすべてが変化している。信仰の固有対象である第一の真理は「われわれのあらゆる欲求と行為の目的」でもあるので，信仰は愛によって働かなければならない。それゆえ，初め観想的だった信仰は思弁的知性のように拡張によって実践的なものになる[66]。ここからラミレスは，このことに関する他の多くの点と同じように，円熟に達したトマスが思想の上でますます聖アウグスティヌスの影響を受けるようになったと考えた[67]。実際，トマスはこの箇所ではっきりと聖アウグス

---

65) *De uer..* q. 14 a. 4, ligne 114 (Léon., t. 22/2, p. 450).

66) *ST Ia Iae* q. 4 a. 2 ad3: "Sed quia ueritas prima, quae est fidei obiectum, est finis omnium desideriorum et actionum nostrarum, ut patet per Augustinum, in I *De Trinitate*, inde est quod per dilectionem operatur. Sicut etiam intellectus speculatiuus extensione fit practicus, ut dicitur in III *De anima*."

67) J. M. RAMIREZ, *De hominis beatitudine. Tractatus theologicus*, t. 3, Madrid, 1947, p. 192-193. 聖霊の賜物である知解と知恵に関して，*Sent.* III d. 34 q. 1 a. 2 および *Ia Iae* と *IIa Iae* q. 8 a. 6 et 3 を比較できる。

ティヌスに従っているが，同時にアリストテレスも参照している。すなわち，もしアウグスティヌスがトマスに必要な権威を提供したならば，アリストテレスはこのことを説明する技術的手段を与えたのである。

これらの考察に付加できることに，ゴーティエ神父はトマスが禁欲と堅忍の座を論じる際に同じように発展したことを指摘した。すなわち，トマスは『神学大全』第2部の2を含めた経歴の初期にはそれらを語の厳密な意味における理性のうちに位置づけていたが，第2部の2第155問以降はそれらを意志のうちに置くようになった。ゴーティエによれば，トマスは『ニコマコス倫理学註解』の倫理学に，『霊魂論註解』のアリストテレス的心理学の豊かさを活用したことでこのように発展したのであり，そこに「トマスが最初に表明した過度の主知主義」の緩和のしるしを見るべきだろう[68]。

さらに先に進んで，ワイスハイプルが行ったように，『神学大全』の最初の二つの部分の間に看取できる雰囲気の変化を説明できないとしたエッシュマンの困惑を想起する必要があるだろうか。第1部の冷たく形而上学的，無味乾燥で非妥協的な筆致に対して，第2部は非常に人間的で，繊細さと微妙な差異に満ちている。自分の責任でこれらの指摘を再検討したワイスハイプルは，この変化の理由をトマスの人格，現実理解，結果として著作に影響を与えた何らかの深い霊的経験の側に求めることを提案している[69]。

このことはまったく排除されない。実際，オルヴィエト時代について聖体の聖務日課の執筆が象徴しているような転機を強調した。しかし，『神学大全』第1部と第2部の

---

68) Gauthier, *La date de l'Ethique*, p. 98-104.
69) Weisheipl, p. 272-273.

間に確認できる相違について頑なに反対する理由がないことは確実である。むしろ，この発展をすでに人間的な仕方で説明するいくつかの集約的要因を指摘しなければならない。まず，題材そのものがまったく異なる扱い方を要求していた。すなわち，人間的行為の法則が問題となっている場合に経験に訴えるやり方は普通のことである。アリストテレスに関して，『自然学』あるいは『形而上学』から『ニコマコス倫理学』および『弁論術』への移行の中で似たような変化を指摘できる。次に，『神学大全』の最初の二つの部分は約三年の間隔で隔てられている。この間にトマス自身が変わる時間があったと思われる。最後に，部分的にではあれ，この期間は『霊魂論』を註解すること，また第2部で非常に豊富に利用している『弁論術』および『ニコマコス倫理学』をよりよく知ることに費やされた。トマスがアリストテレスの倫理学や心理学に加えた修正にもかかわらず，その代わりにトマス自身がそれらから深い影響を受けたことはほとんど疑いない。

　これらの試験的説明は部分的にして仮説的なものなので，おそらく確認できた現象を完全に説明するには十分でない。しかし，この発展に関する全体的研究が現れないかぎり，これ以上先に進むことはほとんどできない。しかし，トマスをよりよく知るためには，この発展の豊かさと深さを正確に述べることが重要である。

第 13 章
ナポリでの最後の教育活動

　トマスは約四年間の滞在の後，1272 年の春にパリを離れた。四旬節以来，大学は再び動揺の時代を経験していた。すなわち，あまり明らかでないのだが，教授たちとパリの司教が対立し，ストライキが起こった。これは四旬節から洗礼者聖ヨハネの日，すなわち学年末まで続いたに違いない。実際，法学部のみが最後までこのストライキを守り抜いたはずだが，他の学部――あるいは，少なくとも修道士の講座――が同じように巻き込まれることはなかったと思われる[1]。

　日付が問題となっている場合に非常にしばしば起こることだが，ここであまり確実性は求められない。トマスが 1272 年の四旬節になおも自由討論を開いたことは確実である[2]。これは彼にとって大学の活動が完全に中断していたわけではなかったことの，あるいは少なくとも神学部がストライキの影響を免れていたことのしるしである。しかし，この同じ年の聖霊降臨祭――1272 年 6 月 12 日――の直後，フィレンツェで開かれたローマ管区会議はトマス

---

　1) *Chartul.*, n° 445, p. 502-503; cf. Mandonnet, *Siger*, p. 202-206.
　2) Gauthier によれば，ここで問題となっているのは『自由討論集』第 12 巻であり，その講義録をトマスが見直すことはなかった。Tugwell, p. 318-319, note 262 もこの見解に賛成している。

に神学のストゥディウム・ゲネラーレを設立する仕事を委託し，場所や生徒の質と数に関する自由な選択を彼に託した[3]。

この決定はトマスがすでにイタリアに戻っていた，あるいはまさに戻るところだった事実の証拠である。このことは，二年後トマスの死後リヨンで開かれた総会に宛てて書かれた手紙で確証が得られる。その中で教養学部の教授たちは，1272年の聖霊降臨祭のフィレンツェでの総会に対して当時自分たちがトマスのパリ帰還を要求したことに言及している[4]。パリの教授たちはリヨンでの会議に対して，トマスが彼らに約束したいくつかの書物を送ること，またこれは彼らがトマスを大変尊敬していた証拠だが，少なくともトマスの遺品を自分たちに与えるよう要求した。ポール・シナーヴ（Paul Synave）は，この手紙が示唆している1272年の嘆願を他の仕方で解釈している。すなわち，彼はそこにトマスをパリに引きとどめる最後の試みを見ている。というのも，もしトマスがすでにイル・ド・フランスを離れていたならば，もはや要求が達成されるいかなる機会もなく，戻ってくる彼を見るという期待は無駄になるだろうからである[5]。

もしここでこのことについて他の機会で得た基準を適用するならば，この旅行は学年が終わった後に，すなわち夏の盛りに企てられた事実を疑うことができる。それゆえ，復活祭直後の春にこの旅行を位置づける方がより自然だと思われる。トマスは後継者であるローマのローマン——彼は1270から1272年までトマスの命題集講師だったが，

---

3) *MOPH*, t. 20, p. 39: "Studium generale theologie quantum ad locum et personas et numerum studentium committimus plenarie fr. Thome de Aquino".

4) *Chartul.*, n° 447, p. 504. 手紙の日付は1274年5月2日である。

5) P. Synave, *Le problème*, p. 159.

第 13 章　ナポリでの最後の教育活動

一年も経たない 1273 年 5 月 28 日より前に亡くなったに違いない[6]——を任命する時間をつくったが，その直後ナポリに向けてパリを離れなければならなかった。アルプス山脈を通ってかあるいは海を通ってか，選択された旅行手段がいかなるものであれ，トマスは聖霊降臨祭にはイタリアにいた可能性がある。われわれが再び取り上げることになる複数の資料は，彼が 1272 年 9 月 10 日にナポリにいたことを証明している[7]。

考えうることとは反対に，トマスに委託された研究の新たな中心施設を設置する場所としてナポリが選択されたことは，トマスの自由になる問題ではなかった。このような目的を持つこの場所は，ローマ管区のための二つのストゥディウム・ゲネラーレ——一つはナポリ，もう一つはオルヴィエト——の創設を決めた先の管区会議ですでに指定されていた[8]。すでに三年前の 1269 年に採択されたこの決定は，おそらく少なくとも実行に移され始めていた。すなわち，管区内の修道院から送られる生徒たちを受け入れるために最小限の組織が置かれていたに違いない。さらに，まったく客観的な理由もこの選択を余儀なくしていた。というのも，考えられる他の町々のうちでナポリはイタリアの最も有力な王子が住んでいた場所であり，またナポリのみがフリードリヒ 2 世の創設とカルロ 1 世（Charles I）の復興の試み以来，いくらかの大学的伝統を保有していたか

---

6) ロマーノ・ロッシ・オルシーニ（Romano Rossi Orsini）は，再び見出すことになる枢機卿マテウス（Matthieu）の弟であり，後のニコラウス 3 世の従兄弟である。彼について，『命題集』の最初の 2 巻の註解といくつかの説教が保存されている——cf. Glorieux, *Répertoire* I, n° 28, p. 129; Käppeli, *Scriptores* III, p. 332-333。トッコはローマンの死後，トマスが彼について見た幻を伝えている——*Ystoria* 45, p. 342-344; Tocco 45, p. 118-119。

7) *Documenta* 25-28, p. 575-580.

8) *MOPH*, t. 20, p. 36.

らである。

　それゆえ，たとえトマスがすでに四年間パリで過ごしたという理由や，また修道会の政策が常に教授たちの迅速な交替を促進していたという単純な理由でそこを離れた可能性は排除できないとしても，シャルル・ダンジューがこの帰還の発端だったこと，またこの中心地が選ばれ，有名な教授がこの新しい神学的中心施設の指導者になるよう彼が圧力をかけたことは不可能でないばかりか蓋然的ですらある。実際，彼は 1272 年 7 月 31 日の手紙の中で，パリのストライキを利用しようとし，教授と生徒が町——彼はその美しさと便利さをほめそやしている——に来て仕事を続けるよう促している[9]。少なくとも三人の誘惑された教授がいるが[10]，さらにトマスは教育の俸給として国王から一か月につき金 1 オンスを受けとることになった[11]。

　トマスの到着以前の事柄について何も知られていないばかりか，彼が配置した具体的組織についてはなおのこと分かっていない。しかし，この新たな施設は単に「ローマ管区の優れた中心施設」ではなかったと確言できる[12]。実際，管区の決定は，修道会全体のストゥディウム・ゲネラーレの数を四施設の代わりに六施設にしようとしたフィレン

---

9) *Chartul.*, nº 443, p. 501-502: Naples est "aeris puritate salubris, loci amenitate conspicua, ubertate rerum omnium opulenta"〔ナポリは「空気が澄んでいるために健康によく，著しく快適な場所であり，あらゆる事物が豊富にある」〕.

10) ここで問題となっているのは，ブロワのペトルス（Pierre de Blois），クールトンのロベルトゥス（Robert de Courton），シャティニヨンヴィルのヨハネス（Jean de Centenovilla）である——*ibid.*, p. 502 note。

11) *Documenta* 28, p. 579-580. 次章でこの問題を再検討するつもりである。

12) このことは WN, p. 175 が考え，Weisheipl, p. 326 が従っている事柄に対立している。

ツェ (1272年) とブダペスト (1273年) の総会で採択された諸決定の論理のうちに位置づけるべきである[13]。1274年にリヨンで開かれた会議は、必要な第三の承認を拒むことでこのようにして始まった過程を中断したが、この中断から新たな設立の意味が理解できる[14]。すなわち、パリほどの重要性はなかったとしても、ナポリのドミニコ会のストゥディウムは実際上、ボローニャ、パドヴァ、モンペリエの大学の神学部に相当していた。

『パウロ書簡』の講義

トマスの生涯で最後の月日に教えられた題材に関して言えば、現在使用できるあらゆる証拠のおかげで、この題材が『パウロ書簡』、より正確には『ローマの信徒への手紙』だったことが分かっている。長い間、この主題に関して研究者たちの間では躊躇が慣例だった。マンドネからグロリユーを経てワイスハイプルに至るまできわめて大きな相違が常にあり、きわめて創意工夫に富んだ仮説が表明されたと言うことすらできる。それらは最新の研究成果——レオニーナ委員会の諸業績のおかげでそれに近づくことができた[15]——の下で全体として再検討すべきものだが、おそら

---

13) Cf. *MOPH* III, p. 164 et 167.

14) ナポリが正当な権利としてストゥディウム・ゲネラーレを持ったのはようやく1303年になってからだが、当時イタリア南部はローマ管区から独立した管区となっていた。この決定を採択したブザンソンの会議が「シチリア王の要求で」(ad instanciam domini regis Cicilie) 行ったことはかなり注目すべき事実である——*MOPH* 3, p. 325。

15) レオニーナ委員会カナダ管区オタワ支部の Gilles de Grandpré 神父に熱烈に感謝したい。彼は『パウロ書簡註解』の校訂版を用意しているが、気前よく一次的情報を伝えてくれた。

くなおも彼らの提案を活用できる。

マンドネによれば，トマスは『パウロ書簡』を二度にわたって教えた。一度目は1259年から1268年までイタリア——オルヴィエトないしローマ——で，二度目は1272年10月から1273年12月までナポリにおいてである。トマスが再検討したのは，最初の講義に満足しなかったためだろうが，この新しい企ては彼の死で中断したと思われる。この第二のグループからわれわれのもとに伝えられているのは，『ローマの信徒への手紙』に関して，また『コリントの信徒への手紙1』の最初の部分に関してトマス自身が書いた註解（expositio）である。第一のグループからは，『コリントの信徒への手紙1』第11章から始まるレギナルドゥスの講義録（reportationes）のみである。というのも，より完成度の高い註解のために，単に記録しただけの対応箇所は大切に扱われなかったと推測できるからである[16]。

このような仕方で事柄を見る出発点には目録における一致する情報があるが，その目録は一方で『ローマの信徒への手紙』および『コリントの信徒への手紙1』第11章あるいは第10章までの註解（Super epistolam ad Romanos et Super primam ad Corinthios capitula XI (ou X)）——これらはトマスの著作の第一のカテゴリーに属している——と，他方で『コリントの信徒への手紙1』第11章から『パウロ書簡』の最後までの講解（Lectura super Paulum a XI capitulo prime ad Corinthios usque ad finem）——これらはピペルノのレギナルドゥスの講義録である——の間にはっきりとした区別を設けている[17]。この既知事項は，おそら

---

16) Mandonnet, *Chronologie des écrits scripturaires*, p. 70-93. ［この二度にわたる『パウロ書簡』の講義に関して，下記582-583ページを参照。］

17) これはプラハのリスト（Grabmann, *Werke*, p. 92-99）とカプ

く部分的にではあれ、細部に関する多くの批判にもかかわらず、マンドネが提案した全体的枠組みを多くの研究者が支持したことを説明している[18]。われわれの知るかぎり、ワイスハイプルのみが例外的に『ローマの信徒への手紙』の講解を第二回パリ大学教授時代に位置づけようとしたが、この見解を支持するのは難しい。というのも、この著作の写本の普及はイタリアに起源があると思われるからである[19]。

この仮説が受け入れられると、多くの専門家たちは内的批判の指摘でそれを根拠づけられると考えた。すなわち、『ローマの信徒への手紙註解』の教えは残りの書簡の註解の教えよりも進んだ教義的発展を示している——酩酊の罪、不信仰者の救済、あるいは聖霊の賜物について——[20]。この理由をトマスがこの部分を直接書いた事実のうちに見出せると考える者もいたが、これは十分ではないと思われるのであり、議論の余地のない教義的発展はレギナルドゥスの講義録とこの新しい執筆との間のかなり長い時間的間隔を前提としている。

─────────────

アのバルトロメウスのリスト（*Naples* 85, p. 388-389）の二つに共通の情報である。トロメオ（XXIII 15, p. 155）は異なる仕方で自分の考えを述べているが、『ローマの信徒への手紙』——『コリントの信徒への手紙』ではない——と残りの書簡との相違を強調している。『ローマの信徒への手紙』を別にすれば、これらのいかなるテキストも註解（expositio）という言葉を使っていない——Prague 2: *glosas*。

18) 次の研究を列挙することで十分である。Spicq, *Esquisse*, p. 305-306; Glorieux, *Les commentaires scripturaires*, p. 254-258; Eschmann, *A Catalogue*, p. 399; Weisheipl, p. 407-408.

19) 確かに、トマスはパリでの最後の一年間に『ローマの信徒への手紙』の講義をし、多かれ少なかれあわただしいイタリア出発のせいでパリでの普及が妨げられたと考えることもできる。

20) とりわけ、H. BOUILLARD, *Conversion et grâce chez S. Thomas d'Aquin. Etude historique* (Théologie 1), Paris, 1944, p. 225-241: "Date du Commentaire de saint Thomas sur l'épître aux Romains" を参照。

たとえこの全体的枠組みがおそらくなおも将来性を持つとしても，マンドネの諸見解はいくつかの点について重大な見直しを要求している。このようにして，今日ではいかなる者もマンドネに自明だと思われた事柄，すなわちトマスが並行して聖書の二つの書物——一つは旧約聖書から，もう一つは新約聖書から——を註解したことを支持しない。しかし，より直接的にはトマスが1259年から1261年までに行ったことは分かっていない。次いで，1261-65年のオルヴィエト時代が『ヨブ記註解』——たった今述べたように，この著作をパリに位置づけたマンドネは不適切だった——の時代であったことは分かっている。また，この時代は『対異教徒大全』が完成し，『カテナ・アウレア』の少なくとも『マタイ福音書』の部分の作成が始まった時期だった。トマスにはこれらと同時に『パウロ書簡』を教える物理的可能性があっただろうか。それゆえ，もし『パウロ書簡』の最初の講義が〔1259-68年の〕この時代に行われたという仮説を保持しなければならないとすれば，最もうまく適合する時代は1265-68年のローマ時代だと考えられる[21]。しかし，このことのためには上で提案した仮説を受け入れなければならない。すなわち，『命題集』の他の講解も『神学大全』第1部も実際の教育対象とはならず，トマスは授業の日はいつも聖書の講義をし続けたのである。それゆえ，『パウロ書簡』は非常にうまく講義の題材を提供できたと思われるが，ここで確実性を欠くものは何もない[22]。

---

21) ここで P. SYNAVE, "Les Commentaires scripturaires de saint Thomas d'Aquin", *VS* 8 (1923), p. 464, cf. 455-469 の情報に合流するが，彼はこのことについていかなる理由も述べていない。

22) このスケジュールに対立するいくつかの困難が強調されている。Henle, *Saint Thomas and Platonism*, p. 47-48 によれば，『コロサイの信徒への手紙註解』（I, *lect.* 4, n° 39-41）にはプロクロス『神学綱

この方向性で読める目録のデータに加えて，先の仮説を支持する唯一の外的データは，『パウロ書簡』の講義の全体を最後のナポリ教育時代の数か月のうちに位置づけるのは難しいということである。しかし，批判的校訂版に先立つ作業が完了しないかぎり，詳しくこれらの見解の妥当性を検証することはできない。

　しかし，研究は『ローマの信徒への手紙』に関する事柄に関してかなり進捗しているので，二冊の主要な写本がトマスの残した文書に直接関係していると確言できる[23]。実際，最初の8章は多数，編集された痕跡をとどめており，その頻度は続く箇所では非常に急速に減少している。これはしばしば起こるように，写字生や写字生の仕事を指導していた編纂者に帰せられる恣意的介入ではなく，著者による素早い修正であり，困惑した写字生はそれらを正確な場所に挿入する際に困難を覚えたのだろう。というのも，それらの場所は適切に指示されていなかったからである。

要』（*Prop.* 101 et 103）から着想を得たかなり長い文章が含まれている。ところが，このテキストの翻訳は1268年5月15日になってようやくメルベケが完成したものである。トマスがまだローマにいるときに利用するためには，この翻訳が非常に早くトマスの手に達する必要がある。しかし，このことは不可能ではないと思われるのであり，この事実は完全に不可能なことと見なすべきではない。さらに，ここで『神学綱要』が問題となっていることは明白ではないように思われる。この文章を説明するためにはディオニシウスや『原因論』で十分だろう。『ヘブライ人への手紙註解』（4, *lect.* 1, nº 203）に見出せる『神学大全』第1部への示唆に関して言えば，改ざんでないかぎり，問題なく説明をつけることができる。というのも，当時第1部はすでに書かれていたからである。

　23）　ここで問題となっているのは，Ms. *Naples, Bibl. Naz. VII. A. 17.* (Shooner, *Codices*, III, nº 1907) と Ms. *Dubrovnik, Dominikanska Bibl., 1(36-I-4)*, (Dondaine-Shooner, Codices, I, nº 670) であり，これらは G. de Grandpré による批判的校訂版のために保持されている。本書で述べる多くの詳細は，彼がわたしのために書いてくれた文書——1992年3月——に由来している。

当該の二冊の写本を指摘する根拠として、トロメオの証言がある。彼は『パウロ書簡註解』(postille super omnes epistolas Pauli) について語る箇所で、「わたしがトマス自身が注釈するのを見、読んだ『ローマの信徒への手紙』を除いて」(preter epistolam ad Romanos *quam ipse notavit*, quas ego vidi et legi) と証言し、『ローマの信徒への手紙』に特別な場所を残している。もし原初的な写本にトマス自身の修正があることを考えるならば、この表現は奇妙に見えない。ナポリとドゥブロヴニクの写字生たちは修正を判読するのに困難を覚え、実際トロメオは非常にうまくそれらを手に入れることができた。ここでトロメオの強調を疑ういかなる理由もない。

それゆえ、ここで問題となっているのが本来的に言って「改訂」だとは言えないが——というのも、仕事はかなり粗雑に為されているから——、すべてのことはトマスがナポリで『ローマの信徒への手紙』の講義をしたこと、その最初の8章を素早く修正したこと、しかし残りは講義録の状態で残っていることを示しているように思われる。そのテキストが普及したのはおそらくナポリからであり、『パウロ書簡』の残りに関しても同様に言えるだろう[24]。いずれにせよ、写本伝承にはこれらのテキストがパリから広まったといういかなる証拠もないのであり、このことはワイスハイプルの主張を弱める主要な論拠である。

さらに、この解釈に有利になるように、いつもの留保とともに伝記記者たちの話を援用できる。すなわち、ナポリで『パウロ書簡』を教えるトマスの思い出が伝えられている。実際、トロメオは意味深長な逸話をこの修道院の聖なる修道士が見た夢という形で述べている。トマスが教授の

---

24) ここで『パウロ書簡註解』の普及と類似的な『ヨブ記註解』の普及を想起できる——cf. Léon., t. 26, p. 18*b-19*a。

椅子に座り『パウロ書簡』を註解していたとき，すでに優れた聴衆でいっぱいだった講義室に使徒が入ってきた。トマスは中断して使徒に敬意を示し，少し会話した後，自分が使徒が与えようとした意味にしたがってテキストをうまく説明したかどうか使徒に尋ねた。使徒はこの質問に対し，トマスはこの世の生で自分の書簡について理解できる事柄を適切に教えたと答え，さらにトマスが書簡をその全き真理にしたがって理解する時が来ると述べた。このように語らっていたトマスは自分の祭服を引っ張って正気を取り戻した。この三日後，ナポリでトマスの死が報じられた[25]。ここで重要なのは，夢の前兆的な側面よりも，むしろトマスが生涯の最期の数か月に同時代人たちから『パウロ書簡』の註解者と見なされていたことである。

パリでの『パウロ書簡』の講義の思い出を伝えている聖人伝もある。トマスが福音書を除く聖書の他のすべての諸書よりも好んで『パウロ書簡』の研究を勧めていた事実を想起することで，トッコはトマスが聖パウロの幻を見たのはパリで『パウロ書簡』の註解をしていたときだったと付け加えている[26]。しかし，先の話と同じような重要性を認めることは難しい。というのも，テキスト批判によるいかなる証言もこの第二の例を証拠づけることができないからである。もしこのことが不都合な印象を修正する試み——すなわち，トマスはパリで『マタイ福音書』と『ヨハネ福

---

25) Ptolémée XXIII 9 (Ferrua, n° 177, p. 362-363). トッコは幻を見た者の名を知っている——それはアクィラのパウルス（Paul d'Aquila）であり，彼は1274年にナポリの宗教裁判所判事だった——が，わずかな事柄を除いて同じ話を伝えている——*Ystoria* 60, p. 385-386 (Tocco 60, p. 133-134)。

26) *Ystoria* 18, p. 251 (Tocco 17, p. 88): "Scripsit super epistolas beati Pauli omnes, quarum scripturam preter evangelicam super omnes alias commendabat, *in quarum expositione Parisius uisionem prefati apostoli dicitur habuisse.*"

音書』だけでなく，『パウロ書簡』も教えた——でないならば，それは単にこの類の話で非常に頻繁に起こる，場所の特定に関する誤りである[27]。

　他の書簡に関して言えば，事柄は少しばかり不明瞭である。実際，『ヘブライ人への手紙』の最初の7章と『コリントの信徒への手紙1』第11-13章に関して二つの版が知られているが[28]，専門家たちはここで改訂を問題としていない。『ヘブライ人への手紙』に関して言えば，第二版——第一版よりも長く，マリエッティ版は小さな文字でそれを抜粋している——はピペルノのレギナルドゥスが好んで使用している版であり，アントワーヌ・ドンデーヌはこの版がレギナルドゥス自身の講義録だと考えた[29]。『コリントの信徒への手紙1』第11-13章に関して二つの版があるのは，一時的に別の者が記録したためだろう。

　もしあらゆる不確実性にもかかわらず，現在最も保証されている蓋然的データの現状分析を今試みるとすれば，トマスの『パウロ書簡註解』が置かれている状況は以下のように要約できる。

　1）トマスの手がかなり直接的に入ったと思われる部分は『ローマの信徒への手紙』の最初の8章である。『ローマの信徒への手紙』の註解の残りは修正されなかった。十中八九，この講義はトマスの生涯の最後の年月，すなわち1272-73年のナポリに遡る。

　2）『コリントの信徒への手紙1』第1-10章の講義につ

---

27) Tugwell, p. 247-248 は，この逸話が繰り返されていることに基づいて，トマスが『パウロ書簡』をパリとナポリで教えたと主張している。われわれ自身もこの仮説に誘惑されたが，写本伝承の検討から得られた情報のために，これを放棄した。

28) Cf. H.-V. SHOONER, rec. de Stegmüller, *BT* 10 (1957-1959), n° 180, p. 111 ; A. Dondaine, *Sermons de Réginald*, p. 390-394.

29) このことは1992年5月7日付の Bataillon 神父からの手紙に基づく。

いては，正確なところは何も分かっていない。目録はこの箇所を別に扱っているが，知られざる理由のために——おそらくただ単に記録者がいなかったためである——，『コリント信徒への手紙1』第7章10節から第10章の終わりまでのトマスの註解が失われていることのみが原因だと考えられる。この部分の註解は非常に早くに写本と印刷版で，タランテーズのペトルスから借用したテキストに置き換えられたが，このテキストはニコラ・ド・ゴラン（Nicolas de Gorran）に帰せられていた[30]。

3）ピペルノのレギナルドゥスの講義録は『コリントの信徒への手紙1』第11章から『ヘブライ人への手紙』までに及ぶ。このことはローマでの1265-68年の教育の成果かもしれない。『ヘブライ人への手紙註解』の最初の7章に関して二つの版が知られているが，第二版はレギナルドゥスのものだと思われる。また，『コリントの信徒への手紙1』第11-13章の講義についても二つの版があるが，いかなる結論をも引き出せない[31]。

---

30) Cf. Mandonnet, *Chronologie des écrits scripturaires*, p. 89-92; H.-D. SIMONIN, "Les écrits de Pierre de Tarentaise", dans *Beatus Innocentius P. V(Petrus de Tarentasia O. P.)*., *Studia et Documenta*, Rome, 1943, p. 228, n. 53. Cai の版（マリエッティ版）で，この偽書の部分は n° 336 から n° 581 にまで及ぶ。実際，タランテーズのペトルスのこのテキストには二つの版がある。印刷版で見出せるのは第二版であり，第一版は三つの写本が伝えている。

31) わたしがその情報を要約している de Grandpré 神父によれば，もし『パウロ書簡註解』を一揃いのものとして示しているイタリア起源の写本伝承を除外するならば，テキスト批判の観点から四つのブロックを区別しなければならない。すなわち，1) Rom. (+ I Cor. 1-7); 2) (I Cor. 1-7 +) I Cor. 10 + II Cor. + Gal. + Eph.; 3) Phil. + Col. + I-II Thes. + I-II Tim. + Tit. + Philem.; 4) Hebr. である。しかし，ここには写本伝承の外的な諸特徴しかなく，彼とともに次のように付け加えなければならない。「各ブロックが大きな『パウロ書簡註解』全体に帰属していることは明らかであり，各ブロックは全体の不可欠な部分

これらの部分はまとまりを欠いているが，トマスが註解を全体的なものとして考えていたことは確実である。このことは彼が全体の冒頭に置いた序文で証明できる。彼はそこで『パウロ書簡』の全体的構想——各部分は構想にしたがい正確に計画されている——を提案している。確かにトマスは第二の執筆の際に序文を書くことができただろうが，実際彼は各書簡の冒頭でこの構想を参照している。このことは彼が単に記録された部分に関してすら自分の論述の統一性を意識していたことを適切に示している。ここでこのテキストの一節をかなり長く翻訳しよう。というのも，この全体的構想と彼の方法がよく分かるからである。

　　使徒は 14 の書簡を書いた。そのうちの 9 つは異邦人の教会を教えるものであり，4 つは教会の高位聖職者および司教ないし王を教えるものであり，最後の書簡はイスラエルの子らであるヘブライ人に宛てられている。この教えは全体としてキリストの恩恵に関するものだが，恩恵は三つの観点から考察できる。

　　まず，頭そのものであるキリストにキリストの恩恵はあり，これは『ヘブライ人への手紙』に見出せる。次に，神秘体の主要な構成員の中にキリストの恩恵はあり，これは司牧者としての高位聖職者たちに宛てた手紙に見出せる。最後に，神秘体そのもの，すなわち教会にキリストの恩恵はあり，これは異邦人に宛てた手紙に見出せる。

　　この最後の事例にはさらに区別がある。というのも，キリストの恩恵は三つの考察を受け入れるからである。第一に恩恵そのものであり，これは『ローマの

であり，日付や真正性などの問題に関して分かつことはできない」。

信徒への手紙』に見出せる。第二に恩恵の秘跡であり、これは二つの『コリントの信徒への手紙』に見出せる——第一の手紙は秘跡そのものについて、第二の手紙は秘跡を行う人々の権威について論じている。また、恩恵の秘跡は『ガラテヤの信徒への手紙』にも見出せるが、古い秘跡を新しい秘跡に付け加えようとする（uetera sacramenta nouis adiungere）人々に対して余計な秘跡（superflua sacramenta）を排除している。第三に、キリストの恩恵は教会で実現する一致の業にしたがって考察できる。

それゆえ、この最後の観点から、使徒はまず教会における一致の基礎（institutio）について『エフェソの信徒への手紙』で論じている。次に、その確認と発展について『フィリピの信徒への手紙』で論じている。それから、誤りに対する防御について『コロサイの信徒への手紙』で、現在の迫害に対する防御について『テサロニケの信徒への手紙1』で、将来の、とりわけ反キリストの時代における迫害に対する防御について『テサロニケの信徒への手紙2』で論じている。

教会の高位聖職者に関して言えば、使徒は時間的な事柄と同様に霊的な事柄も教えている。霊的な事柄に関して、教会の一致の基礎、構築、支配について『テモテへの手紙1』で、迫害者に対する意志の強さについて『テモテへの手紙2』で、異端者たちに対する防御について『テトスへの手紙』で論じている。時間的な支配者に関して言えば、『フィレモンへの手紙』で教えている。

それゆえ、以上が全書簡に関する区別と秩序の根拠である[32]。

---

32) *Prol.*, éd. Cai, Turin-Rome, 1953, n° 11. Gilles de Grandpré 神

学問的なものであれ司牧的なものであれ，まったく異なる聖書の研究方法に慣れている現代の読者は，この体系的説明を前にして驚かずにはいられないだろう。トマスはパウロの手紙が偶然的に書かれたものでしかないこと，キリストの恩恵に関するこれほど組織的な教えを伝えようとすることほど使徒の考えから遠いものはおそらく何もないことに気づいていないように見える。にもかかわらず，トマスを実際よりも素朴な者と見なすべきでなく，彼がこのようにしてパウロのテキストのあらゆる豊かさを論じつくしたと思い込んでいたと考えてはならない。

　この長いテキストはトマスの論述の統一性を強調するだけでなく，教会の観点がどの程度まで思想に現れているかも示している。このことは後に，彼の霊的神学を理解するために貴重なものとなるだろう。彼の註解にざっと目を通すだけで，この方向性を示す数多くのデータに遭遇できる。われわれの次の書物でこのことをより詳しく再検討する前に，一例ないし導入として，たった今引用したキリストに関するテキストと対を成す聖霊に関する一節をここで翻訳しよう。これは『ローマの信徒への手紙』8章2節「霊の法はキリスト・イエスにおいて生命を与える」に関するトマスの解釈である。

　　第一の意味で，この法は聖霊そのものである。その結果，霊の法で霊としての法を理解しなければならない。実際，法に固有なことは人間を善行に駆り立てることである。哲学者によれば，……立法者の意図は善き市民をつくることである。ところが，人間の法は為すべき善を知らせることでのみこのことを行える。魂のうちに住まう聖霊そのものは，知性を照明すること

父の批判的テキストにしたがって翻訳した。

で為すべき事柄を教えるだけでなく，正しく行為することへ情動を傾けもする。……第二の意味で，この法は聖霊から生じたもの，すなわち愛を通じて働く信仰だと理解できる。この信仰も，「彼の油が万事についてあなたたちを教える」（Ⅰヨハ2：27）という一節にしたがえば内的に為すべき事柄を教えるが，「キリストの愛がわれわれを駆り立てている」（Ⅱコリ5：14）という言葉にしたがって意志を行為へ駆り立てもする。それゆえ，この法が新しい法と呼ばれているのは，あるいは法と聖霊を同一視できるからであり，あるいは霊そのものがわれわれのうちに法を生じさせるからである……。また，使徒が「キリスト・イエスにおいて」と付加しているのは，この霊がキリスト・イエスのうちに存在する人々にのみ与えられるからである。自然本性的な生命の息が頭とつながっていない肢体に達することがないように，同様に聖霊も自分の頭であるキリストにつながっていない教会の構成員に達することがない[33]。

---

33) *In Roman.* 8, *lect.* 1, n° 601-606. 1874 年に Vivès が出版した Bralé 神父の翻訳を除けば，知るかぎりフランス語の翻訳は A. CHARLIER, *Saint Thomas d'Aquin, Commentaire de la seconde épître aux Corinthiens*, Paris, 1980, 2 vol. しかない。さらに，一般的な関心を引くいくつかの研究を指摘しよう。O. H. PESCH, "Paul as Professor of Theology. The Image of the Apostle in St. Thomas's Theology", *The Thomist* 38 (1974) 584-605; W. SWIERZAWSKI, "God and the Mystery of his Wisdom in the Pauline Commentaries of Saint Thomas Aquinas", *DTP* 74 (1971) 466-500; Th. DOMANYI, *Der Römerbriefkommentar des Thomas von Aquin. Ein Beitrag zur Untersuchung seiner Auslegungsmethoden*, Bern, 1979; M. HENDRICKX, *Sagesse de Dieu et sagesse des hommes. Le commentaire de 1 Co 1-4 et sa confrontation avec la grande glose de Pierre Lombard*, Louvain-la-Neuve, 1987; J. TI-TI CHEN, *La unidad de la Iglesia según santo Tomás en la epistola a los Efesios*, Pamplona, 1979.

『詩編』の講義

　『ローマの信徒への手紙』を除いて，1272-73 年の講義の題材がいかなるものであったかはっきりと分かっていない。いかなる定期討論もこの時期に割り当てることはできず，実際いかなる定期討論もなかったと思われる[34]。マンドネ以来，一般的にトマスが『詩編』の講義をしたこと，しかし病気と死で中断したこと，また最初の 54 編しか説明できなかったことが知られている[35]。この見解はグロリユー，エッシュマン，ワイスハイプルも共有している。しかし，バタイヨン神父のような賢明な判断者は，これらのテキストが円熟期のトマスにふさわしくないと述べ，またなぜトマスが『詩編』のような基本的なテキストを註解するのをこれほど先延ばしにしたのか問えると明言している[36]。ところが，この著作の中断が上述の方向性を指示し

　34）　定期討論集『受肉した御言の合一について』をナポリ時代に位置づけようとする Pelster の試みにもかかわらず——本書第 11 章註 33 参照。

　35）　Mandonnet, *Chronologie des écrits scripturaires*, p. 59-70.

　36）　Tugwell, p. 248 et note 474 は，この提案を好意的に受け入れ，トマスの経歴の最初期を考えている。［シャルトル学派の詩編註解に関する学位論文の著者マルタン・モラー（Martin Morard）によれば，トマスの『詩編講解』を遅い時代に位置づけることにはいかなる疑いもない。この方向性での最も強力な論拠は次の事実にある。すなわち，アリストテレスからの字句どおりの珍しい引用の批判的テキストは，トマスがメルベケのギョームの『ニコマコス倫理学』と『弁論術』の翻訳を使用したことを示しているが，ゴーティエによればそれらの翻訳は 1270 年の終わり以降にトマスの手に達したものである。今度は，上でその躊躇を指摘したバタイヨン神父が，この講解で 1272 年になってから知られたギョーム・ブレトン（Guillaume Breton）の『語彙集』（Vocabularium）が使われていることを発見し

ていることも事実である。もし『ローマの信徒への手紙』

たが——cf. *RSPT* 78, 1994, p. 582, 彼自身はわれわれの論証で説得されたように見える。「『詩編講解』がトマスの最後の教育だったことはほとんど確実である」——ID., "La diffusione manoscritta e stampata dei commenti biblici di San Tommaso d'Aquino", *Angelicum* 71, 1994, 579-590; cf. p. 589。それゆえ，われわれの知識の現状から見て，保持すべきはこの遅い年代決定であり，『詩編講解』を1273年にナポリに位置づけることを提案しているゴーティエ (p. 499) もこれに一致している。ところで，思慮深い批評家——A. BANDERA, *Ciencia Tomista* 120, 1993, p. 636——が親切にも示唆してくれた他の二つの論拠は，同じ価値があるとは思えない。1. トマスが遅い時代になって発見したことが知られている，司教職に関する教えは少しも明らかではない。実際，この主題に関する最近の研究はこの話題について特別なことを何も指摘していない——cf. M. MORARD, "Sacerdoce du Christ et sacerdoce des chrétiens dans le Commentaire des Psaumes de saint Thomas d'Aquin", dans *Saint Thomas d'Aquin et le sacerdoce*, RT 99 (1999) 119-142. 2. 『詩編講解』には，アブラハムと同様に完全性において貧しさの至福を生きた国王ルイ9世の聖性を示唆する箇所があるが，この示唆——「ある者は実際に豊かだが，情動においてはそうではない。このような者はアブラハムやフランス国王ルイのように聖なる者である」(Aliquis est dives actu, sed non affectu: *et hic potest esse sanctus, sicut Abraham et Ludovicus rex Franciae*) (*In Ps.* 48, nº 1: Vivès, t. 18, 527a) ——は，『詩編講解』の執筆が1270年の聖ルイの死の後に遡ることを真にはっきりと示す例外的な特徴ではまったくない。アンドレ・ヴォーシェ (André Vauchez) ——*La sainteté en Occident*…, p. 493——によれば，1185年から1431年までの間，聖人 (sanctus) や福者 (beatus) の称号は，完全な意味での列聖とは無関係に生者にも故人にも独断的に帰すことができた。ところで，講解の中断を著者の死で正当化しようとする論拠に関して言えば，マンドネが作り出したものではなく単に史料編纂の伝統を反映したものであり，マルタン・モラーは最初の痕跡を14世紀の半ばのセヴィリアの写本に発見しているが，この写本はとりわけフィレンツェの聖アントニヌス (S.Antonin) とエシャー (J. Échard) が伝えたものである。「実際，『詩編』54章の講解の中断はトマスの死に関する証拠でもなければしるしですらない。1160年から1350年に出版されたすべての詩編註解についてわたしが行った調査から，大学起源の註解の大部分が未完成であることが分かっている。実際，註解の長さは与えられた学期の間に論じる題材の長さを反映している」——2001年7月22日付のマル

と『詩編』が同時に講義されていた——一日交替か，あるいは朝と夜の講義——というマンドネの仮説を放棄しなければならないとすれば，〔『詩編』の講義は〕1273 年 9-10 月に始まったと考えることができ，それゆえこの開始はトマスの教育の最後の日々に含まれるが，おそらくこのことはテキストのいくつかの特徴を説明するだろう。

実際，目録は講義録をレギナルドゥスに帰しているが，一方プラハのリストは『三つの夜に属する詩編の講解』（Lectura super tres nocturnos psalterii）について[37]，カプアのバルトロメウスは『四つの夜に属する詩編の講解』（Lectura super quatuor nocturnos psalterii）について語っている[38]。このことは次のように説明できるだろう。周知のとおり，「夜」は朝のミサをほのめかすものであり，詩編は一週間の各日に分割されていた。プラハのリストの三つの夜は最初の三日——日曜日，月曜日，火曜日——に属する詩編に対応しており，51 章にまで及ぶ。実際，この著作を伝えているわずかな写本はこれ以上の詩編を含んでおらず，今日でもなお通常的な印刷版にはこれ以上の詩編はない。

1880 年になってようやく，パオロ・ウッチェリ（Paolo Uccelli）はナポリの古文書館で『詩編』の続く 3 章である第 52-54 章を含む『詩編講解』の新しい写本を発見した[39]。トマスの真正の著作に属するこの断片に加えて，こ

タン・モラーからの個人的書簡。〕

37) Grabmann, *Werke*, p. 93.

38) *Naples* 85, p. 389.

39) P.-A. UCCELLI, *S. Thomae Aquinatis in Isaiam prophetam, in tres psalmos David, in Boetium de Hebdomadibus et de Trinitate expositiones*, Rome, 1880, p. XV-XVI et 241-254. J. Destrez と T. Käppeli が書いた註に基づいて，H.-V. Shooner, *Codices*, t. 3, n° 1959, p. 30-31 で叙述されているこの写本は，1943 年 9 月 30 日に第二次世界大戦時のナポリ爆撃のために焼き滅ぼされた。〔また，M. Morard は

第 13 章　ナポリでの最後の教育活動

の発見のきわめて大きな利点は写本の奥付にあるが，奥付によれば，この写本はピペルノのレギナルドゥスの見本の写しであり，この続きは見出せない[40]。カプアのバルトロメウスはナポリ時代のトマスとレギナルドゥスを知っていたので，トマスが四日目，すなわち水曜日の夜に属する詩編を説明したことを知るのに好都合な立場にいた。しかし，バルトロメウスは著作が未完成である事実を告げることをただ単に忘れた。この特徴はおそらくこの著作をトマスの教育活動の最後の数週間に位置づけるための最も強力な証拠だろうが，このことについてこれ以上述べることはできない[41]。

　この著作の序文は教会の祈りに関するこの宝をまさに註解しようとする著者の方法と意図を把握する上で最も参考になるものの一つである。少し前に引用した『パウロ書簡註解』の序文に劣らず明晰なこの序文は前者を補完するものであり，トマスが聖書の様々な註解に接近する方法を明らかにするものである。トマスは『詩編』の四つの「原因」，すなわち質料因，形相因，目的因，作用因（materia,

---

親切にも，Uccelli がナポリの写本を発見したのは 1880 年ではなく，すでに Uccelli がこの写本を最初の版の対象にした 1875 年に遡ることをわたしに明言してくれた。Cf. P.A. UCCELLI, *Esposizione inedita dei Salmi LII, LIII e LIV, di san Tommaso d'Aquino*, Napoli, 1875.]

40)　"Explicit postilla super partem psalterij secundum fratrem thomam de aquino ordinis predicatorum, *quia non invenitur plus in exemplari fratris Raynaldi de Piperno* qui fuit socius fratris thome usque ad mortem et habuit omnia scripta sua"〔「ドミニコ会修道士トマス・アクィナスの『詩編』の一部分の講解はここで終わる。というのも，修道士トマスの生涯を通じた盟友であり，トマスのすべての著作を所有していた修道士ピペルノのレギナルドゥスの見本ではこれ以上の続きが見出せないからである」〕, d'après Shooner, *ibid*.; cf. Mandonnet, *Chronologie des écrits scripturaires*, p. 68.

41)　ただ，『パウロ書簡註解』の場合と同じように，写本の普及がナポリから行われたことを強調できる。

modus seu forma, finis et agens）を強調しようとする。

> その質料〔すなわち，題材〕は普遍的なものである。聖書の他の各書が特殊な題材を有しているのに対し，この書は神学全体の題材を包含している。このことはいくつもの領域で立証できるが，とりわけキリストが行う救済の業に関する事柄についてそうである。この書物では受肉の目的に関するすべての事柄が非常に明晰に表現されているので，預言書ではなく福音書に直面していると思うほどである。……この豊かさは教会が絶えず『詩編』に立ち返る理由であり，それというのも『詩編』は聖書全体を含んでいるからである[42]。

質料〔すなわち，題材〕の後に問題となっているのは，この書物の様態あるいは形相を特徴づけることである。

> 実際のところ，聖書の様態は多様である。それは歴史に関する諸書のように，……叙述的かもしれない。律法，預言者，知恵文学のように，……忠告的，勧奨的，命令的かもしれない。『ヨブ記』や『パウロ書簡』のように，論争的かもしれない。最後に，ここに見られるように，嘆願的あるいは賛美的かもしれない。実際，他の諸書で明確に論じられているすべてのことがここでは賛美と祈りの形で見出される。……ここからこの書物の表題は取られている。つまり，「賛歌，すなわちキリストに関する預言者ダビデの独白の書の始まり」である。賛歌とは歌という形で神を賛美することである。歌とは声で表現する，永遠的現実に対する

---

[42] *Prooemium in Psalm.*, éd. Vivès, t. 18, p. 228.

魂の歓喜のことである。それゆえ，賛歌は喜びのうちで神を讃えることを教えている。独白とは人間の神との，あるいは単に自分自身との個人的対話のことである。このことこそ讃え祈る者にふさわしい。

　この書物の目的に関して言えば，それは祈りであり，魂の神への上昇である。……魂の神への上昇は四つの仕方で可能である。神の力の大きさに感嘆すること，……これは信仰による上昇である。神におけるこの上ない永遠の至福を目指すこと，……これは希望による上昇である。神の善と聖性に密接に結びつくこと，……これは愛による上昇である。自分の行為で神の義を模倣すること，……これは義による上昇である。これらの様々な点は『詩編』の各部分の中で示唆されている。それゆえ，聖グレゴリウスは，もし『詩編』の詠唱が心の意図を伴っているならば，それは魂のうちに神に対する道を用意するが，神は魂のうちに預言の神秘や悔悛の恩恵を注入すると確言している。

『詩編』の著者に関して言えば，それは明らかに神自身である。というのも，聖書は人間の意志ではなく，むしろふさわしい手段を生む神の霊感の所産だからである。それゆえ，トマスは預言の啓示が為される仕方を説明することで導入を終えている。しかし，トマスが適切に二次的原因の働きを残していると述べることを除いて，ここは手間取るべき場所ではない[43]。

　見事なこの序文のテキストは方法に関して参考になるが，素人の読者にとって内容はいささか期待はずれのもの

---

43)　Cf. *ST* IIa IIae qq. 171-174; *De uer.*, q. 12; J.-P. TORRELL, "Le traité de la prophétie de S. Thomas d'Aquin et la théologie de la révélation", *Studi Tomistici* 37 (1990) 171-195.

である。しかし，トマスが『詩編』に関して行った講解を頻繁に読む者は誰であれこのことを残念に思うべきではないだろう。『詩編講解』の無味乾燥さを見れば，記録者が本質的な思想しか書きとめず，口頭の教えを単なる講義録——たとえうまく取られているとしても——とはまったく異なったものにしている，より詳しい説明や生き生きとした発話の熱気をはぶいたことが推測できる。このテキストの豊かさを少しばかり明らかにするように読み，典拠に遡り，実際に語られた可能性のある事柄をどうにかこうにか再構成するために，グレゴリウスやアウグスティヌスが語ったことを検討しなければならない。

例として，『詩編』3章3節「わたしは眠り込んだ」（Ego dormivi et soporatus sum）に関する註解を取り上げよう。この箇所から，死の眠りについているキリストの貫かれた脇腹から教会が誕生したことをすぐに想起できるが，このことは『創世記』の初めで眠っているアダムのわき腹からエヴァが誕生したことで示されている[44]。トマスはここで教父たちが共有していた見解を示しているが，それはパウロの二人のアダムの比較とエイレナイオス（Irénée）の二人のエヴァ——教会は「生ける人々の新しい母」である——の比較を結びつけて理解するものであり，アウグスティヌスとクリソストムスという慣れ親しんだ二人の著述家がトマスに教えたものである。祈り，情動性，神への欲求などの問題に関して似たような考察が可能だろう。聖書註解を翻訳してみたいと思う者に対して，翻訳が有益で実り多いものになるのはここで素描したような典拠研究を伴う場合のみだと注意を促すことはきわめて重要である。と

---

44) *In Ps.* 3, 3 (Vivès, t. 18, p. 242): "Iste sopor signatur in sopore Adam…quia de latere Christi in cruce mortui formata est Ecclesia"〔「この眠りはアダムの眠りに示されている。というのも，十字架で死んだキリストの脇腹から教会が形成されたからである」〕。

いうのも，困難はラテン語よりもむしろこれらのテキストが意図的に触れなかった点に存するからである。

「イエスの生涯」

すでに述べたように，トマスはパリを離れるとき，なおも進行中だったいくつかの書物を携行した。中断していた最も重要な仕事のうちで，最初に『神学大全』を完成しなければならなかったことは確実だろう。ナポリに着いたとき，第3部の最初の諸問題——その数はエッシュマンによれば20，グロリユーによれば25だが，疑問がないわけではない——のみが書かれていた。これはだいたいキリスト論の本来的意味での思弁的部分，すなわち位格的結合とその諸帰結の検討に相当している。それゆえ，トマスがキリスト論の最後の部分と秘跡論の最初の部分を書いたのはナポリ時代である。ここで秘跡論に関する事柄は無視できるだろうが[45]，少なくとも簡潔にキリスト論のこの部分について論じなければならない。

フランス語では Vie de Jésus の名で普及しているこの第3部27-59問には，聖書的および教父的典拠が多く見出せ

―――――――――
45) われわれの次の書物で聖トマスの「霊性」を論じるときにこの問題を再検討しようと思う。というのも，ここには考察すべきことが多く存在するからである。聖体に関して本書第7章で述べたことだけでなく，ゆるしの秘跡——トマスは悔悛と呼んでいる——に関してトマスが行っている非常に「人格主義的」な研究方法にも注目できる——cf. C. E. O'NEILL, *Sacramental Realism. A General Theory of the Sacraments*, Wilmington, Del., 1983, p. 164-184。L. G. WALSH, "The Divine and the Human in St. Thomas's Theology of Sacraments", dans *Ordo sapientiae et amoris*, p. 321-352 も参照。Walsh は秘跡論で活用されている原因性の理論とトマスが創造論と人間論で使用している原因性の理論との緊密なつながりを非常にうまく示している。

るが，このことはトマスに頑迷なアリストテレス主義者のみを見ようとする人々を驚かせるだろう。反対に，トマスの聖書註解を頻繁に読み，『カテナ・アウレア』に代表されるような教父的遺産の探究の途方もない努力を知っている者にとって，そこに驚くべきものは何もない。このことについて少し詳しく論じなければならない。というのも，これはおそらくトマスのキリスト論の最も斬新な部分であり，これらのページでは多くの出会いを観察し，トマスが最後の数か月でどのように発展したか分かるからである。

　しかし，「イエスの生涯」という言葉は偽りを含んでいる。トマスはより明確に，「受肉した神の子が彼に結びついている人間本性において行い，蒙った事柄」[46]を論じるつもりだと言っている。あるいは，何度も繰り返している決まり文句によれば，「キリストが肉において行い，蒙ったこと」（acta et passa Christi in carne）である。このことが――多かれ少なかれ歴史的な仕方で理解される――「生涯」という言葉で通常理解されている事柄をどれほど超えているか，このことに気づくためには著者が表明している構想を想起することで十分である。この構想は四つの部分で展開されるが，それについて『神学大全』そのものの構想との構成上の類似性を指摘せずにはいられない。

　1）神の子の世界への進入（ingressus）――第27-39問。ここには母である乙女マリアについて論じる機会があるが，胎内での聖化――周知のとおり，トマスはまだ「聖母無原罪の御宿り」を保持していない――，処女性，ヨセフとの真なる結婚，天使による受胎告知等々が論じられている。時としてここでトマスの「マリア論」が語られるが，これはおそらく非常に不適切である。しかし，まったくもって時代遅れの生理学的データを別にすれば，いくつ

---

46) *Ia* q. 27 *Prol.*.

かの鋭い直観を活用できる——マリアは全人類を代表して (loco totius humanae naturae) 救い主の到来に同意した[47]——。実際，ここで問題となっているのは常にキリスト論であり，すべての事柄はイエスの誕生とそれに結びついている様々な状況への関連で考察されている。

2) 世界でのキリストの生の展開 (progressus) ——第40-45問。これは一般にキリストの公の生と呼ばれているものである。すなわち，キリストが送った生活の仕方 (conuersatio) と，今日キリストに関して，教訓，荒野における試練，救済史における意義，教え，奇跡，変容を述べようとする人々のために引き出される教えである。かなり奇妙なことに，トマスはキリストの洗礼を最初の部分に結びつけているが，適切にもそれをキリストの完全な顕現を導入するものと見なしている。

3) 世界からのキリストの発出 (exitus)，すなわちキリストの受難と死——第46-52問。スコラ学で慣例となっている表題で，トマスは現在の贖いの神学における最もデリケートな主題を論じている。受難の「作用因」に関する考察では，受難を引き起こした者の責任を問うているが，それは単にユダヤ人やローマ人の責任だけでなく，われわれの責任でもあり，御父の責任ですらある。受難が「どのように作用するか」，すなわち救済が働く仕方〔に関する考察〕は，功績，償い，犠牲，贖罪といった諸概念を明確に整理し，キリストだけが贖い主だとしている。というのも，御言のペルソナのみが人間の行為にこのような価値を与えることができるからである。たとえ今日これらのテキストを利用しようとする神学者には，最小限の解釈学的方法を活用することが求められるとしても——もっとも過去のすべてのテキストに関してそうだが——，それでもやはり

---

47) *ST* IIIa q. 30 a. 1.

り実際上ここに救済論のあらゆる要素が見出せることは確かである。

4）キリストの昇天（exaltatio），あるいはこの世の生の後におけるキリストの勝利――第 53-59 問。ここで明白なことに，「イエスの生涯」という言葉はトマスの企てを言い表すことに関してついに限界を明らかにする。というのも，ここから後，歴史を超えるからである。それゆえ，これら最後の諸問題では，キリストの神秘の最後の展開が探究されている。すなわち，復活，昇天，御父の右に座ること，そのときイエスに与えられる御父と同様の権限，――イエスの人間性とともに――生者と死者の裁き主であることである。おそらくトマスは新たに彼になじみの使徒信経の順序を見出しているが，「上からの」キリスト論の問題のないこの理論家が，キリスト教の礎を築いた人々の「下からの」キリスト論でも容易に考察を行っていることは驚くべき事実である。

論じられているいくつかの主題のこの単純な列挙で，著者の真の意図が何だったか，少しばかりよく理解できる。福音書の出来事の継起はトマスに貴重な歴史的枠組みを提供した。というのも，そのおかげでトマスは，最も小さなものから最も大きなものまでキリストの生涯のすべての出来事を検討し，キリストの洗礼，試練，あるいは群衆のうちでの生活様式といった，多くの神学者たちが無視している主題を論じることができたからである。トマスが示そうとしているのは，御言が最も人間的な仕方で人となったことであり，そこには神学的考察のためだけでなく，受肉の神秘を掘り下げ，キリスト教的生活を明らかにする目的で絶えず繰り返される霊的瞑想のための題材があるということだった。これは彼が『カテナ・アウレア』で明確にしたような福音書への断固たる還帰であり，それというのも「福音書こそがカトリック信仰の本質とキリスト教的生活

全体の規範を伝えているからである」[48]。

　救済の業を苦しみと死の絶頂に還元していると思われる先に述べた神学者たちとは反対に，トマスは〔キリストの〕誕生や人目につかない生の貧しい年月が，重要な唯一の事柄としての十字架上の死に対する余計な前置きだとは考えていない。この苦痛主義ほどトマスに無縁なものはないのであり，彼は穏やかに「人類を救済するためにはキリストの最も小さな苦しみ（minima passio）で十分だっただろう」[49]と繰り返している。もっとも，多くの箇所でこの passio という語は語源的意味を保っており，必ずしも「苦しみ」を意味するものではない。すなわち，acta et passa Christi が意味するのは，むしろ御言が人間的条件で行い，蒙り，経験したことである。抽象的だと考えられているこの神学者は，受肉した御言を歴史のうちに位置づけることの重要性を知っていたのであり，説明しようと努めているのはまさにこのことである。

　真の名を与えるとすれば，トマスが行おうとしたことはイエスの生涯の「神秘に関する神学」である。もし聖パウロの musterion が救済に関する神の計画と同時に神の計画がイエスにおいて成就した仕方を要約していることを思い出すならば，ここで何が問題となっているかは容易に理解できるだろう。その結果，もしキリストの生涯全体そのものが歴史のうちに現れ働く神の愛の神秘だとすれば，キリストの各行為もこの「神秘」全体を示し実現するという意味で「神秘」である。

　非常に伝統的なこの物の見方は，すでにアンティオキアのイグナティオス（Ignace d'Antioche）とサルディスのメ

---

48) "In evangelio precipue forma fidei catholicae traditur et totius vitae regula christianae", Lettre-Dédicace à Urbain IV de la *Catena aurea*.

49) *ST* IIIa q. 46 a. 5 ad 3.

リトン（Méliton de Sardes）に見出せるが，とりわけ真の愛情とともにキリストの人間性を崇拝した最初の人物であるオリゲネス（Origène）で顕著である。しかし，トマスがこれらの思想をより直接的に受けとったのはアンブロシウスとアウグスティヌスからである。これらの思想はトマスに先行するスコラ学者たちにもトマスと同時代のスコラ学者たちにも知られていたが，トマスはここで非常に独創的な者として現れている。というのも，彼は長きにわたり——彼の後にはスアレス（Suarez）を待たなければならない——これらの思想を思弁的キリスト論から切り離して論じ，一貫した仕方で組織化した最初にして唯一の人物だったからである[50]。ここに，具体的あるいは実存的キリスト論——これは意図の点で20世紀の後半に栄えている物語の神学（théologie narrative）の試みにかなり近い——と呼べる事柄を構築しようという熟慮を伴う意志があるのは確実であり，このようなキリスト論がトマス主義者たちに非常に長い間無視されていたことは残念なことである[51]。

---

50) ここで次の注目すべき研究を参照。L. SCHEFFCZYK, "Die Stellung des Thomas von Aquin in der Entwicklung der Lehre von den Mysteria Vitae Christi", dans M. GERWING und G. RUPPERT, éd., *Renovatio et Reformatio…Festschrift für Ludwig Hödl*…, Münster, 1986, p. 44-70.

51) この状況は数年前から変化した。以下の業績を参照。L. SCHEFFCZYK, "Die Bedeutung der Mysterien des Lebens Jesu für Glauben und Leben des Christen", dans ID., éd., *Die Mysterien des Lebens Jesu und die christliche Existenz*, Aschaffenburg, 1984, p. 17-34; I. BIFFI, "Saggio bibliografico sui misteri della vita di Cristo in S. Tommaso d'Aquino", *La Scuola Cattolica* 99 (1971) 175*-246*; ID., "I Misteri della vita di Cristo nei Commentari biblici di San Tommaso d'Aquino", *DTP* 79 (1976) 217-254. 最後の業績の中に，この問題をトマスの全著作で検討し，遍在と豊かさを示したBiffiの他の論文の情報を見出せる。[本書を初めて出版してから，わたしは『神学大全』のこの部分の完全な註解を書いた。Cf. J.-P. TORRELL, *Le Christ en ses mystères. La vie*

これら最後の指摘の例証として，『神学大全』のこの最後の部分での論の進め方を再現することは有益だろう。トマスは，神には人類を救うためにキリストの受難よりも適切な方法があったかという問題を問うている。

　方法はある目的により多くの利点をもたらせばもたらすほど，目的に「ふさわしい」ものとなる。しかるに，人間がキリストの受難で救われたという事実から，キリストの受難は人間に対して救済のために，罪からの解放に加えて多くの利点をもたらした。
　1．キリストの受難によって人間はどれほど神が人間を愛しているかを知り，それで神を愛することへ駆り立てられるが，まさにこの愛に人間の救済の完成はある。聖パウロもまた，「神がわれわれを愛している証拠は，われわれがまだ罪人であったときに，キリストがわれわれのために死んで下さったことである」（ロマ 5：8）と言っている。
　2．受難によって，キリストは従順，謙遜，意志の強さ，義，また人間の救済に必要な他の諸徳の範例を与えた。聖ペトロが「キリストはわれわれのために苦しみ，われわれが跡をたどることができるように範例を残した」（Ⅰペト 2：21）と言っているように。
　3．キリストは受難によって人間を罪から解放しただけでなく，後に語るように，さらに人間に義化の恩恵と至福の栄光を与えた。
　4．受難の事実から，人間にはすべての罪を免れるよう注意する義務があることが分かる。それが分かるのは，聖パウロが「あなたたちは非常に高値で買い取

---

et l'œuvre de Jésus selon saint Thomas d'Aquin, "Jésus et Jésus-Christ 78-79", 2 vol., Paris, Desclée, 1999.]

られた。それゆえ,自分の体で神を讃えなさい」（Ⅰコリ 6：20）と言っていることにしたがって,キリストの血で罪から救われたことを考えるときである。

 5. 受難は人間によりいっそう高い尊厳を与えた。すなわち,悪魔に打ち負かされ欺かれた人間は今度は悪魔を打ち負かすべきであり,死に値した人間は死ぬことで死そのものを支配すべきである。そして,聖パウロはわれわれに「イエス・キリストによってわれわれに勝利を与えた神に感謝しよう」（Ⅰコリ 15：57）と言っている。

 それゆえ,これらすべての理由のために,われわれがただ神の意志によってではなく,むしろキリストの受難によって解放されることはより「ふさわしいことだった」[52]。

 同様に参考になる他の多くのテキストのうちから選ばれたこのテキストには,この部分のこの話題に関する神学者の方法を実際に示すという利点がある。トマスは受難が必要だったことを証明しようとしているのではなく――受難は厳密な意味で「必要」ではなかったとまで言っている――,それは彼にとって事実だった。トマスはただ自分が受難の「適切さ」と呼ぶ事柄を強調したかった[53]。彼は他方で人類に関する神の計画について自分が知っているすべ

---

52) *ST* IIIa q. 46 a. 3.

53) これまで無視されてきたとはいえ,このような推論はついにそれに値する関心を引き起こした――cf. G. NARCISSE, "Les enjeux épistémologiques de l'argument de convenance selon saint Thomas d'Aquin", dans *Ordo sapientiae et amoris*, p. 143-167.〔Narcisse はこの主題について,次の業績ではるかに詳しく再検討した。G. NARCISSE, *Les raisons de Dieu*. Argument de convenance et esthétique théologique selon saint Thomas d'Aquin et Hans Urs von Balthasar, "Studia friburgensia 83", Fribourg, Éd. universitaires, 1997.〕

ての事柄を自覚しながら,あらゆる論拠を活用して,受難を人類に対するキリストと神の愛という最高の行為として理解させようとした。このようにして,彼は様々な収斂的情報を再構成して,このような行為がおそらく理性を超えているにもかかわらず理由のないものではないことを示唆している。ここで神学はもはや「論証的」(démonstrative)なものではなく——実を言えば,神学が論証的であることはほとんどない——,「提示的」(ostensive)なものになっている。提示的神学は見ようとする者にまさにテキストそのものが述べている事柄を「示し」,それゆえわれわれは与えられたテキストを重視しなければならない——ここでは五つのうちの四つの論拠が新約聖書から直接取られているが,他の箇所では教父のテキストが同じように豊富に利用されている。同じ変化の中で,神学は「勧奨的」(exhortative)なものになる——これはすでに『詩編講解』の序文で読んだことに基づいている。すなわち,このように神がわれわれを愛へと促していることは神学者や読者に影響を与えずにはおかない。以上のことから,トマスにとって適切に遂行した神学は司牧的なものに行きつく。

しかし,トマスは直接的な教育と『神学大全』の完成に加え,別の仕事のせいで常に忙しかった。前章で見たように,『形而上学註解』と『分析論後書註解』を完成させなければならなかったし,さらに未完成のまま残されることになる様々な註解——『天体論註解』,『生成消滅論註解』——にも着手した。また,彼は友からの求め——『心臓の運動について』,またおそらく『諸元素の混合について』——,とりわけレギナルドゥスの求めに応え続けた。とりわけ,レギナルドゥスのために『神学提要』を再開し,それゆえ希望論から始めたが完成することはなかった。最後に,トマスがこの時代に説教をしていたことも分かってい

る。マンドネが望んだように，必ずしも『十戒』や『使徒信経』に関するものではなかっただろうが[54]，少なくともおそらく『主の祈り』に関するものであり，列聖裁判の証人たちが確言しているように信徒に向けて母国語で行われた[55]。要するに，たとえナポリでの教育活動がパリよりもゆとりのあるものだったとしても，暇の多いものでなかったことは確実である。トマスがナポリに帰ってきて家族に再会した結果，気苦労も生じたとすればなおさらである。

---

54) 本書第 4 章註 75 参照。
55) Cf. *Collationes*, éd. Torrell, p. 9-17; *La pratique*, p. 215-217.

第 14 章
最期の数か月と死

───────

　イタリアに帰ってから，トマスの別の一面が現れ始める。あるいは，それは少なくとも彼の人格のあまり知られていない側面であり，幼少期の日々を思い起こさせるものである。トマスは故郷に帰ってきて多くの親しい人々と再会した。彼はおそらくパリやローマにいた間彼らとの交際を完全に失うことはなかっただろうが，偶発的なメッセージ——書かれたものであれ口頭によるものであれ——はない。

トマスと交際した人々

　ここで開かれる時代はトマスの全生涯のうちで最も多くの具体的情報がある時代である。このことは偶然ではない。ここでは，同僚，友人，なじみの人々のうちで弟子として関係のあった多くの人物が現れる。というのも，彼らは列聖裁判の証人として見出されるからである[1]。これら二つの裁判のうち，第一のもの，すなわち 1319 年 7 月 21

---

1) WN, p. 178ss. は，このことについて完全なリストを提供している。

日から9月18日まで開かれたナポリ裁判のみがわれわれの関心を引く。というのも，第二のもの，すなわち1321年11月10-20日にフォッサノーヴァで開かれた裁判では，調査官たちは聖人の生涯と徳についてではなくただ死後の奇跡のみについて尋ねる任務を担ったからである[2]。それゆえ，次の数字はナポリ裁判の証人にだけ関わるものである。

ナポリ裁判で証言した42人の証人のうち，16人のみが実見証人である。他の13人は実見証人ではないが，少なくとも自分たちの情報の一部を直接トマスを知っていた人物から得ている。残りの13人は自分たちの情報を二次的あるいは三次的な仕方で得ている。実見証人のうち，11人の修道士——ドミニコ会士6人，シトー会士5人——と5人の一般信徒が指摘できる。実見証人ではないが直接的な情報を有している証人について割合はほとんど同じである——ドミニコ会士5人，シトー会士4人，一般信徒4人。予想できるように，修道士あるいは聖職者の証人の数は一般信徒の数よりも高いが，これらの一般信徒はかなり立派な代表者たちである。

ドミニコ会士のうちでは，再び詳しく語ることになるギョーム・ド・トッコの他に，まずセッサのコンラッド（Conrad de Suessa）がいる。司祭であり，裁判のときに77歳になっていた彼は，ナポリ，ローマ，オルヴィエトで——この順序で——トマスと生活をともにした。たとえ少しばかり日付が錯綜しているとしても，このことはまったく可能である[3]。第二に，アルファベット順にしたがえばカイアッツォのヤコブス（Jacques de Caiazzo）が来る

---

[2] Cf. les introductions de M.-H. LAURENT: *Naples*, p. 265-266; *Fossanova*, p. 409-410.

[3] *Naples* 47, p. 126-127. このテキストは，1259-61年のナポリ滞在に関する証言として読める。

が,彼はローマ管区の管区長になる人物であり,ナポリとカプアでトマスと交際した。彼は教授が守る修道会則についていくつか詳しく説明している[4]。司祭であるボヤーノのヨハネス(Jean de Boiano)は,トマスが送った修道生活,すなわち研究,禁欲,敬虔について証言した。彼はピペルノのレギナルドゥスが枢機卿オスティアのフーゴー(Hugues d'Ostie)に対して聖トマスの聖遺物——完全な保存状態の,テオドラ婦人のもとで見出された手の親指——を与えるのを見た[5]。同様に,ガエータのレオナルドもトマスの生活様式を力説し,トマスが食事と睡眠にわずかな時間しか割かなかったことを強調している。彼はレギナルドゥスが復活祭の日に出血から癒されたローマの婦人に関する奇跡を語るのを聞いた[6]。この短い列挙を終わらせるサン・フェリーチェのペトルス(Pierre de San Felice)は,ナポリで丸一年間修道士トマスと一緒に生活した。彼はトマスの身体の肖像画を作り,会則の遵守と研究に関して模範的なトマスの生活を叙述することに専心した。彼はトマスが尊大なあるいは侮辱的な言葉で決していかなる者も傷つけなかったことを指摘した[7]。結局,これらの証人は歴史的な側面ではごくわずかな事柄しか提供していない。とりわけ彼らの証言は模範的な生活を送る一修道士の思い出だった[8]。

これら実見証人のシトー会士の数に関して驚くべきものは何もない。彼らは死の床でトマスの面倒を見ていた人々

---

[4] *Naples* 42, p. 318-319.
[5] *Naples* 89, p. 393-394.
[6] *Naples* 75, p. 368-370.
[7] *Naples* 45, p. 322-323.
[8] さらに,ここで言及した人物に関する多くの有益な情報については, I. TAURISANO, "Discepoli e biografi di S. Tommaso", dans *S. Tommaso d'Aquino O. P.*, *Miscellanea storico-artistica*, Rome, 1924, p. 111-186 参照。

である。ここで問題となっているのは，後にフォッサノーヴァの修道院長になる司祭ニコラウス（Nicolas）であり，聖歌隊員だった修道士フレソリーノのニコラウス（Nicolas de Fresolino）であり，平修道士ピペルノのニコラウス（Nicolas de Piperno）であり，司祭バブコのオクタウィアヌス（Octavien de Babuco）であり，司祭モンテ・サン・ジョヴァンニのペトルス（Pierre de Montesangiovanni）である。たとえ彼らがトマスとわずかな時間しか交際しなかったとしても，彼らの証言の重要性は明らかである。彼らはカプアのバルトロメウスとトッコが彼らを通じてのみ知りえた二次的な情報の根源である。相違がある場合，選ぶべきは彼らの証言である[9]。

一般信徒に関して言えば，4人の法律家と1人の兵士がいた。すぐにカプアのバルトロメウスを再び見出すことになるが，素早く他の4人を紹介しなければならない。ナポリの裁判官だったジャン・ブラシオ（Jean Blasio）はシチリア女王マリアの親友だったが，彼の証言は常に多くの疑いを引き起こした。彼は10年以上の間トマスが説教するのを聞き，そのうちには四旬節に行われた『アヴェ・マリアの祈り』の説教があったと主張しているが，このことはただ単に恣意的見解である。彼はトマスの部屋の近くにあったテラスで悪魔がトマスに身体的攻撃を行うのを見たと言っている[10]。ジャン・コッパ（Jean Coppa）は書記（notarius）だった。彼はまだ子供だった頃，教師トマスに仕えていた兄のドミニコ会士ボンフィス（Bonfils）を訪問に行くときにトマスを知った。彼は『主の祈り』の

---

9) 順番に彼らの各証言の番号を示すならば，以下のとおりである。*Naples* 8-9; 10-11; 19-21; 15-18; 49-55 (p. 276-279; 280-282; 290-293; 285-290; 330-342).

10) *Naples* 70, p. 361-363; cf. Torrell, *La pratique*, p. 216.

説教について語っている[11]。法学博士でありゼッカデナリウス（zeccadenarius）だったガエータのヨハネス（Jean de Gaète）が想起しているのもナポリの説教である。また，彼はトマスが様々な奇跡について語るのを聞いた[12]。兵士ピエール・ブランカッチオ（Pierre Brancaccio）も，非常に若いときに『主の祈り』の説教を聞いたことを想起している。また，彼はレギナルドゥスが，『イザヤ書』の難解な点に関してトマスが聖ペトロと聖パウロと交わした夜の会話について語るのを聞いた[13]。

もしすべての証言のうちで，トマスの生涯と人格をよく理解するために歴史家が利用できる証言を正確に述べようとするならば——すなわち，奇跡と死後の出来事を除くならば——，有益な証言は全体の約36％である。このことが意味するのは，このパーセンテージが等しく無条件的に利用できるということではなく，真実に到達する何らかの機会を得るために求めるべき場所がそこだということである。ここで他のすべての証人を検討することはできないので，証言が何らかのことを教えてくれるかぎりで言及するが，多くのものを負っている二人の人物を紹介することは適切である。

すでに読者はギョーム・ド・トッコを知っており，列聖裁判に関する仕事ですぐに再び見出すだろう。彼はこの最後の時代にトマスとともに生活した。たとえ彼が年齢——およそ30歳だった——から見て明確にトマスの生徒とは思われないとしても，トマスがナポリの修道院の修道士たちに行った何らかの講義に出席することができた——すべての修道士には修道院で開かれていた聖書の講義を受ける

---

11) *Naples* 87, p. 391-392; cf. Torrell, *ibid.*
12) *Naples* 88, p. 392-393.
13) *Naples* 93, p. 399-400.

義務があった。ベネヴェント出身で，1288年に総説教者となった彼は後に様々な職を歴任することになるが[14]，彼について最もよく知られている事柄がトマスの伝記だということは明白であり，その欠陥にもかかわらず，依然として匹敵するもののない情報源であり続けている。このことはすぐに再検討する。

ギョームとともに，しかしもっと有名なカプアのバルトロメウスの名を挙げなければならない。1248年にカプアで生まれ，1328年にナポリで亡くなった彼は，1278年に法学博士となり，この日付から1289年まで教授だったと思われる——教授活動は1282-84年に関してのみ適切に証明されている。彼はシチリア王カルロ1世およびその後継者たちと親交が深く，1290年にカルロ2世によって王国の首席書記（protonotaire）に，1296年に総理大臣に相当するロゴテート（logothète）に任命された。後に様々な外交任務をかかえることになった彼は，王国の憲法の改作に関しても重要な役割を果たし，アンジュー家の王たちの中央集権的伝統とイタリア南部の封建制度との調和を試みた[15]。

それゆえ，バルトロメウスは重要人物だったが，列聖裁判での彼の長い証言に価値があるのはこのことのためではない。また，彼の聖トマスの著作リストのためでもない。ずっと前からマンドネはこの著作リストを不適切に「公式の目録」としたが，この著作リストはこの資格にはまった

---

14) トッコは1289年にナポリの，1297年と1319年の二度にわたりベネヴェントの修道院長になった。また，彼はナポリ王国の宗教裁判所判事であり，1292-1300年の間に何度もこの資格で言及されている——cf. Käppeli, *Scriptores*, t. 2, p. 135-167; Le Brun-Gouanvic, Introduction à l'*Ystoria*, *passim*。

15) Cf. G. DI RENZO VILLATA, "6. B. v. Capua", *Lexikon des Mittelalters* 1 (1980) 1493-1494.

第 14 章　最期の数か月と死

くふさわしくない。彼の証言が貴重なのは、彼が非常に若い頃、トマスがまだ生きていた時代にナポリの修道院を頻繁に訪れ、何度もトマスを「見た」――非常に奇妙なことに、「聞いた」とは言っていない――と主張しているからである。それゆえ、彼はトマスを非常によく知っていた人々から集めた多くの情報を伝えている。これらの人々とは特に、すでにパリでトマスの生徒だったカイアッツォのヨハネス（Jean de Caiazzo）、かつてトマスの霊の父であり尊敬すべき老人だったサン・ジュリアーノのヨハネス、しかしとりわけピペルノのレギナルドゥスとトマスの聴罪司祭だったジャン・デル・ジューディチェである。このようにして、バルトロメウスは時としてトッコの知らない事柄を知っており、時折トッコはバルトロメウスにしたがって伝えている[16]。

裁判で証言できかつわれわれの研究にとって重要である人々のうちで、ルッカのトロメオという名でいっそう知られている――このことの理由はすぐに理解されるだろう――トロメオ・デグリ・フィアドーニに言及しなければならないことは明白である。オルヴィエトあるいはローマ時代に彼がトマスの生徒だったことは可能だが、このことについてはいかなる確実性もない。唯一知られているのは、パリからナポリに帰る旅の一部分――おそらくローマから――で、彼がトマスの同伴者だったことである。というのも、彼自身が彼らが休憩していたラ・モラーラ城で行われた奇跡を語っているからである。トマスは携行していた聖アグネスの聖遺物によって高熱に苦しんでいた同伴者のレギナルドゥスを癒した。この出来事の思い出をふさわしく祝うために、トマスは毎年聖アグネスの祝日に生徒に立派な食事をごちそうしたいと申し出た。報告者によると、

---

16)　*Naples* 76-86, p. 370-391.

トマスがこのことを行う暇はほとんど一度しかなかったが，それというのもトマスは次の年に亡くなったからである[17]。

トロメオはトマスをよく知っていたこと，長い間トマスと生活したこと——これがナポリであることは明らかであり，約18か月に及んだ——，トマスの相談相手であり，しばしば彼の告解を聞いたことを確言している[18]。アントワーヌ・ドンデーヌによれば，トロメオはトマスが協力を得た若い同僚の一人だったことも可能である[19]。トロメオはその頃約28歳だったに違いない。彼は後に様々な役職に就くが，1285年にルッカのサン・ローマン修道院長になり，その後四度その役職を務めることになる——四度目はフィレンツェの修道院長としての中断後のことである。彼はこのルッカで教授としての役割も果たし，約30年生活した。彼は1318年に司教職にあげられ，トルチェッロの司教になるが，そこで波乱に富んだ生涯を終えた——1327年の春に亡くなった——[20]。当時，彼は約90歳であり，同時代人たちは彼を老人と見なしている。彼が『教会の歴史』（Historia ecclesiastica）を数年前の1312-17年の間に書いたとき，75-80歳になっていたので，この著作はおそらく高齢の影響をとどめており，このことは「多くの年代学的誤りと衰退する記憶力を逃れる書き間違いや不正

---

[17] Ptolémée XXIII 10. それゆえ，この奇跡は1272年の春か夏の初めのことだった。祝日の食事は1273年1月21日である。翌年，病気になったトマスはすでにリヨンへの途上にあった。

[18] Ptolémée XXIII 8: "…quem ego probavi…qui suam confessionem sepe audivi et cum ipso multo tempore conversatus sum familiari ministerio ac ipsius auditor fui".

[19] このことは列聖裁判でトッコが述べていることと一致しない。トッコはトロメオについてトマスの生徒としてしか語っていない——*Naples* 60, p. 347-348。

[20] Cf. A. Dondaine, *Les Opuscula*, p. 143-145.

確さ」の理由となっている[21]。なるほど彼の回想は貴重なものであり，彼のトマスの著作リストも価値のないものではないが，おそらくこの短い伝記的想起から十分理解できることに，たとえ複数回にわたって彼の証言を利用したとしても，同時にしばしばそれを拒絶しなければならなかった。

おそらくこれらの偉大な人物たちとはかなり異なるにせよ，ここでとりわけ謙遜であり，トマスに仕え親しかった二人の名を挙げよう。彼らはナポリ裁判のときにはすでに亡くなっており，間接的にのみ彼らについて知ることができる。まず，おそらくドミニコ会の平修道士だったボンフィス・コッパ（Bonfils Coppa）は，彼に会いに来ていた弟のヨハネスとともに病床のトマスの上にとどまった星の奇跡を目撃した。後に裁判の尋問官に対してこの事実を語ることになるのは，その間に書記となったヨハネスである[22]。次に，最後の日々に一緒にいた人物として修道士サレルノのヤコブス（Jaques de Salerne）がいるが，彼はレギナルドゥスとともに，まずサン・セヴェリーノへの旅，次いでリヨンへの最後の旅でもトマスを護衛した[23]。ボンフィスとヤコブスは二人とも「修道士」と呼ばれてい

---

21) A. Dondaine, *Les Opuscula*, p. 158-164. 同じ Dondaine はヴェネツィア総督ジャン・ソランツォ（Jean Soranzo）の判断を伝えている――p. 169。"tunc ipse episcopus non erat in statu sensati hominis sed alieni a mente et in intellectu tanquam puer"〔「当時，司教は分別のある人間の状態にはなく，理性を失い，知性はあたかも子供のようだった」〕．

22) *Ystoria* 54, p. 367-368 (Tocco 54, p. 127); *Naples* 87, p. 391-392.

23) *Ystoria* 33, p. 307-308; *Naples* 50, p. 334. モンテ・サン・ジョヴァンニのペトルスは「サレルノのヤコブスと呼ばれていた件の修道士トマスの召使」（quidam famulus dicti fratris Thome qui vocabatur Iacobus de Salerno）と言っている。

るが，いくつかのテキストは famulus あるいは servitor と言っており，これは「召使」としか訳せない[24]。病気だったトマスにはこのように支えてもらう優遇体制の権利があったと理解すべきだろうか。より蓋然的に思われるのは，レギナルドゥスが秘書の仕事を引き受け，他の修道士が物質的な世話を任されたに違いないということである。これらの人々について，ほとんど名前とトマスに対する献身——彼らはトマスが祈るのを見るために身を隠した——しか知られていない。それゆえ，著述家としてのトマスと並んで人間としてのトマスを少しだけよく知ることは，多かれ少なかれ彼らに負っている。

ピペルノのレギナルドゥス

多かれ少なかれトマスと密接な関係があるこれらの証人のうちで，ピペルノのレギナルドゥス（Raynald ou Réginald de Piperno）——Piperno はラティウム南部における Privernum（現在では Priverno）の変形である——は特別の言及に値する。ナポリ裁判の多くの証言は彼をトマスの長きにわたる盟友として知らせている[25]。アンベール・ド・ローマンによれば，修道会が講師や神学教授に奉仕させたこれらの同伴者たちは，旅でも修道院でもいたところで講師や神学教授に従い，講義に関する準備で個人的に彼らを助けていた。召使としてではなく——トマスがこの

---

24) Famulus に関しては前注を，servitor に関しては *Ystoria* 54 を参照。

25) *Naples* 89, p. 394; cf. chap. 27, 45, 53, 75, 78, 79, 81. この人物に関しては，A. DONDAINE, "Sermons de Réginald de Piperno", *Mélanges Eugène Tisserant* VI (Studi e Testi 236), Cité du Vatican, 1964, p. 357-394 を，伝記的データに関しては，p. 369-379 を参照。

ような仕事のために幾人かを有していたことを見たばかりである——，助手および秘書として仕えるためだった[26]。当該の事例では事情はこれをはるかに超えている。というのも，もしレギナルドゥス自身の言葉を信じるとすれば，彼はトマスに対して食生活の面倒をみたり，没頭のしすぎで健康を害しないように食べさせることにまで及ぶ「乳母」としての役割（quasi nutricis officium）を果たしていたからである[27]。

このようにいつも近くにいることで，教師と同伴者の間には友情の結びつきが生まれただろうが，それは容易にトマスとレギナルドゥスの間に推測できる。レギナルドゥスに頼まれて，トマスは『神学提要』を書いて彼に捧げたが，この著作は受取人について非常に明確であり，トマスは彼を「きわめて親愛なる息子」と呼んでいる。小著に関する目録によれば，『離存的実体について』と『星占いについて』もレギナルドゥスのために書かれたものである[28]。たとえレギナルドゥスがトマスの唯一の秘書ではなかったとしても，彼はトマスの唯一の長きにわたる盟友であり，トマスは彼を真夜中ですら自由に使っている。ある人々は彼らの協力はおそらくトマスがまだパリにいた時代に遡るとまで考えている[29]。聖ペトロと聖パウロがトマス

---

26) *Opera* II, p. 255.

27) レギナルドゥスが教師の死に際してフォッサノーヴァの修道士たちに語ったとトッコが述べている感動的な演説を参照——*Ystoria* 63, p. 391 (Tocco 63, p. 136)。

28) *Compendium theologiae*, Léon., t. 42, p. 1-205——すでに述べたように，この著作は未完である ; *De substantiis separatis*, Léon., t. 40, p. D 1-87; *De iudiciis astrorum*, Léon., t. 43, p. 187-201. 実を言えば，これら著作のうち最後の二つは明確にレギナルドゥスに捧げられたものではない。しかし，彼はその受取人として最も蓋然的な人物である。上でこれらの著作について述べたことを参照。

29) *Naples* 59, p. 346-347; repris par Tocco: *Ystoria* 31, p. 302

にその意味を説明したとされる『イザヤ書註解』の難解な一節に関する有名な逸話がある。このことから，レオニーナ版の校訂者たちはアントワーヌ・ドンデーヌに従いながら賢明に，レギナルドゥスが『イザヤ書註解』の執筆時期にトマスのそばにいた可能性があると推論している[30]。もし『イザヤ書註解』の執筆をケルン時代に位置づけるという上述の提案を受け入れるならば，このことは疑わしいものとなる。当時若い修道士にすぎなかった者にすでに自由に使える盟友がいたとはほとんど考えられないからである。

しかし，この詳細はトマスとレギナルドゥスの友情から何ものも奪わないのであり，トマスが常に携行していた聖アグネスの聖遺物をかざすことでレギナルドゥスを高熱から癒して彼のために奇跡を働いたことが伝えられている[31]。二人がトマスの健康状態を心配したトマスの姉のところにいたとき，「わたしが書いたものはすべてもみ殻のようだ」（omnia quae scripsi videntur michi palee）という最期の日々の悲痛な打ち明け話を引き出したのはレギナルドゥスである[32]。トマスの最後の告解を聞いたのも彼である[33]。今日では失われている写本によれば，レギナルドゥスは最終的にトマスの「相続人」になったが，それと

(Tocco 31, p. 105-106).

30) Léon., t. 28, p. 18*; A. Dondaine, *Secrétaires*, p. 198-202. しかし，「兄弟」ではなく「息子」という呼称を見れば，レギナルドゥスがトマスよりも明確に若かったことが分かるのであり，こうしてレギナルドゥスが第一回教授時代にパリにいたことは難しくなる。

31) Ptolémée XXIII 10; cf. *Naples* 60, p. 348.

32) *Naples* 79, p. 377; *Ystoria* 47, p. 347 (Tocco 47, p. 120).

33) *Ystoria* 63, p. 390 (Tocco 63, p. 136); cf. *Ystoria* 27, p. 287-288 (Tocco 27, p. 100-101). Weisheipl, p. 352 がそうしたように，最期の時の告解への言及からレギナルドゥスがトマスの習慣的な聴罪司祭だったと結論することはできない。

いうのも彼はトマスのすべての自筆原稿を保存し（habuit omnia scripta sua）[34]，トマスの死後ナポリの修道院の講師の職を果たしたからである。1275年，彼は司教座聖堂参事会によってマルシコの司教に選ばれたが，これは実現しなかった。おそらくその理由は，ドミニコ会総長だったヴェルチェッリのヨハネスが先に述べた仕事のために彼を自由したくなかったところにある。実際，その直後1278年にミラノで開かれた総会で，管区決定者の同僚として再びレギナルドゥスが見出されるが，彼の死に関する正確な日付——1285年から1295年の間——は知られていない。

レギナルドゥスの貴重きわまりない回想に加えて，トマスのいくつかの講義録もレギナルドゥスに負っている。何よりもまず，『コリントの信徒への手紙1』第11章から始まり最後の書簡までの『パウロ書簡註解』，すなわち実質的には『ヘブライ人への手紙』を含めた全パウロ書簡の註解がある[35]。次に，それよりも良いものはない（qua non invenitur alia melior）と言われている『ヨハネ福音書講解』

---

34) Cf. Léon., t. 28, p. 18*, n. 3, avec le commentaire du P. Gauthier, *ibid*., p. 14*. 貧しさに関するドミニコ会の会則があらゆる個人的所有に反対していたことから見て，たとえレギナルドゥスにトマスの自筆原稿の使用権があったとしても，実際それらはナポリの修道院の所有物だったと理解しなければならない。

35) ここでは，最も古い目録 Ms. de *Prague*, *Metr. kap. A 17/1* に従っている——この目録はおそらく1293年以前のものである。このことに関して，R.-A. Gauthier, *Quelques questions*, p. 454 ss., あるいは J.-P. Torrell, *Collationes*, p. 6 を参照。完全なリストは，Grabmann, *Werke*, p. 92-93 参照——。Mandonnet がその「公式的」な性格を指摘したとはいえ，20年以上後のものであるカプアのバルトロメウスのリスト（*Naples 85*, p. 389）には到底同様の重要性はない。トロメオ（XXIII 15, p. 155）は，トマスが注釈した（quam ipse notavit）『ローマの信徒への手紙註解』を除いて，『パウロ書簡』のすべての講義録をトマスが再検討したと明言できると思い込んでいる。この指摘の意味についてはすでに見た。

がある。バルトロメウスはトマス自身がそれを再検討した（correxit eam frater Thomas）と付け加え，ルッカのトロメオはトマスの手で5章分が注釈された（de qua ipse super quinque capitula proprio stylo notavit）ことを確言できるとすら思い込んでいたが，彼らの主張にはすでに指摘した困難がある。また，レギナルドゥスは『三つの夜に属する詩編の講解』，ならびに『主の祈り』，『使徒信経』の説教，さらには日曜日，祝日，四旬節に関するいくつかの説教も記録した。一般的に，プラハのそれを含むいくつかの目録がそのリストで等しく『霊魂論第1巻の講解』（Lectura super primum de anima）に言及していることが指摘されてきたが，ルネ・アントワーヌ・ゴーティエはそこで問題となっているのがリストの編纂者の読み間違いであることを示した[36]。

たとえレギナルドゥスがいくつかの説教を残したとしても，またおそらく『補遺』を付加して『神学大全』を完成したことは彼に負っているとしても[37]，教師の名声が同伴者のそれを圧倒したに違いないことは自明である。しかし，この絶えざる協力者にして打ち明け話のできる相手なくして，トマスがすべてのことを行えず，うまく生きていけなかった事実を想起することは公正だろう。

---

36) R.-A. Gauthier, *Quelques questions*, p. 454-463. 他方，Gauthierとともに——cf. Léon., t. 45/1, p. 279*-281*，レギナルドゥスが聖書註解や霊的講義以外の事柄を記録できたかどうか問うことができる。彼が転写した『形而上学註解』の一部——しかしながら，これは講義録よりも容易な仕事である——には「重大な誤り」がある。

37) 『補遺』の著者に関する問題については，第8章註14を参照。レギナルドゥスの説教に関して言えば，とりわけ彼が教師の著作から得た知識を証明している——cf. A. Dondaine, *Sermons*, p. 379-394。

468　第 14 章　最期の数か月と死

トマスと家族

　歴史的に適切に証明されているいくつかのデータがここにはある[38]。1272 年 9 月 10 日，カルロ 1 世は王国の財産管理者に対して，修道士トマス・アクィナスが義兄のトラエット伯爵アクィラのロジェールの遺言執行人として任命されていることを知らせた。この理由から 9 月 20 日付の他の文書は，故人の指示にしたがって様々な種類の財産，すなわち，雌ラバ，雌馬，子馬，鞍，チュニック，着物，小麦等々を相続人たちに分配するよう命じるものだった。何日か後の 10 月 2 日，国王は再び同じ管理者に宛てて手紙を書き，ロジェールが残した指示によれば，不正に横領した土地があり，トマスには返却する任務があること，また他のものを返却するためにスカウリの製粉所の収入を使えることを知らせた。それゆえ，トマスにはこれらの仕事を終えるまでこの金銭を所有しておくことが認められており，王国の将校たちは彼の仕事を妨げることができなかった。

　トマスについてほとんど予想もできない実際的な問題に彼が巻き込まれているのを見ると，初めは少し驚かされる。すべての人々を満足させるために，仕事にはある種の術策が求められたはずであり，参考資料から推測できることに，トマスは何らかの駆け引きをしたに違いない。実際，彼自身は子供たちを委託する後見人に関して微妙な進め方を実行しなければならなかった。王国の重要人物が問題となっていたので，国王は四人の子供の保護をすでに「耕作地の優れた代理人」に委託していたが，容易に理解

---

38)　Cf. *Documenta* 25-27, p. 575-579.

できる理由のために，修道士トマスはこの役目を親族に残すことを好んだ。それゆえ，トマスはカプアの国王に会いに行き，〔トラエット伯爵とは〕別の義兄のマルシコ伯爵サン・セヴェリーノのロジェールに保護を委託する許可を国王から得たので，ロジェールは子供たちの母アデラシアとともにこの役目を果たした[39]。

それゆえ，国王は遺言執行人の論拠に従ったが，もしこのことに使われている言葉——dilectus amicus noster——から判断するならば，これは相当親切なことである。トマスは自分自身，あるいはむしろ自分の属する托鉢修道会に有利になるようにこの機会を利用したのだろうか。問いを提起することしかできないが，国王に対するこの訪問の数日後に，トマスは神学教育に関してひと月につき金1オンスを国王から受けとることになった[40]。ヴァルツが正しく指摘しているように，この金額は少しも異常なものではない。「この給与を正しく評価するためには，国王コンラート4世がすでに教授に対して一年につき金12オンスを，カルロ2世が1302-06年の間にナポリにある修道院の三つの学校の神学教育のために年間金150オンスを支給したことを知らなければならない」[41]。もっとも，この給与が当時私的な生活を送っていたトマス自身に直接支払われたと考えることは誤りだろう——このことはかつて彼が弁護した，かの貧しさからかけ離れている。テキストはこのことに関して非常に明確である。すなわち，金銭はナポリ

---

39) Scandone, *La vita*, p. 67 に1272年11月25日付の国王の書類を見出せるが，続くページも参照。この相続に関する他のテキストについては，p. 21-26 を参照。当時宮廷の小吏吏だったバルトロメウスは，トマスをカプアで見たのは一度だけだと確言している。すなわち，トマスは甥のフォンディ伯爵に関する問題のためにそこに来ていたと言われている——*Naples* 77, p. 374。

40) *Documenta* 28, p. 579-580.

41) WN, p. 180.

の修道院長あるいは代理人に支払われた (ad requisitionem prioris fratrum…in Neapoli, vel certi nuncii eius)。

しかし,ここでトマスとヴィテルボのヤコブス (Jacques de Viterbe) を比較してみると非常に興味深い。約 20 年後の 1294 年,聖アウグスティヌス隠修士会の管区会議は,ヤコブスに対して新しい教授資格のために (magistro nostro novo) 毎年 8 フロレンス金貨を支給し,これに教授職の昇進に伴う支出のために合計 25 フロレンス金貨を付け加えた。毎年の支給は続く二年間更新されたが,1295 年の総会は似たような措置を採択し,次のような仕方で正当化した。「われわれの意図と意向は聖なる神学教授である修道士ヴィテルボのヤコブスが書物を書き作成する (debeat scribere et facere opera in sacra pagina) ことであるので,彼が秘書,羊皮紙,他の必要性のために修道会の各管区から毎年 1 フロレンス金貨を受けとるべきことを決定する」[42]。知るかぎり,修道士トマス・アクィナスに関して同様のいかなる文書もないが,彼も手当金を受けとり,そこから在俗の秘書に費用を支払い,また聖アグネスの祝日の食事を提供しただろうことは決して無理な推測ではない。

トマスが関わったに違いない諸問題に戻るならば,無味乾燥なテキストがすべてを語っていないことは確実だが,これらの相続に関する長談義,子供たちの保護をめぐる議論,この問題を解決するのに色々なところを行き来したことは容易に推測できる。トマスは国王に会うためにカプアに赴かなければならなかったが,同じようにトラエットやマルシコに行き,より正確にそれらの場所で問題を判断しなければならなかった。これらのすべてのことが重大な仕方で研究と教育の時間を奪ったことは容易に想像がつく。

---

42) *Chartul.* II, n° 585, p. 62.

しかし，家族はためらうことなくこの新たな関係を利用し，トマスの姪フランソワーズ（Françoise）はポッツオーリにある温泉へ療養に行く許可をトマスの仲介で国王から得た[43]。フランソワーズはナポリ王国の出身だったので，この許可を得る必要はなかったはずだが，彼女は数年前コッラディーノに味方したためにアンジュー家の裁判で裏切り者と宣告されていたチェッカーノのアンニバルドゥス（Annibald de Ceccano）の妻だった[44]。それゆえ，叔父の影響力は彼女にとって都合がよかったが，彼女は次のような献身的な態度で叔父に豊かな仕方で報いた。すなわち，トマスが数か月後に病気になったとき，トマスが泊まったのはマエンツァにあるチェッカーノ夫婦のところである。また，トマスの死を聞いてフォッサノーヴァに最初に駆け付けたのもフランソワーズである[45]。このような関わりが他にあっただろうか。それは分からないが，ここで家庭環境——すでにこの書物の冒頭で見たように——に強く結びついた人間を再発見することは明らかである。

人物描写の概要

　少しの間テキストと日付という堅固な条件から離れて，ここでトマスを知っていた人々からトマスという人間ないし聖人に関する情報を集めてみたい。この仕事は容易ではない。ずっと前から聖人伝というジャンルの限界は知られ

---

　43) *Documenta* 29, p. 581. 断片は 1273 年 4 月 3 日付のものであり，受益者は尊敬すべき修道士アクィノのトマスの姪（neptis venerabilis fratris Thomasii de Aquino）として示されている。これはまさに彼女のための推薦状である。

　44) Cf. Scandone, *La vita*, p. 81.

　45) *Ystoria* 62, p. 388 (Tocco 62, p. 135).

ており，トッコが書いた伝記でも型にはまった範例があることは正当にも強調されてきた[46]。列聖裁判に関しても事態は同様であり，たった今述べたように，「有益な」証言の割合は型にはまったデータに比べてわずかである。多くの場合，同時代人たちがトマスについて抱いていた見解，および聖性についての考えに由来するイメージにしか達しえない。しかし，過度の懐疑主義によってこの道を通じて学べるすべての事柄の検討を徹底的に拒絶する罪を犯すことは間違いだろう。現代の人々がアクィナスについて抱くイメージとまったく調和しないいくつかの個人的詳細は，おそらく，真実である可能性がいくらかある。

　まず，身体的な人物描写を見よう。証言は一致しており，フォッサノーヴァのシトー会士によれば，トマスは大きく太っており，額が禿げあがっていた（fuit magne stature et pinguis et calvus supra frontem）[47]。おそらくトマスは高い身長をノルマン人の血統から引いている。また，肥満が指摘されており，第二の者は，トマスは身長が高く，禿げあがり，さらに太っており，褐色だった（fuit magne stature et calvus et quod fuit etiam grossus et brunus）と繰り返している[48]。パリでトマスの生徒だったフィレンツェのレミ（Rémi de Florence）は，敢えてトマスが非常に太っていた（pinguissimus）ことを強調している[49]。

---

46) W. P. Eckert, *Stilisierung und Umdeutung*; E. Colledge, *The Legend*; Le Brun-Gouanvic, *Introduction* à l'*Ystoria*, p. 72-97.

47) これは司祭バブコのオクタウィアヌスの言葉である——*Naples* 15, p. 287; cf. *Naples* 42, p. 319; 45, p. 323。

48) これは平修道士ピペルノのニコラウスの言葉である——*Naples* 19, p. 291。

49) これは聖ヒエロニムスに関する説教の言葉である。"aliqui enim sunt pingues naturaliter, unde *pinguissimus* frater Thomas sapientissimus fuit", dans E. PANELLA, "Note di biografia domenicana tra XIII e XIV secolo", *AFP* 54 (1984) 231-280, cf. p. 268.

控えめにある種の肥満を示唆しているトッコは、より詳しく自分の考えを述べている。「トマスの身体と精神の自然本性的性質に関して、身体は大きく (magnus in corpore)、魂の正直さに対応して高くまっすぐな身長だったと言われている。小麦のように (coloris triticei) 黄金色だったが、これは非常に安定した気質のしるしだった。大きな頭——理性に従う感覚的諸器官が必要とするような——をしており、髪の毛はいささか少なかった (aliquantulum caluus)」[50]。

この気高い人物描写は根底で二人の修道士のもっと短い言明と一致しているが[51]、トッコはさらに倫理的完全性と美しさの間に理想的な関係があるという考えから、これら身体的な特徴が精神的な特色と連関していることを示そうとしている[52]。ここでトマスの同伴者だったレギナルドゥスの母が伝えているすでに引用した逸話を想起できる。「トマスが畑を通ったとき、畑で作業していた人々は仕事をやめて、会うために駆けつけ、彼の高い身長と人間としての美しさに感嘆した。彼らは彼を迎えに行ったが、それは聖性あるいは高貴な生まれというよりはむしろ美しさのためだった」[53]。

トッコの同じテキストのうちに、この理想的な人物描

---

50) *Ystoria* 38, p. 321 (Tocco 38, p. 111-112): "Fuit magnus in corpore, procere et recte stature, que rectitudini anime responderet; coloris triticei, ad temperate eius complexionis indicium; magnum habens caput sicut perfectiones uirtutum animalium que rationi deseruiunt organa perfecta requirunt."

51) 色を除いて。Gauthier とともに、一方は髪の毛について、他方は顔色について語っていると推測できる。

52) A. VAUCHEZ, *La Sainteté en Occident aux derniers siècles du Moyen-Age d'après les procès de canonisation et les documents hagiographiques*, Rome, 1981, p. 509-511.

53) M.-H. Laurent, *Un Légendier dominicain peu connu*, p. 43.

写を支える別の逸話がある。伝記作者は繊細な体質のトマスの肉が知的能力を明らかにしていたことを強調しながら[54]、男らしい力に満ちた魂が身体に魂に従う力を与え、いかなるものも決して恐れないことを可能にしていたと続けている。このことを例証するために、トッコはパリの旅路で海で遭遇した恐ろしい嵐の逸話を伝えている。水夫たちは嵐におびえて死を恐れていたのに対し、トマスは摂理に委ねて少しも動揺しなかった。

これらの覚え書から分かることに、この人物描写は頑丈であると同時に繊細な人間を表している。トマスの痛みに対する感じやすさは同時代人たちを驚かせた。すなわち、彼は焼灼や瀉血を行う前には、精神を何かしら高次の事柄へ集中させて痛みを忘れられるように、あらかじめ知らせてくれるように頼んでいた[55]。頑丈さに関して言えば、健康に関する心配事が少なかったことから推測できる。たった今言及された瀉血はトマスの頑丈さに対立するいかなることも述べていない。それは中世の習慣的な健康維持の一部だった。反対に、足の焼灼は静脈瘤性の潰瘍を疑わせる。トマスがマラリアの発作に苦しんだという逸話もある[56]。他にも、突然生えてきた余分な歯に困惑し、話せなかったという滑稽な逸話もある。彼は何よりも抜歯を恐れていたので、祈りによってこの状況から解放されたと

---

54) この人物描写に優れた解説を与えている Gauthier 神父——Léon., t. 45/1, p. 287*——は、ここでアリストテレス——*De l'âme* II 19, 421a25-26——を参照しているが、アリストテレスによれば肉の柔らかさは聡明さのしるしである。

55) *Ystoria* 47, p. 349 (Tocco 47, p. 121): miro modo passibilis et ideo subito lesiuo corporis turbabatur〔彼は驚くほど感じやすく、それゆえ突然の身体的外傷に動揺していた〕。この指摘は人物描写の fuit tenerrime complexionis in carne〔彼はきわめて柔らかい肉を有していた〕という指摘に関連づけられる。

56) Ptolémée XXIII 10 (Ferrua, p. 363).

いう[57]。別の箇所では,「何らかの病気が妨げないかぎり」,彼は毎日ミサを行っていたことが伝えられている[58]。それゆえ,〔病気に関する〕これらの言い伝えが増えてくる最期の数週間より以前には,そのような指摘はむしろまれだった。

　この頑丈さを弁護するのはむしろ彼の旅であり,指摘すべきことに,召喚された場所に赴くためにトマスは長時間かけて歩いて行ったのである。もし徒歩でナポリからパリ,さらにパリからケルンとそこからの帰還,それからパリからローマとそこからの帰還,再びパリからナポリの道のりを踏破しなければならなかったとして,これに管区会議に赴くための様々な移動を付け加えるなら,約15000キロメートルを歩かなければならなかったことになる[59]。これは少なくとも部分的には海や川を通じて旅した可能性——これはほぼ確実である——を忘れることである。おそらく1268年にパリに帰ってくる際に直面した嵐はこの証明である。トッコの第四版の,おそらく同じ時代に属する逸話は,乗組員たちが引くのに大変苦労していた小舟をトマスがたった一人で流れに逆らって牽引したことを伝えているが,このことは少なくとも川を利用した旅の思い出であり,彼の身体的力の反映である[60]。

　もし聖人伝に典型的な描写を活用するならば,ある証言から人間トマスに関する何らかの事柄を認識することはお

---

57)　*Ystoria* 51, p. 358-359 (Tocco 51, p. 124-125).

58)　*Ystoria* 29, p. 293 (Tocco 29, p. 103): nisi eum infirmitas impedisset.

59)　Vicaire, *L'homme qu'était S. Thomas*, p. 25 et n. 75.

60)　*Ystoria* 38, p. 321-322 (pas dans Tocco). この挿話はちょうど嵐の話に続いている。すなわち,トマスと同行者たちは川の上にいたが,オールの力が流れの力に抵抗するには十分でなかったので,乗組員たちは岸から舟を引いていた。彼らが疲れるのを見たトマスは同行者たちに助けることを提案した。

そらく不可能ではない。バルトロメウスの証言はこのようなものであり，彼が尋ねたすべての人々みんなに共通の見解として次のことを伝えている。「彼らは聖霊が真にトマスに臨在していると信じていた。というのも，彼は常に快活で，優しく，愛想がよかったからである……」[61]。トッコはこの同じ特徴について気さくな性格を強調している。すなわち，トマスは彼を眺める人々に喜びを抱かせていた[62]。この超自然的な喜びの支えとして，トマスがユーモアを欠いていなかったことを示す例外的な詳細——知るかぎり，これはトマスの講義の具体的な様子を伝える唯一のエピソードである——がある。フィレンツェのレミが語るところによると，トマスは冗談まじりに聖マルティヌスを祝う典礼を執り行う際に例外的に荘厳であることを当てこすった。というのも，この荘厳さのために百姓たちは聖マルティヌスを聖ペトロよりも高く評価し，聖マルティヌスに愛着を感じていたからである。実際，百姓たちは秋の収穫で豪奢な暮らしをしていたのである[63]。

---

61) *Naples* 77, p. 372: "Ipsi vere credebant Spiritum Sanctum esse cum eo, quia semper videbant ipsum habere alacrem vultum, mitem et suavem…".

62) *Ystoria* 36, p. 315 (Tocco 36, p. 110): "quotiens predictum doctorem cum affectu deuotionis aspiceret, totiens ex eius aspectu et locutione gratiam letitie spiritualis auriret, quod sine Spiritus sancti presentia esse non poterat, de quo tanta gratia procedebat"〔「前述の博士を敬虔の情とともに眺めるたびに，姿と話し方から霊的な喜びの恩恵を受けとるが，これはこれほど大きな恩恵を発出させる聖霊の現前なくして起こりえないことである」〕．トッコに情報提供した者はバルトロメウスのそれと同一人物かもしれない。すなわち，1269 年にナポリの修道院長だったサレルノのエウフラノン（Eufranon de Salerne）である。

63) Sermon sur S. Martin: "Et quomodo rustici propter beneficia pretulerunt beatum Martinum beato Petro apostolo, *ut lusorie referebat magister meus frater Thomas de Aquino*; in festo enim beati Petri omnia

このような機知が頻繁に見られたいかなる証拠もないが，トマスの反応の敏捷さについての話から，そのような機知がまれではなかったことが予想できる。しかし同時に，トマスがめったにない謙遜と忍耐を有しており，侮辱的な言葉でいかなる者も決して傷つけなかったことが伝えられている[64]。バルトロメウスが強調するところによると，度を過ごすことが頻繁に起こる討論ですら，トマスは常に穏やかで謙虚であり，決して感情にまかせた尊大な言葉を述べなかった[65]。ペッカムとの論争の際，物語は二人の敵対者の態度の違いを好んで対照し，新任教授の就任演説を台なしにしてはならないという配慮を正当にもトマスの謙虚な寛大さに帰している[66]。

---

bona videntur deficere que in festo beati Martini inveniuntur habundare"〔「また，農夫たちは利益のために使徒である聖ペトロよりも聖マルティヌスを高く評価したので，教師である修道士アクィノのトマスはからかってこのことに言及した。というのも，農夫たちは聖ペトロの祝日には聖マルティヌスの祝日に豊富に見出されるあらゆる善がないように思ったからである」〕, cité par E. Panella, *Note di biografia domenicana*, p. 266. ここで M. HUBERT, "L'humour de S. Thomas d'Aquin en face de la scolastique", dans *1274 Année charnière*, p. 725-739 を参照できるが，Hubert とともに「当該のユーモアは少しも滑稽味のあるものではない」と明言しなければならない。むしろここで問題となっているのは批判的な無関心の態度である。

(64) これはサン・フェリーチェのペトルスの言葉である。*Naples* 45, p. 322: "Thomas fuit homo…mire humilitatis et patientie, adeo quod nunquam aliquem corruscavit aliquo verbo ampulloso aut contumelioso".

(65) *Naples* 77, p. 373: "immo in disputationibus, in quibus consueverunt homines aliquando modum excedere, semper inveniebatur mitis et humilis, nullis verbis gloriosis et ampullosis utens".

(66) *Ystoria* 26, p. 284 (Tocco 26, p. 99): "uir ille patientissimus…quasi uere humilis, *qui sui contemptum ut magnanimus contempnebat*…"〔「かの人物はきわめて忍耐強く，真に謙遜な者であり，軽蔑されても寛大な心で軽視していた」〕．

478　　　　　　第 14 章　最期の数か月と死

　この最後の逸話によって，生徒たちから信頼され，率直に語り合い，冗談を言い合ういっそうなじみのあるトマスに出会う。このようにして，散歩や大学の正式な集まりの後で若い修道士たちとともにいるトマスが伝えられている[67]。しかし，これらの話は第一回パリ時代に遡るものであり，ナポリ時代の逸話はさらに自分の時間を惜しみ，もし人が下らない会話に夢中になるならば，トマスはためらわずに共通の休憩所から離れたと伝えている[68]。彼は回廊や中庭で一人で散歩したり，面会室での用事を手早く片付けた後にはいつものように再び考え始めることをはるかに好んだ[69]。

　この同じ時代に――おそらくすでに長く行われてきたのだろうが――，実際トマスは非常に隠遁的な生活を送っていた。彼は食事と睡眠に最小限の時間しか割いておらず，一日に一度しか食べていないとすら思われる[70]。彼は早課

---

　67)　*Ystoria* 26, p. 284（Tocco 26, p. 99: トマスの生徒たちはトマスがペッカムに言い返すようにせきたてた）; *Ystoria* 42, p. 332（Tocco 42, p. 115: トマスとともに散歩からサン・ドニに戻るとき，生徒たちは遠くに見えるパリを示し，その豊かさにうっとりしながら，トマスにこのような町の支配者になりたくないかと尋ねた）。

　68)　*Ystoria* 29, p. 295 (Tocco 29, p. 104); 48, p. 351 (48, p. 122); *Naples* 77, p. 373; cf. Torrell-Bouthillier, *Quand S. Thomas*, p. 46.

　69)　*Ystoria* 29, p. 295 (Tocco 29, p. 104): "…reliquum si superfuisset tempus, priusquam ad cameram suam completa locutione redisset, sicut non aduertens diuinis intentus, discurrens per claustrum uel ortum, consuetis suis meditationibus et speculationibus expendebat"〔「もし余分な時間が残っているならば，トマスは話を終えて自室に戻る前に，神的な事柄に没頭して周囲に気を払わない者のように，壁や入り口に沿って歩きながら，いつもの瞑想と思索に時間を費やしていた」〕.

　70)　*Naples* 48, p. 328; *Naples* 70, p. 362: "semper commedebat in refectorio fratrum *et semel in die tantum*"〔「彼は常に修道士の食堂で，一日に一回だけ食べていた」〕――たとえジャン・ブラシオに由来しているとしても，実際この最後の話について非常に驚くべきものは何もない。

のために夜のうちに起きると、すべての人々に先立って教会に行ったが、他の人々が来るのを知ると退去した[71]。例外を除けば、終課以外のミサに出席していなかった[72]。たとえ彼が毎日ミサを行い、終わると直ちに第二のミサを聞いたとしても、仕事をするためすぐに自室に引きかえした[73]。

それゆえ、このことはトマスが人々とともに修道院のミサに出席しなかったことを意味するが、それは非社会的気質のしるしではない。すでにこの時代、ドミニコ会の会則は教員のために終課を除いて修道士の他の様々な義務と同様に詠唱の免除を定めていた。それゆえ、トマスは同僚の講師たちの標準的な慣習に従っていただけのことである[74]。さらに、トマスがレギナルドゥスの回復を祝うために生徒たちに提供した聖アグネスの祝日の食事からも、トマスが喜びを分かち合う機会を嫌悪していなかったことが分かる。

13世紀の修道士トマスの社会的関係を現代の世俗的関係を範として評価しないように気をつけるべきである。トマスの情動性がより認識できる女性関係——ザクセンのヨルダヌスとアンダロのディアーナ（Diane d'Andalo）のような[75]——は分からないが、トマスは深い友愛を知っており、家族も含めて友人がいた。彼の家族関係は、愛情のこもったものだった。友人に関して言えば、レギナルドゥス、あるいは古い生徒にして後継者でありその後枢機卿に

---

71) *Naples* 77, p. 573; *Ystoria* 34, p. 309 (Tocco 34, p. 108).

72) *Ystoria* 29, p. 294 (Tocco 29, p. 103); 33, p. 307 (Tocco 33, p. 107).

73) *Naples* 77, p. 373.

74) Humbert de Romans, *Opara* II, p. 29-30; p. 255.

75) Cf. G. EMERY, "Amitié et vie spirituelle: Jourdain de Saxe et Diane d'Andalo", *Source* 18 (1992) 97-108.

なったアンニバル・ド・アンニバルディを想起するだけで十分であり，トマスはアンニバルディに対して抱いた古い友愛（antiqua dilectio）をはっきりと語っている。とりわけアリストテレスが友愛概念を説明している『ニコマコス倫理学』第8巻と第9巻を註解する際のトマスの繊細さを想起しなければならない。トマスはこの友愛概念を愛に関する論述の中心概念にした。トマスの説教はわれわれと神の関係の要求の多い性質を示唆するために，繊細な感受性とともに友愛の経験に訴えている[76]。このように語る人間が情動性について机上の知識以外のものを有しなかったと考えることは難しい。

偉大な観想家

　家族と強いきずなで結ばれていたこの南イタリア人は非常に具体化された信仰心を持っていた。先ほど，トマスが信仰心から携行していた聖アグネスの聖遺物をかざすことでレギナルドゥスを癒した逸話を想起したばかりである[77]。信じるのは難しいが，トマスは奇跡的に免れた余計

---

76) *ST* IIa IIae q. 23 a. 1: *Utrum caritas sit amicitia*. 説教に関しては，Torrell, *Pratique*, p. 226 を参照。

77) *Ystoria* 50, p. 356 (Tocco 50, p. 124; Ptolémée XXIII 10): "*reliquias dicte sancte, quas ad pectus suspensas ex deuotione portabat*"〔「トマスは件の聖人の聖遺物を信仰心から胸にぶら下げて携行していた」〕. Weisheipl, p. 297 は，ここにトマスの個人的な信仰心の痕跡を見るべきではないと主張しているが，これはおそらく行き過ぎた解釈である。というのも，トマスが聖アグネスの聖遺物を携行していたのが偶然でないことは確実だからである。イタリア出身のアグネスは4世紀以降民間信仰の対象となっていたが，おそらくトマスは幼少時代からこれに親しんでいた。彼の著作の中で少なくとも二度，殉教に至るまで純潔を守る範例として聖アグネスが言及されている——IV *Sent.*, d. 49 q. 5 a. 3 qc. 3 ad 9; *Quodl.* III q. 6 a. 3 [17] ad 3。

な歯に関して同じことを行ったと思われる[78]。聖パウロを除いて，トマスは他の聖人に対して特別の敬愛を語っていない。たとえ乙女マリアが不在ではないとしても，彼女が他の多くの聖人たちの生ほど頻繁に現れていないことは確実である。トマスはおそらくドミニコ会のマリア崇拝の当事者だったが——一連の『サルウェ』（Salve），『マニフィカト』（Magnificat）ならびに『デ・ベアータ』（De Beata）の聖務日課が挙げられる——，裁判の証言はいかなる特別なことも述べていない[79]。

トマスが若い姉のそばで眠っていたとき彼女が雷に打たれて死んだという逸話をおそらく覚えていたトマスには，雷雨の間「神は肉を摂って到来した。神はわれわれのために苦しまれた」と繰り返しながら十字を切る習慣があった[80]。もしトマスが遭遇した恐ろしい嵐のときにも，水夫たちがおびえる一方でトマスだけは落ち着きはらって十字

---

[78] *Ystoria* 51, p. 358 (Tocco 51, p. 124): "*Quem dentem, ad recolendum diuine beneficium pietatis, magno tempore secum detulit*"〔「トマスはその歯を神の慈悲の親切を思い出すために長い間持ち運んだ」〕.

[79] 聖パウロに関して言えば，すでに言及したように，解釈上の困難の際に現れた話を想起することで十分である。*Ystoria* 32, p. 306 (Tocco 32, p. 107) は，トマスが熟慮の上で要求したすべてのことが自分の仲介でトマスに与えられたことを確言する乙女マリアの出現に言及している——このことから，トマスが頻繁に自発的に祈っていたことが想定できる。また，『アヴェ・マリアの祈り』の説教を想起できるが——*Naples* 70, p. 362; cf. Torrell, *Pratique*, p. 216, 『アヴェ・マリアの祈り』が書かれていた羊皮紙の断片に頑強にしがみつく赤ん坊の光景にかかずらう必要はおそらくない。すなわち，このことを伝えている人々においてもこの話の解釈はまったくマリアに関するものではない——cf. *Ystoria* 4, p. 198; Tocco 3, p. 68; *Naples* 90, p. 395。さらに，この話はバーリの聖ニコラウス（Nicolas de Bari）に関する伝説からの借用だとする Colledge——*The Legend*, p. 20-21——に従う義務はない。

[80] *Ystoria* 38, p. 321 (Tocco 38, p. 112).

を切っていたことを思い出すなら，十字を切るのはトマスが恐れていたからではなく，可感的な身振りで信仰を表そうとしたためだと分かる。

証人たちはトマスが観想と祈りの人だったと好んで繰り返している[81]。おそらくこのようなことを言われなかった聖人はほとんどいないだろう。トマスの祈りはたいていの場合，知的仕事と直接関係があった事実を指摘することは，より解明的である。「トマスは勉強，討論，教育，執筆，口述に取りかかるときはいつでも，まず密かな祈りへと退いて涙を流しながら祈ったが，それは神の神秘の理解を得るためだった」[82]。もし資料の裏づけによって，これがまさに持続的な習慣であり，トマスが時として正確な身振りでもって驚くべき仕方で具体的現実を把握していたことを確証しないならば，この祈りには陳腐な敬虔さしかないのかもしれない。

たとえこのことに関してトッコが伝えているような機会がほとんどありそうにないとしても，最も雄弁な事例はおそらく以下のものである。パリの教授たちは聖体の付帯性が基体なしに（sine subiecto）存続することを論じる方法に関して自分たちが一致しないことに気づいたので，この問題について決定を下すようにトマスに頼み，その後はトマスが述べたことで満足することを約束した。それゆえ，この特殊な状況——もっとも，はっきりとは分かっていない——の下で，トマスはこの問題が提起する形而上学的困

---

81) Naples 40, p. 317 (*Homo magnae contemplationis et orationis*); 42, p. 319 (*hominem contemplativum*); 45, p. 322.

82) *Ystoria* 30, p. 300 (Tocco 30, p. 105). トッコの第四版はここに，トマスがある難解な箇所の意味を知るために祈り，聖パウロから啓示を得た思い出を置いている——本書第13章参照。*Naples* 58, p. 346 (Tocco); 81, p. 381 の似たような指摘を参照——ここでレギナルドゥスに直接従っているバルトロメウスは，祭壇の前に平伏した祈りについて語っている。

難について熟考した。しかし，トマスはこのことについて聴衆に語る前に，主な利害関係者に相談しようと思った。それゆえ，彼は十字架像の前に行き，あたかも教師であるかのようなキリストの前に位置を占め，書いていたノートを開いて，腕で十字を作った[83]。

この逸話の正確な状況の歴史的真実性は少なくとも疑わしい。パリでの托鉢修道士と在俗の教授の関係はひどく敵対的で，同僚がトマスの知識に敬意を示して相談したなどほとんど考えられない。しかし，もし似たような話の展開の中でドミニコ会の同僚に主導権があったとすれば，可能性はより高くなる。少なくとも，この逸話から好んで引き出されたのは，簡素ながらも表現力豊かな身振りと，祈りのうちで自分の議論の堅固さを「確かめる」トマスの方法の深い意図である。ところが，このやり方には先行者がいた。

祭壇の前に平伏して腕を十字に上げるこの祈り方は，実際ドミニコ会の創設者である『聖ドミニクの９つの祈り方』を必ず想起させるものである[84]。その前でトマスが祈っ

---

83) Tocco 52, p. 125-126.

84) この表題で，バチカン図書館に所蔵されている写本 Rossianus 3 のうちに含まれている，細密画を伴う短いラテン語のテキストが示されている。かつて非常に欠陥のある校訂版を，I. TAURISANO, "Quomodo sanctus Patriarcha Dominicus orabat", *Analecta S. O. P.* 30 (1922) 93-106 が出版していた——この校訂版は次年の1923 年に修正されたが，残念なことに現代の諸翻訳が使用しているのはこの欠陥のある校訂版である。細密画はあいにく白黒で複写されているが，すでに原本の概略を伝えている。このテキストのフランス語訳は，カラー複写とともに，M.-H. VICAIRE, *Saint Dominique de Caleruega d'après les documents du XIIIe siècle*, Paris, 1955, p. 261-271 参照。S. TUGWELL, "The Nine Ways of Prayer of St. Dominic: A Textual Study and Critical Edition", *MS* 47 (1985) 1-124 は，このテキストの批判的研究と校訂という注目すべき仕事を行ったが，そこでTugwell は慎重に次のように結論づけている。たとえこのテキストが

ていた聖画像はどのようなものだったのか。考えなければならないのは、おそらくこの写本に見られる細密画である。それはグリューネヴァルト（Grünewald）の絵画に見られるような苦しむ人間ではなく、ビザンティンのモザイク壁画の全能者像に見られるような威厳を示しつつ苦しむ者を描いたものである。非常に様式化されたこのような画では、苦しみの表現はほとんど表情に残っているだけであり、脇腹から噴出する血はむしろ教会を誕生させる神秘の象徴的表現である。

トマスが主の受難と復活の諸問題を執筆していたナポリ時代に、次のような逸話が残っているが、それはまさにこの文脈の中に位置づけられる[85]。トマスがいつものように非常に朝早く聖ニコラウス聖堂で祈っていたとき、それを見ていた堂守カゼルタのドミニク（Dominique de Caserta）はトマスが空中に上げられるのを見、十字架像から声を聞いた。「トマスよ、あなたはわたしについてよく語ってくれた、報いに何を望むか。――主よ、あなたのみを」。この逸話は先のものよりもよく知られているが、あまり飾り気がないのでよりもっともらしいと考える人もいる。しかし、この逸話について厳密な意味での歴史性は保証できないだろう――二つの逸話がある程度似ていることから重複が予想できる――[86]。

歴史性の問題をこれ以上追求しなくても、少なくとも十

すべての細部にわたって信頼できるものではないとしても、これは、聖ドミニクの祈り方について真正の情報を提供してくれる原本――1230年代に位置づけられる――に遡及できる可能性が十分高いテキストである。

85) *Ystoria* 34, p. 309 (Tocco 34, p. 108): "*Et tunc scribebat Tertiam partem Summe de Christi passione et resurrectione*".『神学大全』第3部46-56問、また上で「イエスの生涯」について述べた事柄を参照。

86) Cf. WN, p. 190; Colledge, *The Legend*, p. 23-24.

字架像の前でトマスが祈っていたことはほぼ確かな事実だろう。しかし、これらの二つの事例に共通な要素を強調することはまったく見当違いではない。すなわち、居合わせた人々は実際見聞きしたことを伝えている。トマスと祭壇あるいは十字架像の前での祈りの身振りは、人に見られることでまったく損なわれなかった。ここで証人たちは聖人に近づいたのである。しかし、人々が知的な敬虔さを思い描くこの聖人は、キリストの人間性は神性に至るための最高に適切な教育方法だと書くことをためらわなかった[87]。13 世紀の聖人伝の物語は似たような話に満ちているが、トマスがここで経験から語っていることを否認する態度は誤りである。

すべての物語や証言を整理分類しなくても[88]、最小限の確実性とともにではあるが、トマスの祈り方から三つの特徴が引き出せる。祈りと勉学の結びつきが第一の特徴なのは明白である。例外的にうまく霊感を受けたトッコはこの特徴を、ただ勉学の観想でのみ (in sola studii contemplatione) 救われることを理解できなかった在俗の

---

87) *ST* IIa IIae q. 82 a. 3 ad 2: "Et ideo ea quae pertinent ad Christi humanitatem, per modum cuiusdam manuductionis, maxime devotionem excitant, cum tamen devotio principaliter circa ea quae sunt divinitatis consistat"〔「またそれゆえ、キリストの人間性に関わる事柄はある種の導きという仕方で最高度に信仰心を駆り立てる。ところが、信仰心は主として神性に関わる事柄について成り立つものである」〕.

88) 以下のようなことを求めて祈るトマスも知られている。純潔——*Naples* 61, p. 349; *Ystoria* 11, p. 220; Tocco 10, p. 75, 神の知恵——*Ystoria* 30, p. 299; Tocco 30, p. 104, この世での堅忍——*Naples* 78, p. 375; *Ystoria* 32, p. 306; Tocco 32, p. 107, レギナルドゥスの回復 ——*Naples* 90, p. 348; *Ystoria* 50, p. 356; Tocco 50, p. 123-124, 近親者たちの永遠の休息——*Naples* 78 et 81, p. 374 et 381, クリスマスの日の二人のユダヤ人の改宗——*Naples* 86, p. 389; *Ystoria* 23, p. 278; Tocco 22, p. 96——等々。

教授との論争の一争点として非常に適切に要約した[89]。第二の特徴が聖体への愛着であることは疑いえない。これは後に理解されるような聖体崇拝ではなく、むしろ日々行われる秘跡への愛着である。毎日二つのミサが行われていたこと——一つはトマスが行うものであり、もう一つは彼がそれに出席するものである——の証明はあまりにも頻繁に繰り返されているので、疑いない[90]。また、トマスには聖体の奉挙のときに『テ・デウム』（Te Deum）の第二の部分を暗唱する習慣があった。すなわち、「キリストよ、あなたは栄光の王、あなたは永遠に御父の御子」（Te rex glorie Christe, Tu Patris sempiternus es Filius）からその部分の終わりまで[91]。もし聖歌の部分が簡潔にキリストの生涯の「神秘」を想起していることを思い出すならば、トマスの習慣はかなりうまく理解できる。しかし、トマスが最期の数か月間、顕著に長い忘我を経験したのはとりわけミサの最中のことである。すなわち、受難の主日——1273年3月26日——の忘我と、その八か月後——1273年12月6日——の聖ニコラウスの祝日の忘我である[92]。

トマスは『神学大全』第3部90問まで到達したので、直前に完成した聖体の論述の執筆は、おおよそ最後の二つの日付の間に位置づけられる。聖体の聖務日課を作成していたオルヴィエト時代にすでに認められた発展は、終局に達しており、著者は書いたことを経験した。「この秘跡の力で魂は霊的に回復し、霊的に喜び、何らかの仕方で神の優しさで陶酔するが、これは『友人よ、食べて飲みなさ

---

89) *Ystoria* 20, p. 262 (Tocco 19, p. 91).
90) *Naples* 6, 8, 40 (p. 273, 278, 317), etc.; *Ystoria* 29, p. 293 (Tocco 29, p. 103).
91) Ystoria 58, p. 381 (Tocco 58, p. 132): "Dicitur…quod in eleuatione…*consueuerat* dicere…"
92) *Ystoria* 29, p. 293-294 (Tocco 29, p. 103); *Naples* 79, p. 376.

い。わたしは親愛なるあなたたちを酔わせるだろう』という『雅歌』5章1節の言葉によっている」[93]。物語や証言から特有の修辞的要素を取り除く必要があるとしても，結局トッコとナポリ裁判が伝えるトマスと神学的著作から推測できるトマスとはそれほど異なる者ではない[94]。

より大きな強制力で浮かび上がってくる第三の特徴，すなわち十字架像への愛着に関しても同様に確認できる。すなわち，祈りや空中浮揚をするトマスは，十字架像の前や典礼におけるキリストの象徴である祭壇の前にいる[95]。この最後の点を正当化するためには，トマスが教育や説教でキリストについて語る方法を参照するだけで十分である。

> 完全な生活を送りたいと思う者は誰でも，キリストが十字架において軽蔑した事柄を軽蔑し，キリストが欲した事柄を欲する以外のいかなることも行ってはならない。実際，十字架が与えないような徳の範例は一つもない。あなたは愛の範例を求めているのか。友人のために命をささげるよりも大きな愛に属することはないが，キリストは十字架でこのことを行った……。忍耐の範例を求めているのか。最も完全な範例は十字架に見出せる……。謙遜の範例を求めているのか。キリ

---

93) *ST* IIIa q. 79 a. 1 ad 2.

94) 聖体を除いて，秘跡の実行として証明されているのはほとんど悔悛しかない。1252-59年の第一回パリ時代の間，トマスは毎日ミサの前におそらく秘書の一人だったレイモンド・セヴェリに対して告白していた。この秘跡の実践が相互的なものだったと考えることは適切である——cf. *Ystoria* 27 et *Naples* 92, p. 397-398. トロメオはナポリ時代のトマスの聴罪司祭だったが，相互性については言及していない——XXIII 8。

95) *Ystoria* 34, p. 309; 52, p. 309 (Tocco 34 et 52, p. 108 et 126). 祭壇の前での祈りに関しては，*Naples* 81, p. 381; 49, p. 331 を参照——トマスは祭壇の前で眠っていたとき夢を見た。

ストを見なさい……。従順の範例はどうか。死に至るまで従順だった者に従いなさい……。地上的事物の軽蔑の範例はどうか。支配者の中の支配者，王の中の王である者の後を歩きなさい。彼には知恵のすべての宝が見出されるが，裸で十字架につけられ，嘲りの対象となり，罵倒され，打たれ，茨の冠をかぶせられ，胆汁と酢を飲まされ，殺された[96]。

キリスト教的生活の絶対的範例としてのキリストの偏在について再検討すべきだろう。ここではトマスが「キリストのすべての行為は教えである」点を絶えず想起しており[97]，また彼自身にとっても生の規範だったことを知るだけで十分である。

トマスの没頭の仕方は伝説的なものだった。彼は思想に集中してどこにいようが考察を続けた。すなわち，皿を取り上げられても気づかなかった食堂であれ[98]，もしよく知られた逸話を信用するならば聖ルイ9世との会食の席であれ[99]。トマスは没頭しているとき，蝋燭に焼かれていて

---

96) *Expositio in Symbol.*, art. 4, n⁰ 920-924.

97) Cf. R. SCHENK, "*Omnis Christi actio nostra est instructio.* The Deeds and Saying of Jesus as Revelation in the View of Aquinas", dans L. ELDERS, éd., *La doctrine de la révélation divine de saint Thomas d'Aquin*, "Studi Tomistici 37", Roma, 1990, p. 104-131.

98) これは実見証人であるサン・フェリーチェのペトルスの証言である——*Naples* 45, p. 323; *Ystoria* 63, p. 391 (Tocco 63, p. 136)。

99) *Ystoria* 43, p. 335 (Tocco 43, p. 117). *Ystoria* が国王ルイ9世に言及するのはこれが三度目である。なるほど彼が托鉢修道士に好意を抱いていたことはよく知られているが，*Ystoria*——20, p. 264; Tocco 19, p. 93——が行っているように，托鉢修道会の二つの学校の設立は彼に負っているとは言えない。国王ルイが難しい事柄について常に件の博士の助言を求めた（semper in rebus arduis dicti Doctoris requirebat consilium）ことに関して——35, p. 312; Tocco 35, p. 109，トッコ以外の証人はいない。もし *Ystoria* 43 が語っている食事が実際にあったこ

も気づかず摑むことさえできた。最期の数か月の間，この没頭はさらに顕著になった。すなわち，トマスは有名な訪問者たちに挨拶するために呼ばれたが，彼は面会室に訪問者たちがいることにすら気づかず，我に返すために服を強く引っ張らなければならなかった[100]。このことは祈りの最中にもあった。すなわち，1273年の受難の主日のミサの間，多くの参加者がいたにもかかわらず，忘我は非常に長く続き，挙行を終わらせるよう促さなければならなかったが，終課が行われた夜には『メディア・ウィータ』（Media vita）を歌っている間，トマスの顔は涙に濡れていたという[101]。

一時的に滞在していた枢機卿に対してトマスをかばうために，彼の家族の一人は「どうか驚かないでください。このことはしばしば起こることなのです」（Non miremini, quia frequenter sic abstrahitur）と説明した。同じように，後にレギナルドゥスはトマスの沈黙を心配した姉テオドラに対して，「先生は観想に没頭しているとき，頻繁に我を忘れます。しかし，これほど長い間放心しているのを見る

となら，それは第二回パリ滞在時代の，トマスの帰還の日付1268年9月と第二回十字軍に向けた聖ルイの出発の日付1270年3月の間に位置づけられるだろう。いずれにせよ，問題となっている『神学大全』への言及を追及すべきではない。日付はこのことにまったく適合しない。たとえマニ教徒を考慮に入れていることから，当時トマスは『対異教徒大全』第3巻15章を書いていたと考える人がいるとしても，このことはほぼありそうにない。というのも，この著作の第3巻はイタリアで1265年頃に書かれたことが分かっているが，この事実からして当時トマスと国王ルイが会談した可能性はなくなるからである。

100) *Ystoria* 43, p. 335 (Tocco 43, p. 117).

101) *Ystoria* 29, p. 294 (Tocco 29, p. 103).『メディア・ウィータ』は四旬節のドミニコ会の典礼の中で『ヌンク・ディミッティス』（Nunc dimittis）に対する交唱として終課の際に歌われた応唱である。トマスはとりわけ「老年時代のわれわれを拒絶しないでください」（Ne proicias nos in tempore senectutis）という唱句の際に涙を流していた。

のは今日が初めてです」[102]と述べた。トマスを我に返らせる一時的な窮余の策は常に同じであり，祭服を強く引っ張ることである。それゆえ，彼が内的な世界から抜け出すのを好まなかったことは明らかである。

最期の病気と死

想起した文脈はおそらく最期の数週間の物語を解明してくれるだろう。1273年9月29日，なおもトマスは決定者としてローマの管区会議に参加している[103]。しかし，レギナルドゥスから学んだジャン・デル・ジューディチェからこの話を聞いたカプアのバルトロメウスによれば，数週間後にトマスが聖ニコラウス聖堂でミサをしていたとき，彼は驚くべき変化を蒙った（fuit mira mutatione commotus）。「このミサの後，トマスは何であろうと一切書くことも口述することもなくなり，筆記用具（organa scriptionis）を片づけることまでした。彼は『神学大全』第3部の悔悛の論述の途中だった」。なぜトマスが仕事をやめたのか理解できずに唖然としたレギナルドゥスに対し，教師はただ「わたしはもうできない」と答えるのみだった。レギナルドゥスが少し後にもう一度促しても，同じ返事だった。「もうできない。わたしが書いたものはすべて見たものに

---

102) *Ystoria* 47, p. 347 (Tocco 47, p. 120): "*Frequenter* Magister in spiritu rapitur, cum aliqua contemplatur, sed nunquam tanto tempore sicut nunc uidi ipsum sic a sensibus alienatum".

103) *Documenta* 30, p. 583 (selon Masetti). しかし，簡潔なテキストである会議録はトマスの名にも，さらには他のいかなる決定者の名にも言及していない――*MOPH* 20, p. 41-43。会議の構成員が選んだ四人の決定者は，管区長とともに，総会の後に具体的な決定を採択する役員会のようなものを構成しており，彼らは次の会議まで同じ役職にとどまった。

比べればもみ殻のようだ」[104]。

　この日——聖ニコラウスの祝日である12月6日頃（a festo beati Nicolai circa）——以降、トマスは著しく変わった。非常に頑強で知られており、少し前まで依然として祈りのために誰よりも先に起きていたトマスは病床につかざるを得なくなり[105]、彼は休息するために、ナポリの南東、サレルノの少し上にあるサン・セヴェリーノの館にいた彼の姉テオドラ伯爵夫人のところへ送られた。トマスは大変な努力を払ってそこへ行き（properavit cum difficultate magna）、かろうじて姉に挨拶したが、彼女はきわめて無口な彼を見て心配した。レギナルドゥスがテオドラに対して、これほど長い間我を忘れている先生をこれまで見たことがないと打ち明けたのはこのときである。滞在期間を算定することは難しいが、少し経ってからおそらく1273年12月の終わりか1274年1月の初めにトマスと盟友レギナルドゥスはナポリに戻った[106]。

　1月の終わりか2月の初め頃、トマスたちはリヨンに向けて出発しなければならなかった。というのも、グレゴリウス10世がギリシャ人との相互理解を目指して、1274年5月1日にリヨンで公会議を招集したからである。それゆえ、トマスはウルバヌス4世の求めに応じて作成した『ギリシャ人の誤謬を駁す』を携行した[107]。テアーノを少し過

---

　104) *Naples* 79, p. 376-377. ここでバルトロメウスに依存しているトッコ（*Ystoria* 47, p. 347; Tocco 47, p. 120）は、ミサについて言及していないが、同じ説明をしている——ただし、彼は「もみ殻」（paleae）を「取るに足らないもの」（modica）という表現に和らげている。

　105) *Naples* 87, p. 391-392: *Thomam iacentem in cella… discrasiatum*; *Ystoria* 54, p. 367 (Tocco 54, p. 127): *debilis decumbens in lecto*.

　106) Scandone, *La vita*, p. 30 et 57.

　107) *Ystoria* 56, p. 371 (Tocco 56, p. 129). 本書第7章を参照。こ

ぎたところで，思索に没頭していたトマスは道に横たわっていた木に気づかず，枝に頭をぶつけた。衝撃で目を回したが（fere stupefactus），助けようと駆けつけた人たちに，少し傷ついただけだと言ったという。トマスは修道士ボナヴェントゥラのように公会議で枢機卿に任命されるのが確実だった。その地位について語ることでトマスを喜ばせようとするレギナルドゥスと談笑しながら，トマスは歩き続けたが，この展望を控えめに評価しただけで，同伴者には他言しないように言った[108]。

旅行者の評判は彼が歩くよりも速く広まり，モンテ・カッシーノの修道院長だったベルナール・エグリエ（Bernard Ayglier）の使者がトマスを待っていたのはおそらくサン・ジェルマーノ——現在のカッシーノ——である。ベルナールは聖グレゴリウスの文章の意味について修道士たちに説明するために少し修道院に立ち寄るよう頼んだ。上り坂は長く険しかった——高低差は 480 メートルであり，現在の道は 9 キロメートルにわたる。トマスは修道院に立ち寄ってほしいという申し出を辞退し——おそらく彼はすでにあまりにも疲れていたことを自覚していた——，文書で返答することは居合わせた聴衆だけでなく未来の読者に対しても有益だと主張した——実際，トマスの返答は問題となっている文章の余白に転写された。

さて，修道士たちは神の予知の不可謬性と人間の自由との関係を述べたこのテキストの解釈に困惑していた。トマ

こで A. WALZ, "Le dernier voyage de saint Thomas d'Aquin. Itinéraires de saint Thomas", *Nova et Vetera* 36 (1961) 289-297 を参照。

108) *Naples* 78, p. 374-376. トッコはこの出来事を知らなかったが，カプアのバルトロメウスはテアーノの首席司祭ロフリド（Roffrido）神父からこの話を聞いた。ロフリド神父は，テアーノの当時の首席司祭であり後に司教となった叔父のギョーム（Guillaume）とともにこの光景を目撃した。この二人の人物はおそらく前夜にこの小隊を歓待し，道のりを最後まで同行した。

スは二つの与件を再確認しているが，対峙している二つの項のレベルは異なるので，一方が他方に必然性を課すことはないと強調している。すなわち，誰かが座るのを見ることは，彼を座るように強制することではない。このようにして，神はすべてのものを永遠の現在において見ているその知に関して誤ることができず，人間は時間のうちにある被造物として活動に関して自由である。ついでに指摘できることに，レギナルドゥスに口述したこの短い文書は，おそらくトマスがこの問題について説明した中でも最も明解なものである。このことから，たとえ身体を害していても教授としての知的能力は元のままだったことが分かる[109]。

数日経って，2月の後半の二週間──これはすでにこの年には2月14日から始まった四旬節の期間だった──に，彼らはテッラチーナの少し北にあるマエンツァ城に到着したが，そこにはすでに指摘したトマスの姪フランソワーズが住んでいた。トマスが病気になり完全に食欲を失ったのはここである。彼を世話するのに必要とされた医者ピペルノ出身のジャン・ド・グイド（Jean de Guido）が，トマスに食べたいものは何かと聞くと，意表を突く答えが返ってきた。すなわち，新鮮なニシンが食べたいと言い，これはトマスがかつてイル・ド・フランスにいたときに好んだものだった。奇跡的にニシンが出されたが，トッコによるとこれを食べたのは他の人々だった。というのも，病人トマスはもはや食べたいと思わなくなっていたからである[110]。

---

109) この文書のテキストは，A. Dondaine による導入とともに，Léon., t. 42, p. 395-415 に見出せる。他の情報に関しては，本書第1章註72を参照。

110) *Ystoria* 56, p. 374 (Tocco 56, p. 129). もし病人トマスがこの地方であまりなじみのないこの料理を本当に欲したとすれば，この願いは彼にはまったく例外的なものだった。というのも，彼は一度も特別な料理を要求しなかったからである。*nunquam petens speciales cibos* (Naples 42, p. 319); *singularitates ciborum non petebat* (Naples 47,

しかし, 実見証人はトマスが食べたことを確言している。「件の修道士トマスはニシンを食べた」[111]。

またトッコによれば, 数日後少し良くなったと感じたトマスはローマに向けて再び出発しようとしたが, 力を取り戻すためにフォッサノーヴァの修道院に立ち寄らなければならなかった。実見証人にしてフォッサノーヴァの後の修道院長であるニコラウスにしたがえば, トマスは自分自身を姪のところから修道院へ運ばせた。「もし主がわたしを訪れるとすれば, 世俗の者の家よりもむしろ修道院の方が善いだろう」[112]。他の実見証人であるモンテ・サン・ジョヴァンニのペトルスは, 起こった事柄をおそらくより正確に語っている。彼は長い知り合いだったトマスを訪問するために, フォッサノーヴァの修道院副長と二人の修道士とともにマエンツァを訪れた。城で四日過ごすと, 修道士たちは病人とその同伴者たちを連れて再び出発した。トマスは馬に乗っていたが (equitavit), これは衰弱と病状が深刻だったしるしである。というのも, 馬に乗って旅をすることはドミニコ会士に禁じられていたからである[113]。

トマスはフォッサノーヴァで少しの間生きのびたが (iacuit infirmus quasi per mensem), 修道士たちが彼を温めるために薪を背に乗せて運んだ苦労について大いに恐縮し感謝した。トッコによれば, そのときトマスはこのことについて感謝する目的で『雅歌』を手短に註解したが, そこ

---

p. 326).

111) *Naples* 50, p. 333. これはモンテ・サン・ジョヴァンニのペトルスの証言である。

112) *Naples* 8, p. 276-277; 49, p. 330-331; 80, p. 378-379; Tocco 57, p. 130-131.

113) *Naples* 49, p. 330-332. トッコはラバについて語っている——*Ystoria* 62, p. 388; Tocco 62, p. 135。馬に乗って移動することの禁止については, *Constitutions primitives* de l'ordre, Dist. I 22, 13 (trad. Vicaire, *Saint Dominique de Caleruega*, p. 156) を参照。

にいた修道院長ニコラウスと同様に、ナポリ裁判の際にまだ生き残っていたシトー会士たちの誰もこのことについて語っていない[114]。当時、トマスが彼に会いに来た修道士たちに教訓めいた何らかの言葉を伝えたことは不可能ではないが、健康状態から見て、そのとき彼が『雅歌』の完全な註解を作成したと考えることはほとんどできない。たとえ『雅歌』について書かれたテキストがかつてあったとしても——バルトロメウスと複数の目録はこのことについて語っているが、プラハのリストはそうではない——、それはわれわれのもとにはない[115]。

レギナルドゥスに対して告解を済ませた後、トマスは3月4日か5日に臨終の聖体拝領を受けとった。慣習どおり、そのとき彼は聖体に関する信仰告白を述べた。実見証人であるモンテ・サン・ジョヴァンニのペトルスによれば、トマスは集まった修道士たちの前で聖体に関する多くの美しい言葉を述べたが、そのうちには次のような言葉がある。「わたしはこの聖体と他の秘跡に関してキリストと聖なるローマ教会への信仰に基づいて多くのことを書き教えたが、わたしは教会の修正を受け入れ、教会にすべてを委ねるつもりである」[116]。実見証人ではないがフォッサノーヴァの他の修道士だったアデラシアのヨハネス（Jean de Adelasia）は、より簡潔ではあるがまさに同じ意味のことを伝えている[117]。

同様に教会の判断に従うことで締めくくられている、バルトロメウスが伝えるより詳しい表現がある。トッコがこの表現を受けとり、完全な仕方で取り上げているのはおそ

---

114) *Ystoria* 57, p. 376 (Tocco 57, p. 130-131).

115) Léon., t. 26, p. 1*, n. 2; cf. *Naples* 85, p. 388; Grabmann, *Werke*, p. 254-257.

116) *Naples* 49, p. 332.

117) *Naples* 27, p. 301.

らくバルトロメウスを通じてであり，トッコが第四版で
『あなたを崇めます』を挿入しているのもこの箇所である。
この表現は再現に値する。というのも，死を前にしたトマ
スが自分の著作をどのように見なしていたか，その判断を
少しだけ回復しているからである。

> わたしは魂の贖いの代価であるあなたを受けとりま
> す。巡礼の臨終の聖体拝領としてあなたを受けとりま
> す。あなたへの愛において，学び，目覚め，労苦しま
> した。あなたについて説教し，あなたについて教えま
> した。あなたに対立するいかなることも述べませんで
> した。たとえわたしがそうしたとしても，それは無知
> によるものであり，誤りに固執しません。もしわたし
> がこの秘跡や他の秘跡について誤って教えたならば，
> それを聖なるローマ教会の判断に委ね，教会への従順
> の中で今この世の生を終えます[118]。

「これらすべてのことはもみ殻のようだ」という表現を
より肯定的に，それゆえより正確に評価するために，上の
表明を参照することはまったくもって許されている[119]。も
み殻とは，穀粒に固有の重要性を与えることで，現実とい
う穀粒を言葉という覆いから区別するために用いられてい
る表現である。言葉は現実ではないが，現実を指示し，そ
こへ導くものである。現実そのものに到達したトマスに
は，言葉に対して無関心を感じる権利があった。しかし，
このことは彼が著作を無価値なものと見なしていたという
意味では決してない。彼は単に言葉を超えたところに到達

---

118) *Naples* 80, p. 379; *Ystoria* 58, p. 379-380 (Tocco 58, p. 131-132).『あなたを崇めます』については，本書第7章を参照。

119) この解釈を示唆してくれたのは，Tugwell, p. 267 である。

したのである。

トマスは翌日,典礼の祈りに応え,病者の塗油を受けとった。聖体を受けとってから三日後,すなわち3月7日水曜日の朝早くに亡くなった[120]。

この簡潔な物語は歴史家たちに二つの大きな問題を提起した。第一の問題は最後の病気の性質に関するものである。この病気が12月6日の経験と直接つながっていることはほとんどありそうにない。道に落ちていた木の枝に不運にもぶつかったことは,病気とつながりがあったかもしれないが,このことについてあれこれ言う必要はない[121]。だが,時としてシャルル・ダンジューの敵たち——とりわけフランソワーズや夫のチェッカーノのように自分の土地から教皇領に追放され,シャルル・ダンジューに恨みを抱いていたアクィノ家の多くの人々——が広めた噂が民間人の間で広まった。噂によれば,トマスは国王に買収された医者——マエンツァにトマスを訪ねたジャン・ド・グイドを再考できる——の手で毒殺されたが,理由については推測することしかできない。噂は十分広まったに違いない。というのも,編年史家ジョヴァンニ・ヴィラーニ (Giovanni Villani) とダンテ・アリギエーリ (Dante Alighieri) もこれを伝えているからである。しかし,今日ではすべての歴史家がこの噂を根拠を欠くとして遠ざけることで意見の一致をみている[122]。

---

120) *Naples* 49, p. 332; *Ystoria* 65, p. 395 (Tocco 65, p. 138).

121) Weisheipl, p. 360 は内出血を提案している。

122) Cf. Scandone, *La vita*, p. 32-34; *Divine Comédie*, *Purgatoire* XX 67-69: "Carlo venne in Italia, e per ammenda/ Vittima fe'di Corradino, e poi/ Ripinse al ciel Tommaso, per ammenda". 参考資料をより徹底的に検討したい者は, M. SANCHEZ, "Como y de qué murió Santo Tomás de Aquino", *Studium* 16 (1976) 369-404; ID., "Murió envenenado santo Tomás de Aquino ?", *ibid*. 18 (1978) 3-37 を参照。

第二の問題には考察すべき多くのことがある。1273年12月6日頃，正確に言って何が起こったのか。トマスのいつもの放心をさらに顕著にした神秘的経験のみが問題となっているのだろうか。このようにして，この経験のためにトマスは著作に対してすら完全に無関心になり，生きる意欲も失ったが，最も明白なしるしは何度も言及される食欲不振である。聖人伝の伝承でこれまで一般的に受け入れられてきたこのような説明の代わりに，最近ではトマスの著作活動の突然の中断を説明しようと，様々な試みがなされている。

トマスを自分の著作に価値があるのかと苦しむ——とりわけ「存在の類比の理論的弱点」について——心配性な人と見なすならば，説明は本質的に心理学的なものとなる。ますます否定神学的に現実を見るようになったトマスは，最初の直観が閉ざされた体系に変わるのを目の当たりにしたくないから，『神学大全』を完結しないようにしたのかもしれない[123]。出血による深刻な脳卒中に言及する者もいるが，これはテキストから推測できる症状——話すことや動くことの困難，起こりうる攻撃に対する不安，重い精神障害——に基づく医者の診断である[124]。ワイスハイプルはこの最後の説明を完全に退けることなく，トマスが長い間自分に課したあまりにも激しい活動の結果として，身体的かつ精神的崩壊が生じたと語ることを好んでいる。祖国への欲求をさらに強化した12月6日の経験は，トマスに

---

[123] G. M. PIZZUTI, "Per una interpretazione storicizzata di Tommaso d'Aquino. Senso e limite di una prospettiva", *Sapienza* 29 (1976) 429-464. Ch.-D. BOULOGNE, *Saint Thomas d'Aquin ou le génie intelligent*, Paris, 1968, p. 190-192 によれば，Boulogne は毒殺の主張を完全には遠ざけておらず，トマスが1272年にパリを離れたことは上長たちの責任だとした。しかし，Boulogne の再構成を信じることはほとんどできない。

[124] Colledge, *The Legend*, p. 26.

とって非常に重要に見えた事柄も含めて，この世的な事柄への無関心を生の嫌悪（taedium uitae）にまで激化させたにすぎない[125]。

これらの試験的説明を前にして，読者は保留することしかできない。もしトマスが類比論に関する見解を変えたことが本当ならば，この展開は経歴のかなり早い時期に位置づけられるものであり，結果はずっと前に分かったに違いない。さらに，これは彼が発展させた唯一の問題点ではなく，彼の強力な知性は問題なくそれを認識し，必要だと判断したときには容易に読者に知らせたはずである。また，たとえテアーノの事故の後に，衝突のせいで彼の知的能力が減退したことが不可能ではないとしても，レギナルドゥスと交わした会話や死の数日前にベルナール・エグリエに送った手紙でこのことを見てとることはほとんどできない——『雅歌』の註解については言うまでもない。もし彼が病気でこれほど衰弱していたとすれば，彼がリヨンに向けて出発した事実を理解することは難しい。

トマスの驚くべき知的所産を強調することで一歩一歩彼に従った後では，身体的かつ精神的疲労という仮説を認めることは簡単である。しかし，もし生来の頑強さや例外的な知性のために，他の人々には難しい問題が彼には容易だったことを考えるならば，この仮説も反論の余地のないものではない——最期の日々ですら，依然として非常に早く起きるトマスが見られている。これらのいかなる説明も強制力がないことを正直に認めるべきだが，もし選ばなければならないとすれば，最後の年に深い影響を与えた神秘的経験と結びついた極度の身体的かつ精神的疲労を提案するワイスハイプルの説明が最も当を得たものかもしれない。

---

125) Weisheipl, p. 352-354.

第 15 章

過酷な結果

——崇拝，訴訟，論争——

　死後，トマスに関する歴史は，部分的には並行しているが部分的にはもつれ合っている二つの異なる記録の中で続いていた。すなわち，亡くなった同じ場所で直ちに始まった崇拝の記録と，パリとオックスフォードで，神学者としての彼の思想に関しておさまることがなかった反対の記録である。激しく根強いこれらの争いは，時として信仰の名で行われ，司教の権威の介入を引き起こした。同時に，争いは時として異なる知的あるいは宗教的選択を表現しており，それゆえ非常にしばしば対立しあってきたフランシスコ会とドミニコ会のすでに古くなった敵対関係の激化を再発見する。これらすべてのことを通じて，おそらくこれらの困難な始まりから伝説的な闘争性を獲得した学派の誕生だけでなく，結末を——少なくとも一時的には——列聖に見出すことになる訴訟の歩みも目撃する。

崇拝の始まり

　埋葬のミサがフォッサノーヴァで完全な荘厳さとともに修道院によって執り行われた。そこには当然ドミニコ会の同僚たちがいたが，同時にフランシスコ会の司教だった

テッラチーナのフランソワ（François de Terracina）が幾人かのフランシスコ会士たちとともにいた。故人の姪であるフランソワーズ婦人のような多くの地方貴族もいたが，彼女は俗人禁制の場所に入ることができなかったので，教会の入り口から遺体を拝む許可を修道院長から得た[1]。ミサの後，忠実な同伴者だったレギナルドゥスには，このように高貴な聴衆を前に故人に対する賛辞を述べ，彼の徳を讃える責務があった。たとえ心からの骨折りのために教師についてと同じほど自分自身について語ったとしても，彼を悪く思うことはできないだろう[2]。

しかし，遺体が埋葬される前にすら——また洗われる前にすら——，聖人はすでに奇跡を働いた。すなわち，修道院副院長補佐だったフェレンティーノのヨハネス（Jean de Ferentino）は，数か月前より苦しんでいた目の病気から癒された[3]。これはすでにトマス崇拝の最初のしるしだが——というのも，病人は故人の遺体に対して横になり，視線を彼に向けていたからである——，この崇拝は奇跡が見られることで増大の一途をたどったのであり，組織化した巡礼がこのことを物語っている[4]。

自分たちのところに転がり込んできた宝を意識したフォッサノーヴァの修道士たちは，見事に全員一致して，トマスがすでに死の前に修道院が永遠の休息の場所である——「世々にわたってこれがわたしの休息であり，わたしが選んだここにわたしは住まう」（Haec requies mea in

---

1) *Ystoria* 62, p. 388 (Tocco 62, p. 135).

2) *Ystoria* 63, p. 390-392 (Tocco 63, p. 136-137). すでにこのテキストの多くの文章に言及した。

3) *Ystoria* 61, p. 387 (Tocco 61, p. 134-135). 伝記作者はここで，バブコのオクタウィアヌス（*Naples* 17, p. 289）およびモンテ・サン・ジョヴァンニのペトルス（*Naples* 51, p. 335）という二人の実見証人が証明している事実を伝えている。

4) *Naples* 41, p. 317-318; 51, p. 335-336; 53-55, p. 338-342.

saeculum saeculi, hic habitabo quoniam elegi eam）——と表明していたと強調した[5]。ドミニコ会士たちが遺骸を取り戻そうとするのではないか，あるいはもっと悪いことに誰かが自分たちから盗むのではないかと恐れた彼らは，密かに遺骸を移動させ，まずは修道院内のサン・テティエンヌ聖堂の主要な祭壇の近くに埋めた。しかし，故人は夢で修道院副長——これはフェレンティーノのヤコブス（Jacques de Ferentino）であり，マエンツァにトマスを訪問しに行った人々の一人である——に現れ，最初の場所に移すよう命じた。

それゆえ，修道士たちは死後七か月経ってこの要求を果たし始めた。この機会に棺を開くと，完全な保存状態の遺体が確認できた——この確認は 1281 年と 1288 年に更新された。遺体から発散する甘い香りにうっとりしながら，彼らは喜びに満ちて遺体を大きな教会の中に運んだ。この移動で『レクイエム』（Requiem）のミサを執り行うことがふさわしくないと判断した彼らは，聖なる告白者たちのミサである『オス・ユスティ』（Os justi）を歌った[6]。

もはやこの問題を再検討する必要がないように，修道院の内部でこのように遺骸が行き来したことは，遺骸に関する波乱に富んだ歴史の始まりにすぎなかったことを指摘しよう。驚くべきことではあるがほとんど興味を引かない，14 世紀の大部分の遺骸の有為転変の詳細をたどることはできないので，単にウルバヌス 5 世の意向で遺骸が 1369

---

5) Ps. 131, 14; cf. *Naples* 10, p. 280; 15, p. 286; 19, p. 291; 49, p. 332; *Ystoria* 57, p. 375 (Tocco 57, p. 130).

6) *Naples* 8, p. 278; cf. 10, 15, 20, 52 (p. 280-281; 287; 291; 338); *Ystoria* 66, p. 396-399 (Tocco 66, p. 138-140); Bulle de canonisation n α V (*Fontes*, p. 524). トッコによれば，故人が現れたのは修道院長のニコラウスに対してだが，ニコラウスは適切にも受益者が修道院副長のヤコブスだったと明言している。

年にトゥールーズ——大学が遺骸を要求していたパリではなく——に送られ,そこのドミニコ会の教会でフランス革命まで存在したことを知らせておく[7]。それから,1791年6月7日,遺骸は一時的にサン・セルナン大聖堂に移され,そこで1974年3月7日までとどまったが,この日付より遺骸は復旧されたジャコバン教会に戻り,それ以後そこで崇拝されるようになった[8]。

1277年3月のパリでの出来事

イタリアでトマス崇拝が人々の心をとらえていたのに対し,パリでは1272年にトマスが出発して以来,神学部の保守的な新アウグスティヌス主義者と教養学部の急進的なアリストテレス主義者が対立する教義的な動揺がほとんどやむことはなく,それどころかさらに強化していた[9]。トマスが出発して数か月後,パリに戻ってきたボナヴェントゥラは1273年の復活祭の期間に『天地創造の六日間に関する説教』(Collationes in Hexaemeron) という一連の講義をし,その中でアリストテレス主義に激しく抵抗した[10]。アエギディウス・ロマヌスの——これには疑

---

7) C. DOUAIS, *Les reliques de saint Thomas d'Aquin. Textes originaux*, Paris, 1903——とりわけ,Raymond Hugues が作成した,ピペルノからトゥールーズへの移動に関する年代記とともに; E. DELARUELLE, "La translation des reliques de saint Thomas d'Aquin à Toulouse (1369) et la politique universitaire d'Urbain V", *BLE* 56 (1955) 129-146.

8) *Institut catholique de Toulouse. Chronique*, 1975, fasc. 4, p. 29-30 et 43-45.

9) ここで,F. Van Steenberghen, *La Philosophie au XIIIe siècle*, p. 474-483 (²1991, p. 414-422) の簡潔な想起を参照。

10) ここで,J. RATZINGER, *La théologie de l'histoire de saint*

問がある——『哲学者たちの誤りについて』(De erroribus philosophorum) という小著も，アラビアおよびユダヤのアリストテレス主義の諸命題が引き起こした不安を雄弁に物語っている[11]。今度はレシーヌのアエギディウス (Gilles de Lessines) がアルベルトゥス・マグヌスに，「哲学で最も有名な教授たちがパリの学校で教えている」15 の命題のリストを提出した。最初の 13 の命題が 1270 年 12 月 10 日に断罪された誤りの単なる繰り返しであり，またそれらの命題を 1277 年の断罪でも見出せるという事実は，まさにこれらの急進的な見解の執拗さを示している。アルベルトゥスはこの相談に対して『15 の問題について』により答えたが，そこではケルンの年老いた教授はかつて強壮であったときのようではなかったと言わなければならない[12]。

ヴィテルボまで届いたこの激化した対立の反響のために，昔パリの教授であり，ヨハネス 21 世の名で新たに教皇に選ばれたペトルス・ヒスパヌスは不安になった。それゆえ，彼は 1277 年 1 月 18 日にパリの司教エティエンヌ・タンピエに手紙を書き，信仰にとって有害な誤りを広めている人物と場所について調査し，できるだけ早く報告するように命じた。教皇に対する司教の返答は残っていないが，司教が 16 人の神学者から成る委員会を招集し，教

Bonaventure, Paris, 1988, p. 153-182 の鋭い分析を参照。Ratzinger が強調するところによると，ボナヴェントゥラはアリストテレス主義にますます反対するようになり，預言的で終末論的な皮肉すら口にしている。

11) J. KOCH, *Giles of Rome, Errores philosophorum*, Milwaukee, 1944——ここにはラテン語のテキストと英語訳がある。

12) この著作のテキストは，ALBERTI MAGNI, *Opera omnia*, t. 17/1, Cologne, 1975, p. 30-44 参照。また，F. VAN STEENBERGHEN, "Le *De quindecim problematibus* d'Albert le Grand", dans *Mélanges Auguste Pelzer*, Louvain, 1947, p. 415-439 も参照。

養学部に由来する疑わしい文献を綿密に調べるためにすぐに仕事に着手したことが知られている。この「急いでした一貫性のない調査」によって，異端的だと判断された219の命題のリストが一か月足らずで司教に提出され，司教は教皇から委託された調査の任務を超えて，1277年3月7日にそれらの命題を断罪した[13]。教皇はこの措置に怒らなかったようだ。というのも，彼は数週間後の4月28日，タンピエに対して「教養学部と同様に神学部でも」(tam in artibus quam in theologica…facultate)，開始した粛清を続けるよう要求したからである[14]。

---

13) *Chartul*., n° 471, p. 541; n° 473, p. 543-558. F. Van Steenberghen (p. 483-488; ²1991, p. 422-426) のいくつかのページの他に，根本的な研究として，R. HISSETTE, *Enquête sur les 219 articles condamnés à Paris le 7 mars 1277*, "Philosophes médiévaux 22", Louvain-Paris, 1977, および L. BIANCHI, *Il vescovo e i filosofi. La condanna parigina del 1277 e l'evoluzione dell'aristotelismo scolastico*, Bergame, 1990 を参照。J. F. WIPPEL, "The Condemnations of 1270 and 1277 at Paris", *The Journal of Medieval and Renaissance Studies* 7 (1977) 169-201 は，まだHissetteとWielockx——下記参照——の業績を知らないが，見事な研究にとどまっている。[1277年の断罪は研究を促し続けており，ここで二つの新しい著作を指摘しなければならない。D. PICHÉ et Cl. LAFLEUR, *La condamnation parisienne de 1277*. Nouvelle édition du texte latin, trad., introd. et commentaire, "Sic et Non", Paris, Vrin, 1999 に関して言えば，副題がまさに著作の意図を語っており，註解は各命題に関する様々な解釈を指摘している。L. BIANCHI, *Censure et liberté intellectuelle à l'université de Paris (XIIIe-XIVe siècles)*, "L'âne d'or", Paris, Belles Lettres, 1999 は，調査を時間的に拡大し，検閲のメカニズム，射程範囲，効力の分析をよりいっそう掘り下げている ——A. BOUREAU, "La censure dans les universités médiévales", *Annales HSS* 55, 2000, p. 313-323 の批評は，この独創的な著作をまったく正当に評価していない。S. Th. BONINO, "Thomistica V", *RT* 99, 1999, p. 632-635 の評価の方が適切だと思われる。]

14) このテキストは，A. CALLEBAUT, "Jean Pecham O. F. M. et l'augustinisme. Aperçus historiques (1263-1285)", *AFH* 18 (1925) 441-472 (cf. p. 458-461) で校訂された。

第15章　過酷な結果

　異端的な命題と完全に正当な神学的見解とを無差別に含んでいたこの断罪は，公表以降厳しく裁かれてきた。この断罪は20世紀に様々な評価と解釈の対象となっている。すなわち，ピエール・デュエム（Pierre Duhem）からエドワード・グラント（Edward Grant）に至るまで，マンドネあるいはシュニューからジャック・ル・ゴフ（Jacques Le Goff）に至るまで，もしくはクルト・フラッシュ（Kurt Flasch）からルカ・ビアンキ（Luca Bianchi）あるいはアラン・ド・リベラに至るまで，歴史家たちはこの断罪の重要性と結果を評価するために絶えず再検討している——時として時代錯誤とともに——[15]。

　目的からあまりにも逸れる議論に踏み入らずとも，次のことは確実である。すなわち，たとえこの権威主義的な介入でパリの急進的なアリストテレス主義がしばらくの間やんだとしても，同時に独立的な思想の発展も大いに抑制されたのである。フォンテーヌのゴドフロワのような自由な人物は，破門を恐れて場所における天使の現前の仕方について考えを述べることができないと白状した[16]。タンピエ

---

[15]　J. E. MURDOCH, "Pierre Duhem and the History of Late Medieval Science and Philosophy in the Latin West", dans R. IMBACH et A. MAIERU, éd., *Gli Studi di Filosofia Medievale fra Otto e Novecento*, p. 253-302; E. GRANT, "The Condemnation of 1277, God's Absolute Power, and Physical Thought in the Late Middle Ages", *Viator* 10 (1979) 211-244; J. LE GOFF, *Les intellectuels au Moyen Age*, "Points Histoire 78", Paris, 1985; K. FLASCH, *Aufklärung im Mittelalter? Die Verurteilung von 1277. Das Dokument des Bischofs von Paris übersetzt und erklärt*, "Excerpta classica 6", Mayence, 1989; A. de LIBERA, *Penser au Moyen Age*, Paris, 1991.

[16]　*Quodl*. XIII, 4, "Les Philosophes belges 5", 1935, p. 221: "Hoc etiam est difficile determinare propter articulos circa hoc condemnatos, quia contrarii videntur ad invicem; et contra quos nihil intendo dicere propter periculum excommunicationis"〔「このことに関して断罪された諸命題のために，このことを決定することも難しい。というのも，互

の後継者の一人がこの判決でトマスの諸命題を攻撃しうる事柄を無効とするために，1325年まで——すなわち，約50年後まで，また聖トマス列聖の二年後まで——待たなければならなかった[17]。しかし，その間，多くの出来事が3月7日の直後から起こった。

最近の諸業績のおかげで，この時代の研究方法は著しく変わった。実際，初めから少し前まで，トマスが219の命題の断罪に含まれていたことが認められていた。特に彼の二つの命題が標的になった。すなわち，人間の実体的形相の単一性に関する命題と (Quod in homine est tantum una forma substantialis, scilicet anima intellectiva)[18]，神が対応する形相なしに質料を創造できないという命題である (Deum non posse facere materiam sine forma)[19]。

ところが，非常に奇妙なことに，これらの二つの命題はタンピエが断罪した219の命題のリストには見出されない。このことは，仮にペッカムの言葉を信じるとして，トマスが唯一の形相というまさにこの問題点について直接司教と対立していたことを考えるならば，よりいっそう驚くべきものとなる[20]。それゆえ，このことからローラン・イセット (Roland Hissette) とともに，たとえこの3月7日の断罪——イセットが導入部分で明らかに述べているように，この断罪は本質的には教養学部に由来する諸命題に関するものである——が実際にトマスのいくつかの見解を攻撃したとしても，トマスが直接標的になっていたわけでは

いに対立しているように思われるからである。わたしは破門の危険のために，命題の断罪に反するいかなることも語らないつもりである」］；cf. P. GLORIEUX, art. "Tempier", *DTC* 15, 1946, col. 104.

17) *Chartul.* II, nº 838, p. 280-281.
18) Cf. *ST* Ia q. 76 a. 4.
19) Cf. *Quodl.* III q. 1 a. 1 sc..
20) *Chartul.*, nº 523, p. 634.

なかったと結論しなければならない[21]。

しかし、トマスが巻き込まれていたことはやはり確実である。というのも、教養学部でトマスが読まれていたことはあまりにもよく知られているからである[22]。それゆえ、問題となっているのがまさしく論争の中心にあった周知の事実だったにもかかわらず、この沈黙の理由は何だろうか。蓋然的な解答はトマス・アクィナスに対する尊敬にあると思われていた。すなわち、パリの人々はすでにトマスを尊敬しており、司教も尊敬を理由にトマスを大目に見たのであると。実際、他の説明を求めなければならない。というのも、一連の出来事から、まさにエティエンヌ・タンピエが直接トマスを非難することをためらわなかったことが分かるからである。

---

21) R. HISSETTE, *Enquête sur les 219 articles*. これは同じ Hissette の重要な論文であり、700年記念の際に現れた多くの研究を指摘し検討している "Etienne Tempier et ses condamnations", *RTAM* 47 (1980) 231-270 で補完すべきである。また、彼の見解は共通の見解を支持する人々から問題なく受け入れられるにはあまりにも新しかったのだが、批判に対する彼の解答は、"Albert le Grand et Thomas d'Aquin dans la censure parisienne du 7 mars 1277", *MM* 15 (1982) 226-246 を参照してほしい。さらに、ID., "Note sur le syllabus 'antirationaliste' du 7 mars 1277", *RPL* 88 (1990) 404-416——これは K. Flasch に関するものである——も参照。[John F. WIPPEL, "Thomas Aquinas and the Condemnation of 1277", *The Modern Schoolman* 72 (1995), p. 234, n. 34 は、R. HISSETTE のいくつかの見解を疑問視したが、今度は Hissette が詳細な研究 "L'implication de Thomas d'Aquin dans les censures parisiennes de 1277", *Revue de Théologie et Philosophie Médiévales* 64 (1997) 3-31 でそれに答えている。Hissette はこの業績において異議を唱えることが困難な仕方で諸結論を根拠づけている。]

22) ブラバンのシゲルスの例に、『神学大全』第2部の2と『ニコマコス倫理学註解』から多大な着想を得たある教授たちのやや時代の遅い例を付け加えることができる。O. LOTTIN, "Saint Thomas d'Aquin à la faculté des arts de Paris aux approches de 1277", *RTAM* 16 (1949) 292-313.

3月7日の直後——この同じ1277年3月28日より以前に——，ドミニコ会の教師であるトマスの弟子になることはなかったが，おそらく生徒であり，トマスのいくつかの見解を共有していたアエギディウス・ロマヌスは，司教タンピエに教授許可を拒まれた。そして，『命題集』第1巻に関する彼の註解から抜粋された51の命題のリストに基づいて断罪された。ところが，これらの命題のうちの31の命題はアエギディウスを通じて間接的にトマスを標的とし，攻撃するものであり，検閲官たちはこのことを非常によく分かっていた。それゆえ，教皇特使シモン・ド・ブリオン（Simon de Brion）の支持を得たタンピエは，教養学部に弾圧を加えた後，すぐ4月28日にヨハネス21世が彼に要求することになる神学部の粛清を先に始めた。さらに，ある研究者が反論の余地のない仕方で示したように，1277年のアエギディウス・ロマヌスに関するこの検閲は，本質的には，あまりにも独立的であり，「トマス・アクィナスの支持者」と見なされた構成員の一人に対する神学部の復讐だった[23]。

実際，アエギディウス・ロマヌスに関するこの検閲は，トマス自身を標的にする計画のうちに含まれていたが，1277年3月7日と28日の間にトマスに対して始められた訴訟はこのことを物語っている。同時代の幾人かの神学者たちがこのことを示唆しているが，それはすなわちジョン・ペッカム，ガンのヘンリクス，ギョーム・ド・ラ・

---

23) R. WIELOCKX, *Commentaire, à Aegidii Romani Opera omnia*, III, 1 *Apologia*, Florence, 1985, cf. p. 223. Wielockxは「アエギディウス・ロマヌスに対するガンのヘンリクスの復讐」もここで問題になっていると付け加えている——p. 224。特に，chap. VII: "Les 51 articles à la lumière des doctrines de Thomas d'Aquin", p. 179-224を参照。R. Imbachの表現を借りれば，この註解はあらゆる角度からテキストを綿密に分析することのすばらしい範例だが，ここで問題となっている年月の歴史と認識に大きく貢献した。

マールである[24]。ジョン・ペッカムは最も明白であり，最も情報に通じていた一人だった。というのも，彼はこの時期——1276年5月22日から1279年3月12日までの間——ローマ教皇庁にいたからである。彼が1284年12月7日付の手紙で教えていることに，エティエンヌ・タンピエはトマス・アクィナスに対して訴訟手続きを導入しようと考えていたが，幾人かの卓越した人物の介入で訴訟はパリの司教から引き抜かれローマに送り返された。そして，訴訟はローマでヨハネス21世の死の日付である1277年5月20日からニコラウス3世の選出の日付である1277年11月25日までの間，すなわち教皇座の空位期間中に中断された[25]。

今度はガンのヘンリクスが，1277年3月7日から28日までの間に司教タンピエと教皇特使シモン・ド・ブリオンが招集した会議に言及している。パリの教授たちはそこで一定数の命題を検討したが，そのうちの一つはトマスの言葉を字句通りに繰り返している。「人間のうちには一つ

---

24) R. WIELOCKX, "Autour du procès de Thomas d'Aquin", *MM* 19 (1988) 413-438 は，この歴史を見事に解明した。[John F. WIPPEL, "Bishop Stephen Tempier and Thomas Aquinas: A Separate Process Against Aquinas ?", *FZPT* 44 (1997) 117-136 は Wielockx の解決に異議を唱えることができると思い込んでいたが，Wielockx の解答ははるかに説得的だと思われる——cf. R. WIELOCKX, "A Separate Process Against Aquinas. A Response to John F. Wippel", dans *Roma Magistra Mundi. Itineraria culturae medievalis*. Mélanges offerts au Père L.E. Boyle à occasion de son 75e anniversaire, Louvain-la-Neuve, F.I.D.E.M., 1998, t. III, p. 1009-1030。J.M.M.H. THIJSSEN, "1277 Revisited: A New Interpretation of the Doctrinal Investigations of Thomas Aquinas and Giles of Rome", *Vivarium* 35, 1997, p. 72-101 が提起した反論についても同じように言わなければならない。Wielockx, "Procédures contre Gilles de Rome et Thomas d'Aquin. Réponse à J.M.M.H. Thijssen", *RSPT* 83, 1999, p. 293-313 は，この反論の脆弱性を適切に示している。]

25) *Chartul.*, n° 517, p. 624-626.

の実体的形相，すなわち知性的霊魂のみが存在すること」（Quod in homine est tantum una forma substantialis, scilicet anima intellectiva）。ヘンリクスによると，この命題は二人の教授——おそらく意志表示をしなかったドミニコ会に属する二人の教授——を除くすべての教授に断罪された[26]。ギョーム・ド・ラ・マールに関して言えば，彼は有名な『矯正』（Correctorium）——1279年頃——の中でこれらの既知事項を確認し補完している。というのも，彼はこの第一の命題を取り上げながら，それに「神は形相なくして質料を現実に存在させることができない」（Deus non potest dare actu esse materiae sine forma）という第二の命題を付け加えているからである[27]。これら二つの命題は3月7日の断罪には含まれておらず，研究者たちはそれを不思議に思ったが，ギョームはこれらの命題について，最近になって（récemment）すべての教授に非難されたと確言している[28]。

それゆえ，直接トマスに対して着手された訴訟手続きの開始はここにある。ペッカムは訴訟の中断を非常に遺憾に

---

26) *ST* Ia q. 76 a. 4. cf. HENRI DE GAND, *Quodl*. X, dans *Opera omnia*, éd. R. MACKEN, t. 14, p. 127-128——ヘンリクスの話の原初的な文面を再現している。批判的註の60-80行に対する注釈を見てほしい。また，ヘンリクスはいかにして司教と教皇特使に数日前に呼び出されたかを語っている。彼らは形相の複数性に有利になるようなヘンリクスの見解を確認し，断固としてその立場にとどまるよう彼に勧め，反対の立場に移る場合にはためらうことなく彼を脅迫するつもりだった。二人の反抗者の特定については, L. HÖDL, "Neue Nachrichten über die Pariser Verurteilungen der Thomasischen Formlehre", *Scholastik* 39 (1964) 178-196 を参照。

27) Cf. Thomas, *Quodl*. III q. 1 a. 1.

28) P. GLORIEUX, *Le correctorium Corruptorii "Quare"*, p. 129: *reprobatur a magistris*——第一の命題について ; p. 114: *omnes magistri concordaverunt* nuper *quod est erroneum dicere*——第二の命題について。

思ったので，1285年1月1日，マルティヌス4世に対して最後にこの問題に取り組んでくださるよう執拗に頼んだ。しかし，1285年4月2日にマルティヌス4世の後を継いだホノリウス4世がこの訴訟に終止符を打つことになった。彼はこの訴訟の重大さを強調するどころか，それを放棄して決定をパリに送り返したが，それは司教に対してではなく，神学部の教授たちに対してだった。教授たちは1286年4月14日より以前にこの問題に取りかかったが，いかなる検閲も行わなかった。

訴訟が司教よりもむしろ神学者たちに送り返されたことは，教皇がこの論争を信仰をおびやかさない大学内の問題と見なしていたことを意味している。1285年以降，アエギディウス・ロマヌス自身は権利を回復し，教授団の決定で再び教えることを許可された。彼は1285年の秋に教授活動を開始した。想起したすべてのことを考え合わせれば，この新しい挿話をトマスの完全な権利回復へ至る一過程として理解すべきことは明白である。というのも，もしトマスの客観的な支持者の関わり合いがトマスを危険にさらすことだったとすれば，この支持者に適用されていた検閲の取消しは，なおさらトマス自身が関わっていなかったことを適切に示しているからである[29]。

十中八九，トマスの訴訟手続きをローマに送り返す発端となったのは，ヨハネス21世の教皇特使として1276年10月15日から1278年までパリにいたドミニコ会総長ヴェルチェッリのヨハネスの介入である。しかし，彼にはローマ教皇庁からの支援があったのであり，そこでの訴訟の中断を説明するのは，ドミニコ会の味方だった枢機卿ジョヴァンニ・ガエターノ・オルシーニ（Giovanni Gaetano Orsini）と，とりわけ枢機卿ジャコモ・サヴェリ

---

29) Cf. Wielockx, *Les 51 articles*, p. 219-223.

（Giacomo Savelli）の介入だと思われる。実際，すでに言及した解決を課すことになるのは，ホノリウス4世の名で教皇になった後者である[30]。ここで，ヴェルチェッリのヨハネスが取った戦略——このことについて他の証拠がある——から，トマスの名声を守るために聖アルベルトゥスが1277年にパリにやって来たことは，少し前にワイスハイプルが疑問視していたものの，最近の批評家には真実らしいと見なされていることを付け加えよう[31]。

ドミニコ会士とフランシスコ会士

とりわけ1274年と1277年に，フランシスコ会総長アスコリのヒエロニムス（Jérôme d'Ascoli）とドミニコ会総長ヴェルチェッリのヨハネスの間で結ばれた協定にもかかわらず[32]，フランシスコ会士のトマスに対する敵意はおさまらなかった。もっとも彼らはたっぷりと報いを受けることになったが。在俗の教授たちから自分たちを防衛することで一時的にとられた共同戦線は，不名誉で不毛な骨肉の争いに場所を譲った。

---

30) Cf. Wielockx, *Autour du procès*, p. 419-422.

31) J. A. WEISHEIPL, "The Life and Works of St. Albert the Great", dans *Albertus Magnus and the Sciences. Commemorative Essays. 1980*, éd. J. A. WEISHEIPL, Toronto, 1980, p. 12-51, (cf. p. 44-45); R. Hissette, *Albert le Grand et Thomas d'Aquin*, p. 244-245. R. Wielockx, *Commentaire à Gilles de Rome*, p. 217 は, Hissette の論証をきわめて真面目に受けとっている。

32) すでに1255年，外部の敵により強く立ち向かうために内部の不和を終わらせるよう修道士たちに促す目的で，二つの修道会の総長が出した共通の勧告があったが，それ以外にも多くの勧告があっただろう——cf. G. MEERSSEMAN, "Concordia inter quatuor ordines mendicantes", *AFP* 4 (1934) 75-97.

第15章　過酷な結果

まず、少し前に戻り、再びジョン・ペッカムについて語らなければならない。奇妙なことに、彼はあるドミニコ会士の足跡をたどっているが、このことは指摘すべきである。というのも、非常に複雑な状況の既知事項の一つだからである。すなわち、トマスの敵対者がみなフランシスコ会士だったわけではない。タンピエの断罪から数日経った1277年3月18日、カンタベリーの大司教だったドミニコ会士ロバート・キルウォードビーは似たような断罪を行ったが、今回はトマス的着想を持ついくつかの命題、とりわけ実体的形相の単一性を直接攻撃するという意図があった[33]。

時おり語られてきたこととは反対に、この検閲はパリのそれを補足するものとは見なせない。というのも、第二の検閲は第一の検閲についていかなる示唆も行わず、取り上げることもないからであり、また両者とも地方の影響力しかないからである。さらに、パリの検閲が司教と神学部を教養学部に対立させたのに対し、オックスフォードでキルウォードビーは、正教授であろうとなかろうと、すべての教授たちの同意に依拠できた。ロバートによるこの断罪は、1279年2月19日から後継者となったジョン・ペッカムが再び取り上げることになる。トマスの古い敵対者は1284年10月29日、前任者の検閲を追認し、1286年4月30日、とりわけ実体的形相の単一性に関する8つの新しい命題で補完した[34]。

---

33)　*Chartul.*, n° 474, p. 558-559.

34)　これらの命題のテキストは、背景の解明的な説明とともに、P. GLORIEUX, "Comment les thèses thomistes furent proscrites à Oxford", *RT* 32, N. S. 10 (1927) 259-291, あるいは F. PELSTER, "Die Sätze der Londoner Verurteilung von 1286 und die Schriften des Magister Richard von Knapwell O.P.", *AFP* 16 (1946) 83-106 参照。この問題の哲学的および神学的争点の最も解明的な説明は、おそらくやはり D. A. CALLUS, *The Condemnation of St. Thomas at Oxford* (The Aquinas

ペッカムがこれら8つの命題の撤回を課そうとしたリチャード・ナップウェル（Richard Knapwell）は，大司教がロンドンで招集した正式の会議に参加することを故意にやめた。しかし，リチャードは管区長だったギョーム・ド・オタム（Guillaume de Hothum）に見事に弁護され，オタムは直ちに修道士に対して出された破門宣告に控訴した。しかし，破門されたリチャードは自己弁護を行うためにローマに出発した。彼の問題を扱ったのは昔のフランシスコ会総長であり，ニコラウス4世の名で教皇となったアスコリのヒエロニムスその人だった。彼はおそらく破門を取り消したが，リチャードに永遠の沈黙を課した。それから，ボローニャに退いて禁じられた諸命題を教え続けていたと思われるナップウェルは，そこで1289年に発狂して亡くなった[35]。他のあらゆる考察に加えて，彼の事例は対立のなだめがたい性格をかなりうまく明らかにしている。

ペッカムの次に，とりわけイギリスのフランシスコ会士ギョーム・ド・ラ・マールに言及しなければならないが，

Society of London, Aquinas Paper n° 5), Londres, 1955 である。また，F. J. ROENSCH, *Early Thomistic School*, Dubuque, 1964, p. 170-199 と，ペッカムの観点から問題を見ようとしている T. CROWLEY, "John Peckham, O.F.M., Archbishop of Canterbury, versus the New Aristotelianism", *Bull. of the J. Rylands Library* 33 (1950) 241-255 を参照。［さらに，A. BOUREAU, *Théologie, science et censure au XIIIe siècle. Le cas de Jean Peckham*, "L'âne d'or", Paris, Belles Lettres, 1999 も参照。神学上のいくつかの不正確さにもかかわらず，社会史と教義史を結合しているこの著作は，13世紀末の理解に貴重な光を投げかけている――S.-Th. BONINO, "Thomistica VI", *RT* 100, 2000, p. 656-658 の詳細な紹介と評価を参照。］

35) Cf. Glorieux, *Comment*, p. 265-282; D. A. CALLUS, "The Problem of the Unity of Form and Richard Knapwell", dans *Mélanges offerts à Etienne Gilson*, Toronto-Paris, 1959, p. 123-160; Roensch, *Early Thomistic School*, p. 34-40; 200-223; F. E. KELLEY, éd., RICHARD KNAPWELL, *Quaestio disputata de unitate formae*, Paris, 1982.

彼は当時パリの正教授であり、それからオックスフォードに移り、1279年頃『矯正』を出版した[36]。彼はトマスの思想についてただ文句をつけたり断罪したりする代わりに、検閲の対象となった危険な諸命題を指摘し、批判と反論を付け加えることで、修正を提案することがより有益だと考えた。全体は告発されたテキストの余白に教師と生徒が注記したという形で構想されている。トマスの著作の同数の文章に対して連続して118か所修正されたが、フランシスコ会士はこの修正を非常に早く公式の文書と見なした。というのも、1282年にストラスブールで開かれた会議で、フランシスコ会総長だったボナグラツィア・フィエルチ (Bonagrazia Fielci) は、トマスの『神学大全』はギョームの説明を備えている場合にのみ、最も有能な (notabiliter <ou: rationabiliter> intelligentes) 読者たちが使用できると命じたからである[37]。

---

36) 『矯正』のテキストは、P. GLORIEUX, *Les premières polémiques thomistes I. Le correctorium Corruptorii "Quare"*, "Bibliothèque thomiste 9", Le Saulchoir-Kain, 1927 で、リチャード・ナップウェルの反論の校訂版のうちに再現されている。その補足として、『真理論』に関するギョームの三つの議論は、R. HISSETTE, "Trois articles de la seconde rédaction du Correctorium de Guillaume de la Mare", *RTAM* 51 (1984) 230-241 がもたらした校訂版で読めるが、そこには最近の文献の詳しい説明がある。結局わずかなことしか分かっていないこの人物については、H. KRAML, éd., *Guillaume de La Mare, Scriptum in primum librum Sententiarum*, Munich, 1989 の導入を参照。

37) G. FUSSENEGGER, éd., "Definitiones Capituli generalis Argentinae celebrati anno 1282", *AFH* 26 (1933) 127-140, cf. p. 139: "Generalis minister imponit ministris provincialibus quod non permittant multiplicari summam fratris Thome nisi apud lectores rationabiliter <*al.* notabiliter> intelligentes, et hoc nisi cum declarationibus fratris Guillelmi de Mara, non in marginibus positis, sed in quaternis et huiusmodi declarationes non scribantur per aliquos seculares" (cf. *Documenta* 43, p. 624-625; Glorieux, *Premières polémiques*, p. IX, n. 2; ID., "Non in marginibus positis", *RTAM* 15, 1948, 182-184).

〔トマスに対する〕この不本意な敬意は、後にナポリの大司教になるヴィテルボのヤコブスがアエギディウス・ロマヌス自身から聞いてカプアのバルトロメウスに伝えた敬意を思い出させる。「兄弟ヤコブスよ、もしドミニコ会士たちが修道士トマスの著作を広めないことを欲しているならば、彼らこそが巧みで賢明であり、われわれは無知である (idiote)。このことで彼らには十分だろう」[38]。しかるに、この『矯正』の普及はギョームの成功の明らかなしるしである。すなわち、今日でもなおギョームのこの著作の12の写本があるが、この数にはこの著作に対してナップウェルが行った反論のうちに見られる〔ギョームのテキストの〕他の16の写本は含まれていない。

実際、ドミニコ会士たちも何もせずにいたわけではない。彼らが『腐敗』(Corruptorium) と命名した『矯正』(Correctorium) は、トマスの同僚による五つ以上の直接的反論を引き起こした。慣習にしたがって、それらを始まりの言葉で区別しながら列挙しよう。日付の点で最初に来るのは 1282-83 年頃のリチャード・ナップウェルの Correctorium Quare だが、これはすぐにペッカムの激怒を蒙ることになった[39]。次に来るのは Correctorium Sciendum

---

38) *Naples* 83, p. 383-384. アエギディウスにはこのように語る資格がいくらかある。というのも、ガンのヘンリクスやフォンテーヌのゴドフロワと同じように、アエギディウスはトマスの同僚から大目に見られることがほとんどなかったからである。オーフォードのロベルトゥス (Robert d'Orford) の攻撃を想起するだけで十分である。貴重な研究 P. GLORIEUX, "Pro et contra Thomam. Un survol de cinquante années", dans *Sapientiae Procerum Amore. Mélanges…J.-P. Müller*, "Studia Anselmiana 63", Rome, 1974, p. 255-287, cf. p. 271-272 を参照。

39) 校訂は Glorieux, *Les premières polémiques thomistes* でなされている。たとえ Glorieux が──サットンのトマス (Thomas de Sutton) を考えていた Pelster はなおのこと──Quare の著者について判断しかねていたとしても、Kelley の業績がある今日ではもはや著者についていかなる疑いもない──cf. L.-J. Bataillon, *RSPT* 75, 1991, p.

だが，これは日付――1283年頃――と場所に関して先の著作の非常に近くに位置づけられる。この著作の著者もイギリス人のドミニコ会士だと思われるが，オーフォードのロベルトゥスの可能性が非常に高い[40]。

ジャン・キドール（Jean Quidort）あるいはパリのヨハネス（Jean de Paris）の書いた Correctorium Circa とともに，パリに移動する。彼は二人のイギリス人の先行者を知っていたと思われるが，著作を完成しておらず，60項でやめている。この著作の日付は先の二著作に非常に近く，1282-84年頃である[41]。第四の著作である Correctorium Quaestione とともに，イギリスに戻る。この著作の著者は依然として不明だが，おそらくイギリス人のドミニコ会士であり，マックルズ・フィールドのギョーム（Guillaume de Macclesfield）と考えられている。彼も著作を完成しておらず，31項で中断している。年代的には彼が時として使用している Correctorium Quare に近いが，それよりも少し後のものに違いない[42]。第五の著作はランベルト・デイ・プリマディッジ（Rambert dei Primadizzi）あるいはボローニャのランベルトゥス（Rambert de Bologne）に帰せられる。当時サン・ジャックにいた彼も著作を完成しておらず，31項で中断している。彼の特徴として，ギョーム・ド・ラ・マールに対してだけでなく，「非常に有名な」（qui magni sunt et magni reputantur）他の著述家たち――おそらくガンのヘンリクス，アエギディウス・ロマヌス，メディ

509。

40) P. GLORIEUX, éd., *Le Correctorium Corruptorii "Sciendum"*, "Bibl. Thomiste 31", Paris, 1956; cf. Roensch, *Early Thomistic School*, p. 40-42; 223-230.

41) J.-P. MÜLLER, éd., *Le Correctorium Corruptorii de Jean Quidort de Paris*, "Studia Anselmiana 12-13", Rome, 1941.

42) J.-P. MÜLLER, éd., *Le Correctorium Corruptorii "Quaestione"*, "Studia Anselmiana 35", Rome, 1954.

アヴィラのリカルドゥス——に対しても答えている点が指摘できる[43]。この論争は，1315-20年頃，ギョーム・ド・ラ・マールに対する様々な反論者に抗弁しようとした匿名のフランシスコ会士の筆で最後の新局面を迎えた[44]。

これらの反論は明らかに論争的で弁明的な著作に属している。ここで問題となっているのは，何よりも，トマスが誤っているというあらゆる非難から彼を救い出すことである。すなわち，彼は教会からも大学からも決して断罪されなかったのであり，トマスの弁護者はギョームの見解に反論しながらトマスの見解を正当化しようとしている。しかし，これらの著作を単なるその場かぎりの二次的な著作と見なすことは誤りだろう。ある者は洞察力をもって，それらの著作を読めば，他の学派に直面した生まれつつある一つの学派が思弁的にどのような自己意識を持っていたか分かると指摘した[45]。

この指摘の支えとして，これらの著作がすべて若いドミニコ会士に由来していることを強調できる——執筆時に正教授だった者は一人もいない。おそらく彼らは問題点の新しさに対して先輩たちよりも敏感だった。もしすべての

---

43) J.-P. MÜLLER, éd., *Rambertus de'Primadizzi de Bologne, Apologeticum veritatis contra corruptorium*, "Studi e Testi 108", Città del Vaticano, 1943.

44) Cf. Glorieux, *Pro et contra*, p. 285. 豊富に与えるとすれば，Glorieux, p. 268 とともに，さらに 1280-90 年の 10 年間に普及していたに違いないいくつかのリストを指摘できるが，これらのリストは「ボナヴェントゥラとトマスが対立していた諸項」(Articuli in quibus dissentiunt Bonaventura et Thomas)，あるいは「フランシスコ会士が『神学大全』第 2 部の 2 の中でトマスに対立していた諸項」(Articuli in quibus Minores contradicunt Thome in IIa IIae) を強調している。このような文献はほとんど無限にある。

45) M. D. JORDAN, "The Controversy of the *Correctoria* and the Limits of Metaphysics", *Speculum* 57 (1982) 292-314. 本文で取り上げた指摘の他に，この研究にはこの主題に関する最新の現状分析がある。

人々が討議していた世界の永遠性の領域で理性をどう使用するかという問題に関して、この確認が意味するところを確かめようとするならば、五人のドミニコ会士は——まったくトマス的な——次のような明確な意識を共有していたことがすぐに分かる。すなわち、信仰の領域と理性の領域のはっきりとした区別、理性の可能性に関する顕著な留保——理性はいかなる場合にも信仰に属する事柄を証明できない——を伴う区別の意識である。反対に、ランベルトゥスが最も的確に表現しているように、信仰に属する事柄に関して真の「学知」に到達できるというギョームの主張は過度の合理主義に属している。

ジョーダンが非常に的確に強調しているように、ここには論争の深い皮肉がある。今度はすべての読者が自分で気づけることを付け加えよう。すなわち、全体として見れば、これらの反論で引用されているのはとりわけトマスであり、その結果攻撃された著者自身が最初の弟子たちの筆を通じて自己弁護を行っている。彼らはおそらくこのことをまだ知らないままに、後に「トマスは自分自身の解釈者である」(Thomas suiipsius interpres) という有名な決まり文句が要約することになる計画を実行していた。これらの始まりが示しているように、この格言は豊かなものだったが、同時に繰り返される硬直化が必ずしも良い結果を生まなかったという意味で重苦しいものでもあった。

フランシスコ会とドミニコ会の不和に関するこの概観を終えるにあたり、不和が厳密な意味で知的領域にとどまらなかったことを想起するのは無益ではないだろう。不和が生んだ結果のうちで最も重要なもののみに言及するとすれば、誓われる貧しさの理解は依然として論争の中心だった。この理由から、フランシスコ会士の指導者だったペトルス・ヨハンニス・オリヴィは、数年後の1290年頃、トマスに対する最も断固たる敵対者たちのうちにいたが、

『マタイ福音書』10 章 9-10 節に関するオリヴィの註解がそのことを証言している[46]。このことに少しも手間取ることなく、かつてトマスとペッカムが対峙していた古い戦場が再び見出せる。ここでの新しい事実は、フランシスコ会士が、ボナヴェントゥラ的アウグスティヌス主義者と完全な貧しさの支持者に分裂していたにもかかわらず、「反トマス的な手ごわい戦線を形成し、最後の時までトマスの教えの浸透と共通博士の列聖を妨害しようとしたことである」[47]。

この確認の支えとして、争いの影響がナポリ裁判にも及んだことを指摘できる。すなわち、複数の証人が夢でアウグスティヌスを見、トマスの教えが自分の教えに一致しているだけでなく、トマスが純潔性のために聖性に関して自分に優りもすることをアウグスティヌスが確言したと主張している。トマスの教えに関する最も生き生きとした賛辞が二人の聖アウグスティヌス隠修士会士の口から語られていることも無関係ではない。すでにアエギディウス・ロマヌスの賛辞に言及したが、この話題を伝えているヴィテルボのヤコブスは、トマスを聖パウロや聖アウグスティヌスと同列に置き、終わりの時までトマスの後継者は現れないと明言することを恐れなかった。というのも、トマスの著作には、共通の真理、明晰さ、照明、秩序と教え（communis veritas, communis claritas, communis illuminatio, communis ordo et doctrina）があるからである[48]。

---

46) M. Th. D'ALVERNY, "Un adversaire de saint Thomas: Petrus Iohannis Olivi", dans *Commemorative Studies* II, p. 179-218.

47) A. VAUCHEZ, "Les canonisations de S. Thomas et de S. Bonaventure: pourquoi deux siècles d'écart ?", dans *1274-Année-charnière-Mutations et continuités* (Colloques internationaux du CNRS 558), Paris, 1977, p. 753-767, cf. p. 760.

48) *Naples* 66, p. 356-357; 67, p. 358; 83, p. 383-384.

ドミニコ会によるトマスの弁護

　外部からの多くの攻撃に直面して，トマスの同僚たちも彼の名声を守るためにより固く団結したと考えることは自然である。しかし，現実はより微妙な差異を持っていた。確かに，総会は非常に早い段階で，修道士トマスの名声を汚すことをそのままにしておいた場合，修道会にまで不評判が及ぶのではないかと動揺し始めていた。たとえ1277年5月16日——タンピエによる断罪の二か月後——にボルドーで開かれた会議がなおも慎重な沈黙を守っていたとしても——おそらくそのときヴェルチェッリのヨハネスは戦略を練っていた——，一年後の1278年にミラノで開かれた会議では強力な仕方で介入し，二人の特使を急遽イギリスに送ったが，彼らには敢えてトマス・アクィナスの著作を批判する修道士たちを調査し，それらの修道士をそれ相応に罰する任務が課せられた[49]。歴史家たちは都合よく，

---

　49) *MOPH* 3, p. 199: "Iniungimus districte fratri Raymundo de Medullione et fratri Iohanni Vigorosi lectori Montispessulani. quod cum festinacione vadant ad Angliam inquisituri diligenter super facto fratrum. qui in scandalum ordinis detraxerunt de scriptis venerabilis patris fratris Thome de Aquino. quibus ex nunc plenam damus auctoritatem in capite et in membris. qui quos culpabiles invenerint in predictis, puniendi, extra provinciam emittendi. et omni officio privandi. plenam habent potestatem." 〔「修道士メデュリオーネのライムンドゥスとモンペリエの講師である修道士ヨハネス・ウィゴルに対して，急いでイギリスに行き，修道士の行いについて入念に調査するように命じる。修道会の評判を傷つけるほどに，尊敬すべき父なる修道士アクィノのトマスの著作を誹謗した者がいるということである。今より上の二人の修道士に修道会の指導者と構成員に対する完全な権限を与える。上の二人の修道士がすでに述べた事柄について罪がある人々を見出した場合，彼らにはそれらの人々を罰し，管区の外に追放し，すべての職務を奪う完全な権限が

枢機卿に選ばれたロバート・キルウォードビーが先の3月12日以来オックスフォードを離れていたことを指摘しているが，キルウォードビーはオタムやナップウェルのトマス的考え方を共有しない支持者たちを残してきたに違いない。

さらに，次の年の1279年，パリで開かれた総会は同じ方向性で介入している。「修道士トマス・アクィナス，名声を祝福しなければならないこの尊敬すべき人間は，賞賛すべき生と著作によって修道会に大きな名誉をもたらしたので，不敬にして不作法に彼とその著作を扱うことに到底我慢できない——たとえ彼らがトマスとは異なる仕方で考えているとしても。地方の修道院長，助任司祭，すべての見物人に対して，この点について誤りを犯している人々を速やかに厳しく罰するように命じる」[50]。

ここから分かるように，修道会の見解はまだ慎重である。すなわち，修道士トマスとは異なる仕方で考えることができるが，彼に対する敬意を欠くことはできない。1286年のパリでの会議ははるか先に進むことになる。「すべての修道士が各々，崇高な名声を持つ尊敬すべき教師である修道士トマス・アクィナスの教えを——少なくとも弁護できる見解として——効果的に促進するよう厳しく命じる。もし誰かが明確に（assertive）反対の事柄を教えるならば，教授，見習い，講師，修道院長，他の者のいかんを問わず，またたとえ彼がトマスとは異なる仕方で考えているとしても，彼はその行為のために（ipso facto）停職になり修道会の特権を失うが，このことは修道会の教授あるいは総会が復職を認めるまで持続する」[51]。

ある」）。

50) *MOPH* 3, p. 204.

51) *MOPH* 3, p. 233. 1287年，それゆえ次の年，聖アウグスティヌス隠修士会の総会は，——競争心からか——より強力な言葉で，ア

1309年，サラゴサの会議は似たような忠告をしたが，非常に力強いものであり，雄弁な策を講じたものである。たとえ必要な場合に外部の者に書物を売ることが修道士に認められているとしても，聖書とトマスの著作は除外される[52]。一連のすべての会議は列聖まで依然としてこの方向性で介入し，一般的により健全でより共通的（sanior et communior）だと見なされていたトマスの教えの研究を推奨することになるが，忠告に従わない人々についても幾度か語られている——1313年メスで，1314年ロンドンで，1315年ボローニャで，1320年ルーアンで。1322年，ウィーンの会議は修道会のためにトマスが作成した聖体の聖務日課を採用した。1324年，ボルドーの会議はついにトマスに聖人の称号を与え，修道会全体で，トマスの死の記念日であり有名な1277年の断罪の日付である3月7日に彼の祝日を祝うことを定めた[53]。

弟子と同僚

総会で力強く繰り返されている言葉から，ドミニコ会のすべての神学者が問題なくトマスの教えを認めていた印象を受けるかもしれないが，現実はかけ離れている。キルウォードビーの範例に立ち帰らなくても，会議の最初の諸

エギディウス・ロマヌスの教えを聖列に加えるというちょうど似たような措置を講じた——*Chartul.* II, n° 542, p. 12。二年前に権利を回復していたアエギディウスはまさに40歳になったところだった。

52) *MOPH* 4, p. 38 et 40 (= *Documenta* 50, p. 655-656——これは誤ってケルンについて語っている).

53) *MOPH* 4, p. 64-65, 72, 81, 123, 138, 151 (= *Documenta* 50, p. 656-660). 諸会議のテキストはすべて，M. BURBACH, "Early Dominican and Franciscan Legislation Regarding St. Thomas", *MS* 4 (1942) 139-158 が英訳し，注釈した。

介入はあまりにも辛辣な誹謗者たちに沈黙を課すためのものだった事実を思い起こさなければならない。彼らが皆いなくなったわけではなかった。

最も有名な人物はやはりサン・プルサンのデュランドゥス（Durand de Saint-Pourçain）であり，彼は『命題集註解』（1307-08年）以降，〔トマスの〕断固たる敵対者として明らかになった。彼は『命題集註解』を改訂ないし修正するという約束でのみ教授許可への志願を認められていた。彼はおそらくサン・ジャックで講義をしていた1312-13年の間にこの仕事に取り組んだ。1313年のメスでの会議で再びトマスの教えが推奨され，デュランドゥスの著作を調査するためにヘルウェウス・ナターリス（Hervé Nédellec）を議長とする12人の構成員から成る委員会が設立されたのは，問題視されたデュランドゥスの教えの反響である。とりわけラ・パリュのペトルス（Pierre de la Palud）とナポリのヨハネス（Jean de Naples）は，デュランドゥスの『命題集註解』を丹念に調べる仕事を担い，検閲——異端的，誤謬的等々——し，93の命題を指摘した。

委員会が仕事を終えたときすでに教皇庁の教師だったデュランドゥスは，『弁明』（Excusationes）で反論したが，これは再びヘルウェウス一人に調査された。ヘルウェウスは，1317年にデュランドゥスがリムーの司教に任命され，1318年に自分が総長になるまでデュランドゥスに対する論争を続けたが，1316-17年，ラ・パリュのペトルスとナポリのヨハネスは，トマスの読者のために，デュランドゥスがトマスの教えから逸脱している点を指摘する235項から成る一覧表を公にした[54]。しかし，〔トマスの敵対者

---

54) Cf. J. KOCH, "Die Verteidigung der Theologie des hl. Thomas von Aquin durch den Diminikanerorden gegenüber Durandus de S. Porciano O.Pr.", dans *Xenia Thomistica* III, p. 327-362 ; ID., *Durandus de S. Porciano O.P.*, *Forschungen zum Streit um Thomas von Aquin zu*

は〕ドュランドゥス一人だったわけではなく——彼はここで自分の教師であるメスのヤコブス（Jacques de Metz）に従っているが，ヤコブスもヘルウェスと関わり合いがあった[55]——，あまり重要ではない他の人物もドミニコ会の管区会議で言及された[56]。

これらの事例を見ただけで，総会の言明が示している全員一致がうわべだけのものだったことが十分に分かる。ここで不完全ながらも，ドミニコ会の豊かさの一つであり続けている多様性について少し言及しなければならない。実際，ついでに述べるべきことだが，たとえこの話の枠組みで「修正的」文献を簡単に紹介することが避けられないとしても，この時代の驚くべき知的活力をこの論争の激しさに還元することによって，見通しに関する取り返しのつかない誤りを犯さないことが重要である。

トマスのすぐ後に，まずは忠実な読者がいたが，彼らはトマスが常に同じ事柄を同じように語ったのではないことに気づき，「より適切な言明」（mieux dits）に関する文献と呼べるものを作り出すことで，この相違を調和しようとした。グロリユーはこのことを非常に的確に要約している。「彼らの目的はギョーム・ド・ラ・マールとは正反対である。ギョームはフランシスコ会の読者を，聖トマスの誤りを含むあるいは危険だと判断された教えに対して武装させようとした。反対に，『より適切な言明』のリストに

Beginn des 14. Jahrhundert (BGPTM 36/1), Münster i. W., 1927. 諸事実の簡単な想起については，Glorieux, *Pro et contra*, p. 278-284 を参照。完全なテキストについては，Käppeli, *Scriptores* I, p. 340 を参照。

55) Cf. Glorieux, *Pro et contra*, p. 284.

56) 1315 年，アレッツォでのローマ管区会議は，修道士トマス・アクィナスの教えを批判したかどで修道士ユベール・グイディ（Hubert Guidi）に対して悔悛を課した——*MOPH* 20, p. 197; *Documenta* 51, p. 661。1316 年，オルテズでのトゥールーズ管区会議はトマスから遠ざかることを禁じた——*Documenta* 52, p. 662。

はドミニコ会士が聖トマスの著作をより適切に理解し，使用するのを助けるという目的がある。その著作とはより特殊的には『命題集註解』だが……，このリストは『神学大全』で聖トマスが改良したことを順序立てて指摘することを通じて……，彼の思想の進歩を明らかにしようとした」[57]。

すでに，「修道士トマスが『命題集註解』よりも『神学大全』でより適切に語っている諸項」に言及した[58]。著者の目的は，矛盾の現行犯としてトマスを捕まえることではなく，むしろ彼の思想と進歩の動的な性質を強調することである。数年後，『理解を求める一致』（La Concordance "Volens complecti"）——1290-1300年頃——が上の著作に続くことになるが，この著作は企てを『神学大全』を超えて，『対異教徒大全』，『定期討論集』，『自由討論集』，『ローマの信徒への手紙註解』や『アリストテレス註解』のような他の著作にまで拡大している。考察される項の数は32から41に増えているが，観点は少し異なっている。というのも，ここで問題となっているのは「トマスがより適切に語った」文章を指摘することよりも表面上の矛盾を調和することだからであり，このことのためにこの著作は「トマスは『神学大全』で『命題集註解』とは異なる仕方で語った」という表題がつけられている。この著作について10回にも及ぶ大幅な手直しが行われている[59]。これらの著作の全リストを列挙しなくても，「より適切な仕方で語っている諸項」の初版のすぐ近くに——1280年頃——，トマス・サットン（Thomas Sutton）のものかもしれない

---

57) Glorieux, *Pro et contra*, p. 267.
58) Gauthier, *Les Articuli in quibus* とともに，本書第3章註42を参照のこと。
59) Cf. Glorieux, *Pro et contra*, p. 275. また，テキストの校訂版については，Gauthier, *Les Articuli in quibus* を参照。

『トマス自身における一致について』（De concordantiis in seipsum）も指摘できる。そこで著者は聖アウグスティヌスの『再考録』（Retractationes）から借用した文学的方法を用いて，トマスの著作に見出される表面上の矛盾を解消するため直接トマス自身に語らせている[60]。

軽蔑するつもりはないが，上で問題にしていたのは弟子というよりもむしろエピゴーネンである。トマスには他の弟子や反対者もいた。その中には，ドミニコ会のトマスの同僚もいたが，同様にトマスの著作から独立に著作を展開した著述家もいた。これらすべての人々はライン学派，あるいはドイツのドミニコ会のスコラ学と呼ばれるものに属している[61]。彼らがグロリューの概観――もっとも，卓越したものである――でまったく扱われていないことを考えるならば，ここでこのことについて述べることはますます重要である。

トマスはケルンにそれほど長く滞在しなかったので――

---

60) これは聖トマスの小著のうちに含まれている――Vivès, t. 28, 560-574。Cf. P. MANDONNET, "Premiers travaux de polémique thomiste", *RSPT* 7 (1913) 46-70; 245-262, cf. 252-255.

61) これらの呼称に関する躊躇については，A. de LIBERA, *Introduction à la mystique rhénane d'Albert le Grand à Maître Eckhart*, Paris, 1984, p. 9-23 を参照。同時に，この業績にはフランス語圏の人々にとってほとんど知られていないこれらの思想家に関する要点も見出せる。アルベルトゥスの影響については，ID., *Albert le Grand et la philosophie*, Paris, 1990, p. 21-36 et *passim* を参照。これらの思想家に関する多くの情報は，1984 年 10 月にスイスのフリブールで開かれた，『中世のドイツ人哲学者たちの集成』（Corpus philosophorum teutonicorum medii aevi）の協力者たちによる二回目のシンポジウムの業績 *Albert der Grosse und die deutsche Dominikaner schule. Philosophische Aspekte*, dans *FZPT* 32 (1985) 3-271 を参照。[N. LARGIER, "Die 'deutsche Dominikanerschule'. Zur Problematik eines historiographischen Konzepts", *MM* 27 (2000) 202-213 が作成した現状分析も参照。]

その時代，トマスは初心者にすぎなかった——，影響は教師アルベルトゥスと同じほど堅固ではなかった。それに反して，アヴィケンナと偽ディオニシウスの影響を受けたアルベルトゥスの新プラトン主義には後継者がいた。たとえケルンのすべての学派がアルベルトゥスに由来するとは言えないにしても，トマスの影響はケルンではパリよりも小さかったことは確実である。実際，おそらくこの学派の新プラトン主義はアルベルトゥス・マグヌスの遺産だと確言できる——他方，トマス主義は次第にそこから離れていくことになる。

これらの思想家のうちで最もよく知られているのがマイスター・エックハルト (Maître Eckhart) なのは確実である。彼はフランシスコ会士との最も激しい論争の時代に，パリの命題集講師および教授だった。彼はトマス主義者ではなかったが，にもかかわらず至福直観に関するトマスのいくつかの命題を弁護した[62]。本来的意味での弟子のうちで言及しなければならないのは，何度か登場したフリブールのヨハネス，シュテルンガッセンのヨハネスおよびゲラルドゥス (Jean et Gérard de Sterngassen)，リヒテンベルクのヨハネス・ピカルドゥス (Jean Picard de Lichtenberg) ——ド・リベラによれば，彼は「おそらくケルンのトマス主義の最も優れた代表者である」——，リューベックのヘンリクス (Henri de Lübeck)，ストラスブールのニコラウス (Nicolas de Strasbourg) である。

ストラスブールのニコラウスはある『大全』の著者である。実を言えば，この著作には固有の学問的価値はな

---

62) エックハルトとトマスの関係については，R. IMBACH, *Deus est intelligere. DasVerhältnis von Sein und Denken in seiner Bedeutung für das Gottesverständnis bei Thomas von Aquin und in den Pariser Quaestionen Meister Eckharts*, "Studia Friburgensia, N. F. 53", Fribourg (Suisse), 1976 を参照。

いが，とりわけトマスとアルベルトゥス——またアエギディウス・ロマヌスやヘルウェウス・ナターリスを含む他の様々な著述家——から着想を得ている。ルエディ・インバッハ（Ruedi Imbach）はこの時代の思想史の中でこの著作はきわめて重要であることを強調した[63]。ドミニコ会総長に承認されて，この著作は修道士育成のための教科書として役立てる目的で，総会の忠告に答える形で執筆されたと思われる。また，引き合いに出される著述家たちがみな，生まれたばかりのケルン学派とは無関係の人々なのは興味深い。この著作はグロリユーの『トマスの支持者と反対者』（Pro et contra Thomas）ではまったく知られていないが，トマス以後の多くの対立的態度決定を引き起こしたトマス解釈として，当然この大きな概観のうちに含まれるものである。

ニコラウスとともに，すでに14世紀の第二四半期の初めにいる。時間的に見てかなり近いところに——おそらくニコラウスは1296-98年にパリの正教授だった——，トマスの敵対者のうちで最も優れた者としてフライベルクのディートリッヒ（Thierry de Freiberg）がいることは疑いないが，彼は主観性の発見で近代哲学の知られざる先駆者だった[64]。また，彼は反トマス主義者のうちで最も辛辣で

---

63) R. IMBACH und U. LINDBLAD, "*Compilatio rudis ac puerilis*. Hinweise und Materialien zu Nicolaus von Strassburg und seiner *Summa*", *FZPT* 32 (1985) 155-233. 上で要約している導入的指摘にいくつかの補遺が続いているが，そこにはとりわけニコラウスの『大全』の構想と使用されている典拠を強調する抜粋がある。

64) de Libera がディートリッヒに割いている章——*La mystique rhénane*, p. 163-229——の他に，とりわけ重要な研究 R. IMBACH, "Gravis iactura verae doctrinae. Prolegomena zu einer Interpretation der Schrift *De ente et essentia* Dietrichs von Freiberg O.P.", *FZPT* 26 (1979) 369-425，およびフランス語によるより短いが解明的な研究 "Prétendue primauté de l'être sur le connaître. Perspectives cavalières

あり，そのことをまったく隠そうとしなかったので，彼がトマスと一致しない多くの点をきわめて的確に指摘できる。すなわち，存在と本質の実在的区別から知性論の全体に至るまで，とりわけ至福直観に関して。聖体に関して言えば，彼はトマスの付帯性の理論を手荒く批判しているが，同時にトマスの質料による個体化の理論や天使論にも文句をつけている。しばしば彼は侮蔑的な形容を重ねている。すなわち，彼はトマスと弟子たちを「一般的に語る人々」（communiter loquentes）のうちに数え入れるだけでなく，教えが自分にとっては「初歩的であり」，「馬鹿げており」，「誤っており」，「詭弁的である」とまで言っている[65]。これらの条件から見て，ディートリッヒがサン・プルサンのデュランドゥスと同じような「注目」の対象とならなかったことに驚く。いずれにせよ，確実なことに，ドミニコ会内部のこれらの対立を考慮に入れずにディートリッヒを読むことや，とりわけ理解することはほとんど不可能である。

トマスに対して無関心な人々のうちで，ストラスブールのウルリッヒ（Ulrich de Strasbourg）に言及できるが，彼は1248年，アルベルトゥスの学校でトマスの学友であり，出生から死に至るまでほとんど正確にトマスの同時代人

---

sur Thomas d'Aquin et l'école dominicaine allemande", dans *Lectionum varietates. Hommage à Paul Vignaux*, "Etudes de Phil. méd. 65", Paris, 1991, p. 121-132 を参照。さらに，多くの点で非常に新しい書物である F. X. PUTALLAZ, *La connaissance de soi au XIIIe siècle. De Matthieu d'Aquasparta à Thierry de Freiberg*, "Etudes de Phil. médiévale 67", Paris, 1991 ではディートリッヒに関係する章を参照できるが，この書物はこの時代の文献に関する新しい研究方法の見事な範例である。[R. Imbach の二つの研究は，同著者の選集 *Quodlibeta*——上記 329 ページ註 52 参照——に再録された。ID., "L'antithomisme de Thierry de Freiberg", *RT* 97 (1997) 245-258 も参照。]

65) Cf. R. Imbach, *Gravis iactura*, p. 386-391.

532　　　　　　第 15 章　過酷な結果

だった。彼の『最高善について』(De Summo Bono) はとりわけアルベルトゥスから着想を得ており, トマスの著作を完全に無視しているように見える[66]。かつてグラープマンはこれらの名前の大部分を報告したが[67], 少し前まで未刊だった彼らのテキストが出版されたやすく読めるようになってから, 研究の数は増え続けている[68]。

　おそらくケルン学派ほど典型的な学派は他のどこにもないが, 他の国が優秀な知的代表者を欠いていたと考えることは誤りだろう。すでに出会ったイギリスの著述家たちの他に[69], 当時のフランスには様々な地方から来た著述家がいた。すなわち, 14 世紀の初頭を大きく超え出なくても, すでに言及したジャン・キドール, レシーヌのアエ

---

66)　Cf. A. de Libera, *Introduction à la mystique rhénane*, p. 99-162; ID., "Ulrich de Strasbourg, lecteur d'Albert le Grand", *FZPT* 32 (1985) 105-136.

67)　M. GRABMANN, "Forschungen zur Geschichte der ältesten deutschen Thomistenschule des Dominikanerordens", dans *Mittelalterliches Geistesleben* I, p. 392-431 (repris de *Xenia Thomistica* III, p. 189-231). さらに, R. IMBACH, "(Néo)platonisme médiéval, Proclus latin et l'école dominicaine allemande", *Rev. théol. phil.* 110 (1978) 427-448 が作成した貴重な現状分析も参照。この業績は Grabmann の研究の文献表を更新し, 展望を著しく拡大している。

68)　ここでこのような文献を想起することはできないので, 少なくとも K. FLASCH と L. STURLESE が進めている『中世のドイツ人哲学者たちの集成』(Corpus philosophorum teutonicorum medii aevi) の企てに言及しなければならない。この企てによってすでにこれらのテキストのいくつかが出版された。校訂は終わっていないが, フライベルクのディートリッヒに関する『全集』の 4 巻はすでに出版されている。

69)　少し後の時代になるが, 在俗の教授であり 1312 年から 1323 年までパリで正教授だったウィルトンのトマス (Thomas de Wylton) を付け加えなければならないだろう。彼はヨハネス・ドゥンス・スコトゥス (Jean Duns Scot) に対するトマスの偉大な弁護者だった——Glorieux, *Pro et contra*, p. 281-283。

ギディウス，ヘルウェウス・ナターリスに，ラ・トレイユ——あるいはトリリア——のベルナルドゥス（Bernard de la Treille ou de Trilia），オーヴェルニュのペトルス——彼はドミニコ会士ではなく，ガンのヘンリクスとフォンテーヌのゴドフロワの古い生徒であり，トマスの『政治学註解』を完成した人物である——，オーヴェルニュ——あるいはガナ——のベルナルドゥス（Bernard d'Auvergne ou de Gannat）——彼はガンのヘンリクスとフォンテーヌのゴドフロワに力強く反対した——を付け加えることができる[70]。

イタリア人の中では，まさしくルッカのトロメオを知っているが，彼は『教会の歴史』だけでなく，他にも多くの事柄を書き，おそらく『統治について』を完成した。すでにパリのトマスの後継者ローマのローマンと，ギョーム・ド・ラ・マールに対する反論の著者ボローニャのランベルトゥスに言及した。すぐに列聖において働いたナポリのヨハネスを見出すだろう[71]。しかし，とりわけ「聖トマスの弟子にしてダンテの教師」という二つの資格のためにきわめてよく知られた人物であるフィレンツェのレミ——レミジオ・デイ・ジローラミ（Remigio dei Girolami）——に言及しなければならない[72]。イタリアのトマスの弟子たち

---

70) 彼らに関する最初の方向づけは，F. J. ROENSCH, *Early Thomistic School*, p. 84-117 参照。さらに，各著述家に関する Käppeli の書誌的情報でこれを補完できるだろう。

71) ここで最初の方向づけは，M. GRABMANN, "Die italienische Thomistenschule des XIII. und beginnenden XIV. Jahrhunderts", *Mittelalterliches Geistesleben* I, p. 332-391 参照。各著述家に関する Käppeli の解説は研究の続行を可能にするだろう。

72) M. Grabmann が彼に割いた研究の表題は，前註参照。レミジオがトマスの第二回パリ大学教授時代に講義を受けたことは確実だが，たとえそのことがまったく可能だとしても，レミジオの生徒の一人にダンテがいたことは疑わしい。ここで見事な業績 E. PANELLA,

は非常に多く熱狂的だったので，1308年にペルージャの会議での叱責を招いたと考えるべきである。すなわち，彼らは敢えて教育の基本的な書物として『神学大全』を採用したが，『命題集註解』で満足するよう固く命じられた[73]。

われわれはイタリアにいるので，本来的な意味での弟子ではないとしても，少なくとも当時のユダヤ人思想家にトマスが思いがけなく影響を与えた事実を知ることは重要である。「最初のユダヤ人トマス主義者」として知られるヴェローナのヒレル（Hillel de Vérone）がいる。彼は『知性の単一性について』の出版後せいぜい20年でこの著作の最初の部分を翻訳し，個別的霊魂の不滅性に関するトマスの見解を採用したが，トマスに対して「マイモニデスが生きていたとき，マイモニデスは先生が未解決のままに残した問題に答えることすらできたでしょう」と挨拶することを恐れなかった[74]。続く世代である14世紀初頭には，ユダ・ベン・ダニエル・ローマーノ（Jehudah ben Daniel Romano）がいるが，彼は当時のスコラ学者たちの一連の「抜粋集」をすべてヘブライ語に訳した。それらのスコラ学者とはとりわけアルベルトゥス・マグヌスとアエギディウス・ロマヌスだったが，なかんずくトマス・アクィナスについて，彼は様々な著作――とりわけ二つの『大全』と『原因論註解』――から38の抜粋を再現している[75]。

Per lo studio di fra Remigio dei Girolami (+ 1319). *Contra falsos professores ecclesiae, Memorie Domenicane* N. S. 10 (1979) 11-313, cf. 191-192 (Thomas), p. 212 (Dante); ID., "Un'introduzione alla filosofia in uno 'studium'dei fratri Predicatori del XIII secolo. *Diuisio scientie* di Remigio dei Girolami", *ibid.*, 12 (1981) 27-126 を参照。

73) *MOPH* 20, p. 169.

74) A. Wohlman, *Thomas d'Aquin et Maïmonide*, p. 325-326, et note 11, p. 394-395. ヒレルに関しては，C. SIRAT, *La philosophie juive médiévale en terre de chrétienté*, Paris, 1988, p. 83-84 を参照。

75) Cf. G. SERMONETA, "Jehudah ben moseh ben Daniel

トマスの死の直後に関するこの一覧をあまりにも不完全なものにしないために、これらのいくつかの名前を指摘することでわれわれの目的にとっては十分である。これらのページを読む若い中世研究家は——トマス主義者であろうとなかろうと——、新しいテキストの出版やすでに知られているテキストの新しい解釈がなおも幸運な驚きを多く残していること、また探究に開かれた領域が依然として広大なものであることを知らなければならない[76]。

Romano, traducteur de saint Thomas", dans *Hommage à Georges Vajda. Etudes d'histoire et de pensée juives*, éd. G. NAHON et C. TOUATI, Louvain, 1980, p. 235-262; ID., "Pour une histoire du thomisme juif", dans *Aquinas and his Time*, p. 130-135; C. Sirat, *La philosophie juive*, p. 84-86.

76) C. VIOLA, "L'Ecole thomiste au Moyen Age", dans G. FLØISTAD, éd., *La philosophie contemporaine. Chroniques nouvelles*, t. 6/1, *Philosophie et science au Moyen Age*, Dordrecht, Boston, Londres, 1990, p. 345-377 の有益な文献一覧のおかげで、研究領域と付随する文献について容易に情報を得られるだろう。[トマスの死に続く状況の一覧は、l'Institut Saint-Thomas-d'Aquin が 1996 年にトゥールーズで開催したシンポジウム——*RT* 97, 1997, p. 5-262 で公刊されている——のおかげで著しく豊かになった。この時代の様々な著述家たち、すなわち修正的著作とトマス学派の最初期（Torrell）、サットンのトマス（Putallaz）、ヘルウェウス・ナターリス（Trottmann; Conforti）、シュテルンガッセンのヨハネス（Senner）、サン・プルサンのドゥランドゥス（Bonino）、ダンテ（Ricklin）、ドゥランドゥスとその学派（Lanczkowski; Wittwer; Donneaud; Emery）、メスのヤコブス（Solère）、フライベルクのディートリッヒ（Imbach）に関して言えば、時としてこの時代の史料編纂状況を著しく修正し、それに含みを持たせる重要なデータが獲得された。]

第 16 章
エピローグ
――アヴィニョンにおける列聖――

今やこの歴史の最後の段階に移らなければならない。弟子と敵対者が対立していた頃、他の諸勢力――これらは時として同一だった――が働いていたが、もはや知識人トマスでなく聖人トマスに関わるものだった。それゆえ、これら最後のページでは、論争的著作と列聖の勅書、トマスの聖性に関する弁明と兄弟を殺す者を列聖したアヴィニョンの教権への非難という表面上異質な事柄が隣り合わせで存在する。

うまく導かれた過程

列聖の過程はヨハネス22世自身が始めた。1316年8月7日、教皇に選ばれたジャック・ドゥーズ（Jacques Duèse）は、二年間にわたりリヨンでコンクラーヴェを後援してくれたドミニコ会に感謝を示したいと、構成員の一人を列聖しようとした。まず、アラゴン王がペニャフォルトのライムンドゥスを提案したが、新しい教皇はライムンドゥスを採用しなかったので、彼に対する同情がア

ンジュー家に広がった[1]。トマスの賞賛者だったヨハネス22世は，1317年，幾人かの御用商人からトマスの全集を購入したが，そのリストと価格が伝えられている[2]。また，バチカン図書館で，1316年から1324年の間にヨハネス22世のために複写された非常に美しい一連の14巻の書物が発見されたが，彼の手による書き込みから彼がこれらの書物を読んでいたことが分かる[3]。

ドミニコ会の側からは，1294年以降ローマ管区から独立していたシチリア管区が主導権を取った。おそらく1317年9月にガエタで招集された管区会議は，当時ベネヴェントの修道院長だったギョーム・ド・トッコと同僚だったベネヴェントのロベルトゥス（Robert de Bénévent）に対して列聖を推進するように命じた[4]。様々な証拠から，トッコはずっと以前からアクィナスの家族のもとで一生懸命資料と回想を集めていたと考えることができる。このようにして，1316年に修道士アヴェルサのトマス（Thomas de Aversa）とともにサレルノのマルシコ伯爵のところにいるトッコが知られているが，このマルシコ伯爵は修道士トマス・アクィナスの二番目の姉テオドラの息子だっ

---

1) A. WALZ, "Papst Johannes XXII. und Thomas von Aquin. Zur Geschichte der Heiligsprechung des Aquinaten", dans *Commemorative Studies* I, p. 29-47, cf. p. 36; ID., "Historia canonizations sancti Thomae de Aquino", *Xenia Thomistica* III, p. 105-172, cf. p. 118-122; L. V. GERULAITIS, "The Canonization of Saint Thomas Aquinas", *Vivarium* 5 (1967) 25-46.

2) *Documenta* 54, p. 664-666.

3) A. DONDAINE, "La Collection des œuvres de saint Thomas dite de Jean XXII et Jaquet Maci", *Scriptorium* 29 (1975) 127-152——図版とともに。文献表に関しては，p. 127-128を参照。

4) Tocco, miracle 10, p. 147は，トッコが教皇庁，それからアヴィニョンに向かう海上の旅でその恩恵に浴した奇跡を導入する際に，受けとった使命を想起している。1319年，トッコは列聖裁判の証言の際には依然として修道院長だった——*Naples* 58, p. 345。

た[5]。1317年11月，トッコはアブルッツォで再び彼に会っているが，1318年2月，同じところでトマスの三番目の姉マリアの娘であり，老婦人だったモッラのカテリーヌにも会っている。彼女は祖母でありトマスの実母であるテオドラから聞いたという回想をトッコに伝えた[6]。

トッコがこの活動のために尋問官に知られていたことは明白であり，カプアのバルトロメウスはジャン・デル・ジューディチェから学んだ事実を急いでトッコに伝えたことを確言している。ギョーム自身，ルッカのトロメオからいくつかの事柄を学んだと語っている[7]。また，トッコがナポリ裁判が始まる前にフォッサノーヴァに赴き，そこで四か月間——復活祭の8日目から7月15日か17日まで——，トマスの最後の日々に関する証人や様々な治癒の受益者に尋ねながら過ごしたことが知られている[8]。

トッコは自分の口からいかにしてアヴィニョンに赴き，そこで1318年8月に教皇に受け入れられたかを語っている。トッコはトマスのとりなしで生じた奇跡の最初のリストや，トマスの列聖を求めるシチリア王国の要人たちの手紙，さらに『歴史』の第一版を持っていた[9]。トッコが教皇の求めに応じて枢機卿会議で使命を説明した後，教皇

---

5) *Ystoria* 70, p. 408-410 (Tocco, p. 144), et *Naples* 95, p. 402-404——アヴェルサのトマスの証言のおかげで，トッコの話の日付は確定した：*Ystoria* 37, p. 317-320 (Tocco 37, p. 110-111); cf. Le Brun-Gouanvic, *Introduction* à l'*Ystoria*, p. 6 ss.; P. MANDONNET, "La canonisation de saint Thomas d'Aquin, 1317-1323", dans *Mélanges Thomistes*, "Bibl. thom. 3", Paris, 1923, p. 1-48, cf. p. 21-25.

6) *Naples* 60 et 62, p. 347-348 et 350-351.

7) *Naples* 79, p. 378; 60, p. 347-348.

8) *Naples* 73-75, p. 351-355; Tocco, miracle 13, p. 149.

9) Tocco, miracle 12, p. 148-149. 日付を正確に述べることを可能にした *Naples* 60, p. 348 を参照してほしい。トッコは第四版で，教皇による受容の話の前に，同伴者が受益者だった奇跡の話を置いている——*Ystoria*, p. 9。

は1318年9月13日,正式に裁判を始め,三人の代表者に対して最初の証人尋問を行うよう命じた[10]。この証人尋問はナポリで1319年7月21日から9月18日まで行われたが,そこで42人の証人が尋問され,そのうちの16人——われわれは彼らをすでに知っている——はトマスを個人的に知っていた人々だった。トッコは裁判の期間中ずっとナポリにとどまったが,そのとき彼には十分な暇があったので,各証人と会見し回想を書き留めることで,フォッサノーヴァ地方で行った調査を補完した。

1320年の終わりか1321年の初めにかけて,相変わらずベネヴェントのロベルトゥスと一緒にいたトッコは,フォッサノーヴァのリストに付け加える他の奇跡のリストを携えて再びアヴィニョンにいた。クレール・ル・ブラン・グアンヴィキが復元したようなテキストの最終的な状態が教えてくれることに,この新しい奇跡の集成はヴィテルボの司教がナポリから帰るときに行った調査に由来している[11]。彼は陪席判事であるナポリの大司教を伴っていなかったので,厳密な意味で基準にかなった手続きを守っていなかった。それゆえ,教皇は1321年6月1日,正式な第二の証人尋問を命じ,それを行うために三人の新しい代表者を任命した。すなわち,アナーニの司教ピエール・フェッリ (Pierre Ferri),テッラチーナの司教アンドレ (André),最初の裁判のために指名された教皇の公証人サ

---

10) *Naples* 3, p. 269-271. 三人の代表者とは,ナポリの大司教アンベール (Humbert),ヴィテルボの司教アンジュ (Ange),教皇の公証人サヴェッリのパンドルフ (Pandolphe de Savelli) だった。最後の者は知られざる理由のために出席できなかったので,裁判は他の二人のみで進められた。トッコは裁判がフォッサノーヴァで開かれることを望んでいただろうが——彼はそこで代表者たちを待っていた——,大司教が移動できなかったので,審問はナポリで行われた——cf. Mandonnet, *Canonisation*, p. 28-29。

11) Cf. *Introduction* à l'*Ystoria*, p. 13 ss.

ヴェッリのパンドルフだが、最後の者は出席できなかった[12]。この新しい手続きは1321年11月10日から20日までフォッサノーヴァで行われた。これによって112人の尋問が為されたが、この手続きはもっぱら死後の奇跡に関するものであり、トマスの伝記に対していかなる新しい詳細ももたらさなかった。その後非常に高齢になっていたトッコは、この資料を教皇に持っていくことを断念しなければならなかった。トッコは裁判の最終段階でナポリのヨハネスに助けられたが、ヨハネスはトマスの信奉者であり、何年か前にパリで教育を始めたが、1317年の秋以降ナポリで続けていた[13]。ヨハネス自身は儀式のためにアヴィニョンに赴けなかったので、彼が用意した演説を述べたのは修道士ピエール・カンティエ（Pierre Cantier）だった[14]。しかし、ル・ブラン・グアンヴィキによれば、トッコはテキストの仕上げのために列聖の後まで、すなわち少なくとも1323年8月まで働き続けたのであり、列聖の知らせを聞いたのはナポリにいたときだとトッコは述べている[15]。

　注目すべきことだが、アヴィニョンで行われた祝祭の二つの逸話と列聖の勅書から、この過程とその帰結について様々な原因が同じ目的に向かって働いているのを確認でき

---

12) *Fossanova* III, p. 412-415.

13) ナポリのヨハネスの名で知られているジョヴァンニ・レジーナ（Giovanni Regina）は、おそらく1309年の秋にパリで『命題集』を教え始めたが、1315年11月にそこで教授許可を受けとり、続く二年間はパリの正教授だった。1323年にヘルウェウス・ナターリスが亡くなると、彼はヨハネス22世に対する最も影響力のある神学者の一人になったに違いない。Cf. T. KÄPPELI, "Note sugli scrittori domenicani di nome Giovanni di Napoli, I. Giovanni Regina di Napoli", *AFP* 10 (1940) 48-71; T. TURLEY, "An Unnoticed *Quaestio* of Giovanni Regina di Napoli", *AFP* 54 (1984) 281-291.

14) *Fontes*, p. 514.

15) *Introduction* à l'*Ystoria*, p. 18 et 162-164.

る[16]。

　最初の頃，自然発生的に起こった崇拝の運動は，トマスの教えに関して非常に早くドミニコ会が団結することで引き継がれた。すでに言及した幾人かの人々以外にさらに付け加えるとしても，おそらくそれほど誤りではないだろう——豊富な文献がこのことを証言している。すなわち，この運動にはドミニコ会に属する三人の枢機卿——ニコラ・アルベルティ（Nicolas Alberti），フレオーヴィルのニコラウス（Nicolas de Fréauville），ギョーム・ピエール・ゴダン（Guillaume Pierre Godin）——とアヴィニョンのドミニコ会検事総長ベルナール・ギ———彼は効果的にトッコを助け，直ちにトッコの伝記を自分なりの方法で書き直したに違いない——の支援があった。付随する支出に関して言えば，1320年のルーアンの総会が布告した，各修道院1フロレンス金貨の寄付でまかなわれた[17]。

　さらに，このことに親族の一人として賞揚されることになったシチリア王国の貴族の支援が付け加わった。アンドレ・ヴォーシェは正当にも，当該の場合に，トッコには聖人伝の論理展開がきわめて明確に働いていることを強調した。すなわち，「トマスは祖先の貴族によって列聖に予定されていた」[18]。『歴史』のある章は全体としてこの主題を強調し，はっきりとトマスの姉テオドラと彼女の息子にしてマルシコ伯爵だったトマスに言及している。テオドラは1288年にフォッサノーヴァの修道院長から輝かしい聖遺

---

16) *Fontes*, p. 511-518. 一つは匿名の作者，もう一つはドミニコ会士ベンティウス（Bentius）に帰せられるこの二つの話は並べて再現され，第二の話は貴重な補足を第一の話に付け加えている。列聖の勅書は，*ibid*., p. 519-530 か *Xenia Thomistica*, t. 3, p. 173-188 参照。

17) *MOPH* 4, p. 123.

18) *Ystoria* 37, p. 317-319 (Tocco 37, p. 110-111); cf. Vauchez, *Les canonisations*, p. 756; ID., *La sainteté en Occident*, p. 209-215.

物である腕を得ることでおそらく信仰心を満足させたが，1309年に彼女がそれをサレルノにあるドミニコ会修道院に返すとそこで直ちに奇跡が起こったので，彼女は効果的にトマス崇拝の普及に貢献した[19]。しかし，マルシコ伯爵と従妹のカテリーヌが自分たちの回想をトッコ以外の人々に伝えた可能性もある。さらに，覚えているように，ナポリ裁判は幾人かの一般信徒がおそらく「要人や教養人に対する」——いわゆる知的エリートに対する——トマスの影響力を証言したが，それだけではなかった。というのも，「あまり教養のない一般信徒もトマスの著作を得ようとした」からである。なぜなら，各人は能力にしたがって学べるからである[20]。それゆえ，列聖式に出席した国王ロベルトゥス（Robert）はこの幸運な結末で果たした役割を喜んだが，彼の政治的意向は大衆が本当に望むところと見事に一致していたのである[21]。

---

19) *Ystoria* 68 et 70, p. 402 et 408 (Tocco 68 et 70, p. 141 et 144); *Naples* 95, p. 402.

20) *Naples* 84, p. 385: la sainteté de Thomas est de notoriété publique "specialiter apud magnates, bonos et litteratos viros"; *Naples* 83, *ibid.*: "quilibet *secundum modulum sue cogitationis* seu capacitatis potest facile capere fructum ex scriptis eiusdem, et propterea *etiam layci et parum intelligentes querunt et appetunt ipsa scripta habere.*"

21) 列聖に関わった匿名の人物の話によると——*Fontes*, p. 517, ドミニコ会士たちがこの裁判で忍耐強く働いた国王（qui fideliter laboraverat in facto sancti Thome）にお礼に行くと，国王は「われわれがこのように首尾よく働いたのは，そうしたかったからである……」（Nos ita efficaciter laboravimus et laborasse voluimus…）と答えた。前日の国王の演説に関するいくつかの情報は，Walz, *Historia canonizationis*, p. 169-172 参照。

列聖とその結果

　最後の決定がヨハネス 22 世に由来することは明白である。1323 年 7 月 18 日に列聖を宣言し，新しい聖人の 300 の奇跡を讃えたのは彼だった。この教皇には彼が決して言わなかったと思われる「トマスは書いた項の数だけ奇跡を行った」(et quod tot fecerat miracula quot scripserat articulos) という有名な言葉が帰されている[22]。実際には，いささか驚くべきことに，勅書 Redemptionem misit はトマスの知的著作についてそれほど明確に述べていない。テキストはおそらく聖書の教師という資格と教育について言及しているが，勉学への献身と祈りによって教育を準備するトマスの気遣いを，列聖の理由のうちに数えているヨハネス 22 世を正当に評価するためには，その頃まで聖性の知的側面はほとんど考慮されていなかったことを思い出さなければならない[23]。もっとも，教皇はトマスの教えを

---

[22]　Mandonnet, *La canonization*, p. 38-39 によれば，17 世紀の編集者ペルサン (Percin) がこの決まり文句を作ったわけではない。この文句はかなり以前からあり，同じ表現はジェルソン (Gerson) に見出せる——tot miracula fecit, quot quaestiones determinavit (cf. *Fontes*, p. 514)。

[23]　*Documenta*, p. 520 et 521: "ad theologie…magisterium…assumptus…per multorum annorum curricula cathedram (regit) magistralem (…) profecto vacans studio, intendebat Deo…premittebat divina ut roboraretur in scola…"〔「トマスは神学教授として採用され，長年にわたり教授職をまっとうした。……彼は真に勉学に没頭し，神を目指した。……彼は神的な事柄を述べることにより，大学で地位を確立した」〕。この方向の発展について，A. VAUCHEZ, "Culture et canonisation d'après les procès de canonisation des XIIIe et XIVe siècles", dans *Le scuole degli Ordini mendicanti*, Todi, 1978, p. 151-172 を参照。このことは神学者たちを列聖しようとしたアヴィニョンの教皇たちの

調査し，アスナゴのベネディクトゥス（Benoît d'Asinago）に帰せられる『修道士トマスの言明の一致』（Concordantia dictorum fratris Thomae）は調査目的で作成された[24]。このことを除けば，勅書は本質的な意味で，簡潔な伝記であり，ナポリ裁判の証言やトッコの伝記を通じて認識できるような，聖人の徳の正確な想起である。勅書の作成者は資料から回想に関する真なる織物を作っており，そこに九つの奇跡を付け加えただけである[25]。

しかし，ヨハネス22世の考えに教義的観点が欠けていたわけではない。彼は勅書の中でトマスをローマ教会への忠誠の範例として喜んで提示したが，とりわけ列聖の前日に行った説教の一つの中で，修道的貧しさに関するトマスの教えを執拗なまでに賞賛した。「彼は修道会と聖人について注目すべき賛辞を行った。とりわけ聖人がドミニコ会で使徒的生活を送ったと述べた。というのも，修道士は固有で私的ないかなるものも所有しないからである。たとえ共同財産は所有するとしても。それから，彼は『使徒的生活として考えているのはまさにこれである』（Et hanc vitam apostolicam reputamus）と付け加えた」[26]。また，トッコが第四版で〔ボルゴ・サン・ドンニーノのゲラルドゥス

政策だったと思われる。

24) R.-A. GAUTHIER, *BT*, t. 9, n° 1800, p. 941-943——彼は帰属を躊躇している；Walz, *Papst Johannes XII.*, p. 42; Grabmann, *Werke*, p. 411-412; T. KÄPPELI, "Benedetto di Asinago da Como (+ 1339)", *AFP* 11 (1941) 83-94; cf. 90-91.

25) それゆえ，Vauchez が「勅書は厳格派，アヴェロエス主義者，唯名論者の異端的教えが広がることにきわめて明確に反対している」（*Les canonisations*, p. 761）と確言するとき，誤りを犯しており，他の文書を検討しているに違いない。

26) これは匿名の人物の話である——*Fontes*, p. 513-514。より簡潔なものとして，同じ事柄に関する修道士ベンティウスの話がある——*ibid.*。

の〕「永遠にして霊的な福音」に対する非難を入れたのも意図を欠くことではなかった[27]。

もっとも，トッコは誤っていなかった。というのも，厳格派のフランシスコ会士たちによって高揚した人々は，この列聖を「自発的貧しさの信奉者の真なる挑発」[28]と見なしていたからである。この驚くべき反響はモンペリエのベギン会修道女プロウス・ボネータ（Prous Boneta）の告白の中に見出せる。異端の疑いで逮捕された彼女は，おそらく火刑で死ぬ前，1325 年 8 月 6 日にカルカソンヌの宗教裁判所に呼び出された。彼女は見た啓示について語りながら，ペトルス・ヨハンニス・オリヴィとトマス・アクィナスをアベルとカインという二人の兄弟にたとえた。すなわち，第一のカインは兄弟を身体的に殺したが，最近列聖された第二のカインは兄弟を霊的に，すなわち著作において殺した[29]。なるほどプロウス・ボネータは二人の著述家の学問的著作を読んでいなかったが，彼女の証言に彼女が養われた厳格派のフランシスコ会士たちの見解が反映されていることは確実である[30]。

知的領域でもこの列聖の反響は大きかったと言える[31]。

---

27) *Ystoria* 21, p. 270.

28) Vauchez, *Les canonisations*, p. 761.

29) このテキストは，W. H. MAY, "The Confession of Prous Boneta, Heretic and Heresiarch", dans *Essays in Medieval Life and Thought Presented in Honor of A. P. Evans*, New York, 1955, p. 3-30, cf. p. 24 で校訂され，Alverny, *Un adversaire*, p. 178 が指摘した。Cf. Vauchez, *Les canonisations*, p. 761.

30) もしこの悲劇を生彩に富んだ注記で和らげることができるとすれば，匿名の人物が見た列聖式の反響を引用できる。「彼ほど聖トマスを賞賛した者はいなかった」。引用の中で彼と言われているのは，フランシスコ会に属するロデーヴの司教ティクサンドリーのヨハネス（Jean de Tixanderie）である。

31) Cf. M. GRABMANN, "Die Kanonisation des hl. Thomas von Aquin in ihrer Bedeutung für die Ausbreitung und Verteidigung seiner

1277年3月の断罪のために，パリの知的生活が停滞したわけではなかった。修正を目的とする文献は正反対のことを示しており，さらにトマスの著作はパリで普及し続けた。おそらく1275年の書店のリスト——これは最も古い目録でもある——はこのことを示している[32]。また，プラハのリスト——そのうちの一つは1293年以前のものである——がイギリス起源であることから，オックスフォードでも同様に，トマスの著作は研究され，複写され続けていたことが分かる。

タンピエの断罪以降，多かれ少なかれ公然とトマスに重くのしかかっていた異端の嫌疑から彼を救うために，声が上がり始めていた。1285年に起こったアエギディウス・ロマヌスの権利回復は最初の好意的な徴候だった。数年後の1295年，自由討論の集まりで——すなわち，望ましい完全な公開性とともに——有名な教授だったフォンテーヌのゴドフロワは微妙な問題について質問された——あるいは質問させた。「パリの司教は，もし前任者が断罪したいくつかの諸項の修正を怠るならば，罪を犯すことになるか」。ゴドフロワは「非常に尊敬すべき，きわめて卓越した修道士トマス」への注目すべき賛辞によってこの質問に答え，司教を断罪することなく——しかし，ゴドフロワは司教について，司教は神学者というよりむしろ法律家だと言っている——，次のように結論づけている。司教がこの修正を行わないのはまったく許しがたいことである。というのも，司教は問題となっている諸項が正当にも修正に値することを認めていたのだから[33]。

Lehre im 14. Jahrhundert", *DT* (Fr.) 1 (1923) 233-249.

32) *Chartul.*, n° 540, p. 646——上の『悪について』に関する議論を参照。

33) GODEFROID DE FONTAINES, *Quodlibet* XII, q. 5, éd. J. HOFFMANS, *Les Quodlibets onze-quatorze de Godefroid de Fontaines*,

この振舞いは寛大なものだった。というのも、ゴドフロワはトマスの同僚に大切に扱われていなかったからである[34]。ドミニコ会士たちも遅れを取っていたわけではなかった。少なくともナポリのヨハネスの顕著な介入を想起しなければならない。彼はパリの正教授時代に二つの自由討論を行ったが、そのうちの一つはやはり有名なある問題を含んでいた。「正当にパリで修道士トマスの教えをあらゆる含意にしたがって教えることができるか」[35]。もちろん、解答はいかなる疑いも作らないものだった。

　それゆえ、多くの神学者たちが要求した措置は、1325年2月14日にパリの司教エティエンヌ・ブーレ（Etienne Bourret）によって採用された。彼は前任者の断罪を「それが聖トマスを攻撃するかぎりで」無効にした。彼が口実とした理由のうちで最も重要なものが、すべての信徒の「母にして教師」であるローマ教会が、列聖によって聖人を生の純潔性と教えのために全世界に範例として提示したという事実なのは疑いない。しかし、注意すべきことに、司教は関係する諸項を再び調査させ、専門家の意見を

"Les Philosophes belges, t. V, fasc. I-II", Louvain, 1932, p. 100-105, cf. 102-103. このテキストは、すでに詳細な註解とともに、M.-H. LAURENT, "Godefroid de Fontaines et la condemnation de 1277", *RT* 35 (1930) 273-281 が校訂していた。当時の司教はラ・ウブロニエールのラヌルフ（Ranulphe de La Houblonnière）に次いでタンピエの第二の後継者となったシモン・マティファス（Simon Matifas）だった。

　34）　ゴドフロワに対するオーヴェルニュのベルナルドゥスの攻撃を想起するだけで十分である——Glorieux, *Pro et contra*, p. 273。

　35）　*Quodl*. VI (I) a. 2; cf. P. Glorieux, *Littérature quodlibétique*, t. 2, p. 164. このテキストは C. JELLOUSCHEK, "Quaestio Magistri Ioannis de Neapoli O. Pr.: *Utrum licite possit doceri Parisius doctrina fratris Thomae quantum ad omnes conclusiones ejus* hic primum in lucem edita", dans *Xenia Thomistica* III, p. 73-104 が校訂した。上記註 13 で指摘した Käppeli の研究の他に、P. Mandonnet, *Premiers travaux*, p. 255-258 を参照。

聞いた後にこの措置を講じた。ところが、この措置は諸項の承認でも非難でもなく、司教はただそれらを大学での議論へ送り返しただけであることを付け加えなければならない[36]。

教会博士

以後、知られている歴史展開やトマスの弟子たちが長い間好んだ誇張に対して道は完全に開かれた。ここで問題となっているのはただ個人的な判断だけなのか、それとも1282年か1283年にナップウェルが述べた「並外れた博士」(Doctor eximius)[37]、あるいは1278年以降の総会の議事録とサットンのトマスが述べた「尊敬すべき博士」(Venerabilis doctor, pater, uir, magister) のようなきわめて古くから証明されている形容語をすでに「称号」として語るべきなのか[38]。しかし、これらの呼び名には相対的な重要性しかない。ところが、1317年にルッカのトロメオは、パリ大学でトマスがすでに「共通博士」(communis Doctor) と呼ばれていたと確言している[39]。「天使的博士」(Doctor angelicus) という呼称に関して言えば、トマスに帰せられたのは15世紀後半になってからであり[40]、ド

---

36) *Chartul.* II, n° 838, p. 280-281.

37) Cf. Glorieux, *Premières polémiques*, p. 208; cf. P. MANDONNET, "Les titres doctoraux de saint Thomas d'Aquin", *RT* 17 (1909) 597-608.

38) Cf. A. DONDAINE, "Venerabilis Doctor", dans *Mélanges offerts à Etienne Gilson*, Toronto, Paris, 1959, 211-225.

39) Ptolémée XXIII 9 (Ferrua, p. 362); cf. déja Jacques de Viterbe: *Naples* 83, p. 384.

40) Mandonnet, *Titres doctoraux*, p. 606 は、この呼称を最初に使った者として聖アントニヌス (＋1459) に言及している。

教会博士

ミニコ会に属する教皇聖ピウス5世がトマスを教会博士（Doctor Ecclesiae）として宣言したのは，さらに100年後の1567年4月15日だった[41]。

おそらく好みのままにこれらの称号の一つを選ぶことができる。利害関係者としてトマスが好んだであろう称号は「修道士」だろう。トマスの属する修道会の創設者が「修道士ドミニク」と呼ばれているように。客観的に見て最も明白な称号は「教会博士」だと思われるが，そこで問題となっているのはトマスを直接的に明らかにする事柄ではない。

今日の典礼は30人以上の「教会博士」を祝っている[42]。この称号には他と区別されるいかなる特徴もないと言えるほどである。聖トマスがこの称号を受けとったとき，そこにはアンブロシウス，ヒエロニムス，アウグスティヌス，大グレゴリウスの四人がいたが，すべての教会にとって典礼的祝賀が決定的なものになったのは1295年のボニファティウス8世下である。ピウス5世がトマスに同じ名誉を与えたとき，同時に聖務日課書に東方教会の四人の重要人物，すなわちアタナシオス，バシレイオス，ナジアンゾスのグレゴリオス（Grégoire de Naziance），ヨハネス・クリソストムスを入れた。

それゆえ，列聖に続くミサ聖祭通常文のために，教会博

---

41) Walz, *Historia canonizationis*, p. 162-164; ID., "San Tommaso d'Aquino dichiarato dottore della Chiesa nel 1567", *Angelicum* 44 (1967) 145-173.

42) 聖ボナヴェントゥラ——1588年——からブリンディジの聖ラウレンティウス（S. Laurent de Brindisi）——1959年——に至る21人の名前のリストは，Walz, *San Tommaso, Angelicum*, 1967, p. 146 参照。これに西方の四大教父と東方の四大教父，ならびにアビラの聖テレサ（sainte Thérèse d'Avila）とシエナの聖カタリナ（sainte Catherine de Sienne）を付け加えなければならない。

士に関してすでに使われていた断片を選ぶことは，ヨハネス 22 世の考えに基づいていた。そこにヨハネス 22 世がトマスに認めた地位に関する情報のようなものを見ることができる。ヒエロニムスとアウグスティヌスに対する入祭文 In medio ecclesiae と応唱 Os Iusti，また四人のために使用される「あなたたちは世の光である」という福音書の言葉は申し分のないほど明らかな例である。修道士ベンティウスからこの情報を得ているのだが，彼は話し相手のために詳細を付け加えている。これは聖ドミニクのミサに似ており（sicut de beato Dominico），ハレルヤは新しく，きわめて美しかったが，少し長かった，と[43]。

　しかし，どれも特殊なものではないので，固有の部分，すなわちミサの冒頭の序文と引用について同じように語らなければならない。それらは完全にローマ的な簡潔さを特徴としており，確かに美しいが，適度に独創的である。トマスを讃えようとした人々の意図がおそらく最も明白であるのは，最初の読誦として，先の四人の博士と聖ドミニクのために普遍的に採用されていた聖パウロのテキストではなく[44]，それよりも，すべての善の中から知恵を選んだ義人を賞賛している『知恵の書』の一節を選択していることである。「わたしは知恵に比して富を無と見なした。……わたしは健康や美しさよりも知恵を愛した。……わたしは誠心誠意学んだことを妬みなしに伝えよう。知恵を得た人々は神の友となる」[45]。新しい聖人の生を一歩一歩たどってきた者にとって，これらの文章には特別の深みがある。聖書の教師，またナポリ裁判の証言から推測できる神秘家と同様に，おそらくここにいるのはまさしく探究者であ

---

43)　*Fontes*, p. 516: alleluia pulcherissimum novum sed longum.

44)　2 Tm 4, 1-8:「わたしは神，イエス・キリストの前であなたに命じます。御言葉を宣べ伝えなさい」。

45)　Sg 7, 7-14.

る。これらの要素は容易に調和しないが，トマスについて探究者のイメージも抱けるのは確実である。

聖トマスの著作に関する短い目録

　ドミニコ会士ジル・エメリーが作成した次の目録は，トマスの著作について本書の途中で与えた主要な情報，著作の執筆の日付や場所，著作の本質的な意図，著作の主要な版と翻訳を簡潔に取り上げている。これらの著作の分類は，一般的に認められた方法がないので，いくらかの困難がある。続くリストの順序はエッシュマンに従う形でワイスハイプルが作成した順序に着想を得ながら適合させたものである[1]。

　　体系的神学著作
　　定期討論集
　　聖書註解
　　アリストテレス註解
　　その他の註解
　　論争的著作
　　論　考
　　書簡ならびに専門家としての意見
　　典礼的著作，説教，祈り

　しばしば寛大な伝統によって，真正ではない多くの著作がトマスの名でこれらの項目のうちに置かれてきた。それ

---

1) J. A. Weisheipl, *Frère Thomas d'Aquin. Sa vie, sa pensée, ses œuvres*, Paris, 1993, p. 393-434; I. T. Eschmann, "A Catalogue of St. Thomas's Works", dans E. Gilson, *The Christian Philosophy of St. Thomas Aquinas*, transl. by L. K. Shook, New York, 1956, p. 381-437.

らの主要なものはこの目録の末尾で示すだろう。

聖トマスの著作に関する主要な版

Léonine: *Sancti Thomae Aquinatis doctoris angelici Opera omnia iussu Leonis XIII. P. M. edita*, cura et studio fratrum praedicatorum, Romae, 1882ss. (28 tomes parus en 1992).

Parme: *Sancti Thomae Aquinatis Doctoris angelici ordinis praedicatorum Opera omnia ad fidem optimarum editionum accurate recognita, Parmae typis Petri Fiaccadori*, 25 t., 1852-1873; Reprint: New York, Musurgia, 1948-1950.

Vivès: *Doctoris angelici divi Thomae Aquinatis sacri Ordinis F. F. Praedicatorum Opera omnia sive antehac excusa, sive etiam anecdota…*, studio ac labore Stanislai Eduardi Fretté et Pauli Maré Sacerdotum, Scholaeque thomisticae Alumnorum, Parisiis apud Ludovicum Vivès, 34 t., 1871-1872.

この最後の版を容易に使用するために，C. Viola, "Table générale et index analytique des œuvres complètes de saint Thomas d'Aquin. Un guide pour l'édition Vivès", *Bulletin de philosophie médiévale SIEPM* 29 (1987) 178-192 が作成した表を参照。パルマ版とヴィヴェス版ならびにより古い諸版との関係については，L.-J. Bataillon, "Le edizioni di Opera omnia degli scolastici e l'edizione leonina", dans *Gli studi di filosofia medievale fra otto e novecento*, Contributo a un biancio storiografico, Atti del convegno internazionale, Roma, 21-23 settembre 1989, a cura di R. Imbach e A. Maierù, Rome, 1991 (impr. 1992), p. 141-154 を参照。

同様に，トリノでマリエッティ版として出版された諸巻，マンドネが校訂した諸著作，孤立的な諸版のうちで主要なものも指示しよう。とりわけ小著については，*S. Thomae Aquinatis, Opuscula omnia*, P. Mandonnet éd., 6 t., Paris, Lethielleux, 1927; éd. Marietti: *Opuscula philosophica*, R. M. Spiazzi éd., 1954; *Opuscula theologica*, R. A. Verardo et R. M. Spiazzi éd., 2 t., 1954 を参照。小著は M. Védrine, M. Bandel et M. Fournet: *Opuscules de saint Thomas d'Aquin*, 7 t., Paris, Vivès, 1856-1858; Reprint, 6 t., Vrin, Paris, 1984 が翻訳した。

最後に，インデックス・トミスティクスのために作成された版である *S. Thomae Aquinatis Opera omnia ut sunt in Indice Thomistico*…, curante R. Busa, 7 t., Stuttgart-Bad Cannstatt, 1980 を指摘しよう。とりわけ説教と『詩編講解』のテキストに関してこの版を指示した。

翻訳
フランス語訳の他に，体系的神学著作，定期討論集，諸註解に関する他言語の主要な翻訳をいくつか指示しよう。他の諸翻訳は本書の途中で示した[2]。

---

2) また，英語訳に関する情報は，J. A. Weisheipl, *ibid.* が作成した著作目録を参照。イタリア語訳に関しては，S. Vanni Rovighi, *Introduzione a Tommaso d'Aquino*, Rome-Bari, ²1981, p. 165 を参照。哲学的小著のイタリア語訳として，*San Tommaso d'Aquino, L'uomo e l'universo, Opuscoli filosofici*, A. Tognolo éd., Milan, 1982; *Opuscoli filosofici: l'ente e l'essentia, l'unità dell'intelletto, le sostanze separate*, trad., intr. et notes par A. Lobato, Rome, 1989 がある。ドイツ語訳に関しては，O. H. Pesch, *Thomas von Aquin, Grenze und Grösse mittelalterlichen Theologie*, Mayence, 1988, p. 406-408 を参照。小著のスペイン語訳のうちで，特に Santo *Tomás de Aquino, Escritos*

体系的神学著作

『命題集註解』(Scriptum super libros Sententiarum)——上記第 3 章 81-95 ページ参照。

ペトルス・ロンバルドゥスの『命題集』4 巻の註解は，トマスの最初の大きな著作であり，最初のパリ滞在の初め——1252-54 年——に，トマスが命題集講師として行った講義の成果だが，執筆は 1256 年に教授活動を始めたときには依然として完成していなかった。単なる註解を超えて，ロンバルドゥスのテキストをきっかけとして提起した諸問題のこの膨大な寄せ集め——ここには神学のあらゆる題材が含まれている——は，正当にもトマスの思想と選択を明らかにする独自の神学的著作と見なすべきである。[本書に対する最も適切な批評の一つで，非常に惜しむべきプリンシプ（W.H. Principe）——*The Thomist* 58, 1994, p. 489-499——は，この主題に関する様々な見解を想起した上で，トマスがペトルス・ロンバルドゥスの『命題集』に関する註解を教え——1252-54 年——，書く——1254-56 年——ために四年かかったとすることに驚いたが，それというのもこのことは彼にとって「きわめて少ない義務」(p. 491) だと思われたからである。ゴーティエ (p. 480-483) は，各巻について学年を正確に述べることを恐れていない。すなわち，彼によると，第 1 巻は 1253-54 年，第 2 巻は 1254-55 年，第 3 巻は 1255-56 年，第 4 巻は 1256-57 年の講義の対象だった。彼はこの講義を 1253

---

de Catequesis, éd. dirigée par J. I. Saranyana, Madrid, 1974 (trad. des sermons sur le *Credo*, le *Pater*, l'*Ave Maria*; *De articulis fidei et ecclesiae sacramentis*); *Compendio de teologia*, trad. et notes par J. I. Saranyana et J. Restrepo Escobar, Madrid, 1980 を参照。

年になってから開始させた理由についてはっきりと考えを述べていないが、もし困惑を感じるこの年代決定を保持すべきだとすれば、トッコにしたがって述べたように、最後の日付である1256-57年が第4巻の執筆にのみ充てられたことを明言すべきだろう。というのも、ゴーティエ自身が認めているように (p. 485)、トマスはこの時代にすでに『真理論』の講義——1256-59年——を始めていたからである。アドリアーノ・オリヴァ神父が学位論文——公刊されることになっている——で堅実に根拠づけた諸結論——これについて『イザヤ書註解』の日付に関して上記63-64ページで論じた——の方がはるかに好ましく思われる。彼はわれわれと同じように、講義にあてた二年——これは時代の慣例だった——と最終的な執筆にあてた二年——〔通常、〕これは口頭による教育よりもはるかに長い期間だったことは間違いない——の区別を認めている。もしトマスは1251年9月にパリに到着していたとするオリヴァに従えば、『イザヤ書』の講義を、ケルンではあれこの註解のために提案した1251-52年という日付をそのまま維持しながらパリに移動させることができる。この見解では、『命題集註解』の全体的日付は1252-56年で変わらない。しかし、もし1252年にトマスがパリに移動したとし、同時に『イザヤ書註解』の講義をこの町でしたとするならば、『命題集』の講義が始められた年を一年遅らせて1253年9月としなければならない。それゆえ、二つの仮説から選ぶことができる。すなわち、一つは『命題集註解』に割かれた時間を1253-56年に縮小する仮説であり、これによると最初の二年間は講義にあて、出版のための清書は一年のみとなるが、このことはプリンシプを満足させるだろう。もう一つの仮説は全体の完成を一年遅らせて1253-57年とするものであり、このことによってゴーティエに合流することになるが、この仮説はたった今強調したように、『命題集

註解』が『真理論』の講義と重なり合うという不都合を引き起こす。むしろオリヴァ神父の提案を全体として受け入れる方がよいと考えている。すなわち、場所がどこであれ『イザヤ書註解』を 1251-52 年に、『命題集註解』を講義のための二年と出版のための二年を区別した上で、最初に提案した日付 1252-56 年に位置づけるというものである。もしプリンシプの反論に理があるとするならば、一方でトマスがこの時代にその天才にもかかわらずまだ初心者にすぎず——このことについて多くのしるしがある——、他方でトマスが最後の二年間に「『命題集』の註解を終えた講師」——これは後に「一人前の講師」と呼ばれるものである——としての仕事——とりわけ討論で自分の教師を補佐すること——も行わなければならなかったことを強調できる。この成果は少し先の「略年表」でまとめるつもりである。]

EDITIONS: *Scriptum super Sententiis*, P. Mandonnet éd., 2 t., Paris, 1929 (Livres I et II); M. F. Moos éd., 2 t., Paris, 1933 et 1947 (Livre III; Livre IV jusqu'à la Dist. 22); Parme, t. 6-7, 1/2; Vivès, t. 7-11. 依然として不足している批判的校訂版を待つ間、P.-M. Gils, "Textes inédits de S. Thomas: les premières rédactions du *Scriptum super Tertio Sententiarum*", *RSPT* 45 (1961) 201-228; 46 (1962) 445-462 et 609-628 も参照。

フランス語訳はない。[イタリア語訳として、S. TOMMASO D'AQUINO, *Commento alle Sentenze di Pietro Lombardo e testo integrale di Pietro Lombardo*, Introduzione generale di Inos BIFFI, Trad. di R. COGGI, L. PEROTTO e C. PANDOLFI, Bologna, Edizioni Studio Domenicano, 1999-2001 があるが、これは 10 巻が予定されており、2001 年

8月の段階で8巻が出版されている。聖トマスのラテン語テキストは1856-58年のパルマ版のものだが，このパルマ版は1745年のヴェネツィアの版に基づいており，このヴェネツィアの版は1570-71年のピアナ版を考慮したものである。ペトルス・ロンバルドゥスのラテン語テキストは，1971-81年のグロッタフェッラータの批判的校訂版のものである。いくつかの問題の英語訳として，*Thomas Aquinas's Earliest Treatment of the Divine Essence: Scriptum super libros Sententiarum, Book I, Distinction 8*, Transl. E.M. MACIEROWSKI, Binghamton (NY), 1998; *Aquinas on Creation. Writings on the Sentences, Book 2, Dist. 1, Question 1*, Trad. S.E. BALDNER and W.E. CARROLL, Pontifical Institute of Medieval Studies, Toronto, 1997がある。］

ルッカのトロメオによれば，トマスは『神学大全』のために『命題集註解』を放棄する前に，ローマで『命題集註解』を再検討した。この再検討はオックスフォードの写本 Lincoln Colledge, lat. 95で証明されているが，ボイルはこの写本を1265-66年にローマでした『命題集註解』第1巻のこの再検討の講義録として特定した。完全な校訂版を待つ間，H.-F. Dondaine, "'Alia lectura fratris Thome'? (Super I Sent.)", *MS* 42 (1980) 308-336の関連する15の文章の校訂版を参照——ボイルの検討以前には，この写本のトマス的真正性に関するヤッサント・ドンデーヌの結論は否定的なものだった。思想については，M. F. Johnson, "'Alia lectura fratris thome': A List of the New Texts found in Lincoln Colledge, Oxford, MS. Lat. 95", *RTAM* 57 (1990) 34-61の最初の語と最後の語のリストを参照。［さらに，「他の講解」に関して，上記94ページを参照。］

『対異教徒大全』（Summa contra Gentiles）——上記第6

章 181-207 ページ参照。

『対異教徒大全』はトマスの第二の独創的な大作であり，彼はこの著作を何度も再読，修正，訂正している。また，テキストの大部分である第 1 巻 13 章から第 3 巻 20 章までのトマスの自筆原稿がある。第 1 巻の最初の 53 章に関して最初に執筆されたのは，第一回パリ大学教授時代の最後の年 1259 年の夏以前に遡る。1260 年以降イタリアで，トマスは最初の 53 章を改訂し，残りの部分を執筆し，ローマへ出発する 1265 年以前の 1264-65 年に第 4 巻を執筆してこの著作を完成したことはほぼ確実である。最初の 3 巻は人間理性が接近できる諸真理にあてられている。すなわち，理性が神について（第 1 巻），創造の働きと結果について（第 2 巻），摂理と神の支配について（第 3 巻）知ることのできる事柄である。自然的領域の認識を超え出るキリスト教信仰の諸真理が第 4 巻の題材である。すなわち，三位一体と受肉の神秘，秘跡，究極的な終局である。

EDITION: Léonine, t. 13-15 (avec commentaire de Sylvestre de Ferrare), Rome, 1918, 1926 et 1930; Léonine, édition manuelle, Rome, 1934; Parme, t. 5; Vivès, t. 12; Marietti (*Textus Leoninus diligenter recognitus*), C. Pera, P. Marc, P. Caramello éd., 3 t. (t. 2-3: 1961; t. 1: 1967).

R.-A. Gauthier, *Nouvelle introduction* が導入部分に置かれている翻訳を待つ間，フランス語訳として，*S. Thomas d'Aquin, Contra Gentiles*, Texte de l'édition Léonine et traduction: t. 1, trad. R. Bernier et M. Corvez, Paris, 1961; t. 2, trad. M. Corvez et L.-J. Moreau, 1954; t. 3, trad. M.-J. Gerlaud, 1951; t. 4, trad. R. Bernier et F. Kerouanton, 1957; *Saint Thomas d'Aquin, Somme de la foi catholique contre les Gentils*, trad. par l'abbé P.-F. Ecalle, 3 t., Paris, Vivès, 1854-

1856 がある。英語訳として，*Saint Thomas Aquinas, On the Truth of Catholic Faith*, A. C. Pegis, J. F. Anderson, J. Bourke, C. J. O' Neil éd., 4 t., New York, 1955-1957, Reprint Notre Dame, 1975 がある。イタリア語訳として，*San Tommaso d'Aquino, Somma contro i Gentili*, T. S. Centi éd., "Classici delle Religioni 28", Turin, 1975 がある。スペイン語訳として，*Santo Tomás de Aquino, Suma contra los Gentiles*, J. M. Pla Castellano éd., 2 t., "Biblioteca de Autores Cristianos 94, 102", Madrid, 1952-1953 がある。ドイツ語訳として，*Des heiligen Thomas von Aquin Summa contra Gentiles*, H. Fahsel éd., 6 t., Zürich, 1942-1960; *Thomas von Aquin, Somme gegen die Heiden*, t. 1-2, K. Albert et P. Engelhardt éd., Darmstadt, 1974 (^{2}1987)-1982; t. 3/1, K. Allgaier éd., Darmstadt, 1990 ——続きが刊行されるはずである——がある。［フランス語訳として，THOMAS D'AQUIN, *Somme contre les Gentils. Livre sur la vérité de la foi catholique contre les erreurs des infidèles*, Traduction inédite, avec introductions, notes et index par V. AUBIN, C. MICHON, D. MOREAU, 4 vol., "Garnier Flammarion 1045-1048", Paris, Flammarion, 1999 がある。1951-61 年に R. BERNIER, M. CORVEZ, M.-J. GERLAUD, F. KEROUANTON, L.-J. MOREAU が訳した4巻から成る古いフランス語訳は，THOMAS D'AQUIN, *Somme contre les Gentils*, Paris, Cerf, 1993 で1巻本として再版された。最初の3巻を K. ALBERT, P. ENGELHARDT, K. ALLGAIER が訳していたドイツ語訳だが——Darmstadt, 1974-90——，後に最後の2巻が出版され完成した。THOMAS VON AQUIN, *Summe gegen die Heiden*, Bd. 3, t. 2: *Buch I, Kapitel 84-163*, Hrsg. und übers. von Karl ALLGAIER, Darmstadt, 1996; Bd. 4: *Buch IV*, Hrsg. und übers. von Markus H. WÖRNER, Darmstadt, 1996. A.C. PEGIS, J.F. ANDERSON, V.J. BOURKE, C.J. O' NEIL

の英語訳は，THOMAS AQUINAS, *Summa contra Gentiles*, Notre Dame, 1997 として再版された。]

『神学大全』（Summa theologiae）——上記第 8 章 250-277 ページ参照。

『神学大全』はトマスが生涯の最後の七年を費やした大作である。トマスが『命題集』の第二の註解——1265-66 年——の計画の続行を断念した後に着手した第 1 部は，ローマ時代の 1268 年 9 月までに執筆された。第 2 部はパリで，すなわち，1271 年に第 2 部の 1 が，次いで 1271-72 年に第 2 部の 2 が書かれた。おそらく 1271-72 年の冬の終わりにパリで始められた第 3 部に関して言えば，執筆はトマスが書くことをやめた 1273 年 12 月 6 日までナポリで続けられた。第 3 部 90 問の悔悛に関する論述で中断した『神学大全』は，トマスの弟子たちが『命題集註解』に基づいて作成した『補遺』で完成した。1888 年から 1903 年に遡るレオニーナ版の再検討の仕事は始まったばかりである。第 3 部に関して，M. Turrini, "Raynald de Piperno et le texte original de la *Tertia Pars* de la *Somme de Théologie* de S. Thomas d'Aquin", *RSPT* 73 (1989) 233-247 を参照。さらに，P.-M. Gy, "Le texte original de la Tertia pars de la *Somme Théologique* de S. Thomas d'Aquin dans l'apparat critique de l'édition léonine: le cas de l'eucharistie", *RSPT* 65 (1981) 608-616 を参照。『神学大全』の構想と膨大な内容の概観については，上記第 8 章参照。[ゴーティエ（p. 489, 491. 494, 499）の最後の研究は，われわれが提案した日付の全体的枠組みをそのまま保持しているが，いくつかの詳細について正確に述べることを可能にする。すなわち，第 1 部 1-74 問はローマで 1265-67 年に，第 1 部 75-119 問は 1267-68 年に，第 2 部の 1 はパリで 1271 年に——これは変更されていない——，第 2 部の 2 は 1271-72

年に——これは変更されていない——，第3部1-90問はナポリで1272-73年に——われわれは多くの著述家とともに最初の20問あるいは25問はパリで書かれたと示唆している——それぞれ執筆された。]

EDITIONS: Léonine, t. 4-11 (*Ia*: t. 4-5; *Ia-IIae*: t. 6-7; *IIa-IIae*, t. 8-10; *IIIa*: t. 11; トマスのテキストはカエタヌスの註解を伴っており，『補遺』が t. 12 を構成している); Parme, t. 1-4; Vivès, t. 1-6. レオニーナ版のテキストを使用している多くの卓上版のうちで，以下のものを参照。Studium dominicain, Ottawa, 1941-1945, 5 t.; Editions Paulines, Rome, 1962——これは一巻本である ; Marietti, 1963, 4 t.——これより以前の多くの版がある ; "Biblioteca de Autores Cristianos 77, 80, 81, 83, 87", Madrid, 5 t., 1963ss. ——多くの版がある。

フランス語訳として，*Saint Thomas d'Aquin, Somme théologique*, Ed. de la "revue des jeunes", 68 t., Paris, Tournai, Rome, 1925ss.; *Thomas d'Aquin, Somme théologique*, 4 t., Paris, 1984-1986 がある。『神学大全』は多くの言語に訳されている。とりわけ，la "Philosophisch-Theologische Hochschule Walberberg": *Summa Theologica*, "Die Deutsche Thomas-Ausgabe", (Heidelberg) Graz, Vienne, Cologne, 1933ss.——本書の成立時点で29巻が出版されている——がドイツ語に，les Dominicains, *La Somma Teologica*, 35 t., Florence, 1949-1975 et Bologne, 1985 がイタリア語に，les Dominicains: *Summa de Teologia*, "Biblioteca de Autores Cristianos", 16 t., 1947ss. がスペイン語に，les Blackfriars, *Summa theologiae*, Th. Gilby et T. C. O' Brien éd., 60 t., Londres-New York, 1964-1973 が英語に訳している。["Revue de jeunes" の版の諸巻は再版の途中——Paris,

Cerf, 1997ss.——である。すなわち，いくつかの巻は再印刷され，他の巻は徹底的な改訂やさらには翻訳と訳注の仕事の完全なやり直しの対象となっている。*La Béatitude*, 1a 2ae Questions 1-5, trad. fr., notes et appendices par S. PINCKAERS, 2001，およびわたしの Le *Verbe incarné*——下記 635 ページ参照——の 3 巻の事例がこれに該当する。『神学大全』に関して一般的に使用されている諸翻訳——とりわけ英語訳，スペイン語訳，イタリア語訳——も再版された。]

定期討論集

『真理論』（Quaestiones disputatae de ueritate）——上記第 4 章 115-126 ページ参照。

『真理論』はトマスの第一回パリ大学教授時代である 1256 年から 1259 年の三年間に遡る。また，第 2-22 問の口述原本がある。253 項から成る全体は 29 の問題に再編される。最初の問題が続く全体に名を与えているが，他の問題は最初の問題に深く関わっているときもあれば，それほど関係していないこともある。『真理論』には大きな二つの部分がある。すなわち，真と認識を論じている第 1-20 問，ならびに善と善への欲求を論じている第 21-29 問である——上記第 4 章 123-124 ページ参照。若い教授の思想的発展とますます際立つ天才を把握するために，『真理論』の利益は多大である。

EDITIONS: Léonine, t. 22 (3 vol.); Parme, t. 9, p. 1-458; Vivès, t. 14, p. 315-640 et t. 15, p. 1-356; Mandonnet, *Quaestiones disputatae*, t. 1, Paris, 1925; Marietti, *Quaestiones disputatae*, t. 1, R. Spiazzi éd., 1964 et autres dates.

フランス語訳として，"Thomas d'Aquin, Question disputée de la vérité (Question I, articles 1-2, 8-9)", introduction et traduction par F.-X. Putallaz, dans *Philosophes médiévaux. Anthologie de textes philosophiques(XIIe-XIVe siècles)*, R. Imbach et M.-H. Méléard éd., "10/18", Paris, 1986, p. 69-94; *Saint Thomas d'Aquin, Questions disputées sur la vérité, Question XI: Le Maître(De magistro), Question IV: Le Verbe(De Verbo)*, "Bibliothèque des textes philosophique", introd., trad. et notes par B. Jollès, Paris, 1983 et 1992; S. Th. Bonino, *Quaestiones disputatae De veritate. Saint Thomas d'Aquin, Question 12: La prophétie, Présentation, traduction et notes*, Mémoire de licence dactyl., Fribourg (Suisse), 1989; ID., *La Question 2 des "Quaestiones disputatae De veritate" de Thomas d'Aquin*, Introduction, traduction et commentaires, 2 vol., Diss. Univ. Fribourg (Suisse), 1992——Bonino は『真理論』の全訳を準備している——がある。英語訳として，*St. Thomas Aquinas, On Truth*, 3 t., R. W. Mulligan éd., trad. J. V. McGlynn, R. W. Schmidt, Chicago, 1952-54 がある。イタリア語訳として，*San Tommaso, La Verità(Quaestio I De Veritate)*, Intr., trad. et comm. par M. Mamiani, Padoue, 1970; *De magistro*, T. Gregory éd., Rome, 1965; *Id.*, C. Scurati éd., Padoue, 1970; *S. Tommaso d'Aquino, Le Questioni disputatae*, Testo latino dell'Edizione Leonina e traduzione italiana, vol. 1, *La Verità(Questioni 1-9)*, vol. 2, *La Verità(Questioni 10-20)*, V. O. BENETOLLO e R. COGGI éd., introd. A. LOBATO, Bologne, 1992——続きが刊行されるはずである——がある。スペイン語訳として，J. García López, *Doctrina de Santo Tomás sobre la verdad. Comentarios a la cuestión* *primera "De Veritate" y traducción castellana de la misma*, Pampelune, 1967; *Sto. Tomás de Aquino, De Veritate*, H. Giannini et O. Velásques éd., Santiago (Chili), 1978 (trad. de la Q. 1) がある。ドイツ語訳として, *Des hl. Thomas von Aquin Untersuchungen über die Wahrheit(Quaestiones disputatae De veritate)*, trad. Edith Stein, 2 t., Breslau, 1931-1932; Louvain-Fribourg, 1952-1955; Darmstadt, 1970; *Thomas von Aquin, Von der Wahrheit, De veritate(Quaestio 1)*, A. Zimmermann éd., Hamburg, 1986; *Thomas von Aquin, Über den Lehrer. De Magistro, Quaestiones disputatae De veritate quaestio XI*, G. Jüssen, G. Krieger, J. H. J. Schneider éd., Hamburg, 1988 がある。[フランス語訳として, THOMAS D'AQUIN, *De la vérité, Question 2(La science en Dieu)*, Intr., trad. et commentaire de S.-Th. BONINO, "Vestigia 17", Fribourg-Paris, Universitaires-Cerf, 1996——ここにはめったにないほど正確な翻訳と類まれな解説がある; THOMAS D'AQUIN, *Questions disputées sur la Vérité, Question X: L'Esprit(De mente)*, Texte latin de l'éd. Léon., Intr., trad., notes et postface de K.S. ONG-VAN-CUNG, "Bibliothèque des Textes Philosophiques", Paris, 1998——S.-Th. Bonino によれば, この翻訳はほとんど信用できない; Saint THOMAS D'AQUIN, *De magistro, De l'enseignement*, Introd., trad. et notes de B. JOLLÈS, Paris, Klincksieck, 1999; Saint THOMAS D'AQUIN, *Trois Questions disputées du De Veritate*, Qu. XV: Raison supérieure et raison inférieure/ Qu. XVI: De la syndérèse/ Qu. XVII: De la conscience, Texte, trad. et notes par J. TONNEAU, "Bibliothèque des Textes Philosophiques", Paris, 1991 がある。イタリア語訳は現在では完成している。*Le Questioni disputate, vol. 3, La Verità*, (Questioni 21-29), a cura di R. COGGI, Bologna, Edizioni Studio Domenicano, 1993. さらに, Tommaso d'Aquino, *De magistro*, Trad. Edda DUCCI, Roma, Anicia, 1995 がある。J. García López (q. 1) が始めたスペイン語訳は，1998年以来，"Cuadernos de Anuario Filosófico, Serie Universitaria" de l'Université de Navarra, Pamplona という双書で続けられている。2001年8月の時点で，q. 2, 4, 5, 12, 13, 15, 16, 17, 19, 21, 25, 26 の翻訳がある——各問の翻訳に異なる分冊をあてている。]

『能力論』(Quaestiones disputatae De potentia)——上記第9章 279-284 ページ参照。

定期討論集『能力論』がローマ滞在時代の最初の一年 1265-66 年に，『神学大全』第1部の執筆以前に遡ることはほぼ確実である。最初の問題の表題が全体に名を与えているが，全体は二つの問題群に分けられる。すなわち，最初の六つの問題は神の力という主題に関係し，残りの四つの問題は三位一体の神学に属している。

EDITIONS: Parme, t. 8, p. 1-218; Vivès, t. 13, p. 1-319; Mandonnet, *Quaestiones disputatae*, t. 2, Paris, 1925, p. 1-370; Marietti, *Quaestiones disputatae*, t. 2, P. Bazzi et al. éd., [10]1965, p. 7-276.

フランス語訳はない。英語訳として，*St. Thomas Aquinas, On the Power of God*, trad. English Dominican Fathers, L. Shapcote éd., 3 t., Londres, 1932-1934; *Id.*, 1 t., Westminster, 1952 がある。進行中のイタリア語訳として，*Tommaso d'Aquino, La potenza Di Dio*, Questioni I-III, A. Campodonico éd., trad. L. Tuninetti, Florence, 1991 がある。[イタリア語訳として新しい2巻が出版された。*La potenza di Dio, Quaestiones disputatae de potentia Dei, Questioni IV-V, Questioni VI-VII*, Trad. e note di G.

MARENGO, Firenze, Nardini, 1994 et 1995. スペイン語訳として，*De potentia Dei, Cuestiones 1 y 2: La potencia de Dios considerada en sí misma, La potencia generativa en la divinidad*, Intr., trad. y notas de E. MOROS y L. BALLESTEROS, "Cuadernos de Anuario Filosófico, Serie Universitaria 124", Pamplona, 2001; *Cuestión 3: La creación*, Intr., Trad. y notas de A.L. GONZÁLEZ y E. MOROS, "Cuadernos de Anuario Filosófico, Serie Universitaria 128", Pamplona, 2001 がある。]

『霊魂について』(Quaestio disputata De anima)——上記第9章279-282ページ参照。

現在，『霊魂について』はローマ滞在時代に，またほぼ確実に1265-66年に位置づけることで研究者たちは一致している。この著作は人間の霊魂に関する様々な問題を深く掘り下げることで『神学大全』第1部75-89問を用意したと言えるので，『神学大全』第1部75-89問の執筆以前に書かれたものである。[ゴーティエ (p. 491) はこのテキストを1267年のローマに位置づけている。バザン——Léon., t. 24/1, p. 22* et 25*——はこのテキストの校訂を行い，考慮すべき外的および内的なすべての要素を入念に再検討した後に，この日付を少しだけ早め，1266-67年を提案している。ここで問題となっているのが単に諸項へ分割された唯一の問題ではなくむしろ一連の独立した21の問題であることを示すために，バザンは Quaestiones De anima と〔複数形で〕語っている。さらにこの諸問題について，大学ではなく，サンタ・サビーナの教育施設の生徒たちにとどまらずさらに多くの公衆の面前で実際に討論したものだと考えている——cf. p. 99*-102*。]

EDITIONS: Parme, t. 8, p. 465-532; Vivès, t. 14, p. 61-

160; Mandonnet, *Quaestiones disputatae*, t. 3, Paris, 1925, p. 91-206; Marietti, *Quaestiones disputatae*, t. 2, P. Bazzi et al. éd., [10]1965, p. 281-362; *St. Thomas Aquinas, Quaestiones de anima*, A Newly Established Edition of the Latin Text with an Introduction and Notes, J. H. Robb éd., Toronto, 1968.［現在, レオニーナ版がt. XXIV/1, *Quaestiones disputatae De anima*, éd. B.C. BAZÁN, Rome, 1996として公刊されている。］

フランス語訳はない。英語訳として, *St. Thomas Aquinas, The Soul*, trad. J. P. Rowan, St. Louis, 1949; *St. Thomas Aquinas, Questions on the Soul*, trad. J. H. Robb, Milwaukee, 1984がある。［スペイン語訳として, *Cuestiones disputadas sobre el alma*, Trad. E. TÉLLEZ, Introd. J. CRUZ CRUZ, Pamplona, 1999がある。］

『霊的被造物について』(Quaestio disputata De spiritualibus creaturis) ——上記第9章279-282ページ参照。

この著作はトマスのローマ時代に遡る。1267-68年付近, おそらく1267年11月から1268年9月の間に位置づけることができる。ここで議論されている諸問題は霊的被造物としての人間と天使に関わるものである。［現在, レオニーナ版がt. XXIV/2, *Quaestio disputata De spiritualibus creaturis*, ed. J. COS, Rome, 2000として公刊されている。この校訂版はレオニーナ委員会の最高の水準に達しておらず, 修正のページを付け加えた方がよいだろう。これらの誤りの有益な一覧は, G. GULDENTOPS et C. STEEL, "Critical Study: The Leonine Edition of *De spiritualibus creaturis*", *Recherches de Théologie et Philosophie médiévales* 58/1 (2001) 180-203参照。この巻は徹頭徹尾好

意的ではない Guldentops らの批評におそらく値しない。日付に関して言えば,『霊魂について』の日付と密接に結びついているので,バザンが検討したが——前項参照,すでに提案した日付 1267 年 11 月 -1268 年 9 月を保持している。]

EDITIONS: Parme, t. 8, p. 425-464; Vivès, t. 14, p. 1-61; Mandonnet, *Quaestiones disputatae*, t. 3, Paris, 1925, p. 23-91; *S. Thomae Aquinatis Tractatus de spiritualibus creaturis*, L. W. Keeler éd., Rome, 1937; Marietti, *Quaestiones disputatae*, t. 2, P. Bazzi et al. éd., [10]1965, p. 367-415.

フランス語訳は存在しない。英語訳として,*St. Thomas Aquinas*, *On Spiritual Creatures*, trad. M. C. Fitzpatrick et J. J. Wellmuth, Milwaukee, 1949 がある。[スペイン語訳として,*El mundo de los espíritus: cuestión disputada sobre las creaturas espirituales*, Trad. A. MALLEA, Buenos Aires, 1995 がある。]

『悪について』(Quaestiones disputatae De malo) ——上記第 11 章 344-351 ページ参照。

『悪について』の諸問題が「討論」された日付を明らかにすることは依然として難しいが,第 1 問の「執筆」の日付が 1266 年 3 月より後に,第 16 問 12 項の日付が 1267 年 11 月より後に位置づけられることは確実である。第 6 問に関して言えば,1270 年 12 月の断罪の直前か直後に置くべきである。これらの諸問題の「出版」の日付はより正確に知ることができる。すなわち,おそらく第 1-15 問は 1270 年頃であり,第 16 問は 1272 年頃である。パリでトマスの著作がきわめて迅速に普及したことから見て,『悪について』の諸問題は 1269-71 年の二学年の間に討論され

たと考えられる。最初の問題が全体に名を与えているが,他の諸問題は悪という主題に関わる特殊的な主題を論じている。すなわち,第2-3問は罪とその原因を,第4-5問は原罪とその罰を,第6問は人間の選択を,第7問は小罪を,第8-15問は大罪を,最後に第16問は悪魔を論じている。[ゴーティエ (p. 493) は詳細を多く語らずに 1270-71 年を提案している——推測できるように,これは出版の日付である。]

EDITIONS: Léonine, t. 23; Parme, t. 8, p. 219-424; Vivès, t. 13, p. 320-618; Mandonnet, *Quaestiones disputatae*, t. 2, Paris, 1925, p. 370-719; Marietti, *Queastiones disputatae*, t. 2, P. Bazzi et al. éd., [10]1965, p. 445-699.

フランス語訳はない。英語訳として,*St. Thomas Aquinas, Disputed Questions on Evil*, trad. J. et J. Oesterle, Notre-Dame, 1983 がある。[フランス語訳として, Saint THOMAS D'AQUIN, *Questions disputées sur Le Mal(De malo)*, Texte latin de la Commission Léonine, Trad. par les moines de Fontgombault, Intr. du R.P. ELDERS, Paris, "Coll. Docteur Angélique VIII et IX", 2 vol., Paris, 1992 がある。イタリア語訳として,*Il male*, Trad. F. FIORENTINO, Milano, Rusconi, 1999 がある。スペイン語訳として,*Cuestiones disputadas sobre el mal*, Trad. E. TÉLLEZ MAQUEO, Introd. M. BEUCHOT, Pamplona, 1997 がある。]

『徳について』(Quaestiones disputatae De uirtutibus)——上記第 11 章 350-351 ページ参照。

定期討論集『徳について』は,トマスの第二回パリ大学教授時代,さらにはこの時代の終わりの 1271-72 年に位置づけるべきだが,これは『神学大全』第 2 部の 2 と同時

期である。徳の考察にあてたこの 36 項から成る全体は，『徳一般について』（De uirtutibus in communi），『愛について』（De caritate），『兄弟の矯正について』（De correctione fraterna），『希望について』（De spe），『枢要徳について』（De uirtutibus cardinalibus）を含んでいる。

EDITIONS: Parme, t. 8, p. 545-638; Vivès, t. 14, p. 178-314; Mandonnet, *Quaestiones disputatae*, t. 3, Paris, 1925, p. 208-365; Marietti, *Quaestiones disputatae*, t. 2, P. Bazzi et al. éd., [10]1965, p. 707-828.

完全なフランス語訳はない。*Saint Thomas d'Aquin, Bref résumé de la foi chrétienne – Compendium theologiae*, trad. J. Kreit, Paris, 1985, p. 495-539 には，『愛について』の 13 項の反対異論と主文の部分訳がある。英語訳として，*On the Virtues(in generali)*, trad. J. P. Reid, Providence, 1951; *On Charity(De caritate)*, trad. L. H. Kendzierski, Milwaukee, 1960 がある。［英語訳として，*Disputed Questions on Virtue*: *Quaestio disputata de virtutibus in communi*, *Quaestio disputata de virtutibus cardinalibus*, Trad. R. MCINERNY, South Bend (Indiana), 1998 がある。スペイン語訳として，*Cuestión disputada sobre las virtudes en general*, Trad. L.E. CORSO DE ESTRADA, Pamplona, 2000 がある。］

『受肉した御言の合一について』（Quaestio disputata De unione uerbi incarnati）——上記第 11 章 351-354 ページ参照。

定期討論集『受肉した御言の合一について』は高い蓋然性とともに第二回パリ大学教授時代の終わり頃，1272 年の復活祭以前の 4 月初旬か，おそらく 5 月に位置づけられる。キリストの「存在」の一性に関して『神学大全』第

3部17問2項と『合一について』第4項がどのような関係にあるかという教義的争点のために，二つの著作は実際上同時代のものである。［この問題の討論をナポリに位置づけようとして，M. M. MULCHAHEY, "*First the Bow is Bent in Study…*"——上記210-211ページ註7参照——, p. 315-318は新しい弁護を試みたが，三度目の一連の討論を第二回パリ時代に位置づけているプラハの目録から引き出せる外的批判の論拠は，われわれの見るかぎり，常に多かれ少なかれ主観的評価の影響を受けている内的批判の他のすべての考察よりも強力である。ゴーティエ (p. 498) は，われわれが提案した場所と日付，すなわちパリと1272年——当然トマスがイタリアに出発する以前の春——を確証しているが，指摘できることに，もしゴーティエとともに『神学大全』第3部全体の執筆をナポリに移すならば，もはや「二つの著作は実際上同時代のものである」とは言えなくなる。それゆえ，この定期討論集と『神学大全』第3部17問2項との間の教義的発展の可能性を支持するなら，ここに都合のよい論拠を見出せるだろう。正当にも『神学大全』第3部に関するわれわれの年代決定のある種の不明瞭さを非難したプリンシプは，この帰結を忘れずに強調している——*The Thomist*, 1994, p. 491-492。］

EDITIONS: Parme, t. 8, p. 533-544; Vivès, t. 14, p. 161-178; Mandonnet, *Quaestiones disputatae*, t. 3, Paris, 1925, p. 1-22; Marietti, *Quaestiones disputatae*, t. 2, P. Bazzi et al. éd., [10]1965, p. 421-435.

フランス語訳はない。［フランス語訳として，THOMAS D'AQUIN, *Question disputée L'union du Verbe incarné(De unione Verbi incarnati)*, Texte latin de l'édition Marietti, Intr., trad. et notes par M.-H. DELOFFRE, "Bibliothèque des

Textes Philosophiques", Paris, Vrin, 2000 がある。]

『自由討論集』第 1-12 巻 (Quaestiones de quolibet I-XII)
——上記第 11 章 354-363 ページ参照。

トマスの『自由討論集』は二つのパリ大学教授時代にしたがって二つのグループに分けることができる。すなわち,『自由討論集』第 7-11 巻は 1256-59 年という最初の時代に属し,他方『自由討論集』第 1-6 巻および第 12 巻——トマスは第 12 巻の記録を再検討しなかった——は 1268-72 年という第二の時代に属している。この一般的な枠組みを超えて,これらの討論の開催がかくかくしかじかの年の四旬節あるいは待降節だと確定することはしばしば困難である——上記 358 ページの表を参照。扱われている 260 にも上る多くの主題は,実際的問題と同様,高度に思弁的な問題にも関わっている。

EDITIONS: Léonine, t. 25——近く公刊される ; Parme, t. 9, p. 459-631; Vivès, t. 15, p. 357-611; Mandonnet, Paris, 1926; Marietti, R. Spiazzi éd., ⁹1956. [現在, レオニーナ版が t. 25/1 et 2, Rome, 1996, éd. R.-A. GAUTHIER として公刊されている。]

フランス語訳はない。英語訳として, *St. Thomas Aquinas, Quodlibetal Questions 1 and 2*, Intr., trad. et notes par S. Edwards, "Medieval Sources in Translation 27", Toronto, 1983 がある。

[プリンシプと他の幾人かの読者は,レオニーナ委員会の校訂計画で満足していた定期討論集のリストが,独立的な研究者たちによって別々に校訂された他のテキストも考慮に入れるべきではないかと提案した。次の二つのテキス

トが指摘できるが、いくつかの注意が必要である。

1) *Utrum anima coniuncta cognoscat seipsam per essentiam*, éd. L.A. KENNEDY, "The Soul's Knowledge of Itself: An Unpublished Work Attributed to St. Thomas Aquinas", Vivarium 15 (1977) 31-45. オックスフォードの写本——Bodl. Laud. Misc. 480——が伝え、かつてペルスタ——*Gregorianum* 36, 1955, p. 618-625——が発見したこの問題は、フライズ（A. Fries）、アントワーヌ・ドンデーヌ、エッシュマン、後にはワイスハイプルが真正の著作として受け入れたが、合意は満場一致ではなかった。正当にも、〔トマスの著作との〕いくつかの明らかな類似——もっとも広く散らばってはいるが——が非常に強い相違を相殺するには十分ではないことが指摘された——cf. A.M. KENZELER, "Une prétendue Dispute de saint Thomas", *Angelicum* 33, 1956, p. 172-181。書物——全体がこの主題に捧げられている——の最後で、F.-X. PUTALLAZ, *Le sens de la réflexion chez Thomas d'Aquin*, "Études de philosophie médiévale 66", Paris, Vrin, 1991, p. 304-310 は、このテキストの綿密な分析に専心して、「この問題は……自己認識に関するトマス・アクィナスの正統なテキストから教義的意味で非常に異なっているように思われる」と強調している。彼は最終的に、「もしこの問題がまさしくトマスの著作だとすれば、この問題は自己の自己自身への関係を考察する方法の著しい変化を明らかにしている」（p. 310）と結論づけている。プタラの能力から見て、この控えめな結論から、〔このテキストの〕トマス的真正性に対して大いに慎重になるべきだろう。

2) *De immortalitate animae*, éd. L.A. KENNEDY, "A New Disputed Question of St. Thomas Aquinas on the Immortality of the Soul", *AHDLMA* 45 (1978) 205-223.『真理論』などの聖トマスの他の真正な著作を含む写本 Vatican, lat. 781 が

伝えているこの問題は，真正性に関する様々な外的しるしを備えており，複数の研究者はそれらのしるしを十分なものだと見なした——とりわけ，A. DONDAINE, *Secrétaires de saint Thomas*, Rome, 1956, p. 86-88, および Kennedy, p. 205-208 が言及している他の研究者たちを参照。ヴァンスティーンキステ（C. Vansteenkiste）——*RLT* 15, 1982 [1979], n⁰ 69——は判断を保留しているのだが，実際に根拠があるというよりは主観的な見解だと思われる。定期討論集『霊魂について』第 14 問「霊魂の不滅性について」(De immortalitate animae) ——Léon., t. 24/1, 1996, p. 123 ——の批判的校訂版で，バザンはこの問題をテキストの対応箇所に置くことをためらわなかった。われわれ自身が行うことはできないが，アントワーヌ・ドンデーヌの論証はあらゆる異議を免れておらず，新たに再検討する必要があると思われる。テキストに関して言えば，上で言及したプタラの検討に似た研究，すなわちトマスの他の著作との類似点と相違点を綿密に分析することで，トマス的真正性をより明確に保証するような研究に値することは確実だろう。］

聖書註解

『イザヤ書註解』(Expositio super Isaiam ad litteram) ——上記第 2 章 62-75 ページ参照。

聖書学講師としてトマスが最初に書いた神学的著作であるこの註解は，しばしば彼がパリで教え始めた時代に位置づけられてきたが，この日付よりも前，すなわちトマスが 1252 年にパリへ出発する以前にアルベルトゥスの講師を務めていたケルン滞在の終わり頃に書かれた可能性がきわめて高い。これは『イザヤ書』に関する文字的意味に即し

た素早い（cursive）講解であり，余白には司牧的および霊的延長を目的としたコラチオ（collationes）が書き込まれている。

EDITIONS: Léonine, t. 28; Parme, t. 14, p. 427-576; Vivès, t. 18, p. 688-821 et t. 19, p. 1-65.

自筆原稿の一部である 24 のコラチオの紹介と翻訳に関して，J.-P. Torrell et D. Bouthillier, "Quand saint Thomas méditait sur le prophète Isaïe", *RT* 90 (1990) 5-47 を参照。

フランス語訳はない。

『エレミヤ書および哀歌註解』（Super Ieremiam et Threnos）——上記第 2 章 62-63 ページ参照。
『エレミヤ書』および『哀歌』の註解は，『イザヤ書註解』と同様に，文字の意味に即した聖書の素早い講解という種類の著作に属している。さらに，『エレミヤ書講解』は『イザヤ書註解』に似たコラチオを伴っている。『イザヤ書註解』のように，これらの註解は高い蓋然性とともに，トマスが 1252 年にパリへ出発する以前にアルベルトゥスの聖書学講師を務めていたケルン滞在の終わりに位置づけられる。

EDITIONS: Parme, t. 14, p. 577-667; 668-685; Vivès, t. 19, p. 66-198; 199-225.

フランス語訳はない。

就任演説『高みから山々を潤す者』（Rigans montes de superioribus）および『これは神の掟の書である』（Hic est liber mandatorum Dei）——上記第 3 章 99-105 ページ参照。

二つのプリンキピウム（principium），すなわち就任演説は，1256 年 3 月 3 日から 6 月 17 日の間に，パリで新しい正教授の就任式の際に行われた演説である。第一の演説は「高みから山々を潤す者」（詩 103：13）という聖句に基づいている。はっきりとディオニシウス的な着想を有している主題は，一連のすべての仲介者を通じた知恵の伝達である。第一の演説に連続しており，補完し延長する第二の演説は，「回復」の日，すなわち就任式に続く最初の講義日に述べられたものだろう。「これは神の掟の書である」（バル 4：1）という聖句に基づく聖書の推賞であり，聖書の諸書が分かたれる方法の説明を伴っている。

EDITIONS: Mandonnet, *Opuscula*, t. 4, p. 481-496; Marietti, *Opuscula theologica*, t. 1, p. 435-443.

フランス語訳として，Th. Pègues et F.-X. Maquart, *Saint Thomas d'Aquin, Sa vie*, Toulouse-Paris, 1924, p. 365-377 がある。スペイン語訳として，G. A. Piemonte, "La clase inaugural de Santo Tomás de Aquino como maestro de Teologia en la Universidad de Paris", *Sapientia* 21 (1966) 49-54 (trad. du *Principium* "Rigans montes") がある。［英語訳として，*Thomas Aquinas, Selected Writings*, Ed. R. MCINERNY, London, 1998, p. 5-17 がある。］

『ヨブ記註解』（Expositio super Iob ad litteram）——上記第 7 章 213-215 ページ参照。

批評家が受け入れたルッカのトロメオの証言によれば，『ヨブ記』の註解はトマスが 1261-65 年にオルヴィエトで兄弟たちのために行った講義の成果である。『対異教徒大全』第 3 巻と同時代のものである『ヨブ記註解』は，前

者の中心的な主題である摂理を同様に展開している。この著作は文字的意味に即して書かれ、問題となっているのはヨブの歴史、摂理と義人の苦しみ、人間の条件と神の支配である。[トマスが『ヨブ記註解』で近い時期にメルベケのギョームが訳したアリストテレス『動物誌』を使用していることを理由として、ゴーティエ（p. 487 et note 2）は執筆を 1262-63 年より後に遅らせ、このようにして『ヨブ記註解』を 1263 年と 1265 年の間に位置づけるべきと考えている——このことはわれわれが提案した時間的幅の前半部分を少しだけ短縮する。]

EDITIONS: Léonine, t. 26; Parme, t. 14, p. 1-147; Vivès, t. 18, p. 1-227.

フランス語訳として、*Job, un homme pour notre temps. De saint Thomas d'Aquin, exposition littérale sur le Livre de Job*, trad. J. Kreit, Paris, 1982 がある。[英語訳として、*The Literal Exposition on Job: A Scriptural Commentary concerning Providence*, Transl. A. DAMICO, Atlanta, 1989 がある。イタリア語訳として、*Commento al libro di Giobbe*, Trad. L. PEROTTO, Bologna, 1995 がある。]

『カテナ・アウレア』（Glossa continua super Evangelia / Catena aurea）——上記第 7 章 241-248 ページ参照。

1262 年の終わりか 1263 年の初めにウルバヌス 4 世の要請で企てられた『カテナ・アウレア』の『マタイ福音書』に関する部分は、同教皇の死の日付である 1264 年 10 月 2 日以前に彼に捧げられている。トマスが友人にして古い生徒だった枢機卿アンニバルド・デグリ・アンニバルディに捧げた他の三つの福音書の註解は、1265 年から 1268 年までの間にローマで完成した。『カテナ・アウレア』は四福

音書全体の節ごとの連続的註解で構成されている，教父の聖書註解からの引用による膨大な集成である。この著作は単なる集成を超えて，ギリシャ教父に関するトマスの批判的感覚や傑出した知識を明らかにしている。後にトマスが何度も使うことになるこの著作は広く普及した。

EDITIONS: Parme, t. 11-12; Vivès, t. 16-17; Marietti, 2 t., A. Guarienti éd., 1953.

フランス語訳として，*Saint Thomas d'Aquin, Exposition suivie des quatre Evangiles…La chaîne d'Or*, traduite par E. Castan, 8 t., Paris, Vivès, 1854-1855 がある。英語訳として，*St. Thomas Aquinas, Catena aurea. Commentary on the Four Gospels*, trad. M. Pattison, J. D. Dalgairns et T. D. Ryder, 4 t., Oxford, 1841-1845 (Préface par Newman) がある。イタリア語訳として，*S. Tommaso d'Aquino, Catena aurea*, E. Logi éd., 3 t., Sienne, 1954-1960 がある。

『マタイ福音書講解』(Lectura super Matthaeum) ——上記第 4 章 107-114 ページ参照。

『マタイ福音書』の講解はトマスの二度目のパリ滞在の成果であり，高い蓋然性で 1269-70 年の学年に位置づけることができる。印刷版を通じて現在伝えられているようなこの講義録のテキストは，不完全なだけでなく誤ってもいる。すなわち，山上の説教の大部分に関するトマスの註解が欠けているが，トマスの最初の編纂者だったスピナのバルトロメウス（1527 年）は，そこに 13 世紀末のドミニコ会士だったスカラのペトルスの註解の一部を入れた。挿入された文章は『マタイ福音書』5 章 11 節から 6 章 8 節および 6 章 14 節から 6 章 19 節——これは 13-17 講および 19 講，マリエッティ版の n° 444-582 および 603-610 に

相当している——に及んでいる。レオニーナ委員会はトマスの註解のテキストを完全な仕方で含む新しい写本 ms. Basel, *Bibl. Univ.* B. V. 12. を発見した。その断片のみが公刊されている。H.-V. Shooner, "La *Lectura in Matthaeum* de S. Thomas (Deux fragments inédits et la *Reportatio* de Pierre d'Andria)", *Angelicum* 33 (1956) 121-142; J.-P. Renard, "La *Lectura super Matthaeum* V, 20-48 de Thomas d'Aquin", *RTAM* 50 (1983) 145-190.

EDITIONS: Parme, t. 10, p. 1-278; Vivès, t. 19, p. 226-668; Marietti, [5]1951 et autres dates.

フランス語訳はない。

『ヨハネ福音書講解』（Lectura super Ioannem）——上記第 11 章 339-344 ページ参照。

十分確実に，『ヨハネ福音書講解』は第二回パリ大学教授時代のうち，おそらく 1270-72 年に位置づけることができる。この講義録は同僚たちとサントメールの長官だったアナーニのアデヌルフの要請に応えて，ピペルノのレギナルドゥスが作成したものである。トマスがこのテキストを再検討した可能性はほとんどないと思われる。聖ヨハネ——トマスが序文で説明しているように，聖ヨハネはキリストの神性を特別な仕方で最重要な位置に置いた観想的人間の範例である——の福音書の神学的解釈が，トマスが残した最も完成度の高い，最も深遠な註解のうちに数えられることは確実である。［ゴーティエ（p. 493）は，1270-72 年の代わりに 1270-71 年とするほうを好んでいる。］

EDITIONS: Parme, t. 10, p. 279-645; Vivès, t. 19, p. 669-842 et t. 20, p. 1-376; Marietti, R. Cai éd., [5]1952 et autres dates.

フランス語訳として, Saint Thomas d'Aquin, Commentaire sur l'Evangile de saint Jean, Préface de M.-D. Philippe O. P., traduction et notes sous sa direction, Versailles-Buxy, 3 t. parus (jusqu' au chapitre VIII), 1981, 1982, 1987; "Prooemium de Saint Jean", trad. B. d'Avezac de Castera, Cahiers IPC 1973, n. 8, p. 86-96 がある。英語訳として, St. Thomas Aquinas, Commentary on the Gospel of St. John, Part I, trad. J. A. Weisheipl et F. R. Larcher, Albany, 1980 (ch. I-VII) がある。ドイツ語訳として, Thomas von Aquin, Das Wort, Die ersten elf Lesungen des 1. Kapitels aus dem Johannes-Kommentar, trad. J. Pieper, Munich, ³1955; Thomas von Aquin, Der Prolog des Johannes-Evangeliums, Super evangelium S. Joannis lectura (caput I, lectio I-XI), W.-U. Klünker éd., Stuttgart, 1986 がある。イタリア語訳として, Tommaso d'Aquino, Commento al Vangelo di San Giovanni, vol. 1: Cap. I-VI, T. S. CENTI, éd., Rome, 1990; vol. 2: Cap. VII-XII, ID., éd., Rome, 1992——続きが刊行されるはずである——がある。[フランス語訳に関して, Philippe 神父の指揮下で出版された3巻は1巻に再版され, 現在翻訳は『ヨハネ福音書』第11章まで進んでいる。THOMAS D'AQUIN, Commentaire sur l'évangile de Jean I: Le Prologue, La vie apostolique du Christ, Préface par M.-D. PHILIPPE, trad. et notes sous sa direction, Paris, Cerf, 1998. イタリア語訳は完成した。Commento al Vangelo di S. Giovanni, vol. 3: Cap. XIII-XXI, Trad. T.S. CENTI, Roma, 1993. 英語訳は第2巻を含んでいる。Commentary on the Gospel of St. John, Part II (ch. 8-21), trad. J.A. WEISHEIPL and F.R. LARCHER, Petersham (Massachusetts), s.d.]

『パウロ書簡註解ないし講解』（Expositio et Lectura super Epistolas Pauli Apostoli）——上記第 13 章 424-436 ページ参照。

『パウロ書簡』の講義がいつの時代の教育活動に属するか正確に述べることは容易でない。トマスは『パウロ書簡』を二度にわたって教えた可能性がある。すなわち、まず 1265-68 年の間にイタリアのおそらくローマで、次にパリとナポリで。しかし、彼が二度ともまったく同じ講義を行った可能性はきわめて低い。現在の研究の最も確実なデータによると、トマスの『パウロ書簡註解』は次のような仕方で提示できる。1) トマスの筆だと直接分かるところは、『ローマの信徒への手紙』の最初の 8 章であり、『ローマの信徒への手紙註解』の残りは修正されなかった。この講義がトマスの生涯の最後の数年、すなわちナポリにいた 1272-73 年に遡ることはほぼ確実である——この講義をパリ時代の最後の年 1271-72 年に位置づけることは不可能ではないが、この時代の過度の負担から見て、この仮説はほとんどありそうにない。2)『コリントの信徒への手紙 1』の最初の 10 章の講義について正確なところは何も分からない。というのも、『コリントの信徒への手紙 1』7 章 10 節から第 10 章の終わりまでの註解が欠けているからである。この部分は非常に早くにタランテーズのペトルスから借用したテキストで置き換えられた——これはマリエッティ版の n° 336-581 に相当する。3)『コリントの信徒への手紙 1』第 11 章から『ヘブライ人への手紙』までに及ぶピペルノのレギナルドゥスの講義録は、ローマで 1265-68 年に行われた講義の成果だと思われる。しかし、これらの断片の多様性にもかかわらず、トマスが註解を全体的なものとして考えていたことは確実であり、この全体の冒頭に置かれた序文がそのことを示している——上記第 13 章 433-434 ページ参照。[『パウロ書簡』の二度にわた

る講義は今日でもなおゴーティエの立場である。ゴーティエ (p. 487 et n. 1) は、『コリントの信徒への手紙 1』第 11 章から『フィレモンへの手紙』までの最初の講義をオルヴィエトにいた 1263-65 年に位置づけているが、今日では失われている『コリントの信徒への手紙 1』第 1-10 章と『ローマの信徒への手紙』の講解が同じ場所で 1261-63 年に教えられただろうとまで考えている——不運にも気づかれないままでいた A. OLIVA, *Sapienza* 47, 1994, p. 366 の書評を参照してほしいが、この書評はゴーティエ神父が彼に伝えたこれらの情報をすでに含んでいた。パリで 1271-72 年に行われた二度目の講義は、『コリントの信徒への手紙 1』第 1-7 章と『ローマの信徒への手紙』のみを対象としたのだろう (p. 495)。『ヘブライ人への手紙』に関して言えば、ゴーティエ (p. 499) は註解を 1272-73 年にナポリとパリの間に位置づけている。]

EDITIONS: Parme, t. 13; Vivès, t. 20, p. 381-752 et t. 21; Marietti, 2 t., R. CAI éd., [8]1953.

フランス語訳として、*Commentaires de saint Thomas d'Aquin sur toutes les épîtres de S. Paul*, trad. par l'abbé Bralé, 6 t., Paris, Vivès, 1869-1874; *Saint Thomas d'Aquin, Commentaire de la seconde épître aux Corinthiens*, Introd., trad. et notes par A. Charlier, 2 t., Paris, 1980 がある。英語訳として、*St. Thomas Aquinas, Commentary on Saint Paul's Epistle to the Galatians*, trad. F. R. Larcher, Albany, 1966; *Commentary on Saint Paul's Epistle to the Ephesians*, trad. M. L. Lamb, Albany, 1966; *Commentary on Saint Paul's First Letter to the Thessalonians and the Letter to the Philippians*, trad. F. R. Larcher et M. Duffy, Albany, 1969 がある。ドイツ語訳として、*Des heiligen Thomas von Aquin Kommentar zum Römerbrief*, trad. H. Fahsel, Freiburg i. B., 1927 が あ る。[フランス語訳として，*Commentaire de l'épître aux Romains suivi de Lettre à Bernard Ayglier, abbé du Mont-Cassin*, trad. et tables par J.-É. STROOBANT DE SAINT-ÉLOY, avant-propos de G. BERCEVILLE, Paris, Cerf, 1999 がある。イタリア語訳として，*Commento alla lettera ai Romani*, Trad. L. DE SANTIS et M.M. ROSSI, Roma, 1994 がある。]

『詩編講解』（Postilla super Psalmos）——上記第 13 章 437-444 ページ参照。

『詩編』の講義の日付ははっきりしない。マンドネ以降，一般的にトマスの病気と死で中断したと考えられている。おそらく教育活動の最後の数週間，すなわち 1273 年 9-10 月から始まったと考えなければならないだろう。ピペルノのレギナルドゥスが記録したこの未完成の註解は，『詩編』の最初の 54 章を含んでいる。[上記 437-439 ページ註 36 参照]

EDITIONS: Parme, t. 14, p. 148-553; Vivès, t. 18, p. 228-556 (*Ps* 1-51); P.-A. Uccelli, *S. Thomae Aquinatis in Isaiam prophetam, in tres psalmos David, in Boetium de Hebdomadibus et de Trinitate expositiones*, Rome, 1880, p. 241-254 (*Ps* 52-54); Busa, t. 6, p. 48-130 (texte de l'éd. de Parme pour *Ps* 1-51 et de l'éd. Uccelli pour *Ps* 52-54).

『詩編』の最初の 3 章の註解に関する部分訳を除いて，フランス語訳はない。J.-E. Stroobant, "Prier à l'école du commentaire du Psautier de Saint Thomas", *Thomas Aquinas* 1985, n° 10, p. 1-15; n° 11, p. 1-7; n° 12, p. 1-8 (introd. et comm. du *Ps* 1); 1986, n° 13, p. 1-8 (*Ps* 2); n° 14, p. 1-7

(*Ps* 3). ［フランス語訳として，THOMAS D'AQUIN, *Commentaire sur les Psaumes*, Introduction, traduction, notes et tables par J.-É. STROOBANT DE SAINT-ÉLOY, Préface par M.D. JORDAN, Paris, Cerf, 1996 がある。M. MORARD, "À propos du *Commentaire des Psaumes* de saint Thomas d'Aquin", *RT* 96 (1996) 653-670 の指摘も参照。］

アリストテレス註解

『霊魂論註解』（Sentencia Libri De anima）──上記第9章 296-301 ページ参照。

『霊魂論』3巻の註解はトマスがローマ時代の終わりから取りかかった一連のアリストテレス註解の端緒となった。この著作は，パリに向けてローマを離れる以前の 1267 年の終わりから 1268 年の夏の間に位置づけることができる。この註解は人間の霊魂の検討にあてている『神学大全』第 1 部 75-89 問と同時代のものである。

EDITIONS: Léonine, t. 45/1; Parme, t. 20, p. 1-144; Vivès, t. 24, p. 1-196; Marietti, A. M. Pirotta éd., 1959 et autres dates.

フランス語訳はない。英語訳として，*Aristotle's De anima with the Commentary of St. Thomas Aquinas*, K. Foster et S. Humphries éd., New Haven, 1951 がある。スペイン語訳として，*Santo Tomás de Aquino, Comentario al "Libro del Alma" de Aristóteles*, trad. et notes par M. C. Donadio Maggi de Gandeolfi, Buenos Aires, 1979 がある。イタリア語訳として，*Tommaso d'Aquino, Commentario al "De Anima"*, intr., trad. et notes par A. Caparello, 2 t., Rome,

1975 がある。アリストテレス註解のすべての序文に関するドイツ語訳として, *Thomas von Aquin. Prologe zu den Aristoteleskommentaren*, F. CHENEVAL und R. IMBACH, éd., Frankfurt am Main, 1992 がある。[フランス語訳として, THOMAS D'AQUIN, *Commentaire du traité De l'âme d'Aristote*. Intr., trad. et notes par J.-M. VERNIER, "Bibliothèque des Textes philosophiques", Paris, 1999 がある。英語訳として, *A Commentary on Aristotle's De Anima*, Transl. R. PASNAU, Yale, 1999 がある。古い英語訳は再版された。*Commentary on Aristotle's De Anima*, Transl. K. FOSTER and S. HUMPHRIES, Introd. R. MCINERNY, Notre Dame, 1994.]

『「感覚と感覚されるものについて」註解』(Sentencia Libri De sensu et sensato) ——上記第 9 章 299 ページ参照。

『霊魂論註解』よりも後のものである『「感覚と感覚されるものについて」註解』は, トマスがパリに出発する 1268 年 9 月以前にローマで始められ, 1270 年の『知性の単一性について』より以前にパリで 1269 年に完成した。トマスの註解は唯一の書物の二つの部分として再編されている二つの論考からできている。すなわち, アリストテレス『感覚と感覚されるものについて』の註解である「外的感覚について」と『記憶と想起について』の同名の註解である。

EDITIONS: Léonine, t. 45/2; Parme, t. 20, p. 145-214; Vivès, t. 24, p. 198-292; Marietti, 3^{ème}éd. entièrement revue, R. M. Spiazzi éd., 1949 et autres dates.

序文を除いて, フランス語訳はない。F. et B. d'Avezac de Castera, "Traduction du Prooemium de saint Thomas à son commentaire du *De sensu et sensato* d'Aristote", *Cahiers IPC* 1981, n° 24, p. 69-79.［イタリア語訳として，La conoscenza sensibile: *Commenti ai libri di Aristotele De sensu et sensato, De memoria et reminiscentia*, Trad. A. CAPARELLO, Bologna, 1997 がある。スペイン語訳として，*Commentarios a los libros de Aristóteles: Sobre el sentido y lo sensible, Sobre la memoria y la reminiscencia*, Trad. J. CRUZ CRUZ, Pamplona, 2001 がある。］

『自然学註解』（Sententia super Physicam）――上記第12章 394-395 ページ参照。

ワイスハイプルの主張――これはレオニーナ版の校訂者たちが形而上学Λ巻の番号づけを検討した結果，誤りだとされた――とは反対に，『自然学』全8巻の註解の執筆は十中八九，第二回パリ大学教授時代の初めの 1268-69 年に遡る。トマスはアリストテレスにしたがって，註解を生成の原理の検討で始め，第一動者の存在の証明で終えている。［現在，ゴーティエ（p. 492）は Expositio libri Physicorum という表題で語り，彼がかつてわたしに提案した日付を少しだけ拡大している。すなわち，『自然学註解』はパリで 1268-70 年に成立した。］

EDITIONS: Léonine, t. 2, 1884――再現されているアリストテレスのラテン語テキストはトマスが使っていたものではない ; Parme, t. 18, p. 226-538; Vivès, t. 22, p. 292-709; Marietti, M. Maggiòlo éd., 1965 et autres dates.

フランス語訳はない。英語訳として，*Thomas de Aquino, Commentary on Aristotle's Physics*, trad. R. J. Blackwell et al., New Haven, 1963 がある。

『気象論註解』（Sententia super Meteora）――上記第 12 章 401-403 ページ参照。

この註解を 1270 年以前の第二回パリ大学教授時代に位置づける証拠が最近発見された。この著作は第 2 巻の途中で未完成にとどまっている。1886 年のレオニーナ版は古い諸版に見られた真正ではない付加をテキストから取り除いたが、テキストを完全な形では再現していない。トマスの註解は第 2 巻 5 章（Bekker 363a20）で中断しているが、今日ではトマスが『気象論』を第 2 巻の最終章の前まで（Bekker 369a9）註解したことは確実だと考えられている。第 6 章の註解は失われている。Cf. A. Dondaine et L.-J. Bataillon, "Le commentaire de saint Thomas sur les Météores", *AFP* 36 (1966) 81-152. ［上記 402 ページ註 35 参照。］

EDITIONS: Léonine, t. 3, préface p. XXIX-XL, texte p. 325-421; Parme, t. 19, p. 300-441 (avec les parties inauthentiques); Vivès, t. 23, p. 387-571 (idem); Marietti, R. M. Spiazzi éd., 1952. レオニーナ版（p. LXIII-CXLV）とマリエッティ版（p. 584-685）の付録には、トマスの未完成の註解を補完した続きがあるが、この続きは真正のものではない。欠けていた三つの講は、この著作の新しいレオニーナ版を用意しているホワイト（K. White）が出版した。"Three Previously Unpublished Chapters from St. Thomas Aquinas's Commentary on Aristotle's *Meteora*: *Sentencia super Meteora* 2, 13-15", *MS* 54 (1992) 49-93.

フランス語訳はない。

『命題論註解』（Expositio Libri Peryermenias）――上記第 12 章 383-386 ページ参照。

ルーヴェンの長官だったギョーム・ベルトゥに捧げられたアリストテレス『命題論』の註解は，1270年12月10日の断罪と1271年10月半ばの間に執筆されたとすべきである。未完成であるこの註解は第2巻2章（Bekker 19b26）で中断している。この写本は『分析論後書』の註解とともにナポリからパリの教養学部の教授たちに送られたが，それは彼らがトマスの死後これら二冊の書物を所有することを望んだからである。内容と方法について言えば，この著作は論理学と解釈学に関するものであり，註解するアリストテレスのテキストの字句をかなり忠実に追っている。

EDITIONS: Léonine, t. 1*/1 (Editio altera retracta, 1989; la première éd. date de 1882); Parme, t. 18, p. 1-83; Vivès, t. 22, p. 1-102; Marietti, R. M. Spiazzi éd., [2]1964.

序文を除いて，フランス語訳はない。P. Oswald et B. d'Avezac de Castera, "Traduction du Prooemium du Commentaire de S. Thomas d'Aquin in Peri Hermeneias", *Cahiers IPC* 1974, n° 10, p. 111-113. 英語訳として，*Aristotle on Interpretation:Commentary by St. Thomas and Cajetan(Peri Hermeneias)*, trad. J. A. Oesterle, Milwaukee, 1962がある。［イタリア語訳として，*Logica dell'enunciazione: Commento al libro di Aristotele"Peri hermeneias"*, A cura di G. BERTUZZI et S. PARENTI, Bologna, 1997がある。スペイン語訳として，*Comentario al libro de Aristóteles Sobre la interpretación*, Trad. M. SKARICA, Pamplona, 1999がある。］

『分析論後書註解』（Expositio Libri Posteriorum）——上記第12章386-388ページ参照。

アリストテレス『分析論後書』の註解は『命題論註解』のすぐ近くで始められ，おそらく前者は1271年10月に後者のすぐ後に続くものである。このようにして，最初の部分第1巻1-26章はパリで書かれ，ヴェネツィアのヤコブスの翻訳に従っている。この著作はナポリでも1272年の終わりまで続けられたが，トマスはそれ以後メルベケの翻訳を註解した——第1巻27章から第2巻20章まで。トマスの死後，この註解は『命題論註解』とともにパリの教養学部の教授たちに送られた。

EDITIONS: Léonine, t. 1*/2 (Editio altera retractata, 1989; la première éd. date de 1882); Parme, t. 18, p. 84-225; Vivès, t. 22, p. 103-291; Marietti, R. M. Spiazzi éd., ²1964.

序文を除いて，フランス語訳はない。"Thomas d'Aquin, Prooemium du commentaire des Seconds Analytiques d'Aristote", trad. P. Oswald et B. d'Avezac de Castera, *Cahiers IPC* 1975, n° 11, p. 99-105. 英語訳として，*Saint Thomas Aquinas, Exposition of the Posterior Analytics of Aristotle*, trad. P. Conway, Québec, 1956; *Thomas Aquinas, Commentary on the Posterior Analytics of Aristotle*, trad. F. R. Larcher, Albany, 1970 がある。

『ニコマコス倫理学註解』(Sententia Libri Ethicorum)——上記第12章388-390ページ参照。

アリストテレス『ニコマコス倫理学』の註解は，1271-72年にパリで執筆された。ここで問題となっているのは，sentencia, すなわちアリストテレスのテキストの簡単な教義的説明である。この著作は『神学大全』第2部の2を準備するものであり，同時代のものである。

EDITIONS: Léonine, t. 47 (2 vol.); Parme, t. 21, p. 1-363; Vivès, t. 25, p. 231-614 et t. 26, p. 1-89; Marietti, R. M. Spiazzi éd., ³1964.

フランス語訳はない。英語訳として, *St. Thomas Aquinas, Commentary on the Nicomachean Ethics*, trad. C. I. Litzinger, 2 t., Chicago, 1964 がある。[イタリア語訳として, *Commento all'Etica Nicomachea di Aristotele*, A cura di L. PEROTTO, 2 vol., Bologna, 1998 がある。スペイン語訳として, *Comentario a la Ética a Nicómaco de Aristóteles*, Trad. A. MALLEA, Estudio preliminar y notas C. LÉRTORA MENDOZA, Pamplona, 2000 がある。]

『ニコマコス倫理学梗概』(Tabula Libri Ethicorum) ―― 上記第 12 章 391-394 ページ参照。

トマスが『ニコマコス倫理学註解』と『神学大全』第 2 部を書く準備を進めていた 1270 年頃に作成されたこの梗概は, アリストテレス『ニコマコス倫理学』とかつてアルベルトゥス・マグヌスが書いた註解の主要テーマの索引である。この著作はまずトマスの秘書がカードを用いて作成したが, トマスが清書を再検討することはなく, 未完成にとどまっている。

EDITIONS: 15 世紀末以来忘却されていたこの梗概は, 1971 年にレオニーナ版 (t. 48 B) として初めて公刊された。

フランス語訳はない。

『政治学註解』(Sententia Libri Politicorum) ―― 上記第 12 章 397-399 ページ参照。

十中八九，アリストテレス『政治学』の註解は，先行する諸著作と同様に第二回パリ大学教授時代のうちの 1269-72 年に属している。この著作は未完成であり，真正の部分は第 3 巻 6 章 (Bekker 1280a7) で中断している。レオニーナ版以外の他の印刷版は，オーヴェルニュのペトルスが完成した 8 巻から成るテキストである。しかし，最初の 3 巻のテキストも信用できるものではない。というのも，トマスのテキストを人文主義的方向性へ著しく変更したヴァレンシアのルイの版を再現しているからである。

EDITIONS: Léonine, t. 48 A; Parme, t. 21, p. 364-716; Vivès, t. 26, p. 89-513; Marietti, R. M. Spiazzi éd., 1951 et autres dates.

完全なフランス語訳はない。*Saint Thomas d'Aquin, Préface à la Politique*, Avant-propos, trad. et explications par H. Kéraly, "Docteur Commun", Paris, 1974. ［イタリア語訳として，*Commento alla Politica di Aristotele*, A cura di L. PEROTTO, Bologna, 1996 がある。スペイン語訳として，*Comentario a "La política" de Aristóteles*, Trad. H. VELÁZQUEZ, Introd. M. BEUCHOT, "Cuadernos de Anuario Filosófico, Serie universitaria 33", Pamplona, 1996 がある。］

『形而上学註解』(Sententia super Metaphysicam) ——上記第 12 章 395-397 ページ参照。

アリストテレス『形而上学』の註解の日付と場所には多くの問題がある。トマスが 1271 年の半ば頃に採用した Λ 巻の 12 巻としての呼称から，第 7-12 巻の註解はこの日付より後に位置づけられる。註解が執筆され始めたのは 1270-71 年の学年に遡るだろう。最後に，第 2 巻と第 3 巻

の註解は，トマス自身の修正あるいは後の執筆の成果かもしれない。トマスはパリで始めたこの著作の執筆をナポリで完成した。研究の現状で唯一確実なことは，この著作がおそらく 1272-73 年にナポリで書かれた『天体論註解』より以前のものだということである。

EDITIONS: Parme, t. 20, p. 245-654; Vivès, t. 24, p. 333-649 et t. 25, p. 1-229; Marietti, R. M. Spiazzi éd., 1950.

フランス語訳はない。スペイン語訳として，*Comentario de Santo Tomás al libro Gamma de la Metáfisica*, trad. J. de C. Sola, Burgos, 1958 がある。英語訳として，*St. Thomas Aquinas, Commentary on the Metaphysics of Aristotle*, trad. J. P. Rowan, 2 t., Chicago, 1964 がある。[英語訳として，*Commentary on Aristotle's Metaphysics*, Trad. J.P. ROWAN, Preface by R. MCINERNY, Notre Dame, 1995 がある。『形而上学』のいくつかの巻，すなわち第 4, 5, 6, 7, 8, 10 巻の註解のスペイン語訳は，1998 年以来刊行されている "Cuadernos de Anuario Filosófico, Serie universitaria" de l'Université de Navarra, Pamplona の双書に所収されている──各巻の註解の翻訳に異なった分冊をあてている。]

『天体論註解』（Sententia super librum De caelo et mundo）──上記第 12 章 399-400 ページ参照。

『形而上学註解』よりも後のものである，アリストテレス『天体論』の註解が 1272-73 年にナポリで書かれたことはほぼ確実である。宇宙論に関するこの著作は未完成であり，第 3 巻の開始直後（Bekker 302b29）で中断している。

EDITIONS: Léonine, t. 3, préface p. V-XVIII, texte p. 1-257; Parme, t. 19, p. 1-207; Vivès, t. 23, p. 1-266; Marietti,

R. M. Spiazzi éd., 1952.

フランス語訳はない。

『生成消滅論註解』（Sententia super libros De generatione et corruptione）——上記第 12 章 400-401 ページ参照。

『天体論註解』と『自然学註解』より後のものである，アリストテレス『生成消滅論』の註解は，ナポリで 1272 年か 1273 年に，トマスが活動していた最後の数か月の間——1273 年 12 月以前——に位置づけるべきである。トマスの註解は未完成であり，第 1 巻 5 章（Bekker 322a33）で中断している。

EDITIONS: Léonine, t. 3, préface p. XIX-XXIX, texte p. 261-322; Parme, t. 19, p. 208-299 (avec les parties inauthentiques); Vivès, t. 23, p. 267-386 (idem); Marietti, R. M. Spiazzi éd., 1952. レオニーナ版（p. I-LXI）とマリエッティ版（p. 539-583）の付録には，トマスの未完成な註解を補完した，聖アルベルトゥスの着想を有する偽書がある。

フランス語訳はない。［スペイン語訳として，*Comentario a"La generación y corrupción"de Aristoteles*, Trad. H. VELÁZQUEZ, Introd. M. BEUCHOT, "Cuadernos de Anuario Filosófico, Serie universitaria, 32", Pamplona, 1996 がある。］

その他の註解

『ボエティウス「三位一体論」註解』（Super Boetium De

Trinitate）——上記第 4 章 126-128 ページ参照。

　貴重なトマスの自筆原稿の一つでもあるこの著作は，第一回パリ大学教授時代の 1257-58 年か 1259 年の初めに，『真理論』の半ばと『対異教徒大全』の開始の間に書かれた。13 世紀にこのテキストを註解した著述家はトマスただ一人だった。この著作は未完成であり，ボエティウス『三位一体論』のテキストの註解——第 2 章の最初の数行まで行われている——は短いものである。展開されている諸問題は人間の神認識を扱っている。トマスが学問論について最も深く掘り下げた考察をしているのはこの機会である。

EDITIONS: Léonine, t. 50, préface p. 1-67, texte p. 75-171; *Sancti Thomae de Aquino*, *Expositio super Librum Boethii de Trinitate*, B. Decker éd., Leiden, 1959, Reprint 1965 (nouvelle édition avec *corrigenda et addenda* p. 244-245); Parme, t. 17, p. 349-396; Vivès, t. 28, p. 482-550; Mandonnet, *Opuscula*, t. 3, p. 19-141; Marietti, *Opuscula theologica*, t. 2, p. 313-389.

　フランス語訳として，*Opuscules de saint Thomas d'Aquin*, trad. par l'abbé Védrine, Vivès, t. 7, Paris, 1858, p. 326-511 がある。英語訳として，*St. Thomas Aquinas*, *The Trinity and the Unicity of the Intellect*, trad. R. E. Brennan, St. Louis, 1946; *St. Thomas Aquinas*, *Faith, Reason and Theology*. *Questions I-IV of his Commentary on the De Trinitate of Boethius*, Intr., trad. et notes par A. Maurer, Toronto, 1987; *St. Thomas Aquinas*, *The Division and Methods of the Sciences*. *Questions V and VI of his Commentary of the De Trinitate of Boethius*, Intr., trad. et notes par A. Maurer, Toronto, [4]1986 がある。スペイン語訳として，*Santo Tomás de Aquino*, *Expositio del 'De Trinitate' de Boecio*, Introd., trad. et notes par A. García Marques et J. A. Fernandez, Pampelune, 1986 がある。ドイツ語訳として, *Thomas von Aquin, Über die Trinität, Eine Auslegung der gleichnamigen Schrift des Boethius*, trad. et notes par H. Lentz, intr. par W.-U. Klünker, Stuttgart, 1988 がある。[イタリア語訳として, TOMMASO D'AQUINO, *Forza e debolezza del pensiero. Commento al De Trinitate di Boezio*, Intr., trad., note e apparati di G. MAZZOTTA, Messina, Rubettino, 1996; *Commenti ai libri di Boezio: De Trinitate, De ebdomadibus*, A cura di C. PANDOLFI, Bologna, 1997 がある。]

『ボエティウス「デ・ヘブドマディブス」註解』(Expositio libri Boetii De ebdomadibus) —— 上記第4章 128-130 ページ参照。

この著作の日付はおそらくボエティウスに関するもう一つの註解よりも後だが、現在の研究状況では日付に関しても事情に関してもこれ以上正確に述べられない。扱われている主題は本質的に形而上学的なものであり、主として分有の教えに関するものである。[日付に関して言えば、ゴーティエ (p. 498) は疑わしいとしながらもパリにいた 1271-72 年を提案している。]

EDITIONS: Léonine, t. 50, préface p. 235-264, texte p. 267-282; Parme, t. 17, p. 339-348; Vivès, t. 28, p. 468-481; Mandonnet, *Opuscula*, t. 1, p. 165-192; Marietti, *Opuscula theologica*, t. 2, p. 391-408.

フランス語訳として, *Opuscules de saint Thomas d'Aquin*, trad. par l'abbé Védrine, Vivès, t. 7, Paris, 1858, p. 293-325 がある。[英語訳として, *An Exposition of the"On the Hebdomads"of Boethius*, Trad. J.L. SCHULTZ and E.A.

SYNAN, Washington, D.C., 2001 がある。イタリア語訳について，『ボエティウス「三位一体論」註解』の前項を参照。]

『ディオニシウス「神名論」註解』（Super librum Dionysii De divinis nominibus）——上記第 7 章 224-228 ページ参照。

偽ディオニシウス『神名論』の註解の執筆について，正確な日付は定かではない。すなわち，1261-65 年のオルヴィエト滞在の時代か，それに続く 1265-68 年のローマ時代である。このテキストが講義の題材だったことも確実なことではない。この著作から，トマス思想の新プラトン主義的霊感の重要性が分かる。というのも，トマスは新プラトン主義の多くの要素を独自の総合に組み込んでいるからである。[すでにアドリアーノ・オリヴァが本書の書評——*Sapienza* 1994, p. 363-367（p. 364）——の中でゴーティエ神父の伝言にしたがって指摘したように，『自由討論集』第 4 巻 12 問 2 項 [24] 146-147 行のゴーティエ神父の研究で，『神名論註解』がどこで執筆されたかより断定的に述べられるようになった。『神名論註解』第 13 章 2 講でアリストテレスの『範疇論』がメルベケの翻訳にしたがって二度にわたり参照されていること，またメルベケの翻訳が 1266 年 3 月になってから完成したことを考慮すれば，これらの参照を位置づけるべきはこの日付よりも後であり，それゆえトマスがローマにいた時代である。ワイスハイプルはすでにこの見解に傾いており，これはマルチャヒィ（M.M. Mulchahey）——op. cit., p. 290-293 et p. 296-297——が繰り返した提案だが，ゴーティエの発見はそのときまで欠けていた決定的な論拠をもたらした。]

EDITIONS: Parme, t. 15, p. 259-405; Vivès, t. 29, p. 374-

580; Mandonnet, *Opuscula*, t. 2, p. 220-654; Marietti, C. Pera éd. (avec texte grec et latin du Pseudo-Denys), 1950.

フランス語訳はない。

『原因論註解』(Super Librum De causis) ——上記第11章 379-382 ページ参照。

『原因論』の註解は，十分な確実性とともに 1272 年の前半に位置づけられる。トマスは一般的に言ってアリストテレスに帰せられていたこの著作の著者を，プロクロス『神学綱要』から多く借用したアラビアの哲学者だと特定した最初の人物となった。トマスの註解は『原因論』をプロクロスの『神学綱要』およびディオニシウスと比較することによって，多くの点で新プラトン主義哲学との対話を深めている。[ゴーティエ (p. 498) は，日付を少しだけ拡大している。すなわち，『原因論註解』は 1272-73 年にパリあるいはナポリで完成した。]

EDITIONS: *Sancti Thomae de Aquino super Librum De Causis Expositio*, H. D. Saffrey éd., "Textus philosophici Friburgenses 4/5", Fribourg (Suisse), 1954; Parme, t. 21, p. 717-760; Vivès, t. 26, p. 514-570; Mandonnet, *Opuscula*, t. 1, p. 193-311; Marietti, C. Pera éd., 1955.

フランス語訳はない。イタリア語訳として，*Tommaso d'Aquino, Commento al "Libro delle cause"*, C. D'Ancona Costa éd., "I classici del pensiero", Milano, 1986 がある。[英語訳として，*Commentary of the Book of Causes of St. Thomas Aquinas*. Trans. by V.A. GUAGLIARDO, C.R. HESS, R.C. TAYLOR, Washington, D.C., C.U.A. Press, 1996 がある。スペイン語訳として，*Exposición sobre el Libro de*

論争的著作

『神の礼拝と修道生活を攻撃する者どもに対して』（Contra impugnantes Dei cultum et religionem）――上記第5章144-152ページ参照。

　托鉢による修道生活の弁護にあてたこの最初の小著は，パリ大学教授時代の最初の年に書かれた。おそらくすでに1256年の春から始められていたこの著作は，1256年10月5日のサンタムールのギョームの断罪がパリで知られる前に完成した。トマスは修道生活を定義し，新しい修道会について，とりわけ托鉢による貧しさと同様に，教育，説教，告解の任務に関わる事柄を正当化した後，サンタムールのギョームの『最後の時の危険に関する論考』を詳細にたどり論駁している。

EDITIONS: Léonine, t. 41 A; Parme, t. 15, p. 1-75; Vivès, t. 29, p. 1-116; Mandonnet, *Opuscula*, t. 4, p. 1-195; Marietti, *Opuscula theologica*, t. 2, p. 5-110.

　フランス語訳として，*Opuscules de saint Thomas d'Aquin*, Vrin-Reprise, t. 5, Paris, 1984 があるが，これは Fournet, Vivès, Paris, 1857, t. 2, p. 519-639; t. 3, p. 1-205 が行った翻訳の再版――ページ数は変わらない――である。

『霊的生活の完全性について』（De perfectione spiritualis uitae）――上記第5章153-164ページ参照。

　托鉢による修道生活をめぐる論争に関するこの第二の小著で，トマスは修道生活の新しい形態に対するアブヴィル

のゲラルドゥスの攻撃に答えている。1269年のかなり早くに執筆され始めた——ゲラルドゥスの『キリスト教的完全性に敵対する者に対して』は1269年の夏の間に公刊された——この著作は，1270年の初めに完成したが，最後の数章は1269年のクリスマスに行われたアブヴィルのゲラルドゥスの『自由討論集』第14巻の影響を依然としてとどめている。しかし，『完全性について』の利点はこの論争の問題を超え出るものであり，トマスはそこで修道生活の教えとキリスト教的完全性を客観的に提示しようとしている。このようにして，この小著は『神学大全』第2部の2の末尾の論述を用意した。

EDITIONS: Léonine, t. 41 B; Parme, t. 15, p. 76-102; Vivès, t. 29, p. 117-156; Mandonnet, *Opuscula*, t. 4, p. 196-264; Marietti, *Opuscula theologica*, t. 2, p. 115-153.

フランス語訳として，*Opuscules de saint Thomas d'Aquin*, Vrin-Reprise, t. 4, Paris, 1984, p. 404-518 があるが，これは Fournet, Vivès, t. 2, Paris, 1857 が行った翻訳の再版——ページ数は変わらない——である。さらに，*Thomas d'Aquin, Vers la perfection de la vie spirituelle*, trad. par H. Maréchal, Paris, 1932 があるが，同じ訳者の部分訳が *La Vie Spirituelle* 18 (1928) 498-506; 619-624; 19 (1928) 85-97; 223-228; 342-352 にある。

『修道生活から引き離す者どもの教えを駁す』（Contra doctrinam retrahentium a religione）——上記第5章153-164ページ参照。
結論によれば，一般的に『引き離す者どもに対して』と呼ばれているこの著作は，「修道会に入ることを思いとどまらせようとする者どもの誤りを含んだ危険な教えに反対

するものである」。1269-70 年の『完全性について』より後のものであり，1271 年の四旬節の『自由討論集』第 4 巻——その第 23 項は若い人々の修道会入会という主題を，第 24 項は掟と助言の関係を検討している——と同時代のものであるこの著作は，1271 年の四旬節からクリスマスの間に執筆された。ゴーティエによれば，『引き離す者どもに対して』は『自由討論集』第 4 巻より前のものだが，数か月の差はあれどこの著作が同じ時代に位置づけられることに変わりはない。『神学大全』第 2 部の 2 の説明を用意したこの解答の強みのうちで指摘しなければならないのは，愛の絶対的優位と，キリストに従うことによってキリスト教的完全性に到達する手段として，托鉢による自発的貧しさが重要だとした点である。[われわれがその見解を示唆したゴーティエ（p. 493）は，この著作の執筆の時間的間隔をさらに限定できると考えている。すなわち，この著作は 1270 年 12 月から 1271 年 2 月の間に書かれた。]

EDITIONS: Léonine, t. 41 C; Parme, t. 15, p. 103-125; Vivès, t. 29, p. 175-190; Mandonnet, *Opuscula*, t. 4, p. 265-322; Marietti, *Opuscula theologica*, t. 2, p. 159-190.

フランス語訳として，*Opuscules de saint Thomas d'Aquin*, Vrin-Reprise, t. 4, Paris, 1984, p. 311-404 があるが，これは Fournet, Vivès, t. 2, Paris, 1857 が行った翻訳の再版——ページ数は変わらない——である。さらに，*Saint Thomas d'Aquin, L'entrée en religion*, trad. par H. Maréchal, Paris, 1935 がある。

『知性の単一性について——アヴェロエス主義者たちを駁す』（De unitate intellectus contra Averroistas）——上記第 10 章 328-335 ページ参照。

この小著は教養学部の教授たちの「アヴェロエス主義」をめぐるパリでの論争のうちに場所を占めている。研究者たちはこの小著を 1270 年 12 月 10 日の司教による断罪の直前に位置づけることで意見が一致している。トマスはそこで可能知性を身体から分離したすべての人間にとって唯一の実体とする教えを論駁しているが、それというのもこの教えはアリストテレスとキリスト教信仰の教えに対立するからである。

EDITIONS: Léonine, t. 43, préface p. 247-287, texte p. 291-314; Parme, t. 16, p. 208-224; Vivès, t. 27, p. 311-335; Mandonnet, *Opuscula*, t. 1, p. 33-69; Marietti, *Opuscula philosophica*, p. 63-90——これは L. W. Keeler, *S. Thomae Aquinatis Tractatus de unitate intellectus contra averroistas*, "Textus et documenta, Series philosophica 12", Rome, 1936 が作成した版のテキストを批判的註を除いて採用している; F. Van Steenberghen, "Corrections au texte du De unitate intellectus de Thomas d'Aquin", *Bulletin de philosophie médiévale SIEPM* 19 (1977) 65-67.

　フランス語訳として、*Opuscules de saint Thomas d'Aquin*, Vrin-Reprise, t. 3, Paris, 1984, p. 248-310 があるが、これは Bandel, Vivès, t. 2, Paris, 1857 が行った翻訳の再版——ページ数は変わらない——である。[フランス語訳として、*L'unité de l'intellect contre les Averroïstes*, Trad. A. DE LIBERA, Paris, Flammarion, 1994 がある。英語訳として、*Aquinas against the Averroists. On there being only one intellect*, trad. R. MCINERNY, West Lafayette (Indiana), 1993 がある。イタリア語訳として、*Trattato sull'unità dell'intelletto contro gli averroisti*, Trad. B. NARDI, Spoleto, 1998; *Unità dell'intelletto*, A cura di A. GHISALBERTI,

『世界の永遠性について』（De aeternitate mundi）――上記第 10 章 316-322 ページ参照。

この小著の執筆はトマスの第二回パリ大学教授時代の 1271 年に属する可能性が非常に高い。この領域でのアリストテレスの強力な権威を前にして不安に陥っていた多くの神学者たちとは反対に，トマスは世界が始まりを有することは信仰によってのみ保持できること，その反対は証明できないことを示している。

EDITIONS: Léonine, t. 43, préface p. 53-81, texte p. 85-89; Parme, t. 16, p. 318-320; Vivès, t. 27, p. 450-453; Mandonnet, *Opuscula*, t. 1, p. 22-27; Marietti, *Opuscula philosophica*, p. 105-108.

フランス語訳として，*Opuscules de saint Thomas d'Aquin*, Vrin-Reprise, t. 6, Paris, 1984, p. 551-560 があるが，これは Bandel, Vivès, t. 3, Paris, 1857 が行った翻訳の再版――ページ数は変わらない――である。［ドイツ語訳として，BONAVENTURA, THOMAS VON AQUIN, BOETHIUS VON DACIEN, *Über die Ewigkeit der Welt*, Übers. Und Anm. Von P. NICKL, Einleitung von R. SCHÖNBERGER, Frankfurt am Main――トマスに関しては，p. 82-103 を参照――がある。］

論　考

『存在するものと本質について』（De ente et essentia）――上記第 3 章 95-97 ページ参照。

研究者たちは，トロメオが「トマスがまだ教授ではなかったときに兄弟と同僚のために書いた」と述べているこの小著を，トマスがパリにいた 1252-56 年に位置づけることで意見が一致している。本質の概念とそれが現実と論理的概念に対して持つ関係の解明にあてたこの小論は，すばらしい幸運に恵まれ，非常に多くの版がある。[ゴーティエ（p. 479）は，日付として 1252-53 年を提案している。]

EDITIONS: Léonine, t. 43, préface p. 319-365, texte p. 369-381; Parme, t. 16, p. 330-337; Vivès, t. 27, p. 468-479; *S. Thomae Aquinatis sermo sive tractatus de ente et essentia*, L. Baur éd., Münster, 1926, ²1933; Mandonnet, *Opuscula*, t. 1, p. 145-164; *S. Thomae Aquinatis opusculum De ente et essentia, introductione et notis auctum*, C. Boyer éd., Rome, 1933, rééd. 1946, 1950 et 1970; Marietti, *Opuscula philosophica*, p. 5-18; Marietti, I. Sestili éd., ³1957; M.-D. Roland-Gosselin, *Le "De ente et Essentia" de S. Thomas d'Aquin*. Texte établi d'après les manuscrits. Introduction, notes et études historiques, "Bibliothèque thomiste 8", Paris, 1948.

フランス語訳として，*S. Thomas d'Aquin, L'être et l'essence*, Texte, traduction et notes par C. Capelle, "Bibliothèque des textes philosophiques", Paris, ⁹1991 がある。[フランス語訳として，*L'Être et l'Essence. Le vocabulaire médiéval de l'ontologie: deux traités De ente et essentia de Thomas d'Aquin et Dietrich de Freiberg*, Présentés et traduits par A. DE LIBERA et C. MICHON, Paris, Seuil, 1996——トマスに関する論述は，p. 37-131 参照——がある。ドイツ語訳として，*Über Seiendes und Wesenheit*, Übers. H. SEIDL, Hamburg, 1988 がある。イタリア語訳として，*L'ente e l'essenza*, A cura di P. PORRO, Milano, 1995; *L'ente e l'essenza. L'unità dell'intelletto*, Trad. A. LOBATO, Roma, 1998 がある。]

『自然の諸原理について』（De principiis naturae）——上記第3章97-98ページ参照。

トマスの青年時代に属するこの小著はとある兄弟シルヴェストルのために書かれたが、もっともこの人物は知られていない。トマスはこの小著を正教授になる前に書いたが、日付は定かではない。すなわち、彼が命題集講師だった1252-56年か、あるいはもっと前の勉学時代である。この著作で問題となっているのは変化の諸原理である。すなわち、質料、形相、欠如、ないし自然界の変化の諸原因である。

EDITIONS: Léonine, t. 43, préface p. 5-33, texte p. 39-47; Parme, t. 16, p. 338-342; Vivès, t. 27, p. 480-486; Mandonnet, *Opuscula*, t. 1, p. 8-18; Marietti, *Opuscula philosophica*, p. 121-128; *Saint Thomas Aquinas, De principiis naturae*. Introduction and Critical Text by J. J. Pauson, "Textus philosophici Friburgenses 2", Fribourg-Louvain, 1950.

フランス語訳として、*Saint Thomas d'Aquin, Les principes de la nature* (*De principiis naturae*), trad. et notes par R. Bernier, Montréal, 1962; *Saint Thomas d'Aquin, Les principes de la réalité naturelle*, Intr., trad. et notes par J. Madiran, "Docteur Commun", Paris, 1963; *Opuscules de saint Thomas d'Aquin*, Vrin-Reprise, t. 6, Paris, 1984, p. 594-612 ——これは Bandel, Vivès, t. 3, Paris, 1857 が行った翻訳の再版（ページ数は変わらない）である——がある。[J. Madiran のフランス語訳は再版された。*Les principes de la réalité naturelle*, Trad. J. MADIRAN, Paris, Nouvelles

Éditions Latines, 1994. ドイツ語訳として, *Die Prinzipien der Wirklichkeit*, Übers. R. HEINZMANN, Stuttgart, 1999 がある。英語訳として, *Aquinas on Matter ad Form and the Elements: A Translation and Interpretation of the De Principiis Naturae and the De Mixtione Elementorum of St. Thomas Aquinas*. By J. BOBIK, Notre Dame, UND Press, 1998 がある。]

『神学提要あるいは神学の簡潔な集成——兄弟レギナルドゥスへ』(Compendium theologiae seu brevis compilatio theologiae ad fratrem Raynaldum)——上記第 9 章 285-289 ページ参照。

レギナルドゥスの要請に応えて書かれた『神学提要』は, 対神徳の順序にしたがって構成されており, キリスト教の教えを単純さと簡潔さに気遣って説明したものである。第一の部分はローマ時代のうちのおそらく 1265-67 年, すなわち『対異教徒大全』の直後に属している。トマスはそこで『使徒信経』の条項を支えとして信仰に関するキリスト教の教えを説明している。その後, 中断を余儀なくされた著者はナポリに帰ってから執筆を再開したと思われるが, そこで書かれた第二の部分は『主の祈り』の要求に関係づけられたキリスト教の希望論である。この著作は未完成であり, 第二の部分の第 10 章で中断している。

EDITIONS: Léonine, t. 42, préface p. 5-73, texte p. 83-191; Parme, t. 16, p. 1-85; Vivès, t. 27, p. 1-127; Mandonnet, *Opuscula*, t. 2, p. 1-219; Marietti, *Opuscula theologica*, t. 1, p. 13-138.

フランス語訳として, *Opuscules de saint Thomas d'Aquin*, Vrin-Reprise, t. 1, Paris, 1984, p. 76-411——これは Védrine,

Vivès, t. 1, Paris, 1856 が行った翻訳の再版（ページ数は変わらない）である ; *Saint Thomas d'Aquin, Bref résumé de la foi chrétienne – Compendium theologiae*, trad. J. Kreit, "Docteur angélique 6", Paris, 1985——ここでは、ラテン語テキストがレオニーナ版より以前の版に従っており，未完成の『神学提要』がトマスの他の著作からの借用で「補完」されている——がある。［イタリア語訳として，*Compendio di teologia*, A cura di A. SELVA, Bologna, 1995 がある。］

『統治について――キプロス王に宛てて』（De regno ad regem Cypri）——上記第 9 章 293-296 ページ参照。

キプロス王——おそらくリュジニャンのユーグ 2 世——に宛てた『統治について』は，1267 年付近に位置づけられる。『君主の支配について』という名でも知られているこの著作は，政治理論に関する真の論考というよりむしろ王子のための教育的・道徳的小著である。未完成であり，真正の部分は第 2 巻 8 章——古くは第 2 巻 4 章——の途中で中断している。［この著作の受取人であるリュジニャンのユーグ 2 世は 1267 年 12 月 5 日に亡くなっているので，この著作は先行する数か月間に，すなわち 1266-67 年にローマに位置づけるべきである。］

EDITIONS: Léonine, t. 42, préface p. 421-444, texte p. 449-471; Parme, t. 16, p. 225-291; Vivès, t. 27, p. 336-412; Mandonnet, *Opuscula*, t. 1, p. 312-487; Marietti, *Opuscula philosophica*, p. 257-358.

フランス語訳として，*Opuscules de saint Thomas d'Aquin*, trad. par l'abbé Bandel, Vivès, t. 3, Paris, 1857, p. 205-466; *Saint Thomas d'Aquin, Du gouvernement royal*, trad. Cl.

Roguet et Préface de Ch. Journet, Paris, 1931; *Saint Thomas d'Aquin, Du Royaume. De Regno*, trad. M.-M. Cottier, Paris, 1946 がある。[ドイツ語訳として，*Über die Herrschaft der Fürsten*, Übers. F. SCHREYVOGEL, Stuttgart, 1990 がある。イタリア語訳として，*Opuscoli politici*, trad. L. PEROTTO, Bologna, 1997, p. 25-395 がある。]

『離存的実体について』（De substantiis separatis）——上記第 11 章 376-379 ページ参照。

古い目録ではレギナルドゥスに宛てられているこの論考は 1271 年の前半より後のものだが，書かれたのがパリかナポリかを正確に述べることはできない。天使に関する教えを論じているこの著作は二つの部分に分けられる。すなわち，古代の人々が天使について考察した事柄——第 1-17 章——とカトリック信仰の教えである。未完成の第二の部分は，第 20 章の天使の罪に関する説明の途中で中断している。[ゴーティエ（p. 498）は，少し不確実性を残すわれわれの結論を自分のやり方で確証している。すなわち，『離存的実体について』は 1272-73 年にパリあるいはナポリで書かれたとしている。]

EDITIONS: Léonine, t. 40 D; Parme, t. 16, p. 183-207; Vivès, t. 27, p. 273-310; Mandonnet, *Opuscula*, t. 1, p. 70-144; Marietti, *Opuscula philosophica*, p. 21-58; *Saint Thomas Aquinas's Treatise on Separate Substances*, F. J. Lescoe éd., West Hartford (Conn.), 1963.

フランス語訳として，*Opuscules de saint Thomas d'Aquin*, Vrin-Reprise, t. 3, Paris, 1984, p. 153-248 があるが，これは Bandel, Vivès, t. 2, Paris, 1857 が行った翻訳の再版——ページ数は変わらない——である。[ドイツ語訳として，*Vom*

Wesen der Engel, Übers. W.-U. KLÜNKER, Stuttgart, 1989 がある。スペイン語訳として，*Las substancias separadas*, Trad. A GARCÍA MARQUÉS y M. OTERO, Valencia, 1993 がある。]

書簡ならびに専門家としての意見

『状況に応じた売買について』(De emptione et uenditione ad tempus) ——上記第 7 章 216-217 ページ参照。

1262 年頃に執筆された「信用取引に関する」この短い手紙は，フィレンツェの修道院講師だったヴィテルボのヤコブスとかいう人物が，当時高利貸しと呼ばれていたが今日投機と呼ばれる事柄についてトマスに提起した問題に解答したものである。この手紙はトマスがこの世界と当時の諸問題に関与していたことを明らかにすると同時に，同僚の枢機卿サン・シェールのフーゴーとウルバヌス 4 世に仕える礼拝堂管理司祭だったエーボリのマリーヌスに相談しながら情報収集を行う気遣いがあったことを示している。

EDITIONS: Léonine, t. 42, préface p. 383-390, texte p. 393-394; Parme, t. 17, p. 337; Vivès, t. 28, p. 465-466; Mandonnet, *Opuscula*, t. 3, p. 178-179; Marietti, *Opuscula theologica*, t. 1, p. 185-186——テキストと註は，A. O'Rahilly, "Notes on St. Thomas, III. St. Thomas on Credit", *Irish Ecclesiastical Record* 64 (1928), p. 159-168 が作成した版のものである．

フランス語訳として，*Opuscules de S. Thomas d'Aquin*, trad. par l'abbé Védrine, Vivès, t. 7, Paris, 1858, p. 289-291 がある。[イタリア語訳として，*Opuscoli politici*, trad. L.

PEROTTO, Bologna, 1997, p. 423-427 がある。]

『ギリシャ人の誤謬を駁す』(Contra errores Graecorum)
——上記第 7 章 217-220 ページ参照。

ウルバヌス 4 世の要請で書かれ, かなり不適切に『ギリシャ人の誤謬を駁す』と名づけられているこの著作は, 昔のクロトーネの司教だったドゥラスのニコラウスが編纂したであろう, ギリシャ教父のテキストの集成——Libellus ou Liber de fide Trinitatis——の検討であり, 1263 年か 1264 年の初めに位置づけるべきである。トマスは第一の部分で, 曖昧なテキストを説明しようとしており, しばしば疑わしい活用や欠陥のある翻訳を指摘しているが, ギリシャ教父の教えから教義的な内容を引き出そうとしている。第二の部分はより入念に明確な四つの問題——聖霊の子からの発出, 教皇の至上性, 無酵母のパンを使った聖体の挙行, 煉獄——を検討している。この小著は, トマスが編纂されたテキストを好んでいたことと, 信仰に関するギリシャ教父の教えを信頼していたことを教えてくれるが, 小冊子 (Libellus) を信用しすぎていることから害を受けている。

EDITIONS: Léonine, t. 40 A (avec le texte du *Libellus* p. 107-151); Parme, t. 15, p. 239-258; Vivès, t. 29, p. 344-373; Mandonnet, *Opuscula*, t. 3, p. 279-328; Marietti, *Opuscula theologica*, t. 1, p. 315-346 et texte du *Libellus* p. 347-413; *S. Thomas d'Aquin, Contra errores Graecorum*, Texte présenté et édité avec notes, références et documents connexes par Mgr P. Glorieux, "Monumenta christiana selecta", Tournai, Paris, Rome, New York, 1957.

フランス語訳として, *Opuscules de saint Thomas d'Aquin*,

Vrin-Reprise, t. 2, Paris, 1984, p. 1-76 があるが，これは Bandel, Vivès, t. 1, Paris, 1856 が行った翻訳の再版——ページ数は変わらない——である。

『信仰の諸根拠について——アンティオキアの聖歌隊長へ』（De rationibus fidei ad Cantorem Antiochenum）——上記第 7 章 220-221 ページ参照。

この小さな著作は，アンティオキアの聖歌隊長とされる人物——彼を特定することはできない——が近東の様々な分野の人々と接触した後でトマスに提起した多様な問題に答えるものである。それらの人々とは，三位一体，受肉，贖い，聖体といったキリスト教の教義を嘲笑するサラセン人であり，煉獄を信じないギリシャ人とアルメニア人であり，イスラム教徒とともに自由意志と功績を危険にさらす神の予知の考え方を共有している他の国民である。合理的な議論を要求する受取人に対して，トマスは対話の相手が認める権威によってのみ議論すべきことを想起している。キリスト教徒である弁論家が保持できる目的は，信仰を証明することではなく，弁護し，誤りでないことを示すことである。『対異教徒大全』を参照していることから，この著作は 1265 年の直後に位置づけられる。［ゴーティエ（p. 488）によれば，執筆の日付と場所は 1265 年頃のオルヴィエトである。］

EDITIONS: Léonine, t. 40 B; Parme, t. 16, p. 86-96; Vivès, t. 27, p. 128-143; Mandonnet, *Opuscula*, t. 3, p. 252-278; Marietti, *Opuscula theologica*, t. 1, p. 253-268.

フランス語訳として，*Opuscules de saint Thomas d'Aquin*, Vrin-Reprise, t. 2, Paris, 1984, p. 411-453 があるが，これは Fournet, Vivès, t. 1, Paris, 1856 が行った翻訳の再版——

ページ数は変わらない——である。［フランス語訳として，Saint THOMAS D'AQUIN, *Traités. Les raisons de la foi. Les articles de la foi et les sacrements de l'Église*, Intr., trad. du latin et annotation par G. EMERY, "Sagesses chrétiennes", Paris, 1999——翻訳の質の高さと豊富な註のゆえに，この著作はこの類の書物の模範であり，例外的な価値を保っている——がある。英語訳として，J. KENNY, "Saint Thomas Aquinas, Reasons for the Faith Against Muslim Objections (and one objection of Greeks and Armenians) to the Cantor of Antioch", *Islamochristiana* 22 (1996) 31-52 がある。］

『第一と第二の勅令の註解 —— トーディの助祭長へ』（Expositio super primam et secundam Decretalem ad Archidiaconum Tudertinum）——上記第7章221-222ページ参照。

これら二つの勅令の註解は，十中八九，トーディの助祭長であり，聖トマスの友人にしてサントメールの長官だったアナーニのアデヌルフ——彼の要請でピペルノのレギナルドゥスは『ヨハネ福音書講解』を公刊した——の盟友アナーニのギフレドゥスに捧げられている。この献辞からして，この小著は1261-65年のオルヴィエト時代に位置づけられる。トマスが教義的な註解をした第一の勅令は，1215年の第四ラテラノ公会議が定式化した，Firmiterという信条で知られている信仰告白である。トマスが言い換えによる説明で満足している第二の勅令 Damnamus は同じ公会議のテキストだが，フィオーレのヨアキムがペトルス・ロンバルドゥスの三位一体論を攻撃した小冊子を註解し，論駁し，断罪している。

EDITIONS: Léonine, t. 40 E; Parme, t. 16, p. 300-309; Vivès, t. 27, p. 424-438; Mandonnet, *Opuscula*, t. 4, p. 324-

348; Marietti, *Opuscula theologica*, t. 1, p. 417-431.

フランス語訳として, *Opuscules de saint Thomas d'Aquin*, trad. par l'abbé Bandel, Vivès, t. 3, Paris, 1857, p. 492-524 がある。

『信仰箇条と教会の秘跡について——パレルモの大司教へ』(De articulis fidei et ecclesiae sacramentis ad archiepiscopum Panormitanum) ——上記第7章222-224ページ参照。

この小著は1261年から1270年までパレルモの大司教だったレオナルドの求めで書かれたので, この日付の間に執筆されたとしなければならない。トマスは第一の部分で『使徒信経』を説明している。第二の部分は七つの秘跡にあてている。各信仰箇条と秘跡に関して, トマスは似たような方法に従っている。すなわち, 短い説明の後に, 聖書が論駁できる主要な誤りを続けている。この小さな著作は広く普及した。[執筆の日付と場所に関して言えば, ゴーティエ (p. 488) は疑いながらも1261-65年のオルヴィエトを提案している。]

EDITIONS: Léonine, t. 42, préface p. 209-241, texte p. 245-257; Parme, t. 16, p. 115-122; Vivès, t. 27, p. 171-182; Mandonnet, *Opuscula*, t. 3, p. 1-18; Marietti, *Opuscula theologica*, t. 1, p. 141-151; D. Mongillo, "L'opuscolo di Tommaso d'Aquino per l'arcivescovo di Palermo", *O Theologos* 2 (1975) 111-125; C. Militello, "De articulis fidei et Ecclesiae sacramentis ad archiepiscopum Panormitanum", *ibid.*, p. 127-206——ここには, ラテン語テキスト, イタリア語訳, 引用と告発された誤りの索引がある。

フランス語訳として，*Opuscules de saint Thomas d'Aquin*, trad. par l'abbé Fournet, Vivès, t. 1, Paris, 1856, p. 532-562 がある。[フランス語訳について，『信仰の諸根拠について』の項を参照。スペイン語訳として，*Obras catequéticas: sobre el Credo, Padrenuestro, Avemaría, Decálogo y los siete sacramentos*, Ed. J.I. SARANYANA, Pamplona, 1995, p. 201-232 がある。]

『総長ヴェルチェッリのヨハネスに対する108項についての解答』（Responsio ad magistrum Ioannem de Vercellis de 108 articulis）――上記第9章289-290ページ参照。

この専門家としての意見は，ドミニコ会総長ヴェルチェッリのヨハネスがトマスに要請したものである。トマスは同僚であり，後にインノケンティウス5世となるタランテーズのペトルスの『命題集註解』から取られた108の命題を検討しているが，命題は誹謗者から誤りの嫌疑がかけられたものである。その際，トマスは反論者の誤ったあるいは偏向した解釈から著者の思想を救い出すことでそれを説明している。この著作はローマ時代――1265-66年あるいは1265-67年――に属するが，日付に関してこれ以上正確に述べることはできない。

EDITIONS: Léonine, t. 42, préface p. 263-275, texte p. 279-294; Parme, t. 16, p. 152-162; Vivès, t. 27, p. 230-247; Mandonnet, *Opuscula*, t. 3, p. 211-245; Marietti, *Opuscula theologica*, t. 1, p. 223-240.

フランス語訳として，*Opuscules de saint Thomas d'Aquin*, trad. par l'abbé Bandel, Vivès, t. 2, Paris, 1857, p. 50-92 がある。

『赦しの形式について』（De forma absolutionis）——上記第 9 章 290-291 ページ参照。

ドミニコ会総長ヴェルチェッリのヨハネスは，赦しの秘跡の中で「わたしはあなたを赦す」（Ego te absolvo）という直接的形式を使うことに異議を唱える著者の小冊子に関して，トマスの意見を求めた。おそらく 1269 年 2 月 22 日に遡るトマスの検討は，嘆願的形式を提案する反論者が提起する諸困難に答えている。

EDITIONS: Léonine, t. 40 C; Parme, t. 16, p. 295-299; Vivès, t. 27, p. 417-423; Mandonnet, *Opuscula*, t. 3, p. 163-177; Marietti, *Opuscula theologica*, t. 1, p. 173-180——これは C. Castangnoli, *L'opuscolo De forma absoltionis di San Tommaso d'Aquino*, Plaisance, 1933 が作成したテキストの再版である。

フランス語訳として，*Opuscules de saint Thomas d'Aquin*, trad. par l'abbé Bandel, Vivès, t. 3, Paris, 1857, p. 474-491 がある。

『秘密について』（De secreto）——上記第 11 章 370-372 ページ参照。

この小著は本来的に言えばトマスの著作ではなく，トマスが参加した委員会の報告書である。すなわち，1269 年のパリでの総会は，修道会の上長が隠れた過ちを告発された修道士，あるいは過ちの犯人を知っている修道士の良心に及ぼす影響力に関わる六つの事例について，幾人かの教授に意見を請うた。トマスの意見は二つの問題に関して伝えられているが，彼は他の教授たちとは反対に，いくつかの事例について上長には修道士から秘密の告白を要求できる権利があるとしている。

EDITIONS: Léonine, t. 42, préface p. 475-483, texte p. 487-488; Parme, t. 24, p. 235-236; Vivès, t. 32, p. 816-818; Mandonnet, *Opuscula*, t. 4, p. 497-501; Marietti, *Opuscula theologica*, t. 1, p. 447-448.

フランス語訳はない。

『くじについて——トネンゴのヤコブスへ』(Liber De sortibus ad dominum Iacobum de Tonengo) ——上記第 11 章 368-370 ページ参照。

教皇直属の礼拝堂司祭だったトネンゴのヤコブスに宛てたこの小著は, おそらく 1270 年か 1271 年の夏の間に書かれた。トマスは 5 章を割いてくじに訴えることの理由, 目的, 方法, 効力を検討している。いかなるときにくじを利用してよいかを知ることに関して, トマスは自由意志と摂理の教えを拠りどころとしている。[ゴーティエ (p. 488) は, 『自由討論集』第 12 巻 22 問 1 項 [36]——Léon., t. 25/2, p. 428——を校訂する際に行った研究に基づいて, 明らかにより以前の日付, すなわち 1263-65 年頃のオルヴィエトを提案している。]

EDITIONS: Léonine, t. 43, préface p. 207-226, texte p. 229-238; Parme, t. 16, p. 310-316; Vivès, t. 27, p. 439-448; Mandonnet, *Opuscula*, t. 3, p. 144-162; Marietti, *Opuscula theologica*, t. 1, p. 159-167.

フランス語訳として, *Opuscules de saint Thomas d'Aquin*, trad. par l'abbé Bandel, Vivès, t. 3, Paris, 1857, p. 525-548 がある。

『ヴェネツィアの講師に対する30項および36項についての解答』（Responsiones ad lectorem Venetum de 30 et 36 articulis）——上記第9章292ページ参照。

1271年に遡るこの二つの解答は，ヴェネツィアの修道院講師だった修道士ローディのバクシアヌスに宛てられているが，彼は宇宙論の様々な問題——天体の影響，天使の働き，地獄の場所等々——についてトマスの意見を求めた。最初の解答は30項を検討している。ヴェネツィアの生徒たちがトマスに補足的な問題を課した結果，トマスは解答を36項に改作し，その間——1271年4月2日——に書いたヴェルチェッリのヨハネスに対する『43項についての解答』の要素を組み入れた。

EDITIONS: Léonine, t. 42, préface p. 299-320, texte p. 321-324 et 339-346; Parme, t. 16, p. 169-174 (*Resp. de 36 art.*); Vivès, t. 27, p. 256-263 (*Resp. de 36 art.*); Mandonnet, *Opuscula*, t. 3, p. 180-195 (*Resp. de 36 art.*); Marietti, *Opuscula theologica*, t. 1, p. 193-197; 199-208.

フランス語訳として，*Opuscules de saint Thomas d'Aquin*, trad. par l'abbé Bandel, Vivès, t. 2, Paris, 1857, p. 113-132 (*Resp. de 36 art.*) がある。

『総長ヴェルチェッリのヨハネスに対する43項についての解答』（Responsio ad magistrum Ioannem de Vercellis de 43 articulis）——上記第9章291-292ページ参照。

厳密に1271年4月2日の聖木曜日に遡るこの文書は，ドミニコ会総長ヴェルチェッリのヨハネスの要請に応えて書かれた専門家としての意見であり，教義上討議されていた点——宇宙論の問題が重要な位置を占めている——に関するものである。すなわち，この解答はヴェネツィアの講

師に宛てた『30項および36項についての解答』と同じ関連書類に属している。ヴェルチェッリのヨハネスはアルベルトゥス・マグヌスとロバート・キルウォードビーにも相談しており，解答が保存されている。

EDITIONS: Léonine, t. 42, préface p. 299-320, texte p. 327-335; Parme, t. 16, p. 163-168; Vivès, t. 27, p. 248-255; Mandonnet, *Opuscula*, t. 3, p. 196-210; Marietti, *Opuscula theologica*, t. 1, p. 211-218――写本や誤りを含む印刷版に基づいた，レオニーナ版より以前のいくつかの諸版は43項の代わりに42項を示しているが，これは誤りである。

フランス語訳として，*Opuscules de saint Thomas d'Aquin*, trad. par l'abbé Bandel, Vivès, t. 2, Paris, 1857, p. 93-112 がある。

『ブザンソンの講師に対する6項についての解答』(Responsio ad lectorem Bisuntinum de 6 articulis)――上記第9章293ページ参照。

ブザンソンの修道院講師だった修道士ゲラルドゥスとかいう人物は，六つの項についてトマスに相談した。五つの項は説教者に関するものである――東方の三博士に現れた星は十字の形だったか，それとも人間の形だったか，それとも十字架につけられたキリストの形だったか。幼いイエスの手は星々を創造したか。乙女マリアに対するシメオンの預言は復活まで毎日七回成就したか。トマスの解答はこのような取るに足らない無益な話に入り込まないように強く勧めている。第6項は告解の秘跡に関するものである。この相談の日付は定かではないが，1271年だったかもしれない。

EDITIONS: Léonine, t. 42, préface p. 349-352, texte p. 355-356; Parme, t. 16, p. 175-176; Vivès, t. 27, p. 264-265; Mandonnet, *Opuscula*, t. 3, p. 246-248; Marietti, *Opuscula theologica*, t. 1, p. 243-244.

フランス語訳として, *Opuscules de saint Thomas d'Aquin*, trad. par l'abbé Bandel, Vivès, t. 2, Paris, 1857, p. 132-136 がある。

『ブラバン伯爵夫人への手紙』(Epistola ad ducissam Brabantiae)——上記第 11 章 372-376 ページ参照。

この手紙に「フランドル伯爵夫人へ」というタイトルを付けているトロメオにならっていくつかの写本が行っているように, 現在では『フランドル伯爵夫人への手紙』(Lettre à la comtesse des Flandres) と呼ぶ方がよいと思われる『ブラバン伯爵夫人への手紙』は, 『ユダヤ人に対する支配について』という不適切な名でも知られている——この短い著作は半分以上ユダヤ人とは関係のない主題について論じている。この手紙は主として君主に仕える人々に対する金銭面での管理に関わる諸問題に答えるものである。トマスは税を受けとることの正当性を公衆の有益性という原則で基礎づけている。受取人に関して言えば, 最近の研究はフランドル伯爵夫人にしてボードゥアン 1 世——彼はフランドル伯爵にしてコンスタンティノポリスの初代皇帝だった——の娘コンスタンティノポリスのマルグリットを勧めている。それゆえ, この著作は 1271 年のパリに位置づけるべきである。

EDITIONS: Léonine, t. 42, préface p. 361-371, texte p. 375-378; Parme, t. 16, p. 292-294; Vivès, t. 27, p. 413-416; Mandonnet, *Opuscula*, t. 1, p. 488-494; Marietti, *Opuscula philosophica*, p. 249-252.

フランス語訳として，*Opuscules de saint Thomas d'Aquin*, trad. par l'abbé Bandel, Vivès, t. 3, Paris, 1857, p. 467-474 がある。[イタリア語訳として，*Opuscoli politici*, trad. L. PEROTTO, Bologna, 1997, p. 409-417 がある。]

『諸元素の混合について──カストロチェーロのフィリップス教授へ』（De mixtione elementorum ad magistrum Philippum de Castro Caeli）──上記第 11 章 363-366 ページ参照。

この小さな論考はカストロチェーロのフィリップス教授に宛てられている。ボローニャとナポリで医学教授だった彼は，四元素とその性質，および古い医学の気質と体質の理論の中で四元素が果たした役割に関する問題についてトマスに相談した。この小著の正確な日付は定かではないが，第二回パリ滞在時代のうち，おそらく実体的形相の単一性に関する 1270 年の議論以前に位置づけられよう。というのも，この著作は当該の議論のいかなる痕跡もとどめていないからである。[日付に関して，ゴーティエ（p. 492）は 1269 年のパリを提案している。]

EDITIONS: Léonine, t. 43, préface p. 135-152, texte p. 155-157; Parme, t. 16, p. 353-354; Vivès, t. 27, p. 502-503; Mandonnet, *Opuscula*, t. 1, p. 19-21; Marietti, *Opuscula philosophica*, p. 155-156.

フランス語訳として，*Opuscules de saint Thomas d'Aquin*, trad. par l'abbé Bandel, Vivès, t. 4, Paris, 1857, p. 41-45 がある。[英語訳に関して，上記『自然の諸原理について』の項の補足部分を参照。]

『心臓の運動について——カストロチェーロのフィリップス教授へ』（De motu cordis ad magistrum Philippum de Castro Caeli）——上記第 11 章 363-366 ページ参照。

先の例と同じ受取人に宛てたこの小著は，人間と動物の心臓の運動が自然本性的なものであり，シャレスヒルのアルフレッドが主張するような暴力的なものではないことを明らかにしようとしている。正確な日付が定かではないこの小さな論考は，1273 年にナポリで書かれた可能性がある。

EDITIONS: Léonine, t. 43, préface p. 95-123, texte p. 127-130; Parme, t. 16, p. 358-360; Vivès, t. 27, p. 508-511; Mandonnet, *Opuscula*, t. 1, p. 28-32; Marietti, *Opuscula philosophica*, p. 165-168.

フランス語訳として，*Opuscules de saint Thomas d'Aquin*, trad. par l'abbé Bandel, Vivès, t. 4, Paris, 1857, p. 55-62 がある。［スペイン語訳ならびに重要な研究として，A. LOBATO, "El tratado de santo Tomás de Aquino 'De motu cordis'", dans *Littera, Sensus, Sententia*. Studi in onore del Prof. Clemens J. Vansteenkiste O.P., A. LOBATO, éd., Milan, 1991, p. 341-380 がある。］

『自然の隠れた働きについて——山を越えたところにいるある兵士へ』（De operationibus occultis naturae ad quendam militem ultramontanum）——上記第 11 章 366-367 ページ参照。

「自然の隠れた働き」を扱ったこの小著は，自然的な原因に属する事柄と，トマスが告発している魔術の実践における悪魔の介入に帰すことのできる事柄の識別を試みてい

る。この説明と並行する箇所が他の著作にも見られることから，この小著は第二回パリ大学教授時代の 1268-72 年に位置づけられる。この小著の受取人である「山を越えたところにいる」騎士——もっとも彼については知られていない——は，当時イタリアにいたはずである。

EDITIONS: Léonine, t. 43, p. 163-179, texte p. 183-186; Parme, t. 16, p. 355-357; Vivès, t. 27, p. 504-507; Mandonnet, *Opuscula*, t. 1, p. 1-7; Marietti, *Opuscula philosophica*, p. 159-162.

フランス語訳として，*Opuscules de saint Thomas d'Aquin*, trad. par l'abbé Bandel, Vivès, t. 4, Paris, 1857, p. 46-54 がある。

『星占いについて』（De iudiciis astrorum）——上記第 11 章 367-368 ページ参照。
この短い手紙の受取人——レギナルドゥスかもしれない——は，占星術を行うことが許されているかどうかをトマスに尋ねた。トマスの解答は星々が世界に物理的影響を及ぼすことを否定していないが，人間的行為を星々の影響から断固として除外し，人間の意志に依存する事柄について星々を参照することは重大な罪だと結論づけている。この小著はおそらく第二回パリ滞在時代のうちの 1269-72 年に遡る。

EDITIONS: Léonine, t. 43, préface p. 189-197, texte p. 201; Parme, t. 16, p. 317; Vivès, t. 27, p. 449; Mandonnet, *Opuscula*, t. 3, p. 142-143; Marietti, *Opuscula theologica*, t. 1, p. 155.

フランス語訳として, *Opuscules de saint Thomas d'Aquin*, trad. par l'abbé Bandel, Vivès, t. 3, Paris, 1857, p. 549-550 がある。

『カッシーノの修道院長ベルナルドゥスへの手紙』(Epistola ad Bernardum abbatem casinensem)——上記第1章41-42ページ, 第14章492-493ページ参照。

モンテ・カッシーノの修道院長ベルナール・エグリエに宛てたこの手紙は, 神の予知の不可謬性と人間の自由に関する聖グレゴリウス『道徳論』の文章の意味を説明している。トマスの著作のうちで日付的に最後のものであるこの手紙は, トマスがリヨン公会議に向かっていたときに, アクィノかマエンツァ城で1274年の2月半ば頃書かれた。

EDITIONS: Léonine, t. 42, préface p. 399-409, texte p. 413-415; Vivès, t. 32, p. 834-835; Mandonnet, *Opuscula*, t. 3, p. 249-251; Marietti, *Opuscula theologica*, t. 1, p. 249-250; A. Dondaine, "La lettre de saint Thomas à l'abbé du Montcassin", dans *Saint Thomas Aquinas 1274-1974 Commemorative Studies*, A. Maurer éd., t. 1, Toronto, 1974, p. 87-108.

フランス語訳として, P. Renaudin, "Saint Thomas d'Aquin et saint Benoît", *RT* 17 (1909) 513-537; cf. p. 533-535 があるが, このテキストは批判的校訂版より以前のものである。[J.É STROOBANT DE SAINT-ÉLOY のフランス語訳に関して, 上記『パウロ書簡註解ないし講解』の項を参照。]

典礼的著作, 説教, 祈り

『聖体の祝日の聖務日課——教皇ウルバヌスの命に

おいて』(Officium de festo Corporis Christi ad mandatum Urbani Papae) ——上記第 7 章 229-241 ページ参照。

この著作の真正性は長い間困難を作り出してきたが，ジー神父の業績以降，この著作を書いたのがトマスであることはもはや疑いないものになった。ここで問題となっているのは聖務日課 Sacerdos とミサ Cibavit だが，1264 年 8 月 11 日にウルバヌス 4 世が公表し，勅書 Transiturus は全教会に対してこの祝日を制定した。このようにして，この著作の執筆はオルヴィエト時代のうちこの日付の直前に遡る。

EDITIONS: Parme, t. 15, p. 233-238; Vivès, t. 29, p. 335-343; Mandonnet, *Opuscula*, t. 4, p. 461-476; Marietti, *Opuscula theologica*, t. 2, p. 275-281.

フランス語訳として，*Opuscules de saint Thomas d'Aquin*, trad. par l'abbé Fournet, Vivès, t. 5, Paris, 1858, p. 416-434; morceaux choisis dans *Prières de saint Thomas d'Aquin*, traduites et présentées par A.-D. Sertillanges, Paris, 1920, Reprint 1954; *Prières de Saint Thomas*, Présentation, traduction et commentaires par D. SUREAU, Paris, 1992, p. 45-58 がある。［イタリア語訳として，*Opuscoli spirituali*, Trad. P. LIPPINI, Bologna, 1999, p. 299-320——p. 325-320 にある聖トマスの祈りの翻訳とともに——がある。英語訳として，*The Aquinas Prayer Book: The Prayers and Hymns of St. Thomas Aquinas*, Transl. R. ANDERSON and J. MOSER, Manchester (NH), 1993, 2000——祈り，聖歌，聖体の聖務日課の祈り——がある。］

『聖歌「あなたを崇めます」』(Hymne "Adoro Te") ——上記第 7 章 233-238 ページ参照。

『あなたを崇めます』の真正性に対立する結論を下しているように見えるアンドレ・ヴィルマーの業績にもかかわらず，最近の研究にはこの祈りの真正性に有利になるような強力な論拠がある。というのも，この祈りはトッコの第四版で証明されており，すでにトマスの列聖以前に普及していたからである。[上記238ページ註60参照。日付に関して言えば，ゴーティエ（p. 500）はためらうことなく1274年3月4日あるいは5日のフォッサノーヴァを提案しているが，聖体の聖務日課を執筆した時代も考えられる。]

EDITIONS: Parme, t. 24, p. 243-244; Vivès, t. 32, p. 823; Mandonnet, *Opuscula*, t. 4, p. 544-545; Marietti, *Opuscula theologica*, t. 2, p. 287.

フランス語訳として，*Prières de saint Thomas d'Aquin*, traduites et présentées par A.-D. Sertillanges, Paris, 1920, Reprint 1954, p. 42-43; *Prières de Saint Thomas*, D. SUREAU, éd., Paris, 1992, p. 59-60 がある。[フランス語訳として，J.-P. TORRELL, *Recherches thomasiennes*, Paris, Vrin, 2000, p. 368-375 がある。]

『「十戒」の説教』（Collationes in decem precepta）——上記第4章134-137ページ参照。

『十戒』の説教の日付と場所を正確に述べることは難しい。1261-68年か1273年（？）にイタリアでトマスの母国語で為されたこれらの説教は，アンドリアのペトルスが集めたが，清書は遅い時代，すなわち『マタイ福音書講解』と同時代のものである。トマスのこの説教は愛についての二つの掟と十戒に関するものである。

EDITIONS: J.-P. Torrell, "Les *Collationes in decem preceptis* de saint Thomas d'Aquin. Edition critique avec introduction et notes", *RSPT* 69 (1985) 5-40 et 227-263; Parme, t. 16, p. 97-114; Vivès, t. 27, p. 144-170; Mandonnet, *Opuscula*, t. 4, p. 413-455; Marietti, *Opuscula theologica*, t. 2, p. 245-271.

フランス語訳として, *Saint Thomas d'Aquin, Les commandements*, Intr., trad. et notes par un moine de Fontgombault, "Docteur Commun", Paris, 1970——ラテン語テキストは批判的校訂版のものではない; *Opuscules de saint Thomas d'Aquin*, trad. par l'abbé Fournet, Vivès, t. 1, Paris, 1856, p. 453-531 がある。[英語訳として, *The Aquinas Catechism*, Foreword by R. MCINERNY, Manchester (NH), 2000 がある。イタリア語訳として, *Opuscoli spirituali*, Trad. P. LIPPINI, Bologna, 1999, p. 196-289 がある。スペイン語訳として, *Obras catequéticas: sobre el Credo, Padrenuestro, Avemaría, Decálogo y los siete sacramentos*, Ed. J.I. SARANYANA, Pamplona, 1995, p. 141-200 がある。]

『「主の祈り」,「使徒信経」,「アヴェ・マリアの祈り」の説教』(Collationes in orationem dominicam, in Symbolum Apostolorum, in salutationem angelicam) ——上記第 4 章 134-137 ページ, 第 13 章 453 ページ参照。

これら一連の説教の日付と場所を正確に述べることは難しい。『主の祈り』の説教はおそらくナポリで 1273 年の四旬節に行われた。その記録は, 同じ時代への帰属が証明されていない『使徒信経』の説教の記録と同様に, ピペルノのレギナルドゥスに帰せられる。印刷版の『主の祈り』の第一の要求に関する説教は, トスカネッラの

アルドブランディヌス（Aldobrandinus de Toscanella）から借用されたものであり，真正なものではない——B.-G. Guyot, "Aldobrandinus de Toscanella: source de la *Ia Petitio* des éditions du commentaires de S. Thomas sur le Pater", *AFP* 53 (1983) 175-201 を参照。『アヴェ・マリアの祈り』の説教について言えば，問題となっているのはおそらくコラチオを伴った通常の説教であり，これは第二回パリ滞在の間に行われた。

EDITIONS: Parme, t. 16, p. 123-151; Vivès, t. 27, p. 183-229; Mandonnet, *Opuscula*, t. 4, p. 349-411; 456-460; Marietti, *Opuscula theologica*, t. 2, p. 193-241; I. F. Rossi, *S. Thomae Aquinatis Expositio Salutationis Angelicae. Introductio et textus*, Plaisance, 1931, repris dans *Divus Thomas* (Plaisance) 34 (1931) 445-479.

フランス語訳として，*Saint Thomas d'Aquin, Le Pater et l'Ave*, Intr. et trad. par un moine de Fontgombault, "Docteur Commun", Paris, 1967; *Saint Thomas d'Aquin, le Credo*, Intr., trad. et notes par un moine de Fontgombault, "Docteur Commun", Paris, 1969; *Opuscules de saint Thomas d'Aquin*, trad. par l'abbé Fournet, Vivès, t. 1, Paris, 1856, p. 563-632; t. 2, 1857, p. 1-49 がある。[イタリア語訳として，*Opuscoli spirituali*, Trad. P. LIPPINI, Bologna, 1999, p. 33-189——『使徒信経』，『主の祈り』，『アヴェ・マリアの祈り』の説教 ; P. ORLANDO, *S. Tommaso d'Aquino Dottore mariano*, "In salutationem angelicam". Testo bilingue e commento, Napoli, 1995 がある。スペイン語訳として，*Obras catequéticas*: *sobre el Credo, Padrenuestro, Avemaría, Decálogo y los siete sacramentos*, Ed. J.I. SARANYANA, Pamplona, 1995, p. 43-137 がある。英語訳について

は,『「十戒」の説教』の前項参照。ドイツ語訳として, *Thomas von Aquin als Seelsorger*, 2. Aufl. Hrsg. und Übers. von F. HOFFMANN, Leipzig, 1998 がある。]

その他の説教――上記第4章130-137ページ参照。

一般的にトマスの著作の諸版は，多数の説教を含んでいるが，大部分は誤っている。ここで L.-J. Bataillon, "Les sermons attribués à saint Thomas: questions d'authenticité", *MM* 19 (1988) 325-341, cf. 339-340 が作成した真正な19の説教のリストを以下のアルファベット順で示そう――バタイヨン神父のリストは上で『主の祈り』と『使徒信経』の説教とともに示した『アヴェ・マリアの祈り』の説教も含んでいる。コラチオを含んでいる10の説教はイタリック体で示している。これらの説教が行われた日付に関して言えば，正確に述べることはしばしば難しい。しかし，時として示されている場所から推測できる。ボローニャ，ミラノ，パリは，おそらくこれらの説教のうち少なくとも12の説教が行われた場所である。[ゴーティエ（p. 493）は，パリで行われたいくつかの説教の正確な日付を提案している。すなわち，Attendite は 1269年7月14日，Exiit qui seminat は 1270年2月16日，Homo quidam erat diues は 1270年8月10日，Ecce Rex は 1270年11月30日あるいは 1271年11月29日（?），Beatus uir は 1270年11月11日，Osanna は 1270年（?）に行われた。]

Abiciamus : Vivès, t. 32, p. 693; J. B. Raulx éd., Divi Thomae Aquinatis Sermones et opuscula concionatoria, t. 1, Paris, 1881, p. 416; Busa, t. 6, p. 38a.

Attendite : Parme, t. 24, p. 226; Vivès, t. 32, p. 673; Raulx, p. 483; Busa, t. 6, p. 35a.

Beata gens : Vivès, t. 32, p. 797; Raulx, p. 516; Busa, t. 6, p. 39c.

Beati qui habitant : Th. Käppeli, "Una raccolta di prediche attribuite a S. Tommaso d' Aquino", *AFP* 13 (1943), p. 59-94, cf. p. 88; Busa, t. 6, p. 44a.

Beatus uir : Vivès, t. 32, p. 803; Raulx, p. 525; Busa, t. 6, p. 41a.

Celum et terra : Vivès, t. 32, p. 692; Raulx, p. 415; Busa, t. 6, p. 37c.

Ecce ego mitto : Vivès, t. 32, p. 815; Raulx, p. 417; Busa, t. 6, p. 42a.

Ecce rex tuus : J. Leclercq, "Un sermon inédit de Saint Thomas sur la royauté du Christ", *RT* 46 (1946) 152-166, cf. 156-166; Busa, t. 6, p. 45a.

Emitte Spiritum : inédit.

Exiit qui seminat : Käppeli, *art. cit.*, p. 75; Busa, t. 6, p. 42b.

Germinat terra : P. A. Uccelli, I Gigli a Maria 12 (1874) 126-143; Busa, t. 6, p. 46b.

Homo quidam erat : Vivès, t. 32, p. 791; Raulx, p. 493; Busa, t. 6, p. 38a.

Homo quidam fecit : L.-J. Bataillon, "Le sermon inédit de saint Thomas *Homo quidam fecit cenam magnam*. Introduction et édition", *RSPT* 67 (1983) 353-368.

Lauda et letare : inédit.

Lux orta est : Parme, t. 24, p. 231; Vivès, t. 32, p. 682; Raulx, p. 508; Busa, t. 6, p. 36b.

Osanna filio Dauid : Käppeli, *art. cit.*, p. 72; Busa, t. 6, p. 42a (partiels).

Puer Iesus : Parme, t. 24, p. 220; Vivès, t. 32, p. 663; Raulx, p. 418; Busa, t. 6, p. 33a.

Seraphim stabant : inédit.

Veniet desideratus : inédit.

完全なフランス語訳はないが，Homo quidam fecit cenam magnam の翻訳として，S. Pinckaers, "Un sermon inédit de saint Thomas", *Sources* 12 (1986) 9-22 がある。

[フランス語以外の聖トマスの著作に関するより古い翻訳について，本書の諸翻訳も参照。それらは初版で示された母国語の様々な翻訳を補完している。読者は容易に参照できるので，この更新情報では繰り返さない。

インターネット上でも聖トマスのいくつかの著作の翻訳を見出せる。フランス語の翻訳について，とりわけドミニコ会のサイト http://www.tradere.org/biblio/theo.htm を見てほしい。ここには『神学大全』，『詩編講解』，『霊魂について』，『能力論』第1-8問のフランス語訳がある。聖トマスの著作のラテン語テキストについては，インデックス・トミスティクスのためにロベルト・ブーザ神父が作成した版のテキストを http://sophia.unav.es/alarcon/amicis/ctcorpus.html で見てほしい。様々な言語の聖トマスの翻訳を提供している，あるいは印刷された翻訳を指示している他の多くのサイトがある。これらのサイトのアドレスはしばしば変更されており，質もきわめて変化しやすく，資料収集の更新も不規則である。それゆえ，今後聖トマスを読む上で，インターネットに訴えることには利点があるにもかかわらず，ここでサイトを指示することを断念しなければならない。]

真正ではない著作

『虚偽について』（De fallaciis）——上記第1章35-36ページ参照。

論理学に関するこの短い論考は初心者向けのものであり，誤った推論を検討しているが，この著作は20世紀の初めまでトマスの青年時代の著作と見なされていた。1244-45年にトマスがロッカセッカに拘留されていたときに書かれたと一般的に考えられていたこの著作は，複数の

著述家，とりわけペトルス・ヒスパヌスに依存しているので，実際のところ上の日付より後のものであり，今日では真正ではない著作として認識されている。ゴーティエ神父はこの著作の著者を 13 世紀末頃の南フランスの教養学部の教授たちのうちに探すことを提案している。

EDITIONS: Léonine, t. 43, préface p. 385-400, texte p. 403-418; Parme, t. 16, p. 377-387; Vivès, t. 27, p. 533-548; Mandonnet, *Opuscula*, t. 4, p. 508-534; Marietti, *Opuscula philosophica*, p. 225-240.

フランス語訳として，*Opuscules de saint Thomas d'Aquin*, trad. par l'abbé Bandel, Vivès, t. 4, Paris, 1857, p. 116-159 がある。

『様相命題について』（De propositionibus modalibus）——上記第 1 章 35-36 ページ参照。
論理学に関するこの小論は，『虚偽について』とともに長い間トマスの青年時代の著作と見なされ，1244-45 年のロッカセッカでの拘留時代にナポリの学友に宛てて書かれたと思われてきたが，今日では先の例と同じく真正の著作でないことが認められている。

EDITIONS: Léonine, t. 43, préface p. 385-400, texte p. 421-422; Parme, t. 16, p. 388-389; Vivès, t. 27, p. 549-550; Mandonnet, *Opuscula*, t. 4, p. 505-507; I. M. Bochenski, "Sancti Thomae Aquinatis De modalibus opusculum et doctrina", *Angelicum* 17 (1940) 180-218; Marietti, *Opuscula philosophica*, p. 243-245.

フランス語訳として，*Opuscules de saint Thomas d'Aquin*,

trad. par l'abbé Bandel, Vivès, t. 4, 1857, p. 160-163 がある。

真正ではない，あるいは真正性が疑われる他の多くの著作がトマスに帰せられてきた。例えば，論考 De demonstaratione, あるいは小著 De instantibus, De natura verbi intellectus, De principio individuationis, De natura generis, De natura accidentis, De natura materiae, De quattuor oppositis 等々があるが，これらは普及版——Mandonnet, *Opuscula*, t. 4; Marietti, *Opuscula philosophica*, voir index——の中に見出せる。他の著作は独立的な著作として普及している真正の著作からの抜粋である。例えば，次のような小著がそれに該当する。De differentia verbi divini et humani——これは『ヨハネ福音書講解』第1章1講からの抜粋である——, De sensu respectu singularium——これは『霊魂論註解』第2巻12講からの抜粋である——, De natura luminis——これは『霊魂論註解』第2巻14講からの抜粋である——等々。両方の種類に属する小著に関する次のリストは，Tabula aurea およびピアナ版の小著のリストから抜粋されたものであり，ギヨ（B.-G. Guyot）神父が作成したものである[3]。

Concordantiae "Pertransibunt plurimi"
De beatitudine
De demonstaratione
De differentia verbi divini et humani
De dilectione Dei et proximi

---

3) B.-G. Guyot, *BT* 12 (1963-1965), p. 207-208. このリストは *Petrus a Bergamo O. P., Concordantiae Textuum discordantium Divi Thomae Aquinatis*, Editio fototypica, I. Colosio éd., Florence, 1982, s. p. への導入で再現されている。同時にそこには，いくつかの真正ではない小著の蓋然的著者に関する情報と，抜粋が為された真正の著作に関する情報がある。

- De dimensionibus indeterminatis
- De divinis moribus
- De eruditione principis
- De expositione missae
- De fallaciis
- De fato
- De humanitate Christi
- De instantibus
- De intellectu et intelligibili
- De inventione medii
- De modo studendi
- De natura accidentis
- De natura generis
- De natura loci
- De natura luminis
- De natura materiae
- De natura syllogismorum
- De natura verbi intellectus
- De officio sacerdotis
- De potentiis animae
- De principio individuationis
- De propositionibus modalibus
- De puritate conscientiae et modo confitendi
- De quatuor oppositis
- De quo est et quod est
- De sensu respectu singularium et intellectu respectu universalium
- De tempore
- De unitate vel pluralitate formarum
- De usuris in communi
- De venerabili sacramento altaris ad modum decem praedicamentorum
- De venerabili sacramento altaris ad modum sermonum
- De virtutibus et vitiis
- Primus tractatus de universalibus

Secundus tractatus de universalibus
Summa totius logicae

[この更新情報の補足として,わたしがしばらくするうちに出版し,様々な角度から本書を延長あるいは補完する業績についても言及することをお許しいただこう。

La théologie catholique, "Que sais-je ? 1269", Paris, Presses universitaires de France, 1994——これはクセジュ双書の形態で為された,神学の本質,歴史,現在に関する全体的概観である。

Saint Thomas d'Aquin, maître spirituel, Initiation 2, "Vestigia 19", Paris-Fribourg, Cerf-Édition universitaires, 1996——これは予告されていた本書の続きであり,教義面での自然な補足である。

La Somme de théologie de saint Thomas d'Aquin, "Classiques du Christianisme", Paris, Cerf, 1998——これは『神学大全』そのもの,その典拠,トマス主義の歴史における『神学大全』の簡単な紹介である。

Le mystère du Christ chez saint Thomas d'Aquin, textes choisis et présentés par Jean-Pierre Torrell, "Foi vivante 409", Paris, Cerf, 1999——これは聖トマスのキリスト論へ導くことを目的として 24 章に分類した約 100 の非常に美しいテキストである。

Le Christ en ses mystères. La vie et l'œuvre de Jésus selon saint Thomas d'Aquin, "Jésus et Jésus-Christ 78-79", 2 vol., Paris, Desclée, 1999——これは『神学大全』第 3 部 27-59 問の,歴史的であると同時に時代に合わした連続的註解である。

Recherches thomasiennes, Études revues et augmentées, "Bibliothèque thomiste 52", Paris, Vrin, 2000——これはすで

に出版した 14 の論文を，テキスト，研究，霊性という 3 つの一般的項目の下に再編集したものである。

Le Verbe incarné, t. I: Somme théologique IIIa Questions 1-6, Nouvelle édition avec traduction et annotations, "Revue des Jeunes", Paris, Cerf, 2002.

Le Verbe incarné, t. II: Somme théologique IIIa Questions 7-15, Nouvelle édition avec traduction et annotations, "Revue des Jeunes", Paris, Cerf, 2002.

Le Verbe incarné, t. III: Somme théologique IIIa Questions 16-26, Nouvelle édition avec traduction et annotations, "Revue des Jeunes", Paris, Cerf, 2002.]

著者紹介

　本書は 1993 年に初版が公刊された J.-P. TORRELL, *Initiation à Thomas d' Aquin. Sa personne et son œuvre* の邦訳である。この書物は原題が示すように，聖トマス・アクィナスの人物像と著作を論じているが，聖人伝の特徴を色濃く残す従来の伝記とは異なり，現代の厳格な学問的水準を満たす歴史的研究である。そこでは聖トマスの出生から死までの出来事と著作の作成状況がほぼ時間的秩序にしたがって記述されているばかりでなく，死後の崇拝や訴訟，学派の成立，また列聖の過程までもが描かれているが，平均的なトマスの読者には知られていないような論述――例えば，聖トマスの生を取り囲んだ様々な歴史背景や大学および修道院の制度状況，『イザヤ書註解』のコラチオ，『命題集註解』の「他の講解」，聖体の聖務日課，様々な相談や専門家としての意見，トマスの筆跡，仕事の組織化等々――も散見される。あらゆる論述に共通して言えることは，著者が現在入手できる一次的資料や二次的文献をはじめとする最新の客観的データを集めることを気遣い，それらを拠りどころとしながら各問題の現状分析と持論を明らかにしている点である。著者は自身が構成員だったレオニーナ委員会の知人とも密に連絡を取りながら，しばしば写本研究でのみ知りうる事柄も検討し，独力では到達できないような学問的質を実現している。

　出版されて間もなく諸外国語に翻訳されたことからも分

かるように，この書物は公刊以来すぐに研究者たちの注目を集めたが，それ以後も翻訳は増え続け，この書物を教義的側面で延長するものである *Saint Thomas d'Aquin, Maître Spirituel*, 1996——邦訳が予定されている——とともに，評価は世界的に揺るぎないものになったと言えるだろう。この二冊の書物を合わせて読むことで，ある読者は聖トマスへの手ほどきを得，他の読者は専門的研究の現状を把握できるが，このようにして各人は必要に応じて利益を受けることができる。しかし，我が国で，これほど卓越した研究者が専門家以外の人々にはほとんど知られていないことも事実である。それゆえ以下で，著者ジャン・ピエール・トレル（Jean Pierre Torrell）神父について，その生涯の主な出来事と主要業績に触れながら少し詳しく紹介しよう。

1927年8月1日生まれのトレル神父が研究を始めたのは遅くになってからである。小学校を終えた後，14歳から25歳まで，生活費を稼ぐため野菜栽培家として働いた。その後，所属する教区の主任司祭の勧めもあって勉学にいそしみ，1951年の夏に大学入学資格を得た。ドミニコ会士となり，聖トマスを奉じる学校で七年間学んだ。すなわち，まず1952年から1957年までサン・マクシマンで，次いで1957年から1959年までトゥールーズで，倫理神学に関してマリー・ミシェル・ラブールデット（Marie-Michel Labourdette）神父，教義神学に関してマリー・ヴァンサン・ルロワ（Marie-Vincent Leroy）神父という二人の主任教授のもとで。この時期，聖書に熱心な学友ジャン・リュック・ヴェスコ（Jean-Luc Vesco）のおかげもあって聖書に熱中した。

1959年，トレル神父はドミニコ会の講師職のために《 La notion intégrale de Sacra Doctrina chez S. Thomas d'Aquin

», トゥールーズカトリック学院での教授許可のために « Les harmoniques augustiniennes de la conception thomiste de la théologie » という二つの論文を書いた。これらの論文は聖トマスの「聖なる教え」の概念を検討しているが，この主題に関するマリー・ドミニク・シュニューとイヴ・コンガー（Yves Congar）の業績から多大な影響を受けたことを認めている。同時に，聖トマスに見られるアウグスティヌス的ないし情動的要素に関心を抱き始め，後に何度も再検討する神学の方法論に注目し始めたのもこの頃である。

トレル神父は学位のためにより専門的な研究を行うことになり，上長からローマのアンジェリクムかパリの近くのソルショワール（Saulchoir）に行き，教会論で論文を書くように言われた。当時，フランス語圏の教会論の権威はコンガー神父だったので，ソルショワールを選んだが，コンガー神父は教えることを禁じられていた。それで，ジェローム・アメール（Jérôme Hamer）神父の指導で学位を得ることになったが，後に枢機卿になるアメール神父は当時ソルショワールの正教授であり，教会論の分野ですでに有名だった。

1959年10月，トレル神父がソルショワールに到着するのと同じ頃，ヨハネ23世は第二バチカン公会議を招集したが，この公会議は先の公会議で未解決の問題を引き継いで扱うと言われていた。それゆえ，アメール神父は第一バチカン公会議の司教職の教えを研究するよう提案したが，この主題はきわめて限定的だったので研究は迅速に進んだ。時も味方した結果，1961年，コンガー神父の推薦でCerfのUnam Sanctam双書から，学位論文 « La théologie de l'épiscopat au premier concile du Vatican » を出版できた。

1961年2月トゥールーズに戻ったトレル神父は，この学位論文のテーマからして教会論を教えることになったが，教会論を専門に扱う講義は当時ドミニコ会の学校で初

めての試みだった。この時期，コンガーの他に，シャルル・ジュルネ（Charles Journet）とアンリ・ド・リュバック（Henri de Lubac）の業績にも触れて感化された。さらに，基礎神学も教える必要があったが，この機会ではコンガーから手ほどきを受けた伝承論とアンブローズ・ガルデイユ（Ambroise Gardeil）神父から多くを学んだ啓示神学にとりわけ関心を持った。

ドミニコ会の神父だったトレルは，講義に加えてかなり手間のかかる説教や黙想などの司祭職の務めも果たさなければならなかった。同時に，ドミニコ会の神学顧問として四年間にわたって修道士のための膨大な数の会合や黙想会を開き，聖トマス・アクィナス学院長として毎年100人以上の生徒の面倒を見ていた。こうした仕事に忙殺されていたので，知的な仕事のための時間はほとんどなかったが，わずかな時間を使って基礎神学の雑誌記事を執筆した。雑誌記事執筆の仕事は約20年続くことになり，それを機会に多くのことを学んだ。しかし，この10年間奔放に働き続けた結果，完全に疲れ果て，研究休暇を取ることに決めた。

この1960年代，知的経歴上の最初の変化が起こった。第二バチカン公会議の主張は第一バチカン公会議を扱った学位論文の主張を退けることになったが，当時トレル神父が関心を持っていたのは啓示と伝承に関する神学だった。この研究の方向性でエルサレムの近くのタントゥールにその頃設立されたインスティチュート・エキュメニークへ学びに行くことを考えたが，資金供給の可能性がなかったので断念した。啓示神学の研究が進むにつれ，聖書や聖トマスの預言論を追究したいと思うようになり，それというのも預言の経験は実際に啓示が生じる場所だと思われたからである。聖トマスがイスラム教徒アヴィケンナとユダヤ人マイモニデスから多く影響を受けていることを突きとめた

トレル神父は、『神学大全』の預言論のアラビア的およびユダヤ的典拠について研究するために、フランス国立科学研究センター（CNRS）カナダ支部の奨学金に応募し得た。しかし、この主題についてすでに非常に見事なブルーノ・デッカー（Bruno Decker）の学位論文が存在していた。それで、急遽計画を変更し、聖トマス以前の著述家たちの預言論の未刊テキストについて、1971年から1973年までの二年間研究した。預言について、また盛期スコラ学以前の時代について掘り下げた研究を行うなかで、中世研究家としてのトレル神父の専門は規定されていくことになった。

トレル神父は研究休暇を使ってカナダでした研究をサン・シェールのフーゴーに関する学位論文 « La connaissance prophétique dans le manuscrit de Douai 434. Edition critique, étude littéraire des textes et commentaire de la Q. 481 »（1973年）にまとめた。また、この研究に伴う補足的論文は、後にDokimion双書から一冊の書物 « Recherches sur la théorie de la prophétie au moyen âge (XIIe-XIVe siècles). Études et Textes »（1992年）として出版した。時代を先取りすることになるが、こうした預言の研究は生涯を通じて続けられ、最近でも2005年にCerfから出版したRevue des Jeunesの聖トマスの預言論の新版や、2006年にVrinから出版した『真理論』の預言に関する諸問題の注釈つきの翻訳——サージ・トマ・ボニーノ（Serge-Thomas Bonino）との共同執筆——がある。また、盛期スコラ学以前の時代への関心について言えば、2002年、今は亡き友人ウォルター・プリンシプ（Walter Principe）が校訂したサン・カンタンのゲリクス（Guerric de Saint-Quentin）の『自由討論集』の導入で、ゲリクスに関するトレル神父の研究が公刊された。

少し歴史的順序を外れたので、トレル神父がモントリオールにいた1973年に戻ろう。この頃、二つの新しい方

向性が同時に現れた。第一の方向性は長年の友人ドゥニーズ・ブーティリエ（Denise Bouthillier）との共同研究である。当時，彼女はペトルス・ウェネラビリス（Pierre le Vénérable）に関する学位論文を用意していたが，トレル神父に魅力的なこの著述家を知らせ，学位論文で使用しなかった教会と預言に関するペトルスのテキストをすべて差し出した。二人の共同計画が生まれたのもこのときであり，こうして十数年ともに働くことになり，最終的に数冊の書物といくつかの論文が出版された——例えば，« Pierre le Vénérable et sa vision du monde - Sa vie, son œuvre. L'homme et le démon »（1986年），« Livre des merveilles de Dieu (De miraculis) »（1992年）などがある。

　第二の方向性もまた同じ1973年に明らかになり，それはレオニーナ委員会への加入だったが，加入に至る経緯を少し述べる必要がある。モントリオールにサン・シェールのフーゴーを研究しているドミニコ会士がいることを知ったレオニーナ委員会の人々は構成員になるようトレル神父に接触してきた。まず，非公式的にベルトラン・ジョルジュ・ギヨ（Bertrand-Georges Guyot）神父からの手紙で，次いで正式に当時の委員会長だったピエール・マリー・ド・コンテンソン（Pierre-Marie de Contenson）神父からの連絡で。しかし，トレル神父は躊躇した。というのも，豊かな接触のある変化に満ちた生を送ることのできる司祭職を放棄して，イタリアのグロッタフェッラータに行って閉じこもり，昔の難解な文字のマイクロフィルムと格闘することは，興味をそそるものではまったくなかったからである。他方，きわめて負担の多い司祭職にとどまり続けるならば，学問的な望み——たとえ小さなものであれ——を断念することになっただろう。悩んだ末に，トレル神父は学究の道を選んだが，決して後悔を感じることはなかった。というのも，グロッタフェッラータではとりわけ

ギヨ，ルイ・バタイヨン，ルネ・アントワーヌ・ゴーティエといったドミニコ会士たちに加えて，イグナティウス・ブラディ，チェザーレ・チェンチ（Cesare Cenci），ギー・ブージュロール（Guy Bougerol），ジェローム・プーランク（Jérôme Poulenc）といったフランシスコ会士がおり，これらの並外れた能力を持った人々との出会いと共同作業は非常に刺激的だったからである。しかし，レオニーナ委員会での生活は一日中すばらしい出来事に満ちたものではなく，そこで過ごした八年間の中で特筆すべきことはない。ただし，トレル神父がこのレオニーナ委員会で写本研究の基礎——古文書学，写本照合，系図構成など——を学び，学問的な技術をさらに洗練させたことは確かである。こうした状況の中で，いくつかの小さなテキスト——例えば，聖トマス『十戒の説教』，聖アルベルトゥス『預言について』など——の校訂版を公刊できた。同時に，聖トマス『命題集註解』第 1 巻の校訂にも着手した。さらに，グレゴリアン大学で八年間にわたり基礎神学と教会論の主題について専門講義もした。

グロッタフェッラータでのドミニコ会士とフランシスコ会士との交流はきわめて快いものであり，『命題集註解』第 1 巻の校訂——少なくとも 20 年間この仕事に従事するはずだった——に着手したトレル神父は学究生活での決定的な使命を見出したと感じていた。しかし，まったく思いがけない方向の変化が起こったのはこのときである。当時のドミニコ会総長ド・クエノングル（de Couesnongle）神父はローマからグロッタフェッラータに来て，フリブールで教育の奉仕を果たすために，ジャン・エルヴェ・ニコラ（Jean-Hervé Nicolas）神父の後継者として教義神学の教授に立候補してほしいと述べた。

これはトレル神父の心の底からの願いではなかったが，修道的従順から立候補し，競争に勝ち残った。1981 年の

ことである。フリブールでは様々な国から来た多くの聴衆に接し、才能に恵まれた生徒たち——その中には並外れた人物もいた——の恩恵に浴し、その結果自分の研究と出版を理想的な条件で続けることができた。講義では教会論に加えてキリスト論も担当し忙しかったが、この仕事から同時代の思想動向について多くのことを学んだ。同時に、特殊講義やセミナーも開き、他の様々な主題を教えた。

しかし、1986 年、新たに状況を変える出来事が起こった。『霊性史事典』の当時の監修者だったイエズス会士エメ・ソリニャック（Aimé Solignac）神父は、聖トマスとその霊性に関する項目を執筆してほしいと要請してきた。トレル神父は断ることを考えた。というのも、これは小さな仕事ではなく、すでに他の仕事に従事していたからである。しかし、ソリニャック神父は「トレル神父、あなたは『神学大全』のテキストを一歩一歩たどることでトマスの神学全体を示すことのできる最後の年齢にある。あまりにも遅くならないうちにこの知識を伝えることが大事なのではないか」と説得してきた。トレル神父はこのことを仕事相手であるブーティリエに話した。というのも、そのとき二人はスイス連邦の国家補助金の計画の枠内で仕事をしていたからである。二人がペトルス・ウェネラビリスの仕事に関して親交のあったクレヴォー修道院の有名なベネディクト会士ドム・ジャン・ルクレール（Dom Jean Leclercq）に相談すると、驚くべき答えが返ってきた。ルクレールは断固として、この提案を引き受けるべきだと言ったのである。

こうした事情で、トレル神父はペトルス・ウェネラビリスに関して進行中だった仕事を終わらせ、事典の項目の執筆にとりかかったが、この仕事ではレオニーナ委員会の友人たち——とりわけゴーティエ神父とバタイヨン神父——に大いに助けられた。四年後、柱 100 に相当するものを

書いたが，当然これは長すぎるものだった。にもかかわらず，ソリニャック神父は50の柱を公刊し，残りを一冊の書物にまとめてはどうかと提案した。一冊の代わりに二冊になったが，これが聖トマスに関するトレル神父の二巻本の成立事情である。すなわち，歴史的な観点からトマスの生涯と著作を扱った « Initiation à saint Thomas d'Aquin. Sa personne et son œuvre »（1993年）と，この第1巻を教義的側面で延長したものである « Saint Thomas d'Aquin, maître spirituel. Initiation 2 »（1996年）である。この二冊の書物はたくさん売れ，諸外国語——ドイツ語，英語，スペイン語，イタリア語，ポーランド語，ポルトガル語，ハンガリー語——に翻訳された。とりわけ合衆国での受容はきわめて好意的だったように思われる。イタリアでは第二の翻訳すら現れた。この二冊の書物は2002年に改訂されたが，« Initiation »は，より最近の研究成果を反映させるため大幅な修正を伴う新版の対象となり，2015年10月に出版された。« Maître spirituel »に関しても事態は同様であり，2017年6月に出版された。

また，トレル神父はフリブールで講義の主要テーマだったキリスト論について多くの著作物を書いたが，このことにも外部からの推進力があった。1989年2月，パリのサン・ジャックで毎年開かれていたトマス研究会の中で，聖トマスの霊性におけるキリストの位置に関するトレル神父の発表を聞いたジョゼフ・ドーレ（Joseph Doré）——当時パリのカトリック学院神学部の学部長であり，後にストラスブールの大司教になる人物——は，双書 Jésus et Jésus-Christ のために何か書いてくれないかと要請した。十年後の1999年，« Le Christ en ses mystères. La vie et l'œuvre de Jésus selon saint Thomas d'Aquin » が完成したが，これは「イエスの生涯」と呼ばれる『神学大全』第3部27-59問の註解である。キリスト論に関する業績はこれ

だけではない。その頃，Cerf から Revue des Jeunes の版の『神学大全』の翻訳を再出版する計画があった。トレル神父はエリ（Héris）神父とシナーヴ（Synave）神父の翻訳と註を再検討し，『神学大全』のキリスト論を全八巻で公刊したが，後にこの全体は，« Encyclopédie. Jésus le Christ chez saint Thomas d'Aquin »（2008 年）という一巻の大きな書物にまとめられた。

　トレル神父は大学での教育から退いた後も個人としての仕事を続けたが，この仕事は二つに分けられる。第一の仕事はあまり知られていない聖トマスの著作を人々に伝えることである。まず 2007 年，同僚からの提案で『神学提要』の翻訳と註の仕事を « Abrégé de théologie (Compendium theologiae) ou Bref résumé de théologie pour le frère Raynald » として出版したが，この著作は聖トマス研究に貴重な光をもたらしてくれるはずである。さらに 2010 年，またもや同僚からの要請で，聖トマスが托鉢修道会の弁護にあてた三つの著作の翻訳と註の仕事を « 'La Perfection, c'est la charité'. Vie chrétienne et vie religieuse dans l'Eglise du Christ » と題して出版した。ここで知るべきは，この著作に含まれている『霊的生活の完全性について』が小さな傑作であり，トマス学派がキリスト教的生活をどのように捉えていたかを知る上で不可欠な著作だということである。この二つの書物に聖トマスの説教の翻訳――約 20 に上る説教（2014 年）ならびに『十戒の説教』（2015 年）――を付け加えるならば，トレル神父が広めたかった聖トマスの著作の主要部分を指摘したことになろう。

　引退後の第二の仕事は，さらに二つに分けられる。一つはいつも持ち続けていた根本的な気遣い，すなわち神学における霊性の重要性をめぐるものである。ここから瞑想や説教に関する書物が生み出された。表題は内容を十分明らかにしている。« Inutile sainteté ? »，« Dieu qui es-tu

? », « La Parole et la voix », « La Splendeur des saints », « La Croix glorieuse »……。もう一つは教会論やキリスト論に関するフリブールでの講義をより広く知ってもらうための業績である。« Un peuple sacerdotal. Sacerdoce baptismal et ministère sacerdotal », « Résurrection de Jésus et résurrection des morts », « Pour nous les hommes et pour notre salut. Jésus notre Rédemption », « La Vierge Marie dans la foi catholique »……。

　以上がトレル神父の知的経歴の本質的部分だが，紙幅の都合上ここで紹介できない出来事や業績が他にも多くある。著者紹介を終えるにあたって注目すべきは，業績はペトルス・ウェネラビリスに関する仕事を除いて，常に聖トマスという中心軸の周辺で展開されたという事実である。預言に関する業績は聖トマスの典拠を突きとめる意図から生まれたものであり，トレル神父はトマスがアラビアやユダヤの著述家との交わりの中で思想を構築していたことに光を当てた。トマスの教えに見られる霊性の重要性に関して言えば，後になってから気づいたものであるどころか，最初の業績である講師職のための学位論文の主題だった。それゆえ，トレル神父は長い学究生活を通じて最初の関心を保ち続けたことになるが，業績を重ねながら学問的質を向上させた。実際，ソルショワールやレオニーナ委員会での経験は決定的なものであり，教えを論じる上で必要になる学問的厳密や歴史批判およびテキスト批判を学んだ。残りに関して言えば，聖トマスという中心軸に直接には結びついておらず，主に修道士という身分から生じた不測の出来事である。

訳者あとがき

　事の発端は，私が大学院を修了して間もなく，運よく学位論文を公刊できた頃だった。そのとき，私は同志社大学名誉教授中山善樹先生を通じて J.-P. Torrell の二巻本の翻訳について話を聞いていたが，まだフランス語の能力において未熟だったので，この依頼を一度は断った。しかし，トマス・アクィナス『ヨブ記註解』の翻訳の解説を書くために，その批判的校訂版のフランス語の解説を全訳することを通じて，少しずつ習熟してきたと感じたので，思い直してこの仕事を引き受けることにした。間もなく知泉書館の小山光夫社長と直接会う機会を得，そこで正式に依頼を受けたので，私は仕事を始めた。

　私は取るに足らない研究者だが，以前から原書の評判は耳にしており，主に英語訳を通じて何度も接近していた。修士課程の頃，最初に第二巻を通読した覚えがある。関心は次第にトマスの生涯と著作を扱った第一巻へと移行し，これを綿密に読み込んでみたいと考えていたが，他の仕事のために時間が取れなかった。今回この翻訳の仕事で積年の願いをかなえることができたが，このような機会を作ってくれた小山社長には感謝することしかできない。

　内容については著者紹介の冒頭で少し触れたのでここでは省略するが，原書が現在入手できるトマス研究書の中で傑出したものなのは疑いない。各問題に関する著者の検討は資料的に堅固な仕方で根拠づけられた専門性を維持しな

がらも，論述は要を得たものなので初心者にとっても接近可能である．これはこの著作が広く普及した理由の一つかもしれない．後は，私の拙い翻訳が読者を著者の意図へ導くことができるかどうかである．文意がうまく伝わることをひとえに願っている．

　正直なところ，翻訳の仕事は困難の連続であり，原書の浩瀚さに加え，きわめて詳細な註や文献表を再現する苦労も重なって，いくらやっても終わらない印象を受けることが少なくなかった．今，仕事を終えて様々な人々の励ましが思い起こされるが，とりわけ私の仕事の進捗状況を絶えず心配してくださった中山先生には深く感謝したい．また，書物は自分一人の努力でできるものではない．校正をはじめ面倒な仕事を引き受けてくださった知泉書館の小山社長と高野文子氏には心からの御礼を述べたい．また，両親は時間的な面で翻訳の仕事を支えてくれた．この場を借りて感謝したい．

文 献 表

　ドミニコ会士ジル・エメリーが作成したこのリストは，この書物の中で利用した，また指示した著作，協力，論文の一覧表である。トマスの著者の諸版は翻訳と同様にここでは取り上げない。それらは目録で指示した――上記 552-635 ページ参照。

1274 - Année-charnière - Mutations et continuités, "Colloques internationaux du C.N.R.S 558", Paris, 1977.

Acta Capitulorum Generalium Ordinis Praedicatorum, B.M. REICHERT éd., vol. I (1220-1303); vol. II (1304-1378), *MOPH* 3-4, Rome, 1898 et 1899.

Acta Capitulorum Provincialium Provinciae Romanae (1243-1344), TH. KÄPPELI ET A. DONDAINE éd., *MOPH* 20, Rome, 1941.

AERTSEN, J.A., "The Circulation-Motive and Man in the Thought of Thomas Aquinas", dans *L' homme et son univers au Moyen Age*. Actes du septième congrès international de philosophie médiévale (30 août-4 septembre 1982), Chr. WENIN éd., Louvain-la-Neuve, 1986, t. 1, p. 432-439.

―――― *Nature and Creature*. Thomas Aquinas's Way of Thought, "STGMA 21", Leiden, 1988.

―――― "The Eternity of the World: the Believing and the Philosophical Thomas. Some Comments", dans *The Eternity of the World*, p. 9-19.

―――― "Natur, Mensch und der Kreislauf der Dinge bei Thomas von Aquin", *MM* 21/1 (1991) 143-160.

ALBERT LE GRAND (saint), *Opera omnia*···cura ac labore A. BORGNET, 38 t., Paris, 1890-1899.

———— *Opera omnia ad fidem codicum manuscriptorum edenda*···, ed. Institutum Alberti Magni coloniense, Aschendorff, 1951ss.

Albert & Thomas Selected Writings, Translated, Edited, and Introduced by S. TUGWELL, O.P., Preface by L.E. BOYLE, O.P., New York-Mahwah, 1988.

ALEXANDRE DE HALES, *Glossa in quatuor Libros Sententiarum Petri Lombardi*, studio et cura PP. Collegii S. Bonaventurae, 4 t., "BFSMAe 12-15", Quaracchi, 1951-1957.

ALVERNY, M.-Th. d', "Un adversaire de saint Thomas: Petrus Iohannis Olivi", dans *St. Thomas Aquinas 1274-1974 Commemorative Studies*, t. 2, p. 179-218.

AMARGIER, A., art. "Innocent V", *Catholicisme* 5 (1962) 1661-1664.

ANDEREGGEN, I.E.M., *La metafisica de santo Tomás en la Exposición sobre el "De divinis Nominibus" de Dionisio Areopagita*, Diss. Pont. Univ. Gregoriana, Rome, 1988.

ANONYMI, MAGISTRI ARTIUM (c. 1245-1250) *Lectura in Librum De anima a quodam discipulo reportata (Ms. Roma Naz. V. E. 828)*, R.-A. GAUTHIER éd., "Spicilegium Bonaventurianum 24", Grottaferrata, 1985.

Aquinas and Problems of his Time, G. VERBEKE et D. VERHELST éd., Leuven-The Hague, 1976.

ARGERAMI, O., éd., voir *Medieval Latin Texts on the Eternity of the World*.

ARGES, M., "New Evidence concerning the Date of Thomas Aquinas' *Lectura* on Matthew", *MS* 49 (1987) 517-523.

ARIAS REYERO, M., *Thomas von Aquin als Exeget. Die Prinzipien seiner Schriftdeutung und seine Lehre von den Schriftsinnen*, Einsiedeln, 1971.

Aristote et saint Thomas d' Aquin. Journées d' études internationales, Louvain-Paris, 1957.

AUBERT, J.-M., *Le droit romain dans l' œuvre de saint Thomas*, Paris, 1955.

AUSIN, S., "La providencia divina en el libro de Job. Estudio sobre la 'Expositio in Job' de Santo Tomás de Aquino", *Scripta Theologica* 8 (1976) 477-550.

BACKES, I., *Die Christologie des hl. Thomas von Aquin und die griechischen Kirchenväter*, Paderborn, 1931.

BATAILLON, L.-J., "Les sermons de saint Thomas et la Catena aurea", dans *St. Thomas Aquinas 1274-1974 Commemorative Studies*, t. 1, p. 67-75.

――――― "Un sermon de S. Thomas sur la parabole du festin", *RSPT* 58 (1974) 451-456.

――――― "Les crises de l' université de Paris d' après les sermons universitaires", *MM* 10 (1976) 155-169.

――――― "'Status quaestionis' sur les instruments et techniques de travail de S. Thomas et S. Bonaventure", dans *1274 - Année-charnière*, p. 647-658.

――――― "Intermédiaires entre les traités de morale pratique et les sermons: les *distinctiones* bibliques alphabétiques", dans *Les genres littéraires dans les source théologiques et philosophiques médiévales. Définition, critique et exploitation.* Actes du Colloque international de Louvain-la-Neuve, 25-27 mai 1981, Louvain-la-Neuve, 1982, p. 213-226.

――――― "L' édition léonine des œuvres de saint Thomas et les études médiévales", dans *Atti dell' VIII Congresso Tomistico Internazionale*, t. 1: *L' enciclica Aeterni Patris nell' arco di un secolo*, "Studi Tomistici 10", Cité du Vatican, 1981, p. 452-464.

――――― "L' emploi du langage philosophique dans les sermons du treizième siècle", *MM* 13/2 (1981) 983-991.

――――― "Les instruments de travail des prédicateurs au XIIIe siècle", dans *Culture et travail intellectuel dans l' Occident médiéval*, G. HASENOHR et J. LONGERE éd., Paris, 1981, p. 197-209.

―――――"Le sermon inédit de S. Thomas *Homo quidam fecit cenam magnam*. Introduction et édition", *RSPT* 67 (1983) 353-369.

―――――"*Similitudines et exempla* dans les sermons du XIIIe siècle", dans *The Bible in the Medieval World. Essays in Memory of Beryl Smalley*, K.WALSH et D. WOOD éd., "Subsidia 4", Oxford-New York, 1985, p. 191-205.

―――――"De la *lectio* à *praedicatio*. Commentaires bibliques et sermons au XIIIe siècle", *RSPT* 70 (1986) 559-575.

―――――"Exemplar, Pecia, Quaternus", dans Vocabulaire du livre et de l'écriture au Moyen âge, p. 206-219.

―――――éd., voir *La production du livre universitaire*.

―――――"Les sermons attribués à saint Thomas. Questions d'authenticité", *MM* 19 (1988) 325-341.

―――――"Le edizioni di Opera omnia degli scolastici e l'edizione leonina", dans *Gli Studi di filosofia medievale fra otto e novecento*, p. 141-154.

―――――"Le Père M.-D. Chenu et la théologie du Moyen Age", *RSPT* 75 (1991) 449-456.

―――――"Saint Thomas et les Pères: de la *Catena* à la *Tertia Pars*", dans *Ordo sapientiae et amoris*, p. 15-36.

――――― et DONDAINE, A., voir DONDAINE, A., et BATAILLON, L.-J., "Le commentaire de saint Thomas sur les Météores".

BÄUMKER, C., *Petrus von Hibernia der Jugendlehrer des Thomas von Aquin und seine Disputation vor König Manfred*, "Sitzungsberichte d. Bayer. Akademie der Wissenschaften, Philos. u. hist. Klasse", Munich, 1920.

BAZAN, B.C., "Pluralisme de formes ou dualisme de substances. La pensée pré-thomiste touchant la nature de l'âme", *RPL* 67 (1969) 31-73.

―――――éd., voir SIGER DE BRABANT, *Quaestiones in Tertium De anima. De anima intellectiva. De aeternitate mundi*.

―――――"Le dialogue philosophique entre Siger de Brabant et

Thomas d' Aquin. A propos d' un ouvrage récent de E.H. Wéber O.P.", *RPL* 72 (1974) 53-155.

———"Les questions disputées, principalement dans les facultés de théologie", dans B.C. BAZAN, G. FRANSEN, J.F. WIPPEL, D. JACQUART, *Les questions disputées et les questions quodlibétiques dans les facultés de théologie, de droit et de médecine*, "Typologie des sources du moyen âge occidental 44-45", Turnhout, 1985, p. 12-149.

———"Le Commentaire de S. Thomas d' Aquin sur le *Traité de l' âme*", *RSPT* 69 (1985) 521-547.

BEDOUELLE, G., *L' histoire de l' Eglise. Science humaine ou théologie ?*, Paris, 1992.

BERCEVILLE, G., "L' *Expositio continua* sur les quatre Evangiles de Saint Thomas d' Aquin (*Catena aurea*): le commentaire de Marc", Mémoire de D.E.A., 1988, déposé au Saulchoir.

BERNT, G., HÖDL, L., SCHIPPERGES, H., art. "Artes liberales", *Lexikon des Mittelalters* 1 (1980) 1058-1063.

BERTHIER, J.-J., éd., voir HUMBERT DE ROMANS, *Opera de vita regulari*.

———*Tabulae...Summae Theologicae*, Paris, 1903.

BIANCHI, L., *L' errore di Aristotele. La polemica contro l' eternità del mondo nel XIII secolo*, Florence, 1984.

———*Il vescovo e i filosofi. La condanna parigina del 1277 e l' evoluzione dell' aristotelismo scolastico*, Bergame, 1990.

BIFFI, I., "Saggio bibliografico sui misteri della vita di Cristo in S. Tommaso d' Aquino", *La Scuola Cattolica* 99 (1971) 175*-246*.

———"Misteri di Cristo, sacramenti, escatologia nello Scriptum super Sententiis di san Tommaso d' Aquino", *La Scuola Cattolica* 102 (1974) 569-623.

———"I Misteri della vita di Cristo nei Commentari biblici di San Tommaso d' Aquino", *DTP* 79 (1976) 217-254.

BLUMENKRANZ, B., "Le *De regimine Judaeorum*: ses modèles, son exemple", dans *Aquinas and Problems of his Time*, p. 101-

117.

BOECE DE DACIE, *Modi significandi sive quaestiones super Priscianum Maiorem*, J. PINBORG, H. ROOS, S.S. JENSEN éd., "Corpus Philosophicorum Danicorum Medii Aevi, IV/I", Hauniae, 1969.

―――――*De aeternitate mundi*, N.G. GREEN-PEDERSEN éd., "Corpus Philosophicorum Danicorum Medii Aevi, VI/II", Hauniae, 1976.

BONAVENTURE (saint), *Opera omnia*, Studio et cura PP. Collegii a S. Bonaventura, 10 t., Quaracchi, 1882-1902.

―――――*Quaestio reportata de mendicitate cum annotationibus Gulielmi de S. Amore*, dans *Collationes in Hexaëmeron et Bonaventuriana quaedam selecta*, F. DELORME éd., "BFSMAe 8", Quaracchi, 1934, p. 328-356.

―――――*Sermones dominicales*, J.G. BOUGEROL éd., "BFSMAe 27", Grottaferrata, 1977.

BORGNET, A., éd., voir ALBERT LE GRAND, *Opera omnia*.

BOS, E.P., éd., voir *On Proclus and His Influence in Medieval Philosophy*.

BOUGEROL, J.G., éd., voir BONAVENTURE (saint), *Sermones dominicales*.

BOUILLARD, H., *Conversion et grâce chez S. Thomas d' Aquin. Etude historique*, "Théologie 1", Paris, 1944.

BOULOGNE, CH.-D., *Saint Thomas d' Aquin ou le génie intelligent*, Paris, 1968.

BOUTHILLIER, D., "Le Christ en son mystère dans les Collationes du *Super Isaiam* de saint Thomas d' Aquin", dans *Ordo sapientiae et amoris*, p. 37-64.

BOUYGES, M., "L' idée génératrice du *De potentia* de S. Thomas", *Revue de philosophie* 31 (1931) 113-131; 246-268.

BOYLE, L.E., "The *De regno* and the Two Powers", dans *Essays in Honour of A.C. Pegis*, J.R. O' DONNELL éd., Toronto, 1974, p. 237-247; repris dans ID., *Pastoral Care*, Etude XIII.

―――――"The Quodlibets of St. Thomas and Pastoral Care", *The*

Thomist 38 (1974) 232-256; repris dans ID., *Pastoral Care*, Etude II.

────── "The *Summa confessorum* of John of Freiburg and the Popularization of the Moral Teaching of St. Thomas and of some of his Contemporaries", dans *St. Thomas Aquinas 1274-1974 Commemorative Studies*, t. 2, p. 245-268; repris dans ID., *Pastoral Care*, Etude III.

────── "Notes on the Education of the *Fratres communes* in the Dominican Order in the Thirteenth Century", dans *Xenia medii aevi historiam illustrantia oblata Th. Käppeli O.P.*, R. CREYTENS et P. KÜNZLE éd., t. 1, "Storia e Letteratura, Raccolta di Studi e Testi 141", Rome, 1978, p. 249-267; repris dans ID., *Pastoral Care*, Etude VI.

────── *Pastoral Care, Clerical Education and Canon Law, 1200-1400*, Variorum Reprints, Londres, 1981.

────── *The Setting of the Summa theologiae of Saint Thomas*, "The Etienne Gilson Series 5", Toronto, 1982.

────── "Alia lectura fratris Thome", *MS* 45 (1983) 418-429.

────── "Thomas Aquinas and the Duchess of Brabant", *Proceedings of the PMR Conference* 8 (1983) 23-35.

────── "An Autograph of St. Thomas at Salerno", dans *Littera, Sensus, Sententia, Studi in onore del Prof. Clemente J. Vansteenkiste*, A. LOBATO, éd., Milan, 1991, p. 117-134.

BRADY, I., art. "Jean Pecham", *DS* 8 (1974) 645-649.

────── "John Pecham and the Background of Aquinas's *De Aeternitate Mundi*", dans *St. Thomas Aquinas 1274-1974 Commemorative Studies*, t. 2, p. 141-178.

────── art. "Pierre Lombard", *DS* 12/2 (1986) 1604-1612.

BRAMS, J., "Guillaume de Moerbeke et Aristote", dans *Rencontre de cultures dans la philosophie médiévale. Traductions et traducteurs de l'antiquité tardive au XIVe siècle*, J. HAMESSE et M. FATTORI éd., Louvain-la-Neuve-Cassino, 1990, p. 317-336.

────── éd., voir *Guillaume de Moerbeke*. Recueil d'études.

BROWN, S.F., "The Eternity of the World Discussion in Early Oxford", *MM* 21/1 (1991) 259-280.

BUKOVSKI, TH.P., "Rejecting Mandonnet's Dating of St. Thomas's *De aeternitate mundi*", *Gregorianum* 71 (1990) 763-775.

――――"Understanding St. Thomas on the Eternity of the World Help from Giles of Rome", *RTAM* 58 (1991) 113-125.

BURBACH, M., "Early Dominican and Franciscan Legislation Regarding St. Thomas", *MS* 4 (1942) 139-158.

CALLEBAUT, A., "Jean Pecham O.F.M. et l' augustinisme. Aperçus historiques (1263-1285)", *AFH* 18 (1925) 441-472.

CALLUS, D.A., *The Introduction of Aristotelian Learning at Oxford*, "Proceedings of the British Academy 29", Londres, 1944.

――――*The Condemnation of St Thomas at Oxford*, "The Aquinas Society of London, Aquinas Paper n° 5", Londres, 1955.

――――"Les sources de saint Thomas. Etat de la question", dans *Aristote et saint Thomas d' Aquin*, p. 93-174.

――――"The Problem of the Unity of Form and Richard Knapwell", dans *Mélanges offerts à Etienne Gilson*, p. 123-160.

――――"Une œuvre récemment découverte de S. Albert le Grand: *De XLIII problematibus ad Magistrum Ordinis* (1271)", *RSPT* 44 (1960) 243-261.

――――"The Origins of the Problem of the Unity of Form", *The Thomist* 24 (1961) 256-285.

CAPARELLO, A., "Terminologia greca tomista nel 'commentarium ad Meteorologica'", *Sacra Doctrina* 23 (1978) n° 87, 243-287.

――――"La terminologia greca nel Commentario al *De caelo*: Tommaso d' Aquino e lingua greca", *Angelicum* 55 (1978) 414-457.

CAPPELLUTI, G., "Fra Pietro di Andria e i Segretari di S. Tommaso", *Memorie Domenicane* 6 (1975) 151-165.

CASCIARO RAMIREZ, J.M., *Las fuentes arabes y rabinicas en la doctrina de Sto. Tomás sobre la Profecia*, Rome, 1971.

CASEY, G., "An Explication of the *De Hebdomadibus* of Boethius in the Light of St. Thomas's Commentary", *The Thomist* 51 (1987) 419-434.

CASTAGNOLI, P., "Regesta Thomistica. Saggio di cronologia della vita e scritti di S. Tommaso", *DTP* 4 (1927) 704-724; 5 (1928) 110-125; 249-268; 6 (1929) 57-66; 444-458.

Catalogus Stamsensis, G. MEERSSEMAN éd., *MOPH* 18 (1936) 56-67.

CAVARNOS, J.P., "Greek Translations of the 'Adoro Te devote' and the 'Ave verum'", *Traditio* 8 (1952) 418-423.

CESSARIO, R., "Is Aquinas's Summa only about Grace?", dans *Ordo sapientiae et amoris*, p. 197-209.

CHACON, A.C., "El tratado sobre la gracia en la 'Summa contra Gentiles'", *Scripta theologica* 16 (1984) 113-146.

CHARDONNENS, D., "L' espérance de la résurrection selon Thomas d' Aquin, commentateur du Livre de Job. 'Dans ma chair, je verrai Dieu'", dans *Ordo sapientiae et amoris*, p. 65-83.

Chartularium Universitatis Parisiensis, H. DENIFLE et E. CHATELAIN éd., t. 1 et 2, Paris, 1889 et 1891.

CHATELAIN, E., éd., voir *Chartularium Universitatis Parisiensis*.

CHENEVAL, F. et IMBACH, R., voir *Thomas von Aquin, Prologe*.

CHENU, M.-D., "Les réponses de S. Thomas et de Kilwardby à la consultation de Jean de Verceil (1271)", dans *Mélanges Mandonnet*, t. 1, p. 191-221.

―――――"Le plan de la Somme théologique de saint Thomas", *RT* 47 (1939) 93-107.

―――――*Introduction à l' étude de saint Thomas d' Aquin*, "Publications de l' Institut d' études médiévales 11", Montréal-Paris, ²1954 (quatrième tirage 1984).

―――――*La théologie comme science au XIIIe siècle*, "Bibliothèque thomiste 33", Paris, ³1957.

―――――*St Thomas d' Aquin et la théologie*, "Maîtres spirituels

17", Paris, 1959.

CHESTERTON, G.K., *Saint Thomas d' Aquin*, Lyon, 1935.

CIPRIANI, S., "Riflessioni esegetiche su 'Super S. Joannis Evangelium lectura' di S. Tommaso", dans *Tommaso d' Aquino nel suo settimo Centenario*, t. 4, p. 41-59.

CIRILLO, A., *Cristo Rivelatore del Padre nel Vangelo di S. Giovanni secondo il Commento di San Tommaso d' Aquino*, Diss. Angelicum, Rome, 1988.

CLARK, F., *The Pseudo-Gregorian Dialogues*, "Studies in the History of Christian Thought 37", 2 t., Leiden, 1987.

CLASEN, S., éd., voir GERARD D' ABBEVILLE, *Contra adversarium perfectionis christianae*.

Codices manuscripti operum Thomae de Aquino, t. 1, H.-F. DONDAINE et H.-V. SHOONER éd., Rome, 1967; t. 2, H.-V. SHOONER éd., Rome, 1973; t. 3, H.-V. SHOONER éd., Montréal-Paris, 1985.

COGGI, R., "Dolore, Providenzza, Risurrezione nel libro di Giobbe. Validità di un' intuizione esegetica di S. Tommaso", *Sacra Doctrina* 27 (1982) 215-310.

COLLEDGE, E., "The Legend of St. Thomas Aquinas", dans *St. Thomas Aquinas 1274-1974 Commemorative Studies*, t. 1, 13-28.

COLOSIO, I., éd., voir PETRUS A BERGAMO O.P., *Concordantiae Textuum discordantium Divi Thomae Aquinatis*.

CONGAR, Y.M.-J., art. "Théologie", *DTC* 15/1 (1946) 342-502.

―――――"Le sens de l' 'Economie' salutaire dans la 'Théologie' de S. Thomas d' Aquin (Somme théologique)", dans *Festgabe J. Lortz*, Baden-Baden, 1957, t. 2, p. 59-82.

―――――"Saint Thomas et les archidiacres", *RT* 57 (1957) 657-671.

―――――"Aspects ecclésiologiques de la querelle entre mendiants et séculiers dans la seconde moitié du XIIIe et le début du XIVe", *AHDLMA* 28 (1961) 34-151.

―――――"Le moment 'économique' et le moment 'ontologique'

dans la *Sacra Doctrina* (Révélation, Théologie, Somme théologie)", dans *Mélanges offerts à M.-D. Chenu*, p. 135-187.

—————"Valeur et portée oecuménique de quelques principes herméneutiques de saint Thomas d'Aquin", *RSPT* 57 (1973) 611-626.

—————"*In dulcedine societatis quaerere veritatem*. Note sur le travail en équipe chez S. Albert et chez les Prêcheurs au XIIIe siècle", dans *Albertus Magnus - Doctor Universalis 1280/1980*, G. MEYER et A. ZIMMERMANN éd., Mayence, 1980, p. 47-57.

Constitutiones antiquae O.P., voir THOMAS, A.H., *De Oudste Constituties van de Dominicanen*.

CONTENSON, P.-M. de, "Documents sur les origines et les premières années de la Commission Léonine", dans *St. Thomas Aquinas 1274-1974 Commemorative Studies*, t. 2, p. 331-388.

CONTICELLO, C.G., "San Tommaso ed i Padri: La *Catena aurea super Ioannem*", *AHDLMA* 65 (1990) 31-92.

COPLESTON, F., *A History of Philosophy*, vol. II: *Medieval Philosophy. Augustine to Scotus*, Londres, 1959.

CORBIN, M., *Le chemin de la théologie chez Thomas d'Aquin*, "Bibliothèque des Archives de Philosophie, N.S. 16", Paris, 1974.

Correctorium: voir P. GLORIEUX, *Les premières polémiques thomistes I et II*; J.-P. MÜLLER éd., *Le Correctorium Corruptorii de Jean Quidort de Paris*; ID., *Le Correctorium Corruptorii "Quaestione"*.

CORTE, M. de, "Themistius et saint Thomas d'Aquin", *AHDLMA* 7 (1932) 47-83.

COULON, R., art. "Annibaldi ou Annibaldeschi della Molara", *DHGE* 3 (1924) 387-388.

CREYTENS, R., "Les Constitutions des Frères Prêcheurs dans la rédaction de S. Raymond de Peñafort (1241)", *AFP* 18 (1948) 5-68.

—————"Le *Studium Romanae Curiae* et le Maître du Sacré

Palais", *AFP* 12 (1942) 5-83.

CROWE, M.B., "Peter of Ireland's Approach to Metaphysics", *MM* 2 (1963) 154-160.

——————— "Peter of Ireland: Aquinas' Teacher of the Artes Liberales", dans *Arts libéraux et Philosophie au Moyen Age*. Actes du quatrième congrès international de philosophie médiévale (27 août - 2 septembre 1967), Montréal-Paris, 1969, p. 617-626.

CROWLEY, T., "John Peckham, O.F.M., Archbishop of Canterbury, versus the New Aristotelianism", *Bulletin of the John Rylands Library* 33 (1950) 241-255.

DALES, R.C., *Medieval Discussion of the Eternity of the World*, Leiden, 1990.

——————— éd., voir *Medieval Latin Texts on the Eternity of the World*.

D'ANCONA COSTA, C., "Saint Thomas lecteur du 'Liber de Causis'. Bilan des recherches contemporaines concernant le 'De Causis' et analyse de l'interprétation thomiste", *RT* 92 (1992) 785-817.

DAWSON, J.D., "William of Saint-Amour and the Apostolic Tradition", *MS* 40 (1978) 223-238.

Definitiones Capituli generalis Argentinae celebrati anno 1282, G. FUSSENEGGER éd., *AFH* 26 (1933) 127-140.

DE GHELLINCK, J., art. "Pierre Lombard", *DTC* 12/2 (1935) 1941-2019.

DE GRIJS, F.J.A., "The Theological Character of Aquinas' *De Aeternitate Mundi*", dans *The Eternity of the World*, p. 1-8.

DELARUELLE, E., "La translation des reliques de saint Thomas d'Aquin à Toulouse (1369) et la politique universitaire d'Urbain V", *BLE* 56 (1955) 129-146.

DELHAYE, PH., "Guillaume de Saint-Amour", *DS* 6 (1967) 1237-1240.

DELORME, F., éd., voir BONAVENTURE (saint), *Quaestio reportata de mendicitate*; JEAN PECHAM, *De perfectione evangelica*.

DENIFLE, H., "Das Evangelium aeternum und die Commission zu Anagni", dans *Archiv für Litteratur- und Kirchengeschichte des Mittelalters* 1 (1885) 49-142.

―――――*Die Entstehung der Universitäten des Mittelalters bis 1400*, Berlin, 1885.

―――――"Quel livre servait de base à l'enseignement des maîtres en théologie dans l'Université de Paris ?", *RT* 2 (1894) 149-161.

―――――éd., voir *Chartularium Universitatis Parisiensis*.

DESTREZ, J., "Les disputes quodlibétiques de saint Thomas d'après la tradition manuscrite", dans *Mélanges thomistes*, p. 49-108.

―――――*Etudes critiques sur les œuvres de saint Thomas d'Aquin d'après la tradition manuscrite*, "Bibliothèque thomiste 18", Paris, 1933.

DOIG, J.C., *Aquinas on the Metaphysics. A Historico-Doctrinal Study of the Commentary on the Metaphysics*, The Hague, 1972.

DOMANYI, TH., *Der Römerbriefkommentar des Thomas von Aquin. Ein Beitrag zur Untersuchung seiner Auslegungsmethoden*, Berne, 1979.

DONDAINE, A., "Saint Thomas a-t-il disputé à Rome la question des attributs divins ?", *BT* 3 (1930-1933) 171*-182*.

―――――"Saint Thomas et la dispute des attributs divins (*I Sent., d.2, a.3*)", *AFP* 8 (1938) 253-262.

―――――"Un commentaire scripturaire de Roland de Crémone", *AFP* 11 (1941) 109-137.

―――――*Secrétaires de saint Thomas*, Rome, 1956.

―――――"Venerabilis Doctor", dans *Mélanges offerts à Etienne Gilson*, p. 211-225.

―――――"Les Opuscula fratris Thomae chez Ptolémée de Lucques", *AFP* 31 (1961) 142-203.

―――――"Sermons de Réginald de Piperno", dans *Mélanges*

Eugène Tisserant VI, "Studi e Testi 236", Cité du Vatican, 1964, p. 357-394.

———"La lettre de saint Thomas à l'abbé du Montcassin", dans *St. Thomas Aquinas 1274-1974 Commemorative Studies*, t. 1, p. 87-108.

———"La Collection des œuvres de saint Thomas dite de Jean XXII et Jaquet Maci", *Scriptorium* 29 (1975) 127-152.

———et BATAILLON, L.-J., "Le commentaire de saint Thomas sur les Météores", *AFP* 36 (1966) 81-152.

——— et KÄPPELI, TH., éd., voir *Acta Capitulorum Provincialium Provinciae Romanae*.

———et PETERS, J., "Jacques de Tonengo et Giffredus d'Anagni auditeurs de saint Thomas", *AFP* 29 (1959) 52-72.

DONDAINE, H.-F., "Le *Contra errores Graecorum* de S. Thomas et le IVe livre du *Contra Gentiles*", dans *Les sciences philosophiques et théologiques*, 1941-1942, p. 156-162.

———"Les scolastiques citent-ils les Pères de première main ?", *RSPT* 36 (1952) 231-243.

———*Le Corpus dionysien de l'Université de Paris au XIIIe siècle*, Rome, 1953.

———"Note sur documentation patristique de saint Thomas à Paris en 1270", *RSPT* 47 (1963) 403-406.

———"Le De *43 quaestionibus* de Robert Kilwardby", *AFP* 47 (1977) 5-50.

———"'Alia lectura fratris Thomae' ? (Super I Sent.)", *MS* 42 (1980) 308-336.

———et SHOONER, H.-V., voir *Codices manuscripti operum Thomae de Aquino*.

DOUAIS, C., *Essai sur l'organisation des études dans l'Ordre des Frères Prêcheurs au treizième et quatorzième siècle (1216-1342)*, Paris-Toulouse, 1884.

———*Les reliques de saint Thomas d'Aquin. Textes originaux*, Paris, 1903.

DOZOIS, C., "Sources patristiques chez saint Thomas d'Aquin",

Revue de l' Université d' Ottawa 33 (1963) 28*-48* et 145*-167*; 34 (1964) 231*-241*; 35 (1965) 75*-90*.

DUFEIL, M.-M., "Evolution ou fixité des institutions ecclésiales: une controverse universitaire. L' édition critique de trois œuvres polémiques de saint Thomas d' Aquin", *RSPT* 55 (1971) 464-479.

——————*Guillaume de Saint-Amour et la polémique universitaire parisienne 1250-1259*, Paris, 1972.

——————*Saint Thomas et l' histoire*, "Senefiance 29", Aix-en-Provence, 1991.

DUIN, J.J., "Nouvelles précisions sur la chronologie du *Commentum in Metaphysicam* de S. Thomas", *RPL* 53 (1955) 511-524.

DUMONT, C., "La réflexion sur la méthode théologique. Un moment capital: le dilemme posé au XIIIe siècle", *NRT* 83 (1961) 1034-1050; 84 (1962) 17-35.

DUNPHY, W., éd., voir SIGER DE BRABANT, *Quaestiones in Metaphysicam*.

DURANTEL, J., *Saint Thomas et le Pseudo-Denis*, Paris, 1919.

DUVAL, A., "L' étude dans la législation religieuse de saint Dominique", dans *Mélanges offerts à M.-D. Chenu*, p. 221-247.

ECHARD, J., voir QUETIF, J., et ECHARD, J., *Scriptores ordinis praedicatorum*.

ECKERT, W.P., "Stilisierung und Umdeutung der Persönlichkeit des hl. Thomas von Aquino durch die frühen Biographen", *FZPT* 18 (1971) 7-28.

EDGREN, R., éd., voir MAHIEU LE VILAIN, *Les Metheores d' Aristote*.

EHRLE, F., "Beiträge zur Geschichte der mittelalterlichen Scholastik. II: Der Augustinismus und der Aristotelismus in der Scholastik gegen Ende des 13. Jahrhunderts", *Archiv für Literatur- und Kirchengeschichte des Mittelalters* 5 (1889) 603-613.

———"L' agostinismo e l' aristotelismo nella scolastica del secolo XIII. Ulteriori discussioni e materiali", dans *Xenia tomistica* III, p. 517-588.

ELDERS, L., *Faith and Science. An Introduction to St. Thomas' Expositio in Boethii De Trinitate*, Rome, 1974.

———"Le commentaire de saint Thomas d' Aquin sur le *De caelo* d' Aristote", dans *Proceedings of the World Congress on Aristotle* (Thessaloniki August 7-14, 1978), t. 2, Athènes, 1981, p. 173-187.

———"Les citations de saint Augustin dans la *Somme Théologique* de saint Thomas d' Aquin", *Doctor communis* 40 (1987) 115-167.

———*Autour de saint Thomas d' Aquin*. Recueil d' études sur sa pensée philosophique et théologique, 2 t., Paris-Bruges, 1987.

———"Le commentaire de saint Thomas d' Aquin sur le *De Anima* d' Aristote", dans ID., *Autour de saint Thomas*, t. 1, p. 55-76.

———"St. Thomas Aquinas' Commentary on the *Metaphysics* of Aristotle", dans ID., *Autour de saint Thomas*, t. 1, p. 123-145.

———"St. Thomas Aquinas' Commentary on the *Nicomachean Ethics*", dans ID., *Autour de saint Thomas*, t. 1, p. 77-122.

———"St. Thomas Aquinas' Commentary on the *Physics* of Aristotle", dans ID., *Autour de saint Thomas*, t. 1, p. 23-63.

———"Saint Thomas d' Aquin et Aristote", *RT* 88 (1988) 357-376.

———"Saint Thomas d' Aquin et la métaphysique du Liber de Causis", *RT* 89 (1989) 427-442.

———éd., voir *La doctrine de la révélation divine*.

———"La méthode suivie par saint Thomas d' Aquin dans la composition de la Somme de théologie", *NV* 66 (1991) 178-192.

———"Averroès et saint Thomas d' Aquin", *Doctor communis* 45 (1992) 46-56.

EMERY, G., "Amitié et vie spirituelle: Jourdain de Saxe et Diane d'

Andalò", *Sources* 18 (1992) 97-108.

――――"Le Père et l'œuvre de la création selon le Commentaire des Sentences de S. Thomas d'Aquin", dans *Ordo sapientiae et amoris*, p. 85-117.

ENDRES, J.A., "Studien zur Biographie des hl. Thomas v. Aquin", *Historisches Jahrbuch* 29 (1908) 537-558, 774-789.

ESCHMANN, I.T., "A Catalogue of St. Thomas's Works", dans E. GILSON, *The Christian Philosophy of St. Thomas Aquinas*, transl. by L.K. SHOOK, New York, 1956, p. 381-437.

――――"The Quotations of Aristotle's Politics in St. Thomas' Lectura super Matthaeum", *MS* 18 (1956) 232-240.

――――"St. Thomas Aquinas on the Two Powers", *MS* 20 (1958) 177-205.

ETZKORN, G.J., éd., voir JEAN PECHAM, *Quodlibeta quatuor*.

EWBANK, M.B., "Remarks on Being in St. Thomas' Expositio de divinis nominibus", *AHDLMA* 56 (1989) 123-149.

FABRO, C., *La nozione metafisica di partecipazione secondo S. Tommaso d'Aquino*, Turin, ³1963.

FAUCON, P., *Aspects néoplatoniciens de la doctrine de saint Thomas d'Aquin*, Lille-Paris, 1975.

FERRUA, A., éd., voir *S. Thomae Aquinatis vitae fontes praecipuae*.

FITZGERALD, L.P., "Saint Thomas Aquinas and Two Powers", *Angelicum* 56 (1979) 515-556.

FLASCH, K., *Aufklärung im Mittelalter ? Die Verurteilung von 1277. Das Dokument des Bischofs von Paris übersetzt und erklärt*, "Excerpta classica 6", Mayence, 1989.

FLICHE, A., THOUZELLIER, C., AZAIS, Y., *La chrétienté romaine (1198-1274)*, "Histoire de l'Eglise 10", Paris, 1950.

Fontes Vitae S. Thomae Aquinatis notis historicis et criticis illustrati, D. PRÜMMER et M.-H. LAURENT éd., Toulouse, s.d. (6 fasc., originellement publiés dans la *Revue thomiste* de 1911 à 1937).

Fontes: voir *S. Thomae Aquinatis vitae fontes praecipuae*.

FOSTER, K., *The Life of Saint Thomas Aquinas*, Londres, 1958.

FUSSENEGGER, G., éd., voir *Definitiones Capituli generalis Argentinae*.

GARDEIL, H.-D., "Le plan de la Somme théologique", dans *S. Thomas d' Aquin, Somme Théologique: La théologie, (Ia, Prologue et Q. 1)*, Paris, Tournai, Rome, 1968, p. 171-202.

GAUTHIER, R.-A., "La date du Commentaire de Saint Thomas sur l' Ethique à Nicomaque", *RTAM* 18 (1951) 66-105.

———"Les 'Articuli in quibus frater Thomas melius in Summa quam in Scriptis'", *RTAM* 19 (1952) 271-326.

———*Introduction historique à S. Thomas d' Aquin. Contra Gentiles*, trad. de R. BERNIER et M. CORVEZ, t. 1, Paris, 1961, p. 7-123.

———*Aristote, L' Ethique à Nicomaque,* t. I/1: *Introduction*, Louvain-Paris, ²1970.

———"Quelque questions à propos du commentaire de S. Thomas sur le *De anima*", *Angelicum* 51 (1974) 419-472.

———"Le cours sur l' *Ethica noua* d' un maître ès arts de Paris (1235-1240)", *AHDLMA* 43 (1975) 71-141.

———"Le traité *De anima et de potenciis eius* d' un maître ès arts (vers 1225). Introduction et texte critique", *RSPT* 66 (1982) 3-55.

———"Note sur les débuts (1225-1240) du 'premier averroïsme'", *RSPT* 66 (1982) 321-374.

———"Notes sur Siger de Brabant. I. Siger en 1265", *RSPT* 67 (1983), p. 212-232.

———éd., voir ANONYMI, MAGISTRI ARTIUM.

———SAINT THOMAS D' AQUIN, *Somme contre les Gentils, Introduction* par R.-A. GAUTHIER, Paris, 1993.

GEENEN, C.G., "Saint Thomas et les Pères", dans l' art. "Thomas d' Aquin (saint)", *DTC* 15/1 (1946) 738-761.

———"En marge du concile de Charcédoine. Les textes du Quatrième Concile dans les œuvres de saint Thomas", *Angelicum* 29 (1952) 43-59.

―――――"Les *Sentences* de Pierre Lombald dans la *Somme* de saint Thomas", dans *Miscellanea Lombardiana*, Novara, 1957, p. 295-304.

―――――"Le fonti patristiche come 'autorità' nella teologia di San Tommaso", *Sacra Doctrina* 20 (1975) n° 77, 7-17.

GEIGER, L.-B., *La participation dans la philosophie de S. Thomas d' Aquin*, "Bibliothèque thomiste 23", Paris, 1942, ²1953.

―――――"Saint Thomas et la métaphysique d' Aristote", dans *Aristote et saint Thomas d' Aquin*, p. 175-220.

―――――"Les rédactions successives de *Contra Gentiles I, 53* d' après l' autographe", dans *Saint Thomas d' Aquin aujourd'hui*, "Recherches de philosophie 6", Paris, 1963, p. 221-240.

GEISELMANN, J.R., "Christus und die Kirche nach Thomas von Aquin", *Theologische Quartalschrift* 107 (1926) 198-222; 108 (1927) 233-255.

GENICOT, L., "Le *De Regno*: spéculation ou réalisme ?", dans *Aquinas and Problems of his Time*, p. 3-17.

GERARD D' ABBEVILLE, *Contra adversarium perfectionis christianae*, S. CLASEN éd., *AFH* 31 (1938) 276-329; 32 (1939) 89-200.

GERARD DE FRACHET, *Vitae Fratrum Ordinis Praedicatorum…*, B.M. REICHERT éd., *MOPH* 1, Louvain, 1896.

GERKEN, A., art. "Bonaventura", *Lexikon des Mittelalters* 2 (1983) 402-407.

GERULAITIS, L.V., "The Canonization of Saint Thomas Aquinas", *Vivarium* 5 (1967) 25-46.

GHELLINCK, J., voir DE GHELLINCK, J..

GIACON, C., "Il platonismo di Aristotele e S. Tommaso", *Doctor Communis* 28 (1975) 153-170.

GILLES DE ROME, *Errores philosophorum*, J. KOCH éd., Milwaukee, 1944.

―――――*Opera omnia*, t. 3/1: *Apologia*, R. WIELOCKX éd., Florence, 1985.

GILLON, L.-B., "La pluralité des formes", dans l' art. "Thomas d'

Aquin", *DTC* 15/1 (1946) 678-684.

GILS, P.-M., "Les Collationes marginales dans l' autographe du commentaire de S. Thomas sur Isaïe", *RSPT* 42 (1958) 253-264.

——— "Textes inédits de S. Thomas: les premières rédactions du *Scriptum super Tertio Sententiarum*", *RSPT* 45 (1961) 201-228; 46 (1962) 445-462 et 609-628.

——— "Le MS. *Napoli, Biblioteca Nazionale I.B. 54* est-il de la main de S. Thomas ?", *RSPT* 49 (1965) 37-59.

Gli studi di filosofia medievale fra otto e novecento, Contributo a un bilancio storiografico. Atti del convegno internazionale, Roma, 21-23 settembre 1989, a cura di R. IMBACH e A. MAIERÙ, Rome, 1991 (impr. 1992).

GLORIEUX, P., *La littérature quodlibétique de 1260 à 1320*, 2 t., "Bibliothèque thomiste 5 et 21", Paris, 1925 et 1935.

——— "Comment les thèses thomistes furent proscrites à Oxford", *RT* 32, N.S. 10 (1927) 259-291.

——— *Les premières polémiques thomistes I. Le Correctorium Corruptorii "Quare"*, "Bibliothèque thomiste 9", Le Saulchoir, Kain, 1927.

——— "Le 'Contra impugnantes' de saint Thomas", dans *Mélanges Mandonnet*, t. 1, p. 51-81.

——— "Pour qu' on lise le *De perfectione*", *Vie Spirituelle, Supplément* 23 (1930) 97-126.

——— "Les Questions Disputées de S. Thomas et leur suite chronologie", *RTAM* 4 (1932) 5-33.

——— *Répertoire des Maîtres en Théologie de Paris au XIIIe siècle*, 2 vol., "Etudes de philosophie médiévale 17 et 18", Paris, 1933.

——— "Les polémique 'contra Geraldinos'", *RTAM* 6 (1934) 5-41.

——— "Une offensive de Nicolas de Lisieux contre saint Thomas d' Aquin", *BLE* 39 (1938) 121-129.

——— art. "Sentences (Commentaires sur les)", *DTC* 14/2 (1941)

1860-1884.

―――――"Pour la chronologie de la Somme", *MSR* 2 (1945) 59-98.

―――――art. "Tempier (Etienne)", *DTC* 15/1 (1946) 99-107.

―――――"Les Quodlibets VII-XI de S. Thomas d'Aquin. Etude critique", *RTAM* 13 (1946) 282-303.

―――――"Non in marginibus positis", *RTAM* 15 (1948) 182-184.

―――――"Un maître polémiste: Thomas d'Aquin", *MSR* 5 (1948) 153-174.

―――――"Essai sur les commentaires scripturaires de saint Thomas et leur chronologie", *RTAM* 17 (1950) 237-266.

―――――*Les premières polémiques thomistes II. Le Correctorium Corruptorii "Sciendum"*, "Bibliothèque thomiste 31", Paris, 1956.

―――――"Le conflit de 1252-1257 à la lumière du Mémoire de Guillaume de Saint-Amour", *RTAM* 24 (1957) 364-372.

―――――"La Christologie du *Compendium theologiae*", *Sciences ecclésiastiques* 13 (1961) 7-34.

―――――"L'enseignement au Moyen Age. Techniques et méthodes en usage à la Faculté de Théologie de Paris au XIIIe siècle", *AHDLMA* 35 (1968) 65-186.

―――――"*Pro et contra Thomam*. Un survol de cinquante années", dans *Sapientiae Procerum Amore. Mélanges...J.-P. Müller*, "Studia Anselmiana 63", Rome, 1974, p. 255-287.

GODEFROID DE FONTAINES, *Quodlibets onze-quatorze*, J. HOFFMANS éd., "Les Philosophes belges 5, fasc. 1-2", Louvain, 1932.

GODEFROY, F., *Dictionnaire de l'ancienne langue française et de tous ses dialectes du IXe au XVe siècle*, 10 t., Paris, 1880-1902.

GOMEZ NOGALES, S., "Saint Thomas, Averroès et l'averroïsme", dans *Aquinas and Problems of his Time*, p. 161-177.

GRABMANN, M., "Die Kanonisation des hl. Thomas von Aquin in ihrer Bedeutung für die Ausbreitung und Verteidigung seiner Lehre im 14. Jahrhundert", *DT* (Fr.) 1 (1923) 233-249.

——————"Forschungen zur Geschichte der ältesten deutschen Thomistenschule des Dominikanerordens", dans *Xenia thomistica* III, p. 189-231; repris dans ID., *Mittelalterliches Geistesleben* I, p. 392-431.

—————— *Mittelalterliches Geistesleben. Abhandlungen zur Geschichte der Scholastik und Mystik*, 3 vol., Munich, 1926, 1936, 1956.

——————"Die persönlichen Beziehungen des hl. Thomas von Aquin", *Historisches Jahrbuch* 57 (1937) 305-322.

—————— *Die Werke des hl. Thomas von Aquin. Eine literarhistorische Untersuchung und Einführung*, "BGPTMA 22, 1-2", Münster Westf., ³1949.

GRAND, Ph., "Le *Quodlibet* XIV de Gérard d'Abbeville. La vie de Gérard d'Abbeville", *AHDLMA* 39 (1964) 207-269.

——————art. "Gérard d'Abbeville", *DS* 6 (1967) 258-263.

GRANT, E., "The Condemnation of 1277, God's Absolute Power, and Physical Thought in the Late Middle Ages", *Viator* 10 (1979) 211-244.

GREEN-PEDERSEN, N.G., éd., voir BOECE DE DACIE, *Modi significandi sive quaestiones super Priscianum Maiorem*.

GRIJS, F.J.A., voir DE GRIJS, F.J.A..

GUILLAUME DE LA MARE, *Scriptum in primum librum Sententiarum*, H. KRAML éd., Munich, 1989.

GUILLAUME DE TOCCO, voir LE BRUN-GOUANVIC, C., *Editon critique de l'Ystoria sancti Thome de Aquino*.

GUILLAUME DE MOERBEKE, voir THÉMISTIUS, *Commentaire sur le traité de l'âme d'Aristote*.

Guillaume de Moerbeke. Recueil d'études à l'occasion du 700ᵉ anniversaire de sa mort (1286), J. BRAMS et W. VANHAMEL éd., Leuven, 1989.

GUYOT, B.G., éd., voir *La production du livre universitaire*.

GY, P.-M., "L'Office du Corpus Christi et S. Thomas d'Aquin. Etat d'une recherche", *RSPT* 64 (1980) 491-507.

——————"Le texte original de la Tertia Pars de la *Somme*

Théologique de S. Thomas d' Aquin dans l' apparat critique de l' Edition Léonine: le cas de l' Eucharistie", *RSPT* 65 (1981) 608-616.

———"L' Office du Corpus Christi et la théologie des accidents eucharistiques", *RSPT* 66 (1982) 81-86.

———"La relation au Christ dans l' Eucharistie selon S. Bonaventure et S. Thomas d' Aquin", dans *Sacraments de Jésus-Christ*, J. DORE éd., Paris, 1983, p. 69-106; repris dans ID., *La liturgie dans l' histoire*, Paris, 1990, p. 247-283.

———"L' Office du Corpus Christi, œuvre de S. Thomas d' Aquin", dans ID., *La Liturgie dans l' histoire*, Paris, 1990, p. 223-245.

HAGEMANN, L.B., "Missionstheoretische Ansätze bei Thomas von Aquin in seiner Schrift De rationibus fidei", *MM* 19 (1988) 459-483.

HALL, D.C., *The Trinity. An Analysis of St. Thomas Aquinas' Expositio of the De Trinitate of Boethius*, "STGMA 33", Leiden, 1992.

HAMESSE, J., "*Collatio* et *reportatio*: deux vocables spécifiques de la vie intellectuelle au Moyen Age", dans *Terminologie de la vie intellectuelle au Moyen Age*, O. WEIJERS éd., "CIVICIMA 1", Turnhout, 1988, p. 78-87.

HARKINS, B., *God in St. Thomas's Commentaries on Aristotle's Physics and Metaphysics*, Diss. Angelicum, Rome, 1986.

HASKINS, Ch.H., *Studies in the History of Medieval Science*, Cambridge, ²1927.

———*Studies in Medieval Culture*, Oxford, 1929.

HAYEN, A., "La structure de la Somme théologique et Jésus", *Sciences Ecclésiastiques* 12 (1960) 59-82.

———*Saint Thomas d' Aquin et la vie de l' Eglise*, Louvain-Paris, 1952.

HEATH, T.R., "St. Thomas and the Aristotelian Metaphysics", *NS* 34 (1960) 428-460.

HENDRICKX, M., *Sagesse de Dieu et sagesse des hommes. Le*

commentaire de 1 Co 1-4 et sa confrontation avec la grande glose de Pierre Lombard, Louvain-la-Neuve, 1987.

HENLE, R.J., *Saint Thomas and Platonism*. A Study of the *Plato* and *Platonici* Texts in the Writings of Saint Thomas, La Haye, 1956.

HENRI DE GAND, *Opera omnia*, t. 14: *Quodlibet* X, R. MACKEN éd., Leuven-Leiden, 1981.

HENRI DE HERFORD, *Liber de rebus memorabilioribus sive Cronicon*, A. POTTHAST éd., Göttingen, 1859.

HISSETTE, R., *Enquête sur les 219 articles condamnés à Paris le 7 mars 1277*, "Philosophes médiévaux 22", Louvain-Paris, 1977.

——— "Etienne Tempier et ses condamnations", *RTAM* 47 (1980) 231-270.

——— "Albert le Grand et Thomas d'Aquin dans la censure parisienne du 7 mars 1277", *MM* 15 (1982) 226-246.

——— art. "Nicolas de Lisieux", *Catholicisme* 9 (1982) 1254-1255.

——— "Trois articles de la seconde rédaction du Correctorium de Guillaume de la Mare", *RTAM* 51 (1984) 230-241.

——— "Note sur le syllabus 'antirationaliste' du 7 mars 1277", *RPL* 88 (1990) 404-416.

HÖDL, L., "Neue Nachrichten über die Pariser Verurteilungen der Thomasischen Formlehre", *Scholastik* 39 (1964) 178-196.

——— voir BERNT, G., HÖDL, L., SCHIPPERGES, H., art. "Artes liberales".

HOFFMANS, J., éd., voir GODEFROID DE FONTAINES, *Quodlibets onze-quatorze*.

Hommage au Père M.-D. Chenu, *RSPT* 75 (1991) (n° spécial, juillet).

HORST, U., "Über die Frage einer Heilsökonomischen Theologie bei Thomas von Aquin. Ergebnisse und Probleme der neueren Forschung", *MThZ* 12 (1961) 97-111; repris dans *Thomas von Aquin, Chronologie und Werkanalyse*, p. 373-395.

―――――*Evangelische Armut und Kirche. Thomas von Aquin und die Armutskontroversen des 13. und beginnenden 14. Jahrhunderts*, "Quellen und Forschungen zur Geschichte des Dominikanerordens, N.F. 1", Berlin, 1992.

HUBERT, M., "Note sur le vocabulaire gréco-latin d' un *Libellus*, '*Liber de fide Trinitatis*', édité par le Père Hyacinthe Dondaine", *ALMA* 37 (1970) 199-224.

――――― "L' humour de S. Thomas d' Aquin en face de la scolastique", dans *1274 - Année-charnière*, p. 725-739.

HUERGA, A., "Hypótesis sobre la génesis de la *Summa contra Gentiles* y del *Pugio fidei*", *Angelicum* 51 (1974) 533-557.

HUGUENY, E., "L' *Adoro Te* est-il de saint Thomas ?", *AFP* 4 (1934) 221-225.

HUILLARD-BREHOLLES, J.-L.-A., *Historia diplomatica Friderici secundi*, Paris, 6 t., 1852-1861.

―――――*Vie et correspondance de Pierre de la Vigne, ministre de l' empereur Frédric II*, Paris, 1865.

HUIT, C., "Les éléments platoniciens de la doctrine de saint Thomas", *RT* 19 (1911) 724-766.

HUMBERT DE ROMANS, *Opera de vita regulari*, J.J. BERTHIER éd., 2 t., Rome, 1888-1889.

IMBACH, R., *Deus est intelligere. Das Verhältnis von Sein und Denken in seiner Bedeutung für das Gottesverständnis bei Thomas von Aquin und in den Pariser Quaestionen Meister Eckharts*, "Studia Friburgensia, N.F. 53", Fribourg (Suisse), 1976.

―――――"Le (néo-)platonisme médiéval, Proclus latin et l' Ecole dominicaine allemande", *Revue de théologie et de philosophie* 110 (1978) 427-448.

―――――"Gravis iactura verae doctrinae. Prolegomena zu einer Interpretation der Schrift *De ente et essentia* Dietrichs von Freiberg O.P.", *FZPT* 26 (1979) 369-425.

―――――"L' averroïsme latin du XIIIe siècle", dans *Gli Studi di Filosofia Medievale fra Otto et Novecento*, p. 191-208.

―――― "Prétendue primauté de l'être sur le connaître. Perspectives cavalières sur Thomas d'Aquin et l'école dominicaine allemande", dans *Lectionum varietates. Hommage à Paul Vignaux*, "Etudes de Philosophie médiévale 65", Paris, 1991, p. 121-132.

―――― e. al., *Albert der Grosse und die deutsche Dominikanerschule. Philosophische Aspekte*, FZPT 32 (1985) 3-271.

――――et CHENEVAL, F., voir *Thomas von Aquin, Prologe*.

―――― et LINDBLAD, U., "*Compilatio rudis ac puerilis*. Hinweise und Materialien zu Nicolaus von Strassburg und seiner *Summa*", FZPT 32 (1985) 155-233.

――――et MAIERU, A., éd., voir *Gli Studi di filosofia medievale fra otto e novecento*.

―――― et MELEARD, M.-H., *Philosophes médiévaux. Anthologie de textes philosophiques (XIIe-XIVe siècles)* (10/18), Paris, 1986.

Institut Catholique de Toulouse, *Chronique 1975*, Toulouse, 1975.

ISAAC, J., *Le Peri Hermeneias en Occident de Boèce à saint Thomas*, "Bibliothèque thomiste 29", Paris, 1953.

IVANKA, E. von, "S. Thomas platonisant", *Tommaso d'Aquino nel suo settimo centenario*, t. 1, p. 256-257.

――――*Plato christianus. La réception critique du platonisme chez les Pères de l'Eglise*, Paris, 1990.

JAFFA, H.V., *Thomism and Aristotelianism. A Study of the Commentary by Thomas Aquinas on the Nicomachean Ethics*, Chicago, 1952.

JANSSENS, E., "Les premiers historiens de la vie de Saint Thomas d'Aquin", *Revue néoscolastique de philosophie de Louvain* 26 (1924) 201-214; 325-352; 452-476.

JEAN DE NAPLES: voir C. JELLOUSCHEK, *Quaestio Magistri Ioannis de Neapoli O.P.*.

JEAN PECHAM, *De perfectione evangelica*, F. DELORME éd.: "Quatre chapitres inédits de Jean Pecham O.F.M. sur la perfection religieuse et autres états de perfection", *Collectanea Franciscana* 14 (1944) 84-120.

————*Quodlibeta quatuor*, G.J. ETZKORN éd., Grottaferrata, 1989.

JEAN QUIDORT DE PARIS, voir MÜLLER, J.-P., éd., *Le Correctorium Corruptorii de Jean Quidort de Paris*.

JELLOUSCHEK, C., "Quaestio Magistri Ioannis de Neapoli O. Pr.: *Utrum licite possit doceri Parisius doctrina fratris Thomae quantum ad omnes conclusiones ejus* hic primum in lucem edita", dans *Xenia thomistica* III, p. 73-104.

JENSEN, S.S., éd., voir BOECE DE DACIE, *Modi significandi*.

JOHNSON, M.F., "*Alia lectura fratris thome*: A List of the New Texts found in Lincoln Colledge, Oxford, MS. Lat. 95", *RTAM* 57 (1990) 34-61.

————"A Note on the Dating of St. Thomas Aquinas's Expositio super primam et secundam decretalem", *RTAM* 59 (1992) 155-165.

JORDAN, M.D., "The Controversy of the Correctoria and the Limits of Metaphysics", *Speculum* 57 (1982) 292-314.

————"The Protreptic Structure of the '*Summa contra Gentiles*'", *The Thomist* 50 (1986) 173-209.

————"Theological Exegesis and Aquinas's Treatise *Against the Greeks*", *Church History* 56 (1987) 445-456.

KANTOROWICZ, E., *Kaiser Friedrich der Zweite*, Berlin, ²1928.

————*Ergänzungsband*, Berlin, 1931.

KÄPPELI, Th., "Note sugli scrittori domenicani di nome Giovanni di Napoli, I. Giovanni Regina di Napoli", *AFP* 10 (1940) 48-71.

————"Benedetto di Asinago da Como (+ 1339)", *AFP* 11 (1941) 83-94.

————"Una raccolta di prediche attribuite a S. Tommaso d'Aquino", *AFP* 13 (1943) 59-94.

————*Scriptores Ordinis Praedicatorum Medii Aevi*, 3 vol., Rome, 1970-1980.

————art. "Guillaume d' Alton", *DHGE* 22 (1988) 836-837.

———— et DONDAINE, A., éd., voir *Acta Capitulorum Provincialium Provinciae Romanae*.

KELLEY, F.E., éd., voir RICHARD KNAPWELL, *Quaestio disputata de unitate formae*.

KOCH, J., "Die Verteidigung der Theologie des hl. Thomas von Aquin durch den Dominikanerorden gegenüber Durandus de S. Porciano O. Pr.", dans *Xenia thomistica* III, p. 327-362.

————*Durandus de S. Porciano O.P., Forschungen zum Streit um Thomas von Aquin zu Beginn des 14. Jahrhundert*, "BGPTMA 36/1", Münster i. W., 1927.

————éd., voir GILLES DE ROME, *Errores philosophorum*.

KRAML, H., éd., voir GUILLAUME DE LA MARE, *Scriptum in primum librum Sententiarum*.

La doctrine de la révélation divine de saint Thomas d' Aquin, L. ELDERS éd., "Studi Tomistici 37", Cité du Vatican, 1990.

LAFONT, G., *Structures et méthode dans la Somme théologique de saint Thomas d' Aquin*, Paris-Bruges, 1961.

———— "Simbolo degli Apostoli e metodo teologico: Il *Compendium Theologiae* di San Tommaso", *La Scuola Cattolica* 102 (1974) 557-568.

LANDGRAF, A.M., "Das Problem Utrum Christus fuerit homo in triduo mortis in der Frühscholastik", dans *Mélanges Auguste Pelzer*, p. 109-158.

La production du livre universitaire au Moyen-Age, 'exemplar' et 'pecia'. Actes du Symposium tenu au Collegio San Bonaventura de Grottaferrata en mai 1983. Textes réunis par L.J. BATAILLON, B.G. GUYOT et R.H. ROUSE, Paris, 1988.

LAURENT, M.-H., "Godefroid de Fontaines et la condamnation de 1277", *RT* 35 (1930) 273-281.

———— "Un légendier dominicain peu connu", *Analecta Bollandiana* 58 (1940) 28-47.

————*Le bienheureux Innocent V (Pierre de Tarentaise) et son temps*, "Studi e Testi 129", Rome, 1947.

———— et PRÜMMER, D., éd., voir *Fontes Vitae S. Thomae Aquinatis*.

LE BRUN-GOUANVIC, C., *Edition critique de l' Ystoria sancti Thome de Aquino de Guillaume de Tocco*, Diss. dactyl., Université de Montréal, 2 t., 1987.

LECCISOTTI, T., "Magister Erasmus", *Bollettino dell' istituto storico italiano per il medio evo e Archivio Muratoriano* 47 (1932) 209-216.

———— "Il Dottore angelico a Montecassino", *RFNS* 32 (1940) 519-547.

———— *San Tommaso e Montecassino*, Montecassino, 1965.

LECLERCQ, J., "Le magistère du prédicateur au XIIIe siècle", *AHDLMA* 21 (1946) 105-147.

———— "L' idéal du théologien au moyen âge. Textes inédits", *Revue des sciences religieuses* 21 (1947) 121-148.

LECUYER, J., "Les étapes de l' enseignement thomiste sur l' épiscopat", *RT* 57 (1957) 29-52.

LEFF, G., *Paris and Oxford Universities in the Thirteenth and Fourteenth Centuries. An Institutional and Intellectual History*, New York, Londres, Sydney, 1968.

LE GOFF, J., *Les intellectuels au Moyen Age*, "Points Histoire 78", Paris, 1985.

LESCOE, F.J., "*De substantiis separatis*: Title and Date", dans *St. Thomas Aquinas 1274-1974 Commemorative Studies*, t. 1, p. 51-66.

LIBERA, A. DE, *Introduction à la mystique rhénane d' Albert le Grand à Maître Eckhart*, Paris, 1984.

———— "Ulrich de Strasbourg, lecteur d' Albert le Grand", *FZPT* 32 (1985) 105-136.

———— *Albert le Grand et la philosophie*, Paris, 1990.

———— "Albert le Grand et Thomas d' Aquin interprètes du *Liber de causis*", *RSPT* 74 (1990) 347-378.

———— *Penser au Moyen Age*, Paris, 1991.

———— et RUBEN HAYOUN, M.-R., voir RUBEN HAYOUN,

M.-R., et LIBERA, A. DE, *Averroès et l' averroïsme*.

LIEBESCHÜTZ, H., "Judaism and Jewry in the Social Doctrine of Thomas Aquinas", *The Journal of Jewish Studies* 13 (1962) 57-81.

LINDBLAD, U., voir IMBACH, R., et LINDBLAD, U., *Compilatio rudis ac puerilis*.

LITT, Th., *Les corps célestes dans l' univers de saint Thomas d' Aquin*, Louvain-Paris, 1963.

LOBATO CASADO, A., "Santo Tomás, Magister in Sacra Teologia. El 'Principium' de su Magisterio", *Communio* (Sevilla) 21 (1988) 49-70.

LOHR, Ch., *St. Thomas Aquinas. "Scriptum super Sententiis": An Index of Authorities cited*, Avebury, 1980.

LÖNERTZ, R., "Saint Dominique écrivain, maître en théologie, professeur à Rome et Maître du Sacré Palais d' après quelques auteurs du XIVe et XVe siècle", *AFP* 12 (1942) 84-97.

LORENZ, Dietrich, *I fondamenti dell' ontologia tomista. Il trattato De ente et essentia*, "Philosophia 10", Bologna, 1992.

LOTTIN, O., "La pluralité des formes substantielles avant saint Thomas d' Aquin", *Revue néo-scolastique* 34 (1932) 449-467.

——————*Psychologie et Morale aux XIIe et XIIIe siècles*, 6 t., Louvain-Gembloux, 1942-1960.

——————"La date de la question disputée *De malo* de saint Thomas d' Aquin", dans ID., *Psychologie et Morale*, t. 6, p. 353-372.

——————"Saint Thomas d' Aquin à la faculté des arts de Paris aux approches de 1277", *RTAM* 16 (1949) 292-313.

LUBAC, H. de, *Exégèse médiévale. Les quatre sens de l' Ecriture*, t. 4/2,2, "Théologie 59", Paris, 1964.

——————*La postérité spirituelle de Joachim de Flore I. De Joachim à Schelling*, Paris, 1979.

LYONNET, S., "L' actualité de saint Thomas exégète", dans *Tommaso d' Aquino nel suo settimo centenario*, t. 4, p. 9-28.

MACKEN, R., éd., voir HENRI DE GAND, *Quodlibet* X.

MAHIEU LE VILAIN, *Les Metheores d' Aristote: Traduction du*

XIIIe siècle publiée pour la première fois, R. EDGREN éd., Uppsala, 1945.

MAIERU, A., et IMBACH, R., éd., voir *Gli Studi di filosofia medievale fra otto e novecento*.

MANDONNET, P., "Les titres doctoraux de saint Thomas d' Aquin", *RT* 17 (1909) 597-608.

——— *Des écrits authentiques de saint Thomas d' Aquin*, Fribourg, ^{2}1910.

——— *Siger de Brabant et l' averroïsme latin au XIIIe siècle, Ière Partie: Etude critique*, Louvain, ^{2}1911.

——— "Pierre Calo et la légende de S. Thomas", *RT* 20 (1912) 508-516.

——— "Premiers travaux de polémique thomiste", *RSPT* 7 (1913) 46-70; 245-262.

——— "Date de naissance de S. Thomas d' Aquin", *RT* 22 (1914) 652-664.

——— "Chronologie des questions disputées de saint Thomas d' Aquin", *RT* 23, N.S. 1 (1918) 266-287; 340-371.

——— "Chronologie sommaire de la vie et des écrits de saint Thomas", *RSPT* 9 (1920) 142-152.

——— "La canonisation de saint Thomas d' Aquin 1317-1323", dans *Mélanges Thomistes*, p. 1-48.

——— "Le Carême de saint Thomas d' Aquin à Naples (1273)", dans *San Tommaso d' Aquino O.P., Miscellanea storico-artistica*, p. 195-212.

——— "Thomas d' Aquin, novice prêcheur (1244-1246)", *RT* 29, N.S. 7 (1924) 243-267; 370-390; 529-547; 30, N.S. 8 (1925) 3-24; 222-249; 393-416; 489-533.

——— "Thomas d' Aquin lecteur à la curie romaine. Chronologie du séjour (1259-1268)", dans *Xenia thomistica* III, p. 9-40.

——— "Saint Thomas d' Aquin, créateur de la dispute quodlibétique", *RSPT* 15 (1926) 477-506; 16 (1927) 5-38.

——— "Les 'Opuscules' de saint Thomas d' Aquin", *RT* 32, N.S. 10 (1927) 121-157.

―――――"Chronologie des écrits scripturaires de saint Thomas d' Aquin", *RT* 33, N.S. 11 (1928) 27-45; 116-155; 211-245; 34, N.S. 12 (1929) 53-69; 132-145; 489-519.

MANSION, S., "L' intelligibilité métaphysique d' après le Prooemium du Commentaire de saint Thomas à la Métaphysique d' Aristote", *RFNS* 70 (1978) 49-62.

MANTEAU-BONNAMY, H.-M., "La liberté de l' homme selon Thomas d' Aquin. La datation de la Question disputée *De malo*", *AHDLMA* 46 (1979) 7-34.

MANZANEDO, M.F., "La antropologia filosofica nel commentario tomista al libro de Job", *Angelicum* 62 (1985) 419-471.

―――――"La antropologia teologica en el commentario tomista al libro de Job", *Angelicum* 64 (1987) 301-331.

MARABELLI, C., "Note preliminari allo studio del commento di S. Tommaso ai 'Secondi Analitici' di Aristotele", *DTP* 88 (1985) 77-88.

MARC, P., *Introductio à S. Thomae Aquinatis Liber de Veritate Catholicae Fidei contra errores Infidelium*, t. 1, Turin, 1967.

MARENGO, G., *Trinità e Creazione*. Indagine sulla teologia di Tommaso d' Aquino, Rome, 1990.

MARINELLI, F., *Personalismo trinitario nella storia della salvezza* (Rapporti tra la SS.ma Trinità e le opere ad extra nello Scriptum super Sententiis di San Tommaso), Rome, 1969.

MARITAIN, J., *Le Docteur angélique*, dans J. et R. MARITAIN, *Oeuvres complètes*, t. 4, Fribourg-Paris, 1983, p. 10-191.

MARLASCA, A., éd., voir SIGER DE BRABANT, *Quaestiones super librum de causis*.

MARTIN, C., "The Vulgate Text of Aquinas's Commentary on Aristotle's Politics", *Dominican Studies* 5 (1952) 35-64.

MASETTI, P.-T., *Monumenta et Antiquitates veteris disciplinae Ordinis Praedicatorum ab anno 1216 ad 1348*⋯, t. 2, Rome, 1864.

MAURER, A., éd., voir *St. Thomas Aquinas 1274-1974 Commemorative Studies*; SIGER DE BRABANT, *Quaestiones in Metaphysicam.*

MAY, W.H., "The Confession of Prous Boneta, Heretic and Heresiarch", dans *Essays in Medieval Life and Thought Presented in Honor of A.P. Evans*, New York, 1955, p. 3-30.

MCALLISTER, J.B., *The Letter of Saint Thomas Aquinas De occultis operationibus naturae ad quendam militem ultramontanum*, Washington, 1939.

MCINERNY, R., *Boethius and Thomas Aquinas*, Washington, 1990.

Medieval Latin Texts on the Eternity of the World, R.C. DALES et O. ARGERAMI éd., Leiden, 1991.

MEERSSEMAN, G., "Concordia inter quatuor ordines mendicantes", *AFP* 4 (1934) 75-97.

——————éd., voir *Catalogus Stamsensis*.

——————"*In libris gentilium non studeant*. L' étude des classiques interdite aux clercs au moyen âge ?", dans *Italia medioevale e classica* I, Padoue, 1958, p. 1-13.

MEIJER, P.A., éd., voir *On Proclus and His Influence in Medieval Philosophy*. *Mélanges Auguste Pelzer*. Etudes d' Histoire littéraire et doctrinale de la Scolastique médiévale offertes à Monseigneur Auguste Pelzer à l' occasion de son soixante-dixième anniversaire, Louvain, 1947.

Mélanges Mandonnet. Etudes d' histoire littéraire et doctrinale du moyen âge, 2 t., "Bibliothèque thomiste 13 et 14", Paris, 1930.

Mélanges offerts à Etienne Gilson de l' Académie française, "Etudes de philosophie médiévale", Toronto-Paris, 1959.

Mélanges offerts à M.-D. Chenu, "Bibliothéque thomiste 37", Paris, 1967.

Mélanges thomistes, publiés par les Dominicains de la Province de France à l' occasion du VIe centenaire de la canonisation de S. Thomas d' Aquin, "Bibliothèque thomiste 3", Le Saulchoir, Kain, 1923.

MENDEZ, J.R., *El amor fundamento de la participación metafísica. Hermeneutica de la "Summa contra Gentiles"*, Diss. Univ. Later., Rome, 1985.

MEYVAERT, P., "The Enigma of Gregory the Great's 'Dialogues'. A Response to Francis Clark", *Journal of Ecclesiastical History* 30 (1988) 335-381.

MICHAUD-QUANTIN, P., "Guy de l' Aumône, premier Maître cistercien de l' Université de Paris", *Analecta Sacri Ordinis Cisterciensis* 15 (1959) 194-219.

MIGUEL, J.J. de, "Los Padres de la Iglesia en la criteriologia teológica de santo Tomás de Aquino", *Scripta theologica* 7 (1975) 125-161.

MINIO-PALUELLO, L., art. "Moerbeke, William of", *Dictionary of Scientific Biography* 9 (1974) 434-440.

MOHR, W., "Bemerkungen zur Verfasserschaft von De regimine principum", dans *Virtus Politica*, Festgabe⋯A. Hufnagel, J. MÖLLER et H. KOHLENBERGER éd., Stuttgart, 1974, p. 127-145.

MONCHO, J.R., éd., voir NEMESIUS D' EMESE, *De natura hominis*.

MONTAGNE, H.-A., "Notre programme", *RT* 17 (1909) 5-37.

MONTAGNES, B., *La doctrine de l' analogie de l' être d' après saint Thomas d' Aquin*, "Philosophes médiévaux 6", Paris-Louvain, 1963.

─────── "Les deux fonctions de la sagesse: ordonner et juger", *RSPT* 53 (1969) 675-686.

─────── "Les activités séculières et le mépris du monde chez S. Thomas d' Aquin. Les emplois du qualificatif 'saecularis'", *RSPT* 55 (1971) 231-249.

MOREAU, J., "Le platonisme dans la 'Somme théologique'", dans *Tommaso d' Aquino nel suo settimo centenario*, t. 1, p. 238-247.

MTEGA, N.W., *Analogy and the Theological Language in the Summa contra Gentiles. A Textual Survey of the Concept of Analogy and its Theological Application by St. Thomas Aquinas*, Berne, 1984.

MÜCKSHOFF, M., art. "Alexander v. Hales", *Lexikon des*

Mittelalters 1 (1980) 377-378.

MÜLLER, J.-P., éd., *Le Correctorium Corruptorii de Jean Quidort de Paris*, "Studia Anselmiana 12-13", Rome, 1941.

―――――éd., *Rambertus de' Primadizzi de Bologne, Apologeticum veritatis contra corruptorium*, "Studi e Testi 108", Cité du Vatican, 1943.

―――――éd., *Le Correctorium Corruptorii "Quaestione"*, "Studia Anselmiana 35", Rome, 1954.

MURA, G., "Ermeneutica, gnoseologia e metafisica. Attualità del commento di S. Tommaso al Perihermeneias di Aristotele", *Euntes Docete* 40 (1987) 361-389.

MURDOCH, J.E., "Pierre Duhem and the History of Late Medieval Science and Philosophy in the Latin West", dans *Gli Studi di Filosofia Medievale fra Otto e Novecento*, p. 253-302.

NARCISSE, G., "Les enjeux épistémologiques de l'argument de convenance selon saint Thomas d'Aquin", dans *Ordo sapientiae et amoris*, p. 143-167.

NEIDL, W.N., *Thearchia. Die Frage nach dem Sinn von Gott bei Pseudo-Dionysius Areopagita und Thomas von Aquin*, Ratisbonne, 1976.

NEMESIUS D'EMESE, *De natura hominis*, G. VERBEKE et J.R. MONCHO éd., "Corpus latinum commentariorum in Aristotelem graecorum, Suppl. 1", Leyde, 1975.

NOVARINA, P., voir WALZ, A., *Saint Thomas d'Aquin*.

O'MEARA, TH.F., "Grace as a Theological Structure in the *Summa Theologiae* of Thomas Aquinas", *RTAM* 55 (1988) 130-153.

O'NEILL, C.E., *Sacramental Realism. A General Theory of the Sacraments*, Wilmington, Del., 1983.

O'ROURKE, F., *Pseudo-Dionysius and the Metaphysics of Aquinas*, "STGMA 32", Leiden, 1992.

On Proclus and His Influence in Medieval Philosophy, "Philosophia Antiqua 53", E.P. BOS et P.A. MEIJER éd., Leiden, 1992.

Ordo sapientiae et amoris. Image et message de saint Thomas d'

Aquin à travers les récentes études historiques, herméneutiques et doctrinales, Hommage au Professeur Jean-Pierre Torrell O.P. à l' occasion de son 65ᵉ anniversaire, édite par C.-J. PINTO DE OLIVEIRA, Fribourg (Suisse), 1993.

OTT, L., "Das Opusculum des hl. Thomas von Aquin 'De forma absolutionis' in dogmengeschichtlicher Betrachtung", dans *Festschrift Eichmann*, Paderborn, 1940, p. 99-135.

OWENS, J., "Aquinas as Aristotelian Commentator", dans *St. Thomas Aquinas 1274-1974 Commemorative Studies*, t. 1, p. 213-238.

PAISSAC, H., *Théologie du Verbe. Saint Augustin et saint Thomas*, Paris, 1951.

PANELLA, E., "La *Lex nova* tra Storia ed Ermeneutica. Le occasioni dell' esegesi di s. Tommaso d' Aquino", *Memorie Domenicane* N.S. 6 (1975) 11-106.

―――――"Per lo studio di fra Remigio dei Girolami (+ 1319). Contra falsos professores ecclesiae", *Memorie Domenicane* N.S. 10 (1979) 11-313.

―――――"Un introduzione alla filosofia in uno 'studium' dei frati Predicatori del XIII secolo. *Diuisio scientie* di Remigio dei Girolami", *Memorie Domenicane* N.S. 12 (1981) 27-126.

―――――"I Quodlibeti di Remigio dei Girolami", *Memorie Domenicane* N.S. 14 (1983) 1-149.

―――――"Note di biografia domenicana tra XIII e XIV secolo", *AFP* 54 (1984) 231-280.

―――――"Nuove testimonianze su Guglielmo de Moerbeke", *AFP* 56 (1986) 49-55.

―――――"Priori di Santa Maria Novella di Firenze 1221-1325", *Memorie Domenicane* N.S. 17 (1986) 253-284.

―――――"Jacopo di Ranuccio da Castelbuono OP testimone dell' *alia lectura fratris Thome*", *Memorie domenicane* N.S. 19 (1988) 369-385.

―――――"Il 'lector romanae curiae' nelle cronache conventuali domenicane del XIII-XIV secolo", dans *Vocabulaire des* écoles et des méthodes d' enseignement au moyen âge. Actes du colloque Rome 21-22 octobre 1989, O. WEIJERS éd., "CIVICIMA 5", Turnhout, 1992, p. 130-139.

PARAVICINI-BAGLIANI, A., "Nuovi documenti su Guglielmo da Moerbeke OP", *AFP* 52 (1982) 135-143.

─────"Guillaume de Moerbeke et la cour pontificale", dans *Guillaume de Moerbeke. Recueil d' études*, p. 23-52.

PASCHETTA, E., "La natura del moto in base al De motu cordis di S. Tommaso", *MM* 19 (1988) 247-260.

PATFOORT, A., "L' unité de la Ia Pars et le mouvement interne de la Somme théologique de S. Thomas d' Aquin", *RSPT* 47 (1963) 513-544; repris dans *Saint Thomas d' Aquin. Les clés*, p. 49-70.

─────*L' unité d' être dans le Christ d' après S. Thomas. A la croisée de l' ontologie et de la christologie*, Paris, 1964.

─────*Saint Thomas d' Aquin. Les clés d' une théologie*, Paris, 1983.

PATTIN, A., "Notes concernant quelques écrits attribués à Siger de Brabant", *Bulletin de philosophie médiévale SIEPM* 29 (1987) 173-177.

PEANO, P., "Gérard de Borgo San Donnino", *DHGE* 20 (1984) 719-721.

PEGIS, A.C., "Qu' est-ce que la *Summa contra Gentiles* ?", dans *L' homme devant Dieu. Mélanges offerts au Père Henri de Lubac*, II. *Du moyen âge au siècle des Lumières*, "Théologie 57", Paris, 1964, p. 169-182.

PÈGUES, Th., et MAQUART, F.-X., *Saint Thomas d' Aquin. Sa vie par Guillaume de Tocco et les témoins au procès de canonisation*, Toulouse-Paris, 1924.

PELSTER, F., "Die älteren Biographen des hl. Thomas von Aquino. Eine kritische Studie", *ZKT* 44 (1920) 242-274; 366-397.

─────"La giovinezza di S. Tommaso d' Aquino. Studio critico sulle fonti", *La Civiltà Cattolica* 74 (1923), vol. 1, p. 385-400.

─────"La famiglia di S. Tommaso d' Aquino. Studio sulle

fonti", *La Civiltà Cattolica* 74 (1923), vol. 2, p. 401-410.

—————"I parenti prossimi di S. Tommaso d' Aquino", *La Civiltà Cattolica* 74 (1923), vol. 4, p. 299-313.

—————"La Quaestio disputata de saint Thomas *De unione verbi incarnati*", *Archives de Philosophie* 3 (1925) 198-245.

—————"Beiträge zur Chronologie der Quodlibeta des hl. Thomas von Aquin", *Gregorianum* 8 (1927) 508-538; 10 (1929) 52-71; 387-403.

—————"Die Sätze der Londoner Verurteilung von 1286 und die Schriften des Magister Richard von Knapwell O.P.", *AFP* 16 (1946) 83-106.

—————"Literarhistorische Probleme der Quodlibeta des hl. Thomas von Aquin. I. Eine kritische Übersicht; II. Die Datierung der Quodlibeta", *Gregorianum* 28 (1947) 78-100; 29 (1948) 62-87.

PELZER, A., "Le cours inédit d' Albert le Grand sur la morale à Nicomaque recueilli et rédigé par S. Thomas d' Aquin", *Revue néoscolastique de philosophie* 14 (1922) 333-361; 478-520.

—————*Etudes d' histoire littéraire sur la scolastique médiévale*, "Philosophes médiévaux 8", Louvain-Paris, 1964.

PERINI, G., "Il commento di S. Tommaso alla Metafisica di Aristotele. Osservazioni critiche su una recente monografia", *DTP* 51 (1974) 106-145.

PERSSON, P.E., "Le plan de la Somme théologique et le rapport *ratio-revelatio*", *RPL* 56 (1958) 545-575.

PESCH, O.H., "Um den Plan der *Summa Theologiae* des hl. Thomas von Aquin", *MThZ* 16 (1965) 128-137; repris et complété dans *Thomas von Aquin, Chronologie und Werkanalyse*, p. 411-437.

—————"Paul as Professor of Theology. The Image of the Apostle in St. Thomas's Theology", *The Thomist* 38 (1974) 584-605.

—————*Thomas von Aquin. Grenze und Grösse mittelalterlicher Theologie. Eine Einführung*, Mayence, 1988.

PETRUS A BERGAMO O.P., *Concordantiae Textuum*

discordantium Divi Thomae Aquinatis, Editio fototypica, I. COLOSIO éd., Florence, 1982.

PHILIPPE, M.-D., *Préface à Saint Thomas d' Aquin, Commentaire sur l' Evangile de saint Jean*, t. 1, Versailles-Buxy, ²1981, p. 7-49.

PHILIPPE, P., "Le plan des Sentences de Pierre Lombard d' après S. Thomas", *BT* 3 (1930-1933), Notes et communications, p. 131*-154*.

PIEPER, J., "Kreatürlichkeit. Bemerkungen über die Elemente eines Grundbegriffs", dans *Thomas von Aquin 1274/1974*, L. OEING-HANHOFF éd., Munich, 1974, p. 47-71.

PIERRE LOMBARD, *Sententiae in IV Libris distinctae*, 2 t., ed. tertia ad fidem codicum antiquiorum restituta, Ed. Collegii S. Bonaventurae Ad Claras Aquas, "Spicilegium Bonaventurianum 4-5", Grottaferrata, 1971, 1981.

PINBORG, J., *Die Entwicklung der Sprachtheorie im Mittelalter*, "BGPTMA 42/2", Münster, 1967.

———éd., voir BOECE DE DACIE, *Modi significandi*.

PINCKAERS, S., "Recherche de la signification véritable du terme 'spéculatif'", *NRT* 81 (1959) 673-695.

———"La conception thomiste de la liberté et ses conséquences en morale", dans *Saint Thomas d' Aquin, Somme théologique, Les actes humains, t. 2 (Ia-IIae, QQ. 18-21)*, Paris, Tournai, Rome, ²1966, p. 249-273.

———*Les sources de la morale chrétienne*, Fribourg (Suisse), ²1990.

PINTO DE OLIVEIRA, C.-J., voir *Ordo sapientiae et amoris*.

PIZZUTI, G.M., "Per una interpretazione storicizzata di Tommaso d' Aquino. Senso e limite di una prospettiva", *Sapienza* 29 (1976) 429-464.

POCINO, W., *Roccasecca patria di San Tommaso d' Aquino. Documentazione storico-bibliografica*, Rome, 1974.

PONCELET, A., "Le légendier de Pierre Calo", *Analecta Bollandiana* 29 (1910) 5-116.

PORTALUPI, E., "Gregorio Magno nell' *Index Thomisticus*", *Bulletin de philosophie médiévale SIEPM* 31 (1989) 112-146.

―――― *Studi sulla presenza di Gregorio Magno in Tommaso d' Aquino*, "Dokimion 10", Fribourg, 1991.

POTTHAST, A. éd., voir HENRI DE HERFORD, *Liber de rebus memorabilioribus*.

PRINCIPE, W.H., "Thomas Aquinas' Principles for Interpretation of Patristic Texts", dans *Studies in Medieval Culture* VIII-IX, Western Michigan University, 1976, p. 111-121.

PRÜMMER, D., "Quelques observations à propos de la légende de S. Thomas, par Pierre Calo", dans *RT* 20 (1912) 517-523.

―――― éd., voir *Fontes Vitae S. Thomae Aquinatis*.

PTOLEMEE DE LUCQUES, *Historia ecclesiastica nova*, Lib. XXII 17-XXIII 16, dans L.A. MURATORI, *Rerum italicarum scriptores*, t. 11, Milan, 1724.

PUTALLAZ, F.-X., *La connaissance de soi au XIIIe siècle. De Matthieu d' Aquasparta à Thierry de Freiberg*, "Etudes de Philosophie médiévale 67", Paris, 1991.

QUETIF, J., et ECHARD, J., *Scriptores ordinis praedicatorum*, t. 1, Paris, 1719.

QUILLET, J., "L' art de la politique selon saint Thomas", *MM* 19 (1988) 278-285.

RABY, F.J.E., "The Date and Authorship of the Poem *Adoro Te Deuote*", *Speculum* 20 (1945) 236-238.

RAMBERTUS DE' PRIMADIZZI, voir MÜLLER, J.-P., éd., *Rambertus de' Primadizzi de Bologne, Apologeticum veritatis contra corruptorium*.

RAMIREZ, J.M., *De hominis beatitudine. Tractatus theologicus*, t. 3, Madrid, 1947.

RATZINGER, J., *La théologie de l' histoire de saint Bonaventure*, Paris, 1988.

REDIGONDA, A., art. "Agni, Tommaso", *Dizionario biografico degli Italiani* 1 (1960) 445-447.

REICHERT, B.M., éd., voir *Acta Capitulorum Generalium*;

GERARD DE FRACHET, *Vitae Fratrum*.

REMI (REMIGIO) DEI GIROLAMI, *Contra falsos professores ecclesiae*, voir PANELLA, A., "Per lo studio di fra Remigio dei Girolami"; *Diuisio scientie*, voir ID., "Un' introduzione alla filosofia".

RENARD, J.-P., "La *Lectura super Matthaeum* V, 20-48 de Thomas d'Aquin", *RTAM* 50 (1983) 145-190.

RENAUDIN, P., "Saint Thomas d'Aquin et saint Benoît", *RT* 17 (1909) 513-537.

RENZO VILLATA, G. di, art. "Bartholomaeus v. Capua", *Lexikon des Mittelalters* 1 (1980) 1493-1494.

RICHARD DE MEDIAVILLA, voir ZAVALLONI, R., *Richard de Mediavilla et la controverse sur la pluralité des formes*.

RICHARD KNAPWELL, *Quaestio disputata de unitate formae*, F.E. KELLEY éd., Paris, 1982.

ROBLES, L., "Un opusculo ignorado de Tomás de Aquino, El 'De mixtione elementorum'", *Estudios Filosoficos* 23 (1974) 239-259.

ROENSCH, F.J., *Early Thomistic School*, Dubuque, 1964.

ROLAND-GOSSELIN, M.-D., *Le "De Ente et Essentia" de S. Thomas d'Aquin*. Texte établi d'après les manuscrits. Introduction, notes et études historiques, "Bibliothèque thomiste 8", Paris, 1948.

ROOS, H., éd., voir BOECE DE DACIE, *Modi significandi*.

ROSSI, M.M., *Teoria e metodo esegetici in S. Tommaso d'Aquino. Analisi del Super Epistolas Sancti Pauli Lectura Ad Romanos*, c. I, l. 6, Diss. Angelicum, Rome, 1992.

ROUSE, R.H., éd., voir *La production du livre universitaire*.

RUBEN HAYOUN, M.-R., et LIBERA, A. DE, *Averroès et l'averroïsme*, "Que Sais-Je ? 2631", Paris, 1991.

RUELLO, F., "Saint Thomas et Pierre Lombard. Les relations trinitaires et la structure du commentaire des Sentences de saint Thomas d'Aquin", dans *San Tommaso, Fonti e riflessi del suo pensiero*, "Studi Tomistici 1", Rome, 1974, p. 176-209.

―――――"La doctrine de l' illumination dans le traité Super librum Boethii de Trinitate de Thomas d' Aquin", *RSR* 64 (1976) 341-357.

―――――*La christologie de Thomas d' Aquin*, "Théologie historique 76", Paris, 1987.

RUSSELL, J.C., *Medieval Regions and their Cities*, Newton Abbot, 1972.

SAFFREY, H.-D., "Saint Thomas d' Aquin et l' héritage des anciens", dans *VII*ᵉ *Centenaire de saint Thomas d' Aquin et restauration de l' église des Jacobins*, Chronique de L' Institut catholique de Toulouse, 1975, n° 4, p. 73-90.

―――――"Saint Thomas d' Aquin et ses secrétaires", *RSPT* 41 (1957) 49-74.

―――――"Un panégyrique inédit de S. Thomas d' Aquin par Josse Clichtove", dans *Ordo sapientiae et amoris*, p. 539-553.

SAJO, G., *Un traité récemment découvert de Boèce de Dacie De mundi aeternitate*, Budapest, 1954.

SANCHEZ, M., "Como y de qué murió Santo Tomás de Aquino", *Studium* 16 (1976) 369-404.

―――――"Murió envenenado santo Tomás de Aquino ?", *Studium* 18 (1978) 3-37.

SANCHIS, A., "Escritos espirituales de Santo Tomás (1269-1272)", *Teologia espiritual* 6 (1962) 277-318.

SAN CRISTOBAL-SEBASTIAN, A., *Controversias acerca de la voluntad desde 1270 a 1300*, Madrid, 1958.

San Tommaso d' Aquino O.P., Miscellanea storico-artistica, Rome, 1924.

SARANYANA, J.I., "Sobre el In Boethii de Trinitate de Tomás de Aquino", *MM* 19 (1988) 71-81.

SASSEN, J.H.H., *Hugo von St. Cher, Seine Tätigkeit als Kardinal, 1244-1263*, Bonn, 1908.

SCANDONE, F., "La vita, la famiglia e la patria di S. Tommaso", dans *San Tommaso d' Aquino O.P., Miscellanea storico-artistica*, p. 1-110.

SCHEFFCZYK, L., "Die Bedeutung der Mysterien des Lebens Jesu für Glauben und Leben des Christen", dans ID. éd., *Die Mysterien des Lebens Jesu und die christliche Existenz*, Aschaffenburg, 1984, p. 17-34.

———"Die Stellung des Thomas von Aquin in der Entwicklung der Lehre von den Mysteria Vitae Christi", dans *Renovatio et Reformatio...Festschrift für Ludwig Hödl...*, M. GERWING et G. RUPPERT éd., Münster, 1986, p. 44-70.

SCHENK, R., "*Omnis Christi actio nostra est instructio*. The Deeds and Saying of Jesus as Revelation in the View of Aquinas", dans *La doctrine de la révélation divine de saint Thomas d' Aquin*, p. 104-131.

SCHILLEBEECKX, H., *De sacramentele Heilseconomie*, Anvers, 1952.

SCHIPPERGES, H., voir BERNT, G., HÖDL, L., SCHIPPERGES, H., art. "Artes liberales".

SCHWAIGER, G., art. "Adenulf v. Anagni", *Lexikon des Mittelalters* 1 (1980) 149.

SECKLER, M., *Le salut et l' histoire. La pensée de saint Thomas d' Aquin sur la théologie de l' histoire*, "Cogitatio fidei 21", Paris, 1967.

SENTIS, L., *Saint Thomas d' Aquin et le mal*, Foi chrétienne et théodicée, Paris, 1992.

SERMONETA, G., "Pour une histoire du thomisme juif", dans *Aquinas and Problems of his Time*, p. 130-135.

———"Jehudah ben Moseh ben Daniel Romano, traducteur de saint Thomas", dans *Hommage à Georges Vajda. Etudes d' histoire et de pensée juives*, G. NAHON et C. TOUATI éd., Louvain, 1980, p. 235-262.

SERTILLANGES, A.-D., *L' idée de création et ses retentissements en philosophie*, Paris, 1945.

———*Notes et Appendices à Saint Thomas d' Aquin, Somme théologique, La création (Ia, QQ. 44-49)*, Paris, Tournai, Rome, ²1963.

SERVERAT, V., "L' irrisio fidei chez Raymond Lulle et S. Thomas d' Aquin", *RT* 90 (1990) 436-448.

SHOONER, H.-V., "La *Lectura in Matthaeum* de S. Thomas (Deux fragments inédits et la *Reportatio* de Pierre d' Andria)", *Angelicum* 33 (1956) 121-142.

―――――éd., voir *Codices manuscripti operum Thomae de Aquino*.

―――――"La production du livre par la pecia", dans *La production du livre universitaire*, p. 17-37.

SIEDL, S.H., "Thomas von Aquin und die moderne Exegese", *ZKT* 93 (1971) 29-44.

SIGER DE BRABANT, *Quaestiones in Tertium De anima. De anima intellectiva. De aeternitate mundi*, B. BAZAN éd., "Philosophes médiévaux 13", Louvain-Paris, 1972.

―――――*Quaestiones super librum de causis*, A. MARLASCA éd., "Philosophes médiévaux 12", Louvain-Paris, 1972.

―――――*Quaestiones in Metaphysicam*, W. DUNPHY éd., "Philosophes médiévaux 24", Louvain-la-Neuve, 1981.

―――――*Quaestiones in Metaphysicam*, A. MAURER éd., "Philosophes médiévaux 25", Louvain-la-Neuve, 1983.

SIMON, P., *Prolegomena à S. Alberti Magni Opera omnia*, ed. colon., t. 37/1: *Super Dyonisium de divinis nominibus*, Bonn, 1972, p. V-XX.

SIMONIN, H.-D., "Les écrits de Pierre de Tarentaise", dans *Beatus Innocentius PP. V (Petrus de Tarentasia O.P.), Studia et Documenta*, Rome, 1943, p. 163-335.

SIMPLICIUS, *Commentaire sur les Catégories d' Aristote, Traduction de Guillaume de Moerbeke*, A. PATTIN éd., Louvain-Paris, 1971.

SIRAT, C., *La philosophie juive médiévale en terre de chrétienté*, Paris, 1988.

SMALLEY, B., art. "Glossa ordinaria", *Theologische Realenzyklopädie* 13 (1984) 452-457.

―――――*The Gospels in the Schools c. 1100-c. 1280*, Londres-Ronceverte, 1985.

―――――"Use of the 'Spiritual' Senses of Scripture in Persuasion and Arguments by Scholars in the Middle Ages", *RTAM* 52 (1985) 44-63.

SPICQ, C., *Esquisse d' une histoire de l' exégèse latine au moyen âge*, "Bibliothèque thomiste 26", Paris, 1944.

―――――"Saint Thomas d' Aquin exégète", dans l' art. "Thomas d' Aquin (saint)", *DTC* 15/1 (1946) 694-738.

S. Thomae Aquinatis vitae fontes praecipuae (lire: *praecipui*), A. FERRUA éd., Alba, 1968.

St. Thomas Aquinas 1274-1974 Commemorative Studies, A. MAURER éd., 2 t., Toronto, 1974.

STEEL, C., "Guillaume de Moerbeke et saint Thomas", dans *Guillaume de Moerbeke*, p. 57-82.

STEVAUX, A., "La doctrine de la charité dans le commentaire des Sentences de saint Albert, de saint Bonaventure et de saint Thomas", *ETL* 24 (1948) 59-97.

STROICK, C., "Die Ewigkeit der Welt in den Aristoteleskommentaren des Thomas von Aquin", *RTAM* 51 (1984) 43-68.

SUERMONDT, Cl., *Introductio à S. Thomae Aquinatis Summa theologiae*, Turin, 1963, p. V-XIV.

SWIERZAWSKI, W., "God and the Mystery of His Wisdom in the Pauline Commentaries of Saint Thomas Aquinas", *DTP* 74 (1971) 466-500.

SYNAN, E.A., "Aquinas and his Age", dans *Calgary Aquinas Studies*, A. PAREL éd., Toronto, 1978, p. 1-25.

―――――"St. Thomas Aquinas and the Profession of Arms", *MS* 50 (1988) 404-437.

SYNAVE, P., "Les Commentaires scripturaires de saint Thomas d' Aquin", *VS* 8 (1923) 455-469.

―――――"L' ordre des Quodlibets VII à XI de S. Thomas d' Aquin", *RT* 31, N.S. 9 (1926) 43-47.

―――――"Le problème chronologique des questions disputées de saint Thomas d' Aquin", *RT* 31, N.S. 9 (1926) 154-159.

――――"La révélation des vérités divines natuelles d'après saint Thomas d'Aquin", dans *Mélanges Mandonnet*, t. 1, p. 327-370.

――――"Le corps du Christ pendant les trois jours de sa mort", dans *Saint Thomas d'Aquin, Somme Théologique, Vie de Jésus*, t. 4 *(IIIa, QQ. 50-59)*, Paris, Tournai, Rome, 1931, p. 345-354.

TAURISANO, I., "Discepoli e biografi di S. Tommaso", dans *San Tommaso d' Aquino O.P., Miscellanea storico-artistica*, p. 111-186.

―――― "Quomodo sanctus Patriarcha Dominicus orabat", *Analecta Sacri Ordinis Fratrum Praedicatorum* 30 (1922) 93-106.

TEETAERT, A., "Quatre questions inédits de Gérard d' Abbeville pour la défense de la supériorité du clergé séculier", dans *Archivio italiano per la storia della pietà* 1 (1951) 83-178.

The Eternity of the World in the Thought of Thomas Aquinas and his Contemporaries, J.B.M. WISSINK éd., "STGMA 27", Leiden, 1990.

THÉMISTIUS, *Commentaire sur le traité de l' âme d' Aristote, Traduction de Guillaume de Moerbeke*, G. VERBEKE éd., Louvain-Paris, 1957.

THERY, G., "L' autographe de S. Thomas conservé à la Biblioteca Nazionale de Naples", *AFP* 1 (1931) 15-86.

THIRY, A., "Saint Thomas et la morale d' Aristote", dans *Aristote et saint Thomas d' Aquin*, p. 229-258.

THOMAS, A.H., *De Oudste Constituties van de Dominicanen*. Voorgeschiedenis, Tekst, Bronnen, Ontstaan en ontwikkeling (1215-1237), Met uitgave van de tekst (Avec résumé en français), "Bibliothèque de la Revue d' histoire ecclésiastique 42", Leuven, 1965.

THOMAS CANTIMPRE, *Miraculorum et exemplorum memorabilium sui temporis Libri duo (= Bonum universale de apibus)*, Douai, 1597.

Thomas von Aquin, t. 1: *Chronologie und Werkanalyse*, K. BERNATH éd., "Wege der Forschung 188", Darmstadt, 1978.

Thomas von Aquin, Prologe zu den Aristoteleskommentaren, herausgegeben, übersetzt und eingeleitet von F. CHENEVAL und R. IMBACH, "Kloster-mann-Texte: Philosophie", Frankfurt am Main, 1993.

THORNDIKE, L., *A History of Magic and Experimental Science*, II, New York, ²1929.

TI-TI CHEN, J., *La unidad de la Iglesia según santo Tomás en la epistola a los Efesios*, Pamplona, 1979.

Tommaso d' Aquino nel suo settimo centenario, Atti del congresso internazionale (Roma-Napoli, 17/24 aprile 1974), 9 t., Naples, s.d. (1975-1978).

TONNEAU, J., "Le passage de la Prima Secundae à la Secunda Secundae", *Bulletin du Cercle Thomiste de Caen*, 1975, n° 69, p. 29-46; n° 70, p. 21-31.

————*Introduction à Saint Thomas d' Aquin, Trois questions disputées du De Veritate*. Qu. XV: Raison supérieure et raison inférieure; Qu. XVI: De la syndérèse; Qu. XVII: De la conscience, Texte, traduction et notes, Paris, 1991.

TORRELL, J.-P., "Théologie et sainteté", *RT* 71 (1971) 205-221.

————*Théorie de la prophétie et philosophie de la connaissance aux environs de 1230*, "Spicilegium sacrum lovaniense 40", Louvain, 1977.

————"La pratique pastorale d' un théologien du XIIIe siècle: Thomas d' Aquin prédicateur", *RT* 82 (1982) 213-245.

————"Les *Collationes in decem preceptis* de saint Thomas d' Aquin. Edition critique avec introduction et notes", *RSPT* 69 (1985) 5-40 et 227-263.

————"Autorités théologiques et liberté du théologien. L' exemple de saint Thomas d' Aquin", *Les Echos de Saint-Maurice*, N.S. 18 (1988) 7-24.

————"Le traité de la prophétie de S. Thomas d' Aquin et la théologie de la révélation", dans *La doctrine de la révélation divine de saint Thomas d' Aquin*, p. 171-195.

―――art. "Thomas d' Aquin (saint)", *DS* 15 (1991) 718-773.

―――et BOUTHILLIER, D., "De la légende à l' histoire. Le traitement du *miraculum* chez Pierre le Vénérable et chez son biographe Raoul de Sully", *Cahiers de civilisation médiévale* 25 (1982) 81-99.

―――et BOUTHILLIER, D., "Quand saint Thomas méditait sur le prophète Isaïe", *RT* 90 (1990) 5-47.

TOURON, A., *La vie de S. Thomas d' Aquin, de l' Ordre des Frères prêcheurs, docteur de l' Eglise, avec un exposé de sa doctrine et de ses ouvrages*, Paris, 1740.

TUGWELL, S., "The Nine Ways of Prayer of St. Dominic: A Textual Study and Critical Edition", *MS* 47 (1985) 1-124.

―――éd., voir *Albert & Thomas Selected Writings*.

TURIEL, Q., "La intención de Santo Tomás en la *Summa contra Gentiles*", *Studium* 14 (1974) 371-401.

TURLEY, T., "An Unnoticed *Quaestio* of Giovanni Regina di Napoli", *AFP* 54 (1984) 281-291.

TURNER, W.H., "St. Thomas's Exposition of Aristotle. A Rejoinder", *NS* 35 (1961) 210-224.

TURRINI, M., "Raynald de Piperno et le texte original de la *Tertia Pars* de la *Somme de Théologie* de S. Thomas d' Aquin", *RSPT* 73 (1989) 233-247.

VALKENBERG, W.G.B.M., *Did not our Heart Burn ?*, Place and Function of Holy Scripture in the Theology of St. Thomas Aquinas, Utrecht, 1990.

VAN BANNING, J., "Saint Thomas et l' *Opus imperfectum in Matthaeum*", dans *Atti dell' VIII Congresso Tomistico Internazionale*, t. 8: *San Tommaso nella storia del pensiero*, "Studi Tomistici 17", Cité du Vatican, 1982, p. 73-85.

―――*Opus imperfectum in Matthaeum. Praefatio, CCSL* 87 B, Turnhout, 1988.

VANHAMEL, W., éd., voir *Guillaume de Moerbeke*. Recueil d' études.

VANNI ROVIGHI, S., *Introduzione a Tommaso d' Aquino*, Rome-Bari, ²1981.

VANSTEENKISTE, C., "San Tommaso d' Aquino ed Averroè", *Rivista degli Studi Orientali* 32 (1957) 585-623.

VAN STEENBERGHEN, F., *Siger de Brabant d' après ses œuvres inédites* II. *Siger dans l' histoire de l' aristotélisme*, "Les philosophes belges 13", Louvain, 1942.

———*Aristote en Occident. Les origines de l' aristotélisme parisien*, "Essais philosophiques 1", Paris, 1946.

———"Le *De quindecim problematibus* d' Albert le Grand", dans Mélanges Auguste Pelzer, p. 415-439.

———*Maître Siger de Brabant*, Louvain-Paris, 1977.

———*La philosophie au XIIIe siècle*, "Philosophes médiévaux, 28", Louvain, ²1991.

VAN UYTVEN, R., "The Date of Thomas Aquinas's *Epistola ad Ducissam Brabantiae*", dans *Pascua Mediaevalia*. Studies voor Prof. Dr. J.M. De Smet, R. LIEVENS, E. VAN MINGROOT, W. VERBEKE éd., Leuven, 1983, p. 631-643.

VAUCHEZ, A., "Les canonisations de S. Thomas et de S. Bonaventure: pourquoi deux siècles d' écart ?", dans *1274 - Année-charnière*, p. 753-767.

———"Culture et canonisation d' après les procès de canonisation des XIIIe et XIVe siècles", dans *Le scuole degli Ordini mendicanti*, Todi, 1978, p. 151-172.

———*La Sainteté en Occident aux derniers siècles du Moyen-Age d' après les procès de canonisation et les documents hagiographiques*, Rome, 1981.

VERBEKE, G., "Les sources et la chronologie du Commentaire de S. Thomas d' Aquin au *De anima* d' Aristote", *RPL* 45 (1947) 314-338.

———"Note sur la date du Commentaire de S. Thomas au *De anima* d' Aristote", *RPL* 50 (1952) 56-63.

———*Jean Philopon. Commentaire sur le De Anima d' Aristote*, Louvain-Paris, 1966.

———— éd., voir *Aquinas and Problems of his Time*; NEMESIUS D' EMESE, *De natura hominis*; THÉMISTIUS, *Commentaire sur le traité de l' âme d' Aristote*.

VERGER, J., art. "Baccalarius", *Lexikon des Mittelalters* 1 (1980) 1323.

———— "L' exégèse de l' Université", dans *Le Moyen Age et la Bible*, sous la dir. de P. RICHÉ et G. LOBRICHON, Paris, 1984, p. 199-232.

VERHELST, D., éd., voir *Aquinas and Problems of his Time*.

VERNIER, J.-M., "Physique aristotélicienne et métaphysique thomiste", *RT* 91 (1991) 5-33; 393-413.

VICAIRE, M.-H., *Saint Dominique de Caleruega d' après les documents du XIIIe siècle*, Paris, 1955.

————*Saint Dominique, La vie apostolique*. Textes présentés et annotés, Paris, 1965.

————*Saint Dominique et ses frères: Evangile ou croisade?* Textes du XIIIe siècle présentés et annotés, Paris, 1967.

————"Roland de Crémone ou la position de la théologie à l' université de Toulouse", *Cahiers de Fanjeaux* 5 (1970), p. 145-178.

————"L' homme que fut saint Thomas", dans *L' anthoropologie de saint Thomas*, N.A. LUYTEN, éd., Fribourg, 1974, p. 7-34.

————"L' ordre de saint Dominique en 1215", *AFP* 54 (1984) 5-38.

VIOLA, C., "L' Ecole thomiste au Moyen Age", dans *La philosophie contemporaine. Chroniques nouvelles*, t. 6/1, *Philosophie et science au Moyen Age*, G. FLØISTAD éd., Dordrecht, Boston, Londres, 1990, p. 345-377.

Vocabulaire du livre et de l' écriture au Moyen âge. Actes de la table ronde, Paris 24-26 septembre 1987, O. WEIJERS éd., "CIVICIMA 2", Turnhout, 1989.

WALSH, L.G., "The Divine and the Human in St. Thomas's Theology of Sacraments", dans *Ordo sapientiae et amoris*, p.

321-352.

WALZ, A., "Historia canonizationis sancti Thomae de Aquino", dans *Xenia thomistica* III, p. 105-172.

——————"De genuino titulo *Summae theologiae*", *Angelicum* 18 (1941) 142-151.

——————"L' Aquinate a Orvieto", *Angelicum* 29 (1952) 176-190.

——————"Wege des Aquinaten", *Historisches Jahrbuch* 77 (1958) 221-228.

——————"Le dernier voyage de saint Thomas d' Aquin. Itinéraires de saint Thomas", *Nova et Vetera* 36 (1961) 289-297.

——————*Saint Thomas d' Aquin*, adaptation française par P. NOVARINA, "Philosophes médiévaux 5", Louvain-Paris, 1962.

——————"San Tommaso d' Aquino dichiarato dottore della Chiesa nel 1567", *Angelicum* 44 (1967) 145-173.

——————"Papst Johannes XXII. und Thomas von Aquin. Zur Geschichte der Heiligsprechung des Aquinaten", dans *St. Thomas Aquinas 1274-1974 Commemorative Studies*, t. 1, p. 29-47.

——————e. al., art. "Thomas d' Aquin (saint)", *DTC* 15/1 (1946) 618-761.

WEBER, E.-H., *L' homme en discussion à l' Université de Paris en 1270. La controverse de 1270 à l' Université de Paris et son retentissement sur la pensée de S. Thomas d' Aquin*, "Bibliothèque thomiste 40", Paris, 1970.

——————*La personne humaine au XIIIe siècle*, "Bibliothèque thomiste 46", Paris, 1991.

WEIJERS, O., éd., voir *Vocabulaire du livre et de l' écriture au Moyen âge*.

WEISHEIPL, J.A., "The *Problemata determinata XLIII* ascribed to Albertus Magnus (1271)", *MS* 22 (1960) 303-354.

——————"Curriculum of the Faculty of Arts at Oxford in the early Fourteenth Century", *MS* 26 (1964) 143-185.

——————*Friar Thomas d' Aquino*. His Life, Thought and Works, with Corrigenda and Addenda, Washington, 1974, 1983; trad. italienne: *Tommaso d' Aquino. Vita, Pensiero, Opere*, a cura di I. BIFFI e C. MARABELLI, Milan, 1988; trad. française: *Frère Thomas d' Aquin. Sa vie, sa pensée, ses œuvres*, traduit de l' anglais (Etats-Unis) par C. LOTTE et J. HOFFMANN, Paris, 1993.

———"The Commentary of St. Thomas on the *De caelo* of Aristotle", *Sapientia* (Buenos Aires) 29 (1974) 11-34.

———"An introduction to the Commentary on the Gospel of Saint John", dans *St. Thomas Aquinas, Commentary on the Gospel of St. John*, Part I, J.A. WEISHEIPL et F.R. LARCHER éd., Albany, N.Y., 1980, p. 3-19.

———"The Life and Works of St. Albert the Great", dans *Albertus Magnus and the Sciences. Commemorative Essays. 1980*, J.A. WEISHEIPL éd., Toronto, 1980, p. 12-51.

———"The Date and Context of Aquinas' *De aeternitate mundi*", dans *Graceful Reason. Essays...Presented to Joseph Owens*, L.P. GERSON éd., Toronto, 1983, p. 239-271.

WHITE, K., "Three Previously Unpublished Chapters from St. Thomas Aquinas's Commentary on Aristotle's *Meteora*: *Sentencia super Meteora* 2, 13-15", *MS* 54 (1992) 49-93.

WIELOCKX, R., *Commentaire à Aegidii Romani Opera omnia*, t. 3/1: *Apologia*, Florence, 1985.

———"Thomas d' Aquin, commentateur du *De Sensu*", *Scriptorium* 41 (1987) 150-157.

———"Autour du procès de Thomas d' Aquin", *MM* 19 (1988) 413-438.

WILMART, A., "La tradition littéraire et textuelle de l' Adoro Te devote", dans ID., *Auteurs spirituels et textes dévots du moyen âge latin*, Paris, 1932, p. 361-414; publié d' abord en *RTAM* 1 (1929) 21-40; 149-176.

WIPPEL, J.F., "The Condemnations of 1270 and 1277 at Paris", *The Journal of Medieval and Renaissance Studies* 7 (1977) 169-201.

———— "Did Thomas Aquinas defend the Possibility of an Eternally Created World ? (The *De aeternitate mundi* Revisited)", *Journal of the History of Philosophy* 19 (1981) 21-37.

———— *Metaphysical Themes in Thomas Aquinas*, Washington, 1984.

———— "Quodlibetal Questions, Chiefly in Theology Faculties", dans B.C. BAZAN, G. FRANSEN, J.F. WIPPEL, D. JACQUART, *Les questions disputées et les questions quodlibétiques dans les facultés de théologie, de droit et de médecine*, "Typologie des sources du moyen âge occidental 44-45", Turnhout, 1985, p. 151-222.

———— "The Latin Avicenna as a Source of Thomas Aquinas's Metaphysics", *FZPT* 37 (1990) 51-90.

WISSINK, J.B.M., éd., voir *The Eternity of the World*.

WOHLMAN, A., *Thomas d' Aquin et Maïmonide. Un dialogue exemplaire*, Paris, 1988.

Xenia thomistica a plurimis...praeparata..., S. SZABO éd., 3 vol., Rome, 1925.

ZAVALLONI, R., *Richard de Mediavilla et la controverse sur la pluralité des formes. Textes inédits et études critiques*, "Philosophes médiévaux 2", Louvain, 1951.

ZAWILLA, R., "Saint Thomas d' Aquin et la théologie biblique de l' Eucharistie du XIe au XIIIe siècle", Communication à la Journée thomiste de Saint-Jacques, Paris, 24 novembre 1987 (inédit).

———— *The Biblical Sources of the Historiae Corporis Christi attributed to Thomas Aquinas*, Diss. Toronto, 1985.

略　年　表

―――――――

　以下のことに注意してほしい。多くの読者はこの年表が「略年表」という表題が示しているように限定されたものであることに注目しなかったので，年表で列挙されていることとこの書物の中で述べた事柄が若干違っている点を指摘した。ルネ・アントワーヌ・ゴーティエ，アドリアーノ・オリヴァ，更新情報で指摘した様々な著述家の成果を取り入れているこの新しいリストは，さらに正確な年表を目指しているが，相変わらず簡潔なものであり，他の場所でしたより詳細な説明を免除するものではない。さらに，多くの日付はある程度の不確実性を蒙っていることも忘れてはならない。最後に指摘すべきことに，反対の指示がないかぎり，トマスに関係しかつ異なる二つの年にまたがる日付は学年の持続期間として理解される。この時代の知的領域に関するはるかに詳細な――しかしトマスに関してはあまり正確ではない――年表は，F. Van Steenberghen, *La Philosophie au XIIIe siècle* の末尾にある。

1215 年	トゥールーズ　ドミニコ会設立。
1217 年 9-10 月	パリのドミニコ会修道院設立。
1218 年 8 月	修道士たちがサン・ジャックに住み始める。
1220 年 11 月 22 日	皇帝フリードリヒ 2 世の戴冠。
1221 年 8 月 6 日	聖ドミニク死去。
1222-37 年	ザクセンのヨルダヌスがドミニコ会総長を務める。
1224 年	ナポリ大学設立。
1224/1225 年	ナポリ地方のロッカセッカにおいてトマス

	が誕生する。
1229 年	クレモナのロランドゥスがパリでドミニコ会に属する最初の正教授となる（第一講座）。
1230 年	サン・ジルのヨハネスがパリにおいてドミニコ会に属する第二の正教授となる（第二講座）。
1230-39 年頃	トマスがモンテ・カッシーノのベネディクト会修道院の献身者となる。
1238-40 年	ペニャフォルトのライムンドゥスがドミニコ会総長を務める。
1239-44 年	ナポリで学ぶ。
1241-52 年	ドイツ人ヨハネスあるいはヴィルデスハウゼンのヨハネスがドミニコ会総長を務める。
1243/44 年	アルベルトゥス・マグヌスがパリに到着する。
1244 年 4 月	ドミニコ会に入会する。
1244-45 年	家族がトマスを強制的にロッカセッカに拘留する。
1245 年 7 月 17 日	フリードリヒ 2 世の廃位。
1245 年秋	トマスがドミニコ会に復帰する。
1245-48 年	アルベルトゥス・マグヌスとともにパリで学ぶ。
1248-51/52 年	ケルンでアルベルトゥスの生徒にして助手を務める。
1251/52-52/53 年	『イザヤ書註解』、『エレミヤ書註解』—ケルンあるいはパリで執筆。
1251/52-56 年	トマスが講師としてパリで教える。 『命題集』の講義—1252/53-54/55 年。 『命題集註解』の執筆—1254/55-56 年。 『存在するものと本質について』、『自然の諸原理について』—1252-53 年。
1254-63 年	アンベール・ド・ローマンがドミニコ会総

	長を務める。
1256 年春	トマスが神学教授資格を受ける。
1256-59 年	パリで正教授を務める。
	定期討論集『真理論』—1256-59 年。
	『自由討論集』第 7-11 巻。
	『攻撃する者どもに対して』—1256 年 5-9 月。
	『ボエティウス「三位一体論」註解』—1257-58 年。
1257 年 8 月 15 日	トマスとボナヴェントゥラが教授団に受け入れられる。
	『対異教徒大全』第 1 巻 1-53 章—最初の執筆, 1258-59 年。
1259 年 6 月	ヴァランシエンヌで総会が開かれる。
1259 年秋（？）	イタリアに帰る。
1259-61 年	ナポリに滞在していたか。
	『対異教徒大全』第 1 巻 53-102 章。
1261-65 年	オルヴィエトで修道院講師を務める。
	『対異教徒大全』第 2 巻—1261-62 年，第 3 巻—1263-64 年，第 4 巻—1264-65 年。
	『カテナ・アウレア』「マタイ福音書註解」—1263-64 年。
	『ギリシャ人の誤謬を駁す』—1263-64 年。
	『ヨブ記註解』—1263-65 年。
	『パウロ書簡』に関する最初の講解—1263-65 年。
	『聖体の祝日における聖務日課』—1264 年。
	『信仰の諸根拠について』—1265 年頃。
	等々。
1264-83 年	ヴェルチェッリのヨハネスがドミニコ会総長を務める。
1265-68 年	ローマで正教授を務める。
	『神学提要』—第一の部分「信仰論」。1265-67 年。

	『カテナ・アウレア』「マルコ福音書註解」,「ルカ福音書註解」,「ヨハネ福音書註解」—1265-68 年。
	『能力論』—1265-66 年。
	『神名論註解』—1266-68 年。
	『神学大全』第 1 部 1-74 問—1265 年 10 月 -67 年。
	『神学大全』第 1 部 75-119 問—1267-68 年。
	定期討論集『霊魂について』—1266-67 年。
	定期討論集『霊的被造物について』—1267-68 年。
	『霊魂論註解』—1267 年 12 月 -68 年 9 月。
	等々。
1268 年 10 月 7 日	エティエンヌ・タンピエがパリの司教になる。
1268-72 年	パリで二度目の正教授を務める。
	『自由討論集』第 1-6 巻ならびに第 12 巻。
	『「感覚と感覚されるものについて」註解』—1268-69 年。
	『自然学註解』—1268-70 年。
1269 年 6 月	パリでドミニコ会総会が開かれる。
	『秘密について』。
	『マタイ福音書講解』—1269-70 年。
	『霊的生活の完全性について』—1269-70 年。
	『知性の単一性について』—1270 年 11-12 月。
1270 年 12 月 10 日	急進的アリストテレス主義の断罪。
	『引き離す者どもに対して』—1270 年 12 月 -71 年 2 月。
	『ヨハネ福音書講解』—1270-71 年。
	定期討論集『悪について』—1270-71 年。
	『命題論註解』—1270 年 12 月 -71 年 10 月。
	『世界の永遠性について』—1271 年(?)。
	『神学大全』第 2 部の 1—1271 年。

『パウロ書簡』に関する二度目の講解—『ローマの信徒への手紙』と『コリントの信徒への手紙1』第1-7章に関して。1271-72年。

『ニコマコス倫理学註解』—1271-72年。

『政治学註解』—第1-3巻に関して。1272年（?）。

定期討論集『徳について』—1271-72年。

『神学大全』第2部の2—1271-72年。

『分析論後書註解』—第1巻1-26章に関して。1271-72年。

定期討論集『受肉した御言の合一について』—1272年。

1272-73年12月　ナポリで正教授を務める。

『神学大全』第3部1-90問—1272-73年。

『分析論後書註解』—第1巻27章-第2巻20章に関して。1272年。

『形而上学註解』—1271年にパリで始められ、1272-73年にナポリで続けられた。

『原因論註解』—1272年にパリで始められ、1272-73年にナポリで続けられた。

『ヘブライ人への手紙講解』—1272年にパリで始められ、1272-73年にナポリで続けられた。

『天体論註解』—1272-73年。

『神学提要』—第二の部分「希望論」。1272-73年。

『詩編講解』—第1-54章。1273年。

『十戒』、『使徒信経』、『主の祈り』に関する説教—1273年。

1274年3月7日　リヨン公会議に向かう途中で、ローマの南に位置するフォッサノーヴァで亡くなる。

1274年5月2日　トマスのいくつかの著作を要求するために、パリの教養学部がリヨンのドミニコ会

	総会に宛てて手紙を出す。
1277 年 3 月 7 日	パリの司教エティエンヌ・タンピエが異端的な 219 の命題について断罪する。トマスの教えに対する訴訟手続きが始まる。
1277 年 3 月 18 日	オックスフォードで,カンタベリーの大司教ドミニコ会士ロバート・キルウォードビーがトマス的着想を持つ諸命題について断罪を行う。
1284 年 10 月 29 日	カンタベリーの大司教フランシスコ会士ジョン・ペッカムが前任者の断罪を追認する。
1319 年夏	ナポリで一度目の列聖裁判が行われる。
1321 年 11 月	フォッサノーヴァで二度目の列聖裁判が行われる。
1323 年 7 月 18 日	アヴィニョンでヨハネス 22 世によって列聖される。
1325 年 2 月 14 日	パリの司教エティエンヌ・ブーレが 1277 年 3 月の断罪を,トマスを攻撃するかぎりにおいて取り消す。
1567 年 4 月 15 日	教皇聖ピウス 5 世がトマスを「教会博士」として宣言する。

人 名 索 引

Adélaïde de Bourgogne（ブルゴーニュのアデレードあるいはアリクス） 372-73
Adélasie (d'Aquin)（アデラシア） 23, 37, 469
Adénolphe (d'Aquin)（アデヌルフ） 21
Adénulfe d'Anagni（アナーニのアデヌルフ） 341, 580, 612
Aertsen, J.A. 269, 320
Agnès (sainte)（聖アグネス） 460, 465, 470, 479-80
Aimon d'Aquin（アイモン） 21-22
Al Fârâbi（アル・ファーラービー） 324
Albert le Grand (saint)（アルベルトゥス・マグヌス） 9, 17, 40, 47-54, 57-62, 76-78, 84-85, 86, 88, 90, 98, 114, 173-74, 210, 224, 248, 251, 291-93, 324, 330-31, 334, 382, 391-93, 397-98, 401, 504, 508, 513, 528-32, 534, 575-76, 591, 594, 618, 643, 706
Alexandre → Maître Alexandre
Alexandre de Halès（アレクサンデル・ハレンシス） 82, 87, 140, 323
Alexandre IV（アレクサンデル4世） 100, 133, 142, 144-45, 178
Alfred de Sareshel（シャレスヒルのアルフレッド） 364
Alix de Bourgogne → Adélaïde de Bourgogne
Alkindi 366
Alverny, M.-Th. d' 545
Amargier, A. 174
Ambroise (saint)（アンブロシウス） 136, 449, 549
Ambroise Sansedoni（アンブロワーズ・サンセドーニ） 251
Ammonius（アンモニオス） 386
Ancona Costa → D'Ancona Costa, C.
Andereggen, I.E.M. 228
André Sclenghias 237
André（アンドレ、テッラチーナの司教） 539
Ange de Tignosi（アンジュ、ヴィテルボの司教） 539
Annibald de Annibaldis（アンニバル・ド・アンニバルディ） 177-78, 242, 480, 578
Annibald de Ceccano（チェッカーノのアンニバルドゥス） 471
Anonyme (maître ès arts)（教養学部の匿名の教授） 28, 36, 81, 386, 406
Anonyme（匿名の人物） 541-42, 544-45
Antonin de Florence (saint)（フィレンツェの聖アントニヌス） 438
Argerami, O. 317
Archevêque de Palerme → Léonard (archevêque de Palerme)

人名索引

Archidiacre de Todi
→ Giffredus d'Anagni
Arges, M. 110
Arias Reyero, M. 114
Aristote (アリストテレス／哲学者) 11, 27–29, 50, 59, 79–81, 84–86, 98, 127, 136, 171, 182–84, 188–89, 197, 204, 219, 225–28, 232, 236, 257, 261, 269, 272, 281, 293, 296, 298–307, 313, 315–16, 320–22, 324–26, 330, 333–34, 346, 351, 378–81, 389–90, 392–93, 400, 403, 406–08, 418–19, 435, 437, 474, 480, 598, 602–03
Arnoul de Provence (プロヴァンスのアルヌー) 51
Athanase (saint) (アタナシオス) 243, 549
Aubert, J.-M. 211–12
Aubonnet, J. 171
Augustin (saint) (アウグスティヌス) 74, 81, 84–85, 89, 166, 185, 226–27, 275, 286–88, 315, 322–24, 341, 366, 381, 417–18, 443, 449, 521, 528, 549–50, 639
Ausín, S. 214
Averroès (アヴェロエス／註解者) 27–30, 97–98, 168, 186–87, 330–33, 397
Avicebron (アヴィケブロン) 323
Avicenne (アヴィケンナ) 96–97, 324, 330, 397, 529, 640
Aymeric de Veire (エメリック・ド・ヴェール) 99–100
Azaïs, Y. 312
Backes, I. 246
Bandel, M. 217, 318, 333, 376
Banning → Van Banning, J.
Barthélemy de Capoue (カプアのバルトロメウス) 22, 31–32, 37, 110, 120, 241, 247, 316, 319, 341, 411, 415, 426, 439–40, 457, 459–60, 466–67, 469, 476–77, 482, 490–92, 495–96, 517, 538
Barthélemy de Pise (ピサのバルトロメウス) 277
Barthélemy de Spina (スピナのバルトロメウス) 110, 579
Barthélemy de Tours (トゥールのバルトロメウス) 371
Basile (saint) (バシレイオス) 136, 243, 549
Bataillon, L.-J. (ルイ・ジャック・バタイヨン) 11, 14, 52, 55–56, 64, 93, 110, 128, 130–31, 133–35, 183, 211, 246, 258, 326, 346, 348, 388, 400, 402–03, 431, 437, 517, 553, 588, 628–29, 643–44
Baudouin Ier (ボードゥアン1世、コンスタンティノポリス初代皇帝) 374
Bäumker, C. 29
Baxianus de Lodi (ローディのバクシアヌス、ヴェネツィアの修道院講師) 292, 617
Bazán, B.C. (ベルナルド・バザン) 96, 116, 118–20, 281, 324–25, 328, 331–32, 334–35, 354, 376, 567–69, 575
Beaudouin de Maflix (ボードゥアン・ド・マフリクス) 371
Bède le Vénérable (saint) (ベーダ・ウェネラビリス) 243
Bedouelle, G. 415

人名索引

Benoît (saint)（ベネディクトゥス）　24, 42, 623
Benoît d'Asinago（アスナゴのベネディクトゥス）　544
Bentius (frère O.P.)（ドミニコ会士ベンティウス）　541, 544, 550
Berceville, G.　241, 584
Bernard Ayglier（ベルナール・エグリエ、モンテ・カッシーノ修道院長）　41, 492, 499, 584, 623
Bernard d'Auvergne（オーヴェルニュのベルナルドゥス）　533, 547
Bernard (de Clairvaux, saint)（ベルナルドゥス）　237–38, 377
Bernard de la Treille (de Trilia)（ラ・トレイユあるいはトリリアのベルナルドゥス）　533
Bernard Gui（ベルナール・ギー）　3–5, 15–16, 18, 31, 48–49, 92
Bernath, K.　264
Bernier, R.　98, 182, 191, 198, 559–60, 605
Berthier, J.-J.（ベルティエ）　62, 175, 263, 354, 377
Bianchi, L.（ルカ・ビアンキ）　316, 505–06
Biffi, I.　9, 105, 271, 449, 557
Billot, L.（ビヨ）　352
Blackwell, R.J.　395, 587
Blumenkranz, B.　376
Boèce（ボエティウス）　126, 128, 153, 182, 191, 193, 386, 411, 414, 594–97, 707
Boèce de Dacie（ダキアのボエティウス）　329
Bollandistes（ボランディスト）　4–5, 229

Bonagrazia Fielci（ボナグラツィア・フィエルチ）　516
Bonaventure (saint)（ボナヴェントゥラ）　30, 40, 80, 84–86, 88, 90, 99, 117, 131–32, 134, 140, 143–44, 146, 148, 154, 231, 239, 286, 314, 316–18, 322, 325, 330–31, 390, 492, 503–04, 519, 521, 549, 707
Bonfils Coppa（ボンフィス・コッパ）　457, 462
Bonhomme le Breton（ボノム・ル・ブルトン）　141, 173
Boniface VIII（ボニファティウス8世、教皇）　230, 549
Bonino, S.-Th.（サージ・トマ・ボニーノ）　123–24, 127, 211, 505, 515, 535, 564–65, 641
Borgnet, A.　59
Bos, E.P.　379
Bougerol, J.G.（ギー・ブージュロール）　132, 643
Bouillard, H.　426
Boulogne, Ch.-D.　498
Bourke, V.J.　395, 397, 560
Bouthillier, D.（ドニーズ・ブーティリエ）　67, 75, 102, 478, 576, 642, 644
Bouyges, M.　282
Boyle, L.E.（レナード・ボイル）　17, 40, 53, 92–94, 117, 176, 210, 212, 250, 253–55, 276–78, 356–57, 373–75, 510, 558
Brady, I.（イグナティウス・ブラディ）　82, 87, 315, 317–19, 322, 643
Bralé (abbé)　436, 583
Brams, J.　302, 305
Brown, S.F.　317
Bukovski, Th.P.（ブコフスキー）

318, 321
Burbach, M.   524
Burgundio de Pise (ピサのブルグンディオ)   244
Busa, R. (ロベルト・ブーザ)   409–10, 554, 584, 628–29
Cai, R.   432, 434, 580, 583
Cajetan (カエタヌス)   273, 352, 372, 562, 589
Callebaut, A.   505
Callus, D.A.   81, 292, 324, 406, 514–15
Campodonico, A.   284, 566
Cantimpré → Thomas de Cantimpré
Cantor Antiochenus → Chantre d'Antioche
Caparello, A.   299, 400, 403, 585, 587
Capelle, C.   97, 604
Cappelluti, G.   411
Capreolus (カプレオルス)   94
Caracciolo (Famille) (カラッチョロ家)   21
Casciaro Ramirez, J.M. (ラミレス)   332, 417
Casey, G.   129
Cassien → Jean Cassien
Castagnoli, P. (カスタニョーリ)   148, 394
Castan, E.   241, 579
Catherine de Morra (モッラのカテリーヌ)   7, 23, 538, 542
Catherine de Sienne (sainte) (シエナの聖カタリナ)   549
Cavarnos, J.P.   237
Cenci, C. (チェザーレ・チェンチ)   643
César (Jules) (カエサル)   412
Cessario, R.   277

Chacon, A.C.   198
Chantre d'Antioche (アンティオキアの聖歌隊長)   220, 611
Chardonnens, D.   215
Charles Ier (d'Anjou) (カルロ1世 / シャルル・ダンジュー、シチリア王)   294, 422–23, 459, 468, 497
Charles II (d'Anjou) (カルロ2世、シチリア王)   459, 469
Charlier, A.   436, 583
Châtelain, E.   15
Cheneval, F.   329, 408, 586
Chenu, M.-D. (マリー・ドミニク・シュニュー)   10–12, 15, 43, 49, 62, 83–85, 90, 107, 126, 171, 174, 187–88, 219, 225–27, 263–65, 271, 285, 291, 295, 404, 506, 639
Chesterton, G.K.   284
Christian de Beauvais (ボーヴェのクリスティアヌス)   143
Chrysostome → Jean Chrysostome
Cipriani, S.   344
Cirillo, A.   344
Clark, F.   42
Clasen, S.   154
Clément IV (クレメンス4世、教皇)   37, 282, 310, 345
Coggi, R.   215, 557, 564–65
Colledge, E.   7, 472, 481, 484, 498
Colosio, I.   632
Comtesse des Flandres → Marguerite de Constantinople
Congar, Y.M.-J. (イヴ・コンガー)   62, 148, 220, 245,

263, 272, 639-40
Conrad (IV de Hohenstaufen)（コンラート4世、シチリア王）469
Conrad de Suessa（セッサのコンラッド）181, 455
Conradin (de Hohenstaufen)（コッラディーノ）311, 471
Contenson, P.-M. de（ピエール・マリー・ド・コンテンソン）258
Conticello, C.G. 241-44, 246-47, 341
Copleston, F. 389
Corbin, M.（コルバン）189
Corte, M. de（ド・コルテ）298-99
Corvez, M. 182, 191, 198, 225, 559-60
Cottier, M.-M. 296, 608
Coulon, R. 178
Creytens, R. 209-10
Crowe, M.B. 28-29
Crowley, T. 515
Cyrille d'Alexandrie (saint)（アレクサンドリアのキュリロス）243
D'Ancona Costa, C. 228, 381-82, 598
Dahan, G.（ジルベール・ダアン）374-75
Dales, R.C. 317
Dalgairns, J.D. 241, 579
Dante Alighieri（ダンテ・アリギエーリ）497, 533-35
Dawson, J.D. 147
De Couesnongle（ド・クエノングル）643
De Ghellinck, J. 82
De Grijs, F.J.A. 320
De Groot, J.V.（ド・グルー）49, 62
De Rubeis, B.（ド・ルベイ）178
De Smet, J.M. 373
Decker, B.（ブルーノ・デッカー）641
Delaissé, L.M.J.（ドゥレッセ）229
Delaruelle, E. 503
Delhaye, Ph. 146
Delorme, F. 117, 154, 160
Denifle, H.（デニフレ）15, 26, 49, 107, 146, 179, 348
Denys l' Aréopagite（ディオニシウス・アレオパギタ）51-52, 54, 59, 84, 86, 88, 102, 127, 156, 224-25, 248, 378, 380-81, 428, 529, 577, 597-98
Destrez, J. 52, 348, 358-59, 439
Di Renzo Villata, G. 459
Diane d'Andalò（アンダロのディアーナ）479
Dietrich de Freiberg → Thierry de Freiberg
Doig, J.C.（ジェームス・ドゥグ）397
Domanyi, Th. 115, 436
Dominique (de Caleruega, saint)（聖ドミニク）30, 43, 55, 72, 102, 163, 174, 208, 210, 483-84, 494, 549, 550, 705
Dominique de Caserta（カゼルタのドミニク）484
Dondaine, A.（アントワーヌ・ドンデーヌ）16, 42, 92, 95, 112, 117-18, 121-23, 179, 213, 222, 229, 237, 258, 282, 290, 345, 369, 393, 396-97, 402-03, 411, 431, 461-63, 465, 467, 493, 537, 548,

574-75, 588, 623
Dondaine, H.-F.（ヤッサント・ドンデーヌ）　36, 52, 65, 92-93, 95, 97, 108-09, 141, 149, 154, 157, 165, 181, 184, 186, 217-18, 220, 223-24, 248, 285, 290-94, 296, 318, 332, 335, 364-66, 370-76, 378, 428, 558
Doré, J.（ジョゼフ・ドーレ）　239, 645
Douais, C.　49, 175, 503
Doucet, V.　140
Dozois, C.　244
Duchesse de Brabant → Marguerite de Constantinople (comtesse des Flandres)
Dufeil, M.-M.（マリー・ミシェル・ドゥフィユ）　44, 79, 90, 117, 134, 138-49, 151, 153, 159, 164
Duhem, P.（ピエール・デュエム）　506
Duin, J.J.（ドゥイン）　396
Dumont, C.　403
Dunphy, W.　328
Duns Scot → Jean Duns Scot
Durand de Saint-Pourçain（サン・プルサンのデュランドゥス）　525-26, 531, 535
Durantel, J.　224
Duval, A.　174
Echard, J.　8, 174, 258, 294-95, 374, 438
Eckert, W.P.　6, 472
Eckhart → Maître Eckhart
Edgren, R.　402
Ehrle, F.　80
Elders, L.　126, 264, 299, 322, 332, 382, 390, 395, 397, 400, 406, 488, 570

Elie Brunet de Bergerac（ベルジュラックのエリー・ブルネ）　78, 141, 173
Emery, G.（ジル・エメリー）　14, 88, 198, 246, 479, 535, 552, 612, 651
Endres, J.A.　4, 310
Erasme → Maître Erasme
Eschmann, I.T.（エッシュマン）　39-41, 49, 62, 108, 246, 256, 258, 294-95, 339, 366, 378, 381, 388, 394, 396, 399-401, 404, 418, 426, 437, 444, 552, 574
Etienne Bourret（エティエンヌ・ブーレ、パリの司教）　547, 710
Etienne de Corbario（エティエンヌ・ド・コルバリオ）　24
Etienne Tempier（エティエンヌ・タンピエ、パリの司教）　80, 192, 318, 328, 391, 504-10, 514, 522, 546-47, 708, 710
Etzkorn, G.J.　326
Eudes Rigaud（エウデ・リゴー）　140
Eufranon de Salerne（サレルノのエウフラノン）　476
Evans, A.P.　545
Evenus Garvith（エウェヌス・ガルウィト）　411-12
Ewbank, M.B.　228
Fabro, C.　129
Fattori, M.　305
Faucon, P.　225, 227-28
Ferrua, A.（アンジェロ・フェルーア）　3, 15, 430, 474, 548
Fitzgerald, L.P.　40
Fitzpatrick, M.C.　281, 569
Flasch, K.（クルト・フラッシュ）

506, 508, 532
Fliche, A. 312
Fløistad, G. 535
Florent de Hesdin (エスダンの フローラン) 173
Foster, K. 102, 585-86
Fournet, M. 220, 554, 599-601, 611, 614, 624, 626-27
Frachet → Gérard de Frachet
François (d'Assise, saint) (アッシジのフランチェスコ) 43, 86
François de Terracina (テッラチーナのフランソワ、フォッサノーヴァの司教) 501
Françoise de Ceccano (フランソワーズ・ド・チェッカーノ) 37, 471, 493, 497, 501
Fransen, G. 116
Frédéric II (フリードリヒ2世、皇帝) 20, 22, 26-27, 30, 33-36, 47, 422, 705-06
Fretté, S.E. 337, 553
Freud, S. (フロイト) 275
Fussenegger, G. 516
Galien de Orto (オルトのガレヌス) 276
Gardeil, A. (アンブローズ・ガルデイユ) 640
Gardeil, H.-D. 264
Gauthier, R.-A. (ルネ・アントワーヌ・ゴーティエ) 14, 36, 50-51, 54, 56, 59-60, 148, 179-80, 182-83, 185-86, 188-89, 191, 193, 256-57, 281, 285, 297, 299-301, 305-06, 309-12, 330-31, 346, 351, 357, 383, 386, 388-90, 393, 395, 405-06, 418, 467
Geenen, C.G. 95, 184, 245-46

Geiger, L.-B. 129, 169, 406
Geiselmann, J.R. 126
Gélase Ier (ゲラシウス1世、教皇) 39
Génicot, L. 296
Gérard (ゲラルドゥス、ブザンソンの修道院講師) 135, 293, 618
Gérard d'Abbeville (アブヴィルのゲラルドゥス) 108-09, 153-56, 319, 355, 374, 599-600
Gérard de Borgo San Donnino (ボルゴ・サン・ドンニーノのゲラルドゥス) 146-47, 151, 544
Gérard de Frachet (ジェラール・ド・フラッシェ) 4, 16, 36, 48, 102
Gérard de Sterngassen (シュテルンガッセンのゲラルドゥス) 529
Gérard Reveri (ゲラルド・レウェリ) 312
Gerken, A. 140
Gerson, J. (ジェルソン) 543
Gerson, L.P. 319
Gerulaitis, L.V. 537
Gervais du Mont Saint-Eloi (モン・サン・テロワのジェルヴェあるいはセルヴェ) 360
Gerwing, M. 449
Ghellinck → De Ghellinck, J.
Giacomo Savelli (ジャコモ・サヴェリ) 512-13
Giacon, C. 226
Giffredus d'Anagni (アナーニのギフレドゥス、トーディの助祭長) 221-22, 369, 612
Gilbert de Ovis (van Eyen) (ジルベール・ド・オヴィスあるいはジルベール・ファン・エエ

ン） 371
Gilles de Lessines（レシーヌの
　アエギディウス） 504
Gilles de Rome（アエギディウ
　ス・ロマヌス） 333, 503,
　509–10, 512–13, 517–18,
　521, 524, 530, 534, 546
Gillon, L.-B. 328
Gils, P.-M.（ジル） 52, 66–
　67, 90, 126–28, 169–71, 181–
　82, 186–87, 346, 393, 557
Gilson, E.（ジルソン） 404,
　515, 548, 552
Glei, R. 220
Glorieux, P.（パレモン・グロリ
　ユー） 11, 49, 78, 83, 99,
　104, 106, 130, 138–40, 149,
　154, 156–57, 167, 217, 256,
　280–81, 312, 315, 339, 346,
　350–51, 354, 356, 358–59,
　372, 424, 437, 444, 507, 511,
　514, 516–19, 526, 528, 530,
　547, 610
Godefroid de Fontaines（フォ
　ンテーヌのゴドフロワ）
　355, 506, 517, 533, 546–47
Godefroy, F. 237
Gomez Nogales, S. 331
Grabmann, M.（マルティン・グ
　ラープマン） 11, 16, 27–
　29, 49, 121, 128, 185, 221,
　234, 248, 258, 279, 280, 283,
　285, 290, 294, 353, 368, 394,
　401, 403–04, 425, 439, 466,
　495, 532–33, 544–45
Grand, Ph. 154, 156–57
Grandpré, G. 424, 428, 432,
　434
Grant, E.（エドワード・グラン
　ト） 506
Gratien（グラティアヌス）
　39

Green-Pedersen, N.G. 329
Grégoire de Naziance (saint)
　（ナジアンゾスのグレゴリオ
　ス） 549
Grégoire le Grand (pape, saint)
　（大グレゴリウス、教皇）
　42, 84, 111, 113, 214, 442–43,
　492, 549, 623
Grégoire IX（グレゴリウス9
　世、教皇） 22, 30, 341
Grégoire X（グレゴリウス10
　世、教皇） 491
Grijs → De Grijs, F.J.A.
Groot → De Groot, J.V.
Grosseteste → Robert
　Grosseteste
Grünewald (Matthias)（グリュー
　ネヴァルト） 484
Guarienti, A. 241–42, 579
Guerric de Saint-Quentin（サン・
　カンタンのゲリクス） 641
Guérard des Lauriers, M.L.-B.
　353
Gui → Bernard Gui
Guillaume（ギヨーム、テアー
　ノの司教） 492
Guillaume Berthout（ギヨーム・
　ベルトゥ） 384–85
Guillaume d'Alton（オールトン
　のギョーム） 177
Guillaume d'Auxerre（オーセー
　ルのギョーム） 28
Guillaume de Cayeux-sur-Mer
　（カイユー・シュル・メール
　のギョーム） 276
Guillaume de Durham（ダラム
　のギョーム） 317
Guillaume de Hothum（ギョー
　ム・ド・オタム） 515,
　523
Guillaume de la Mare（ギョー
　ム・ド・ラ・マール） 94,

人名索引

121, 509–11, 515–16, 518–19, 526, 533
Guillaume de Macclesfield（マックルズ・フィールドのギョーム） 518
Guillaume de Méliton（ギョーム・ド・メリトン） 140
Guillaume de Moerbeke（メルベケのギョーム） 98, 183, 257, 297, 300–06, 347, 379, 381, 384–88, 398–99, 401, 428, 437, 578, 590, 597
Guillaume de Saint-Amour（サンタムールのギョーム） 43–44, 79, 91, 117, 133, 138, 141–49, 151, 153, 163, 315, 599
Guillaume de San Severino（サン・セヴェリーノのギョーム） 23
Guillaume de Tocco（ギョーム・ド・トッコ） 3–7, 18, 23, 28, 32–36, 41, 48, 54, 72, 76–77, 85, 90–91, 101, 112, 149, 209, 229, 234–35, 247, 304, 307, 319, 322, 401, 411–12, 415, 430, 455, 458–59, 460–61, 473–76, 482, 485, 493–96, 537–42, 544–45, 556, 625
Guillaume Peyraut（グイレルムス・ペラルドゥス） 211
Guillaume Pierre Godin（ギョーム・ピエール・ゴダン） 541
Guillot（ギヨ、ピカルディの教会の番人） 133
Guy de l' Aumône（ギ・ド・ロモーヌ） 140
Guyot, B.G.（ベルトラン・ジョルジュ・ギヨ） 52, 627, 632, 642
Gy, P.-M.（ピエール・マリー・ジー） 229–34, 237, 239–40, 248, 259, 561, 624
Hagemann, L.B. 220
Hall, D.C. 127
Hamer, J.（ジェローム・アメール） 639
Hamesse, J. 67, 305
Harkins, B. 395
Hasenohr, G. 130
Haskins, Ch.H. 27, 34
Hayen, A. 263
Heath, T.R. 405
Hendrickx, M.（ヘンドリックス） 318, 436
Henle, R.J.（ヘンレ） 227, 378, 427
Henri de Cologne（アンリ・ド・コローニュ） 58
Henri de Gand（ガンのヘンリクス） 355, 509–11, 517–18, 533
Henri de Herford 58
Henri de Lübeck（リューベックのヘンリクス） 529
Henri de Suse（スーザのヘンリクス／ホスティエンシス） 212, 238
Henri III de Brabant（ブラバンのアンリ 3 世） 372
Hermann l' Allemand（ドイツ人ヘルマン） 183
Hervé Nédellec（ヘルウェウス・ナターリス） 525–26, 530, 533, 535, 540
Héris（エリ） 646
Hilaire (saint)（ヒラリウス） 192
Hillel de Vérone（ヴェローナのヒレル） 534
Hissette, R.（ローラン・イセット） 153, 329, 391, 505, 507–08, 513, 516

人 名 索 引

Hödl, L.　56, 449, 511,
Hoffmann, J.　17
Hoffmans, J.　546
Honorius III（ホノリウス3世、教皇）　210
Honorius IV（ホノリウス4世、教皇）　512-13
Horst, U.　99, 160-61, 264, 376
Hostiensis → Henri de Suse
Hothum → Guillaume de Hothum
Hubert Guidi（ユベール・グイディ）　526
Hubert, M.　218, 477
Huerga, A.（ウェルガ）　189
Hufnagel, A.　296
Huguccio (grammaticus)（ウグッチオ）　39-40
Hugueny, E.　233
Hugues d'Ostie（オスティアのフーゴー）　456
Hugues de Saint-Cher（サン・シェールのフーゴー）　68, 77, 116, 177, 211, 217, 609, 641-42
Hugues I (de Lusignan)（ユーグ1世、キプロス王）　22
Hugues II de Lusignan（リュジニャンのユーグ2世、キプロス王）　294
Hugues III de Antioche-Lusignan（アンティオケイアないしリュジニャンのユーグ3世、キプロス王）　294
Huillard-Bréholles, J.-L,-A.　27, 34
Huit, C.　226
Humbert（アンベール、ナポリの大司教）　539
Humbert de Romans（アンベール・ド・ローマン）　76, 141-42, 144, 174-75, 354, 377, 412, 463, 479, 706
Ibn Gebirol → Avicebron
Ignace d'Antioche (saint)（アンティオキアのイグナティオス）　448
Imbach, R.（ルエディ・インバッハ）　124, 201, 226, 329, 335, 408, 506, 509, 529, 530-32, 535, 553, 564, 586
Innocent IV（インノケンティウス4世、教皇）　22, 34, 36, 47, 77, 141-42, 147, 209
Innocent V (pape) → Pierre de Tarentaise
Isaac, J.　358-59, 386
Ivánka, E. von 227-28
Jacob（ヤコブ、イスラエル）　6, 70
Jacobin d'Asti（アスティのヤコブス）　66-67, 410
Jacopo di Ranuccio（ヤコブス・ライヌッチ）　93
Jacopone da Todi（ヤコポーネ・ダ・トーディ）　235-36
Jacquart, D.　116
Jacques (d'Aquin)（アクィノのヤコブス）　21, 24
Jacques de Bénévent（ベネヴェントのヤコブス）　251
Jacques de Caiazzo（カイアッツォのヤコブス）　455
Jacques de Ferentino（フェレンティーノのヤコブス、フォッサノーヴァの修道院副長）　502
Jacques de Metz（メスのヤコブス）　526, 535
Jacques de Salerne（サレルノのヤコブス）　462
Jacques de Tonengo（トネンゴのヤコブス）　368-69, 616

人名索引

Jacques de Venise（ヴェネツィアのヤコブス） 386, 590

Jacques de Viterbe（ヴィテルボのヤコブス、フィレンツェの修道院講師） 216, 609

Jacques de Viterbe（ヴィテルボのヤコブス、聖アウグスティヌス隠修士会士） 470, 517, 521, 548

Jacques Duèse → Jean XXII (pape)

Jaffa, H.V. 406

Janssens, E. 4

Jaquet Maci 537

Jean（ヨハネ、使徒） 342, 344, 420, 580

Jean（ジャン、フランドル公爵） 373

Jean Blasio（ジャン・ブラシオ） 457, 478

Jean Cassien（ヨハネス・カッシアヌス） 42

Jean Chrysostome (saint)（ヨハネス・クリソストムス） 109, 243-45, 247, 341, 443, 549

Jean Coppa（ジャン・コッパ） 457, 462

Jean Damascène (saint)（ヨハネス・ダマスケヌス） 84

Jean de Adelasia（アデラシアのヨハネス） 495

Jean de Boiano（ボヤーノのヨハネス） 456

Jean de Caiazzo（カイアッツォのヨハネス） 460

Jean de Centenovilla（シャティニヨンヴィルのヨハネス） 423

Jean de Ferentino（フェレンティーノのヨハネス、フォッサノーヴァの修道院副長補佐） 501

Jean de Fribourg（フリブールのヨハネス） 276, 356, 529

Jean de Gaète（ガエータのヨハネス） 458

Jean de Guido（ジャン・ド・グイド） 493, 497

Jean de Jandun（ジャンダンのヨハネス） 317

Jean de La Rochelle（ラ・ロシェルのヨハネス） 140, 323

Jean de Naples (Jean Regina)（ナポリのヨハネス／ジョヴァンニ・レジーナ） 525, 533, 540, 547

Jean de Paris → Jean Quidort

Jean de Pouilly（プイイのヨハネス） 355

Jean de Saint-Gilles（サン・ジルのヨハネス） 138-39, 706

Jean de San Giuliano（サン・ジュリアーノのヨハネス） 31, 35, 460

Jean de Sterngassen（シュテルンガッセンのヨハネス） 529, 535

Jean de Tixanderie（ティクサンドリーのヨハネス、ロデーヴの司教） 545

Jean de Verceil（ヴェルチェッリのヨハネス） 76-77, 99, 167, 276, 289-92, 370-71, 466, 512-13, 522, 614-15, 617-18, 707

Jean de Wildeshausen（ヴィルデスハウゼンのヨハネス／ドイツ人ヨハネス） 31, 33, 35, 49, 57, 76-77, 174, 706

Jean del Giudice（ジャン・デル・ジューディチェ） 414, 460, 490, 538

Jean Duns Scot (ヨハネス・ドゥンス・スコトゥス)　389, 532

Jean Gaetano Orsini (ジョヴァンニ・ガエターノ・オルシーニ)　512

Jean le Teutonique → Jean de Wildeshausen

Jean Pecham (ジョン・ペッカム)　154, 160, 315-20, 322, 326, 335, 374-75, 477-78, 505, 507, 509-11, 514-15, 517, 521, 710

Jean Philopon 311, 314

Jean Picard de Lichtenberg (リヒテンベルクのヨハネス・ピカルドゥス)　529

Jean Quidort (de Paris) (ジャン・キドール/パリのヨハネス)　518, 532

Jean Regina → Jean de Naples

Jean Soranzo (ジャン・ソランツォ)　462

Jean Vigoroux (ヨハネス・ウィゴル)　522

Jean Villani (ジョヴァンニ・ヴィラーニ)　497

Jean XXI (ヨハネス21世、教皇)　504, 509-10, 512

Jean XXII (ヨハネス22世/ジャック・ドゥーズ、教皇)　536-37, 540, 543-44, 550, 710

Jean XXIII (ヨハネ23世、教皇)　639

Jehudah ben Moseh ben Daniel Romano (ユダ・ベン・ダニエル・ローマーノ)　534

Jellouschek, C.　547

Jensen, S.S.　329

Jérôme (saint) (ヒエロニムス)　45, 114, 472, 549-50

Jérôme d'Ascoli → Nicolas IV (pape)

Jésus-Christ (イエス・キリスト)　6, 44, 65, 70, 73-74, 103, 124-26, 136, 159-62, 231-32, 237-40, 260, 262, 264-67, 269, 271, 287, 289, 325-27, 342-43, 352, 361, 433-36, 441, 443, 444-52, 483, 485-88, 495, 550, 571, 580, 601

Joachim de Flore (フィオーレのヨアキム)　90, 141, 222, 612

Johnson, M.F. (マーク・ジョンソン)　93-94, 222, 558

Jollès, B.　124, 564-65

Jordan, M.D. (ジョーダン)　189-90, 220, 519, 585

Joseph (ヨセフ、ヤコブの子)　6

Joseph (ヨセフ、マリアの夫)　445

Joudain de Saxe (ザクセンのヨルダヌス)　30, 43, 58, 479, 705

Jourdain, Ch. (シャルル・ジョルダン)　404

Journet, Ch. (シャルル・ジュルネ)　296, 608, 640

Julienne du Mont-Cornillon (sainte) (モン・コルニヨンの聖ジュリエンヌ)　230

Kantorowicz, E.　20-22, 26

Käppeli, Th.　16, 33, 76-78, 139, 158, 174, 177, 210, 251, 315, 371, 396, 422, 439, 459, 526, 533, 540, 544, 547, 629

Keeler, L.W.　281, 333, 569, 602

Kelley, F.E.　515, 517

Kéraly, H.　399, 592

人名索引

Kilwardby → Robert Kilwardby

Knapwell → Richard Knapwell

Koch, J.　504, 525

Kohlenberger, H.　296

Kraml, H.　516

Kreit, J.　215, 286, 571, 578, 607

Lafont, G. (ラフォン)　222-23, 264, 289

Lambot, C. (ランボ)　229-30

Landgraf, A.M.　325

Landolphe (d'Aquin) (ランドルフ、トマスの兄)　22

Landolphe d'Aquin (アクィノのランドルフ、トマスの父)　20-21, 23-25, 32

Landolphe Sinibaldi (ランドルフ・シニバルディ)　24

Laurent de Brindisi (saint) (ブリンディジの聖ラウレンティウス)　549

Laurent de Todi (トーディのローラン)　174

Laurent, M.-H. (マリー・ヤッサント・ローラン)　3, 15-16, 32, 61, 173, 455, 473, 547

Le Brun-Gouanvic, C. (クレール・ル・ブラン グアンヴィキ)　5, 17, 34, 37, 43, 312, 412, 459, 472, 538

Le Goff, J. (ジャック・ル・ゴフ)　146, 506

Leccisotti, T. (レチゾッティ)　20, 24-26, 32, 43

Leclercq, J. (ドム・ジャン・ルクレール)　137, 360, 362, 629, 644

Lecteur de Besançon → Gérard (lecteur du couvent de Besançon)

Lecteur de Venise → Baxianus de Lodi (lecteur du couvent de Venise)

Lécuyer, J.　156

Leff, G.　56, 82

Léger de Besançon (ブザンソンのレジェ)　338, 411

Léonard de Gaète (ガエータのレオナルド)　307, 456

Léonard (レオナルド、パレルモの大司教)　222, 613

Leroy, M.-V. (マリー・ヴァンサン・ルロワ)　64, 190, 266, 638

Lescoe, F.J.　378-79, 608

Libera, A. de (アラン・ド・リベラ)　10, 97-98, 331, 333, 382, 506, 528-30, 532, 602, 604

Liebeschütz, H.　376

Lievens, R.　373

Lindblad, U.　530

Litt, Th.　368

Littré (E.)　237

Lobato, A.　6, 53, 103, 554, 564, 605, 621

Lobrichon, G.　74, 113

Logi, E.　241, 579

Lohr, Ch.　85

Lombard → Pierre Lombard

Lönertz, R.　210

Longère, J.　130

Lorenz, D.　97, 201

Lortz, J.　263

Lotte, C.　17

Lottin, O. (ドム・ロッタン)　11, 257, 323, 345, 388, 405, 416, 508

Louis IX (saint) (聖ルイ9世)　143, 373, 438, 488-89

Lubac, H. de (アンリ・ド・リュバック)　86, 113, 189, 640

Lyonnet, S.　114
Macken, R.　511
Madiran, J.　98, 605
Maggiòlo, M.　321, 395, 587
Mahieu le Vilain（マイユ・ル・ヴィラン）　401-02
Maierù, A.　329, 506, 553
Maïmonide（マイモニデス）　29, 98, 200-02, 320, 534, 640
Maître Alexandre（アレクサンデル教授）　51
Maître Eckhart（マイスター・エックハルト）　201, 528-29
Maître Erasme（エラスムス教授）　43
Maître Martin（マルティヌス教授）　28
Mandonnet, P.（マンドネ）　11, 21, 31, 49, 97, 105, 117-18, 128, 134, 178, 209, 213, 222, 285, 290, 294, 305, 309-10, 312-13, 318, 321, 329, 339, 344-45, 365, 367, 394, 405, 424-27, 437-39, 453, 459, 466, 506, 554, 584
Manfred（マンフレッド、シチリア王）　29
Mansion, S.（マンシオン）　394-95, 397
Manteau-Bonnamy, H.-M.　349
Manzanedo, M.F.　215
Maquart, F.-X.　103, 577
Marabelli, C.　9, 387
Marc, P.（マルク）　183, 189, 358-59, 365, 559
Maré, P.　553,
Maréchal, H.　156, 600-01
Marengo, G.　88, 566-67
Marguerite de Constantinople（コンスタンティノポリスのマルグリット、フランドル伯爵夫人）　374, 619
Marguerite de France（マルグリット・ド・フランス）　373
Marie（マリア、イエスの母）　38, 58, 70-71, 132-34, 136, 208, 445-46, 457, 481, 618, 626-28
Marie de San Severino（サン・セヴェリーノのマリア）　7, 23, 538
Marie de Sicile（シチリアのマリア、女王）　457
Marin d'Eboli（エーボリのマリーヌス）　217, 609
Marinelli, F.　88
Maritain, J.（マリタン）　99
Marlasca, A.　334
Marotta (d'Aquin)（マロッタ）　22, 35
Martin (de Tours, saint)（聖マルティヌス）　476-77
Martin → Maître Martin
Martin de Dacie（ダキアのマルティヌス）　28
Martin, C.　290, 398
Martin IV（マルティヌス4世/シモン・ド・ブリオン、教皇）　134, 303, 329, 509-10, 512
Masetti, P.-T.　179, 490
Matthieu d'Aquasparta（アクアスパルタのマテウス）　114
Matthieu Orsini（マテウス・オルシーニ）　422
Maurer, A.　15, 126, 328, 595, 623
May, W.H.　545
McAllister, J.B.　367
McInerny, R.　127, 571, 577, 586, 593, 602, 626

人名索引

Meersseman, G.   55, 304, 513
Meijer, P.A.   379
Méléard, M.-H.   124, 564
Méliton de Sardes（サルディスのメリトン）   448–49
Mendez, J.R.   198
Meyer, G.   62
Meyvaert, P.   42
Michaud-Quantin, P.   140
Michel Scot（ミカエル・スコトゥス）   27, 384
Miguel, J.J. de   245
Miles ultramontanus（山を越えたところにいる兵士）   367, 621–22
Militello, C.   223, 613
Mingroot → Van Mingroot, E.
Minio-Paluello, L.（ミニオ・パルエッロ）   302, 305
Moerbeke → Guillaume de Moerbeke
Mohr, W.   296
Moïse（モーセ）   6
Möller, J.   296
Moncho, J.R.   236
Mongillo, D.（モンジッロ）   223, 613
Montagnes, B.（モンターニュ）   40, 97, 198, 227
Moreau, J.   199, 227, 559–60
Motte, A.R.（モット）   186, 285
Mtega, N.W.   198
Mückshoff, M.   140
Müller, J.-P.   517–19
Mura, G.   386
Muratori, L.A.   16
Murdoch, J.E.   506
Nahon, G.   535
Napoléon (Bonaparte)（ナポレオン）   412

Narcisse, G.   451
Neidl, W.N.   227
Némésius d'Emèse   236
Nicétas d'Héraclée（ヘラクレアのニケタス）   243
Nicolas（ニコラウス、フォッサノーヴァの修道院長）   457, 494–95, 502
Nicolas Alberti（ニコラ・アルベルティ）   541
Nicolas de Bar-sur-Aube（バール・シュル・オーブのニコラウス）   143
Nicolas de Bari (saint)（バーリの聖ニコラウス）   481
Nicolas de Cotrone（コトローネのニコラウス）   184
Nicolas de Durazzo（ドュラスのニコラウス）   218, 610
Nicolas de Fréauville（フレオーヴィルのニコラウス）   541
Nicolas de Fresolino（フレソリーノのニコラウス）   457
Nicolas de Gorran（ニコラ・ド・ゴラン）   432
Nicolas de Lisieux（リジューのニコラウス）   153, 315
Nicolas de Lyre（リールのニコラウス）   65, 114
Nicolas de Marsillac（マルシヤックのニコラウス）   410
Nicolas de Piperno（ピペルノのニコラウス）   457, 472
Nicolas de Strasbourg（ストラスブールのニコラウス）   529–30
Nicolas III（ニコラウス3世、教皇）   422, 510
Nicolas IV（ニコラウス4世、教皇）   513, 515
Nicolas Trévet（ニコラウス・ト

レヴェトゥス） 110
Nicolas, J.-H.（ジャン・エルヴェ・ニコラ） 643
Nietzsche, F.（ニーチェ） 69-70
Novarina, P.（ノヴァリーナ） 8, 17, 19-21, 23, 26, 32, 41, 47, 49, 58, 63, 78, 85, 128, 174, 177, 179-80, 208, 221, 224, 248, 310, 311, 423, 454, 469, 484
O' Meara, Th.F. 267
O' Neill, C.E. 444
O' Rourke, F. 228
Octavien de Babuco（バブコのオクタウィアヌス） 457, 472, 501
Odon de Douai（ドゥエーのオドン） 143
Oeing-Hanhoff, L. 284
Oesterle, J.A. 349, 570, 589
Origène（オリゲネス） 449
Ott, L. 291
Owens, J. 319, 406
Paissac, H.（ペサック） 185
Pandolphe de Savelli（サヴェッリのパンドルフ） 539-40
Panella, E. 93, 107, 210, 212, 251, 303, 472, 477, 533
Paravicini-Bagliani, A. 303
Parel, A. 38, 114
Paschetta, E. 365
Patfoort, A.（パットフォールト） 190-91, 196, 265-67, 353
Pattin, A. 334, 347
Pattison, M. 241, 579
Paul（パウロ、使徒） 36, 145, 208, 287-88, 361, 407-08, 430, 435, 443, 448, 450-51, 458, 464, 481-82, 521, 550
Paul d'Aquila（アクィラのパウルス） 430
Péano, P. 146
Pecham ou Peckam → Jean Pecham
Pegis, A.C.（ペジス） 188-89, 560
Pègues, Th. 103, 577
Pelster, F.（ペルスター） 21-22, 353, 358-59, 437, 514, 517
Pelzer, A.（ペルツァー） 29, 59, 325, 504
Percin (de Mongaillard, J.-J. de)（ペルサン） 543
Perini, G. 397
Perrier, J.（ペリエ） 186, 285
Persson, P.E. 263
Pesch, O.H.（オットー・ヘルマン・ペッシュ） 9, 264, 436, 554
Peters, J.（ペタース） 222, 369
Philippe (d'Aquin)（フィリップス） 21
Philippe（フィリップス、ピストイアの修道院講師） 251
Philippe de Castrocieli（カストロチェーロのフィリップス） 365, 620-21
Philippe le Chancelier（総長フィリップス） 323
Philippe, M.-D. 343, 353, 581
Philippe, P. 90
Pie V (saint)（ピウス5世） 549, 710
Pieper, J. 284, 581
Pierre（ペトロ、使徒） 208, 450, 458, 464, 476-77
Pierre Brancaccio（ピエール・ブランカッチオ） 458

人名索引

Pierre Calo（ピエール・カロ） 3–6, 15, 28, 35, 48–49

Pierre Cantier（ピエール・カンティエ） 540

Pierre d'Andria（アンドリアのペトルス） 109–10, 338, 410–11, 625

Pierre d'Auvergne（オーヴェルニュのペトルス） 398, 533, 592

Pierre d'Espagne → Jean XXI (pape)

Pierre d'Irlande（アイルランドのペトルス） 28–29

Pierre de Bergame 632

Pierre de Blois（ブロワのペトルス） 423

Pierre de Caputio（ピエール・ド・カプティオ） 101

Pierre de la Palud（ラ・パリュのペトルス） 525

Pierre de la Vigne（ピエール・ド・ラ・ヴィーニュ） 34

Pierre de Montesangiovanni（モンテ・サン・ジョヴァンニのペトルス） 101, 457, 462, 494–95, 501

Pierre de San Felice（サン・フェリーチェのペトルス） 456, 477, 488

Pierre de Scala（スカラのペトルス） 110, 579

Pierre de Tarentaise（タランテーズのペトルス） 67–68, 167, 173, 178, 231, 289–90, 371, 432, 582, 614

Pierre Ferri（ピエール・フェッリ、アナーニの司教） 539

Pierre Jean Olieu（ペトルス・ヨハンニス・オリヴィ） 114, 520–21, 545

Pierre le Chantre（ペトルス・カントル） 106, 130

Pierre le Mangeur（大食漢ペトルス） 83, 175

Pierre le Vénérable（ペトルス・ウェネラビリス） 102, 642, 644, 647

Pierre Lombard（ペトルス・ロンバルドゥス） 81–84, 86–88, 90, 94–95, 115, 125, 139, 218, 222, 436, 555, 558, 612

Pierre Marsili（ピエール・マルシリ） 188

Pinborg, J. 28, 329

Pinckaers, S. 274, 349, 563, 629

Pirenne, H.（ピレンヌ） 372

Pizzuti, G.M. 498

Platon（プラトン） 225–28, 272, 378–80

Plotin（プロティヌス） 272

Pocino, W. 19

Poncelet, A. 5

Portalupi, E. 42

Potthast, A. 58

Poulenc, J.（ジェローム・プーランク） 643

Principe, W.H.（ウォルター・ヘンリー・プリンシプ） 245, 555–57, 572–73, 641

Priscien 329

Proclus（プロクロス） 226, 378–81, 427, 532, 598

Prous Boneta（プロウス・ボネータ） 545,

Prümmer, D.（ドミニク・プリュマー） 3–5, 15, 49, 412

Pseudo-Denys → Denys l'Aréopagite

Ptolémée de Lucques（ルッカのトロメオ／トロメオ・デグリ・フィアドーニ） 4, 15–16,

18, 22, 34, 36, 41, 43, 48–49, 91–93, 95, 111, 177–78, 213, 229, 279, 281–82, 294, 341, 345, 372, 374, 388, 397, 426, 429–30, 460–61, 465–67, 474, 480, 487, 533, 538, 548, 558, 577, 604, 619
Putallaz, F.-X. (プタラ)　124, 335, 531, 535, 564, 574–75
Quétif, J. (ケチーフ)　8, 174, 258, 374
Quillet, J.　399
Raban Maur (ラバヌス・マウルス)　243
Raby, F.J.E.　235
Rainier de Clairmarais (クレールマレのレニエ)　362
Rambert dei Primadizzi (de Bologne) (ランベルト・デイ・プリマディッジ / ボローニャのランベルトゥス)　518, 520, 533
Ramirez, J.M. (ラミレス)　332, 417
Ranulphe de La Houblonnière (ラ・ウブロニエールのラヌルフ、パリの司教)　547
Raoul de Sully 102
Ratzinger, J.　503–04
Raulx, J.B.　136, 337, 628–29
Raymond de Mevouillon (メデュリオーネのライムンドゥス)　522
Raymond de Peñafort (saint) (ペニャフォルトのライムンドゥス)　55, 175–76, 187, 211–12, 536, 706
Raymond Hugues 503
Raymond Lulle 337
Raymond Severi (レイモンド・セヴェリ)　410

Raynald de Piperno (ピペルノのレギナルドゥス)　7, 61, 65, 99, 258, 285, 340–42, 367, 377, 410, 414, 425–26, 431–32, 439–40, 452, 456, 458, 460, 463–67, 473, 479–80, 482, 485, 489–93, 495, 499, 501, 580, 582, 584, 606, 608, 612, 622, 626
Redigonda, A.　31
Réginald de Piperno →Raynald de Piperno
Reichert, B.M.　16
Reix, A.　225
Rémi de Florence (フィレンツェのレミ / レミジオ・デイ・ジローラミ)　472, 476, 533
Remigio dei Girolami → Rémi de Florence
Renan, E. (ルナン)　329
Renard, J.-P. (ルナー)　45, 111, 580
Renaud d'Aquin (アクィノのルノー)　22, 34
Renaud Mignon de Corbeil (コルベイユのルノー・ミニョン / ルノー・ド・コルベイユ、パリの司教)　133, 147
Renaudin, P.　42, 623
Renzo Villata → Di Renzo Villata, G.
Richard de Annibaldis (リシャール・ド・アンニバルディ)　310
Richard de Mediavilla (メディアヴィラのリカルドゥス)　325
Richard Fischacre (リチャード・フィッシュエイカー)　317
Richard Knapwell (リチャード・ナップウェル)　515–17,

523, 548
Richard Rufus（リチャード・ルフス） 81, 317
Riché, P. 74, 113
Robb, J.H.（ジェームス・ロブ） 280
Robert (Robert (d' Anjou))（ロベルトゥス、ナポリ王） 542
Robert d'Orford（オーフォードのロベルトゥス） 517–18
Robert de Bénévent（ベネヴェントのロベルトゥス） 537, 539
Robert de Courçon（クールソンのロベルトゥス） 76
Robert de Courton（クールトンのロベルトゥス） 423
Robert de Sorbon（ロベール・ド・ソルボン） 153
Robert Grosseteste（ロバート・グロステスト） 28, 50, 317
Robert Kilwardby（ロバート・キルウォードビー） 81, 291–93, 323, 330, 514, 523–24, 618, 710
Robles, L. 364
Roensch, F.J. 515, 518, 533
Roffrido（ロフリド、テアーノの首席司祭） 492
Roger Bacon（ロジャー・ベーコン） 81, 325
Roger d'Aquila（アクィラのロジェール） 23, 37, 468
Roger de San Severino（サン・セヴェリーノのロジェール） 22, 469
Roger Marston（ロジャー・マーストン） 325
Roguet, Cl. 296
Roland de Crémone（クレモナのロランドゥス） 78, 112, 138, 323, 706
Roland-Gosselin, M.-D.（ローラン・ゴスラン） 95–97, 604
Rolfes, E.（ロルフス） 404
Romain de Rome（ローマのローマン / ロマーノ・ロッシ・オルシーニ） 251, 421–22, 533
Romano Rossi Orsini → Romain de Rome
Roos, H. 329
Rossi (famille)（ロッシ家） 21
Rossi, M.-M. 115, 584
Rouse, R.H. 52
Rubeis → De Rubeis, B.
Ruben Hayoun, M.-R. 331
Ruello, F.（フランシス・ルエロ） 86, 89, 126,
Ruppert, G. 449
Russell, J.C. 253
Ruteboeuf（ルートブッフ） 145
Ryder, T.D. 241, 579
Saffrey, H.D.（アンリ・ドミニク・サフレ） 45, 68, 380–81, 411, 598
Sajó, G. 329
San Cristobal-Sebastián, A. 347
Sanchez, M. 497
Sanchis, A.（サンチス） 157
Saranyana, J.I. 127, 554–55, 614, 626–27
Sassen, J.H.H. 77
Scandone, F.（スキャンドーネ） 16, 19–24, 32–33, 47, 469, 471, 491, 497
Scheeben, H.C.（シェーベン） 62

人名索引

Scheffczyk, L.　449
Schelling, F.W.J. von 86
Schenk, R.　488
Schillebeeckx, H.（シルベックス）　265
Schütz, L.（シュッツ）　404
Seckler, M.（マックス・セクラー）　264–65
Sentis, L.　348
Sermoneta, G.　534
Sertillanges, A.-D.　284, 348, 624–25
Servais du Mont Saint-Eloi → Gervais du Mont Saint-Eloi
Serverat, V.　337
Shooner, H.-V.（ユーグ・ヴァンサン・シュナー）　4–5, 52–53, 65, 108, 110–11, 181, 428, 431, 439–40, 580
Siedl, S.H.　114
Siger de Brabant（ブラバンのシゲルス）　304, 309, 313, 324, 328–29, 331–36, 357, 359, 420, 508
Simon de Brion → Martin IV (pape)
Simon Matifas（シモン・マティファス、パリの司教）　547
Simon, P.（ポール・ジーモン）　51, 53–54
Simon, R.（リシャール・シモン）　114
Simonin, H.-D.　432
Simplicius（シンプリキオス）　303, 347, 399
Sirat, C.　534–35
Sixte de Sienne（シエナのシクストゥス）　63, 65
Smalley, B.（ベリル・スマリー）　112–14, 130, 242
Smet → De Smet, J.M.

Solignac, A.（エメ・ソリニャック）　644
Spath, R.J.　395
Spiazzi, R.M.　400–02, 554, 563, 573, 586, 588–94
Spicq, C.（スピーク）　113–14, 243, 247, 339, 426
Steel, C.（スティール）　305, 568
Steenberghen → Van Steenberghen, F.
Stegmüller, F.　108, 431
Stevaux, A.　86
Stroick, C.　321
Sturlese, L.　532
Suarez, F.（スアレス）　449
Suermondt, Cl.　258
Swierzawski, W.　436
Sylvestre (frère O.P.)（シルヴェストル、ドミニコ会士）　97
Synan, E.A.（エドワード・サイナン）　38, 114, 166, 596–97
Synave, P.（ポール・シナーヴ）　108, 123, 257, 328, 350, 353, 358–59, 421, 427, 646
Szabò, S.　17
Taurisano, I.　456, 483
Teetaert, A.　154
Tempier → Etienne Tempier
Thémistius（テミスティオス）　297–98, 300, 302, 347
Théodora (d'Aquin)（テオドラ、トマスの母）　7, 21, 23, 25, 32–33, 538
Théodora de San Severino（サン・セヴェリーノのテオドラ、トマスの姉）　7, 22–23, 37, 456, 489, 491, 537, 541
Théophylacte（テオピュラクトス）　243, 245

人 名 索 引

Thérèse d'Avila (sainte)（アビラの聖テレサ） 549
Théry, G. 52
Thierry de Freiberg（フライベルクのディートリッヒ） 530-32, 535
Thirlkel, W.E. 395
Thiry, A. 390
Thomas（トマス、使徒） 6, 342
Thomas Agni de Lentini（レンティーニのトマス・アグニ） 30-31
Thomas d'York（ヨークのトマス） 325
Thomas de Aversa（アヴェルサのトマス） 537-38
Thomas de Cantimpré（カンタンプレのトマス） 4, 15, 35-37, 41, 48
Thomas de Celano（チェラーノのトマス） 86
Thomas de San Severino（サン・セヴェリーノのトマス） 7, 23, 537-38, 542
Thomas de Sutton（サットンのトマス／トマス・サットン） 517, 527, 535, 548
Thomas de Wylton（ウィルトンのトマス） 532
Thomas I d'Aquin（トマス・アクィナス 1 世） 20
Thomas, A.H. 55, 83
Thorndike, L. 367
Thouzellier, C. 312
Thurot, Ch. 119
Ti-Ti Chen, J. 436
Tisserant, E. 463
Tocco → Guillaume de Tocco
Tolomeo degli Fiadoni → Ptolémée de Lucques
Tonneau, J.（ジャン・トンヌー） 123-24, 269, 565
Torrell, J.-P.（ジャン・ピエール・トレル） 10, 66-67, 71, 94, 102, 109, 116, 127, 134-36, 210, 220, 238, 245, 274, 288, 293, 340, 363, 376, 442, 449, 453, 457-58, 466, 478, 480-81, 535, 576, 625-26, 634, 637-47, 649
Touati, C. 535
Touron, A. 8
Tugwell, S.（サイモン・タグウェル） 6, 8-9, 17, 19, 30-33, 36, 47, 50, 57, 103, 126, 177-78, 180-81, 311, 313, 372, 413, 420, 431, 437, 483, 496
Tuninetti, L. 284, 566
Turiel, Q.（トゥリエル） 189
Turley, T. 540
Turner, W.H. 405
Turrini, M. 259, 561
Uccelli, P.A.（パオロ・ウッチェリ） 439-40, 584, 629
Ulrich de Strasbourg（ストラスブールのウルリッヒ） 531
Urbain IV（ウルバヌス 4 世、教皇） 99, 111, 177-78, 184, 217, 229, 231, 242, 282, 303, 491, 578, 609, 610, 623, 624
Urbain V（ウルバヌス 5 世、教皇） 502
Uytven → Van Uytven, R.
Vajda, G. 535
Valkenberg, W.G.B.M. 115
Van Banning, J.（ヴァン・バニング） 244-45, 247
Van Mingroot, E. 373
Van Steenberghen, F.（ファン・ステーンベルヘン） 56, 79, 81, 186, 189, 325, 333,

335, 358–59, 503–05, 602, 705

Van Uytven, R.（レイモンド・ヴァン・ユトヴァン）　373

Vanhamel, W.　302

Vansteenkiste, C.J.（ヴァンスティーンキステ）　6, 19, 53, 64, 93, 122, 190, 227, 332, 373, 388, 575, 621

Vauchez, A.（アンドレ・ヴォーシェ）　438, 473, 521, 541, 543–45

Védrine, M.　286, 554, 595–96, 606, 609

Verardo, R.A.　554

Verbeke, G.（ヴェルベク）　236, 296–99, 311, 313–14, 331, 347, 376

Verbeke, W.　373

Verger, J.　74, 82, 113

Verhelst, D.　331, 376

Vernier, J.-M.　395, 586

Vesco, J.-L.（ジャン・リュック・ヴェスコ）　638

Vicaire, M.-H.　43, 55, 138, 163, 475, 483, 494

Victor d'Antioche（アンティオキアのヴィクトル）　243

Vignaux, P.　531

Vincent de Beauvais（ボーヴェのヴァンサン）　121, 211

Viola, C.　535, 553

Walsh, K.　130

Walsh, L.G.　444

Walz, A.（ヴァルツ）　8, 17, 19–21, 23, 26, 32, 41, 47, 49, 58, 63, 78, 85, 128, 174, 177, 179–80, 208, 221, 224, 226, 248, 310–11, 423, 454, 469, 484

Wéber, E.-H.　79, 324, 335

Weijers, O.　52, 67

Weisheipl, J.A.（ジェームス・ワイスハイプル）　8, 21, 40–41, 54, 62–64, 105, 148–49, 178, 181, 222, 224, 246, 256, 294, 301, 313, 319–21, 339, 345, 353, 366, 373, 394, 396, 418, 424, 426, 429, 437, 498–99, 513, 552, 574, 587, 597

Wenin, Chr.　269

White, K.（ホワイト）　402–03, 588

Wielockx, R.　238, 299, 305, 505, 509–10, 512–13

Wilmart, A.（ドム・アンドレ・ヴィルマー）　233–37, 625

Wippel, J.F.（ヴィッペル）　116, 320–22, 354–55, 397, 505, 508, 510

Wissink, J.B.M.　316, 320

Wohlman, A.（アヴィタル・ヴォールマン）　201, 534

Wood, D.　130

Zavalloni, R.　324–26

Zawilla, R.　230

Zimmermann, A.　62, 565

事 項 索 引

ア 行

愛（la charité） 69, 71, 86-87, 125, 136, 151-52, 158, 238, 240, 250, 262, 272, 275, 287-88, 417, 436, 442, 448, 450, 452, 480, 487, 601, 625

アウグスティヌス『エンキリディオン』（Enchiridion） 286
──『神の国』（De civitate Dei） 366
──『再考録』（Retractationes） 528

アウグスティヌス主義 （l'augustinisme） 80-81, 217, 322, 324-25, 503, 521

『アヴェ・マリアの祈り』（l'Ave Maria） 38, 132-34, 457, 481, 626-28

アヴェロエス主義 （l'averroïsme） 80, 188, 313, 328-31, 333, 382, 544, 602

アエギディウス・ロマヌス『哲学者たちの誤りについて』 （De erroribus philosophorum） 504

贖い（la rédemption） 87, 220, 238, 241, 446, 496, 611

悪徳（les vices） 211, 261-62

悪魔（le diable） 349, 451, 457, 570, 621

アスナゴのベネディクトゥス 『修道士トマスの言明の一致』 (Concordantia dictorum fratris Thomae) 544

アブヴィルのゲラルドゥス 『キリスト教的完全性に敵対する者に対して』（Contra adversarium perfectionis christianae） 154, 600
──『自由討論集』第 14 巻（Gérard, Quodlibet XIV） 108, 156, 600

アポリナリオス主義（l' apollinarisme） 327

アリストテレス『形而上学』（la Métaphysique） 81, 84, 226, 321, 328, 379, 381, 384-85, 387, 388, 394, 396, 399, 419, 592-93
──『自然学』（la Physique） 81, 84, 97, 321, 394, 419, 587
──『ニコマコス倫理学』（l' Ethique） 50, 59-60, 84-85, 300, 390, 392, 419, 437, 480, 590-91
──『弁論術』（la Rhétorique） 183, 257, 346, 419, 437

アリストテレス主義（l' aristotélisme） 80, 228, 303, 322, 324-25, 330, 445, 503-04, 506, 708

アルヌー『哲学入門』（l' introduction à la philosophie） 51

アルベルトゥス『神名論註解』 (Super Dionysium De divinis nominibus) 51
──『天上階層論註解』 (Super Dionysium De caelesti

hierarchia) 52, 54, 57
――『自然学小論集』(Parua naturalia) 393
――『15 の問題について』(De quindecim problematibus) 504
アレクサンデル『ニコマコス倫理学註解』(Sentencia super nouam et ueterem ethicam) 51
アンベール・ド・ローマン『修道士の生について』(De uita regulari) 174-75, 354, 377, 412, 479,
位格的結合 (l'union hypostatique) 327, 444
イデア (les Idées) 124, 226-27
祈り (la prière / l'oraison) 73, 132, 136-37, 234-36, 274, 377, 440-443, 474, 482-85, 487, 489, 491, 497, 543
ヴァンサン『大いなる鑑』(Speculum maius) 121, 211
永遠の理念 (les raisons éternelles) 226
『オス・ユスティ』(Os justi) 502, 550
恩恵 (la grâce) 71, 87-88, 125, 240, 261-62, 267, 433-35, 442, 450

カ　行

悔悛 (la pénitence / la componction) 152, 258, 262, 291, 362, 442, 444, 487, 490, 526, 561
『カッシーノ集成』(Collectio Casinensis) 184, 243
可能知性 (intellectus possibilis / l'intellect matériel) 331, 334, 602
ガリカニスム (le gallicanisme) 147
還帰 (reditus) 87-89, 205, 207, 261, 264-71, 273
観想 (la contemplation) 11, 43, 129, 152, 162, 209, 262, 389, 482, 485, 489
義 (la justice) 71, 152, 215, 288, 442, 450
奇跡 (le miracle) 194, 282, 415, 446, 455-56, 458, 460-62, 465, 501, 537-40, 542-44
希望 (l'espérance) 151, 240, 262, 285-88, 345, 350, 442, 452, 571, 606, 709
究極的な終局 (la fin dernière) 206, 559
究極目的 (la fin ultime) 41, 87, 261-62, 264, 268
救済 (le salut) 39, 71, 155, 195, 198, 238, 264-65, 272, 288-89, 360-61, 426, 441, 446-48, 450
教会 (l'Eglise) 40-41, 47, 74, 137, 147, 262, 275, 360-62, 376, 433-36, 441, 443, 484, 495-96, 519, 544, 547, 613, 639, 642-44, 647
教会博士 (Doctor Ecclesiae) 548-49, 710
教権/教導権 (magistère) 137, 362, 536
共通博士 (Doctor communis) 171, 277, 521, 548
教養学部 (la faculté des arts) 28, 36, 50-51, 54, 57, 79-81, 119, 143, 166, 328-29, 332, 336, 379, 385, 387, 390, 399, 405, 421, 503, 505, 507-09, 514, 589-90, 602, 631, 709

事 項 索 引

ギョーム・ド・ラ・マール『矯正』（Correctorium） 121, 511, 516-17

ギョーム・ブレトン『語彙集』（Vocabularium） 437

キリストに従うこと（sequela Christi） 159-61, 601

禁欲（la continence） 152, 418, 456

グイレルムス・ペラルドゥス『悪徳についての大全』（Summa uitiorum） 211

——『徳についての大全』（Summa uirtutum） 211

『グラティアヌス教令集』（le Décret de Gratien） 39

グレゴリウス『対話』（Dialogues） 42

——『道徳論』（Moralia） 623

グロリユー『トマスの支持者と反対者』（Pro et contra Thomas） 530

形相の複数性（la pluralité des formes） 322-24, 327, 511

決定論（le déterminisme） 314, 328

ケルン学派（l'école de Cologne） 530, 532

『原因論』（Liber de causis） 226, 380-81, 428, 598

原罪（le péché originel） 87, 289, 348-49, 445, 570

謙遜（l'humilité） 31, 136, 195, 209, 316, 335, 450, 477, 487

堅忍（la persévérance） 418, 485

口述（la dictée） 122, 392, 411-12, 414-15, 482, 490, 493

口述原本（l'original dicté） 121-22, 563

功績（le mérite） 220, 236-37, 360, 368, 446, 611

皇帝教皇主義（le césaropapisme） 40

告解（la confession） 142, 150, 210, 253, 461, 465, 495, 599, 618

コラチオ（collationes） 42, 66-69, 72-73, 75, 131-33, 576, 627-28, 637

サ　行

『サルウェ』（Salve） 481

サン・シェールのフーゴー『教会の鑑』（Speculum ecclesiae） 211

サン・ジェルマーノ条約（le traité de San Germano） 24

サンタムールのギョーム『最後の時の危険に関する論考』（Tractatus de periculis nouissimorum temporum） 143, 145, 148, 150, 599

三位一体（la Trinité） 87, 89, 195, 198, 206, 220, 222, 282, 288, 317, 414, 559, 566, 611-12

在俗の教授（les séculiers） 55, 79, 100, 128, 138-42, 144, 147, 160, 290, 313, 315, 355, 382, 483, 513, 532

司教（l'évêque） 109, 154, 156, 161, 360-62, 369, 433, 546

司教職に関する教え（la théologie de l'épiscopat） 156, 438

シゲルス『「霊魂論」3巻に関する諸問題』（Quaestiones in Tertium De anima） 332,

334
——『知的霊魂について』(De anima intellectiva) 334
——『原因論註解』(Super De causis) 334
始原 (le principe) 207, 260, 264, 268-71, 273, 275, 321
自罪 (le péché actuel) 87, 348
自然法 (la loi naturelle) 212
シチリアの黙り牛 (Boeuf muet de Sicile) 60
質料形相論 (l'hylémorphisme) 204, 326
実体的形相の単一性 (l'unicité de la forme substantielle) 322-23, 364-65, 507, 514, 620
『使徒信経』(Credo / le Symbole) 70, 132, 134, 268, 287-88, 447, 453, 467, 606, 613, 626-28, 709
使徒の生活 (uita apostolica) 162-64, 544
自発の貧しさ (la pauvreté volontaire) 44, 159, 545, 601
自筆原稿 (l'autographe) 59, 64-67, 72, 90, 121-22, 126, 169-70, 179, 181, 185-86, 411, 414, 466, 559, 576, 595
至福 (la béatitude) 202, 261-62, 270, 389, 405, 442, 450, 529, 531
詩編詠唱 (la psalmodie) 377
終末主義 (le finimondisme) 91
終末論 (l'eschatologie) 238, 240, 272, 504
主観性 (la subjectivité) 530
主知主義 (l'intellectualisme) 240, 418

シュニュー『聖トマス・アクィナス研究への導入』(l' Introduction à l'étude de saint Thomas d'Aquin) 10
『主の祈り』(Pater / Notre Père) 132, 134, 287-88, 453, 457-58, 467, 606, 626-28, 709
自由 (la liberté) 137, 160, 203, 227, 261, 272, 349, 368, 370, 416, 492-93, 623
自由意志 (le libre arbitre) 125, 202, 220, 348, 368, 370, 384, 416, 611, 616
十字架 (la croix) 135, 208, 325, 443, 448, 487-88, 618
十字架像 (le crucifix) 483-85, 487
従順 (l'obéissance) 12, 101, 151, 209, 250, 293, 306, 371, 386, 450, 488, 496, 643
『十戒』(Decem precepta / le Décalogue) 87, 109, 132, 134, 287, 340, 453, 625, 628, 643, 646, 709
受難 (la passion) 238, 240, 446, 450-52, 484, 486, 489
小罪 (le péché véniel) 212, 240, 349, 570
昇天 (l'exaltation / l'ascension) 447,
情念 (les passions) 125, 169, 202, 204, 261, 416
初期教会 (la première Eglise) 147, 162-63
試練 (la tentation) 214, 446-47
神学 (theologia) 89, 198, 266
信仰 (la foi) 70, 151, 186, 262, 275, 285-88, 417, 436, 442, 707

事項索引

身体的現前 (praesentia corporalis)　231–32, 239

身体の形相 (forma corporeitatis)　327

新プラトン主義 (le néoplatonisme)　207, 225–27, 264, 267–68, 325, 380–81, 529, 597–98

シンプリキオス『範疇論註解』(le commenatire sur les Prédicaments)　347

自由学芸 (les arts libéraux)　27, 54–57, 138, 176

受肉 (l'incarnation)　74, 87, 89, 194, 198, 206, 220, 262, 268, 270–72, 344, 441, 445, 447–48, 559, 611

枢要徳 (les vertus cardinales)　262

ストゥディウム・ゲネラーレ (studium generale)　48–49, 58, 174–75, 210, 421–24

ストライキ (la grève)　78–79, 138–39, 141–42, 420, 423

聖アウグスティヌス隠修士会 (les Ermites de saint Augustin)　470, 521, 523

聖歌 Sacris solemniis　240

聖書学講師 (le bachelier biblique)　62–63, 81, 105, 107, 575–76

聖体 (l'eucharistie)　218, 220, 229, 231–33, 235–36, 238, 240–41, 262, 418, 444, 482, 486–87, 495–97, 524, 531, 610–11, 623–25, 637, 707

『聖トマス・アクィナスの生涯に関する源泉』(Fontes vitae S. Thomae Aquinatis)　3

『聖ドミニクの9つの祈り方』(les Neuf manières de prier de saint Dominique)　483

聖務日課 Sacerdos in aeternum　231

——Sapientia　230

声明書 Excelsi dextera　134, 139, 141

——Radix amaritudinis　142, 144

聖霊 (l'Esprit-Saint)　73, 87–88, 137, 344, 417, 426, 435–36, 476, 610

世界の永遠性 (l'éternité du monde)　203, 314, 316–21, 323, 328, 400, 409, 520, 603, 708

摂理 (la providence)　124, 198, 205, 213–14, 328, 370, 474, 559, 578, 616

1270年の断罪 (12月10日) (la condamnation de 1270)　318, 326, 328–29, 346–47, 379, 384, 416, 504, 569, 589, 602, 708

1277年の断罪 (パリ3月7日) (la condamnation de 1277 à Paris)　80, 329, 391, 504–07, 511, 522, 524, 546–47, 710

1277年の断罪 (オックスフォード3月18日) (la condamnation de 1277 à Oxford)　514, 710

洗礼 (le baptême)　262, 360–61, 376, 406, 413, 446–47

創造 (la création)　87–89, 198, 203–05, 227, 261, 264, 267, 271, 282–84, 321, 323, 378, 381, 406, 444, 507, 559, 618

ソルショワール (Saulchoir)　639, 647

存在の類比（analogia entis）　498

タ 行

第一動者（un premier moteur）　395, 587
大罪（les vices capitaux）　212, 349, 570
大食漢ペトルス『教会の歴史』（Historia ecclesiastica）　175
――『スコラ学史』（Historia scolastica）　83
対神徳（les vertus théologales）　262, 287, 417, 606
第一バチカン公会議（le premier concile du Vatican）　639-40
第二バチカン公会議（le deuxième concile du Vatican）　88, 639-40
第四ラテラノ公会議（le quatrième concile du Latran）　222, 612
托鉢（la mendicité）　43, 117, 145, 158-59, 161, 599, 601
――修道会（les ordres mendiants）　79, 100, 131, 138, 140, 150, 163, 209, 313-14, 469, 488, 599, 646
――修道士（les mendiants）　30, 56, 100, 133, 138, 140, 142, 145, 150, 153, 290, 313, 355, 483, 488
単一霊魂説／知性の単一性（le monopsychisme／l'unicité de l'intellect）　313-14, 328, 331-32
『中世のドイツ人哲学者たちの集成』（Corpus philosophorum teutonicorum medii aevi）　528, 532
勅書 Etsi animarum　142
――Lecta coram　142
――Nec insolitum　142
――Quasi lignum vitae　100, 142
――Redemptionem misit　543
――Transiturus　231, 624
罪（le péché）　24, 70, 73, 136, 155, 194, 213, 237, 250, 262, 306, 349, 378, 426, 450-51, 546, 570, 608, 622
提示的神学（la théologie ostensive）　452
『テ・デウム』（Te Deum）　486
『デ・ベアータ』（De Beata）　481
ディオニシウス『神名論』（De diuinis nominibus）　59, 224-25
テミスティオス『霊魂論註解』（le commentaire sur le De anima）　297, 300, 302, 347
天使（l'ange）　87, 123-24, 204, 261, 266, 291, 377-78, 445, 506, 531, 568, 608, 617
ドゥラスのニコラウス『ギリシャ人の誤謬に対する聖霊の発出と三位一体の信仰に関する書』（Liber de processione Spiritus sancti et fide Trinitatis contra errores Graecorum）　184, 218
ドュランドゥス『命題集註解』（la lecture des Sentences）　525
――『弁明』（Excusationes）　525
徳（les vertus）　76, 87, 158, 190, 202, 209, 213, 261-62,

事項索引　　　　　　　　　　739

288, 417, 450, 455, 487, 501, 544, 571
トマス・サットン『トマス自身における一致について』（De concordantiis in seipsum）528

ナ 行

ナポリ裁判（le procès de Naples）　3, 15, 101, 120, 401, 455, 462–63, 487, 495, 521, 538, 542, 544, 550
ナポリ大学（studium generale de Naples）　26, 38, 43, 705
二次的原因（les causes secondes）　69, 204, 261, 442
入祭文 In medio ecclesiae　550
忍耐（la patience）　214, 477, 487
『ヌンク・ディミッティス』（Nunc dimittis）　489
能動知性（intellectus agens / l'intellect agent）　330–31

ハ 行

配剤（oikonomia）　195, 198, 266
博士（le docteur）　6, 360–62
発出（exitus）　266–68, 271, 273, 282, 446, 610
範型論（説）（l'exemplarisme）　227–28
秘跡（les sacrements）　87, 90, 142, 198, 206, 213, 222–23, 229, 231, 233, 236, 239–40, 258, 262, 287, 291, 360, 362, 434, 444, 486–87, 495–96, 559, 613, 615, 618

被造物（les créatures）　88–89, 194, 197–98, 202–05, 227, 260–61, 264–66, 268, 270–71, 284, 493, 568
否定神学（l'apophatisme / theologia negativa）　200, 498
否定の道（via remotionis）　199, 201
表示された性質（ratio significata）　201
表示の様態（modus significandi）　201
フィレンツェ公会議（le concile de Florence）　223
福音書（l'Evangile）　74, 342, 389, 430, 441, 447
付帯性（accidentia）　232–33, 482, 531
二人のアダム（les deux Adam）　443
二人のエヴァ（les deux Eve）　443
復活（la résurrection）　262, 342, 447, 484, 618
フリードリヒ2世の廃位（la déposition de Frédéric II）　22, 36, 47, 706
フリブールのヨハネス『告白者たちのための大全』（Summa Confessorum）　276, 356
プラトン主義（le platonisme）　225–26, 228, 380
プロクロス『神学綱要』（Elementatio theologica）　379–81, 428, 598
分有（la participation）　129, 226–27, 270, 596
ペッカム『福音に基づく完全性について』（De perfectione evangelica）　154
ペッシュ『トマス・アクィナス』

(Thomas von Aquin) 9
ペトルス・ヒスパヌス『第七論考』(tractatus VII) 36
ペラギウス主義 (le pélagianisme) 222
ペルソナ (les personnes) 87–89, 260, 282, 288, 327, 446
『補遺』(le Supplément) 258, 467, 561–62
法 (la loi) 261, 273, 287, 435–36
没頭 (abstractio mentis / la distraction) 413, 464, 478, 488–89
ボナヴェントゥラ『貧しい人々の弁護』(Apologia pauperum) 154
ボランディスト (les Bollandistes) 4–5, 229
ボルゴ・サン・ドンニーノのゲラルドゥス『永遠の福音への導入』(Introductorius ad Evangelium aeternum) 146

マ　行

マイモニデス『迷える者への導き』(Guide des égarés) 200
マイユ・ル・ヴィラン『気象論』(la traduction des Météores) 401–02
『マニフィカト』(Magnificat) 481
御言 (le Verbe) 70–71, 87–89, 124, 182, 185, 194, 262, 272, 287, 327, 343, 446–48
ミサ Cibavit 231, 624
命題集講師 (le bachelier sententiaire) 63, 78, 81, 138, 140, 177, 251, 278, 319, 421, 529, 555, 605
『メディア・ウィータ』(Media vita) 489
文字的意味 (le sens littéral) 62, 64, 68, 111–13, 575–76, 578
モンテ・カッシーノ (Mont-Cassin) 19, 23, 25–26, 32, 41–43, 56, 247, 492, 623, 706

ヤ〜ワ行

ヨアキム主義 (le joachimisme) 141
預言 (la prophétie) 124, 442, 618, 640–43, 647
予知 (la prescience) 220, 492, 611, 623
『より適切な言明』(les mieux dits) 526

ライムンドゥス『〔悔悛の〕機会についての大全』(Summa de casibus) 175, 211
ライン学派 (l'école rhénane) 528
『ラテン語版アリストテレス全集』(Aristoteles latinus) 11, 183
リエージュの聖務日課 (Animarum cibus) 230–31
『理解を求める一致』(La Concordance "Volens complecti") 527
リジューのニコラウス『ペッカムとトマスを駁す』(Contra Pecham et Thomam) 315
流出 (l'émanation) 227, 264, 272, 381
リヨン公会議 (le concile de

Lyon, 1245年）　36
リヨン公会議 (-, 1274年)　303, 623, 709
ルッカのトロメオ『教会の歴史』（Historia ecclesiastica）　4, 461, 533
ル・ブラン・グアンヴィキ『聖トマスの歴史』（Ystoria sancti Thome）　5
『霊性史事典』（Dictionnaire de Spiritualité）　9, 32, 136, 644
霊的意味（le sens spirituel）　68, 111, 113
レオニーナ委員会（la Commission léonine）　14, 92, 111, 121, 183, 230, 258, 280, 295, 352, 372, 402, 424, 568, 573, 580, 637, 642–44, 647
列聖（式）（la canonisation）　4–5, 23, 234–35, 438, 500, 507, 521, 524, 533, 536–38, 540–45, 547, 549, 625, 637, 710
列聖裁判（le procès de canonisation）　3, 5, 7, 32, 36, 101, 181, 453–54, 458–59, 461, 472, 537, 710
煉獄（le purgatoire）　22, 218, 220, 610–11
ロッカセッカ（Roccasecca）　19–20, 32, 34, 39, 365, 630–31, 705–06
ロンバルドゥス『命題集』（Les Sentences）　35, 63–64, 78, 81–84, 91–92, 94–95, 115, 206, 211, 218, 254, 278, 427, 509, 540, 555–57, 561, 706

ワイスハイプル『修道士トマス・アクィナス』（Friar Thomas d'Aquino）　8

保井 亮人（やすい・あきひと）

1982年香川県に生まれる。2005年同志社大学文学部文化学科哲学及び倫理学専攻卒業。2007年同大学院修士課程修了。2013年同大学院博士課程修了。博士（哲学）。
〔著書〕『トマス・アクィナスの信仰論』（知泉書館，2014年），〔翻訳〕トマス・アクィナス『ヨブ記註解』（知泉書館，2016年），その他。〔メールアドレス〕arsarachnes@gmail.com。

〔トマス・アクィナス 人と著作〕　　　　ISBN978-4-86285-280-9

2018年10月 5日　第1刷印刷
2018年10月10日　第1刷発行

訳　者　保　井　亮　人
発行者　小　山　光　夫
製　版　ジ　ャ　ッ　ト

発行所　〒113-0033 東京都文京区本郷1-13-2
電話03(3814)6161 振替00120-6-117170
http://www.chisen.co.jp
株式会社 知泉書館

Printed in Japan　　　印刷・製本／藤原印刷

《知泉学術叢書》

C.N. コックレン／金子晴勇訳
キリスト教と古典文化　　926p/7200 円
アウグストゥスからアウグスティヌスに至る思想と活動の研究

G. パラマス／大森正樹訳
東方教会の精髄 人間の神化論攷　576p/6200 円
聖なるヘシュカストたちのための弁護

W. イェーガー／曽田長人訳
パイデイア（上）　ギリシアにおける人間形成　864p/6500 円

トマス・アクィナス／山口隆介訳
神学提要　　　　　　　　　　　　　　【近刊】

トマス・アクィナス『ヨブ記註解』
保井亮人訳　　　　　　　　　　　　新書/702p/6400 円

トマス・アクィナスの心身問題　『対異教徒大全』第2巻より
トマス・アクィナス／川添信介訳註　ラテン語対訳版　菊/456p/7500 円

在るものと本質について
トマス・アクィナス／稲垣良典訳註　ラテン語対訳版　菊/132p/3000 円

自然の諸原理について　兄弟シルヴェストゥルに
トマス／長倉久子・松村良祐訳註　ラテン語対訳版　菊/128p/3000 円

トマス・アクィナスの知恵　（ラテン語原文・解説付）
稲垣良典著　　　　　　　　　　　四六/212p/2800 円

トマス・アクィナスの信仰論
保井亮人著　　　　　　　　　　　　A5/250p/4500 円

トマス・アクィナスのエッセ研究
長倉久子著　　　　　　　　　　　　菊/324p/5500 円

トマス・アクィナスにおける人格（ペルソナ）の存在論
山本芳久著　　　　　　　　　　　　菊/368p/5700 円

トマス・アクィナスにおける「愛」と「正義」
桑原直己著　　　　　　　　　　　　A5/544p/8000 円

トマス・アクィナスの人間論　個としての人間の超越性
佐々木亘著　　　　　　　　　　　　A5/264p/4800 円